Beck-Rechtsberater
Meine Rechte und Pflichten als Arbeitnehmer

Von Dr. jur. h. c. Günter Schaub
Vors. Richter am Bundesarbeitsgericht

7. Auflage
Stand: 1. April 1997

Deutscher Taschenbuch Verlag

Redaktionelle Verantwortung: Verlag C. H. Beck, München
Umschlaggestaltung: Fuhr & Partner Design-Agentur, Frankfurt/M.
Umschlagbild: Klaus Bäulke
Gesamtherstellung: C. H. Beck'sche Buchdruckerei, Nördlingen
ISBN 3 423 05229 7 (dtv)
ISBN 3 406 42638 7 (C. H. Beck)

Vorwort

In derselben Reihe dieses Verlages liegen nunmehr drei Gesamtdarstellungen des Arbeitsrechts vor.

In der 14. Auflage des Bandes Arbeitsrecht von A bis Z (früher Arbeitsrechts-Lexikon), 1994 wurden zu einzelnen Stichworten die wesentlichen Rechtsgrundsätze zum Arbeitsrecht dargestellt. Dabei wurde besonderer Wert darauf gelegt, auf knappstem Raum einen möglichst hohen Informationswert zu erreichen, die Rechtsprechung des Bundesarbeitsgerichts – von Randgebieten abgesehen – lückenlos und die Zeitschriften-Literatur und Rechtsprechung der Instanzgerichte weitgehend lexikalisch zu erfassen. Mit dem Band „Ein guter Rat im Arbeitsrecht" von Schaub/Rühle wurde 1991 eine Gesamtdarstellung des Arbeitsrechts vorgelegt mit der insbesondere dem Übergangsrecht der neuen Bundesländer Rechnung getragen wurde.

Demgegenüber wird mit der vorliegenden Darstellung eine andere Zielsetzung verfolgt. Wegen der Vielfalt der Rechtsquellen zum Arbeitsrecht ist es sowohl für den Juristen als auch den Nichtjuristen schwer, sich zurecht zu finden. Namentlich dem nicht juristisch Vorgebildeten bereitet es Schwierigkeiten, das Zusammenspiel von Normen des kollektiven Arbeitsrechts, also von Tarifverträgen und Betriebsvereinbarungen, und des Individualarbeitsrechts zu erfassen. Darüber hinaus waren die Einflüsse des Rechtes der Europäischen Gemeinschaft auf das Arbeitsrecht darzustellen. Dem Arbeitsrecht in den neuen Bundesländern ist Rechnung getragen, soweit dort überhaupt noch Besonderheiten gelten.

Es ist der Versuch unternommen, anders als in den üblichen Lehr-, Hand- und Taschenbüchern zum Arbeitsrecht zu jedem einzelnen Rechtsinstitut die Auswirkungen und Einflüsse der Tarifverträge und Betriebsvereinbarungen und der Mitwirkungsrechte des Betriebsrats überhaupt auf das Arbeitsverhältnis und die wechselseitigen Ansprüche darzustellen. Um einen Einblick in die Arbeitsweise des Juristen zu geben, wurde bei der Darstellung besonderer Wert auf eine klare Gliederung und scharfe Begriffsbildung gelegt. Darüber hinaus sind aber auch zahlreiche Muster zu einzelnen arbeitsvertraglichen Abreden, Schriftverkehr des Arbeitgebers und Betriebsrats aufgenommen oder es ist insoweit auf die Arbeitsrechtliche Formularsammlung und Arbeitsgerichtsverfahren, die bei C. H. Beck in 6. Aufl., 1994 erschienen ist, verwiesen.

Wegen des Betriebsverfassungsrechts wird ergänzend auf den Band, Der Betriebsrat, 6. Aufl. 1995 und wegen des Arbeitsgerichtsverfahrens auf den Band, Meine Rechte und Pflichten im Arbeitsgerichtsverfahren, 6. Aufl., 1997 verwiesen.

Die umfangreichen Änderungen des Arbeitsrechts im Jahr 1996 sind eingearbeitet. Ferner sind die bereits in Kraft getretenen Änderungen des Arbeitsförderungs-Reformgesetz vom 24. 3. 1997 berücksichtigt.

Das Taschenbuch soll zunächst für Arbeitgeber, Arbeitnehmer und Betriebsrat ein Ratgeber in anstehenden Streitfragen sein. Es soll aber auch allen, die sich im Arbeitsrecht aus- und fortbilden müssen, eine Lernhilfe bieten. Ferner würde ich mich freuen, wenn gelegentlich auch ein Arbeitsrechtler das Taschenbuch zu Rate ziehen würde.

Den Damen und Herren des Verlages danke ich für ihre freundlichen Ratschläge und stete Hilfsbereitschaft. Für Verbesserungsvorschläge und Hinweise bin ich stets verbunden.

Schauenburg-Hoof, im April 1997   Der Verfasser

Inhaltsübersicht

Inhaltsverzeichnis

Abschnitt IV. Pflichten des Arbeitnehmers
aus dem Arbeitsvertrag

*Abschnitt V. Pflichten des Arbeitgebers
aus dem Arbeitsvertrag*

Abkürzungsverzeichnis

Abs.	Absatz
Anm.	Anmerkung
AFG	Arbeitsförderungsgesetz
AFRG	Gesetz zur Reform der Arbeitsförderung (Arbeitsförderungs-Reformgesetz)
AGB-DDR	Arbeitsgesetzbuch der DDR
AktG	Aktiengesetz
ANBA	Amtliche Nachrichten der Bundesanstalt für Arbeit
AngKSchG	Gesetz über die Fristen für die Kündigung von Angestellten
AO	Anordnung
AP	Nachschlagewerk des BAG – Arbeitsrechtliche Praxis
ArbGG	Arbeitsgerichtsgesetz
Arbeitsrechtliches Beschäftigungsförderungsgesetz	Arbeitsrechtliches Gesetz zur Förderung von Wachstum und Beschäftigung vom 25. 9. 1996 (BGBl I 1476)
ArbNErfG	Gesetz über Arbeitnehmererfindungen
ArbPlSchG	Arbeitsplatzschutzgesetz
ArbR-Hdb	Schaub, Arbeitsrechts-Handbuch, 8. Aufl., 1996
ArbR	Schaub, Arbeitsrecht von A bis Z, 14. Aufl., 1994
ArbStättVO	Verordnung über Arbeitsstätten
ArbSchG	Gesetz über die Durchführung von Maßnahmen des Arbeitsschutzes zur Verbesserung der Sicherung und des Gesundheitsschutzes der Beschäftigten bei der Arbeit (Arbeitsschutzgesetz-ArbSchG)
ASI	Gesetz über Betriebsärzte, Sicherheitsingenieure und andere Fachkräfte für Arbeitssicherheit
ATG	Gesetz zur Förderung eines gleitenden Übergangs älterer Arbeitnehmer in den Ruhestand (Altersteilzeitgesetz)
AuA	Arbeit und Arbeitsrecht
AÜG	Arbeitnehmerüberlassungsgesetz

AVG	Angestelltenversicherungsgesetz
AZG	Arbeitszeitgesetz
AZRG	Gesetz zur Vereinheitlichung und Flexibilisierung des Arbeitszeitrechts (Arbeitszeitrechtsgesetz)
AZO	Arbeitszeitordnung
BäckAZG	Gesetz über die Arbeitszeit in Bäckereien und Konditoreien
BAG	Bundesarbeitsgericht
BAnstArb	Bundesanstalt für Arbeit
BArbBl.	Bundesarbeitsblatt
BAnz	Bundesanzeiger
BB	Betriebs-Berater, Zeitschrift
BBG	Bundesbeamtengesetz
BBiG	Berufsbildungsgesetz
BErzGG	Bundeserziehungsgeldgesetz
BeschFG	Beschäftigungsförderungsgesetz
BeschSchG	Gesetz zum Schutz der Beschäftigten vor sexueller Belästigung am Arbeitsplatz (Beschäftigtenschutzgesetz)
BetrAVG	Gesetz zur Verbesserung der betrieblichen Altersversorgung
Betriebsrat	Schaub, Der Betriebsrat, 6. Aufl., 1995
BetrVG	Betriebsverfassungsgesetz
BGB	Bürgerliches Gesetzbuch
BGBl.	Bundesgesetzblatt Teil I, II
BGremG	Gesetz über die Berufung und Entsendung von Frauen und Männern in Gremien im Einflußbereich des Bundes (Bundesgremiengesetz)
BMA (BAM)	Bundesminister für Arbeit
BRTV-Bau	Bundesrahmentarifvertrag-Bau
BSeuchG	Bundesseuchengesetz
BUrlG	Bundesurlaubsgesetz
BVerfG	Bundesverfassungsgericht
BVersG	Bundesversorgungsgesetz
BZRG	Bundeszentralregistergesetz
DB	Der Betrieb, Zeitschrift
DruckluftVO	Druckluftverordnung
DVO	Durchführungsverordnung
EG	Europäische Gemeinschaft
EG-Anpassungsnovelle	Europäische Gemeinschaft – Anpassungsnovelle

EGInsO	Einführungsgesetz zur Insolvenzordnung
Einigungsvertrag	Vertrag zwischen der BRD und der DDR über die Herstellung der Einheit Deutschlands
EntgeltFG	Gesetz über die Zahlung des Arbeitsentgelts an Feiertagen und im Krankheitsfall
Entsendegesetz	Entsendegesetz
Erl.	Erlaß
EStG	Einkommensteuergesetz
EzA	Entscheidungssammlung zum Arbeitsrecht
FdAO	Anordnung des Verwaltungsrats der Bundesanstalt für Arbeit zur Förderung der Arbeitsaufnahme
FFG	Gesetz zur Förderung der Frauen und der Vereinbarkeit von Familie und Beruf in der Bundesverwaltung und den Gerichten des Bundes (Frauenfördergesetz-FFG)
GaststG	Gaststättengesetz
GefahrstoffV	Verordnung über gefährliche Stoffe
Gesamtvollstrek- kungsVO	Verordnung über die Gesamtvollstrekkung (DDR)
GewO	Gewerbeordnung
GG	Grundgesetz
GleiBG	Gesetz zur Durchsetzung der Gleichberechtigung von Frauen und Männern (Zweites Gleichberechtigungsgesetz-2 GleiBG)
GmbHG	Gesetz betreffend die Gesellschaft mit beschränkter Haftung
GRTV	Gehaltsrahmentarifvertrag
HAG	Heimarbeitsgesetz
HGB	Handelsgesetzbuch
h. M.	herrschende Meinung
HO	Handwerksordnung
idF	in der Fassung
InsO	Insolvenzordnung
JArbSchG	Jugendarbeitsschutzgesetz
JöSchG	Gesetz zum Schutz der Jugend in der Öffentlichkeit
KO	Konkursordnung
KSchG	Kündigungsschutzgesetz

Abschnitt I. Grundlagen des Arbeitsrechtes

§ 1. Einleitung

I. Begriff und Bedeutung des Arbeitsrechts

1. Begriff des Arbeitsrechts. Das Arbeitsrecht ist die Summe derjenigen Rechtsnormen, die sich mit den Rechten und Pflichten des Arbeitnehmers beschäftigen. Obwohl seit Jahrtausenden Dienst oder Arbeit für andere geleistet wird, hat sich ein Arbeitsrecht erst verhältnismäßig spät entwickelt. Es mußte erst die Erkenntnis wachsen, daß es einen Unterschied macht, ob man frei wie ein Rechtsanwalt oder ein frei praktizierender Arzt seine Dienste leistet oder eingebunden in eine Organisation nach Weisung eines anderen ist.

2. Tatbestandsmerkmale des Arbeitnehmerbegriffs. Arbeitnehmer ist, wer aufgrund eines privatrechtlichen Vertrages oder eines gleichgestellten Verhältnisses in persönlicher Abhängigkeit für einen anderen Arbeit oder Dienste leistet.*

a) Das Tatbestandsmerkmal des *privatrechtlichen Vertrages* dient zur Abgrenzung von anderen Personengruppen, die ebenfalls Arbeit oder Dienst leisten, hierzu aber aufgrund eines öffentlichrechtlichen Rechtsverhältnisses gehalten sind. Auch Beamte leisten Arbeit. Sie stehen aber in einem öffentlichrechtlichen Dienstverhältnis zum Staat oder einer Körperschaft oder Anstalt des öffentlichen Rechtes. Weitere öffentlichrechtliche Dienstverhältnisse, aufgrund deren Arbeit geleistet wird, sind etwa die Rechtsverhältnisse der Strafgefangenen, Sozialleistungsverhältnisse usw.

---

* AG 30, 163 = AP Nr. 26 zu § 611 BGB Abhängigkeit = EzA Nr. 17 zu § 611 BGB Arbeitnehmerbegriff; AP Nrn. 42, 43, 45 aaO = DB 83, 2041, 2042; 84, 2203; Schaub ArbR, Stichwort: Arbeitnehmer.

Hat jemand aufgrund eines privatrechtlichen Rechtsverhältnisses Dienst oder Arbeit geleistet und stellt sich erst nach längerer Zeit heraus, daß das Rechtsverhältnis nichtig ist, so wird der Dienstleistende nicht dadurch zum Nichtarbeitnehmer. Vielmehr ist er gleichwohl Arbeitnehmer. Dieser Überlegung trägt das Tatbestandsmerkmal des gleichgestellten Rechtsverhältnisses Rechnung.

b) Nur solche Personen können Arbeitnehmer sein, die *Dienste oder Arbeit* leisten. Dienst oder Arbeit unterscheidet sich vom Sport und Spiel. Die Artistin, die sich über das Hochseil tragen läßt, oder der Bundesligafußballspieler leisten Dienste oder Arbeit. Sie müssen eine psychische Hemmschwelle überwinden. Der Bankangestellte, der nach Feierabend zur körperlichen Ertüchtigung in seinem Fußballclub spielt, leistet keine Arbeit im Rechtssinne. Arbeit ist eine Tätigkeit, die in irgendeiner Form Verkehrswert hat und zur Bedarfsdeckung dient.

c) Das Merkmal der *persönlichen Abhängigkeit* grenzt den Arbeitnehmer vom Dienstnehmer ab. Die persönliche Abhängigkeit dokumentiert sich durch *a)* die Übernahme fremdgeplanter, fremdnütziger und von fremder Risikobereitschaft getragener Arbeit (sachliches Abgrenzungsmerkmal) und *b)* durch die Eingliederung in einen fremden Produktionsbereich (arbeitsorganisatorisches Abgrenzungsmerkmal).

Der fremdnützige, auf Dauer angelegte Arbeitseinsatz nimmt dem Arbeitnehmer die Möglichkeit eigener unternehmerischer Tätigkeit und eigener Daseinsvorsorge. Indizien für die arbeitsorganisatorische Abhängigkeit sind die persönliche und fachliche Weisungsgebundenheit, die zeitliche und örtliche Bindung, die ausgeübte Arbeitskontrolle, die eingeplante Dienstbereitschaft, die erforderliche Zusammenarbeit mit anderen Dienstpflichtigen, die Unterordnung unter einen fremden Produktionsplan.

Dagegen sind die formalrechtlichen Abgrenzungsmerkmale (Vergütung im Zeitlohn, im Leistungslohn, Abführung

von Lohnsteuern, Sozialversicherungsabgaben) von unter-
geordneter Bedeutung. Das Unterbleiben der Abführung
von Lohnsteuern und Sozialversicherungsabgaben kann
durchaus darauf beruhen, daß ein Arbeitgeber den Arbeitnehmer willentlich dem Schutz des Arbeitsrechts entziehen
will. Damit kann nur gesagt werden, daß die Tatsache der
Abführung von Lohnsteuern und Sozialversicherungsabgaben für die Arbeitnehmereigenschaft spricht; ihr Unterbleiben aber nicht ohne weiteres dagegen. Überhaupt ist nicht
entscheidend, wie die Parteien ein Rechtsverhältnis nennen,
sondern wie es tatsächlich durchgeführt wird.

Beispiel: Der Stationsarzt im Krankenhaus ist Arbeitnehmer. Er
ist zur Einhaltung der Dienststunden verpflichtet; erhält sachliche
und fachliche Weisungen; er ist auf die Organisation und Zusammenarbeit im Krankenhaus angewiesen.
Der praktische Arzt hält dagegen Sprechstunden nach seiner Bestimmung ab; ihm werden keine sachlichen, fachlichen Weisungen
erteilt usw.

**3. Tatbestandsmerkmale der arbeitnehmerähnlichen
Person.*** Das Arbeitsrecht bezieht sich nicht nur auf Arbeitnehmer, sondern vielfach auch auf arbeitnehmerähnliche Personen. Dies sind Personengruppen, die zwischen
Arbeitnehmern und Dienstnehmern oder Selbständigen
stehen. Arbeitnehmerähnliche Personen sind solche, die
ohne Arbeitnehmer zu sein, für andere in wirtschaftlich
abhängiger Stellung Arbeit leisten und nach ihrer sozialen
Stellung von der Verkehrsanschauung als abhängig angesehen werden.

a) Arbeitnehmerähnliche Personen sind nicht persönlich,
sondern *wirtschaftlich* von einem Auftraggeber abhängig.
Unerheblich ist, welcher Art ihre Verträge mit dem Auftraggeber sind. So kann ein Heimarbeiter oder Hausgewerbetreibender sich aufgrund eines Dienstvertrages zur Dienstleistung verpflichtet haben, aber auch durch Werkvertrag

* Schaub ArbR, Stichwort: Arbeitnehmerähnliche Person.

zur Herstellung eines Werkes (§ 8 III S. 97). Heimarbeiter und Hausgewerbetreibende sind nicht persönlich abhängig; ihnen wird z. B. keine Arbeitszeit vorgeschrieben; sie können – vorbehaltlich öffentlichrechtlicher Vorschriften – morgens, mittags oder nachts arbeiten. Sie werden zu arbeitnehmerähnlichen Personen, weil sie von einem Auftraggeber wirtschaftlich abhängig sind. Sie arbeiten nicht für den Absatzmarkt, sondern überlassen die Verwertung ihrer Produkte einem Dritten.

b) Wirtschaftlich abhängige Personen sind nur dann arbeitnehmerähnlich, wenn sie einem *Arbeitnehmer vergleichbar sozial schutzbedürftig* sind. Auch ein großes Handelsunternehmen, etwa ein Automobil-Vertriebsunternehmen kann wirtschaftlich abhängig sein; trotzdem wird es nicht arbeitnehmerähnlich. Eine Person ist wie ein Arbeitnehmer sozial schutzbedürftig, wenn das Maß der Abhängigkeit nach der Verkehrsanschauung einen solchen Grad erreicht, wie er im allgemeinen nur in einem Arbeitsverhältnis vorkommt, und die geleisteten Dienste nach ihrer soziologischen Typik denen eines Arbeitnehmers vergleichbar sind.

c) Für Personen, die wirtschaftlich abhängig und vergleichbar einem Arbeitnehmer sozial schutzbedürftig sind können Tarifverträge abgeschlossen werden (§ 12 a TVG). Die Tarifvertragsparteien können den Begriff der arbeitnehmerähnlichen Person aber nicht über den allgemeinen Begriff erweitern.*

II. Rechtsquellen des Arbeitsrechts

1. Arten der Rechtsquellen. Das Arbeitsrecht ist unübersichtlich. Es ergibt sich in der Bundesrepublik aus dem Recht der EG, aus Gesetzes-, Richter-, Tarifrecht und dem Recht der Betriebsvereinbarungen. Nach Art. 30 EV ist es Aufgabe des gesamtdeutschen Gesetzgebers, (1) das Ar-

---

* BAG AP 1 zu § 12 a TVG = NZA 91, 239.

beitsvertragsrecht sowie das öffentlich-rechtliche Arbeitszeitrecht einschließlich der Zulässigkeit von Sonn- und Feiertagsarbeit und den besonderen Frauenarbeitsschutz möglichst bald einheitlich neu zu kodifizieren, (2) den öffentlich-rechtlichen Arbeitsschutz in Übereinstimmung mit dem Recht der Europäischen Gemeinschaften und dem damit konformen Teil des Arbeitsschutzrechts der Deutschen Demokratischen Republik zeitgemäß neu zu regeln. Diesem Verfassungsauftrag ist der Gesetzgeber im Hinblick auf das Arbeitszeitrecht nachgekommen. Ein Arbeitsschutzgesetz ist am 8. August 1996 in Kraft getreten. Der Durchsetzung der Gleichberechtigung von Mann und Frau dient eine Änderung des GG sowie das Zweite Gleichberechtigungsgesetz.

a) Obwohl mehr oder weniger jeder Arbeitnehmer der Bundesrepublik mit dem Arbeitsrecht in Berührung kommt, hat der Gesetzgeber viele Gebiete des Arbeitsrechts *nicht geregelt.*

b) Die Rechtsgrundsätze des Arbeitsrechtes ergeben sich vielfach aus dem sog. *Richterrecht.** Die Rspr. hat aus Generalklauseln, also allgemeinen Rechtsregeln die wesentlichen Rechtsnormen entwickeln müssen. Das gilt insbesondere für das Arbeitskampfrecht, das Recht der Koalitionen. Das gilt aber auch für zahlreiche Gebiete des Individualarbeitsrechts. Es ergeben sich z. B. die wesentlichen Rechtsgrundsätze für die betriebliche Altersversorgung, von der 60 v. H. aller Arbeitnehmer erfaßt werden, oder für die Gratifikationen aus der Rspr. des BAG und der sie begleitenden Rechtswissenschaft.

c) Neben dem vom Staat gesetzten Recht steht das von den *Tarifpartnern* gesetzte. Der Staat hat den Tarifpartnern als den legitimen Vertretern ihrer Angehörigen und als sachkundigen Vertretern der Branchen überlassen, Recht zu setzen.

* Schaub ArbR, Stichwort: Richterrecht.

d) Schließlich haben *Arbeitgeber und Betriebsrat* die Rechtsmacht, spezielle Rechtsnormen für den Betrieb zu setzen.

e) Die vielfältigen und eigenständigen Rechtsquellen des Arbeitsrechts führen zu seiner *Unübersichtlichkeit.*

Im Unterschied zur BRD war zentrale Rechtsgrundlage für das **Arbeitsrecht der DDR** das Arbeitsgesetzbuch der Deutschen Demokratischen Republik vom 16. 6. 1977 (GBl DDR I Nr. 18 S. 185). Es ist außer Kraft getreten.

2. Kollektiv- und Individualarbeitsrecht. Im Arbeitsrecht wirken bei der Gestaltung des Einzelarbeitsverhältnisses Rechtsnormen aus unterschiedlichen Rechtsgebieten auf das Arbeitsverhältnis ein und erschweren in der BRD die Übersicht. Zu unterscheiden sind das kollektive und individuelle Arbeitsrecht.

a) Als *Rechtsnormen des Individualarbeitsrechts* bezeichnet man diejenigen Rechtsnormen, die unmittelbar das Rechtsverhältnis zwischen Arbeitgeber und Arbeitnehmer regeln. Zu den Normen des Individualarbeitsrechtes gehören also Rechtsregeln über den Abschluß des Arbeitsvertrages und über seinen Inhalt, also die wechselseitigen Rechte und Pflichten. Dazu gehören Normen über die Arbeitsvergütung, die Vergütungsfortzahlung im Krankheitsfalle usw.

b) Als Normen des *kollektiven Arbeitsrechtes* bezeichnet man *a)* solche Rechtsregeln, die von den Tarifparteien oder den Betriebspartnern, also durch Arbeitgeber und Betriebsrat, gemeinsam, erlassen worden sind oder *b)* Rechtsnormen, die sich mit den Rechtsnormen der Kollektivorgane zueinander oder der Stellung des Einzelnen im Rahmen des kollektiven Verbundes einer Seite befassen.

3. Staatliche Rechtsquellen in der BRD. Die vom Staat gesetzten Rechtsquellen ergeben sich aus *a)* dem Grundgesetz, *b)* den Bundesgesetzen, *c)* Verordnungen des Bundes, *d)* Landesgesetzen, *e)* Landesverordnungen, *f)* dem Richterrecht.

a) Das *Grundgesetz* enthält Bestimmungen für die Gesetzgebungskompetenz des Bundes und der Länder (Art. 70 ff GG) sowie gewisse allgemeine Grundsätze, die zu Grundrechten erklärt sind. So gewährleistet Art. 3 GG die Gleichheit aller sowie Gleichberechtigung von Mann und Frau, Art. 5 GG die Freiheit der Meinungsäußerung, Art. 9 Abs. 2 GG die Koalitionsfreiheit, Art. 12 GG das Recht, Beruf, Arbeitsplatz und Ausbildung frei zu wählen.*

b) Das Arbeitsrecht ist überwiegend *Bundesrecht.* Dies ergibt sich daraus, daß im Interesse der Erhaltung der Einheit der Arbeits- und Wirtschaftsbedingungen in der Bundesrepublik die Normen nicht nur für ein Land, sondern für die ganze Bundesrepublik gelten müssen. Die wichtigsten Gesetze mit arbeitsrechtlichem Inhalt sind z. B. BGB, BeschFG 1996, HGB, GewO, EntgeltFG, BUrlG, KSchG, BetrAVG. Zum Arbeitnehmerschutz und Berufsbildungsrecht sind zu erwähnen ArbSchG, AZG, MuSchG, JArbSchG, SchwbG, BBiG. Zum kollektiven Arbeitsrecht ist auf das TVG, BetrVG, MitbestG, Montan-MitbestG und UmwG hinzuweisen.

c) In *Rechtsverordnungen des Bundes* sind vor allem Fragen des Arbeitsschutzes geregelt, die weitgehend durch das europäische Recht beeinflußt werden.

d) Auch in einigen *landesrechtlichen Gesetzen* finden sich arbeitsrechtliche Regelungen. Dies ist z. B. der Fall in Bildungsurlaubsgesetzen der Länder.

e) *Landesrechtliche Rechtsverordnungen* regeln vor allem Fragen des Unfallschutzes und der Unfallverhütung.

f) Für das *Verhältnis der verschiedenen Rechtsquellen* zueinander gilt der Grundsatz, daß das höherrangige Recht dem niederrangigen vorgeht. Das GG hat mithin den Vorrang vor dem einfachen Bundesgesetzesrecht, das Gesetzesrecht vor dem Verordnungsrecht und Gesetzes- und Verordnungsrecht des Bundes vor dem Gesetzes- und Verord-

---

* Schaub, Ich mache mich selbständig, 4. Aufl., 1992, § 2.

nungsrecht der Länder. Voraussetzung ist aber immer, daß der gleiche Regelungsgegenstand gegeben ist.

4. Europäisches Recht. a) Im Oktober 1972 hatte der Pariser EG-Gipfel beschlossen, daß aus der Wirtschaftsunion auch eine Sozialunion werden müsse. Gleichwohl haben arbeitsrechtliche Regelungen nur einen geringen Raum eingenommen. Im Jahre 1985 hat alsdann die Kommission der EG ein Weißbuch Binnenmarkt vorgelegt, das 280 Maßnahmen enthält, den Binnenmarkt zu fördern. Unter Bezugnahme auf dieses Weißbuch wurde der EWG-Vertrag durch die Einheitliche Europäische Akte (EEA) vom 17./ 28. 2. 1986 (BGBl II 1104) in Kraft seit dem 1. 7. 1987 geändert. Aus der EEA ergeben sich drei Ansätze in Bezug auf das Arbeitsrecht.

b) Nach Art. 100 a EWG-Vertrag können mit qualifizierter Mehrheit Richtlinien ergehen, die Hersteller, Importeure und Händler verpflichten, bei Arbeitsgeräten sicherheitstechnische Normen einzuhalten und Zulassungsprüfungen vorzunehmen. Der Arbeitsschutz wird mithin dadurch verwirklicht, daß Geräte sicherheitstechnischen Voraussetzungen genügen müssen. Die Richtlinien bedürfen der Umsetzung in das Recht der BRD.

c) Nach Art. 100 a EWG-Vertrag können Binnenmarktrichtlinien auf dem Gebiet der gefährlichen Arbeitsstoffe ergehen. Auch insoweit sind zahlreiche Richtlinien erlassen, die durch die auf das Chemikaliengesetz gestützte GefahrstoffVO umgesetzt werden.*

d) Nach Art. 118 EWG-Vertrag können mit qualifizierter Mehrheit Richtlinien mit arbeitsschutzrechtlichem Inhalt erlassen werden. Hierzu gehören Richtlinien über Arbeitsschutzpflichten von Arbeitgebern und Arbeitnehmern, über die Organisation des Arbeitsschutzes in den Betrieben sowie die Benutzung von Maschinen, Geräten und persönlichen Schutzausrichtungen. Auch insoweit bestehen zahlrei-

---

* Schaub ArbR von A–Z, Stichwort: Gefahrstoffverordnung.

che Richtlinien, die in das Recht der BRD umgesetzt werden müssen.

e) Schließlich ist nach Art. 118 a EWG-Vertrag eine Rahmenrichtlinie zum Arbeitsschutz vom 12. 6. 1989 erlassen, die durch weitere Einzelrichtlinien ausgestaltet werden muß.

Die Richtlinien bedürfen der Umsetzung in nationales Recht. Kommt der Gesetzgeber dieser Verpflichtung nicht nach, können sich für die Bürger Schadensersatzansprüche gegen den Staat ergeben.* Die Rahmenrichtlinie ist durch das ArbSchG umgesetzt. Dazu sind inzwischen mehrere RechtsVO ergangen.

f) Eine umfassende Kompetenz auf dem Gebiet des Arbeits- und Sozialrechts ist der Europäischen Union zugewachsen durch das Abkommen zwischen den Mitgliedstaaten der Europäischen Gemeinschaft mit Ausnahme des Vereinigten Königreiches Großbritannien und Nordirland über die Sozialpolitik. In Art. 1 sind die Ziele festgeschrieben. Die Gemeinschaft und die Mitgliedstaaten haben folgende Ziele: Die Förderung der Beschäftigung, die Verbesserung der Lebens- und Arbeitsbedingungen, einen angemessenen sozialen Schutz, den sozialen Dialog, die Entwicklung des Arbeitskräftepotentials im Hinblick auf ein dauerhaft hohes Beschäftigungsniveau und die Bekämpfung von Ausgrenzungen. Aus Art. 2 ergibt sich ein umfangreicher Katalog von Zuständigkeiten. Diese stehen jedoch unter dem Vorbehalt der Subsidiarität und der Verhältnismäßigkeit. Nach dem Subsidiaritätsprinzip soll die Europäische Union nur tätig werden, wenn dies zur wirkungsvollen Erfüllung der Aufgaben notwendig ist. Sonst bleiben die Mitgliedstaaten zuständig. Der Grundsatz der Verhältnismäßigkeit besagt, daß die Maßnahmen der Gemeinschaft nicht über das für die Erreichung der Ziele der Gemeinschaft notwendige Maß hinausgehen.

* EuGH NJW 1992, 165.

g) Das materielle Arbeitsrecht ist durch das EG-Recht vor allem beeinflußt worden wegen der Freizügigkeit der Arbeitnehmer, der Gleichberechtigung von Männern und Frauen, der Massenentlassung.

5. Gesetzessammlungen. Gesetzliche Rechtsquellen des Arbeitsrechtes sind in speziellen Gesetzessammlungen zusammengefaßt. Die bekanntesten Gesetzessammlungen sind die von Nipperdey, Arbeitsgesetze, C. H. Beck Verlag; Beck-Texte im dtv, Arbeitsgesetze und Kittner, Arbeit- und Sozialordnung, Ausgewählte und eingeleitete Gesetzestexte.

6. Tarifverträge. * Neben den gesetzlichen Rechtsquellen spielen die **Tarifverträge im Arbeitsrecht** eine grundlegende Rolle. Den Tarifpartnern ist überlassen, die Arbeits- und Wirtschaftsbedingungen für bestimmte Berufe oder Bereiche eigenständig zu regeln.

a) Bei Prüfung der Frage, ob ein *Tarifvertrag auf ein Arbeitsverhältnis anzuwenden* ist, sind zwei Fragen auseinanderzuhalten. Ein Tarifvertrag entfaltet für ein Arbeitsverhältnis nur dann Wirksamkeit, wenn es *a)* von seinem Geltungsbereich erfaßt wird und *b)* die Parteien tarifgebunden sind.

b) Ein Arbeitsverhältnis wird von einem Tarifvertrag nur erfaßt, wenn es in den *tariflichen Geltungsbereich* fällt. Der tarifliche Geltungsbereich ergibt sich aus dem Tarifvertrag selbst. Die Tarifpartner bestimmen, welche Arbeitsverhältnisse sie regeln wollen. Zu unterscheiden sind: *a)* Der räumliche Geltungsbereich. Dies ist das Tarifgebiet in dem der Tarifvertrag gilt, z. B. der Einzelhandelstarifvertrag für NRW, der Gaststättentarifvertrag für Baden-Württemberg usw. Regelmäßig ist der Tarifvertrag anzuwenden, der am Sitz des Betriebes gilt, auch wenn Außenarbeiten (Montage,

---

* Schaub ArbR, Stichworte: Tarifvertrag, Tariflicher Geltungsbereich, Allgemeinverbindlicherklärung.

Tätigkeit von Reisenden) ausgeübt werden. *b)* Der zeitliche Geltungsbereich. Er ist maßgeblich für die normative Erfassung der Arbeitsverhältnisse. Regelmäßig werden nur solche Arbeitsverhältnisse erfaßt, die nach Abschluß des Tarifvertrages bestehen. Allerdings kann sich ein Tarifvertrag unter Wahrung der rechtsstaatlichen Grundsätze in Ausnahmefällen auch rückwirkende Kraft beimessen. Der wichtigste Fall ist z. B. der rückwirkende Abschluß eines Lohntarifvertrages. *c)* Der betriebliche Geltungsbereich. Er bestimmt, für welche Betriebe eines bestimmten Wirtschaftszweiges er gelten soll, also z. B. für die Metallindustrie, die chemische Industrie usw. Für die Zuordnung eines Betriebes zu einem bestimmten Wirtschaftszweig ist der Hauptzweck des Betriebes entscheidend. Alsdann gilt der Grundsatz der Tarifeinheit. Aus ihm folgt, daß der Tarifvertrag für die chemische Industrie nicht nur für die eigentlichen Chemiearbeitnehmer gilt, sondern auch für Bauarbeiter, Schlosser oder Kraftfahrer in einem Chemiebetrieb. Dem Grundsatz der Tarifeinheit trägt die Organisation der Arbeitnehmer- und Arbeitgeberverbände Rechnung. So haben sich die einzelnen DGB-Gewerkschaften das Ziel gesetzt, jeweils für einen Wirtschaftsbereich die Arbeitsbestimmungen zu regeln, z. B. die IG-Bergbau für den Bergbau, die ÖTV für den öffentlichen Dienst usw. *d)* Der fachliche Geltungsbereich. Er richtet sich nach der Art der tatsächlich geleisteten und geforderten Arbeit. Z. B. kann ein Tarifvertrag für technische, aber nicht für kaufmännische Angestellte bestehen usw. *e)* Der persönliche Geltungsbereich. Er regelt für welche Personenkreise ein Tarifvertrag Geltung beansprucht. Regelmäßig werden von modernen Tarifverträgen alle Arbeitnehmer in einem bestimmten Wirtschaftsbereich erfaßt. Indes kann es aber auch sein, daß z. B. Auszubildende ausgenommen sind.

c) Unterfällt ein Arbeitsverhältnis dem tariflichen Geltungsbereich, so ist die Frage der *Tarifbindung* zu klären. Es ist ein weit verbreiteter Irrtum, daß ein Tarifvertrag immer für ein Arbeitsverhältnis Geltung beanspruche. Umgekehrt ist es richtig. Ein Tarifvertrag gilt nur dann, wenn die Parteien des Arbeitsvertrages tarifgebunden sind. Zwei Fälle der Tarifbindung sind zu unterscheiden: *a)* Tarifgebunden sind die Mitglieder der Tarifvertragsparteien und der Arbeitgeber, der selbst Partei des Tarifvertrages ist (§ 3 TVG). Eine Tarifbindung erwächst mithin grundsätzlich nur dann, wenn der Arbeitnehmer Mitglied der Gewerkschaft ist, die den konkreten Tarifvertrag abgeschlossen hat, und der Arbeitgeber entweder selbst Partei des Tarifvertrages ist oder Mitglied des Arbeitgeberverbandes ist. Nur in Ausnahmefällen reicht für die Tarifbindung diejenige des Arbeitgebers aus, nämlich für betriebliche und betriebsverfassungsrechtliche Normen. Dies sind vor allem Rechtsnormen, die das Zusammenleben der Arbeitnehmer im Betrieb regeln. Diese Normen müssen bereits dann gelten, wenn nur der Arbeitgeber tarifgebunden ist. *b)* Eine Tarifbindung erwächst aber auch dann, wenn der Tarifvertrag vom Staat, also vom Bund oder Land, für allgemeinverbindlich erklärt worden ist (§ 5 TVG). Die Allgemeinverbindlicherklärung ersetzt mithin die Tarifbindung der Parteien. Indes sind nur wenige Tarifverträge allgemeinverbindlich. Dies gilt z. B. für den Bundesrahmentarifvertrag für das Baugewerbe oder je nach Ländern unterschiedlich für Rahmentarifverträge des Groß- und Außenhandels oder des Gaststättengewerbes.

d) Wenngleich die Tarifverträge kraft Gesetzes nur bei Tarifbindung der Arbeitsvertragsparteien gelten, kommt es vielfach vor, daß die Arbeitsvertragsparteien das Arbeitsverhältnis *kraft Vereinbarung einem Tarifvertrag unterstellen.* Für den Arbeitgeber ist es sinnvoll, weil es ihm eine einheitliche Personalverwaltung ermöglicht und vielfach Arbeitskräfte zu schlechteren als tariflichen Bedingungen ohnehin nicht zu finden waren. Unterschiedliche Arbeitsbedingungen in einem Betrieb entfalten sozialen Sprengstoff. Für den Arbeitnehmer ist es sinnvoll, das Arbeitsverhältnis den tariflichen Bedingungen zu unterstellen, da er damit in den Genuß der tariflichen Mindestbedingungen kommt.

Die Unterstellung eines Arbeitsverhältnisses unter einen Tarifvertrag kann ausdrücklich oder konkludent (stillschweigend) erfolgen. Eine konkludente Unterstellung eines Arbeitsvertrages unter einen Tarifvertrag ist dann gegeben, wenn die Parteien übereinstimmend davon ausgehen, daß der Arbeitsvertrag sich nach einem Tarifvertrag richten soll und diese Übereinstimmung durch Indizien wahrnehmbar zu Tage tritt. Insbesondere kann sich aus der betrieblichen Übung ergeben, daß sich ein Arbeitsvertrag nach dem Tarifvertrag richten soll. Das ist insbesondere dann der Fall, wenn alle Arbeitnehmer des Betriebes über einen längeren Zeitraum nach dem Tarifvertrag behandelt werden.

7. Bekanntmachung von Tarifrecht. Der Bekanntmachung des Tarifvertrages dienen eine Reihe von gesetzlichen Vorschriften.

a) Die Tarifvertragsparteien sind verpflichtet, dem Bundesminister für Arbeits- und Sozialordnung innerhalb eines Monats nach Abschluß eines Tarifvertrages kostenfrei die Urschrift oder eine beglaubigte Abschrift sowie zwei weitere *Abschriften des Tarifvertrages zu übersenden (§ 7 TVG).* Bei dem Bundesminister für Arbeits- und Sozialordnung wird ein *Tarifregister* geführt, in dem der Abschluß, die Änderung oder die Aufhebung der Tarifverträge sowie der Beginn und die Beendigung der Allgemeinverbindlichkeit eingetragen werden (§ 6 TVG). Entspr. Tarifregister werden zumeist auch bei den Arbeitsministerien der Länder geführt. Nach § 16 DVO zum Tarifvertragsgesetz i. d. F. vom 16. 1. 1989 (BGBl I 76) ist jedem die Einsicht in das Tarifregister sowie die registrierten Tarifverträge gestattet. Entsprechendes gilt im Gebiet der neuen Bundesländer.

b) *Mitglieder der Gewerkschaften oder der Arbeitgeberverbände* können aufgrund ihrer Mitgliedschaft zu den Verbänden die Bekanntgabe und Herausgabe der Tarifver-

träge verlangen. Da im Wege der Allgemeinverbindlich-
keitserklärung aber auch Nichtorganisierte an einen Tarifvertrag gebunden werden können (oben II 5 c), können
diese Personenkreise von den Tarifvertragsparteien eine
Abschrift des Tarifvertrages gegen Erstattung der Selbstko-
sten verlangen (§ 9 DVO zum TVG).

c) Letztlich ist der Arbeitgeber gehalten, die für seinen
Betrieb maßgebenden Tarifverträge an *geeigneter Stelle im
Betrieb auszulegen* (§ 8 TVG). Unterbleibt die Auslegung
des Tarifvertrages, so führt dies nicht dazu, daß der Tarifvertrag nicht anzuwenden ist. Insoweit handelt es sich lediglich um eine Ordnungsvorschrift für den Arbeitgeber.
Der Arbeitgeber kann sich z. B. auch dann bei Anwendung
eines Tarifvertrages auf den Ablauf tariflicher Verfallfristen
berufen, wenn er verabsäumt hat, den Tarifvertrag im Betrieb auszulegen. Gelegentlich machen aber die Tarifverträge selbst die Anwendung einzelner Rechtsnormen von der
Bekanntmachung durch den Arbeitgeber abhängig. Nach
§ 2 Abs. 2 Nr. 10 sollen Arbeitsverträge einen in allgemeiner
Form gehaltenen Hinweis auf die im Betrieb geltenden Tarifverträge enthalten.

d) Unabhängig von den Verbänden werden *private Tarif-
sammlungen* im allgemeinen nur für den öffentlichen
Dienst herausgegeben.

8. Betriebs- und Dienstvereinbarung.* Schließlich ergeben sich noch Rechtsnormen für das Arbeitsverhältnis aus
einer **Betriebsvereinbarung** oder im öffentlichen Dienst
einer **Dienstvereinbarung.**

a) Eine *Betriebsvereinbarung wird abgeschlossen* zwischen Betriebsrat und Arbeitgeber. Sie gilt nur für einen
Betrieb. Schließt der Gesamtbetriebsrat eine Betriebsvereinbarung für alle Betriebe eines Unternehmens mit dem
Unternehmer ab, so spricht man von Gesamtbetriebsverein-

---

* Schaub ArbR, Stichworte: Betriebsvereinbarung, Dienstvereinbarung;
  Betriebsrat § 37.

barung. Eine Konzernbetriebsvereinbarung ist gegeben, wenn die Konzernführungsgesellschaft mit dem Konzernbetriebsrat eine Regelung für den gesamten Konzern trifft. Dies geschieht häufig für konzerneinheitliche Ruhegeldvereinbarungen.

b) Die Betriebsvereinbarung hat ebenso wie ein Tarifvertrag einen *schuldrechtlichen und einen normativen Teil.* Im schuldrechtlichen Teil werden die Rechte und Pflichten des Arbeitgebers gegenüber dem Betriebsrat und umgekehrt geregelt. Dagegen enthält der normative Teil Rechtsnormen, die unmittelbar und zum Nachteil des Arbeitnehmers unabdingbar zwingend auf das Arbeitsverhältnis einwirken. Die Betriebspartner haben zahlreiche Regelungsbefugnisse, durch die die Rechtsstellung des einzelnen berührt wird.

c) Ob und welche Betriebsvereinbarungen im Betriebe bestehen, ist für einen *Außenstehenden kaum zu ermitteln.* Der Arbeitgeber ist gehalten, nach § 77 Abs. 2 S. 3 BetrVG Betriebsvereinbarungen im Betriebe auszulegen. Die Wirksamkeit der Betriebsvereinbarungen wird aber auch dann nicht berührt, wenn dies verabsäumt wird. Die Geltung der Betriebsvereinbarung darf nicht davon abhängig gemacht werden, ob der Arbeitgeber insoweit seine Verpflichtungen erfüllt. Ein Arbeitnehmer, der nicht durch Betriebsvereinbarungen überrascht werden will, kann und muß mithin bei der Bewerbung nach Betriebsvereinbarungen fragen. Das NachwG verpflichtet den Arbeitgeber auf die im Betrieb bestehenden Betriebsvereinbarungen hinzuweisen (§ 2 Abs. 1 Nr. 10 NachwG).

9. Dritter Weg. * Die Religionsgesellschaften ordnen ihre Angelegenheiten im Rahmen der für alle geltenden Gesetze selbst (Art. 140 GG i. V. m. Art. 137 WRV). Das Staatliche Arbeitsrecht gilt nicht für solche Personen, die in einem so engen Verhältnis zur Kirche stehen, daß sie einen Stand der

* Schaub ArbR, Stichwort: Kirche.

Kirche bilden (Mönche, Nonnen) sowie für die Kirchenbe-
amten. Dagegen gilt das Arbeitsrecht grundsätzlich für die
Arbeitnehmer der Kirchen. Jedoch haben diese mit Ausnahme einer Evangelischen Landeskirche keine Tarifverträge abgeschlossen. Nach dem sog. Dritten Weg entspricht die
einseitige Festlegung der Arbeitsbedingungen nicht mehr
den heutigen Verhältnissen. Zur Herbeiführung einer ein-
heitlichen Vertragsordnung haben die Kirchen anstelle des
Tarifvertragssystems auf der Basis des Leitbildes einer
christlichen Dienstgemeinschaft ein eigenständiges Beteili-
gungsmodell mit arbeitsrechtlichen Kommissionen entwik-
kelt. Diese sind zumeist mit einem unabhängigen Vorsitzenden und paritätisch mit einer gleichen Anzahl von
Beisitzern für die Arbeitnehmer- und Arbeitgeberseite besetzt. Die von ihnen erlassenen Richtlinien haben nach
h. M. nicht die Rechtsnatur eines Tarifvertrages. Sie bedürfen daher der vertraglichen Inbezugnahme, um Wirksamkeit
zu erlangen. Es ist umstr., ob die Richtlinien von tarifdispo-
sitivem Gesetzesrecht abweichen dürfen (vgl. Richtlinie des
Rates der EKD für ein Kirchengesetz über das Verfahren zur
Regelung der Arbeitsverhältnisse der Mitarbeiter im kirchlichen Dienst, Arbeitsrechtsregelungsgesetz v. 9. 10. 1976
(ABl-EKD 398) sowie Arbeitsvertragsrecht in der Kirche
und die Beteiligung der Mitarbeiter an der Schaffung und
Fortentwicklung arbeitsvertraglicher Regelungen (KODA),
Arbeitshilfen 16, 16 a v. 1. 5. 1980. Für die Bediensteten des
Diakonischen Werkes der Evangelischen Kirche gelten Ar-
beitsvertragsrichtlinien nach dem Stande von 1997, für die
der Caritas (Richtl. im Lambertus-Verlag) St. 1997; auch
vgl. Caritas-Korrespondenz Sachgebiet 1.

Inzwischen sind eine Reihe von Kirchengesetzen in der
evangelischen wie katholischen Kirche ergangen, die sich
unmittelbare und zwingende Wirkung für das Arbeitsverhältnis beimessen. Inwieweit diese auf das staatliche Arbeitsrecht durchschlagen ist noch ungeklärt.

III. Günstigkeitsprinzip

1. Begriff.* Das Arbeitsrecht ist ein Schutzrecht zugunsten der Arbeitnehmer. Hieraus folgt ein Grundprinzip des Arbeitsrechts. Grundsätzlich kann von sämtlichen Vorschriften des Arbeitsrechts abgewichen werden, sofern die vereinbarte Regelung nur für den Arbeitnehmer günstiger ist (Günstigkeitsprinzip). Indes bereitet es häufig nicht unerhebliche Schwierigkeiten zu ermitteln, ob eine Regelung günstiger oder ungünstiger ist. Ist es z. B. günstiger statt einer tariflichen Auslösung und Fahrtkostenpauschale ein höheres Gehalt zu bekommen usw. Im allgemeinen gilt der Grundsatz, daß ein bestimmter Regelungsbereich mit den vertraglichen Bestimmungen verglichen wird. Damit dürfen konkrete Aufwendungen nicht mit Gehaltserhöhungen usw. kompensiert werden. Der Günstigkeitsvergleich wurde bislang nach dem sog. Sachgruppenvergleich vorgenommen. Es wurden mithin die einzelnen Arbeitsbedingungen miteinander verglichen. Wegen der hohen Arbeitslosigkeit in der BRD wird aber in der Wissenschaft auch vertreten, es müsse ein erweiterter Günstigkeitsvergleich stattfinden. Es sei immerhin für einen Arbeitnehmer günstiger, seinen Arbeitsplatz zu niedrigeren Lohnbedingungen zu erhalten als arbeitslos zu werden. Dieser Rechtsansicht ist das BAG bislang nicht gefolgt. Es würde auch zu Eingriffen in die Koalitionsfreiheit führen.

2. Günstigkeitsprinzip in verschiedenen Rechtsquellen. Das **Günstigkeitsprinzip ist bei den verschiedenen Rechtsquellen** unterschiedlich ausgestaltet.

a) Beim *Gesetzesrecht* unterscheidet man im wesentlichen beiderseitig zwingendes Gesetzesrecht, einseitig zwingendes Gesetzesrecht und dispositives Gesetzesrecht. Beiderseitig zwingendes Gesetzesrecht läßt weder zugunsten wie zum Nachteil des Arbeitnehmers eine Abweichung zu.

---

* Schaub ArbR, Stichwort: Günstigkeitsprinzip; Der Betriebsrat § 37.

Ein mündlich abgeschlossenes Wettbewerbsverbot ist nichtig. Einseitig zwingendes Gesetzesrecht läßt eine Abweichung nur zugunsten des Begünstigten zu. Die Mindestkündigungsfrist eines Arbeiters oder Angestellten (Arbeitnehmers) beträgt vier Wochen zum Fünfzehnten oder zum Ende des Kalendermonats. Es ist aber rechtlich zulässig, daß die Kündigungsfrist auf einen Monat zum Monatsschluß verlängert wird. Hierdurch wird der Arbeitnehmer begünstigt. Dispositives Gesetzesrecht kann von den Parteien zum Nachteil eines jeden abbedungen werden. Die Parteien können mithin vereinbaren, ob das Gehalt vor oder nach der Leistung der Dienste gezahlt wird (§ 614 BGB). Die Zahlung post numerando stellt lediglich einen „gesetzgeberischen Vorschlag dar", wie der Gesetzgeber sich eine optimale Regelung vorstellt. Immer dann, wenn die Parteien von dispositivem Gesetzesrecht abweichen, muß für den Benachteiligten aber ein sachlich gerechtfertigter Grund gegeben sein, sonst setzt die richterliche Billigkeitskontrolle ein. Diese wird allerdings nur zugunsten des Arbeitnehmers ausgeübt, da das Arbeitsrecht von der Vorstellung ausgeht, daß der Arbeitgeber schon hinlänglich selbst seine Interessen zu wahren vermöge.

b) Ein Sonderfall des dispositiven Gesetzesrechts ist das *tarifdispositive Gesetzesrecht*. Tarifdispositives Gesetzesrecht ist Recht, das für Arbeitsverträge und Betriebsvereinbarungen, nicht dagegen für Tarifverträge zwingende Wirkung entfaltet. Zweck des tarifdispositiven Gesetzesrechts ist, den Tarifpartnern zu ermöglichen, für einen bestimmten Wirtschaftszweig einen vom Gesetz abweichenden, sachgemäßen Interessenausgleich zu schaffen. Tarifdispositives Gesetzesrecht ist z. B. in § 622 Abs. 4 BGB enthalten. Von den in § 622 Abs. 1 bis 3 BGB enthaltenen Kündigungsfristen kann durch Tarifvertrag zum Vor- wie zum Nachteil abgewichen werden (§ 662 Abs. 4 BGB). Der Gesetzgeber geht davon aus, daß die Tarifvertragsparteien von ihrer Gestaltungsmöglichkeit sachgemäßen Gebrauch machen wer-

den. Im Geltungsbereich eines solchen Tarifvertrages können auch nicht tarifgebundene Arbeitgeber und Arbeitnehmer die tariflichen Kündigungsfristen einzelvertraglich vereinbaren. Ob dies auch für den sog. Dritten Weg der Kirchen gilt, ist umstr.

c) Im Recht der *Tarifverträge und Betriebsvereinbarungen* kommt das Günstigkeitsprinzip am klarsten zum Ausdruck. Von den Individualvertragsparteien vereinbarte günstigere Abreden gehen den kollektivrechtlichen Normen
vor. Vielfach sagen Arbeitgeber Sonderzuwendungen, Ruhegelder oder sonstige Nebenleistungen im Wege der Gesamtzusage, arbeitsvertraglichen Einheitsregelung, gebün-
delten Arbeitsverträgen zu. Es war umstr., ob derartige Vereinbarungen durch eine nachfolgende Betriebsvereinbarung
zum Nachteil der Arbeitnehmer abgeändert werden können
oder ob auch insoweit das Günstigkeitsprinzip gilt. Das
BAG geht von folgenden Unterscheidungen aus. *(1)* Um-
strukturierende Betriebsvereinbarungen, die den Dotie-
rungsrahmen, also den Gesamtaufwand des Arbeitgebers
unverändert lassen, können auch Gesamtzusagen und Be-
triebsübungen usw. zum Nachteil des Arbeitnehmers verändern *(kollektiver Günstigkeitsvergleich)*. Insoweit muß der
Arbeitnehmer mit Änderungen rechnen. *(2)* Ablösende, un-
günstigere Betriebsvereinbarungen sind nur wirksam, wenn
der Arbeitgeber wegen eines Widerrufvorbehaltes oder Wegfalls der Geschäftsgrundlage die Kürzung oder Streichung
der Sozialleistungen verlangen kann.*

* BAG GS AP 17 zu § 77 BetrVG 1972 = NZA 87, 168.

Abschnitt II. Anbahnung des Arbeitsverhältnisses

§ 2. Kollektivrechtliche Einflüsse auf die Anbahnung des Arbeitsverhältnisses

I. Tarifverträge

Vor Begründung eines Arbeitsvertrages ergeben sich im allgemeinen aus Tarifverträgen keine Ansprüche gegen den neuen Arbeitgeber.

II. Betriebsvereinbarungen*

Der Betriebsrat hat bereits vor Begründung des Arbeitsverhältnisses zwischen Arbeitgeber und Bewerber einen erheblichen Einfluß auf seinen Abschluß und seine Gestaltung.

1. Personalplanung (§ 92 BetrVG).** Der Arbeitgeber hat den Betriebsrat über die Personalplanung, insbesondere über den gegenwärtigen und künftigen Personalbedarf sowie über die sich daraus ergebenden Maßnahmen und die Berufsbildung anhand von Unterlagen rechtzeitig und umfassend zu unterrichten. Zweck der Unterrichtungspflicht ist, den Betriebsrat bereits bei personellen Grundsatzentscheidungen zu beteiligen. Aus gewerkschaftlicher Sicht soll die Personalplanung zur strukturellen und konjunkturellen Steuerung des Arbeitsmarktes eingesetzt werden. Der Betriebsrat wird insoweit versuchen, mit dem Arbeitgeber eine Betriebsvereinbarung über die Personalplanung abzuschließen. Nach § 92 Abs. 2 BetrVG kann der Betriebsrat dem

---

* Schaub, Der Betriebsrat, 6. Aufl., 1995, § 47.
** Schaub ArbR von A–Z, Stichwort: Personalplanung.

Arbeitgeber Vorschläge für die Einführung einer Personalplanung machen.

2. Ausschreibung von Arbeitsplätzen.* Der Betriebsrat
kann vom Arbeitgeber die Ausschreibung von Arbeitsplätzen, die besetzt werden sollen, verlangen (§ 93 BetrVG). Er
kann damit zwar nicht eine bestimmte Besetzung der Stellen im Betrieb erzwingen, aber doch mittelbar durch die
Ausschreibung hierauf Einfluß nehmen. Die Stellenausschreibung ist Teil der Personalbeschaffungsplanung. Sie ist
die Aufforderung des Arbeitgebers an alle oder einem bestimmten Kreis von Mitarbeitern, Stellenbewerbungen abzugeben. Nach § 611 b BGB darf der Arbeitgeber einen
Arbeitsplatz weder öffentlich noch innerhalb des Betriebes
nur für Männer oder für Frauen ausschreiben. Die Stellenausschreibung begründet keine Verpflichtung des Arbeitgebers, dem Bewerber die Stelle zuzuweisen. Die Stellenausschreibung kann nach h. M. nur für den Betrieb verlangt
werden. Unterläßt der Arbeitgeber entgegen dem Verlangen
des Betriebsrats eine Stellenausschreibung, so erlangt der
Betriebsrat bei der Einstellung ein Widerspruchsrecht (§ 99
Abs. 1 Nr. 5 BetrVG). Beschäftigt der Arbeitgeber Teilzeitarbeitnehmer, so hat er, wenn diese den Wunsch nach Veränderung der Arbeitszeit äußern, entsprechende Stellen im
Betrieb auch durch Aushang bekanntzumachen (§ 3
BeschFG 1985).

3. Auswahlrichtlinien.** Schließlich bedürfen Richlinien
über die Personalauswahl bei Einstellung, Versetzung, Umgruppierung und Kündigung der Zustimmung des Betriebsrates (§ 95 BetrVG). Die Auswahlrichtlinien sollen die Per-
sonalführung in den Betrieben durchschaubarer machen.
Wegen der Mitbestimmung differenziert das Gesetz zwischen Betrieben mit weniger und mehr als 1000 Mitarbei-

---

* Schaub ArbR von A–Z, Stichwort: Stellenausschreibung.
** Schaub ArbR von A–Z, Stichwort: Auswahlrichtlinien.

tern. In Betrieben bis zu 1000 Mitarbeitern steht es dem Arbeitgeber frei, ob er Auswahlrichtlinien einführt. Führt er sie aber ein, so bedürfen sie der Zustimmung des Betriebsrates (§ 95 Abs. 1 BetrVG). Können sich Arbeitgeber und Betriebsrat nicht einigen, so kann allein der Arbeitgeber die Einigungsstelle anrufen, die allerdings bei Anrufung verbindlich entscheidet. In Betrieben mit mehr als 1000 Arbeitnehmern hat auch der Betriebsrat ein eigenes Initiativrecht zur Aufstellung von Auswahlrichtlinien (§ 95 Abs. 2 BetrVG). Der Betriebsrat kann mithin auf die Zusammensetzung der Belegschaft entscheidenden Einfluß nehmen. Auswahlrichtlinien sind Grundsätze, die allgemein oder für bestimmte Arten von Tätigkeiten oder Arbeitsplätze festlegen, welche Voraussetzungen für die Ausübung der Tätigkeit oder für die Besetzung des Arbeitsplatzes vorliegen müssen oder nicht vorliegen dürfen. Sie sind zu unterscheiden von mitbestimmungsfreien Stellenbeschreibungen und Führungsrichtlinien, in denen der Einsatz der einzelnen Führungsmittel, die Verantwortlichkeit der Vorgesetzten und Mitarbeiter sowie deren Informationspflicht und Kommunikation geregelt sind. Auswahlrichtlinien müssen in Form einer Betriebsvereinbarung abgeschlossen werden. Bei Personalinformationssystemen ist eine Auswahlrichtlinie noch nicht dann gegeben, wenn Daten über die Qualifikation und Leistungsfähigkeit eines Arbeitnehmers gespeichert werden. Sie liegen erst dann vor, wenn eine Vergleichsmöglichkeit zwischen den Arbeitsplatzprofilen und den Personalprofilen geschaffen wird. Verstößt der Arbeitgeber bei Einstellung gegen eine Auswahlrichtlinie, so erlangt der Betriebsrat ein Widerspruchsrecht (§ 99 Abs. 1 Nr. 2 BetrVG). Zur Kündigung vgl. § 47 II 6 S. 398.

4. Personalfragebogen.*   Unmittelbar berührt wird der Bewerber schließlich durch die Mitbestimmungsrechte des Betriebsrates, wenn ihm ein Personalfragebogen vorgelegt

---

* Schaub ArbR von A–Z, Stichwort: Einstellungsfragebogen.

wird. Personalfragebogen bedürfen der Zustimmung des Betriebsrates (§ 94 Abs. 1 S. 1 BetrVG). Ob der Arbeitgeber Personalfragebogen einführt, steht in seinem Ermessen. Führt er sie aber ein, so bedürfen sie der Zustimmung des Betriebsrates. Kommt es nicht zu einer Einigung zwischen Arbeitgeber und Betriebsrat, entscheidet die Einigungsstelle verbindlich (§ 94 Abs. 1 S. 2, 3 BetrVG). Diese Regelung dient dem Schutz des Bewerbers. Wird ihm nämlich ein Personalfragebogen vorgelegt, ist er kaum jemals in der Lage, seine Ausfüllung zu verweigern, wenn er die Bewerbung nicht von vornherein gefährden will. Füllt er ihn dagegen falsch aus, setzt er sich der Gefahr einer Anfechtung des Arbeitsvertrages aus. Füllt er ihn rückhaltslos aus, ist er u. U. zur Preisgabe von Umständen gezwungen, an denen der Arbeitgeber kein berechtigtes Interesse hat. Durch die Einschaltung des Betriebsrates soll verhindert werden, daß der Arbeitnehmer übermäßig ausgefragt wird. Ein Personalfragebogen kann auch dann gegeben sein, wenn der Arbeitgeber ein standardisiertes Einstellungsgespräch führt, in dem er selbst die Antworten aufschreibt. Damit der Arbeitgeber das Mitwirkungsrecht des Betriebsrates bei Personalfragebogen nicht durch die Formulierung von Arbeitsverträgen umgeht, bedürfen die Fragen in Arbeitsverträgen, die allgemein für den Betrieb verwandt werden sollen, der Zustimmung des Betriebsrates (§ 94 Abs. 2 BetrVG).

III. Muster

Beispiele für Betriebsvereinbarungen über die Mitwirkungsrechte des Betriebsrates vor Begründung des Arbeitsverhältnisses eines Bewerbers finden sich bei Schaub, Arbeitsrechtliche Formularsammlung und Arbeitsgerichtsverfahren, 6. Aufl. 1994 sowie im Münchener Formularkommentar, 4. Aufl., 1997, Bd. 4.

§ 3. Anwerbung der Arbeitnehmer durch den Arbeitgeber

I. Anwerbung

1. Anwerbemöglichkeiten. Der Arbeitgeber hat zahlreiche Möglichkeiten, Arbeitnehmer anzuwerben. Er kann z.B. die Arbeitsämter einschalten, Zeitungsinserate aufgeben, einen Aushang am Betrieb machen oder Arbeitnehmer durch bereits Beschäftigte anwerben.

2. Zeitungsinserate. Sollen durch Zeitungsinserate Arbeitskräfte angeworben werden, so enthält noch nicht das Inserat das Arbeitsangebot des Arbeitgebers. Dieser weiß nicht, wer von dem Inserat überhaupt Kenntnis nimmt. Ein Inserat stellt lediglich eine Aufforderung dar, Arbeitsangebote zu machen. Hieraus ergeben sich eine Reihe von Schlußfolgerungen: Der Arbeitgeber ist aufgrund des Inserates nicht zum Ersatz der Vorstellungskosten verpflichtet, es sei denn, daß deren Übernahme bereits im Inserat in Aussicht gestellt ist. Grundsätzlich kann ein Arbeitnehmer auch nicht ohne weiteres darauf vertrauen, daß die im Inserat formulierten Arbeitsbedingungen (Gratifikationen, betriebliche Altersversorgung, 13. Gehalt, Umzugskosten) ab Beginn des Arbeitsverhältnisses zugesagt oder überhaupt zugesagt werden. Es bedarf insoweit der Verhandlungen im Einzelfall. Indes kann der Arbeitgeber je nach Formulierung des Inserates schadensersatzpflichtig werden, wenn bei den Einstellungsverhandlungen von den Inseratsbedingungen abgewichen wird.

3. Vermittlung durch Arbeitsamt.* Auch dann, wenn der Arbeitgeber das Arbeitsamt um Vermittlung von Arbeitskräften ersucht hat, ist er nicht gehalten, einen der vorge-

---

* Schaub ArbR von A–Z, Stichwort: Einstellungsfragebogen.

schlagenen Bewerber einzustellen oder deren Vorstellungskosten zu übernehmen. Indes empfiehlt sich, dies ausdrücklich klarzustellen. U. U. übernimmt das Arbeitsamt etwaige Vorstellungskosten. Einzelheiten ergeben sich aus der Anordnung zur Förderung der Arbeitsaufnahme (FdA-AO).

4. Neue Instrumente zur Arbeitsförderung. Das AFRG vom 24. 3. 1997 (BGBl I 594) sieht neue Instrumente zur Behebung der Arbeitslosigkeit vor. Hierzu gehören Trainingsmaßnahmen für Arbeitslose zur Verbesserung der Eingliederungsaussichten (§ 53 a AFG) sowie ein neuartiger Eingliederungsvertrag für Langzeitarbeitslose (§ 54 a AFG). Gefördert werden Trainingsmaßnahmen, die (1) die Eignung des Arbeitslosen für eine berufliche Tätigkeit oder eine Maßnahme der beruflichen Ausbildung, Fortbildung oder Umschulung feststellen; (2) die Selbstsuche des Arbeitslosen sowie seine Vermittlung, insbesondere durch Bewerbungstraining und Beratung über Möglichkeiten der Arbeitsplatzsuche, unterstützen oder die Arbeitsbereitschaft und Arbeitsfähigkeit des Arbeitslosen prüfen; (3) dem Arbeitslosen notwendige Kenntnisse und Fähigkeiten vermitteln, um eine Vermittlung in Arbeit oder einen erfolgreichen Abschluß einer beruflichen Ausbildung, Fortbildung oder Umschulung erheblich zu verbessern. Die Dauer der Trainingsmaßnahmen muß im Hinblick auf deren Inhalt und das Bedürfnis des Arbeitslosen angemessen sein. Sie dauern im allgemeinen zwischen vier bis acht Wochen. Durch den Eingliederungsvertrag verpflichtet sich der Arbeitgeber, dem Arbeitslosen die Gelegenheit zu geben, sich unter betriebsüblichen Arbeitsbedingungen zu qualifizieren und einzuarbeiten mit dem Ziel, ihn nach erfolgreichem Abschluß der Eingliederung zu übernehmen. Der Arbeitslose verpflichtet sich, die vereinbarte Tätigkeit zu verrichten. Der Eingliederungsvertrag ist auf mindestens zwei Wochen, längstens auf sechs Monate zu befristen. Der Eingliederungsvertrag führt nicht zu einem Arbeitverhältnis. Jedoch sind für Streitigkeiten aus dem Eingliederungsvertrag die Arbeitsgerichte zuständig. Die BAnstArb erstattet Arbeitgebern die Entgeltfortzahlungskosten, wenn der Arbeitslose arbeitsunfähig krank wird (§ 54 c AFG). Die BAnstArb kann Arbeitgebern, die vor nicht mehr als zwei Jahren eine selbständige Tätigkeit aufgenommen haben, für die unbefristete Beschäftigung eines zuvor arbeitslosen förderungsbedürftigen Arbeitnehmers auf einem neu geschaffenen Arbeitsplatz einen Zuschuß zum Arbeitsentgelt gewähren (Einstellungszuschuß bei Neugründungen – § 55 b AFG).

II. Bewerberauswahl

1. Ermessen des Arbeitgebers. Es steht grundsätzlich im freien Ermessen des Arbeitgebers, ob und welche Bewerber er einstellt. Gleichwohl können von diesem Grundsatz Ausnahmen bestehen:

a) Aufgrund *gesetzlicher Vorschriften* bestehen jedenfalls im Hinblick auf einen konkreten Bewerber keine Einstellungsgebote. Lediglich mittelbar kann sich wegen eines konkreten Bewerbers ein Einstellungszwang ergeben. Dies gilt vor allem für den öffentlichen Dienst, wenn ein Bewerber ausschließlich aus politischen Gründen zurückgewiesen werden soll. Nach Art. 33 Abs. 2 GG hat jeder Deutsche nach seiner Eignung, Befähigung und fachlichen Leistung gleichen Zugang zu jedem öffentlichen Amt. Aber auch in der Privatwirtschaft kann sich ein Einstellungsanspruch dann ergeben, wenn der Bewerber ausschließlich wegen seiner politischen Äußerung abgewiesen wird.* Dies ist eine seltene Situation, die der insoweit darlegungs- und beweispflichtige Arbeitnehmer nur schwer wird nachweisen können.

Ist ein Arbeitsverhältnis wegen eines vom Arbeitgeber zu vertretenden Verstoßes gegen das Benachteiligungsverbot bei Geschlechtsdiskriminierung nicht begründet worden, so

---

* Schaub ArbR von A–Z, Stichwort: Radikale.

besteht kein Einstellungsanspruch (§ 611 b Abs. 3 BGB). Ob etwas anderes gilt, wenn ein Bewerber bereits bei der Bewerbung sexuell belästigt wird, ist zweifelhaft (§ 4 BeschSchG).

b) Aufgrund *tariflicher Vorschriften* ergeben sich vor allem Einstellungsgebote nach Arbeitskämpfen, also in Form von Maßregelungsverboten.

c) Die Beschränkungen des Arbeitgebers durch die *Mitwirkungsrechte des Betriebsrates* sind oben § 2 II dargestellt.

2. Erkundigungen über Arbeitnehmer.* Der Arbeitgeber hat wegen der vielfachen sozialen Lasten, die die Beschäftigung eines Arbeitnehmers mit sich bringt, ein erhebliches Interesse daran, Erkundigungen über seinen zukünftigen Arbeitnehmer einzuziehen. Gleichwohl bedarf auch der Bewerber des Schutzes, daß er sich nicht unangemessen gegenüber dem Arbeitgeber zu verlautbaren hat.

a) Der Arbeitgeber ist grundsätzlich berechtigt, über seinen Bewerber und zukünftigen Arbeitnehmer *Auskünfte* einzuholen. Er kann sich also bei dem derzeitigen oder früheren Arbeitgeber des Bewerbers erkundigen. Hiervon besteht nur dann eine Ausnahme, wenn der Arbeitnehmer dem Arbeitgeber untersagt hat, sich bei seinem derzeitigen Arbeitgeber zu erkundigen. Der Arbeitnehmer kann hierzu berechtigten Anlaß haben, die Auskunftseinholung zu verweigern, wenn er Nachteile in dem bestehenden Arbeitsverhältnis befürchtet. Ein beabsichtigter Stellenwechsel kann auch im Rahmen der sozialen Auswahl im Falle betriebsbedingter Kündigung zum Nachteil eines Arbeitnehmers berücksichtigt werden. In einem Vorstellungsgespräch sollte daher eindeutig klargestellt werden, warum die Einholung bestimmter Auskünfte nicht erwünscht ist. Holt der Arbeitgeber gegen einen Wunsch des Bewerbers eine Auskunft ein, so kann er wegen Verschuldens bei Vertrags-

---

* Schaub ArbR von A–Z, Stichwort: Auskunft.

schluß schadensersatzpflichtig werden auf Ersatz des Schadens, der dem Bewerber infolge der Auskunftseinholung erwächst.

Der frühere Arbeitgeber ist gegenüber dem Folgearbeitgeber nicht zur Auskunft verpflichtet. Rechtsbeziehungen zwischen dem früheren Arbeitgeber und einem Folgearbeitgeber bestehen nicht. Hieraus folgt, daß der um Auskunft ersuchte Arbeitgeber jede Auskunft ablehnen kann.

Indes hat der frühere Arbeitgeber gegenüber seinem ehemaligen Arbeitnehmer noch eine nachwirkende Vertragspflicht, die in der Terminologie des klassischen Arbeitsrechts als Fürsorgepflicht bezeichnet wird. Sie besagt, daß der frühere Arbeitgeber seinem Arbeitnehmer in zumutbarer Weise zur Entwicklung seines ferneren Arbeitslebens helfen muß. Er ist mithin grundsätzlich gegenüber seinem ehemaligen Arbeitnehmer verpflichtet, bei Anfragen Auskunft über ihn zu geben. Weigert er sich zu Unrecht, Auskunft über seinen ehemaligen Arbeitnehmer zu erteilen, kann dies zu Schadensersatzansprüchen seines ehemaligen Arbeitnehmers führen. Erteilt er eine nicht nachweislich richtige Auskunft, besteht ebenfalls eine Schadensersatzpflicht gegenüber dem Arbeitnehmer. Die Erteilung wie die Nichterteilung einer Auskunft kann daher in gleicher Weise zu Schadensersatzverpflichtungen führen. Der ehemalige Arbeitgeber wird daher in wohlverstandenem eigenen Interesse prinzipiell keine telefonischen Auskünfte erteilen, sondern den Auskunftsersuchenden auf eine schriftliche Anfrage verweisen. Dies ist zulässig. Andererseits hat der von der Auskunft betroffene Arbeitnehmer auch ein Auskunftsrecht gegenüber seinem ehemaligen Arbeitgeber, welchen Inhalt die Auskunft hatte. Der Arbeitnehmer wird daher gegen seinen ehemaligen Arbeitgeber mit einer Klage auf Auskunft über den Inhalt der erteilten Anfrage Erfolg haben. Zweckmäßigerweise wird ihm daher eine Abschrift der erteilten Auskunft ausgehändigt.

b) Zur *Einholung graphologischer Gutachten** ist stets die Einwilligung des Bewerbers erforderlich. Dies folgt aus Art. 1 Abs. 1 S. 2 GG, wonach es jedermann untersagt ist, in die Intimsphäre einer Persönlichkeit einzugreifen. Die Einholung eines graphologischen Gutachtens wird aber dann für zulässig gehalten, wenn der Arbeitgeber die Vorlage eines handgeschriebenen Lebenslaufes verlangt hat. In der Vorlage des Lebenslaufes ist die Einwilligung zur Einholung eines graphologischen Gutachtens enthalten. Denn eine andere Bedeutung als die Erteilung der Einwilligung kann die Vorlage des handgeschriebenen Lebenslaufes nicht haben. Dagegen beinhaltet die handgeschriebene Vorlage anderer Unterlagen nicht ohne weiteres auch die Einwilligung zur Einholung eines graphologischen Gutachtens. Ein Arbeitgeber wird mithin schadensersatzpflichtig, wenn er aufgrund sonstiger handgeschriebener Unterlagen ein graphologisches Gutachten einholt. Der Schadensersatzanspruch umfaßt auch einen Anspruch auf Schmerzensgeld.

Aber selbst dann, wenn er berechtigt ist, ein graphologisches Gutachten einzuholen, darf der Auftrag zur Gutachtenerteilung im Interesse des Persönlichkeitsschutzes des Arbeitnehmers nicht schrankenlos sein. Das Gutachten darf sich nur auf solche Fragen beziehen, die im Zusammenhang mit der zu übertragenden Arbeitsaufgabe stehen. Es darf also bei der Begutachtung eines Kassierers nach der Zuverlässigkeit, aber nicht nach möglicherweise aus der Handschrift zu ermittelnden sexuellen Wünschen gefragt werden. Es versteht sich von selbst, daß das eingeholte Gutachten der Verschwiegenheitspflicht des Arbeitgebers und seiner Bediensteten unterliegt.

c) Ob allgemein vor Einstellungen *psychologische Eignungstests*** angestellt werden dürfen, ist zweifelhaft, auch wenn der Bewerber zustimmt. Der Bewerber befindet sich

---

* Schaub ArbR von A–Z, Stichwort: Graphologische Gutachten.
** Schaub ArbR von A–Z, Stichwort: Eignungsuntersuchungen.

in einer Zwangssituation, da er die Einwilligung erteilen
muß, wenn er nicht den Abbruch der Einstellungsverhandlung
riskieren will. Eignungstests werden daher im allgemeinen
nur durchgeführt werden dürfen, wenn der Proband
über Zweck und Reichweite des Eignungstests aufgeklärt
worden ist und eine strenge Beschränkung auf die vertragliche
Relevanz erfolgt ist. Intelligenz- und Kreativitätstests
dürfen nur nach Einwilligung des Probanden durchgeführt
werden, wenn die Verhältnismäßigkeit zum besetzenden
Arbeitsplatz gewahrt bleibt.

d) *Werksärztliche oder vertrauensärztliche Untersuchungen** sind bei bestimmten Arbeitnehmergruppen im
Interesse des Arbeitnehmerschutzes vorgeschrieben (vgl.
§§ 32 ff JArbSchG). In bestimmten Gewerben ist auch im
Interesse des Schutzes Dritter eine ärztliche Untersuchung
notwendig; dies gilt z. B. für das Lebensmittelgewerbe
(§§ 17, 18 BSeuchG). Der Arbeitgeber kann allgemein die
Einstellung eines Arbeitnehmers von einer ärztlichen Untersuchung
abhängig machen. Die ärztliche Untersuchung
wird nur in Ausnahmefällen einen HIV-Test auf Aidserkrankung
umfassen dürfen. Die Einwilligung in die ärztliche
Untersuchung, die auch konkludent durch die Unterwerfung
unter die Untersuchung erteilt werden kann, bedeutet
nur insoweit eine Befreiung des Arztes von der ärztlichen
Schweigepflicht, daß dieser gegenüber dem die Untersuchung
betreibenden Arbeitgeber Auskunft geben kann und darf,
wie es um die Eignung des Bewerbers für den konkreten Arbeitsplatz
geht. Dagegen ist der Arzt nicht berechtigt, dem
Arbeitgeber die Diagnose mitzuteilen. Die Kosten der ärztlichen
Untersuchung hat der Arbeitgeber zu tragen, es sei
denn, daß ausdrücklich etwas anderes vereinbart wird. Dies
kann z. B. vorkommen, wenn ein Arbeitnehmer für einen
Arbeitseinsatz im tropischen Ausland eingestellt werden
soll.

---

* Schaub ArbR von A–Z, Stichworte: Betriebsarzt, Vertrauensarzt.

e) Im Rahmen der werksärztlichen Untersuchung wird eine *Genomanalyse* nur in begrenztem Umfang in Betracht kommen. Sie ist nur in einem solchen Umfang zulässig, wie sie notwendig ist, die Eignung des Arbeitnehmers für eine konkrete Arbeit zu beurteilen und der Vermeidung von Unfall und Gesundheitsgefahren zu dienen.

III. Personalfragebogen*

1. Interessengegensatz. Es besteht ein Interessengegensatz zwischen dem Arbeitgeber und dem Bewerber. Der Arbeitgeber ist daran interessiert, möglichst weitgehende Auskünfte über die Person des Arbeitnehmers zu erhalten. Der Arbeitnehmer will dagegen andererseits den Eingriff in seine persönliche Sphäre möglichst gering halten. Es bedarf daher eines gerechten und billigen Interessenausgleiches. Der Form nach kann die Befragung des Bewerbers mündlich, zweckmäßig aber schriftlich erfolgen. Die Befragung kann bereits vor der Vorstellung vorgenommen werden, da sie dem Arbeitnehmer die Vorstellung und dem Arbeitgeber möglicherweise erwachsende Vorstellungskosten erspart.

2. Fragerecht. Grenzen und Umfang des Fragerechts und der Mitteilungspflicht sind nach Treu und Glauben zu bestimmen. Nur in diesem Rahmen darf auch der Betriebsrat die Zustimmung zum Einstellungsfragebogen verweigern (vgl. § 2 III S. 23). Im einzelnen gelten folgende Grundsätze:

a) Den *Arbeitnehmer trifft* im Rahmen des Vorstellungsgesprächs nur eine *Mitteilungspflicht* wegen solcher Umstände, die unmittelbar seine Arbeitsleistung ermöglichen. Der Arbeitnehmer muß mithin seinen Arbeitgeber über solche Umstände aufklären, die einer Aufnahme der Ar-

---

* Schaub, Der Betriebsrat, 6. Aufl., 1995, § 47 IV; ders. ArbR von A–Z, Stichwort: Einstellungsfragebogen.

beit zum vereinbarten Zeitpunkt entgegenstehen oder die Durchführung der Arbeitsleistung unmöglich machen oder wesentlich erschweren. Der Arbeitnehmer hat mithin seinen zukünftigen Arbeitgeber darauf hinzuweisen, daß er zum vereinbarten Arbeitsbeginn arbeitsunfähig krank ist oder eine Kur anzutreten hat oder will. Er hat seinen zukünftigen Arbeitgeber ferner über Umstände aufzuklären, die einer Arbeitsleistung entgegenstehen, z. B. wird ein Mannequin für Jugendmoden darauf hinzuweisen haben, daß sie sich in anderen Umständen befindet. Dasselbe mag für eine Sportlehrerin usw. gelten. Im übrigen muß sich der Arbeitgeber nach den ihn interessierenden Umständen erkundigen.

b) Der Arbeitnehmer muß die zulässigerweise gestellten Fragen des Arbeitgebers *wahrheitsgemäß beantworten.* Es gibt kein Recht zur Lüge. Der Arbeitgeber darf nach allen Gegebenheiten und Umständen fragen, die objektiv geeignet sind, das in einem Arbeitsvertrag liegende Risiko zu erhöhen. Umfang und Grenzen des Fragerechts bestimmen sich mithin nach dem Aufgabenkreis, der dem Arbeitnehmer übertragen werden soll. Ein leitender Angestellter wird sich damit mehr Fragen gefallen lassen müssen als der Arbeiter, der den Hof des Betriebes fegen soll. Beantwortet der Arbeitnehmer eine zulässigerweise gestellte Frage falsch, so kann der Arbeitgeber den Arbeitsvertrag anfechten (vgl. § 43 II S. 365) oder Schadensersatz wegen Verschuldens bei Vertragsschluß verlangen. Ein Anfechtungsrecht ist dann gegeben, wenn *a)* die Frage zulässig war, *b)* der Arbeitnehmer die Frage bewußt falsch beantwortet hat, *c)* der Arbeitnehmer wissen oder erkennen mußte, daß die von ihm verschwiegene Tatsache für die Entscheidung des Arbeitgebers zu seiner Einstellung von ausschlaggebender Bedeutung war, *d)* die verschwiegene Tatsache für die Einstellung des Arbeitnehmers ursächlich war. Der Arbeitgeber ist bei einer Anfechtung des Arbeitsvertrages für diese Tatsachen darlegungs- und beweispflichtig. Liegen die vorstehenden Voraussetzungen nicht vor, so kann der Arbeitgeber weder anfechten, noch Schadensersatz wegen Verschuldens bei Vertragsschluß verlangen.

Das Anfechtungsrecht des Arbeitgebers kann dann entfallen, wenn die wahrheitswidrige Beantwortung der Fragen für das Arbeitsverhältnis keinen Einfluß mehr haben kann. Dies ist z. B. dann der Fall, wenn das Arbeitsverhältnis längere Zeit bestanden hat und zur beiderseitigen Zufriedenheit durchgeführt worden ist.

3. Übliche Fragen. In der Praxis sind zahlreiche Fragen über den Arbeitnehmer, seine Person und seinen beruflichen Werdegang üblich. Für die zumeist vorkommenden Fragen in Personalfragebogen oder Einstellungsgesprächen gilt folgendes:

a) Der Bewerber muß wahrheitsgemäß Fragen nach dem *beruflichen Werdegang* beantworten, also Fragen nach Ausbildung, Zeugnis- und Prüfungsnoten, etwaigen Wehrdienstzeiten, erfolgte oder anstehende Einberufung zum Wehrdienst, besondere Kenntnisse in Sprachen oder sonstigen Fertigkeiten.

b) Umstr. ist, ob der Arbeitnehmer Fragen nach seinem *bisherigen Gehalt oder Lohn* wahrheitsgemäß beantworten muß. Dies hat das BAG verneint, da es dem Arbeitgeber nicht zukomme, seine Vergütungszusage nach den bisherigen Verdienstaussichten auszurichten.* Die Vergütungshöhe unterscheidet sich für dieselbe Arbeitsleistung am gleichen Ort regelmäßig nur geringfügig.

c) Nach *Gewerkschafts-, Partei- oder Religionszugehörigkeit* darf grundsätzlich nicht gefragt werden. Das gilt jedoch nicht uneingeschränkt für die Frage nach der Gewerkschaftszugehörigkeit. In einer nicht unerheblichen Zahl von Fällen ist der Arbeitgeber aufgrund entspr. Abkommen mit der Gewerkschaft verpflichtet, die Gewerkschaftsbeiträge von der Arbeitsvergütung abzuziehen. Wenn die Gewerkschaft als die legitime Vertreterin der Arbeit-

* BAG AP 25 zu § 123 BGB = DB 84, 298.

nehmer einen Arbeitgeber verpflichtet, die Beiträge einzuziehen, muß dieser auch berechtigt sein, entspr. Fragen an einen Bewerber zu stellen. Aber darüber hinaus ist die Frage nach der Gewerkschaftszugehörigkeit dann berechtigt, wenn der Arbeitgeber selbst tarifgebunden ist und die Frage der Tarifbindung festgestellt werden soll (vgl. § 1 II S. 11).

d) Ob eine Frage nach der *Schwangerschaft einer Frau* zulässig ist, war zweifelhaft. Nach der älteren Rspr. wurde dies grundsätzlich ohne Rücksicht auf den zu besetzenden Arbeitsplatz bejaht. Diese Rechtsauffassung ist jedoch unrichtig, da es eine geschlechtsspezifische Fragestellung ist, die seit Inkrafttreten der EG-Anpassungsnovelle, durch die die Gleichberechtigung der Geschlechter durchgesetzt werden soll, unzulässig ist.* Nach neuerer Rspr. verneint das BAG die Zulässigkeit der Frage. Es läßt sie nur noch dann zu, wenn die Frau mit Arbeiten beschäftigt werden soll, die eine schwangere Frau in eigenem oder im Interesse ihres Kindes nicht verrichten kann.** In jedem Falle sind Fragen nach der letzten Regel, Einnahme empfängnisverhütender Mittel usw. unzulässig. Ohne besondere Frage braucht eine Frau nur in Ausnahmefällen auf eine bestehende Schwangerschaft hinzuweisen (vgl. S. 32).

e) Wahrheitsgemäß beantworten muß ein Arbeitnehmer die Frage, ob er *schwerbehindert oder Inhaber eines Bergmannsversorgungsscheines**** ist. Allerdings genießt auch der Schwerbehinderte einen besonderen Schutz, damit er ohne Schwierigkeiten einen anderen Arbeitsplatz findet. Andererseits muß aber auch der Arbeitgeber bei Beschäftigung eines Schwerbehinderten zahlreiche Arbeitnehmerschutzvorschriften einhalten. Darüberhinaus ist er verpflichtet, ohne Beschäftigung einer hinreichenden Anzahl von

---

* EuGH NJW 91, 628.
** BAG AP 8 zu § 611 a BGB, vom 1. 7. 1993 NZA 93, 933; Buschbeck-Bülow BB 93, 360; Schatzschneider NJW 93, 1115; Zeller BB 93, 219.
*** Schaub ArbR von A–Z, Stichworte: Schwerbehinderte, Bergmannsversorgungsschein.

Schwerbehinderten erhebliche Abgaben zu entrichten. Es ist daher berechtigt, im Interesse einer zutreffenden Arbeitskalkulation sich nach den Behinderungen seines Arbeitnehmers zu erkundigen.

f) Nach den *Vermögensverhältnissen des Bewerbers* darf sich der Arbeitgeber nur bei einem berechtigten Interesse erkundigen. Dies wird nur bei einem höheren Angestellten gegeben sein, der mit den Vermögensverhältnissen des Arbeitgebers in Berührung kommt, nicht dagegen bei einem Arbeiter, der nur für handwerkliche Arbeiten eingestellt ist. Die mögliche Belastung mit Lohnpfändungen ist grundsätzlich kein hinreichender Grund nach entspr. Fragestellungen.

g) Auch die Frage nach *Vorstrafen* ist nur bei einem berechtigten Interesse gegeben. Sie ist nur zulässig, soweit der zu besetzende Arbeitsplatz oder die zu leistende Arbeit dies erfordert. Trotz eines anzuerkennenden Interesses an einer Rehabilitation kann ein Kassierer nach möglichen Vorstrafen wegen Vermögensdelikten oder ein Kraftfahrer nach Verkehrsvorstrafen befragt werden. Ein Arbeitnehmer darf seine Straffreiheit dann behaupten, wenn die Fristen für die Löschung von Vorstrafen abgelaufen sind. Der Inhalt eines polizeilichen Führungszeugnisses gibt nur beschränkt Auskunft über vorhergehende Bestrafungen (vgl. dazu § 30 BZRG). Gleichwohl ist das Verlangen auf Vorlage eines polizeilichen Führungszeugnisses bedenklich, da sich daraus mehr Angaben ergeben können, als für den Arbeitgeber von berechtigtem Interesse sind.

Namentlich bei Einstellung in den öffentlichen Dienst wird ein Arbeitgeber danach fragen dürfen, ob der Arbeitnehmer Mitarbeiter der Staatssicherheit gewesen ist.

h) Eine Frage nach bestehenden *Wettbewerbsverboten* muß der Arbeitnehmer wahrheitsgemäß beantworten.

§ 4. Rechte des Arbeitnehmers gegen den Arbeitgeber im Rahmen des Bewerbungsverfahrens

I. Ersatz von Vorstellungskosten*

1. Unaufgeforderte Vorstellung. Stellt sich ein Arbeitnehmer unaufgefordert bei einem Arbeitgeber vor, so ist der Arbeitgeber nicht zum Ersatz der Vorstellungskosten verpflichtet.

2. Aufgeforderte Vorstellung. Dagegen erwächst ein Anspruch auf Ersatz der Vorstellungskosten, wenn der Arbeitgeber den Bewerber zur Vorstellung aufgefordert hat. Mit der Aufforderung zur Vorstellung und seiner Befolgung kommt ein Auftragsverhältnis zustande, das den Arbeitgeber zum Ersatz der Aufwendungen verpflichtet (§ 670 BGB). Unerheblich ist, ob es später zur Begründung eines Arbeitsverhältnisses kommt.

a) Eine *Aufforderung* ist aber nicht erst dann gegeben, wenn der Arbeitgeber den Bewerber anschreibt, er solle sich vorstellen. Eine Aufforderung im Rechtssinne liegt bereits dann vor, wenn der Arbeitnehmer sich anbietet, zu einer Vorstellung zu erscheinen und der Arbeitgeber einen Termin bestimmt, zu dem dies möglich ist.

b) Der Arbeitgeber hat die infolge der Vorstellung erwachsenen *notwendigen Aufwendungen* zu ersetzen. Ob die Aufwendungen notwendig sind, bestimmt sich danach, ob ein vernünftiger, objektiv und gerecht denkender Mensch diese Aufwendungen gemacht hätte. Im allgemeinen sind daher zu ersetzen Fahrtkosten, Übernachtungskosten, wenn der Arbeitnehmer von weit her anreisen mußte, angemessene Verpflegungskosten, etwaige Verdienstausfälle des Bewerbers. Hat der Bewerber bei seinem alten Arbeitgeber Urlaub genommen, also keinen Verdienstausfall erlitten, kann er von seinem zukünftigen Arbeitgeber auch

---

* Schaub ArbR von A–Z, Stichwort: Vorstellungskosten.

keinen Ersatz verlangen. Kraftfahrzeugkosten sind erstattungspflichtig, wenn nach den Verhältnissen des Bewerbers die Benutzung eines Kraftwagens üblich ist. Nicht erstattungspflichtig sind idR Flugkosten aus dem Ausland.

c) Der Arbeitgeber kann mit dem Bewerber vereinbaren, der Anspruch auf *Ersatz der Vorstellungskosten* sei ausgeschlossen. Dies ist bereits dann der Fall, wenn er darauf verweist, er sei mit einer Vorstellung einverstanden, aber nicht bereit, die daraus erwachsenden Kosten zu übernehmen. Die Vereinbarung über den Ersatz der Vorstellungskosten kann sich auch auf deren Höhe erstrecken, wenn der Arbeitgeber in der Aufforderung zur Vorstellung darauf hinweist, daß die Vorstellungskosten nur nach seinen Reisekostenrichtlinien ersetzt werden usw.

d) Nach § 53 FdAO kann ein Anspruch auf *Zuschüsse zu den Vorstellungskosten gegen das Arbeitsamt* bestehen.

II. Anspruch auf Beurlaubung zur Vorstellung

1. Gesetz und Tarifvertrag. Der Anspruch auf Beurlaubung ist gesetzlich in § 629 BGB geregelt. Regelmäßig enthalten jedoch die Tarifverträge eine besondere Regelung, die § 629 BGB vorgeht, wenn das Arbeitsverhältnis von einem Tarifvertrag erfaßt wird (§ 1 S. 10). Gelegentlich finden sich auch Normen in Betriebsvereinbarungen und Sozialplänen.

2. Gesetzliche Anspruchsvoraussetzungen. Nach § 629 BGB hat der Arbeitgeber dem Arbeitnehmer nach der Kündigung eines dauernden Arbeitsverhältnisses angemessene Zeit zum Aufsuchen einer anderen Arbeitsstelle zu gewähren.

a) Ein Anspruch besteht mithin nur in *dauernden Arbeitsverhältnissen.* Hierzu gehören auch Berufsausbildungsverhältnisse (arg § 3 Abs. 2 BBiG). Ein dauerndes Arbeitsverhältnis liegt nur vor, wenn der Vertrag auf eine bestimmte längere Dauer abgeschlossen war oder auf unbestimmte Dauer, wenn beide Vertragspartner von einem längeren Bestand eines Arbeitsverhältnisses ausgingen, auch wenn es tatsächlich hinterher nur kurzfristig bestanden hat. Im allgemeinen besteht daher kein Anspruch auf Freistellung von der Arbeit in Probe- und Aushilfsarbeitsverhältnissen.

b) Grundsätzlich erwächst ein Anspruch auf Beurlaubung nur *nach der Kündigung des Arbeitsverhältnisses.* Unerheblich ist, von welcher Seite das Arbeitsverhältnis gekündigt worden ist. Von diesem Grundsatz bestehen jedoch eine Reihe von Ausnahmen: *a)* Ist das Arbeitsverhältnis befristet abgeschlossen, so besteht ein Anspruch auf Freistellung seit dem Zeitpunkt, zu dem es ohne Bestehen eines Endtermins hätte gekündigt werden müssen. *b)* Bei Abschluß eines Aufhebungsvertrages nach Ablauf einer Auslauffrist während eines der Kündigungsfrist entspr. Zeitraumes. *c)* Schließlich besteht ein Freistellungsanspruch, wenn der Arbeitgeber, etwa aus Rationalisierungsgründen, zur Beendigung des Arbeitsverhältnisses auffordert.

c) Der Arbeitnehmer muß den Anspruch auf Beurlaubung angemessene Zeit *vorher geltend machen.* Der Arbeitgeber muß die Möglichkeit haben, sich auf die Vorstellung, also auf die Abwesenheit seines Arbeitnehmers einzurichten. Fährt der Arbeitnehmer ohne Einwilligung zu einer Vorstellung, obwohl berechtigte betriebliche Belange bestanden, die Beurlaubung zu diesem Zeitpunkt zu verweigern, so kann eine ordentliche, in schweren Fällen auch eine außerordentliche Kündigung berechtigt sein. Ferner kann der Arbeitnehmer zum Ersatz des entstehenden Schadens verpflichtet sein. Andererseits kann der Arbeitnehmer aber auch seine Arbeitskraft zurückhalten (§ 273 BGB), wenn der Arbeitgeber ohne Grund die Beurlaubung zur Vorstellung verweigert. Entscheidend sind also die Umstände des Einzelfalles. Hat der Arbeitgeber ohne Grund die Beurlaubung zur Vorstellung verweigert und erwachsen dem Arbeitnehmer hieraus Schäden, so kann der Arbeitgeber schadensersatzpflichtig werden.

d) Der Arbeitgeber braucht dem Arbeitnehmer nur *angemessene Zeit* zum Zwecke der Vorstellung einzuräumen. Insoweit handelt es sich um einen unbestimmten Rechtsbegriff, der nach verständiger Abwägung der beiderseitigen Interessen näher zu bemessen ist. Entscheidend kommt es auf die Dauer des Arbeitsverhältnisses, die Schwierigkeiten eine neue Stelle zu finden, die für die entspr. Berufsgruppe übliche Zeit zur Stellensuche usw. an. Ein Orchestermusiker wird von Hamburg nach München zur Vorstellung reisen können und dafür entspr. Freizeit unter Fortzahlung der Arbeitsvergütung verlangen können. Einem Bauarbeiter werden nur wenige Stunden bewilligt werden müssen.

3. Tarifliche Anspruchsvoraussetzungen. In den Tarifverträgen sind unterschiedliche Anspruchsvoraussetzungen für die Beurlaubung bei Stellensuche normiert. Charakteristisch ist, daß die Tarifverträge einerseits auch für Arbeitnehmer in Probe- und Aushilfsarbeitsverhältnissen Freizeit zur Stellensuche zubilligen, andererseits aber häufig feste Obergrenzen festlegen, also z. B. zweimal zwei Stunden usw.

4. Betriebsvereinbarungen. In Betriebsvereinbarungen kann wirksam nur dann der Beurlaubungsanspruch geregelt werden, wenn tarifliche Regelungen in dem entspr. Wirtschaftszweig nicht üblich sind (§ 77 Abs. 3 BetrVG; vgl. dazu § 1 II 8 S. 14). Eine Ausnahme gilt für Sozialpläne.

Abschnitt III. Begründung des Arbeitsverhältnisses

§ 5. Abschluß des Arbeitsvertrages*

I. Begriff des Arbeitsvertrages und Arbeitsverhältnisses

1. Arbeitsvertrag. Der Arbeitsvertrag ist nach der vom BAG vertretenen Meinung ein privatrechtlicher, personenrechtlicher, gegenseitiger Austauschvertrag, durch den sich der Arbeitnehmer zur Leistung von Arbeit und der Arbeitgeber zur Zahlung einer Vergütung verpflichtet.

a) Das Merkmal *privatrechtlich* besagt, daß der Vertrag von einander gleichberechtigt gegenüberstehenden Personen abgeschlossen wird. Dies gilt auch, soweit an dem Vertrag der Staat oder eine sonstige Körperschaft oder Anstalt des öffentlichen Rechtes beteiligt ist.

b) Mit der Aussage, daß der Arbeitsvertrag ein *gegenseitiger Austauschvertrag* ist, ergeben sich eine Reihe von Feststellungen. Die Arbeitsleistung des Arbeitnehmers steht in einem Gegenseitigkeitsverhältnis zur Vergütungspflicht des Arbeitgebers. In ihm kommt der Grundsatz zum Ausdruck, ohne Arbeit keinen Lohn und ohne Lohn keine Arbeit. Aus sozialen Gründen ist dieses Gegenseitigkeitsprinzip in zahlreichen Fällen durchbrochen, z. B. bei der Urlaubsgewährung, der Vergütungsfortzahlung im Krankheitsfalle usw.

Mit dem Verständnis des Arbeitsvertrages als eines gegenseitigen Austauschverhältnisses ist aber auch verbunden, daß auf ihn grundsätzlich die Lehren des allgemeinen bürgerlichen Rechts und Schuldrechts anzuwenden sind. Deren Auswirkungen werden jeweils im Einzelfall erörtert.

---

* Schaub ArbR von A–Z, Stichwort: Arbeitsvertrag.

c) Das Merkmal *personenrechtlich* ist neuerdings auf heftige Kritik gestoßen. Mit ihm soll zum Ausdruck gebracht werden, daß der Arbeitnehmer die Arbeit in Person und persönlicher Abhängigkeit (vgl. § 1 S. 1) zu leisten hat und daß er regelmäßig mit seiner ganzen Person erfaßt wird. Andererseits muß derjenige, der sich Arbeit in persönlicher Abhängigkeit versprechen läßt, auch auf die persönlichen Verhältnisse des Arbeitnehmers Rücksicht nehmen. In einem Arbeitsverhältnis sind die wechselseitigen Nebenpflichten, also die sog. Treue- und Fürsorgepflicht sehr viel größer als in einem Warenaustauschgeschäft.

2. Arbeitsverhältnis. Während unter dem Begriff Arbeitsvertrag der rechtliche Begründungsakt verstanden wird, ist Arbeitsverhältnis das sich aus dem Arbeitsvertrag ergebende Rechtsverhältnis. Demgegenüber versucht eine heute weitgehend überholte Eingliederungstheorie das Arbeitsverhältnis damit zu erklären, daß es bei einer nicht notwendig rechtgeschäftlichen Willensübereinstimmung zwischen Arbeitgeber und Arbeitnehmer entsteht, wenn der Arbeitnehmer in den Betrieb oder Haushalt des Arbeitgebers eingegliedert wird. Dieser Meinungsstreit hat nur noch geringe praktische Bedeutung.

II. Zustandekommen des Arbeitsvertrages

1. Abschluß. Der Arbeitsvertrag wird nach den Regeln des BGB (§§ 145 ff BGB) abgeschlossen.

a) Zum Abschluß eines Arbeitsvertrages ist mithin ein *Angebot und dessen Annahme* erforderlich. Das Arbeitsangebot wie die Annahme kann mündlich, schriftlich, ausdrücklich oder konkludent erfolgen. Die Parteien müssen sich im allgemeinen über die Essentialia des Arbeitsvertrages einig sein, nämlich daß der Arbeitnehmer Arbeit leistet und der Arbeitgeber zur Zahlung einer Vergütung verpflichtet ist. Dagegen ist es nicht erforderlich, daß alle Einzelheiten des Arbeitsverhältnisses miteinander erörtert werden. Gleichwohl liegt es im wohlverstandenen Interesse der Parteien, wenn die wesentlichen wechselseitigen Rechte und Pflichten festgelegt werden.

Für den Abschluß des Arbeitsvertrages ist im Falle der Streitigkeit derjenige darlegungs- und beweispflichtig, der aus ihm Rechte ableiten will. Im allgemeinen spricht die Einbehaltung der Arbeitspapiere und die Abführung von Lohnsteuern und Sozialversicherungsbeiträgen für den Abschluß des Vertrages.

b) Der Abschluß des Arbeitsvertrages kann *formfrei* erfolgen; d. h., der Arbeitsvertrag kann mündlich oder schriftlich abgeschlossen werden. Nach einer Richtlinie der EG hat der Arbeitnehmer aber Anspruch darauf, daß der Arbeitsvertrag schriftlich niedergelegt wird. Diese Richtlinie ist durch das Gesetz über den Nachweis der für ein Arbeitsverhältnis geltenden wesentlichen Bedingungen (Nachweisgesetz-NachwG) vom 20. 7. 1995 (BGBl I 946) umgesetzt worden. Das Gesetz gilt grundsätzlich für die Arbeitsverhältnisse aller Arbeitnehmer. Von seinem Geltungsbereich ausgenommen sind jedoch (1) Arbeitnehmer, die zur vorübergehenden Aushilfe oder einer anderen gelegentlichen Tätigkeit, deren Gesamtdauer 400 Stunden innerhalb eines Jahres nicht übersteigt, eingestellt werden oder (2) Arbeitnehmer, die hauswirtschaftliche, erzieherische oder pflegerische Tätigkeit in einem Familienhaushalt ausüben, wenn die Tätigkeit die Grenzen des § 8 SGB IV nicht überschreitet. Die Grenzen werden überschritten, wenn mehr als nur eine geringfügige Tätigkeit ausgeübt wird. Findet das NachwG Anwendung, hat der Arbeitgeber spätestens einen Monat nach dem Beginn des Arbeitsverhältnisses die wesentlichen Vertragsbedingungen schriftlich niederzulegen, die Niederschrift zu unterschreiben und dem Arbeitnehmer auszuhändigen. In die Niederschrift sind mindestens aufzunehmen: (1) der Name und die Anschrift der Vertragsparteien, (2) der Zeitpunkt des Beginns des Arbeitsverhältnisses, (3) bei befristeten Arbeitsverhältnissen, die vorhersehbare Dauer des Arbeitsverhältnisses, (4) der Arbeitsort oder, falls der Arbeitnehmer nicht nur an einem bestimmten Arbeitsort tätig sein soll, ein Hinweis darauf, daß der Arbeitnehmer an verschiedenen Orten beschäftigt werden kann, (5) die Bezeichnung oder allgemeine Beschreibung der vom Arbeitnehmer zu leistenden Tätigkeit, (6) die Zusammensetzung und die Höhe des Arbeitsentgelts einschließlich der Zuschläge, der Zulagen, Prämien und Sonderzulagen sowie anderer Bestandteile des Arbeitsentgelts und deren Fälligkeit, (7) die vereinbarte Arbeitszeit, (8) die Dauer des jährlichen Erholungsurlaubs, (9) die Fristen für die Kündigung des Arbeitsverhältnisses, (9) ein in allgemeiner Form gehaltener Hinweis auf die Tarifverträge, Betriebs- und Dienstvereinbarungen, die auf das Arbeitsverhältnis anzuwenden sind. Soweit ein schriftlicher Vertrag abgeschlossen wird, entfällt die Niederschrift, wenn der Vertrag den Anforderungen der Niederschrift genügt. Kommt der Arbeitgeber seiner Verpflichtung nicht nach, kann es im Streit um die Arbeitsbedingungen zu Beweiserleichterungen für den Arbeitnehmer kommen. Die Wirksamkeit des Vertrages wird aber nicht berührt.

c) Von dem Grundsatz des formfreien Abschlusses von Arbeitsverträgen bestehen jedoch einige Ausnahmen: *a)* Kraft Gesetzes mußten Arbeitsverträge der Krankenkassen und Berufsgenossenschaften mit ihren Angestellten, die einer Dienstordnung unterstellt werden sollen, schriftlich abgeschlossen werden (§§ 354, 692 RVO). Schließlich bedürfen Wettbewerbsverbote (vgl. § 13 S. 158) in Arbeitsverträgen zu ihrer Wirksamkeit der Schriftform. In Vorschriften der Gemeinde- und Kreisordnungen der Länder ist vorgesehen, daß Arbeitsverträge mit dem Personal schriftlich abgeschlossen werden müssen. Hierbei handelt es sich nicht um echte Schriftformklauseln. Vielmehr soll mit diesen Bestimmungen die Vertretungsbefugnis bei Kommunen klargestellt werden. *b)* Gelegentlich kommen in Tarifverträgen oder Betriebsvereinbarungen Bestimmungen vor, daß

Arbeitsverträge oder zumindest die Verpflichtung des Arbeitgebers schriftlich abgeschlossen werden müssen. In den Tarifverträgen des öffentlichen Dienstes (BAT, MTB II usw.) ist vorgesehen, daß nur Nebenabreden schriftlich abgeschlossen werden müssen. Der Begriff der Nebenabrede ist umstr.; nach einer Meinung handelt es sich um solche, die nicht das gegenseitige Austauschverhältnis regeln (zB. Beihilfen, Reinigungsflächen eines Schulhausmeisters), nach anderer Meinung sind es irreguläre Abreden. Im allgemeinen ist nicht davon auszugehen, daß die Tarifvertragsparteien konstitutive Schriftformklauseln vereinbaren wollten; hierdurch würde nur der Arbeitnehmer benachteiligt, weil ohne Einhaltung der Schriftform ein wirksamer Arbeitsvertrag nicht zustande kommt. *c)* Letztlich können die Parteien vereinbaren, daß ein Arbeitsvertrag schriftlich abgeschlossen werden muß. Namentlich werden in Arbeitsverträgen aber sog. Schriftformklauseln für die Änderung von Arbeitsbedingungen vereinbart. *d)* Die Rechtsfolgen bei Verstößen gegen den Formzwang sind unterschiedlich. Nach § 125 BGB ist ein Rechtsgeschäft, welches der durch Gesetz vorgeschriebenen Form ermangelt, nichtig. Gesetzliche Formvorschriften sind grundsätzlich aber auch die in Tarifverträgen und Betriebsvereinbarungen enthaltenen Formvorschriften. Die Nichtigkeit tritt nur dann nicht ein, wenn es sich in Tarifverträgen und Betriebsvereinbarungen um sog. deklaratorische Formvorschriften handelt, wenn das Arbeitsverhältnis auch ohne Einhaltung einer Form rechtswirksam zustande kommen soll und lediglich aus Beweissicherungsgründen die Schriftform vorgeschrieben worden ist. Ist durch Gesetz, also auch durch Tarifvertrag und Betriebsvereinbarung, konstitutiv die Schriftform vorgeschrieben, so muß der Arbeitsvertrag eigenhändig oder mittels notariell beglaubigten Handzeichens auf derselben Urkunde unterschrieben werden. Werden mehrere gleichlautende Verträge ausgestellt, so genügt es, wenn jede Partei die für die andere Partei bestimmte Urkunde unterzeichnet

(§ 126 BGB). Die vorstehenden Ausführungen gelten grundsätzlich sinngemäß, wenn die Parteien die Schriftform vereinbaren. Im Unterschied zur gesetzlichen Schriftformerfordernis genügt zur Wahrung der Form auch ein Briefwechsel (§ 127 BGB). *e)* Zumeist wird in einem schriftlich abgeschlossenen Arbeitsvertrag vereinbart, daß Vertragsänderungen der Schriftform bedürfen. Auch dann, wenn die Schriftform konstitutive Bedeutung haben soll, kann eine derartige Klausel jederzeit von den Parteien formlos ausdrücklich oder durch schlüssiges Verhalten aufgehoben werden. Hiervon ist dann auszugehen, wenn die ausdrücklich oder schlüssig vereinbarten Vertragsänderungen in jedem Fall Geltung beanspruchen sollen. Dies ist z. B. häufig dann der Fall, wenn Gehaltserhöhungen mündlich ausgehandelt und ohne vertragliche Fixierung bezahlt werden. *f)* Wenngleich Arbeitsverträge grundsätzlich wirksam mündlich abgeschlossen werden können, ist der schriftliche Abschluß dringend zu empfehlen.

d) Der Arbeitsvertrag kann durch die *Parteien selbst aber auch durch Stellvertreter* abgeschlossen werden.* *a)* Sowohl der Arbeitnehmer wie der Arbeitgeber können sich bei Abschluß des Arbeitsvertrages vertreten lassen. Die Wirksamkeit der Vertretung richtet sich nach §§ 164 ff BGB. Eine Willenserklärung, die jemand innerhalb der ihm zustehenden Vertretungsmacht im Namen des Vertretenen abgibt, wirkt unmittelbar für und gegen den Vertretenen. Gelegentlich kommt es dann zu rechtlichen Schwierigkeiten, wenn für den Arbeitgeber ein Vertreter handelt, ohne daß er das Vertretungsverhältnis hinreichend deutlich macht, z.B. wenn der Geschäftsführer einer GmbH nicht hinreichend kundtut, daß er den Arbeitnehmer für die GmbH und nicht persönlich einstellen will. In diesen Fällen kommt es darauf an, ob aus den Begleitumständen ersichtlich war, daß der Vertrag mit der GmbH abgeschlossen werden sollte. Dies ist

---

* Schaub ArbR von A–Z, Stichwort: Minderjährige.

z. B. dann der Fall, wenn der Vertrag in den Räumen der GmbH geschlossen wird, der Arbeitnehmer für diese tätig werden soll usw. *b)* Ist der Arbeitgeber geschäftsunfähig (§ 104 BGB) oder nur beschränkt geschäftsfähig (§ 106 BGB), so muß er sich durch seinen gesetzlichen Vertreter vertreten lassen. Eine Ausnahme besteht für in der Geschäftsfähigkeit beschränkte minderjährige Arbeitgeber. Der gesetzliche Vertreter des Minderjährigen kann mit Genehmigung des Vormundschaftsgerichtes den Minderjährigen zum selbständigen Betrieb eines Erwerbsgeschäftes ermächtigen (§ 112 BGB). *c)* Ein geschäftsunfähiger Arbeitnehmer (§ 104 BGB) kann einen Arbeitsvertrag nur durch seinen gesetzlichen Vertreter abschließen. Dasselbe gilt für beschränkt geschäftsfähige Arbeitnehmer. Insoweit gilt aber eine bedeutsame Ausnahme für Minderjährige. Minderjährige, also solche Personen, die das 18. Lebensjahr noch nicht vollendet haben, kann der gesetzliche Vertreter ermächtigen, in Dienst oder Arbeit zu treten (§ 113 BGB). Den Umfang der Ermächtigung kann der gesetzliche Vertreter in beliebiger Weise bestimmen. Er kann sie also für ein einzelnes Arbeitsverhältnis erteilen. Im Zweifelsfall ist jedoch anzunehmen, daß die Ermächtigung als allgemeine Ermächtigung zur Eingehung von Verhältnissen derselben Art gilt (§ 113 Abs. 4 BGB). Die Ermächtigung kann ausdrücklich oder konkludent erfolgen. Ist eine Ermächtigung erteilt, so ist der Minderjährige für solche Rechtsgeschäfte unbeschränkt geschäftsfähig, welche die Eingehung oder die Aufhebung eines Dienst- oder Arbeitsverhältnisses der gestatteten Art oder die Erfüllung der sich aus einem solchen Verhältnis ergebenden Verpflichtungen betreffen (§ 113 Abs. 1 BGB). Nach h. M. wird der Minderjährige für verkehrsübliche Geschäfte geschäftsfähig. Die Ermächtigung deckt nicht den Abschluß von Berufsausbildungsverträgen, da bei diesen die Auswahl des Vertragspartners schon wegen der persönlichen Ausbildung (Erziehung) von wesentlicher Bedeutung ist. Umstr. ist, in welchem Umfang der

Minderjährige für mit dem Arbeitsleben im Zusammenhang stehende Geschäfte geschäftsfähig wird. Nach früher h. M. fielen Rechtsgeschäfte mit Bezug auf die Sozialversicherung nicht unter die Ermächtigung. Inzwischen bestimmt § 36 SGB I, daß derjenige, der das 15. Lebensjahr vollendet hat, Anträge auf Sozialleistungen stellen und verfolgen sowie Sozialleistungen entgegennehmen kann. Der Leistungsträger soll den gesetzlichen Vertreter über die Antragstellung und die erbrachten Sozialleistungen unterrichten. Die sozialversicherungsrechtliche Handlungsfähigkeit kann jedoch vom gesetzlichen Vertreter durch schriftliche Erklärung gegenüber dem Leistungsträger eingeschränkt werden. Die Rücknahme von Anträgen, der Verzicht auf Sozialleistungen, die Entgegennahme von Darlehen bedürfen der Zustimmung des gesetzlichen Vertreters. In jedem Fall kann der Minderjährige aufgrund der Ermächtigung nach § 113 BGB einer Gewerkschaft beitreten, da die Arbeitsbedingungen ohne einen Beitritt nicht hinreichend gestaltet werden können.

2. Abschlußverbote und Abschlußgebote.* Für den Abschluß des Arbeitsvertrages können Abschlußverbote und Abschlußgebote bestehen.

Abschlußverbote können auf Gesetz, Tarifvertrag oder Betriebsvereinbarung beruhen. Ein entgegen einem Abschlußverbot abgeschlossener Arbeitsvertrag ist nach § 134 BGB nichtig. Abschlußverbote sind zu unterscheiden von Beschäftigungsverboten, die nicht den Abschluß eines Arbeitsvertrages verhindern wollen, sondern lediglich die Beschäftigung des Arbeitnehmers. So bedarf z. B. ein ausländischer Arbeitnehmer grundsätzlich der Arbeitserlaubnis, um einer Beschäftigung in der Bundesrepublik nachgehen zu dürfen (§ 19 AFG; ab 1. 1. 1998 §§ 284 ff SGB III). Gleichwohl soll mit diesem Verbot der Beschäftigung ohne Arbeitserlaubnis nicht der Abschluß des Arbeitsvertrages, sondern nur die Beschäftigung verhindert werden.

---

* Schaub ArbR von A–Z, Stichworte: Abschlußverbot, Abschlußgebot.

Die wichtigsten Abschluß- und Beschäftigungsverbote auf Arbeitgeberseite sind in § 25 JArbSchG und §§ 20, 22 BBiG enthalten. Hiernach ist bestimmten Personenkreisen, die strafrechtlich in Erscheinung getreten sind, die Beschäftigung Jugendlicher verboten. Auszubildende darf nur einstellen, wer persönlich geeignet und über eine für die Berufsausbildung geeignete Ausbildungsstätte verfügt.

Die wichtigsten Abschluß- und Beschäftigungsverbote auf Arbeitnehmerseite sind Verbote für ausländische Arbeitnehmer (§ 19 AFG; ab 1. 1. 1998 §§ 284 ff SGB III), Verbote der Nebenbeschäftigung von Beamten (§ 65 BBG), Verbote für Frauen, in Brüchen, Gruben und Salinen usw. zu arbeiten (§ 64 a BBergG), für Kinder (§§ 5 ff JArbSchG), für Kinder und Jugendliche (§§ 7 ff, 22 ff JArbSchG).

3. Abschlußgebote können sich aus dem Gesetz, Tarifverträgen oder Betriebsvereinbarungen ergeben.

a) Grundsätzlich besteht für den Abschluß von Arbeitsverträgen *Vertragsfreiheit.* Die wichtigsten *gesetzlichen Abschlußgebote* bestehen für Schwerbehinderte, Inhaber von Bergmannsversorgungsscheinen, Opfer des Nationalsozialismus und alle Arbeitnehmer nach Abschluß eines Arbeitskampfes. Mit Ausnahme des zuletzt genannten Gebotes erwächst aber selten für einen konkreten Arbeitnehmer ein konkreter Einstellungsanspruch, sondern ist lediglich die Verpflichtung des Arbeitgebers zur Beschäftigung von Schwerbehinderten geregelt.

b) Abschlußgebote können sich aus *Tarifverträgen,* namentlich in Form der Maßregelungsverbote nach einem Arbeitskampf ergeben.

c) In *Betriebsvereinbarungen* kommen Gebote vor, mit bestimmten Arbeitnehmergruppen Arbeitsverträge abzuschließen. Dies gilt insbesondere bei Bestehen von Auswahlrichtlinien (vgl. oben § 2 II 3 S. 21).

III. Austausch von Arbeitspapieren*

1. Vorlage der Arbeitspapiere. Zu Beginn des Arbeitsverhältnisses hat der Arbeitnehmer seinem Arbeitgeber die
Arbeitspapiere auszuhändigen. Zu den Arbeitspapieren
gehören im allgemeinen die Lohnsteuerkarte, der Sozialver-
sicherungsausweis und das Sozialversicherungs-Nachweisheft. Zu den Arbeitspapieren können aber auch Gesund-
heitszeugnisse nach § 18 BSeuchG, die Arbeitserlaubnis
für ausländische Arbeitnehmer (§ 19 AFG; ab 1. 1. 1998
§§ 284 ff SGB III), Gesundheitsbescheinigungen für Jugendliche nach § 32 JArbSchG, Lohnnachweiskarten im Baugewerbe nach dem BRTV-Bau gehören.

2. Zivilrechtliche Wirksamkeit. Die Abgabe der Arbeitspapiere ist für die zivilrechtliche Wirksamkeit des Arbeitsvertrages bedeutungslos. Jedoch soll nach einer älteren
Rechtsauffassung der Arbeitgeber nach vorheriger Abmahnung berechtigt sein, das Arbeitsverhältnis bei Nichtvorlage
der Arbeitspapiere zu kündigen. Diese Meinung erscheint
bedenklich, da das Steuer- und Sozialversicherungsrecht
besondere Sanktionen kennt, wenn die Arbeitspapiere nicht
vorgelegt werden.

3. Besondere Rechtsvorschriften bestehen für Besatzungsmitglieder und sonstige Arbeitnehmer auf Seeschiffen
sowie für Binnenschiffer. Diese Personenkreise müssen im
Besitz eines Seefahrtsbuches oder eines Schifferdienstbu-
ches sein (vgl. § 1 SeemannsG und § 1 Schifferdienstbü-
cherG).

4. Verwahrungspflicht. Der Arbeitgeber hat die ihm über-
gebenen Arbeitspapiere sorgfältig zu verwahren und nach
dem Ende des Arbeitsverhältnisses wieder zurückzugeben.
Ein Zurückbehaltungsrecht an den Arbeitspapieren steht

* Schaub ArbR, Stichwort: Arbeitspapiere.

ihm nicht zu, auch wenn der Arbeitnehmer unter Vertragsbruch oder sonst rechtswidrig aus dem Arbeitsverhältnis
ausscheidet. Während des Bestandes des Arbeitsverhältnisses sind die Arbeitspapiere dem Arbeitnehmer auszuhändigen, wenn dieser sie zur Berichtigung der Papiere, etwa bei
Eintragung von Steuerfreibeträgen usw. verlangt.

IV. Muster von Arbeitsverträgen

1. Arbeitsvertrag für Angestellte unter Verweisung auf Tarifrecht*

Zwischen der Firma (Arbeitgeber) . . . .
und Herrn/Frau . . . .
geb. am . . . . wohnhaft in . . . .
(Arbeitnehmer) wird folgender Arbeitsvertrag geschlossen.

§ 1. Inhalt und Beginn des Arbeitsverhältnisses

I. Der/Die Arbeitnehmer(in) tritt ab . . . . als . . . .
auf unbestimmte Zeit in die Dienste des Arbeitgebers.

II. Das Arbeitsverhältnis richtet sich nach den für den Arbeitgeber geltenden Tarifverträgen in der jeweils gültigen Fassung, soweit
im folgenden nichts anderes vereinbart ist.

III. Die ersten drei Monate des Arbeitsverhältnisses gelten als
Probezeit, während der das Arbeitsverhältnis mit Monatsfrist zum
Schluß eines Kalendermonats gekündigt werden kann.

IV. Der Arbeitgeber behält sich vor, dem/der Arbeitnehmer(in)
eine andere zumutbare Tätigkeit innerhalb des Betriebes/der Betriebsabteilung zuzuweisen, die den Vorkenntnissen und Fähigkeiten des/der Arbeitnehmers(in) entspricht. Das Entgelt richtet sich
nach Ablauf eines Monats nach der neu zugewiesenen Tätigkeit.
oder
Der Arbeitsvertrag bezieht sich auf eine Tätigkeit in . . . . . . Der
Arbeitgeber behält sich vor, dem/der Arbeitnehmer(in) im Rahmen
des Unternehmens auch an einem anderen Ort eine andere oder
zusätzliche, der Vorbildung und den Fähigkeiten entsprechende
Tätigkeit zu übertragen.

---

* In der Praxis werden immer noch Unterschiede in der Formulierung
  von Arbeitsverträgen für Angestellte und Arbeiter gemacht. Das ist
  kaum noch gerechtfertigt, weil im Individualarbeitsrecht die Unterschiede weitgehend beseitigt sind.

§ 2. Arbeitszeit

I. Die Arbeitszeit richtet sich nach den für den Betrieb jeweils geltenden tariflichen und betrieblichen Bestimmungen.

II. Der/Die Arbeitnehmer(in) ist verpflichtet, im Rahmen des Gesetzes oder tariflich zulässige Über- oder Mehrarbeit zu leisten.

§ 3. Arbeitsvergütung

I. Der/Die Arbeitnehmer(in) erhält eine monatliche Arbeitsvergütung (Bruttogehalt)

a) Gehalt nach Tarifgruppe . . . . . in Ortsklasse . . . . im . . . . . Beschäftigungs- bzw. Berufsjahr.

b) Eine durchschnittliche tarifliche Leistungszulage gemäß § . . . . GRTV in Höhe von . . . . .

c) Eine außerordentliche Zulage in Höhe von . . . . . .

II. Die außerordentliche Zulage ist jederzeit frei widerruflich und kann bei Änderung des Tariflohns oder der Ortsklasse auf die tariflichen Erhöhungen angerechnet werden.

III. Die Arbeitsvergütung ist jeweils am Monatsende auszuzahlen.

IV. Abtretungen oder Verpfändungen der Arbeitsvergütung sind (ohne vorherige Zustimmung der Firma) unzulässig.

§ 4. Besondere Vergütungen

I. Neben dem in § 3 festgelegten Arbeitsentgelt werden noch folgende besondere Vergütungen gezahlt:

. . . .

. . . .

II. Soweit dem/der Arbeitnehmer(in) eine Sondervergütung (Urlaubs- oder Weihnachtsgratifikation, Prämie, Tantieme usw.) gezahlt wird, erfolgt dies freiwillig und unter dem Vorbehalt jederzeitigen Widerrufs. Auch bei wiederholter Zahlung kann hieraus ein Rechtsanspruch nicht hergeleitet werden. Ist das Arbeitsverhältnis gekündigt oder tritt seine Beendigung aus sonstigen Gründen bis zum Ablauf des auf die Auszahlung folgenden Kalendervierteljahres ein, so entfällt eine Sondervergütung. Bereits gezahlte Leistungen sind, sofern sie 200 DM übersteigen, zurückzugewähren. Sie können bei der nächsten Gehaltszahlung unter Beachtung der Pfändungsfreigrenzen einbehalten werden. Dies gilt dann nicht, wenn der/die Arbeitnehmer(in) ein Recht zur außerordentlichen Kündigung hat und er/sie sich bei Beendigung des Arbeitsverhältnisses hierauf beruft.

§ 5. Arbeitsfähigkeit

I. Der/Die Arbeitnehmer(in) erklärt, daß er/sie an keiner ansteckenden Krankheit leidet, keine körperlichen oder gesundheitlichen

Mängel verschwiegen hat, die der Verrichtung der geschuldeten Arbeitsleistung entgegenstehen, und im Zeitpunkt des Abschlusses des Arbeitsvertrages nicht den Bestimmungen des Mutterschutzgesetzes oder Schwerbehindertengesetzes oder den Landesgesetzen über den Bergmannsversorgungsschein unterliegt.

II. Der/Die Arbeitnehmer(in) ist verpflichtet, im Falle der Dienstverhinderung den Grund und die voraussichtliche Dauer seiner Verhinderung vorher bzw. unverzüglich mitzuteilen und im Falle der Erkrankung diese bis zum Ablauf des 3. Werktages nach Eintritt der Dienstverhinderung nachzuweisen.

§ 6. Verschwiegenheitspflicht

Der/Die Arbeitnehmer(in) ist verpflichtet, über alle Betriebs- und Geschäftsgeheimnisse sowie über alle betriebsinternen vertraulichen Angelegenheiten während und nach Beendigung des Arbeitsverhältnisses Stillschweigen zu bewahren.

§ 7. Nebentätigkeit

I. Der/Die Arbeitnehmer(in) darf nur nach vorheriger Zustimmung des Arbeitgebers eine Nebentätigkeit aufnehmen.

II. Der/Die Arbeitnehmer(in) ist verpflichtet, die Vorbereitung eines eigenen Unternehmens dem Arbeitgeber unverzüglich anzuzeigen.

§ 8. Beendigung des Arbeitsverhältnisses

I. Das Arbeitsverhältnis endet mit Ablauf des Monats, in dem der (die) Arbeitnehmer(in) das 65. Lebensjahr vollendet.*

II. Das Arbeitsverhältnis kann mit den in § 622 BGB genannten Fristen vom Arbeitgeber gekündigt werden. Tritt aufgrund gesetzlicher Vorschrift eine Verlängerung der Kündigungsfrist ein, so gilt die verlängerte Kündigungsfrist für beide Teile.

§ 9. Gerichtsstand

Für Rechtsstreitigkeiten aus dem Arbeitsverhältnis, seiner Beendigung und Abwicklung ist das Arbeitsgericht des jeweiligen Erfüllungsorts der streitigen Verpflichtung in . . . . zuständig.

---

* Nach § 41 Abs. 4 SGB VI ist eine Vereinbarung, wonach ein Arbeitsverhältnis zu einem Zeitpunkt enden soll, in dem der Arbeitnehmer Anspruch auf eine Rente wegen Alters hat, nur wirksam, wenn die Vereinbarung innerhalb der letzten drei Jahre vor diesem Zeitpunkt geschlossen oder von dem Arbeitnehmer bestätigt worden ist. Die Rspr. des BAG, nach der Befristungen des Arbeitsverhältnisses auf die Altersgrenze im kollektiven Arbeitsrecht unwirksam sind, ist beseitigt. Die Einzelheiten sind beim Dauerarbeitsverhältnis dargestellt (vgl. S. 78).

§ 10

Änderungen dieses Vertrages bedürfen zu ihrer Wirksamkeit der Schriftform.

§ 11. Personalfragebogen

Die Angaben im Personalfragebogen/Einstellungsfragebogen sind Bestandteil des Arbeitsvertrages. Die unwahre Beantwortung der Fragen berechtigt zur Anfechtung oder außerordentlichen Kündigung des Arbeitsvertrages.

§ 12. Besondere Vereinbarungen

. . . .

. . . ., den . . . .

Arbeitgeber   Arbeitnehmer(in)

2. Arbeitsvertrag für Arbeiter

Zwischen der Firma . . . .
und dem/der Arbeitnehmer(in) . . . .
wird nachfolgender Arbeitsvertrag geschlossen.

§ 1

Der/Die Arbeitnehmer(in) wird mit Wirkung vom . . . .
als . . . . eingestellt. Er/Sie ist nach näherer Anweisung verpflichtet, alle verkehrsüblichen Arbeiten eines(r) . . . . zu leisten. In dringenden Fällen kann auch eine Beschäftigung mit anderen Arbeiten erfolgen.
oder
Der/Die Arbeitnehmer(in) wird mit Wirkung vom. . . . .
als . . . . eingestellt. Der/Die Arbeitnehmer(in) verpflichtet sich, die Belange der Firma zu wahren und die ihm(r) übertragenen Aufgaben gewissenhaft und nach bestem Können auszuführen, alle ihm(r) zumutbaren Arbeiten zu erledigen, gegebenenfalls auch an auswärtigen Arbeitsplätzen der Firma.

§ 2

I. Das Arbeitsverhältnis ist bis zum Ablauf der Probezeit befristet. Die Probezeit beträgt 3 Monate. Während der Probezeit kann das Arbeitsverhältnis mit . . . . gekündigt werden. Eine Kündigung vor Arbeitsantritt ist ausgeschlossen.
II. Nach Ablauf der Probezeit beträgt die Kündigungsfrist . . . . Wird die Kündigungsfrist für den Arbeitgeber aus gesetzlichen oder tariflichen Gründen verlängert, so gilt die Verlängerung der Kündigungszeit auch für den Arbeitnehmer.

III. Das Arbeitsverhältnis endet mit Vollendung des 65. Lebensjahres.*

§ 3

I. Die Arbeitsvergütung ergibt sich aus der diesem Vertrage als Anlage beigefügten Lohnbekanntmachung.

II. Arbeitnehmer(innen), die auf Montage oder sonst außerhalb des Betriebes arbeiten, sind verpflichtet, die geleisteten Stunden vom . . . . *(z. B. Bauführer, Kunden usw.)* bescheinigen zu lassen.

III. Die Zahlung von Sondervergütungen (Gratifikationen, Tantiemen, Urlaubsgeld, Prämien usw.) erfolgt freiwillig und ohne Begründung eines Rechtsanspruches für die Zukunft.

§ 4

I. Die Abtretung und Verpfändung von Lohn- und sonstigen Ansprüchen auf Vergütung ist ausgeschlossen.

II. Für die Bearbeitung einer Lohnpfändung werden . . . . DM, für jede Überweisung . . . . DM einbehalten.
oder

II. Für die Bearbeitung einer Lohnpfändung wird dem/der Arbeitnehmer(in) 1% der Pfandsumme als Bearbeitungskosten in Rechnung gestellt.

§ 5

Während der Dauer des Arbeitsverhältnisses ist jede Nebenbeschäftigung unzulässig, durch die die Arbeitsleistung des/der Arbeitnehmers(in) beeinträchtigt werden kann oder die Interessen der Firma in sonstiger Weise beeinträchtigt werden können.

§ 6

Für die Arbeitsbedingungen im übrigen gelten die jeweiligen Tarifverträge, Betriebsvereinbarungen und Arbeitsordnungen, die für den Betrieb maßgeblich sind.

§ 7

Die Angaben im Personalblatt sind Bestandteil des Arbeitsvertrages.

---

* Zur Zulässigkeit der Befristung auf die Altersgrenze vgl. FN * S. 52. Die Altersgrenze war für Frauen regelmäßig auf das 60. und für Männer auf das 65. Lebensjahr festgesetzt. Aus Gründen des Europäischen Rechtes muß die Altersgrenze gleich festgesetzt sein. In der gesetzlichen Rentenversicherung wird die Altersgrenze stufenweise angehoben. Macht die Frau von der vorzeitigen Versetzung in den Ruhestand Gebrauch, kann dies zu erheblichen Rentenverlusten führen.

§ 8
Vertragsstrafe (vgl. § 14 S. 180 ff)

§ 9
Vertragsänderungen (vgl. § 5 S. 41 ff)

§ 10
Ärztliche Untersuchung (vgl. § 3 II 2 d S. 29, 30)

§ 11
Sonstiges

Der/Die Arbeitnehmer(in) ist verpflichtet, jede Änderung seiner Anschrift gesondert mitzuteilen. Mitteilungen oder sonstige Erklärungen an die letzte Anschrift des/der Arbeitnehmers(in) gelten mit dem 2. Tage nach ihrer Absendung als zugegangen.

oder auch

Der/Die Arbeitnehmer(in) erklärt sich zur Vermeidung von Diebstählen bereit, sich Leibesvisitationen, Taschen- und Gepäckkontrollen zu unterwerfen.

§ 12
Gerichtsstand (vgl. § 9 S. 101 ff).

. . . ., den . . . .

Arbeitgeber   Arbeitnehmer(in)

3. Literatur:

Weitere Arbeitsvertragsmuster:

Schaub, Arbeitsrechtliche Formularsammlung und Arbeitsgerichtsverfahren, C. H. Beck, 6. Aufl., 1994.

§ 6. Mitwirkungsrechte des Betriebsrates bei Abschluß des Arbeitsvertrages*

I. Umfang und Zweck des Mitwirkungsrechtes

1. Voraussetzungen. 1. In Betrieben mit in der Regel mehr als 20 wahlberechtigten Arbeitnehmern hat der Be-

---

* Schaub, Der Betriebsrat, 6. Aufl., 1995, §§ 48, 49; ders. ArbR von A–Z, Stichwort: Betriebsratsaufgaben.

triebsrat bei Einstellungen, Eingruppierungen, Umgruppierungen und Versetzungen ein Mitwirkungsrecht. Der Be-
triebrat kann aus den in § 99 Abs. 2 BetrVG enumerativ
aufgezählten Gründen einer personellen Einzelmaßnahme
widersprechen (negatives Konsenzprinzip). Dieses Mitwirkungsrecht ist dem Betriebsrat eingeräumt, damit er auf die
Zusammensetzung der Belegschaft und ihre (hierarchische)
Gliederung Einfluß nehmen kann.

2. Widerspruch. Widerspricht der Betriebsrat aus den im
Gesetz aufgezählten Gründen, so darf der Arbeitgeber die
personelle Einzelmaßnahme nicht durchführen oder muß
eine bereits durchgeführte Maßnahme wieder rückgängig
machen, es sei denn, daß auf seinen Antrag der Widerspruch durch das Arbeitsgericht beseitigt wird (vgl. unten
S. 66 ff). Wenngleich die Maßnahme betriebsverfassungs-
rechtlich rechtswidrig ist, wenn sie gegen den Widerspruch
des Betriebsrates durchgeführt wird, folgt hieraus noch
nicht ohne weiteres ihre individualvertragliche Rechtsun-
wirksamkeit. Muß ein Arbeitgeber einen Arbeitnehmer in
die Vergütungsgruppen eines bestimmten Tarifvertrages ein-
oder umgruppieren, kann diese nach den Tatbestands-
merkmalen des Tarifes nur richtig oder falsch sein. Ob der
Betriebsrat bei der Eingruppierung mitgewirkt hat oder
nicht, kann daher nicht zur individualrechtlichen Unwirksamkeit führen. Der Betriebsrat hat mithin nur eine Richtig-
keitskontrolle. Der gleichen Auffassung ist das BAG bei der
Einstellung von Arbeitnehmern. Der vom Arbeitgeber und
Arbeitnehmer geschlossene Arbeitsvertrag ist mithin ohne
Rücksicht auf die Mitwirkung des Betriebsrates rechtswirksam; fehlt es an der Mitwirkung, kann der Arbeitgeber gehalten sein, den Vertrag wieder aufzuheben. Dies führt regelmäßig zu Schadensersatzansprüchen des Arbeitnehmers,
da der Arbeitgeber die Rechtsfolge verschuldet hat. Um das
Risiko für den betroffenen Arbeitnehmer in Grenzen zu
halten, ist der Arbeitgeber verpflichtet, diesen über eine

etwa fehlende Mitwirkung des Betriebsrates zu unterrichten
(§ 100 Abs. 1 S. 2 BetrVG). Etwas anderes gilt dagegen bei
der Versetzung. Widerspricht der Betriebsrat einer Versetzung, so ist eine gleichwohl durchgeführte Versetzung auch
individualrechtlich unwirksam. Dies hat zur Folge, daß der
Arbeitnehmer sie nicht zu befolgen braucht.

3. Grundbegriffe. Vor Erläuterung des Verfahrens sind
die Grundbegriffe zu klären.

a) *Einstellung* im Sinne von § 99 BetrVG, kann sowohl
der Abschluß des Arbeitsvertrages als auch die tatsächliche
Eingliederung in den Betrieb sein. Der zeitlich erste Vorgang ist danach für die Mitwirkung des Betriebsrats maßgebend. Das BAG hat in der Zeit ab 1992 diesen Begriff erweitert. Danach ist Einstellung, die der Zustimmung des
Betriebsrates bedarf, die tatsächliche Beschäftigung im Betrieb nicht aber der Abschluß des Arbeitsvertrages. Soll die
Beschäftigung im Betrieb aufgrund eines Arbeitsvertrages
erfolgen, so ist der Betriebsrat vor Abschluß des Arbeitsvertrages über die geplante Beschäftigung zu unterrichten und
die Zustimmung des Betriebsrates zu dieser auf der Grundlage des Arbeitsvertrages erfolgenden Beschäftigung im Betrieb einzuholen.* Aus der Zwecksetzung des Mitwirkungs-
rechtes folgt, mitbestimmungspflichtig sind die Einstellung
von Leiharbeitnehmern (vgl. § 14 AÜG), die Ausgabe von
Heimarbeit, wenn die überwiegende Arbeitsleistung der
Heimarbeiter für den Betrieb beabsichtigt war, die Verlängerung eines befristeten Arbeitsvertrages (§ 7 II S. 71 ff), die
Verlängerung des Arbeitsvertrages über eine vereinbarte
Altersgrenze oder die Einstellung nach einem Ausbildungsverhältnis. Dagegen ist keine Einstellung die Rücknahme
einer Kündigung bei ununterbrochener Weiterbeschäftigung, die Wiederaufnahme eines ruhenden Arbeitsverhältnisses, etwa nach Ableistung des Wehrdienstes, die Weiterbeschäftigung nach Ablauf des Erziehungsurlaubs.

* BAG AP 98 zu § 99 BetrVG 1972.

b) *Eingruppierung* ist die Einreihung des Arbeitnehmers in das bestehende Vergütungsschema im Betrieb. Unerheblich ist, ob der Arbeitgeber oder der Arbeitnehmer tarifgebunden sind. Eingruppierung ist jede Einreihung in das Sozialgefüge des Betriebes.

c) *Umgruppierung* ist jede Änderung der Einreihung in die Tarifgruppen, unabhängig davon, ob der Arbeitnehmer wirtschaftlich besser oder schlechter gestellt wird. Das Mitwirkungsrecht besteht ohne Rücksicht darauf, ob die Parteien tarifgebunden sind oder nicht (vgl. § 1 II 6 c S. 11). Erfaßt werden mithin Höher- und Herabstufungen durch Veränderung der Arbeitszuweisungen, Veränderungen der Stellung des Arbeitnehmers innerhalb der betrieblichen Organisation, Umgruppierungen bei unveränderter Tätigkeit aufgrund neuer Lohn- und Gehaltstarifverträge. Es besteht dagegen nicht bei automatischer tariflicher Höhergruppierung, bei vorübergehender Übertragung einer höherwertigen Tätigkeit (umstr.). Mitwirkungspflichtig ist dagegen wohl die auf Dauer angelegte Übertragung einer höherwertigen Tätigkeit oder die Höhergruppierung des Arbeitnehmers. Muß der Arbeitgeber wegen fehlender Mitwirkung des Betriebsrats eine Umgruppierung rückgängig machen, hat gleichwohl der Arbeitnehmer für die Vergangenheit Anspruch auf die der höherwertigen Tätigkeit entspr. Entlohnung.

d) Der arbeitsvertragliche- und betriebsverfassungsrechtliche *Versetzungsbegriff* stimmen nicht genau überein.

Versetzung i. S. des Arbeitsvertragsrechtes ist jede nicht nur vorübergehende Zuweisung eines anderen Arbeitsbereiches (§ 9 S. 101 ff). Ob der Arbeitgeber die Versetzung im Wege des Direktionsrechtes oder der Änderungskündigung durchführen kann oder muß, hängt vom Inhalt des Arbeitsvertrages ab. Das Direktionsrecht umfaßt mangels ausdrücklicher arbeitsvertraglicher Vereinbarung nicht die Versetzung auf einen geringer entlohnten Arbeitsplatz (§ 9 III S. 103 ff).

Der betriebsverfassungsrechtliche Versetzungsbegriff ergibt sich aus § 95 Abs. 3 BetrVG. Versetzung ist die Zuweisung eines anderen Arbeitsbereiches, die voraussichtlich die Dauer von einem Monat überschreitet, oder die mit einer erheblichen Änderung der Umstände verbunden ist, unter denen die Arbeit zu leisten ist. Arbeitsbereich ist der konkrete Arbeitsplatz und seine Beziehung zur betrieblichen Umgebung in räumlicher, technischer und organisatorischer Hinsicht. Umstände der Arbeitsleistungen sind Ort, Art und Weise der Arbeitsleistung.* Die Zuweisung eines anderen Arbeitsbereiches liegt mithin dann vor, wenn dem Arbeitnehmer ein neuer Tätigkeitsbereich zugewiesen wird, so daß der Gegenstand der geschuldeten Arbeitsleistung, der Inhalt der Arbeitsaufgabe ein anderer wird, und sich das Gesamtbild der Tätigkeit des Arbeitnehmers ändert. Die Zuweisung an eine andere Filiale in einem Unternehmen ist Versetzung. Führt der Arbeitgeber eine Versetzung ohne Mitwirkung des Betriebsrats durch, so ist sie unwirksam. Der Arbeitnehmer kann mithin ein Zurückbehaltungsrecht an der Arbeitsleistung erlangen; der Betriebsrat kann die Aufhebung der Versetzung verlangen.

II. Unterrichtung des Betriebsrates über eine personelle Einzelmaßnahme durch den Arbeitgeber**

1. Umfang der Unterrichtung. Der Arbeitgeber hat in Betrieben mit mehr als 20 Arbeitnehmern den Betriebsrat vor jeder Einstellung, Eingruppierung, Umgruppierung oder Versetzung zu unterrichten, ihm die erforderlichen Bewerbungsunterlagen vorzulegen und Auskunft über die Person der Beteiligten zu geben. Er hat dem Betriebsrat unter Vorlage der erforderlichen Unterlagen Auskunft über die Auswirkungen der geplanten Maßnahme zu geben und die Zustimmung zu der geplanten Maßnahme einzuholen. In der betrieblichen Praxis ist die Unterrichtung durch den Arbeitgeber heute weitgehend formalisiert.

* BAG AP 4 zu § 95 BetrVG 1972; AP 18 aaO.
** Schaub ArbR von A–Z, Stichwort: Betriebsratsaufgaben.

2. Formular einer Unterrichtung über die Einstellung

An den Betriebsrat
z. Hd. des Betriebsratsvorsitzenden
Betrifft: Mitteilung über die geplante Einstellung von Arbeitern oder
   Angestellten

   I. Personaldaten des Bewerbers
      1. Name und Vorname
      2. Wohnort und Straße
      3. geboren am . . . . . . in . . . . . .
      4. Familienstand
      5. Bisherige Tätigkeit
      6. Bestehende Erwerbsbeschränkungen
  II. Einstellung und Einsatz
      1. Vorgesehene Tätigkeit und Einsatzbereich
      2. Vorgesehener Einstellungstermin
      3. Vorgesehene Eingruppierung
      4. Auswirkungen der geplanten Einstellung.
 III. Weitere Bewerber
      1. An Stelle 2
      2. An Stelle 3
  IV. Folgende Unterlagen sind beigefügt
      1. Personalfragebogen (vgl. oben § 2 II 4 S. 22)
      2. Bewerbungsschreiben
      3. Lebenslauf
      4. Zeugnisse
      5. Unterlagen über die Auswirkungen der geplanten Maßnah-
         men.
   V. Wir bitten um Zustimmung zur geplanten Einstellung und Ein-
      gruppierung und Rückgabe der Unterlagen bis . . .

3. Verfahrensablauf. a) Der Arbeitgeber hat den *Betriebsrat* über die vorgesehene personelle Einzelmaßnahme
zu unterrichten. Dieser wird durch den Betriebsratsvorsitzenden vertreten (§ 26 BetrVG). In Großbetrieben wäre es
zu schwerfällig, wenn jedesmal der gesamte Betriebsrat über
die personelle Einzelmaßnahme Beschluß fassen müßte.
Daher bestimmt § 27 Abs. 3 BetrVG, daß Geschäfte der laufenden Verwaltung durch einen Betriebsausschuß geführt
werden. Der Betriebsrat, der einen Betriebsausschuß gebildet hat, kann nach seiner Geschäftsordnung auch einen

Personalausschuß errichten und bestimmen, daß dieser die Mitwirkungsrechte bei personellen Einzelmaßnahmen ausübt (§ 29 BetrVG).

b) Der Arbeitgeber hat dem Betriebsrat die *Personaldaten des zur Einstellung vorgesehenen* wie auch die der übrigen Bewerber mitzuteilen. Er ist insbesondere über solche Daten zu informieren, die ihn zur Zustimmungsverweigerung berechtigen können. Der Arbeitgeber braucht jedoch nicht solche Daten zu ermitteln, die er selbst nicht kennt.

c) *Auswirkungen der personellen Einzelmaßnahmen* können z. B. sein der Abbau von Überstunden, Beseitigung von Unterbesetzungen usw.

4. Besonderheiten können sich bei Umgruppierungen und Versetzungen ergeben. a) Soll ein Arbeitnehmer im *Unternehmen* aus einem Betrieb in einen anderen *versetzt werden,** so ist dies für den übernehmenden Betrieb eine Einstellung, so daß dessen Betriebsrat nach §§ 99 ff BetrVG zu beteiligen ist. Für den abgebenden Betrieb ist zu unterscheiden: Kann der Arbeitgeber die Versetzung im Wege des Direktionsrechtes durchführen (§ 9 II, III S. 102 ff), z. B. weil der Arbeitnehmer mit der Maßnahme einverstanden ist oder die Versetzungsbefugnis vorbehalten war, kann ein Mitwirkungsrecht des Betriebsrates nach § 102 BetrVG nicht bestehen. Aber auch ein Mitwirkungsrecht nach § 99 BetrVG des abgebenden Betriebes besteht nicht, weil auf das Ausscheiden nicht verwiesen ist. Kann der Arbeitgeber dagegen die Versetzung nur durch eine Änderungskündigung durchführen, ist zu dieser die Anhörung nach § 102 BetrVG nötig.

b) Bei einer *Umgruppierung* besteht ein Mitwirkungsrecht des Betriebsrates nach § 99 BetrVG unabhängig davon, ob der Arbeitgeber die personellen Einzelmaßnahmen im Wege des Direktionsrechtes oder der Änderungskündi-

---

* Schaub ArbR von A–Z, Stichwort: Versetzung.

gung durchführt. Wird die personelle Einzelmaßnahme im Wege der Änderungskündigung durchgeführt, ist grundsätzlich auch noch eine Anhörung nach § 102 BetrVG erforderlich. Es braucht nicht noch einmal formal nach § 102 BetrVG angehört werden, wenn sich die erforderlichen Daten bereits aus der Mitteilung nach § 99 BetrVG ergeben.

III. Stellungnahme des Betriebsrates

1. Quittung. Der Betriebsrat wird den Empfang der Mitteilung des Arbeitgebers über eine personelle Einzelmaßnahme im allgemeinen quittieren. Für Arbeitgeber und Betriebsrat ist das Datum des Zugangs der Mitteilung von erheblichem Interesse. Der Betriebsrat hat seine Stellungnahme binnen einer Woche seit Zustellung der Mitteilung abzugeben (§ 99 Abs. 3 BetrVG). Die Fristberechnung richtet sich nach §§ 187 ff BGB. Geht dem Betriebsrat eine Mitteilung über eine personelle Einzelmaßnahme am Montag zu, so kann er bis zum darauf folgenden Montag Stellung nehmen. Ist der letzte Tag der Frist ein gesetzlicher Sonn- und Feiertag oder ein Sonnabend, so verlängert sich die Frist bis zum darauf folgenden Werktag. Die Wochenfrist beginnt nicht, wenn der Arbeitgeber den Betriebsrat nicht hinreichend unterrichtet.

2. Zustimmung zur geplanten Maßnahme. Der Betriebsrat kann der geplanten Maßnahme zustimmen. Dies kann ausdrücklich erfolgen, aber auch einfach dadurch, daß der Betriebsrat die Wochenfrist ablaufen läßt. Der Arbeitgeber hat im allgemeinen keine Möglichkeit, die Äußerungsfrist von einer Woche abzukürzen; dies geht auch nicht dadurch, daß er unverzüglich die Einberufung einer Betriebsratssitzung verlangt. Der Betriebsrat wird die Wochenfrist daher nur dann ausschöpfen, wenn es aus geschäftsplanmäßigen Gründen notwendig und er hieran unter Abwägung der Interessen des Betriebes und seiner Belegschaft ein berechtigtes Interesse hat. Andererseits sollten die Betriebspartner nach älterer Rechtsprechung die Äußerungsfrist des Betriebsrates nicht verlängern können. Haben die Betriebspartner eine Verlängerung der Äußerungsfrist des Betriebsrates beschlossen, so hat die Rspr. dem Betriebsrat zu helfen versucht, daß sie dem Arbeitgeber die Berufung auf deren Ablauf versagt. Inzwischen läßt die Rechtsprechung weitgehend eine Verlängerung zu.* Die Wochenfrist macht es dem Betriebsrat oft unmöglich, Stellung zu nehmen. Dies gilt namentlich bei Massenumgruppierungen. Die Praxis behilft sich mit ihrer Verlängerung oder einfach damit, daß der Arbeitgeber zunächst die Umgruppierung mit dem Betriebsrat erörtert, bevor er ein formales Verfahren einleitet.

3. Zustimmungsverweigerung. Der Betriebsrat kann seine Zustimmung zu der geplanten Einzelmaßnahme aus den in § 99 Abs. 2 BetrVG genannten Gründen verweigern.

a) Der Betriebsrat kann die Zustimmung verweigern, wenn die *personelle Einzelmaßnahme gegen ein Gesetz, eine VO, eine Unfallverhütungsvorschrift oder gegen eine Bestimmung in einem Tarifvertrag oder in einer Betriebsvereinbarung* oder gegen eine gerichtliche Entscheidung oder eine behördliche Anordnung verstößt. Gesetz ist jede Rechtsnorm, durch die ein Arbeitsvertrag oder eine bestimmte Abrede verhindert werden soll. Ungerechtfertigt ist jedoch ein Widerspruch, wenn der Betriebsrat die Befristung des Arbeitsvertrages oder die beabsichtigte Eingruppierung für ungerechtfertigt hält, aber dann der Einstellung widerspricht. Hier geht der Widerspruch über das Ziel hinaus; obwohl der Betriebsrat im Falle der Befristung den Auflösungstatbestand für unwirksam hält, würde er die Einstellung bereits verhindern. Einer Ein- oder Umgruppierung kann mit der Begründung widersprochen werden, der Arbeitgeber wende eine falsche Vergütungsordnung an. Ein Gesetzesverstoß liegt auch dann vor, wenn dem Betriebsrat nicht die erforderlichen Mitteilungen nach § 99 BetrVG ge-

* BAG AP 18, 23 zu § 19 BetrVG 1972.

macht worden sind (umstr.). Tarifvertrag können die Rechtsnormen, aber auch die schuldrechtlichen Bestimmungen in dem Tarifvertrag sein.

b) Berechtigt ist der Widerspruch, wenn die Maßnahme gegen eine *Auswahlrichtlinie* (§ 95 BetrVG) verstößt (vgl. § 2 II 3 S. 2).

c) Widersprechen kann der Betriebsrat, wenn die durch Tatsachen begründete Besorgnis besteht, daß infolge der personellen Maßnahme im Betrieb beschäftigte *Arbeitnehmer gekündigt werden oder sonstige Nachteile erleiden,* ohne daß dies aus betrieblichen oder persönlichen Gründen gerechtfertigt ist. Nachteil ist der Verlust einer gesicherten Rechtsposition oder Anwartschaft sowie die tatsächliche Erschwerung der Arbeit. Der Verlust einer Beförderungschance ist noch kein Nachteil i. S. von § 99 Abs. 2 Nr. 3 BetrVG. Etwas anderes gilt dann, wenn der Arbeitnehmer eine bereits rechtlich gesicherte Anwartschaft auf Beförderung hatte. Umstr. ist, ob der Betriebsrat einer Neueinstellung widersprechen kann, wenn ein gekündigter Arbeitnehmer den Weiterbeschäftigungsanspruch (§ 38 S. 326) geltend gemacht hat, weil durch die Neueinstellung die Beschäftigungschancen sinken.

d) Zum Widerspruch berechtigt eine Maßnahme, durch die der betroffene *Arbeitnehmer benachteiligt* wird, ohne daß dies aus betrieblichen oder in der Person des Arbeitnehmers liegenden Gründen gerechtfertigt ist.

e) Der Betriebsrat kann Widerspruch einlegen, wenn eine *Ausschreibung* im Betrieb unterblieben ist (vgl. dazu § 2 II 2 S. 21).

f) Letzlich ist ein Widerspruch gegeben, wenn die durch Tatsachen begründete Besorgnis besteht, daß der für die personelle Maßnahme in Aussicht genommene Bewerber den *Betriebsfrieden* durch gesetzwidriges Verhalten oder durch grobe Verletzung der in § 75 Abs. 1 BetrVG enthaltenen Grundsätze *stören wird.* Der Widerspruch gegen die Einstellung ist mithin aus den gleichen Gründen gegeben,

Gericht ersetzen zu lassen. Der Betriebsrat kann aber auch der vorläufigen Maßnahme widersprechen, weil er sie für ungerechtfertigt hält. Will er ihr widersprechen, so hat dies unverzüglich, also ohne schuldhaftes Zögern (§ 121 BGB), zu geschehen. In diesem Falle darf der Arbeitgeber die vorläufige Maßnahme nur aufrecht erhalten, wenn er innerhalb von drei Tagen beim Arbeitsgericht die Ersetzung der Zustimmung des Betriebsrates beantragt, daß die Maßnahme aus sachlichen Gründen dringend erforderlich ist.

3. Ersetzung der Zustimmung. Der Arbeitgeber kann beim Arbeitsgericht im Beschlußverfahren die Ersetzung der Zustimmung des Betriebsrates beantragen. Das Zustimmungsersetzungsverfahren ist einzuleiten, wenn der Betriebsrat der personellen Maßnahme widersprochen hat. Dies gilt auch dann, wenn der Widerspruch nur unzureichend begründet ist. Der Betriebsrat hat mithin einen Anspruch darauf, daß der Arbeitgeber ein Zustimmungsersetzungsverfahren gegen ihn einleitet.

a) Die *Antragstellung* richtet sich danach, ob der Betriebsrat nur die Zustimmung zur personellen Einzelmaßnahme überhaupt oder auch zu ihrer vorläufigen Durchführung verweigert hat. Hat der Arbeitgeber nur der Durchführung der Maßnahme überhaupt widersprochen, so hat der Arbeitgeber zu beantragen, die Zustimmung des Antragsgegners (Betriebsrats) zur Einstellung (Eingruppierung) des Arbeitnehmers . . . . . . und seine Einreihung in die Lohn/Gehaltsgruppe . . . . . . des . . . . . . Tarifvertrages vom . . . . . . wird ersetzt. Hat der Betriebsrat auch der vorläufigen Maßnahme widersprochen, so ist zusätzlich binnen drei Tagen der Antrag zu stellen, es wird festgestellt, daß die am . . . . . . vorgenommene vorläufige Einstellung und Eingruppierung des Beteiligten . . . . . . in die Lohn/Gehaltsgruppe . . . . . . des . . . . . . Tarifvertrages vom . . . . . . aus sachlichen Gründen dringend erforderlich war. Entsprechend ist die Formulierung bei Versetzung und Umgruppierung.

b) Für die *Bescheidung* des Antrages *zuständig* ist das Arbeitsgericht. An dem Verfahren ist der betroffene Arbeitnehmer nicht Beteiligter.* Ob der betroffene Arbeitnehmer einen Anspruch darauf hat, daß der Arbeitgeber in jedem Falle seinetwegen ein Beschlußverfahren einleitet, ist umstr., aber wohl zu verneinen.

c) Im Zustimmungsersetzungsverfahren ist der Betriebsrat *darlegungs- und beweispflichtig* für die Einhaltung der Formalien der Zustimmungsverweigerung, also z. B. Einhaltung von Form und Frist. Dagegen trifft den Arbeitgeber die Darlegungs- und objektive Beweislast, daß die vom Betriebsrat konkret behaupteten Verweigerungsgründe nach § 99 Abs. 2 BetrVG nicht bestehen. Für das Beschlußverfahren gilt der Untersuchungsgrundsatz; das besagt aber nur, daß das Arbeitsgericht den Sachverhalt von Amts wegen aufzuklären hat, entbindet die Beteiligten aber nicht vom Vortrag von Tatsachen.

d) Das Arbeitsgericht hat folgende *Entscheidungsmöglichkeiten: a)* Bestand für den Betriebsrat kein Grund zur Zustimmungsverweigerung und war die Maßnahme dringlich, so siegt der Arbeitgeber. *b)* Hatte der Betriebsrat einen Grund zur Zustimmungsverweigerung und waren die Maßnahmen auch nicht dringlich, so siegt der Betriebsrat. *c)* Bestand für den Betriebsrat ein Grund zur Zustimmungsverweigerung, war andererseits die Maßnahme dringend, so muß der Arbeitgeber die vorläufige Maßnahme wieder aufheben und der Betriebsrat obsiegt in der Hauptsache. *d)* Bestand kein Grund zur Zustimmungsverweigerung, war aber auch andererseits die Maßnahme nicht dringlich, so wird nach h. M. in Lit. und Rspr. differenziert. Es ist von Amts wegen aufzuklären, ob die Maßnahme offensichtlich nicht dringend erforderlich war. Offensichtlich nicht erforderlich ist die Maßnahme dann, wenn dem Arbeitgeber ein

---

* BAG AP 3 zu § 80 ArbGG 1979 = NJW 83, 192; AP 6 zu § 101 BetrVG 1972 = BB 83, 1986; AP 27 zu § 118 BetrVG 1972 = NJW 84, 1143.

Vorwurf daraus gemacht werden kann, daß er sie vorzeitig durchgeführt hat. Hat der Arbeitgeber nicht grob fahrlässig die vorläufige Maßnahme durchgeführt, so obsiegt er. War dagegen die Maßnahme offensichtlich nicht dringend erforderlich, so gewinnt der Betriebsrat. Gleichsam als Sanktion gegen den Arbeitgeber soll er die Maßnahme nicht aufrechterhalten dürfen. Dies ist allerdings umstr.; z. T. wird eingewandt, das Gesetz führe zu einer unverhältnismäßigen Reaktion.* *e) Unterliegt der Arbeitgeber im Zustimmungsersetzungsverfahren,* so werden die vorläufigen Maßnahmen zwei Wochen nach Rechtskraft des Beschlusses des Arbeitsgerichtes unwirksam; d. h., die Verträge werden nichtig. Der Arbeitgeber darf aber auch die Maßnahmen nicht faktisch aufrechterhalten. Zur Sicherung dieser Verpflichtung dienen die Anträge des Betriebsrates bei Durchführung von personellen Einzelmaßnahmen gegen seinen Widerspruch (§ 101 BetrVG). Umstr. sind die Auswirkungen des Beschlußverfahrens auf etwaige Individualstreitigkeiten; wird im Beschlußverfahren festgestellt, daß das Mitwirkungsrecht des Betriebsrats verletzt ist, so gilt das auch für den Individualprozeß.

V. Sicherung der Mitwirkungsrechte des Betriebsrates

1. Beschlußverfahren. Zur Sicherung der Mitwirkungsrechte kann der Betriebsrat Beschluß fassen (§ 33 BetrVG), ein Beschlußverfahren bei dem Arbeitsgericht gegen den Arbeitgeber einzuleiten, wenn dieser seine Mitwirkungsrechte nicht gewahrt hat (§ 101 BetrVG).

a) Ein derartiges Beschlußverfahren *kommt gegen den Arbeitgeber in Betracht,* wenn *a)* der Arbeitgeber eine personelle Einzelmaßnahme ohne Zustimmung des Betriebsrates durchgeführt hat (§ 99 Abs. 1 S. 1 BetrVG). Dies kann der Fall sein, wenn der Arbeitgeber die Zustimmung über-

---

* BAG AP 4 zu § 100 BetrVG 1972 = BB 89, 358, 700 = DB 89, 487 = NZA 89, 183.

haupt nicht eingeholt hat, diese nicht wegen Frist- und Formversäumnis als erteilt gilt (§ 99 Abs. 3 BetrVG) und die Zustimmung nicht durch das Arbeitsgericht ersetzt wird; *b)* der Arbeitgeber eine vorläufige personelle Einzelmaßnahme aufrechterhält, ohne den Betriebsrat überhaupt zu unterrichten oder innerhalb von drei Tagen seit Bestreiten des Betriebsrates das Verfahren nach § 100 Abs. 2 BetrVG einzuleiten, *c)* der Arbeitgeber den Arbeitnehmer länger als zwei Wochen nach Verlust des Ersetzungsverfahrens weiter beschäftigt. Der Betriebsrat kann seine Anträge bereits im Zustimmungsersetzungsverfahren des Arbeitgebers stellen (oben IV).

b) Schließlich müssen die Rechte des Betriebsrates noch durch ein *Zwangsvollstreckungsverfahren* gesichert sein. Der Arbeitgeber hat Maßnahmen, die er ohne Zustimmung des Betriebsrates durchgeführt hat, wieder aufzuheben. Ist ihm dies auf Antrag des Betriebsrates aufgegeben worden, so kann der Betriebsrat beim Arbeitsgericht beantragen, daß gegen den Arbeitgeber ein Zwangsgeld verhängt wird, wenn er die Maßnahme gleichwohl aufrecht erhält (§ 101 BetrVG). Neben dem Verfahren nach § 101 S. 2 BetrVG ist auch ein Verfahren gegen den Arbeitgeber nach § 23 III BetrVG wegen grober Verletzung betriebsverfassungsrechtlicher Pflichten möglich. Das BAG hat seine frühere, gegenteilige Rechtsprechung aufgegeben.

2. Einstweilige Verfügung. Gelegentlich wird vertreten, daß der Betriebsrat auch eine einstweilige Verfügung gegen den Arbeitgeber ausbringen kann, wenn dieser die Mitwirkungsrechte des Betriebsrats verletzt. Das BAG hat inzwischen einen Unterlassungsanspruch des Betriebsrats bei der Übergehung seiner Mitbestimmungsrechte in sozialen Angelegenheiten anerkannt. Es ist mithin damit zu rechnen, daß er einen entsprechenden Anspruch auch bei den personellen Mitwirkungsrechten anerkennt.

VI. Interessenlage bei personellen Einzelmaßnahmen

Die Interessenlage bei personellen Einzelmaßnahmen braucht durchaus nicht so zu sein, daß die des Betriebsrats und des betroffenen Arbeitnehmers übereinstimmen. Vielmehr kann es vorkommen, daß der betroffene Arbeitnehmer mit dem Arbeitgeber Front gegen den Betriebsrat macht. Es ist selbst die Konstellation denkbar, daß Arbeitgeber und Betriebsrat gemeinsam gegen einen von einer Einzelmaßnahme betroffenen Arbeitnehmer vorgehen, z. B. wenn der Arbeitnehmer einen Einstellungs- oder Eingruppierungsanspruch geltend macht, dem Arbeitgeber und Betriebsrat nicht nachkommen wollen.

§ 7. Verschiedene Arten des Arbeitsvertrages

I. Überblick

In der Praxis kommen verschiedene Arten des Arbeitsvertrages vor, namentlich
1. das befristete Arbeitsverhältnis
2. das Dauerarbeitsverhältnis
3. das Probearbeitsverhältnis
4. das Aushilfsarbeitsverhältnis
5. das Arbeitsverhältnis auf Lebenszeit
6. das Teilzeitarbeitsverhältnis
7. das Job-Sharing Arbeitsverhältnis
8. das Abrufarbeitsverhältnis
9. die Nebenbeschäftigung.

II. Befristetes und bedingtes Arbeitsverhältnis*

1. Bedingung und Befristung. Die Begriffe bedingt und befristet sind zu unterscheiden.

---

* Schaub ArbR von A–Z, Stichworte: Befristeter Arbeitsvertrag, Bedingter Arbeitsvertrag.

a) Ein Arbeitsverhältnis ist resolutiv (auflösend) *befristet*, wenn es bei Eintritt eines zukünftigen Ereignisses sein Ende finden soll. Dies kann ein Zeitpunkt sein, der sich nach dem Kalender bestimmen läßt (befristet bis zum 31. 12. . . .), aber auch ein Zeitpunkt, der gewiß eintritt, aber sich nicht kalendarisch errechnen läßt. Dagegen spielt das suspensiv (aufschiebend) befristete Arbeitsverhältnis eine geringere Rolle, wenn man von dem Fall absieht, daß es erst zu einem bestimmten Anfangstermin in Kraft treten soll.

b) Von dem befristeten Arbeitsverhältnis ist das *bedingte* zu unterscheiden. Es unterscheidet sich von dem befristeten dadurch, daß es bei Eintritt eines zukünftigen ungewissen Ereignisses beginnen oder enden soll. Ein aufschiebend bedingtes Arbeitsverhältnis kommt in der Praxis kaum vor. Z. B. der Exportkaufmann wird eingestellt unter der Bedingung der Tropentauglichkeit. Dagegen ist das auflösend bedingte Arbeitsverhältnis nicht selten. Es findet sich z. B. im Gaststättengewerbe, aber auch z. B. im Bundesligafußball. Die Serviererin X wird eingestellt, solange der Arbeitnehmer Y arbeitsunfähig krank ist. Der Bundesligafußballer wird eingestellt, solange der Fußballclub die Lizenz des Deutschen Fußballbundes besitzt. Das resolutiv bedingte Arbeitsverhältnis wird durch die Rechtsordnung zunehmend eingeschränkt, weil der Arbeitnehmer von der Beendigung überraschend betroffen wird.

2. Zulässigkeit. Ein befristetes Arbeitsverhältnis ist grundsätzlich zulässig. In § 620 BGB sind sowohl das befristete wie das unbefristete gleichberechtigt nebeneinander erwähnt. Die Rechtslage bei auflösend bedingten Arbeitsverhältnissen ist zweifelhaft. Das BAG hat vorübergehend Bedenken gegen die Zulässigkeit eines bedingten Arbeitsverhältnisses geäußert. Inzwischen behandelt es es wieder wie ein auflösend befristetes. Aber auch das befristete Arbeitsverhältnis ist nicht schrankenlos zulässig. Es endet automatisch bei Eintritt des Endtermins. Es nimmt dem Arbeitnehmer damit den Kündigungsschutz gegen Kündigungen des Arbeitgebers. Es kann daher nach dem Zweck der Kündigungsschutzbestimmungen nur zulässig sein, wenn der Kündigungsschutz nicht umgangen wird und unter Abwägung der Interessen des Arbeitgebers und denen des Arbeitnehmers ein sachlicher Grund für die Befristung besteht.

3. Rechtsprüfung. Bei Prüfung der Zulässigkeit eines auch erstmals befristeten Arbeitsverhältnisses sind drei Prüfungen anzustellen:

a) Es ist zu prüfen, ob der Arbeitnehmer infolge der Befristung den allgemeinen oder besonderen Kündigungsschutz (§ 45 S. 384) verliert. Die Anhörung des Betriebsrats vor Ausspruch einer Kündigung (§ 44 S. 367) gehört insoweit nicht zum Kündigungsschutz. Anders kann die Rechtslage bei der Anhörung des Personalrats sein. Wird der Arbeitnehmer nicht einem irgendwie gearteten Kündigungsschutz entzogen, ist die Befristung wirksam. Wird dagegen infolge der Befristung ein Kündigungsschutz umgangen, so ist die zweite Prüfung vorzunehmen.

b) Es muß ein *sachlicher Grund* bestehen, das Arbeitsverhältnis *überhaupt zu befristen*. Im allgemeinen muß daher gegenüber dem Normalfall eine Besonderheit bestehen. Sachliche Gründe für die Befristung sind z. B. die Erprobung oder die Aushilfe eines Arbeitnehmers. Der Erprobungszweck muß aber im Arbeitsverhältnis zum Ausdruck gekommen sein. Es bedarf dazu regelmäßig der vertraglichen Vereinbarung. Die Aushilfe rechtfertigt die Befristung, wenn ein vorübergehender Arbeitskräftebedarf besteht. Dagegen ist nach der Rspr. des BAG die Befristung eines Aushilfsarbeitsverhältnisses dann unzulässig, wenn der Arbeitgeber einen ständigen Arbeitskräfte-Ersatzbedarf hat, den er durch Aushilfskräfte überbrücken will, oder zur Vermeidung von Fehleinschätzungen der strukturellen oder konjunkturellen Entwicklung nur Aushilfskräfte beschäftigt. Zulässig ist dagegen die Befristung des Arbeitsverhältnisses

eines zur Vertretung eines erkrankten Arbeitnehmers Eingestellten. Die Rechtsordnung enthält inzwischen eine Reihe
von gesetzlichen Sonderregelungen zur Befristung. Nach
dem Gesetz über die Gewährung von Erziehungsgeld und
Erziehungsurlaub (Bundeserziehungsgeldgesetz – BErzGG)
i. d. F. v. 31. 1. 1994 (BGBl. I 180) zul. geänd. 24. 3. 1997
(BGBl I 594) besteht ein sachlicher Grund, das Arbeitsverhältnis eines Arbeitnehmers zu befristen, der zur Vertretung
eines Arbeitnehmers im Erziehungsurlaub eingestellt wird
(§ 21 BErzGG). Die Befristung muß aber kalendermäßig
bestimmbar erfolgen. Nicht notwendig ist, daß die Befristung nach dem Kalender berechnet werden kann. Für die
Befristung von Arbeitsverhältnissen medizinischer, wissenschaftlicher und künstlerischer Mitarbeiter im Bereich der
Hochschulen und wissenschaftlichen Einrichtungen ergeben sich die wesentlichen Grundsätze aus dem Hochschul-
rahmengesetz (HRG) v. 26. 1. 1976 (BGBl I 185) i. d. F. v.
9. 4. 1987 (BGBl I 1170), zul. geänd. 20. 5. 1994 (BGBl. I
1078) und dem Gesetz über befristete Arbeitsverträge mit
wissenschaftlichem Personal an Forschungseinrichtungen v.
25. 6. 1985 (BGBl I 1065). Schließlich gelten Besonderheiten nach dem Gesetz über befristete Arbeitsverträge mit
Ärzten in der Weiterbildung v. 15. 5. 1986 (BGBl I 742), zul.
geänd. 15. 12. 1990 (BGBl I 2806).

c) Ist die Befristung überhaupt zulässig, so bedarf es ferner der Überprüfung, ob die *Dauer der Befristung* rechtmäßig ist. Die Dauer der Befristung muß nach den Verhältnissen der jeweiligen Berufsgruppe beurteilt werden, zu der
der Arbeitnehmer gehört. Bei einem wissenschaftlichen
Mitarbeiter einer Hochschule kann die Befristung auf vier
Jahre angemessen sein. Bei einem Arbeiter u. U. nur wenige
Wochen. Im Falle eines Probearbeitsverhältnisses wird man
im allgemeinen eine Befristung auf sechs Monate zulassen
müssen, da das KSchG mit seiner 6-monatigen Wartefrist
insoweit eine gesetzliche Probezeit enthält. Handelt es sich
um höherrangige Angestellte, an die gesteigerte fachliche

Anforderungen gestellt werden, wird auch eine einmalige Verlängerung in Betracht kommen. Die Dauer der Befristung wird häufig durch Tarifvertrag eingeschränkt; eine Einschränkung kann sich je nach Wortlaut des Tarifvertrages daraus ergeben, daß in ihm die Probezeit ausdrücklich geregelt wird.

4. Inhalt befristeter Arbeitsverträge. Wegen seines Inhaltes bietet der befristete Arbeitsvertrag keine Besonderheiten. Arbeitgeber und Arbeitnehmer haben regelmäßig dieselben Rechte und Pflichten wie in einem unbefristeten Arbeitsverhältnis. Da mit Ablauf der Befristung das Arbeitsverhältnis automatisch endet, genießt der Arbeitnehmer weder den allgemeinen noch den besonderen Kündigungsschutz (§ 45 S. 384). Aus der Vereinbarung der Befristung folgt, daß während des Laufes das Arbeitsverhältnis nicht ordentlich gekündigt werden kann. Indes kann wegen der bestehenden Vertragsfreiheit das Kündigungsrecht vorbehalten werden. Für die auflösende Befristung im Prozeß darlegungs- und beweispflichtig ist diejenige Partei, die aus der Befristung Rechte herleiten will; im allgemeinen ist daher auf die Klage des Arbeitnehmers, daß ein Arbeitsverhältnis besteht, der Arbeitgeber für die Beendigung darlegungs- und beweispflichtig.

5. BeschFG.* Durch das Gesetz über arbeitsrechtliche Vorschriften zur Beschäftigungsförderung – BeschFG – v. 26. 4. 1985 (BGBl I 710) zul. geänd. 25. 9. 1996 (BGBl I 1476) ist für die Zeit vom 1. 5. 1985 bis zum 31. 12. 2000 der erleichterte Abschluß befristeter Arbeitsverträge zugelassen worden. Hierdurch soll ein Beschäftigungsanreiz zur Überwindung der Arbeitslosigkeit geschaffen werden. Die Verfassungsmäßigkeit des Gesetzes war ebenso umstr. wie seine sozial- und wirtschaftspolitische Zweckmäßigkeit. Gegen die Verfassungsmäßigkeit sind Rechtsbedenken nicht

* Schaub ArbR, Stichwort: Beschäftigungsförderungsgesetz.

zu erheben, da dem Gesetzgeber ein weiter Beurteilungsspielraum zur Überwindung der Arbeitslosigkeit zusteht.

a) Nach § 1 Abs. 1 BeschFG ist die Befristung eines Arbeitsvertrages bis zur Dauer von zwei Jahren zulässig. Im
Unterschied zum BeschFG 1985 ist eine dreimalige Verlängerung eines befristeten Arbeitsvertrages bis zur Höchstdauer von zwei Jahren möglich. Hierdurch hat der Arbeitgeber
bei einer unsicheren Auftragslage die Möglichkeit, zunächst
ein befristetes Arbeitsverhältnis kürzerer Dauer abzuschließen und dies in der Folgezeit zu verlängern. Der Gesetzgeber beschränkt das Risiko, daß Kettenarbeitsverhältnisse
abgeschlossen werden, in dem er die Höchstbefristungsdau-
er auf zwei Jahre begrenzt und in dieser Zeit höchstens drei
Verlängerungen zuläßt. Die Beschäftigung älterer Arbeitnehmer soll durch § 1 Abs 2 BeschFG 1996 gefördert werden. Hat der Arbeitnehmer bei Beginn des befristeten Arbeitsverhältnisses (unerheblich ist der Vertragsschluß) das
60. Lebensjahr vollendet, so entfällt die Befristungshöchst-
dauer auf zwei Jahre und die Begrenzung auf eine dreimalige Verlängerung. Zweck des Gesetzes ist, für den älteren
Arbeitnehmer eine erleichterte Befristungsmöglichkeit zu
schaffen, um einer Arbeitslosigkeit und Frühverrentung
vorzubeugen.

b) Die Befristung nach dem BeschFG ist nicht zulässig,
wenn zu einem vorhergehenden unbefristeten Arbeitsvertrag oder zu einem vorhergehenden befristeten Arbeitsvertrag mit demselben Arbeitgeber ein enger sachlicher Zusammenhang besteht. Ein solcher ist insbesondere dann
anzunehmen, wenn zwischen der Beendigung des früheren
Arbeitsvertrages und der Begründung des neuen ein Zeitraum von weniger als vier Monaten liegt (§ 1 Abs. 2 S. 2
BeschFG). Ein enger sachlicher Zusammenhang kann mithin auch bei längerer Unterbrechung des Arbeitsverhältnisses bestehen, wenn z. B. der Arbeitnehmer auf demselben
Arbeitsplatz beschäftigt wird und Arbeiten verrichten soll,
die einen längeren Aufschub dulden.

c) Nach bisherigem Recht braucht im Arbeitsvertrag nicht auf das BeschFG verwiesen zu werden, wenn das Arbeitsverhältnis befristet abgeschlossen werden sollte. Nach § 2 Abs. 2 Nr. 3 NachwG ist bei befristeten Arbeitsverhältnissen die voraussehbare Dauer des Arbeitsverhältnisses anzugeben. Es sollte daher auf das BeschFG Bezug genommen werden, wenngleich dies nach wie vor keine Wirksamkeitsvoraussetzung ist. Fehlt eine Bezugnahme kann bei einem Streit um die Befristung der Arbeitgeber für die Befristung darlegungs- und beweispflichtig werden. Soll während der Befristung die Kündigung vorbehalten bleiben, ist dies zu vereinbaren.

d) Nach § 4 KSchG muß der Arbeitnehmer die Unwirksamkeit einer Kündigung wegen fehlender sozialer Rechtfertigung oder Fehlens eines wichtigen Grundes innerhalb von drei Wochen beim Arbeitsgericht geltend machen. Eine solche Frist gilt nicht, wenn die Unwirksamkeit einer Befristung geltend gemacht werden soll. Die Rechtsprechung der Instanzgerichte hat wiederholt versucht, im Wege richterlicher Rechtsfortbildung eine derartige Frist einzuführen. Das BAG hat diese Möglichkeit verneint. Eine solche Frist wird durch das Beschäftigungsförderungsgesetz geschaffen.

Nach § 1 Abs. 5 BeschFG 1996 beginnt die Klagefrist mit dem vereinbarten Ende des Arbeitsverhältnisses. Dies gilt auch dann, wenn der Nichtverlängerung des befristeten Arbeitsverhältnisses eine Nichtverlängerungsanzeige vorauszugehen hatte. Nach dem Wortlaut von § 1 Abs. 5 BeschFG 1996 gilt die Klagefrist nicht nur für die Fälle der Befristung aufgrund des BeschFG, sondern auch aufgrund einer Befristung nach allgemeinem Recht (BT-Drucks 13/4612 S. 13). Während des Gesetzgebungsverfahren war eingewandt worden, die Befristungsregelung gehöre systematisch nach § 620 BGB. Dem ist der Gesetzgeber nicht gefolgt, obwohl die Klagefrist nicht unter dem Befristungsvorbehalt des § 1 Abs. 6 BeschFG steht.

6. Mitwirkung des Betriebsrats. Der Betriebsrat hat im allgemeinen **keinen Einfluß** darauf, ob das Arbeitsverhältnis befristet oder unbefristet abgeschlossen wird. Er kann lediglich darauf hinweisen, daß er die Befristung für rechtswidrig hält (vgl. § 6 III 3 a).

7. Muster. Ein befristeter Vertrag läßt sich formulieren:

a) Allgemeines Muster

Zwischen der Firma . . . . . . und dem/der Arbeitnehmer(in) . . . . . . wird ein Arbeitsvertrag geschlossen. Der Arbeitnehmer/die Arbeitnehmerin wird als . . . . . . eingesetzt. Das Arbeitsverhältnis ist befristet bis zum . . . . . .

b) BeschFG*

I. Der/Die Arbeitnehmer(in) wird für die Zeit vom . . . . . . bis . . . . . . als . . . . . . nach § 1 I BeschFG eingestellt.

II. Das Arbeitsverhältnis endet mit Ablauf der Frist, ohne daß es einer vorhergehenden Kündigung bedarf.

III. Die ersten . . . . Monate des Arbeitsverhältnisses gelten als Probezeit. Während der Probezeit kann das Arbeitsverhältnis mit einer Frist von . . . . . . zum . . . . gekündigt werden.

III. Dauerarbeitsverhältnis**

1. Begriff. Das Dauerarbeitsverhältnis, also das Arbeitsverhältnis, das auf eine unbestimmte, längere Zeit angelegt ist, ist der Normaltatbestand. Es sichert dem Arbeitgeber die Arbeitnehmer des Betriebes wie umgekehrt dem Arbeitnehmer den Arbeitsplatz. Seine Kündigung ist für den Arbeitgeber im allgemeinen nur unter eingeschränkten Voraussetzungen zulässig.

2. a) Umstritten war, ob ein **Dauerarbeitsverhältnis** auflösend bedingt oder befristet abgeschlossen sein kann auf das **Erreichen der Altersgrenze.** In § 41 Abs 4 S 3 SGB VI heißt es: „Eine Vereinbarung, die die Beendigung des Arbeitsverhältnisses eines Arbeitnehmers ohne Kündigung zu einem Zeitpunkt vorsieht, in dem der Arbeitnehmer vor

---

* Schaub, ArbR-Formb. § 3 II.
** Schaub ArbR von A–Z, Stichwort: Dauerarbeitsverhältnis.

Vollendung des 65. Lebensjahres eine Rente wegen Alters beantragen kann, gilt dem Arbeitnehmer gegenüber als auf die Vollendung des 65. Lebensjahres abgeschlossen, es sei denn, daß die Vereinbarung innerhalb der letzten drei Jahre vor diesem Zeitpunkt abgeschlossen oder von dem Arbeitnehmer bestätigt worden ist." Das BAG hat vorübergehend angenommen, daß der befristete Abschluß unwirksam ist. Diese Rechtsprechung ist durch die Neufassung von § 41 Abs 4 S 3 SGB VI beseitigt. Zur Zeit gelten folgende Regeln:

b) Tarifvertragliche Altersgrenzenvereinbarungen sind, soweit sie auf das 65. Lebensjahr des Arbeitnehmers abstellen, im Rahmen der den Tarifvertragsparteien eingeräumten Regelungsmacht zulässig. Der Gesetzgeber geht davon aus, daß die Tarifvertragsparteien von ihrer Regelungsmacht einen sachgemäßen Gebrauch machen. Altersgrenzen in Betriebsvereinbarungen sind als zulässig anzusehen, wenn dafür sachliche Gründe vorliegen. Das kann auch eine ausgewogene Altersstruktur im Betrieb sein, wenn die Arbeitnehmer zugleich versorgungsrechtlich abgesichert sind. Altersgrenzenvereinbarungen in Einzelarbeitsverträgen müssen sachlich begründet sein. Ist in einer solchen Vereinbarung die Beendigung des Arbeitsverhältnisses für einen Zeitpunkt vorgesehen, in dem der Arbeitnehmer vor Vollendung des 65. Lebensjahres Anspruch auf eine Rente wegen Alters hat, wird das Ende des Arbeitsverhältnisses auf die Vollendung des 65. Lebensjahres hinausgeschoben. Die ursprüngliche Vereinbarung ist nur dann wirksam, wenn sie in den letzten drei Jahren vor dem vereinbarten Beendigungstermin abgeschlossen oder vom Arbeitnehmer bestätigt worden ist.

3. Muster. Ein Muster eines Dauerarbeitsverhältnisses befindet sich § 5 IV S. 50.

IV. Probearbeitsverhältnis*

1. Begriff. Ein Probearbeitsverhältnis ist ein Arbeitsverhältnis, das dem Arbeitgeber ermöglichen soll, sich ein Urteil zu bilden, ob der Arbeitnehmer für die Arbeit geeignet ist, und andererseits dem Arbeitnehmer ermöglicht, sich zu vergewissern, ob ihm die Arbeit und der Betrieb zusagt. Der wechselseitige Erprobungszweck muß aber zum Inhalt des Arbeitsvertrages gemacht werden; es reicht nicht aus, daß die Erprobung nur Motiv einer Partei war.

a) Das Probearbeitsverhältnis kommt in *zwei Formen* vor, und zwar als unbefristetes und als befristetes Probearbeitsverhältnis. Das befristete Probearbeitsverhältnis endet mit Ablauf der Frist, für die es eingegangen ist; auf es finden mithin grundsätzlich die Regeln des befristeten Arbeitsverhältnisses Anwendung (oben II). Es wird heute häufig durch ein Arbeitsverhältnis nach dem BeschFG ersetzt. Für die Beendigung eines unbefristeten Probearbeitsverhältnisses ist dagegen stets eine Kündigung notwendig.

b) Das Probearbeitsverhältnis ist zu unterscheiden vom *Anlern- und Aushilfsarbeitsverhältnis.* Während Zweck des Probearbeitsverhältnisses die wechselseitige Erprobung ist, dient das Anlernarbeitsverhältnis dazu, den Arbeitnehmer für eine bestimmte Tätigkeit vorzubereiten. Vom Aushilfsarbeitsverhältnis unterscheidet es sich durch seinen Zweck. Durch das Aushilfsarbeitsverhältnis soll ein vorübergehender Arbeitskräftebedarf des Arbeitgebers überbrückt werden.

2. Unbefristetes Probearbeitsverhältnis. Das unbefristete Probearbeitsverhältnis ist ein normales Dauerarbeitsverhältnis mit vorgeschalteter Probezeit.

a) Das Probearbeitsverhältnis wird wie ein normales Arbeitsverhältnis *abgeschlossen*. Kraft Gesetzes gibt es keine Vorschriften für die Dauer der Probezeit. Tariflich wird

---

* Schaub ArbR von A–Z, Stichwort: Probearbeitsverhältnis.

regelmäßig eine Probezeit von 1–3 Monaten vorgesehen; alsdann kann bei Tarifbindung (§ 1 II 6 c S. 11) auch einzelvertraglich keine längere Probezeit vorgesehen werden.

b) Seinem *Inhalt* nach bestehen in einem Probearbeitsverhältnis dieselben Rechte und Pflichten wie in einem Dauerarbeitsverhältnis.

c) Für die *Beendigung des unbefristeten Probearbeitsverhältnisses* gelten einige Besonderheiten: *a)* Im allgemeinen ist die *Anfechtung* eines Probearbeitsverhältnisses wegen verkehrswesentlicher Eigenschaft einer Person nicht möglich (§ 119 Abs. 2 BGB). Zwar beinhaltet der Abschluß des Probearbeitsverhältnisses nicht den Ausschluß der Anfechtung wegen verkehrswesentlicher Eigenschaften. Indes soll die Erprobung gerade der Ermittlung der Eigenschaften der Vertragspartner dienen, so daß eine Anfechtung nur bei atypischen Mängeln möglich ist. *b)* Während der Probezeit kann mit der für ein Probearbeitsverhältnis geltenden Frist *ordentlich gekündigt* werden. Dagegen kommt im allgemeinen keine außerordentliche Kündigung wegen Leistungsmängeln in Betracht. Auch insoweit ist es gerade Zweck des Arbeitsverhältnisses der Erprobung und der Einarbeitung zu dienen. Etwas anderes gilt jedoch dann, wenn die vorkommenden Arbeitsfehler so schwerwiegend sind, daß von einer geordneten Arbeitsleistung keine Rede sein kann. Dies ist etwa der Fall, wenn ein Brauereiingenieur so schwere Fehler macht, daß ein Sud verdirbt; dagegen würden orthographische Fehler einer Sekretärin keine außerordentliche Kündigung rechtfertigen. *c)* Im allgemeinen beinhaltet der Abschluß eines Probearbeitsverhältnisses, daß es mit der gesetzlich zulässigen kürzesten *Kündigungsfrist* wieder gekündigt werden kann. Während einer vereinbarten Probezeit, längstens für die Dauer von sechs Monaten, kann das Arbeitsverhältnis mit einer Frist von zwei Wochen gekündigt werden (§ 622 Abs. 3). Die Frist gilt sowohl für Arbeiter wie für Angestellte. Die gesetzlichen Mindestkündigungsfristen können verlängert, nicht aber weiter verkürzt werden. Hiervon kann jedoch eine Ausnahme bestehen. Im allgemeinen enthalten die Tarifverträge besondere Bestimmungen über das Probearbeitsverhältnis. Im Falle der Tarifbindung (§ 1 II 6 c S. 11) gehen im Rahmen des tariflichen Geltungsbereiches die tariflichen Kündigungsfristen den gesetzlichen vor. Um aber zu verhindern, daß die Kündigungsfristen bei Tarifgebundenen und Nicht-Tarifgebundenen auseinander fallen, haben die Arbeitsvertragsparteien die Möglichkeit, im Arbeitsvertrag auf die tariflichen Bestimmungen zu verweisen (§ 1 II 6 d S. 12), also auch kürzere als die gesetzlichen Kündigungsfristen durch Verweisung auf den Tarifvertrag einzelvertraglich zu vereinbaren. Mit der verkürzten Kündigungsfrist kann bis zum letzten Tage der Probezeit gekündigt werden, auch wenn die Kündigung erst nach Ablauf der Probezeit wirksam wird. *d)* Für den Arbeitnehmer besteht während der Probezeit bereits ein *Kündigungsschutz* gegen Kündigungen des Arbeitgebers. Der Arbeitgeber muß mithin bereits bei Kündigung während der Probezeit den Betriebsrat anhören (§ 102 BetrVG). Im übrigen wirkt sich der besondere Kündigungsschutz vor allem bei Frauen und solchen Arbeitnehmern aus, die Erziehungsurlaub in Anspruch nehmen. Wird die Frau schwanger, so ist auch während der Probezeit nur eine Kündigung mit Zustimmung der höheren Verwaltungsbehörde zulässig (§ 9 MuSchG; dazu § 58 III S. 493).

3. Befristung. Das befristete Probearbeitsverhältnis ist ein befristetes Arbeitsverhältnis.

a) Grundsätzlich *kann* ein Probearbeitsverhältnis befristet *abgeschlossen werden.* Indes dürfen die Grundsätze des befristeten Arbeitsverhältnisses nicht verletzt werden. Hieraus folgt, es darf nicht sachfremd sein, überhaupt ein befristetes Probearbeitsverhältnis abzuschließen, und die Dauer der Probezeit muß angemessen sein. Gelegentlich ist der Abschluß eines befristeten Probearbeitsverhältnisses nach den Tarifverträgen des konkreten Wirtschaftsbereiches oder nach Betriebsvereinbarungen des konkreten Betriebes unzulässig. Eine gleichwohl vorgesehene Befristung ist nach § 134 BGB nichtig, so daß sich der Arbeitnehmer von vornherein in einem unbefristeten Dauerarbeitsverhältnis befindet. Unberührt bleibt der Abschluß nach dem BeschFG.

b) Auch in einem befristeten Probearbeitsverhältnis haben die Arbeitsvertragsparteien die *gleichen Rechte und Pflichten* wie in einem Dauerarbeitsverhältnis. *a)* Indes beinhaltet der Abschluß der Befristung, daß die vertraglich vorgesehene Probezeit auch für die Erprobung des Arbeitnehmers erforderlich ist, also während der Probezeit eine ordentliche Kündigung nicht erfolgen soll. Etwas anderes gilt nur dann, wenn die ordentliche Kündigungsmöglichkeit vorbehalten ist. Das Recht zur außerordentlichen Kündigung bleibt unberührt. *b)* Für die Dauer der Befristung haben die Arbeitsvertragsparteien im Rahmen des gesetzlich (oben II S. 74), tariflich oder kraft Betriebsvereinbarung Zulässigen Gestaltungsfreiheit.

c) Mit *Ablauf der Befristung* endet das Arbeitsverhältnis automatisch. Da es keiner Kündigung bedarf, hat der Arbeitnehmer auch keinen allgemeinen oder besonderen Kündigungsschutz (§ 45 S. 384). *a)* Der Arbeitgeber darf sich selbst dann auf den Ablauf der Probezeit berufen, wenn inzwischen ein Tatbestand des besonderen Kündigungsschutzes eingetreten ist, also wenn die Arbeitnehmerin inzwischen schwanger geworden ist und damit unter den Mutterschutz (§ 9 MuSchG) fällt. Eine Ausnahme gilt jedoch dann, wenn die Arbeitnehmerin darlegen und nachweisen kann, daß der Arbeitgeber sich nur deshalb auf den Ablauf der Befristung beruft, weil er sie dem besonderen Kündigungsschutz entziehen will. Dies ist z. B. nach den anzuwendenden Grundsätzen des Anscheinsbeweises* der Fall, wenn der Arbeitgeber wiederholt seine Zufriedenheit

---

* Schaub ArbR von A–Z, Stichwort: Anscheinsbeweis.

mit den Leistungen der Arbeitnehmerin zum Ausdruck bringt. *b)* Auch mit Schwerbehinderten ist der befristete Abschluß von Probearbeitsverhältnissen möglich. Da auch für Schwerbehinderte der besondere Kündigungsschutz erst nach einer Wartezeit von sechs Monaten beginnt (§ 20 I SchwbG), wird deren Kündigungsschutz nur noch selten umgangen mit der Folge, daß die Befristung unwirksam ist.

d) Für die Befristung *darlegungs- und beweispflichtig* im Prozeß ist diejenige Partei, die sich auf die Befristung beruft. Wird also z. B. der Arbeitnehmer wegen Vertragsbruches verklagt und beruft er sich gegenüber dem Arbeitgeber auf die Beendigung des Arbeitsverhältnisses infolge Befristung, so muß er die Befristung darlegen und beweisen. Will der Arbeitnehmer den Fortbestand des Arbeitsverhältnisses erreichen und beruft sich der Arbeitgeber auf die Befristung, so muß er sie beweisen. Schickt ein Arbeitgeber den Arbeitnehmer mit der Begründung von der Arbeit weg, das Arbeitsverhältnis sei infolge Ablaufes der Frist erloschen, oder teilt er ihm vorab mit, daß das Arbeitsverhältnis infolge Befristung ende, so muß der Arbeitnehmer binnen einer Frist von drei Wochen Klage erheben. Die Frist zur Erhebung der Kündigungsschutzklage ist durch das arbeitsrechtliche Beschäftigungsförderungsgesetz eingeführt worden (§ 1 Abs. 5 BeschFG 1996). Für das Verfahren bei Versäumen der Klagefrist gelten die §§ 4 ff KSch G entsprechend (§ 47 III S. 400). Der Klageantrag für den Arbeitnehmer wird lauten, festzustellen, daß das Arbeitsverhältnis über den . . . . . . (Ablauf der Befristung) fortbesteht.

4. Mitwirkungsrechte des Betriebsrats. Der Betriebsrat hat auf Abschluß und Inhalt des Probearbeitsverhältnisses nur verhältnismäßig wenig Einfluß. Er kann im Wege freiwilliger Betriebsvereinbarung auf den Abschluß Einfluß nehmen.

5. Muster eines Probearbeitsverhältnisses.

(1) Das Arbeitsverhältnis beginnt am . . . . . . Vor seinem Beginn ist die ordentliche Kündigung ausgeschlossen.

(2) Die ersten drei Monate gelten als Probezeit. Während dieser Zeit können die Vertragsparteien das Arbeitsverhältnis mit einer Frist von zwei Wochen kündigen

oder

Dieser Vertrag wird auf die Dauer von drei Monaten auf Probe abgeschlossen und endet mit Ablauf der Probezeit, sofern er nicht zuvor verlängert wird. Innerhalb der Probezeit kann das Arbeitsverhältnis mit einer Frist von zwei Wochen gekündigt werden unbeschadet des Rechts zur fristlosen Kündigung.

V. Aushilfsarbeitsverhältnis*

1. Begriff. Das Aushilfsarbeitsverhältnis ist ein Arbeitsverhältnis, durch das der Arbeitgeber einen vorübergehenden Arbeitskräftebedarf durch die Einstellung von Aushilfskräften auszugleichen versucht. Der vorübergehende Arbeitskräftebedarf wird regelmäßig entweder auf dem Ausfall von Arbeitnehmern oder einem sonstigen Arbeitsanfall beruhen. Dagegen liegt ein Aushilfsarbeitsverhältnis nicht bereits dann vor, wenn der Arbeitgeber einen ständig bestehenden Ersatzbedarf (wegen Erkrankung, Urlaub) durch Einstellung von Ersatzkräften überbrücken muß.

a) Das Aushilfsarbeitsverhältnis kommt in *zwei Formen* vor, nämlich als unbefristetes und als befristetes. Das befristete Aushilfsarbeitsverhältnis endet mit Ablauf der Frist, für die es eingegangen ist. Auf es finden daher grundsätzlich die Regeln des befristeten Arbeitsverhältnisses Anwendung (oben II S. 71 ff). Für die Beendigung eines unbefristeten Arbeitsverhältnisses bedarf es der Kündigung. Regelmäßig wird aber statt eines Aushilfsarbeitsverhältnisses ein befristetes Arbeitsverhältnis nach dem BeschFG abgeschlossen.

---

* Schaub ArbR von A–Z, Stichwort: Aushilfsarbeitsverhältnis.

b) Das Aushilfsarbeitsverhältnis ist durch seinen Aushilfszweck vom Probearbeitsverhältnis zu *unterscheiden.* Die im Arbeitsrecht geltenden sozialen Schutzbestimmungen zugunsten des Arbeitnehmers können nicht dadurch umgangen werden, daß der Arbeitgeber mit dem Arbeitnehmer anstelle eines Probearbeitsverhältnisses ein Aushilfsarbeitsverhältnis vereinbart.

2. Unbefristetes Aushilfsarbeitsverhältnis. Das unbefristete Aushilfsarbeitsverhältnis ist ein normales Arbeitsverhältnis, das sich nur durch seinen Aushilfszweck von diesem unterscheidet.

a) Das Aushilfsarbeitsverhältnis wird wie ein normales Arbeitsverhältnis *abgeschlossen.* Gleichwohl empfiehlt es sich, den Arbeitsvertrag schriftlich abzuschließen und den Aushilfsbedarf ausdrücklich in den Arbeitsvertrag aufzunehmen. Dabei wird der Arbeitgeber insbesondere darauf Bedacht nehmen, daß der Abschluß eines Aushilfsarbeitsvertrages nur dann anerkannt wird, wenn es sich um einen vorübergehenden Arbeitskräftebedarf handelt, dagegen nicht um einen Dauerbedarf, der von vornherein voraussehbar war, weil mit Fehlzeiten anderer Arbeitnehmer zu rechnen ist.

b) Nach seinem *Inhalt* bestehen gewichtige Unterschiede zwischen einem Dauerarbeitsverhältnis und einem unbefristeten Aushilfsarbeitsverhältnis. Im allgemeinen sind die wechselseitigen Nebenpflichten gemindert. Dem Arbeitnehmer obliegen daher geringere Treue- und dem Arbeitgeber geringere Fürsorgepflichten. Dagegen ist im Gesetz nicht mehr vorgesehen, daß im Aushilfsarbeitsverhältnis die Entgeltfortzahlungsansprüche im Krankheitsfalle eingeschränkt sind.

c) Auch das unbefristete Aushilfsarbeitsverhältnis kann unter erleichterten Bedingungen *beendet werden. a)* Unabhängig von bestehenden Tarifverträgen können die Kündigungsfristen in Aushilfsarbeitsverhältnissen auch einzelvertraglich unter die gesetzlichen Mindestkündigungsfristen verkürzt werden (§ 622 Abs. 5 Nr. 1 BGB). Dagegen können im Falle der Tarifbindung (§ 1 II 6 c S. 11) die tarifvertraglichen Kündigungsfristen für Aushilfsarbeitsverhältnisse nicht unterschritten werden. Ob der Abschluß eines Aushilfsarbeitsverhältnisses auch gleichzeitig die Vereinbarung der kürzest möglichen Kündigungsfrist beinhaltet, ist zweifelhaft, aber zu verneinen, da die jeweilige Dauer der Kündigungsfrist in Aushilfsarbeitsverhältnissen zu unterschiedlich ist. b) Im unbefristet abgeschlossenen Aushilfsarbeitsverhältnis kann der allgemeine und besondere Kündigungsschutz bestehen. Vor Ausspruch der Kündigung ist mithin der Betriebsrat nach § 102 BetrVG anzuhören. Die Kündigung einer Schwangeren oder Wöchnerin ist nur mit Zustimmung der höheren Verwaltungsbehörde zulässig (§ 9 MuSchG). Während des Erziehungsurlaubes ist die Kündigung ausgeschlossen. Dagegen wird der besondere Kündigungsschutz des Schwerbehinderten nur in Ausnahmefällen in Betracht kommen (vgl. dazu IV 3 c S. 83).

3. Befristetes Aushilfsarbeitsverhältnis. Das Aushilfsarbeitsverhältnis kann befristet abgeschlossen werden. Insoweit gelten die Regeln des befristeten Arbeitsverhältnisses; der Aushilfszweck ist ein sachlicher Grund für die Befristung. Mit Ablauf der Befristung endet das Aushilfsarbeitsverhältnis automatisch. Der Arbeitnehmer genießt mithin keinen Kündigungsschutz. Wegen des Inhalts des befristeten Aushilfsarbeitsverhältnisses gelten gegenüber dem unbefristeten keine Besonderheiten.

4. Mitwirkungsrechte des Betriebsrats. Der Betriebsrat hat auf Abschluß und Inhalt des Aushilfsarbeitsverhältnisses nur einen geringen Einfluß.

5. Muster eines Aushilfsvertrages.

I. Der/Die Arbeitnehmer(in) wird für die Dauer . . . . . . von . . . . . . bis . . . . . . als . . . . . . eingestellt. Das Arbeitsverhältnis endet ohne besondere Kündigung nach Ablauf der Frist.

II. Der Arbeitsvertrag wird befristet abgeschlossen, weil . . . . . .

III. Der/Die Arbeitnehmer(in) ist zur Leistung aller Arbeiten verpflichtet, die verkehrsüblich von einem(r) . . . . . . verrichtet werden. In dringenden Fällen ist der/die Arbeitnehmer(in) nach Weisung der Geschäftsleitung auch zur Leistung anderer Arbeit verpflichtet.

Oder statt I.

Der/Die Arbeitnehmer(in) wird ab . . . . . . zur Aushilfe als . . . . . eingestellt. Während des Aushilfsarbeitsverhältnisses kann das Arbeitsverhältnis mit einer Frist von . . . . . . zum . . . . . . gekündigt werden.

VI. Langfristiges Arbeitsverhältnis (Arbeitsverhältnis auf Lebenszeit)*

1. Lebens- oder Dauerstellung. Die Zusage einer Lebens- oder Dauerstellung bedeutet nicht ohne weiteres die Einstellung auf Lebenszeit. Vielmehr ist im Einzelfall im Wege der Auslegung zu ermitteln, was die Parteien damit bezweckt haben. Unter Berücksichtigung der Umstände des Einzelfalles kann mit der Zusage beabsichtigt sein: *a)* Die Beschränkung der ordentlichen Kündigung auf wirkliche triftige Gründe, *b)* der Ausschluß der ordentlichen Kündigung für eine angemessene Zeit, *c)* die Vereinbarung des Kündigungsschutzes ab Beginn des Arbeitsverhältnisses, *d)* angemessene Verlängerung der Kündigungsfrist, *e)* Pflicht zur Versetzung des Arbeitnehmers im Falle der Betriebsstillegung.

2. Arbeitsvertrag auf Lebenszeit. Ein Arbeitsvertrag auf die Lebenszeit einer Person wird im allgemeinen nur in Ausnahmefällen geschlossen. Der Arbeitgeber kann sich auf Lebenszeit verpflichten, einen Arbeitnehmer zu beschäftigen. Andererseits erwächst aber für den Arbeitnehmer nach Ablauf von fünf Jahren ein Kündigungsrecht (§ 624 BGB). Die Kündigungsfrist beträgt sechs Monate. Das Recht zur außerordentlichen Kündigung bleibt unberührt.

---

* Schaub ArbR von A–Z, Stichwort: Dauerstellung.

VII. Teilzeitarbeitsverhältnis*

1. Begriff des Teilzeitarbeitsverhältnisses. a) Ein Teilzeitarbeitsverhältnis ist gegeben, wenn nach dem Arbeitsvertrag die regelmäßige Wochenarbeitszeit kürzer ist als die regelmäßige Wochenarbeitszeit vergleichbarer vollzeitbeschäftigter Arbeitnehmer (§ 2 Abs. 2 S. 1 BeschFG). Grundsätzlich wird auf die Wochenarbeitszeit abgestellt. Nur wenn eine solche nicht vereinbart ist, wird auf die regelmäßige Arbeitszeit abgestellt, die im Jahresdurchschnitt auf eine Woche entfällt (§ 2 Abs. 2 S. 2 BeschFG). Vergleichsmaßstab ist die regelmäßige Arbeitszeit eines vollzeitbeschäftigten Arbeitnehmers. Insoweit trägt das Gesetz modernen Arbeitszeitformen wie der flexiblen Arbeitszeit Rechnung. Für die Begriffsbestimmung unschädlich ist, ob der Arbeitnehmer nur an einzelnen Tagen in der Woche verkürzt arbeitet oder an allen Tagen verkürzt arbeitet. Wird in einem Betrieb Kurzarbeit eingeführt, so wird das Arbeitsverhältnis aber nicht dadurch zu einem Teilzeitarbeitsverhältnis umgestaltet.

b) Als besondere Form des Teilzeitarbeitsverhältnisses wurde in der BRD die Altersteilzeit eingeführt (dazu § 25). Sie soll älteren Arbeitnehmern den gleitenden Übergang vom Erwerbsleben in die Altersrente ermöglichen.

2. Abschluß. Der Teilzeitarbeitsvertrag wird wie jeder andere Arbeitsvertrag abgeschlossen; er kann also ausdrücklich oder konkludent, unbefristet oder befristet vereinbart werden. Eine Befristung ist jedoch nur nach den Grundsätzen des befristeten Arbeitsvertrages (oben II S. 71) zulässig.

3. Anwendung des Arbeitsrechts. Auf das Teilzeitarbeitsverhältnis findet Arbeitsrecht in vollem Umfange Anwendung. Nach § 2 Abs. 1 BeschFG darf der Arbeitgeber einen teilzeitbeschäftigten Arbeitnehmer nicht wegen der Teilzeit-

* Schaub ArbR von A–Z, Stichwort: Teilzeitarbeitsverhältnis.

arbeit gegenüber vollzeitbeschäftigten Arbeitnehmern unterschiedlich behandeln, es sei denn, daß sachliche Gründe eine unterschiedliche Behandlung rechtfertigen. Da Teilzeitarbeit in aller Regel von Frauen verrichtet wird, ist neben dem allgemeinen Gleichbehandlungsgrundsatz der Rechtssatz der Gleichberechtigung zu beachten. Er verbietet eine unterschiedliche Behandlung, es sei denn, daß dies aus biologischen oder funktionalen Gründen geboten ist (BAG AP 3 zu Art. 119 EWG-Vertrag = NJW 84, 2056; EuGH AP 10 aaO = NJW 86, 3020 = NZA 86, 599; EuGH NJW 82, 1204; NJW 80, 500; 2014; BAG AP 11 zu Art. 119 EWG-Vertrag = DB 87, 994 = NZA 87, 445; AP 5 zu § 1 BetrAVG Gleichberechtigung = NJW 90, 68 = NZA 90, 25; AP 7 = BB 90, 1620; AP 28 zu § 23 a BAT; AP 1 zu § 612 BGB Diskriminierung = NJW 93, 3091 = NZA 93, 891; AP 32 zu § 1 TVG Tarifverträge: Einzelhandel). Im Teilzeitarbeitsverhältnis ist nur die Anwendung solcher gesetzlichen oder kollektivvertraglichen Vorschriften ausgeschlossen, die die Ableistung der vollen Arbeitszeit voraussetzen. Hieraus folgt:

a) Der Arbeitgeber kann im Teilzeitarbeitsverhältnis grundsätzlich keine *Mehr- und Überstunden* anordnen, da der Arbeitnehmer durch die Vereinbarung eines Teilzeitarbeitsverhältnisses deutlich zu verstehen gegeben hat, daß er dem Arbeitgeber nur für eine beschränkte Arbeitszeit zur Verfügung stehen will (umstr.). Umstr. ist ebenfalls, ob der Arbeitnehmer einen Anspruch auf Über- oder Mehrarbeitsvergütung hat, wenn er über seine individuelle Arbeitszeit Arbeitsleistung erbracht, dagegen die betriebliche Arbeitszeit nicht überschritten wird. Die h. M. hat einen Anspruch verneint. Der EuGH hat im Wege des Vorabentscheidungsverfahrens entschieden, daß keine Überstundenzuschläge gezahlt zu werden brauchen, wenn die individuelle, aber nicht die betriebliche Arbeitszeit überschritten wird (EuGH v. 15. 12. 1994 EWS 95, 48). Dieser Rechtsprechung ist inzwischen das BAG in mehreren Entscheidungen gefolgt.

b) Der Arbeitnehmer hat Anspruch auf *denselben Lohn* wie ein Vollzeitarbeitnehmer. Vor Inkrafttreten des Besch-FG lag noch kein Verstoß gegen den Gleichbehandlungsgrundsatz dann vor, wenn der Arbeitgeber Teilzeitarbeitskräfte zu einem geringeren Lohn beschäftigte, wenn er damit einen Anreiz zur Ableistung der vollen Arbeitszeit schaffen wollte. Dieser vom EuGH erarbeitete Rechtsgrundsatz ist nach § 2 Abs. 1 BeschFG überholt, so daß eine geringere Lohnhöhe bei Teilzeitbeschäftigten grundsätzlich ausscheidet. Vor allem die in Teilzeitarbeit beschäftigten Lehrer haben Anspruch auf dieselbe Stundenvergütung wie Vollzeitbeschäftigte. Die ursprüngliche Vergütungsabrede ist unwirksam. Nach § 612 hat der Arbeitnehmer alsdann Anspruch auf die übliche Vergütung. Dies ist im allgemeinen die tarifliche Vergütung. Es kann aber auch eine höhere Vergütung sein, wenn der Arbeitgeber allgemein übertariflich bezahlt.

c) Die Teilzeitarbeitnehmer haben Anspruch auf *Entgeltfortzahlung im Krankheitsfalle* (§ 32 S. 275). Da die Vergütungsfortzahlung grundsätzlich nach dem Lohnausfallprinzip berechnet wird, ist die Vergütung fortzuzahlen, die der Arbeitnehmer erzielt hätte, wenn er nicht krank geworden wäre (§ 32 VI S. 284).

d) Anspruch auf *Feiertagsvergütung* hat der Teilzeitbeschäftigte dann, wenn die Arbeitszeit infolge des gesetzlichen Feiertages ausfällt (§ 1 EntgeltFG). Ausgefallene Arbeitszeit braucht er weder vor- noch nachzuarbeiten. Arbeitet der Teilzeitbeschäftigte an einem Feiertag, so hat er Anspruch auf die Feiertagszuschläge, die einem Vollzeitbeschäftigten gezahlt werden.

e) Auch der Teilzeitbeschäftigte hat Anspruch auf *Urlaub*. Arbeitet der Teilzeitbeschäftigte an allen Tagen der Woche mit verkürzter Arbeitszeit, so bietet die Berechnung der Urlaubszeit keine Schwierigkeiten. Arbeitet er dagegen nur an einigen Tagen der Woche, so ist er ebenfalls vier Wochen von der Arbeit freizustellen. Liegen die einzelnen Beschäftigungszeiten so weit auseinander, daß der Urlaub in der

Zwischenzeit gewährt werden könnte, so müssen Teilzeitarbeitnehmer sich die arbeitsfreien Tage in dem Verhältnis anrechnen lassen, in dem die tatsächlichen Beschäftigungstage zu den Werktagen des Kalenderjahres stehen. Bei der Festlegung des Urlaubs hat der Arbeitgeber auf Arbeitnehmer mit mehreren Teilzeitarbeitsverhältnissen Rücksicht zu nehmen, damit diese eine zusammenhängende Zeit Urlaub machen können.

f) Der Arbeitgeber hat einem Arbeitnehmer, der ihm gegenüber den Wunsch nach einer Veränderung von Dauer oder Lage seiner Arbeitszeit angezeigt hat, über entsprechende Arbeitsplätze zu unterrichten. Die Unterrichtung über die zu besetzenden Arbeitsplätze kann durch Aushang am schwarzen Brett erfolgen (§ 3 BeschFG). Einen Anspruch auf entsprechende Versetzung hat der Arbeitnehmer nicht. Weitergehende Rechte können sich im öffentlichen Dienst des Bundes ergeben (§ 10 FFG).

4. Beendigung. Für die Beendigung des Teilzeitarbeitsverhältnisses gelten keine Besonderheiten. Muß der Arbeitgeber aus betriebsbedingten Gründen Arbeitskräfte entlassen, so kommt es darauf an, ob der Arbeitsplatz des Teilzeitarbeitnehmers weggefallen ist (§ 47 II 5 S. 395). Bei der sozialen Auswahl darf die Teilzeitbeschäftigung nicht zum Nachteil des Arbeitnehmers berücksichtigt werden (§ 2 Abs. 1 BeschFG). Aus dem KSchG läßt sich kein Grundsatz ableiten, daß ein Vollzeitarbeitnehmer vor mehreren Teilzeitarbeitnehmern gekündigt werden muß.

a) Die *Dauer der Kündigungsfrist* bestimmt sich nach der Arbeitnehmergruppe, der der Teilzeitbeschäftigte angehört.

b) Für die Teilzeitarbeitsverhältnisse gelten die allgemeinen und besonderen *Kündigungsschutzbestimmungen* (§ 45 S. 384). Für die Anwendung des KSchG werden die Teilzeitarbeitskräfte nur anteilig berücksichtigt.

5. Mitwirkung des Betriebsrats. Der Betriebsrat hat im allgemeinen auf Abschluß und Inhalt des Teilzeitarbeitsverhältnisses keinen weiteren Einfluß als bei Vollzeitbeschäftigten.

6. Muster: Der/Die Arbeitnehmer(in) wird mit Wirkung vom ...... als ...... eingestellt. Die Arbeitszeit beträgt in der 5-Tage-Woche ...... Arbeitsstunden/Die Arbeitszeit beträgt ...... Stunden. Der/Die Arbeitnehmer(in) wird an ...... Tagen in der Woche die betriebsübliche Arbeitszeit leisten.

VIII. Job Sharing Arbeitsverhältnis*

1. Begriff. Das Job Sharing Arbeitsverhältnis (Arbeitsplatzteilung) ist eine besondere Unterart des Teilzeitarbeitsverhältnisses. Die Besonderheit des Job-Sharing besteht darin, daß zwei oder mehrere Arbeitnehmer sich einen Arbeitsplatz teilen, aber die Arbeitnehmer grundsätzlich im Rahmen der mit ihnen vereinbarten Arbeitszeiten bestimmen können, wann sie die Arbeit erbringen. Voraussetzung ist nur, daß der Arbeitsplatz beständig besetzt ist. Die Einzelheiten der Arbeitsplatzteilung ergeben sich aus § 5 BeschFG. Bei Ausfall eines Arbeitnehmers sind die übrigen nur dann zur Vertretung des Verhinderten verpflichtet, wenn die Verpflichtung für den einzelnen Vertretungsfall vereinbart ist. Ausnahmen für den Fall des dringenden betrieblichen Erfordernisses. Im Falle einer Arbeitsplatzteilung ist die Kündigung des Arbeitsverhältnisses eines Arbeitnehmers durch den Arbeitgeber wegen des Ausscheidens eines anderen Arbeitnehmers aus der Arbeitsplatzteilung unwirksam.

2. Muster einer Job Sharing-Vereinbarung: § 1. Der/Die Arbeitnehmer(in) wird mit Wirkung vom ...... als ...... im Job Sharing-System eingestellt. § 2. I. Der/Die Arbeitnehmer(in) verpflichtet sich, während der betriebsüblichen Arbeitszeit den zugewiesenen Arbeitsplatz in Abstimmung mit dem/den anderen am gleichen Arbeitsplatz Beschäftigten ständig zu besetzen. Eine gleichzeitige Beschäftigung ist ausgeschlossen. II. Ist ein(e) Arbeitnehmer(in) an der Arbeitsleistung verhindert, so besteht eine Vertretungspflicht

---

* Schaub ArbR von A–Z, Stichwort: Job Sharing Arbeitsverhältnis.

nur dann, wenn dies für den Einzelfall vereinbart worden ist. Abweichend von einer Vereinbarung im Einzelfall besteht eine Vertretungspflicht, wenn hierfür ein dringendes Bedürfnis besteht und die Vertretung dem Arbeitnehmer zumutbar ist (§ 5 Abs. 1 BeschFG).

IX. Anpassung der Arbeitszeit an den Arbeitsanfall

1. Begriff. Abrufarbeit ist dann gegeben, wenn der Arbeitgeber entsprechend seinem Bedarf Arbeitnehmer zur Arbeitsleistung bestellen kann. Auch sie ist eine besondere Form der Teilzeitarbeit. Insoweit wird gelegentlich ungenau von Kapovaz (Kapazitätsorientierter variabler Arbeitszeit) oder richtiger von Bavaz (Bedarfsorientierter variabler Arbeitszeit) gesprochen. Ihre Regelung ist erstmals durch § 4 BeschFG erfolgt. Aus sozialen Gründen bestehen eine Reihe von Beschränkungen.

2. Zulässigkeit. a) Vereinbaren Arbeitgeber und Arbeitnehmer, daß der Arbeitnehmer seine Arbeitsleistung entsprechend dem Arbeitsanfall zu erbringen hat, so muß zugleich eine bestimmte Dauer der Arbeitszeit festgelegt werden (§ 4 Abs. 1 BeschFG). Dem Arbeitgeber ist demnach nicht überlassen, einseitig Umfang und Dauer der Arbeitsleistung zu bestimmen. Haben die Parteien eine entsprechende Vereinbarung nicht getroffen, so gilt eine wöchentliche Arbeitszeit von zehn Stunden als vereinbart, die der Arbeitgeber in jedem Fall zu vergüten hat.

b) Will der Arbeitgeber von dem Abruf Gebrauch machen, braucht der Arbeitnehmer diesem Abruf nur zu folgen, wenn ihm die Lage der Arbeitszeit mindestens vier Tage im voraus mitgeteilt wird. Eine Verkäuferin in Abrufarbeit, die am Sonnabend arbeiten soll, muß demnach bereits montags bestellt werden. Es ist ihr jedoch unbenommen, freiwillig auch einer kürzeren Abruffrist zu folgen.

Schließlich trägt § 4 Abs. 3 BeschFG dem Anliegen des Arbeitnehmers Rechnung, daß er nicht nur ganz kurzfristig zur Arbeit bestellt wird. Haben die Parteien nicht eine kürzere oder längere tägliche Arbeitszeit vereinbart, so ist der Arbeitgeber verpflichtet, den Arbeitnehmer jeweils für mindestens drei aufeinanderfolgende Stunden zur Arbeitsleistung in Anspruch zu nehmen.

Die Abrufarbeit kommt vor allem vor bei Kaufhäusern, Restaurationsbetrieben (Kellner, Musiker) und bei den Medien.

3. Muster einer Abrufvereinbarung: § 1 Der/Die Arbeitnehmer(in) wird mit Wirkung vom . . . . in bedarfsorientierter variabler Arbeitszeit beschäftigt. Die wöchentliche Arbeitszeit beträgt . . . . Stunden. § 2 Der/Die Arbeitgeber(in) wird den/die Arbeitnehmer(in) jeweils vier Tage im voraus zur Arbeit einberufen und arbeitstäglich mindestens . . . . Stunden beschäftigen.

X. Nebenbeschäftigung*

1. Begriff. Nebentätigkeit ist eine berufliche Tätigkeit des Arbeitnehmers, die während einer bestehenden Hauptbeschäftigung ausgeübt wird. Da der Arbeitnehmer seine Arbeitskraft dem Arbeitgeber nur im Rahmen der betriebsüblichen Arbeitszeit zur Verfügung gestellt hat, ist die Nebenbeschäftigung grundsätzlich zulässig. Eine vertragliche Einschränkung der Nebenbeschäftigung ist nur insoweit wirksam, wie der Arbeitgeber hieran ein berechtigtes Interesse hat. Durch tarifliche Bestimmungen kann die Aufnahme einer Nebentätigkeit von der Zustimmung des Arbeitgebers abhängig gemacht werden. Das gilt vor allem für den öffentlichen Dienst.

2. Anwendung des Arbeitsrechts. Auf die Nebenbeschäftigung finden grundsätzlich alle Bestimmungen des Arbeitsrechtes, also auch des kollektiven Arbeitsrechtes Anwendung. Hieraus kann sich die Unzulässigkeit der Nebenbeschäftigung ergeben, wenn *a)* die gesetzlich zulässige Höchstarbeitszeit bei Summierung der Arbeitszeit aus dem Hauptarbeitsverhältnis und der Nebenbeschäftigung über-

---

* Schaub ArbR von A–Z, Stichwort: Nebenbeschäftigung.

schritten wird (vgl. § 2 Abs. 1 S. 1 AZG), *b)* Wettbewerbsinteressen des Arbeitgebers verletzt werden oder *c)* die Arbeitsleistung des Arbeitnehmers im Hauptarbeitsverhältnis beeinträchtigt wird. Während des Urlaubs darf der Arbeitnehmer eine dem Urlaubszweck widersprechende Arbeit nicht leisten (§ 8 BUrlG). Leistet er jedoch Arbeit, so wird der Urlaubsanspruch nicht verbraucht.

3. Zur Bekämpfung der Schwarzarbeit bestehen auch bei Nebenbeschäftigung besondere **Meldepflichten** im Sozialversicherungsrecht.

§ 8. Abgrenzung des Arbeitsverhältnisses von anderen Rechtsverhältnissen*

I. Übersicht

Menschliche Arbeitsleistung wird in mannigfachen Rechtsverhältnissen erbracht. Das Arbeitsrecht findet jedoch nur Anwendung, wenn ein Arbeitsverhältnis vorliegt. Es bedarf daher der Abgrenzung des Arbeitsverhältnisses von *1.)* Dienstverhältnissen, *2.)* Werkverträgen, *3.)* Auftragsverhältnissen, *4.)* Gesellschaftsverträgen, *5.)* Dienstverschaffungsverträgen und *6.)* familienrechtlicher Mitarbeit.

II. Dienstvertrag

1. Begriff. Ein Dienstvertrag ist gegeben, wenn jemand in persönlicher Unabhängigkeit Dienste leistet. Dienstverträge werden regelmäßig abgeschlossen mit Rechtsanwälten, Architekten, frei praktizierenden Ärzten usw. Auf Dienstverträge findet grundsätzlich Arbeitsrecht keine Anwendung.

2. Unterschied zum Arbeitsvertrag. Ob ein Arbeits- oder Dienstvertrag vorliegt ist nach denselben Grundsätzen ab-

* Schaub ArbR von A–Z, Stichwort: Arbeitsvertrag.

zugrenzen wie der Begriff des Arbeitnehmers von dem des Dienstnehmers (hierzu § 1 I 2 S. 1).

III. Werkvertrag

1. Begriff. Ein Werkvertrag ist gegeben, wenn sich ein Werkunternehmer gegenüber einem Besteller zur Herstellung eines Werks verpflichtet (§ 631 BGB). Das Werk kann ein Sachwerk oder ein Leistwerk sein. Die Verpflichtung zur Herstellung des Sachwerks ist z. B. die Verpflichtung zum Bau eines Hauses, die Verpflichtung zur Herstellung eines Leistwerks die Verpflichtung zum Haarschnitt usw.

2. Unterschied zum Dienst- und Arbeitsvertrag. Werkvertrag und Dienst- bzw. Arbeitsvertrag unterscheiden sich dadurch, daß aufgrund des Werkvertrages die Herstellung, der Erfolg geschuldet wird, dagegen im Rahmen des Dienst- oder Arbeitsvertrages das Tätigwerden als solches.

Beispiel: Der Friseurgehilfe, der für seinen Meister einem Kunden die Haare schneidet, schuldet seinem Meister das Tätigwerden als solches. Dagegen schuldet der Meister dem Kunden die Herstellung des Haarschnitts und bedient sich für die Durchführung der Tätigkeit seines Gehilfen.

IV. Auftrag

Der Auftrag (§ 667 BGB) unterscheidet sich vom Dienst-, Arbeits- oder Werkvertrag regelmäßig dadurch, daß der Beauftragte unentgeltlich tätig wird, dagegen wird im Arbeits-, Dienst- oder Werkvertrag eine Vergütung geschuldet. Die Erstattung von Auslagenersatz macht den Beauftragten noch nicht zum Dienst- oder Arbeitnehmer.

V. Gesellschaftsvertrag

1. Begriff und Arbeitsleistung. Die Partner eines Gesellschaftsvertrages wirken zur Erreichung eines gemeinsamen Zieles zusammen (§ 705 BGB). Dagegen sind Dienst- und

Arbeitsverträge gegenseitige Austauschverträge, aufgrund derer der Dienstpflichtige sich zur Leistung von Diensten und der Dienstberechtigte zur Zahlung einer Vergütung für die geleisteten Dienste verpflichtet.

2. Gesellschaftsvertrag und Arbeitsvertrag. Sind die Partner eines Gesellschaftsvertrages zur Dienstleistung verpflichtet, so beruht dies regelmäßig auf dem Gesellschaftsvertrag. Indes besteht auch die Möglichkeit, daß neben den gesellschaftsrechtlichen Beziehungen dienst- oder arbeitsvertragliche Beziehungen bestehen. Letzteres gilt insbesondere, wenn der Kommanditist Dienste oder Arbeit für die Kommanditgesellschaft erbringen soll.

VI. Dienstverschaffungsvertrag

1. Begriff. Der Dienstverschaffungsvertrag ist gesetzlich nicht geregelt. Er ist auf die Beschaffung einer Arbeitskraft gerichtet. Der Dienstverschaffungsvertrag unterscheidet sich von der Arbeitsvermittlung, die sich auf die Nachweisung einer Arbeitskraft beschränkt, und der Arbeitnehmerüberlassung (vgl. dazu § 42 S. 354).

2. Rechtsbeziehungen. Bei dem Dienstverschaffungsvertrag sind drei Rechtsbeziehungen zu unterscheiden: *a)* Zwischen dem Besteller und dem zur Dienstverschaffung Verpflichteten besteht der Dienstverschaffungsvertrag. Der Dienstverschaffende haftet dem Besteller nur für die ordnungsgemäße Vermittlung und für Verschulden bei der Auswahl. Er darf nur solche Arbeitskräfte zur Verfügung stellen, die für die Arbeit geeignet sind. *b)* Zwischen dem Dienstverschaffenden und dem Dienstpflichtigen kann ein Gesellschaftsverhältnis, ein Arbeitsverhältnis oder ein vereinsrechtliches Verhältnis bestehen. *c)* Zwischen dem Dienstpflichtigen und dem Dienstberechtigten (Besteller) wird zumeist ein Dienst- oder Arbeitsverhältnis begründet. Dienstverschaffungsverträge sind häufig die Schwesterngestellungsverträge mit Krankenhäusern, die Überlassung von Erntemaschinen mit Personal oder die Überlassung von EDV-Anlagen mit Personal.

VII. Familienrechtliche Mitarbeit

1. Rechtsgrundlage der Mitarbeit. Eine familienrechtliche Mitarbeit ist dann gegeben, wenn die Dienste aufgrund familienrechtlicher oder verwandtschaftlicher Bestimmungen geleistet werden. Zur familienrechtlichen Mitarbeit sind verpflichtet die Ehegatten (§ 1356 BGB) sowie auch volljährige Kinder, die dem ehelichen Hausstand angehören und von den Eltern erzogen oder unterhalten werden (§ 1619 BGB). Auf die Fälle familienrechtlicher Mitarbeit findet grundsätzlich Arbeitsrecht keine Anwendung. Indes bestehen einige Ausnahmen aus dem Arbeitsschutzrecht z. B. für Jugendliche und Kinder, in Heimarbeit Beschäftigte (§§ 12 ff HAG).

2. Arbeitsrechtliche Beziehungen. Es ist nicht ausgeschlossen, daß neben der familienrechtlichen Verpflichtung auch arbeitsrechtliche Beziehungen zwischen den Familienmitgliedern vorliegen. Dies ist z. B. häufig der Fall, wenn der Ehepartner in dem Geschäft des anderen mitarbeitet oder die Kinder im Erwerbsgeschäft der Eltern eingestellt werden. Ob neben den familienrechtlichen Beziehungen auch arbeitsrechtliche abgeschlossen werden, richtet sich nach dem Willen der Beteiligten. Fehlt eine ausdrückliche Vereinbarung, so spricht für ein Arbeitsverhältnis: Erheblicher, familienrechtlichen Umfang überschreitende Arbeitsleistung, Zahlung des ortsüblichen oder tariflichen Lohnes, Ersatz einer fremden Arbeitskraft, Weisungsgebundenheit des Dienstleistenden, Abführung von Lohnsteuern und Sozialversicherungsbeiträgen. Gegen den Bestand eines Arbeitsverhältnisses kann namentlich die Verkehrsanschauung sprechen, wenn im Handwerksbetrieb von Ehegatten mitgearbeitet wird.

VIII. Mischverhältnisse

1. Elemente verschiedener Vertragstypen. Häufig kommt es vor, daß ein Rechtsverhältnis Elemente verschiedener Vertragstypen aufweist, z. B. ein Arbeitnehmer wird angestellt und ihm wird zugleich eine Wohnung vermietet. Kommt es alsdann zum Streit über einzelne Rechtsbeziehungen, so ist bei der Beurteilung des konkreten Streits auf die Normen des einschlägigen Vertragselements zurückzugreifen *(Kombinationsgrundsatz)*. Eine Ausnahme gilt dann, wenn das gesamte Rechtsverhältnis aufgelöst werden soll. Dann geben die Vertragselemente den Ausschlag, die die Auflösung des ganzen Verhältnisses sinnvoll ermöglichen *(Absorptionsgrundsatz)*. Regelmäßig wird dies das Arbeitsrecht sein.

2. Bestellung zum Geschäftsführer. Wird ein Angestellter eines Unternehmens zum Geschäftsführer einer Tochter-GmbH bestellt, so ist, wenn die Parteien nichts anderes vereinbaren, im Zweifel davon auszugehen, daß das Arbeitsverhältnis nur ruht. Daneben besteht alsdann ein Dienstvertrag mit dem Tochterunternehmen (oben II). Wird das Dienstverhältnis beendet, so lebt im Zweifel das Arbeitsverhältnis wieder auf. Von den Arbeits- und Dienstverträgen unabhängig ist die handelsrechtliche Bestellung als Geschäftsführer.

Abschnitt IV. Pflichten des Arbeitnehmers aus dem Arbeitsvertrag

§ 9. Arbeitspflicht

I. Persönliche Arbeitsleistung*

1. Hauptpflicht. Die Hauptpflicht des Arbeitnehmers im Arbeitsvertrag ist die Verpflichtung zur Arbeitsleistung. Daneben bestehen noch eine Reihe von Nebenpflichten, wie die Unterlassungs-, Handlungs-, und Rücksichtpflicht (§ 11 S. 128).

2. Leistung in Person. Der Arbeitnehmer hat die zugesagte Arbeit im Zweifel in Person zu leisten (§ 613 S. 1 BGB). Er ist also nicht berechtigt, einen Ersatzmann zu stellen. Andererseits ist er auch nicht verpflichtet, einen Ersatzmann zu beschaffen, wenn er verhindert ist. Aus der persönlichen Arbeitsverpflichtung folgt ferner, daß das Arbeitsverhältnis grundsätzlich erlischt, wenn der Arbeitnehmer verstirbt. Seine Erben sind nicht berechtigt oder verpflichtet, in das Arbeitsverhältnis einzutreten. Allerdings kann sich für die Erben die Verpflichtung ergeben, noch Restansprüche aus dem Arbeitsverhältnis zu erfüllen, z.B. Unterlagen zurückzugeben usw.

3. Leistung an Arbeitgeber. Die Arbeit ist grundsätzlich dem Arbeitgeber zu leisten. D. h. aber nicht, daß die Arbeitsleistung nur für die Person des Arbeitgebers zu erbringen ist. Vielmehr ist die geschuldete Arbeit im Betrieb oder Haushalt des Arbeitgebers zu erbringen; die Hausgehilfin hat mithin auch für die zum Haushalt gehörenden Kinder usw. zu arbeiten. Nach § 613 S. 2 BGB ist der Anspruch auf Arbeitsleistung im Zweifel nicht übertragbar. Der Arbeitge-

---

* Schaub ArbR-Hdb. § 45.

ber kann mithin seinem Arbeitnehmer keinen anderen Arbeitgeber aufdrängen. Eine Ausnahme kann jedoch dann bestehen, wenn mit dem Arbeitnehmer eine Übertragung des Anspruches auf Arbeitsleistung vereinbart war. Dies ist z.B. der Fall in Leiharbeitsverhältnissen, in denen von vornherein verabredet ist, daß der Arbeitgeber den Anspruch auf Arbeitsleistung an einen Dritten abtreten darf (§ 42 S. 354). Eine weitere Einschränkung des Grundsatzes, daß der Anspruch auf Arbeitsleistung nicht übertragbar ist, ergibt sich im Falle des Betriebsinhaberwechsels. Geht ein Betrieb oder Betriebsteil auf einen Betriebsnachfolger über, so gehen auch die Arbeitsverhältnisse der in diesem Betrieb oder Betriebsteil beschäftigten Arbeitnehmer über (§ 613 a BGB; dazu § 41 S. 339). Der Arbeitnehmer hat aber das Recht, dem Übergang seines Arbeitsverhältnisses zu widersprechen.

II. Ort der Arbeitsleistung*

1. Bestimmung nach dem Arbeitsvertrag. Der Ort der Arbeitsleistung ergibt sich aus dem nach Treu und Glauben auszulegenden Arbeitsvertrag. Nach § 2 Abs. 1 Nr. 4 NachwG soll der Ort der Arbeitsleistung im Arbeitsvertrag angegeben werden. Ist bei Begründung des Arbeitsverhältnisses kein Leistungsort ausdrücklich bestimmt worden, so ergibt sich dieser aus den Umständen, namentlich aus der Art der zu leistenden Arbeit. Im allgemeinen wird der Arbeitnehmer die Arbeit im Betrieb des Arbeitgebers zu erbringen haben. Innerhalb des Betriebes kann jedoch der Arbeitnehmer grundsätzlich umgesetzt werden; dies gilt sowohl in Groß- wie Filialbetrieben. Dagegen wird ein Großbetrieb nicht ohne weiteres den Eingang verlegen können. Es kann sich auch aus dem Arbeitsverhältnis ergeben, daß die Arbeitsleistung an sonstigen Orten zu leisten ist. Dies gilt z. B. für Montagearbeiter, Bauarbeiter, Provisionsangestellte usw. Die Erbringung der Leistungsverpflich-

---

* Schaub ArbR von A–Z, Stichwort: Versetzung.

tung kann sich nachträglich auf einen bestimmten Ort konkretisieren.

2. Änderung des Arbeitsortes. Soll nachträglich der Leistungsort des Arbeitsvertrages geändert werden, so spricht man von Versetzung. Im allgemeinen braucht sich der Arbeitnehmer nicht an einen anderen Ort versetzen lassen. Der Arbeitgeber kann daher nur dann eine Versetzung vornehmen, wenn er zuvor eine Änderungskündigung ausspricht. Für die Änderungskündigung besteht der allgemeine und besondere Kündigungsschutz (§ 45 S. 384). Eine Ausnahme von diesem Grundsatz gilt jedoch dann, wenn im Arbeitsvertrag für den Arbeitgeber die Versetzungsmöglichkeit innerhalb des Betriebes, Unternehmens oder Konzerns vorbehalten ist. Alsdann erfolgt die Versetzung durch Ausübung des Direktions- oder Weisungsrechtes. Aber auch in diesen Fällen darf von der Möglichkeit der Versetzung nur nach billigem Ermessen Gebrauch gemacht werden, d. h., der Arbeitgeber darf von dem Weisungsrecht nur unter Abwägung seiner eigenen und der Interessen des Arbeitnehmers Gebrauch machen.

Im Falle von Versetzungen genießt der Arbeitnehmer noch einen kollektivrechtlichen Schutz. Der Betriebsrat hat bei der Ausübung des Direktionsrechtes ein Mitwirkungsrecht nach §§ 99 ff. BetrVG (dazu § 6 S. 55 ff).

3. Betriebsverlegung. Wird der Betrieb vom Arbeitgeber an einen anderen Ort verlegt, so kann der Arbeitgeber den Arbeitnehmer nicht im Wege des Direktionsrechtes versetzen. Vielmehr bedarf es dazu einer Änderungskündigung. Soll der Betrieb am selben Ort verlegt werden, so soll nach h. M. ein Versetzungsrecht im Wege des Direktionsrechtes möglich sein. Der Arbeitnehmer hat in jedem Falle einen Anspruch auf Erstattung der infolge der Versetzung erwachsenden Mehrkosten. Im Falle der Betriebsverlegung hat der Betriebsrat mehrere Mitwirkungsrechte. Zunächst hat der Betriebsrat ein Mitwirkungsrecht bei der Entscheidung über

die Betriebsverlegung; insoweit bedarf es eines Interessenausgleiches zwischen Arbeitgeber und Betriebsrat. Ferner
besteht ein erzwingbares Mitbestimmungsrecht bei Abschluß des Sozialplanes (§§ 111, 112 BetrVG), durch den
die sozialen Folgen einer Betriebsverlegung gemildert werden.* Aber auch dann, wenn der Betriebsrat im Interessenausgleich der Betriebsverlegung zugestimmt hat, ist der Arbeitnehmer nicht gehalten, der Versetzung zuzustimmen.
Schließlich hat der Betriebsrat ein Mitwirkungsrecht nach
§§ 99 ff. BetrVG, wenn die personelle Maßnahme im Einzelfall durchgeführt wird (vgl. dazu § 6 S. 55 ff).

III. Art der Arbeitsleistung**

1. Bestimmung durch Arbeitsvertrag. Die Art der zu leistenden Arbeit ergibt sich aus dem Inhalt des Arbeitsvertrages, der unter Berücksichtigung der kollektivrechtlichen
Normen nach Treu und Glauben auszulegen ist.

a) Wird im Arbeitsvertrag genau die vom Arbeitnehmer zu
leistende Arbeit definiert, so braucht der Arbeitnehmer nur
Arbeiten dieses Arbeitsbereiches zu erledigen. Wird also ein
Arbeitnehmer als Exportkaufmann eingestellt, so kann er
vom Arbeitgeber nicht in der Buchhaltung des Betriebes
eingesetzt werden. Wird dagegen der Arbeitnehmer für
einen bestimmten Aufgabenkreis eingestellt, so hat er alle
Aufgaben zu erledigen, die zu diesem Kreise gehören.
Ein als kfm. Angestellter eingestellter Arbeitnehmer muß
sowohl Arbeiten als Ex- und Importkaufmann oder als
Buchhalter usw. verrichten. Noch weiter geht das Direktionsrecht, wenn der Arbeitnehmer etwa als Hilfsarbeiter eingestellt worden ist. In diesem Falle umfaßt das Direktionsrecht des Arbeitgebers die Befugnis, dem Arbeitnehmer alle

---

* Schaub ArbR von A–Z, Stichworte: Betriebsänderung, Interessenausgleich, Sozialplan.
** Schaub ArbR von A–Z, Stichwort: Direktionsrecht.

Arbeiten zuzuweisen, die üblicherweise von einem Hilfsarbeiter verrichtet werden. Nach § 2 Abs. 1 Nr. 5 NachwG soll die Bezeichnung oder allgemeine Beschreibung der vom Arbeitnehmer zu leistenden Tätigkeit aufgenommen werden.

b) Die Verpflichtung des Arbeitnehmers, bestimmte Arbeiten zu leisten, kann sich nachträglich auf einen bestimmten *Aufgabenkreis konkretisieren*. Dies ist dann der Fall, wenn der Arbeitnehmer langfristig nur noch bestimmte Aufgaben verrichtet hat und aus sonstigen Umständen sich für ihn ein Vertrauenstatbestand ergibt, daß er nur noch mit diesen Arbeiten beschäftigt wird. Sonstige Umstände, die ein Vertrauen des Arbeitnehmers entstehen lassen, sind z. B. die Gewährung von Leistungszulagen, Funktionszulagen, Beförderungen usw.

c) *Nebenarbeiten* ist der Arbeitnehmer nur dann zu leisten verpflichtet, wenn diese der Verkehrssitte entsprechen. Zu den zu verrichtenden Nebenarbeiten gehören etwa das Heranschaffen des Materials, das Säubern und Aufräumen des Arbeitsplatzes, die Pflege der Waren usw.

2. Änderung der Arbeitsart. Soll der Arbeitnehmer auf Dauer eine andere Arbeit verrichten, so spricht man gleichfalls von Versetzung.

a) Der *Umfang des Versetzungsrechtes* bestimmt sich nach dem Inhalt des Arbeitsvertrages. Das Versetzungsrecht kann einzel- oder kollektivrechtlich erweitert werden. Dies geschieht vielfach durch Arbeitsverträge, in denen sich der Arbeitgeber das Recht vorbehält, dem Arbeitnehmer auch andere als die vertraglich vereinbarte Arbeit zuzuweisen, sofern diese für den Arbeitnehmer zumutbar ist. Unzumutbar ist in jedem Fall die Zuweisung geringerwertiger Arbeit. Dies ist nicht nur eine geringer bezahlte Arbeit, sondern jede Arbeit, die in der Sozialanschauung geringer bewertet wird. Hat der Arbeitgeber kein Direktionsrecht, eine Versetzung vorzunehmen, so muß er eine Änderungskündigung

aussprechen, wenn der Arbeitnehmer den neuen Aufgabenbereich nicht übernehmen will.

b) In keinem Fall ist der Arbeitgeber berechtigt, im Wege
des *Direktionsrechtes* dem Arbeitnehmer Arbeiten zuzuweisen, durch die die Vergütung beeinflußt wird. Zu unterscheiden sind jedoch mehrere Fallgruppen. *a)* Der Arbeitgeber ist grundsätzlich nicht befugt, dem Arbeitnehmer eine
geringerwertige Arbeit zuzuweisen. Allerdings finden sich
Formulierungen in Arbeitsverträgen, nach denen der Arbeitgeber berechtigt sein soll, dem Arbeitnehmer auch eine
geringerwertige Tätigkeit zuzuweisen und nach denen sich
nach Ablauf einer bestimmten Frist die Vergütung nach der
zugewiesenen Arbeit richtet (vgl. oben § 5 IV S. 50). Derartige Klauseln sind unwirksam, sofern sie sich auf das Austauschverhältnis Arbeit gegen Entgelt beziehen. Denn sie
entziehen dem Arbeitnehmer den Kündigungsschutz bei
Änderungskündigungen. *b)* Werden für bestimmte Arbeiten
Erschwerniszuschläge gezahlt, so kann der Arbeitgeber
grundsätzlich dem Arbeitnehmer auch solche Arbeit zuweisen, für die derartige Zuschläge nicht gezahlt werden. Dies
wird indes dann nicht gelten, wenn es sich um Zuschläge
handelt, auf die der Arbeitnehmer sich eingerichtet hat.
c) Wird ein Arbeitnehmer fortlaufend im Leistungslohn beschäftigt, so kann der Arbeitgeber nicht im Wege des Direktionsrechtes die Art der Entlohnung wechseln, also auf
Zeitvergütung umstellen. Vielmehr hat der Arbeitnehmer
Anspruch auf Zuweisung von Arbeiten im Leistungslohn.
Anders ist die Frage zu beurteilen, wenn es sich um sog.
Mischlöhner handelt, die also teils im Akkord und teils im
Zeitlohn vergütet werden. Diesen kann je nach Arbeitsanfall verakkordierte Arbeit und Arbeit im Zeitlohn zugewie-
sen werden.

3. Mitwirkung des Betriebsrats. Der Betriebsrat hat bei
der Versetzung des Arbeitnehmers ein Mitwirkungsrecht
nach §§ 99 ff BetrVG (dazu § 6 S. 55 ff).

4. Vorübergehende Arbeitsänderung. Der Arbeitgeber ist berechtigt, dem Arbeitnehmer vorübergehend eine andere Arbeit zuzuweisen, wenn dies aus betrieblichen Gründen notwendig ist. In welchem Umfang eine vorübergehende Zuweisungsmöglichkeit besteht, ist umstr. Bei Notfällen, also bei plötzlichen unvorhergesehenen Ereignissen, ist der Arbeitnehmer verpflichtet, sowohl höherwertige als auch geringerwertige Arbeit zu leisten. In Notfällen muß also auch der Angestellte in einer Getränkegroßhandlung Kisten verladen. Notfälle sind aber keine saisonalen Absatzschwankungen. Ein weitergehendes Direktionsrecht wird dem Arbeitgeber zur Überbrückung von Krankheiten, Urlaub usw. von Arbeitskollegen zustehen.

IV. Umfang der zu leistenden Arbeit*

1. Volle Anspannung. Der Arbeitnehmer hat dem Arbeitgeber nicht seine ganze Arbeitskraft zur Verfügung gestellt, sondern nur im Rahmen der gesetzlichen, tariflichen, betrieblichen oder einzelvertraglich vereinbarten Arbeitszeit. Er ist daher grundsätzlich berechtigt, außerhalb der Arbeitszeit noch andere Arbeiten zu verrichten (vgl. § 7 X S. 95). Während der Arbeitszeit hat der Arbeitnehmer aber mit der im Verkehr erforderlichen Anspannung zu arbeiten. Er braucht sich nicht zu überanstrengen, kann aber andererseits auch nicht mit der Arbeitskraft zurückhalten, weil er z. B. keinen höheren Akkordverdienst wünscht usw. Haben z. B. Arbeitnehmer jahrelang ein bestimmtes Arbeitspensum erbracht und senken sie diese Arbeitsmenge, weil z. B. der Arbeitgeber angeordnet hat, er wolle die Arbeitsvorgabe überprüfen, kann nach vorheriger Abmahnung eine ordentliche oder außerordentliche Kündigung gerechtfertigt sein.

2. Andere, zusätzliche Arbeit. Erbringt der Arbeitnehmer eine andere oder eine größere Arbeitsleistung als nach dem

---

* Schaub ArbR von A–Z, Stichworte: Überarbeit, Mehrarbeit.

Vertrage vorausgesetzt, so hat der Arbeitnehmer nach § 612 BGB Anspruch auf eine zusätzliche Vergütung. Besonders vergütungspflichtig ist mithin, wenn der Chauffeur übernimmt, zusätzlich den Rasen zu schneiden, oder wenn etwa einem leitenden Angestellten noch zusätzlich die Geschäftsführung in einem Tochterunternehmen übertragen wird. Muß der Arbeitnehmer über die reguläre Arbeitszeit hinaus arbeiten, so besteht ein Anspruch auf Über- bzw. Mehrarbeitsstundenvergütung.

V. Zeit der Arbeitsleistung*

1. Festlegung im Arbeitsvertrag. Die Arbeitszeit wird grundsätzlich durch den Arbeitsvertrag festgelegt. Häufig treffen die Arbeitsvertragsparteien aber überhaupt keine Regelungen, da gerade die Arbeitszeit durch zahlreiche gesetzlichen oder kollektivrechtlichen Bestimmungen beeinflußt wird. Haben die Vertragsparteien keine Sonderregelung getroffen, so ist im Zweifel anzunehmen, daß jeweils die betriebliche Arbeitszeit gelten soll.

a) Im *Arbeitsvertrag* legen die Parteien fest, bis zu welcher Höchstdauer der Arbeitnehmer zur Leistung verpflichtet sein soll. Soll dem Arbeitgeber das Recht zustehen, auch Über- oder Mehrarbeitsstunden anzuordnen, so muß auch dies im Arbeitsvertrag geregelt sein. Entspr. Bestimmungen lauten, der Arbeitnehmer wird für eine 38 Std.-Woche eingestellt, der Arbeitnehmer ist verpflichtet, in dringenden Fällen Über- und Mehrarbeitsstunden zu leisten.

b) Aus dem Gesetz ergibt sich, nur bis zu welchen Höchstgrenzen der Arbeitnehmer arbeiten darf. Das Arbeitszeitrecht war in der BRD sehr zersplittert. Inzwischen ist durch das Arbeitszeitgesetz (ArbZG) vom 6. 6. 1994 (BGBl I 1170) ein einheitliches Arbeitszeitrecht in den alten und neuen Bundesländern geschaffen.

---

* Schaub ArbR von A–Z, Stichwort: Arbeitszeit.

c) Auch in *Tarifverträgen* wird regelmäßig nur die Höchstarbeitszeit festgelegt. Indes kann sich aus den Tarifverträgen auch ergeben, daß ein Arbeitnehmer während der tariflichen Arbeitszeit auch zu arbeiten hat. Dies gilt namentlich in solchen Fällen, in denen die tarifliche Arbeitszeit für bestimmte Arbeitnehmergruppen verlängert worden ist. Da in der BRD die tarifliche Arbeitszeit vielfach auf 35 Stunden wöchentlich gesenkt worden ist, ist die Streitfrage erwachsen, ob ein Arbeitnehmer freiwillig eine höhere Arbeitszeit erbringen kann. Dies wird im allgemeinen zu bejahen sein; von der Gegenmeinung wird vor allem herausgestellt, daß dadurch die Ordnungsfunktion der Tarifverträge unterlaufen werden könne.

d) In *Betriebsvereinbarungen* wird regelmäßig nicht geregelt, welche Höchstarbeitszeit der Arbeitnehmer in der Woche zu leisten hat oder leisten darf, sondern wie die Arbeitszeit im Laufe der Woche zu verteilen ist. Dem Betriebsrat steht allenfalls nach bestrittener, vom BAG nicht gebilligter Auffassung die Befugnis zu, die tägliche Höchstarbeitszeit zu regeln (§ 87 Abs. 1 Nr. 2, 3 BetrVG). Im allgemeinen fehlt dem Betriebsrat auch die Befugnis, die Höchstarbeitszeit für den Betrieb festzulegen. Insoweit handelt es sich um eine Arbeitsbedingung, die regelmäßig durch Tarifvertrag geregelt wird. Für Arbeitsbedingungen, die durch Tarifvertrag geregelt sind oder überlicherweise geregelt werden, fehlt dem Betriebsrat aber eine Regelungskompetenz (§ 77 Abs. 3 BetrVG).

2. Mitwirkung des Betriebsrats. Der Betriebsrat hat keine Mitwirkungsrechte im Einzelfall, also bei Anordnung von Über- oder Mehrarbeitsstunden für einzelne Arbeitnehmer. Etwas anderes gilt, wenn eine Gruppe betroffen ist, die nach abstrakten Merkmalen umschrieben wird.

VI. Zwang zur Erfüllung der Arbeitsverpflichtung*

1. Klage auf Erfüllung. Der Arbeitgeber kann auf die Erfüllung der Verpflichtung des Arbeitnehmers zur Arbeitsleistung klagen. Die Zwangsvollstreckung aus Urteilen zur Erfüllung der Arbeitsleistung ist, soweit es sich um unvertretbare Arbeitsleistungen handelt, ausgeschlossen (§ 888 ZPO). Eine unvertretbare Arbeitsleistung ist dann gegeben, wenn sie ein Dritter nicht vornehmen darf oder kann oder nicht so vornehmen kann, wie es dem Arbeitnehmer möglich ist. Dem Arbeitnehmer kann auch im Wege der einstweiligen Verfügung aufgegeben werden, seiner Verpflichtung aus dem Arbeitsvertrag, also zur Leistung von Arbeit, nachzukommen. Die mangelnde Vollstreckungsfähigkeit eines Urteils steht der einstweiligen Verfügung nicht entgegen. Mit dem Antrag auf Erlaß einer einstweiligen Verfügung kann dagegen nicht der Antrag verbunden werden, daß der Arbeitnehmer für den Fall der Nichtleistung zu einer Entschädigungspauschale verurteilt wird.

2. Unterlassungsklage. Der Arbeitgeber kann den Arbeitnehmer auch nicht mittelbar zur Erfüllung der Arbeitsverpflichtung dadurch zwingen, daß er ihm während des rechtlichen Bestandes des Arbeitsverhältnisses untersagen läßt, einer anderen Arbeitsverpflichtung nachzugehen. Zwar ist der Arbeitnehmer möglicherweise nicht in der Lage, bei Erfüllung seiner Arbeitsverpflichtung eine andere Beschäftigung auszuüben. Die Unterlassungspflicht ist im Grunde nur die Kehrseite der Arbeitspflicht. Wenn der Gesetzgeber aber aus wohlerwogenen Gründen die zwangsweise Durchsetzung der Arbeitsverpflichtung nicht gestattet, kann dies nicht mittelbar über die Unterlassungspflicht erreicht werden. Nur dann kann auf Unterlassung anderweitiger Arbeit geklagt werden, wenn der Arbeitnehmer hierfür eine

---

* Schaub ArbR von A–Z, Stichwort: Arbeitsvertragsbruch.

besondere Rechtspflicht übernommen hat, also z. B. durch Abschluß eines Wettbewerbsverbotes (dazu § 13 III S. 163).

§ 10. Befreiung von der Arbeitspflicht

I. Übersicht

Der Arbeitnehmer ist grundsätzlich während der ganzen Dauer des Arbeitsverhältnisses zur Arbeitsleistung verpflichtet.

Gleichwohl besteht eine Reihe von Tatbeständen, nach denen der Arbeitnehmer von der Arbeitsleistung befreit ist, aber seinen Anspruch auf Vergütungsfortzahlung behält. Die wichtigsten Fälle sind:

1. Die Arbeitsaussetzung bei Kurzarbeit;

2. der Annahmeverzug des Arbeitgebers;

3. die Unmöglichkeit der Arbeitsleistung für den Arbeitnehmer;

4. das Zurückbehaltungsrecht des Arbeitnehmers.

II. Kurzarbeit*

1. Berechtigung und Verpflichtung. Aus dem Grundsatz, daß der Arbeitnehmer während des Bestandes des Arbeitsverhältnisses zur Arbeitsleistung verpflichtet und auch berechtigt ist (§ 38 S. 326), folgt, daß der Arbeitgeber nicht einseitig berechtigt ist, Kurzarbeit oder eine sonstige (vorübergehende) Aussetzung zu verfügen.

a) Vielmehr muß für eine *Arbeitsaussetzung eine besondere Rechtsgrundlage* vorhanden sein. Die Rechtsgrundlage für die Arbeitsaussetzung kann sein *a)* die Änderung des Arbeitsvertrages aufgrund Änderungsvertrages oder einer Änderungskündigung (§ 44 I 2 S. 373); *b)* das Gesetz und eine aufgrund des Gesetzes ergehende behördliche Ermächtigung (§ 19 KSchG); *c)* ein Tarifvertrag, soweit Tarif-

---

* Schaub ArbR von A–Z, Stichwort: Kurzarbeit.

bindung des Arbeitgebers (§ 1 II 6 c S. 11) besteht; *d)* eine
Regelungsabsprache oder Betriebsvereinbarung zwischen
den Betriebspartnern.

b) Die *Gründe für die Einführung von Kurzarbeit* können vielfältiger Natur sein. Im allgemeinen werden wirtschaftlich strukturelle oder konjunkturelle Gründe bestehen. Diesen kann kaum jemals durch Individualvertrag oder
Änderungskündigung Rechnung getragen werden. Denn
insoweit wäre eine Einigung mit jedem einzelnen Arbeitnehmer oder die Änderungskündigung eines jeden einzelnen Arbeitsvertrages notwendig, wobei die Arbeitsverträge
vielfach unter den allgemeinen oder besonderen Kündigungsschutz (§ 45 S. 384) fallen.

2. Kurzarbeit aufgrund gesetzlicher Ermächtigung. Gesetzlich ist die Einführung von Kurzarbeit im Rahmen
von Massenentlassungen vorgesehen.* Muß der Arbeitgeber
eine Massenentlassung vornehmen, so hat er dies der BAnst-
Arb anzuzeigen (§ 17 KSchG), damit diese die notwendigen
Vorkehrungen für die Vermittlung der Arbeitnehmer ergreifen kann. Unbeschadet des sonstigen Kündigungsschutzes werden angezeigte Entlassungen vor Ablauf eines Monats nur mit Zustimmung der BAnstArb wirksam. Das
Landesarbeitsamt kann aber bestimmen, daß die Entlassung
nicht vor Ablauf von zwei Monaten wirksam wird (§ 18
KSchG). Ist dem Arbeitgeber die Beschäftigung während
der Entlassungssperre nicht möglich, so kann das Landesarbeitsamt zulassen, daß der Arbeitgeber für die Zwischenzeit Kurzarbeit einführt (weitere Einzelh. § 49 III 3 S. 420).
Die Vorschrift spielt kaum noch eine Rolle. Im allgemeinen
lassen die Landesarbeitsämter die Einführung von Kurzarbeit nicht zu. Es ist nämlich verfassungsrechtlich zweifelhaft, ob aufgrund eines Verwaltungsaktes in die wechselseitigen Rechte und Pflichten aus einem Arbeitsvertrag
eingegriffen werden kann.

* Schaub ArbR von A–Z, Stichwort: Massenentlassungen.

3. Kurzarbeit aufgrund tariflicher Ermächtigung. Dagegen sind Tarifverträge über die Einführung von Kurzarbeit häufiger.

a) *Tarifliche Ermächtigungsnormen,* aufgrund derer Kurzarbeit eingeführt werden kann, lauten regelmäßig, daß der Arbeitgeber aus dringenden betrieblichen Gründen zur Vermeidung von Entlassungen nach einer Ankündigungsfrist Kurzarbeit einführen kann, wenn die Verhältnisse des Betriebes es erfordern.

b) Ihrer *Rechtsnatur* nach sind die tariflichen Ermächtigungsnormen nach allerdings umstrittener Meinung Betriebsnormen; das bedeutet, daß ein Arbeitnehmer die Tarifnormen bereits dann gegen sich gelten lassen muß, wenn nur der Arbeitgeber tarifgebunden ist (§ 1 II 6 c S. 11). Aber auch unabhängig davon, ob eine tarifliche Ermächtigungsnorm besteht oder nicht, ist zur Einführung von Kurzarbeit in jedem Falle die Mitbestimmung des Betriebsrates notwendig.

c) Die tariflichen Ermächtigungsnormen haben daher vor allem heute noch Bedeutung, daß regelmäßig ein *bestimmtes Verfahren für die Einführung von Kurzarbeit* vorgesehen wird. Der Arbeitgeber hat im allgemeinen die Einführung von Kurzarbeit anzukündigen usw. Die Einzelheiten müssen aus dem jeweils geltenden Tarifvertrag entnommen werden.

4. Erzwingbares Mitbestimmungsrecht.* Nach § 87 Abs. 1 Nr. 3 BetrVG hat der Betriebsrat bei der Einführung von Kurzarbeit ein erzwingbares Mitbestimmungsrecht.

a) Das *Mitbestimmungsrecht bezieht sich* auf die Verkürzung der täglichen und damit auch der wöchentlichen Arbeitszeit sowie den Ausfall ganzer Schichten. Dagegen besteht kein Mitbestimmungsrecht bei dem Abbau von Überstunden oder bei der Rückkehr von der Kurzarbeit zur Normalarbeitszeit.

---

* Schaub ArbR von A–Z, Stichwort: Betriebsratsaufgaben.

b) *Ob der Betriebsrat* der Einführung von *Kurzarbeit zustimmt,* steht nicht in seinem freien Belieben. Kommt es zu Auseinandersetzungen mit dem Betriebsrat über die Einführung von Kurzarbeit, so können Arbeitgeber und Betriebsrat die Einigungsstelle (§ 76 BetrVG) anrufen.* Die Einigungsstelle faßt ihre Beschlüsse nach billigem Ermessen. Mithin muß auch der Betriebsrat seine Zustimmung nach billigem Ermessen, also unter Wahrung der Interessen des Betriebes und der Belegschaft erteilen. Die Ermessensausübung ist gerichtlich überprüfbar. Der Betriebsrat wird vor allem dann seine Zustimmung zur Kurzarbeit geben, wenn er dadurch Kündigungen aus betrieblichen Gründen vermeiden kann.

c) Die *Mitbestimmung muß* durch Abschluß einer Betriebsvereinbarung oder einer Regelungsabrede *ausgeübt* werden. Für den Unternehmer ist die Form der Mitwirkung des Betriebsrates von erheblicher Bedeutung. Bei Abschluß einer Betriebsvereinbarung werden die Arbeitsverhältnisse mit Ausnahme derjenigen der leitenden Angestellten mit unmittelbarer und zwingender Wirkung erfaßt. Hieraus folgt, die Betriebsvereinbarung kann die Kurzarbeit unmittelbar einführen und damit die Arbeitspflicht und die Vergütungspflicht unmittelbar beseitigen. Wird dagegen die Kurzarbeit nur im Wege der Regelungsabrede eingeführt, bedarf es zur Umsetzung in die einzelnen Arbeitsverhältnisse individualrechtlicher Gestaltungsmittel, also des Änderungsvertrages oder einer Änderungskündigung. Die Regelungsabrede beseitigt mithin lediglich die betriebsverfassungsrechtliche Sperre für die Einführung der Kurzarbeit. Die Arbeitnehmer können eine Änderungskündigung trotz der Zustimmung des Betriebsrates zur Einführung von Kurzarbeit mit der Kündigungsschutzklage angreifen.

In jedem Fall hat der Betriebsrat ein erzwingbares Mitbestimmungsrecht bei der Verteilung der Restarbeitszeit im Betrieb.

---

* Schaub ArbR von A–Z, Stichwort: Einigungsstelle.

5. Muster. Eine Betriebsvereinbarung über die Einführung von Kurzarbeit könnte etwa formuliert werden:

Im Betrieb ...... der Firma ...... wird für die Dauer von ...... bis ...... Kurzarbeit eingeführt. Die regelmäßige Arbeitszeit wird festgesetzt von ...... bis ......

6. Kurzarbeitergeld. Nach §§ 63 ff AFG wird Arbeitnehmern Kurzarbeitergeld durch die BAnstArb bei vorübergehendem Arbeitsausfall in Betrieben gewährt, in denen regelmäßig mindestens ein Arbeitnehmer beschäftigt ist, wenn zu erwarten ist, daß durch seine Gewährung den Arbeitnehmern die Arbeitsplätze und dem Betrieb die eingearbeiteten Arbeitnehmer erhalten bleiben. Das KUG beträgt z. Zt. für Arbeitnehmer mit einem Kind 67 v. H. des um die gesetzlichen Abzüge, die gewöhnlich anfallen, verminderten Arbeitsentgeltes (§ 68 Abs. 4 AFG). Für die übrigen Arbeitnehmer beträgt das KUG 60%.

Ab 1. 1. 1998 wird das AFG durch das SGB III ersetzt. Auch es enthält eine KUG-Regelung.

7. Kurzarbeit aufgrund Fernwirkungen von Arbeitskämpfen. Zu erheblichen sozialpolitischen Spannungen ist es gekommen, wenn Kurzarbeit in Betrieben hat eingeführt werden müssen, die mittelbar durch Arbeitskämpfe in anderen Betrieben ausgelöst worden ist. Das BAG hat insoweit vertreten, daß dem Betriebsrat kein erzwingbares Mitbestimmungsrecht zusteht, ob überhaupt Kurzarbeit eingeführt wird. Dagegen unterliegen die Modalitäten der Kurzarbeit, ob also an allen Arbeitstagen der Woche verkürzt gearbeitet wird oder nur an einigen Tagen der Mitbestimmung des Betriebsrates nach § 87 Abs. 1 Nr. 2, 3 BetrVG.

III. Annahmeverzug des Arbeitgebers*

1. Voraussetzungen. Die Voraussetzungen des Annahmeverzuges sind grundsätzlich, daß *a)* ein erfüllbares Arbeitsverhältnis vorliegt, *b)* der Arbeitnehmer seine Dienste

* Schaub ArbR von A–Z, Stichwort: Annahmeverzug.

angeboten hat, *c)* die Leistung der Arbeit im Zeitpunkt des Angebotes möglich ist, *d)* der Dienstberechtigte die Arbeit nicht annimmt.

a) Ein *erfüllbares Arbeitsverhältnis* liegt dann vor, wenn zwischen Arbeitgeber und Arbeitnehmer ein rechtswirksamer Arbeitsvertrag geschlossen worden ist oder ein faktisches Arbeitsverhältnis gegeben ist, also der Arbeitnehmer seine Dienste aufgenommen hat und der Arbeitgeber sich nicht auf die Unwirksamkeit des Arbeitsvertrages berufen hat.

b) Für das *Arbeitsangebot* gelten § 294 bis § 296 BGB. *a)* Grundsätzlich ist zur Begründung des Annahmeverzuges ein *tatsächliches Angebot* notwendig (§ 294 BGB). Der Arbeitnehmer hat daher dem Arbeitgeber seine Arbeitsleistung in eigener Person (§ 9 I S. 101), zur rechten Zeit, am rechten Ort und in der rechten Weise anzubieten. Der Arbeitnehmer muß sich mithin im allgemeinen zur Betriebsstätte begeben, um mit der Arbeitsleistung zu beginnen. Versäumt er den Arbeitsbeginn, kann der Arbeitgeber die Arbeitsleistung zurückweisen, wenn sie für ihn nicht mehr von Interesse ist. Dies ist z.B. dann der Fall, wenn eine sinnvolle Arbeitsleistung an diesem Tage nicht mehr möglich ist. Dies kann bei einem Bauarbeitnehmer der Fall sein, weil zu verarbeitender Beton infolge der Arbeitsversäumnis nicht mehr zu beschaffen ist oder der beschaffte inzwischen hart geworden ist. Hat der Arbeitnehmer einen Weiterbeschäftigungsanspruch nach § 102 Abs. 5 BetrVG oder den allgemeinen Weiterbeschäftigungsanspruch (§ 38 II S. 327), so kann er sich damit begnügen, seine Arbeitskraft anzubieten, ohne daß er sich auf den Weiterbeschäftigungsanspruch beruft. Denn ausreichend ist das Angebot, der Arbeitnehmer braucht dagegen keine weitergehenden Rechte geltend zu machen. *b)* Ein *wörtliches Arbeitsangebot* ist ausreichend (§ 295 BGB), wenn der Arbeitgeber erklärt hat, daß er die Leistung nicht annehmen werde, oder wenn zur Bewirkung der Arbeitsleistung eine Handlung des Arbeitgebers erforderlich ist, insbesondere wenn der Arbeitgeber die geschuldete Arbeitsleistung abzuholen hat. Die Ablehnung der Arbeitsleistung durch den Arbeitgeber kann ausdrücklich oder konkludent erfolgen. Sie ist insbesondere dann gegeben, wenn der Arbeitgeber den Arbeitnehmer fristlos entlassen hat oder ordentlich gekündigt hat und die Kündigungsfrist abgelaufen ist. Die Ablehnung kann sich aber auch auf einen früheren Zeitpunkt beziehen, wenn der Arbeitgeber den Arbeitnehmer von der Arbeit suspendiert hat.

Mitwirkungshandlungen zur Annahme der Arbeitsleistung sind alle dem Arbeitgeber obliegenden Handlungen, die die Arbeitsleistung erst ermöglichen sollen. Dies kann die Schaffung der tatsächlichen und rechtlichen Voraussetzungen für die Arbeitsleistung sein. Zur Schaffung der tatsächlichen Voraussetzungen gehört die Bereitstellung der persönlichen und sächlichen Arbeitsmittel (Arbeitsräume, Rohstoffe, Werkzeuge usw.). Zur Schaffung der rechtlichen Voraussetzungen gehört die Gewährleistung der öffentlich-rechtlichen und privatrechtlichen Arbeitnehmerschutzvorschriften, da der Arbeitnehmer nur unter den vom Gesetz gebilligten Bedingungen zu arbeiten braucht. Will der Arbeitnehmer aber wegen der mangelnden Einhaltung der Arbeitnehmerschutzvorschriften nicht arbeiten, so muß er bei dem wörtlichen Arbeitsangebot hierauf hinweisen. Dies ist insbesondere von Bedeutung, wenn eine Arbeitnehmerin wegen sexueller Belästigung nach § 4 Abs. 2 BeschSchG die Arbeit verweigern will. *c)* Ein wörtliches *Arbeitsangebot* ist selbst dann *entbehrlich,* wenn für die Mitwirkungshandlung des Arbeitgebers ein Zeitpunkt nach dem Kalender bestimmt ist oder sich errechnen läßt (§ 296 BGB). Im übrigen ist ein wörtliches Angebot dann entbehrlich, wenn der Arbeitnehmer bislang seinen Arbeitspflichten genügt hat und ein besonderes Arbeitsangebot nach Treu und Glauben nicht zu erwarten ist. Dies ist insbesondere dann der Fall, wenn der Arbeitgeber auf ein besonderes Angebot verzichtet hat (z. B. der Arbeitgeber schickt seine Sekretärin zum Friseur) oder nicht mehr mit einem besonderen Arbeitsangebot gerechnet werden kann. Dies kann z. B. der Fall sein, wenn der Arbeitgeber den Arbeitnehmer unter beleidigenden Umständen von der Arbeit suspendiert hat. *d)* Das BAG hat zunächst aus vorstehendem System die Schlußfolgerung gezogen, daß der Arbeitnehmer nach Ausspruch einer Kündigung durch den Arbeitgeber diesem seine Arbeitsleistung zumindest wörtlich anbieten müsse, um den Annahmeverzug zu begründen. Inzwischen ist es hiervon abgerückt. Es vertritt die Auffassung, daß es dem Arbeitgeber obliege, einen funktionsfähigen Betrieb zur Verfügung zu stellen und dem Arbeitnehmer Arbeit zuzuweisen. Diese Mitwirkungshandlungen seien nach dem Kalender bestimmt, so daß es für den Arbeitnehmer keines wörtlichen Angebots mehr nach einer ihm erklärten Kündigung bedarf. Eine Ausnahme galt dann, wenn die tatsächliche Arbeitsleistung zuvor unterbrochen war. War der Arbeitnehmer krank oder hatte er aus sonstigen Gründen die Arbeit versäumt, bedurfte es des wörtlichen Angebots. Auch insoweit hat es inzwischen seine Rechtsprechung geändert. Im allgemeinen kann heute davon ausgegangen werden, daß der Annahmeverzug so lange besteht, bis der Arbeitgeber den Arbeitnehmer nach einer Kündigung wieder zur Arbeitsleistung auffordert.

c) Der Arbeitnehmer muß im Zeitpunkt des Arbeitsangebots *tatsächlich und rechtlich in der Lage* sein, *die Arbeitsleistung zu erbringen.* Es muß mithin Leistungsmöglichkeit und Leistungswilligkeit bestehen. Dies ist regelmäßig dann nicht der Fall, wenn der Arbeitnehmer während des Streits um die Fortsetzung des Arbeitsverhältnisses an einen anderen Ort umzieht, dagegen noch nicht dann, wenn der Arbeitnehmer eine andere Arbeitsstelle annimmt. Vielmehr ist er sogar gehalten, den „Schaden" möglichst gering zu halten. Wird der Arbeitnehmer während des Annahmeverzuges arbeitsunfähig krank, wird ihm also die Arbeitsleistung unmöglich, so bleibt er von der Arbeitsleistung befreit, er sollte indes nach seiner Gesundung erneut die Arbeitskraft anbieten. Während der Erkrankung zur Zeit des Annahmeverzuges hat er Anspruch auf Vergütungsfortzahlung nach den Grundsätzen der Vergütungsfortzahlung im Krankheitsfalle (§ 32 S. 275).

d) Schließlich ist Voraussetzung, daß der Arbeitgeber die *geschuldete Leistung nicht annimmt.* Die Ablehnung der Arbeitsleistung kann ausdrücklich oder konkludent erfolgen. Der Arbeitgeber kann den Annahmeverzug nicht dadurch verhindern, daß er sich bereit erklärt, eine andere als die nach dem Vertrag geschuldete Leistung anzunehmen. Der Arbeitgeber gerät auch dann in Verzug, wenn er sich bereit erklärt, wegen des Streits um eine Kündigung den Arbeitnehmer bis zum Abschluß des Verfahrens 1. Instanz oder bis zum Abschluß des Kündigungsrechtsstreites mit derselben Arbeit weiterzubeschäftigen. Dies gilt sowohl dann, wenn er den Arbeitnehmer bloß weiterarbeiten lassen will als auch dann, wenn er ein Aushilfsarbeitsverhältnis anbietet oder das ursprüngliche Arbeitsverhältnis resolutiv bedingt werden soll (§ 7 II S. 71). Der Arbeitnehmer kann jedoch böswillig anderweitigen Erwerb unterlassen haben, wenn er auf ein Beschäftigungsangebot nicht eingeht (unter 5 S. 123).

2. Beendigung des Annahmeverzugs. Der Annahmeverzug endet für die Zukunft, wenn *a)* der Arbeitgeber wieder bereit ist, die Arbeitsleistung entgegenzunehmen, *b)* das Arbeitsverhältnis beendet wird.

a) Der Annahmeverzug endet, wenn der *Arbeitgeber wieder bereit* ist, den Arbeitnehmer mit den geschuldeten Leistungen zu beschäftigen. Die Beendigung des Annahmeverzuges tritt mithin dann nicht ein, wenn der Arbeitgeber lediglich bereit ist, andere Leistungen entgegenzunehmen. Ist der Arbeitgeber wieder bereit, die Arbeitsleistung entgegenzunehmen, muß er aber den Arbeitnehmer von seiner Sinnesänderung benachrichtigen. Es obliegt also nach einem verlorenen Kündigungsschutzprozeß dem Arbeitgeber, den

Arbeitnehmer wieder zur Arbeit aufzufordern. Hat dieser inzwischen eine andere Arbeitsstelle angenommen, muß ihm die Möglichkeit verbleiben, das andere Arbeitsverhältnis zu lösen. Der Arbeitgeber kann nicht den Arbeitnehmer zur Arbeit auffordern und diesen dann außerordentlich kündigen, wenn er nicht sofort kommt, sondern die Kündigungsfrist bei dem neuen Arbeitgeber einhält. Der Arbeitgeber hat dem Arbeitnehmer die sofortige Arbeitsaufnahme unmöglich gemacht (§ 324 BGB) und haftet daher auch während der vom Arbeitnehmer in der anderen Stelle einzuhaltenden Kündigungsfrist. Allerdings kann er den Zwischenverdienst anrechnen.

b) Der Annahmeverzug endet ferner, wenn das *Arbeitsverhältnis* infolge Aufhebungsvertrags nach möglicherweise einer Kündigung *beendet wird.*

c) Umstr. ist, ob der Annahmeverzug auch dann endet, wenn dem Arbeitnehmer die Wiederaufnahme der *Arbeitsleistung unzumutbar* wird, etwa weil der Arbeitgeber ihn grob beleidigt hat. Nach richtiger Weise kann der Arbeitnehmer außerordentlich kündigen (§ 626 BGB) und Schadensersatz nach § 628 Abs. 2 BGB verlangen, so daß der Annahmeverzug endet.

3. Befreiung von der Arbeitspflicht. Während des Annahmeverzuges wird der Arbeitnehmer von der Arbeitspflicht befreit. Der Arbeitnehmer hat durch Abschluß des Arbeitsvertrages über seine Arbeitsleistung verfügt. Er kann sie nicht anderweitig einsetzen; er kann aber auch die Arbeit nicht ohne Schaden für seine Gesundheit nachholen. Er wird damit für die Zeit, in der er zur Arbeitsleistung verpflichtet war, von dieser frei. Das Gesetz bringt das damit zum Ausdruck, daß er die vereinbarte Vergütung verlangen kann, ohne zur Nachleistung verpflichtet zu sein.

4. Vergütungsfortzahlung. Während des Annahmeverzuges kann der Arbeitnehmer die vereinbarte Vergütung verlangen.

a) Es handelt sich um einen *echten Vergütungsanspruch,* der nach dem sog. Lohnausfallprinzip berechnet wird. Das Lohnausfallprinzip besagt, daß der Arbeitnehmer Anspruch auf die Vergütung hat, die er gehabt hätte, wenn er gearbeitet hätte. Der Arbeitnehmer nimmt somit an Lohn- und Gehaltserhöhungen teil, hat Anspruch auf eine etwaige Über- und Mehrarbeitsstundenvergütung, wenn er bei Arbeitsleistung Über- und Mehrarbeitsstunden geleistet hätte. Umgekehrt hat er nur Anspruch auf eine Kurzarbeitsvergütung, wenn während des Annahmeverzuges nur Kurzarbeit geleistet worden wäre.

b) Bei *leistungsabhängiger Entlohnung* (Akkord, Prämie) ist ebenfalls die Vergütung zu zahlen, die der Arbeitnehmer bei Weiterarbeit verdient hätte. Häufig läßt sich die Vergütung sehr schwer berechnen, weil nicht zu ermitteln ist, welche Arbeit der Arbeitnehmer mit welchem Leistungsgrad verrichtet hätte. In diesen Fällen wird für zulässig gehalten, daß der Arbeitnehmer die fortzuzahlende Vergütung nach einem Durchschnitt einer zurückliegenden Zeit berechnet. Im allgemeinen wird auf die letzten drei Monate abzustellen sein. Dem Arbeitgeber obliegt es alsdann, Umstände darzulegen, aus denen sich ergibt, daß der Arbeitnehmer weniger als diesen Lohndurchschnitt verdient hätte.

c) Weiterzuzahlen sind auch *Zulagen und Sondervergütungen,* also z.B. Erschwernis-, Gefahren-, Funktionszulagen, Gratifikationen, Anwesenheitsprämien. Nicht weiter zu zahlen sind dagegen solche Zahlungen, die einen erhöhten Aufwand abgelten sollen, der während des Annahmeverzuges nicht anfällt. Hierzu gehören etwa Kraftfahrzeugkosten, Schmutzzulagen usw. Häufig fallen aber auch während des Annahmeverzuges die Kosten teilweise an, z.B. bei Kraftfahrzeugen die Steuern und Versicherungen usw.

d) *Sachleistungen* sind mit dem nach § 17 SGB IV i.V.m. der SachbezugsVO festgesetzten Wert abzugelten.

e) Auf das fortzuzahlende Entgelt sind alle *Bestimmungen der Arbeitsvergütung oder des Vergütungsschutzes* anzuwenden. Von der zu zahlenden Vergütung sind mithin Steuern und Sozialversicherungsbeiträge abzuziehen. Erhöhen sich die Steuersätze, weil Über- und Mehrarbeit nicht erbracht worden ist, so sind die erhöhten Steuern abzuziehen. Wird die Arbeitsvergütung für einen längeren Zeitraum nachgezahlt, so kann wegen des Zuflußprinzips im Steuerrecht eine erhöhte Steuerschuld auftreten. Insoweit stehen dem Arbeitnehmer aber keine Ausgleichsansprüche gegen den Arbeitgeber zu. Für die Arbeitsvergütung gelten die Verjährungs- und tariflichen Verfallfristen (§ 20 II, III S. 214 ff). Insoweit können dem Arbeitnehmer infolge Rechtsunkenntnis schwere Schäden erwachsen. In einigen Tarifverträgen sind sog. 2-stufige Verfallklauseln enthalten; d.h., der Arbeitnehmer ist gehalten, innerhalb bestimmter Fristen seine Ansprüche geltend zu machen und, wenn der Arbeitgeber sie nicht erfüllt, innerhalb bestimmter weiterer Fristen einzuklagen. Regelmäßig gerät der Arbeitgeber bei Streit um den Fortbestand des Arbeitsverhältnisses in Annahmeverzug. Die Klage, mit der der Arbeitnehmer den Fortbestand des Arbeitsverhältnisses verfolgt, stellt nach Meinung des BAG nicht auch die gerichtliche Geltendmachung der Vergütungsfortzahlung dar. Der Arbeitnehmer muß mithin insoweit eine gesonderte Vergütungsklage erheben. Insbesondere muß der Arbeitnehmer aber noch bestehende Urlaubsansprüche sichern. Nach der Rechtsprechung des BAG ist der Urlaubsanspruch streng an das Urlaubsjahr gebunden. Er erlischt mit Ablauf des Kalenderjahres, es sei denn, daß die Übertragungsvoraussetzungen gegeben sind (§ 7 BUrlG). Sind diese gegeben, erlischt er am 31. 3. des Folgejahres. Droht sich ein Kündigungsschutzprozeß über das Jahresende hinauszuziehen, wird der Arbeitnehmer zweckmäßig die Gewährung des ausstehenden Urlaubs verlangen, damit sich der Urlaubsanspruch im Falle der Verweigerung der Urlaubsgewährung in einen Schadensersatzanspruch umsetzt.

5. Anrechnung anderweitiger Verdienste. Der Arbeitnehmer soll während des Annahmeverzuges des Arbeitgebers keine Verluste, aber auch keine ungerechtfertigten Vorteile erlangen. Er soll nicht weniger erhalten, als er während normaler Erbringung des Arbeitsverhältnisses erhalten hätte, aber auch nicht mehr.

a) Nach § 615 S. 2 BGB muß sich der Arbeitnehmer den Wert desjenigen *anrechnen lassen,* was er infolge Unterbleibens der Arbeitsleistung erspart oder durch anderweitige Verwendung seiner Arbeit erwirbt oder zu erwerben böswillig unterläßt. § 615 S. 2 BGB ist regelmäßig während des ungekündigten Arbeitsverhältnisses bei Annahmeverzug des Arbeitgebers anzuwenden. Streiten die Parteien dagegen um die Wirksamkeit einer Kündigung und verlangt der Arbeitnehmer Vergütung wegen Annahmeverzugs des Arbeitgebers, so geht in den Fällen, in denen das KSchG Anwendung findet (§ 47 I S. 385), § 11 KSchG vor. Hier heißt es: Besteht nach der Entscheidung des Gerichtes das Arbeitsverhältnis fort, so muß sich der Arbeitnehmer auf das Arbeitsentgelt, das ihm der Arbeitgeber für die Zeit nach der Entlassung schuldet, anrechnen lassen, *(1)* was er durch anderweitige Arbeit verdient hat, *(2)* was er hätte verdienen können, wenn er nicht böswillig unterlassen hätte, eine ihm zumutbare Arbeit anzunehmen, *(3)* was ihm an öffentlichrechtlichen Leistungen infolge Arbeitslosigkeit aus der Sozialversicherung, Arbeitslosenversicherung, der Arbeitslosenhilfe oder der Sozialhilfe für die Zwischenzeit gezahlt worden ist. Diese Beträge hat der Arbeitgeber der Stelle zu erstatten, die sie geleistet hat. Die beiden Vorschriften stimmen nicht wörtlich überein; z. B. ist nach § 615 S. 2 BGB die Ersparnis anzurechnen, dagegen nicht nach § 11 KSchG. Der Gesetzgeber wollte sich insoweit nicht kleinlich zeigen.

b) Anzurechnen ist der *Wert des Erwerbes,* den der Arbeitnehmer dadurch gemacht hat, daß er statt der fraglichen Dienste anderweitig Arbeit geleistet hat. Der anderweitige

Erwerb muß kausal durch das Freiwerden der Arbeitskraft ermöglicht worden sein. Unerheblich ist, ob die Tätigkeit gleichartig war oder nicht. Als Vergleichszeitraum wird grundsätzlich auf die Gesamtdauer des Annahmeverzuges abgestellt. Nicht anzurechnen sind Nebenverdienste, die der Arbeitnehmer auch gemacht hätte, wenn er weiter gearbeitet hätte. Ebensowenig ist anzurechnen ein Verdienst, den der Arbeitnehmer infolge Ableistung von Über- oder Mehrarbeitsstunden erzielt hat, es sei denn, daß er diese Mehrleistung auch bei seinem in Verzug befindlichen Arbeitgeber geleistet hätte.

c) Anzurechnen ist weiter, was der Arbeitnehmer *zu erwerben böswillig unterläßt*. Das Tatbestandsmerkmal der Böswilligkeit findet sich z.B. in § 324 Abs. 1 S. 2 BGB, § 74 c HGB und § 11 KSchG. Böswillig handelt ein Arbeitnehmer dann, wenn ihm ein Vorwurf gemacht werden kann, daß er trotz Kenntnis der Arbeitsmöglichkeit und der Verzugsfolgen für den Arbeitgeber eine zumutbare Arbeit nicht aufgenommen hat oder anders ausgedrückt, wenn der Arbeitnehmer gemessen an den Redlichkeitsmaßstäben eine ihm mögliche und nach den gesamten Umständen zumutbare Arbeit nicht aufnimmt. Im allgemeinen handelt der Arbeitnehmer noch nicht dann böswillig, wenn er sich nicht beim Arbeitsamt arbeitssuchend gemeldet hat, sich weigert, eine geringerwertige Arbeit aufzunehmen, er versucht, sich selbständig zu machen. Für die Beurteilung der Böswilligkeit kann nicht auf § 103 AFG i. V. m. AO des Verwaltungsrates der BAnstArb über die Beurteilung der Zumutbarkeit einer Beschäftigung (Zumutbarkeitsanordnung v. 16. 3. 1982 – ANBA 1982, 523) abgestellt werden.

d) Wenngleich nur in § 11 KSchG die anzurechnenden *öffentlich rechtlichen Leistungen* aufgezählt sind, ist allgemein anerkannt, daß auch eine Anrechnung nach § 615 S. 2 BGB stattfindet. Zu den anzurechnenden öffentlich rechtlichen Leistungen gehören das Arbeitslosengeld, die Arbeitslosenhilfe, vorgezogenes Altersruhegeld oder die Sozialhilfe. Bezieht der Arbeitnehmer Arbeitslosengeld, so geht der Anspruch auf Arbeitsvergütung in Höhe des gezahlten Arbeitslosengeldes auf die BAnstArb über. Der Arbeitgeber ist also gehalten, teilweise die Vergütungsfortzahlung an die BAnstArb zu erbringen.

e) Vielfach erwächst *Streit darüber, ob der Arbeitnehmer Zwischenvergütung erzielt hat und in welcher Höhe* Vergütung erzielt worden ist. Gerade über die Höhe der erzielten Zwischenvergütung wird der Arbeitgeber selten etwas wissen. Aus der Formulierung des Gesetzes folgt, daß der Arbeitgeber darlegen und beweisen muß, daß der Arbeitnehmer überhaupt Zwischenverdienst erzielt hat. Dagegen ist der Arbeitnehmer darlegungspflichtig, in welcher Höhe er Zwischenverdienst erzielt hat. Insoweit ist er auch dem Arbeitgeber zur Auskunftserteilung verpflichtet (§ 74 c HGB entspr.).

IV. Unmöglichkeit der Arbeitsleistung

1. Befreiung von der Arbeitspflicht. Der Arbeitnehmer wird von der Arbeitsleistung befreit, wenn ihm die Arbeitsleistung unmöglich wird. Dies kann der Fall sein, wenn die Arbeitsleistung von vornherein objektiv oder subjektiv unmöglich ist. Objektiv ursprünglich unmöglich ist sie, wenn kein Mensch sie erbringen könnte; subjektiv unmöglich ist sie, wenn nur der konkrete Arbeitnehmer sie nicht erbringen kann. Dies kann z. B. der Fall sein, wenn ein Arbeitnehmer sich verpflichtet, in Doppelarbeitsverhältnissen über die gesetzlich zulässige Arbeitszeit hinaus zu arbeiten. Der Arbeitnehmer wird aber auch dann von der Arbeitsleistung frei, wenn die Arbeitsleistung nachträglich objektiv oder subjektiv unmöglich wird. Nachträglich unmöglich wird einem Arbeitnehmer auch die Arbeitsleistung, wenn er sie infolge Zeitablaufs nicht mehr zu erbringen vermag. Bei der Arbeitsleistung handelt es sich regelmäßig um eine Fixschuld (§ 361 BGB), bei der die Leistung unmöglich ist,

wenn sie nicht zu dem vereinbarten Zeitpunkt erbracht
wird. Die vorstehenden Grundsätze gelten auch in den beigetretenen Ländern.

2. Schadensersatz. Wenngleich der Arbeitnehmer im
Falle der Unmöglichkeit oder des Unvermögens von der
Arbeitsleistung befreit wird (§ 275 BGB), ist davon die Frage zu unterscheiden, ob der Arbeitnehmer schadensersatzpflichtig wird, wenn infolge seines Verschuldens die Arbeitsleistung unmöglich wird. Hierzu vgl. § 12 III 4 S. 146.

3. Begriff der Unmöglichkeit. Dem Arbeitnehmer wird
die Arbeitsleistung nicht nur dann unmöglich, wenn sie in
naturwissenschaftlichem Sinne unmöglich ist. Unmöglich
ist ihm die Arbeitsleistung auch dann, wenn ihm nach Treu
und Glauben die Arbeitsleistung nicht zugemutet werden
kann. Dies ist z. B. der Fall, wenn *a)* er aus persönlichen
Gründen an der Arbeit verhindert ist (§ 616 BGB § 31
S. 271), *b)* er arbeitsunfähig krank ist (§ 32 S. 275), *c)* die
Arbeitnehmerin wegen sozialer Schutzbestimmungen nicht
arbeiten braucht, z. B. infolge des MuSchG (§ 58 II S. 491).
Diese Fragen sind im Zusammenhang mit den Verpflichtungen des Arbeitgebers erörtert.

V. Zurückbehaltungsrecht des Arbeitnehmers*

1. Voraussetzungen des Zurückbehaltungsrechts. Der
Arbeitnehmer wird von der Arbeitspflicht befreit, wenn er
berechtigt ein Zurückbehaltungsrecht ausübt (§ 273 BGB).
Ein Zurückbehaltungsrecht ist gegeben, wenn *a)* zwei Forderungen sich gegenseitig gegenüberstehen, also eine bei-
derseitige persönliche und rechtliche Identität von Gläubiger und Schuldner besteht, *b)* die Gegenforderung des
Arbeitnehmers fällig ist, also vollwirksam entstanden ist
(unzureichend bedingt, künftig oder unvollkommen), *c)*
Konnexität zwischen den gegenseitigen Forderungen be-

---

* Schaub ArbR von A–Z, Stichwort: Zurückbehaltungsrecht.

steht; d. h., beide Forderungen müssen auf demselben rechtlichen Verhältnis beruhen. Das ist dann der Fall, wenn ihnen ein inneres zusammenhängendes einheitliches Lebensverhältnis zugrundeliegt. Dafür genügt ein natürlicher und wirtschaftlicher Zusammenhang, daß es gegen Treu und Glauben verstoßen würde, daß der eine Anspruch ohne Rücksicht auf den anderen geltend gemacht wird. *d)* Negativ sind Voraussetzungen, daß kein Ausschluß des Zurückbehaltungsrechtes gegeben ist oder keine Abwendung des Zurückbehaltungsrechtes nach § 273 Abs. 3 BGB erfolgt ist. Bei sexueller Belästigung kann für den Belästigten ein Zurückbehaltungsrecht an der Arbeitsleistung erwachsen (§ 4 Abs. 2 BeschSchG; hierzu § 57 VI S. 485).

2. Ausübung. Die Ausübung des Zurückbehaltungsrechtes steht unter dem Vorbehalt von Treu und Glauben. Der Arbeitnehmer kann mithin nur dann von dem Zurückbehaltungsrecht Gebrauch machen, wenn der Arbeitgeber mit einer nicht unerheblichen Verpflichtung in Rückstand gerät.

3. Befreiung von der Arbeitsleistung. Macht der Arbeitnehmer vom Zurückbehaltungsrecht Gebrauch, so wird er von der Arbeitsleistung befreit. Indes behält er nur dann seinen Anspruch auf Arbeitsvergütung, wenn er bei der Ausübung des Zurückbehaltungsrechtes beim Arbeitsangebot darauf hinweist, daß er nur deswegen die Arbeit verweigert, weil er vom Zurückbehaltungsrecht Gebrauch mache. In diesen Fällen muß der Arbeitgeber nach den Grundsätzen des Annahmeverzugs (oben III S. 115) die Vergütung fortzahlen.

4. Arbeitskampfmaßnahmen. Die Ausübung des Zurückbehaltungsrechtes kann zur Arbeitskampfmaßnahme werden, wenn mehrere Arbeitnehmer gleichzeitig vom Zurückbehaltungsrecht Gebrauch machen, um bestimmte Forderungen oder Erwartungen durchzusetzen. Die gemeinsa-

me Ausübung des Zurückbehaltungsrechtes ist mithin nur
dann zulässig, wenn die Voraussetzungen eines Arbeitskampfes vorliegen.

§ 11. Nebenpflichten des Arbeitnehmers aus dem Arbeitsverhältnis

I. Allgemeines

1. Grund der Nebenpflichten. Das Arbeitsverhältnis erschöpft sich nicht in dem bloßen Leistungsaustausch Arbeit
gegen Entgelt. Vielmehr muß der Arbeitnehmer häufig seine
ganze Person in den Machtbereich des Arbeitgebers verbringen, um seine Arbeitsleistung zu erbringen. Andererseits
muß der Arbeitgeber dem Arbeitnehmer erhebliche Vermögenswerte anvertrauen. Der Arbeitnehmer ist gehalten, in
einer betrieblichen Organisation zu arbeiten. Dies bedingt
eine Reihe von Nebenverpflichtungen des Arbeitgebers und
Arbeitnehmers.

2. Gliederung der Nebenpflichten. Über die Gliederung
der Nebenpflichten ist vielfach gestritten worden. Die Lehr-
bücher zum Arbeitsrecht der Nachkriegszeit von Nipperdey
und Nikisch haben die Nebenpflichten vielfach unterglie-
dert in Treuepflichten, Verschwiegenheitspflichten und Ge-
horsamspflichten. Dagegen wird in neuerer Zeit eine Un-
tergliederung nach Unterlassungs- und Handlungspflichten
sowie Rücksichtspflichten des Arbeitnehmers vorgenommen.

II. Unterlassungspflichten des Arbeitnehmers (Treuepflicht)*

1. Allgemeine Rücksichtspflicht. Der Arbeitnehmer hat
auf die Interessen des Arbeitgebers Rücksicht zu nehmen.
Er braucht zwar nicht die Wahrung seiner Interessen in

---

* Schaub ArbR von A–Z, Stichwort: Treuepflicht.

jedem Fall hinter die des Arbeitgebers zurücktreten zu lassen. Vielmehr obliegt es ihm, nur unter billiger Wahrnehmung seiner eigenen Interessen diejenigen des Arbeitgebers und die des Betriebes nicht zu gefährden. Die wichtigsten Unterlassungspflichten sind *(1.)* die Verschwiegenheitspflichten, *(2.)* die Unterlassung kreditschädigender Äußerungen, *(3.)* die Unterlassung der Annahme von Schmiergeldern, *(4.)* die Unterlassung von Abwerbung, *(5.)* die Wahrung des Betriebsfriedens. Zu den Unterlassungspflichten zählen auch die Einhaltung von Wettbewerbsverboten. Da für sie aber häufig eine besondere gesetzliche oder vertragliche Regelung besteht, ist das Wettbewerbsverbot unter § 13 S. 158 gesondert erörtert.

2. Verschwiegenheitspflicht.* Die Verschwiegenheitspflicht ist gesetzlich in § 17 UWG geregelt, der auch in den beigetretenen Ländern gilt. Die aus dem Arbeitsvertrag als Nebenpflicht resultierende Verschwiegenheitspflicht geht jedoch über die gesetzliche Verpflichtung hinaus.

a) Die *Verschwiegenheitspflicht beinhaltet,* daß der Arbeitnehmer über Betriebs- und Geschäftsgeheimnisse gegenüber jedermann Stillschweigen zu bewahren hat. Geheimnisse sind Tatsachen, die nicht jedermann bekannt sind, für den Arbeitgeber von Wichtigkeit sind und dem Arbeitnehmer als geheimzuhalten erkennbar sind. Geschäftsgeheimnisse beziehen sich mehr auf den kaufmännischen, Betriebsgeheimnisse mehr auf den technischen Bereich. Geschäfts- oder Betriebsgeheimnisse können mithin sein technisches know how, auch wenn es nicht patentfähig ist, Warenbezugsquellen, Absatzgebiete, Kunden- und Preislisten, Bilanzen, Inventuren, Kreditwürdigkeit usw.

b) Die *Verschwiegenheitspflicht beginnt* grundsätzlich mit der Begründung des Arbeitsvertrages. Sie beginnt schon mit dem Eintritt in Vertragsverhandlungen, wenn dem Arbeitnehmer im Zuge von Bewerbungen Betriebs- und Ge-

* Schaub ArbR von A–Z, Stichwort: Verschwiegenheitspflicht.

schäftsgeheimnisse seines in Aussicht genommenen Arbeitgebers bekannt werden. Insoweit kann bereits dann eine Verschwiegenheitspflicht erwachsen sein, wenn später selbst überhaupt kein Arbeitsverhältnis begründet wird.

c) Die *Verschwiegenheitspflicht endet* grundsätzlich mit der Beendigung des Arbeitsverhältnisses. Indes gebietet aber die nachfolgende vertragliche Rücksichtspflicht, den Arbeitgeber nicht zu schädigen. Jedoch ist hier eine wesentliche Unterscheidung zu machen. Der Arbeitnehmer darf seine beruflichen Erfahrungen und sein erworbenes Wissen grundsätzlich in einem Folgearbeitsverhältnis verwerten, soweit dabei nicht in eigentumsähnliche Rechte des Arbeitgebers eingegriffen wird. Dagegen ist er im übrigen weiter zur Geheimhaltung der Tatsachen seines ehemaligen Arbeitgebers verpflichtet.

d) Vielfach wird in Arbeitsverträgen versucht, Umfang und Laufzeit der *Schweigepflicht vertraglich zu erweitern.* Entspr. Vertragsbestimmungen lauten, daß sich der Arbeitnehmer verpflichtet, auch über das Ende des Arbeitsverhältnisses hinaus, Stillschweigen über bestimmte Tatsachen (Betriebs- und Geschäftsgeheimnisse) zu bewahren. Während des Bestandes des Arbeitsverhältnisses läßt sich eine besondere Geheimhaltungspflicht des Arbeitnehmers vertraglich begründen. Dies folgt aus dem Grundsatz der Vertragsfreiheit. Dagegen läßt sich die Laufzeit der Verschwiegenheitspflicht im allgemeinen nicht über das Ende des Arbeitsverhältnisses ausdehnen, wenn die Schweigepflicht die Wirkungen eines Wettbewerbsverbotes hätte. Der Arbeitgeber soll ein karenzentschädigungspflichtiges Wettbewerbsverbot nicht dadurch einsparen, daß er eine vertragliche Verschwiegenheitspflicht erweitert. Durch eine Vereinbarung der Verschwiegenheitspflicht über Kundenlisten wird der Arbeitnehmer gehindert, diese zu veräußern. Er kann aber nicht gehindert werden, ehemalige Kunden des Arbeitgebers ohne Preisgabe der Liste zu umwerben.

e) Obliegt dem Arbeitnehmer während oder nach Beendigung des Arbeitsverhältnisses eine Verschwiegenheitspflicht und muß er zur Verfolgung von *Rechtsansprüchen gegen seinen (ehemaligen) Arbeitgeber* die geheimzuhaltenden Tatsachen in einem gerichtlichen Verfahren preisgeben, so muß ihn der Arbeitgeber von der Verschwiegenheitspflicht im notwendigen Umfang befreien. Auf eine derartige Befreiung kann notfalls geklagt werden.

f) *Verletzt* der Arbeitnehmer *seine Verschwiegenheitspflicht*, so kann er schadensersatzpflichtig werden, wenn dem Arbeitgeber aus dem Verschwiegenheitsbruch ein Schaden erwachsen ist. Im allgemeinen ist auch eine ordentliche und in schweren Fällen eine außerordentliche Kündigung möglich, ohne daß es einer vorhergehenden Abmahnung bedarf, wenn das Vertrauen im Arbeitsverhältnis nachhaltig erschüttert ist.

3. Verbot kredit- und rufschädigender Äußerungen. Das Verbot kreditschädigender Äußerungen folgt aus § 824 BGB. Aus dem Arbeitsvertrag können sich jedoch weitergehende Verpflichtungen des Arbeitnehmers ergeben.

a) Der Arbeitnehmer hat *alle ruf- und kreditschädigenden Äußerungen* über den Arbeitgeber zu unterlassen. Dies gilt selbst dann, wenn die mitgeteilten Tatsachen erweislich wahr sind. Die Verschwiegenheitspflicht des Arbeitnehmers endet dann, wenn die Mitteilung der Tatsachen zur Wahrnehmung eigener berechtigter Interessen notwendig ist. Jedoch hat der Arbeitnehmer auch dann den schonendsten Weg einzuschlagen. Bei Verletzung von Unfallverhütungsvorschriften des Arbeitgebers hat der Arbeitnehmer also sich zunächst an den Betriebsrat zu wenden, bevor er sich an die Gewerbeaufsicht usw. wendet. Eine Einschaltung der Presse oder der Öffentlichkeit wird im allgemeinen nur als letztes Mittel in Betracht kommen, wenn alle sonst rechtlich zulässigen Mittel versagen oder zu spät kommen würden. An die zuständige Gewerkschaft darf sich der Arbeitnehmer dagegen zur Beratung über die Wahrung seiner Rechte wenden.

b) Die *Einleitung von Strafverfahren oder sonstiger behördlicher Verfahren* gegen den Arbeitgeber ist im allgemeinen unzulässig. Zulässig ist sie nur dann, wenn sie zur Wahrung eigener Interessen oder derjenigen der Allgemeinheit notwendig ist. Unzulässig ist jedoch die Einleitung von Strafverfahren oder sonstiger behördlicher Verfahren zu eigener Interessenwahrnehmung dann, wenn damit lediglich ein Druck auf den Arbeitgeber ausgeübt werden soll, damit dieser vermeintliche oder wirkliche Zahlungsansprüche des Arbeitnehmers befriedigt. Strafanzeigen sind nicht das geeignete Mittel, Ansprüche durchzusetzen. Dies gilt sowohl für den Arbeitgeber wie für den Arbeitnehmer. Zur Interessenwahrnehmung für die Allgemeinheit ist der Arbeitnehmer nur bei schwerwiegenden Delikten des Arbeitgebers berufen.

c) Bei *Verstößen des Arbeitnehmers* können Schadensersatzpflichten begründet sein. Denkbar kann auch eine ordentliche oder in schweren Fällen eine außerordentliche Kündigung sein.

4. Schmiergelderverbot.* Die Annahme von Schmiergeldern ist dem Arbeitnehmer schlechthin untersagt.

a) *Schmiergelder* sind die Zuwendung geldwerter Geschenke oder anderer Vorteile, durch die Arbeitnehmer zu einem pflichtwidrigen Tun veranlaßt oder für ein solches Tun belohnt werden sollen. Unerheblich ist, ob der Arbeitnehmer tatsächlich pflichtwidrig gehandelt hat. Nicht zu den Schmiergeldern zählen gebräuchliche Gelegenheitsgeschenke wie Taschenkalender, Kugelschreiber usw. Die Abgrenzung von Gelegenheitsgeschenken und Schmiergeldern hat nach der Verkehrsanschauung und den Umständen des Einzelfalles zu erfolgen.

---

* Schaub ArbR von A–Z, Stichwort: Schmiergeld.

b) Werden einem Arbeitnehmer Schmiergelder angeboten, so hat er im allgemeinen seinen *Arbeitgeber zu unterrichten.* Dieser kann die Herausgabe der Schmiergelder verlangen (§§ 675, 667 BGB). Dieser Anspruch kann mit einem staatlichen Einziehungsrecht des Schmiergeldes belastet sein (§§ 73 ff StGB).

c) *Verstößt* der Arbeitnehmer *gegen das Schmiergelderverbot,* so kann er sich unter den Voraussetzungen von § 12 UWG strafbar gemacht haben. Ferner kann er sich gegenüber seinem Arbeitgeber schadensersatzpflichtig gemacht haben, wenn diesem infolge der Annahme des Schmiergeldes ein Schaden erwachsen ist. Im übrigen ist eine verhaltensbedingte ordentliche Kündigung und in schweren Fällen eine außerordentliche Kündigung des Arbeitsverhältnisses gerechtfertigt.

5. Abwerbung bei Begründung eines Gewerbes.* Der Arbeitnehmer kann, wenn er sich selbständig machen will, alle erforderlichen vorbereitenden Maßnahmen treffen, um sofort nach Beendigung des Arbeitsverhältnisses mit dem Geschäftsbetrieb zu beginnen (vgl. § 13 II S. 159). Es stellt noch keine Verletzung der vertraglichen Rücksichtspflicht dar, wenn er seinen Arbeitskollegen von seiner Absicht erzählt. Es ist ihm selbst unbenommen, mit seinen Arbeitskollegen Arbeitsverträge abzuschließen, wenn diese unter Wahrung einer ordentlichen Kündigungsfrist bei dem gemeinsamen Arbeitgeber ausscheiden wollen. Dagegen wird die Abwerbung von Arbeitnehmern unzulässig, wenn der Arbeitgeber auf seine Arbeitskollegen in irgendeiner Form einwirkt, mit ihm, seinen Gesellschaftern oder einem neuen zukünftigen gemeinsamen Arbeitgeber ein Arbeitsverhältnis zu begründen. Die Abgrenzung ist wegen der schwierigen Aufklärungsmöglichkeiten in der Praxis schwer. Bei Verstößen gegen das Abwerbungsverbot ist im allgemeinen eine außerordentliche Kündigung gerechtfertigt, da es dem Ar-

---

* Schaub ArbR von A–Z, Stichwort: Abwerbung.

beitgeber nicht zugemutet werden kann, zuzusehen, wie sein Arbeitnehmer versucht, ihm die Arbeitskräfte auszuspannen.

6. Wahrung des Betriebsfriedens.* Der Arbeitnehmer hat zur Wahrung des Betriebsfriedens beizutragen.

a) Eine *gesetzliche Regelung* findet sich in § 75 Abs. 2 S. 2, 3 BetrVG, die aber auch entspr. für die arbeitsvertraglichen Pflichten gilt. Nach § 74 Abs. 2 S. 2, 3 BetrVG haben Arbeitgeber und Betriebsrat Betätigungen zu unterlassen, durch die der Arbeitsablauf oder der Frieden des Betriebes beeinträchtigt werden. Sie haben jede parteipolitische Betätigung im Betrieb zu unterlassen; die Behandlung von Angelegenheiten tarifpolitischer, sozialpolitischer und wirtschaftlicher Art, die den Betrieb oder seine Arbeitnehmer unmittelbar betreffen, wird hierdurch nicht berührt. Rechtswidrig ist demnach, Wahlplakate im Betrieb auszuhängen, Wahl- und Parteiabzeichen im Betrieb zu tragen, es sei denn, daß sie völlig unauffällig sind.

b) Umstr. sind vor allem *Umfang und Grenzen der Meinungsfreiheit* im Arbeitsverhältnis.

Nach Art. 5 Abs. 1 S. 1 GG hat jeder das Recht, seine Meinung in Wort, Schrift und Bild frei zu äußern. In Art. 118 WRV war noch ein Satz enthalten, daß die Ausübung der Meinungsfreiheit durch kein Arbeits- oder Anstellungsverhältnis gehindert werden dürfe. Wenngleich ein entspr. Satz nicht in das GG übernommen worden ist, ist allgemeine Meinung, daß in die Meinungsfreiheit nicht aufgrund des Arbeitsverhältnisses eingegriffen werden kann. Die Meinungsäußerung ist aber zu unterscheiden von der Nachricht oder dem Bericht. Die Weitergabe von Nachrichten oder Berichten ist die Weitergabe von Tatsachenbehauptungen. Insoweit kann der Arbeitnehmer der Verschwiegenheitspflicht unterliegen (oben II 2 S. 129). Die

* Schaub ArbR von A–Z, Stichworte: Betriebsfrieden, Treuepflicht, Gehorsamspflicht.

Meinungsäußerung setzt das Vorhandensein und die Äußerung eines Werturteils, also eine wertende Betrachtung von Tatsachen, Verhaltensweisen und Verhältnissen voraus. Die Meinungsäußerung besagt, daß ein Mensch frei reden darf. Der Journalist, der in den Betrieb eindringt und über dessen Zustände berichtet, stellt nach richtiger Ansicht Tatsachenbehauptungen auf.

Die Freiheit der Meinungsäußerung findet ihre Grenze in den Vorschriften der allgemeinen Gesetze, in den gesetzlichen Bestimmungen zum Schutze der Jugend und in dem Recht der persönlichen Ehre (Art. 5 Abs. 2 GG). Nach der Rspr. des BVerfG sind allgemeine Gesetze nicht alle einfachen Gesetze. Vielmehr müssen die Gesetze vor dem Hintergrund der Wertigkeit des Grundrechts der freien Meinungsäußerung gesehen werden. In diesem Sinne gehören zu den allgemeinen Gesetzen auch die allgemeinen Grundsätze des Arbeitsrechts.

Hieraus folgt, daß gelegentliche politische Gespräche in den Betrieben zulässig sind. Unzulässig sind dagegen die Einflußnahme auf die Arbeitskollegen, die politische Werbung für eine Partei, das zur Schaustellen politischer Überzeugungen. Insoweit mag das kleine Parteiabzeichen noch zulässig, dagegen eine Anti-Strauß Plakette oder die Anti-Atom Plakette unzulässig sein. Unzulässig werden allerdings auch politische Abzeichen am Verkaufskittel des Verkaufspersonals eines Kaufhauses oder am Anzug oder Kleid einer Lehrerin sein.

III. Handlungspflicht

1. Gliederung. Zu den Handlungspflichten zählen solche Pflichten, die die Arbeitspflicht begleiten, sie ermöglichen und von dem Arbeitgeber Schaden fernhalten. Zu den wichtigsten Handlungspflichten gehören *(1.)* die Pflicht zur Anzeige drohender Schäden, *(2.)* die Mithilfe bei der Vorbeugung und Beseitigung von Schäden, *(3.)* die Verpflichtung zur Leistung von Über- und Mehrarbeitsstunden.

2. Anzeige drohender Schäden. Der Umfang der Schutzpflicht zur Anzeige drohender Schäden ist unterschiedlich.

a) Drohende *Schäden infolge Materialfehlern*, Störungen an Maschinen und Geräten, in der Versorgung mit
Energie hat der Arbeitnehmer seinem Arbeitgeber *anzuzeigen*. Diese Pflicht besteht uneingeschänkt, soweit es sich
um den Arbeitsbereich des Arbeitnehmers handelt. Der Arbeitnehmer hat jedoch auch drohende Schäden im sonstigen betrieblichen Bereich anzuzeigen, soweit er diese bei
dem Aufenthalt im Betrieb entdeckt.

b) Dagegen ist der Arbeitnehmer im allgemeinen nicht
gehalten, *von seinen Arbeitskollegen ausgehende Schäden*
aufgrund von Nachlässigkeiten oder Diebstählen anzuzeigen. Die Rspr. hat insoweit nur eingeschränkte Mitteilungs-
und Unterrichtungspflichten bejaht, um Bespitzelungen und
Denunziantentum im Betrieb vorzubeugen. Etwas anderes
gilt dann, wenn der Arbeitnehmer für Aufsichts- oder Kon-
trollaufgaben bestellt ist. In diesen Fällen trifft ihn eine Unterrichtungspflicht gegenüber dem Arbeitgeber oder dem
sonst zuständigen Vorgesetzten.

c) Nach § 87 Abs. 1 Nr. 1 BetrVG hat der *Betriebsrat ein
erzwingbares Mitbestimmungsrecht* in Fragen der Ordnung
des Betriebes und des Verhaltens der Arbeitnehmer im Betrieb. Namentlich in größeren Betrieben hat der Betriebsrat
dieses Mitbestimmungsrecht durch Abschluß von Arbeitsordnungen ausgeübt. In diesen sind vielfach Regelungen
enthalten, nach denen dem Arbeitnehmer die Unterrichtung
in den oben zu a) genannten Fällen zur Pflicht gemacht
wird. Die Betriebspartner haben den Arbeitnehmern zumeist aber aus durchaus berechtigten Gründen auch zur
Pflicht gemacht, von Arbeitskollegen ausgehende Unfallgefahren anzuzeigen.

3. Mithilfe des Arbeitnehmers in Notfällen. In dringenden Fällen muß der Arbeitnehmer mithelfen, Gefahren und
Schäden vom Betrieb, seinen Arbeitnehmern und Anlagen

abzuwenden. Dies kann z. B. der Fall sein bei Unwetterka-
tastrophen, Schäden an Maschinen und Material, die aus-
zuufern drohen usw. In diesem Falle ist der Arbeitnehmer
auch verpflichtet, Arbeiten zu verrichten, die nicht zu seinem Tätigkeitsbereich gehören. Die Grenze der Arbeitspflicht besteht jedoch in den physischen Fähigkeiten des
Arbeitnehmers und bei seiner eigenen Gefährdung. Solche
Arbeiten können von ihm nicht mehr verlangt werden, die
unter Wahrung der Interessen von Arbeitgeber und Arbeitnehmer billigerweise nicht mehr zugemutet werden können.

4. Über- und Mehrarbeit.* Zur Ableistung von Über- und
Mehrarbeit ist der Arbeitnehmer nur in Notfällen, also
plötzlichen, unvorhergesehenen Ereignissen verpflichtet.
Etwas anderes gilt dann, wenn diese im gesetzlich zulässigen Rahmen vorbehalten sind. Ein Notfall ist ein plötzliches
unvorhergesehenes Ereignis; dagegen noch nicht eine größere Auftragslage des Arbeitgebers usw.

IV. Betriebliche Rücksichtspflichten (Gehorsamspflicht)**

1. Begriff. Der Begriff der Gehorsamspflicht wird im modernen Arbeitsrecht zumeist abgelehnt. Unter dem Oberbegriff der Gehorsamspflicht verbergen sich zwei Problemkreise.

a) Zum einen versteht man unter der Gehorsamspflicht
das *Gegenstück zu dem Weisungsrecht* des Arbeitgebers,
die Arbeitspflicht im Rahmen des Arbeitsverhältnisses näher
zu konkretisieren. In neuerem Arbeitsrecht vertritt man dagegen die Auffassung, daß dem Weisungsrecht (Direktionsrecht) nicht eine Gehorsamspflicht entspricht. Vielmehr
habe der Arbeitgeber lediglich ein Gestaltungsrecht, die
Arbeit näher zu konkretisieren. Verletzt der Arbeitnehmer
eine ihm rechtswirksam erteilte Weisung, so verletzt er seine

---

* Schaub ArbR von A–Z, Stichwort: Mehrarbeit.
** Schaub ArbR von A–Z, Stichwort: Direktionsrecht.

Arbeitspflicht die zum Schadensersatz oder zur Kündigung des Arbeitsverhältnisses führen kann.

b) Unter dem Oberbegriff der Gehorsamspflicht werden weiter eine Reihe von Pflichten zusammengefaßt, die zur *Ordnung des Betriebes* zählen. Hierzu gehören insbesondere *(1.)* das Rauchverbot bzw. der Nichtraucherschutz, *(2.)* Torkontrollen und Leibesvisitationen, *(3.)* die Überwachung von Telefongesprächen.

2. Rauchverbot.* In früheren Jahren ging der Streit darum, unter welchen Voraussetzungen der Arbeitgeber Rauchverbote einführen konnte. In neuerer Zeit wird dagegen zunehmend darum gestritten, inwieweit der Arbeitgeber den Interessen der Nichtraucher im Betrieb Rechnung tragen muß.

a) *Gesetzliche Rauchverbote* bestehen nur in Ausnahmefällen, z.B. in § 9 JöSchG, in feuergefährlichen Betrieben, bei der Personenbeförderung sowie in Schiffsräumen. Ferner können Rauchverbote aus hygienischen Gründen im Lebensmittelgewerbe bestehen. Weitergehende Rauchverbote können durch Tarifvertrag und Betriebsvereinbarungen eingeführt werden. Der Betriebsrat hat ein erzwingbares Mitbestimmungsrecht in Fragen der Ordnung des Betriebes (§ 87 Abs. 1 Nr. 1 BetrVG). Zur Ordnung des Betriebes gehört aber auch die Einführung eines Rauchverbotes. Zweifelhaft ist dagegen, ob der Arbeitgeber aufgrund seines Hausrechtes ein Rauchverbot erlassen kann.

b) Besondere *gesetzliche Regelungen oder Verordnungen über den Nichtraucherschutz* bestehen nicht; insbesondere ergibt sich nach richtiger Auffassung nichts für den Nichtraucherschutz aus der ArbStättVO.

Der Arbeitgeber wird aufgrund seiner Verpflichtung, die zur Durchführung der Arbeit geschaffenen Arbeitsplätze in einwandfreiem Zustand zu erhalten, im allgemeinen auch dem Nichtraucherschutz Rechnung zu tragen haben. Indes kann vom Arbeitgeber nichts Unzumutbares verlangt wer-

---

* Schaub ArbR von A–Z, Stichwort: Rauchverbot.

den. Einerseits wird ihm das Recht abgesprochen, ein allgemeines Rauchverbot einzuführen. Andererseits wird verlangt, daß er dem Nichtraucherschutz Rechnung trägt. Es kann insoweit nur ein vernünftiger, sachbezogener Kompromiß zwischen den verschiedenen Interessen gefunden werden. In jedem Falle ist der Arbeitgeber gehalten, in der Kantine zu Essenszeiten für rauchfreie Zonen zu sorgen.

Der Betriebsrat hat im Rahmen des Nichtraucherschutzes ein erzwingbares Mitbestimmungsrecht nach § 87 Abs. 1 Nr. 1 BetrVG. Es ist demnach denkbar, daß er in allen Fällen, in denen mehrere Arbeitnehmer zusammen arbeiten, ein allgemeines Rauchverbot einführt.

3. Suchtmittel- und Alkoholverbot.* Es ist zwischen einem relativen und absolutem Suchtmittel- und Alkoholverbot zu unterscheiden. Ein absolutes Alkoholverbot besteht in allen Bereichen, in denen die vertragliche Arbeitsleistung keinen Alkoholgenuß erlaubt. Dies gilt z. B. für Kraftfahrer. Ein relatives Alkoholverbot besteht, soweit der Alkoholgenuß die Arbeitsleistung hindert oder das Zusammenleben der Arbeitnehmer im Betrieb stört. Auch in diesen Fällen kann unter Wahrung des Mitbestimmungsrechts des Betriebsrats ein absolutes Alkoholverbot eingeführt werden. Jedoch müssen die Grundsätze der Verhältnismäßigkeit gewahrt bleiben. Entsprechende Grundsätze gelten für die Einnahme sonstiger Rauschmittel. Bei Verstößen gegen ein Alkohol- oder Suchtmittelverbot kann nach vorheriger Abmahnung eine ordentliche Kündigung und in schweren Fällen eine außerordentliche Kündigung in Betracht kommen. Besteht ein Alkoholverbot kann bereits das demonstrative Trinken einer Flasche Bier eine Kündigung rechtfertigen.

4. Torkontrollen und Leibesvisitationen.** Das Recht zur Einführung von Torkontrollen und Leibesvisitationen

---

* Schaub Arbeitsrecht von A bis Z, Stichwort Alkoholverbot.
** Schaub ArbR von A–Z, Stichworte: Leibesvisitation, Torkontrolle.

unterliegt weitgehend der erzwingbaren Mitbestimmung des Betriebsrates nach § 87 Abs. 1 Nr. 1 BetrVG.

a) Ein Arbeitgeber kann *einseitig anordnen,* daß der Pförtner prüft, ob die zur Arbeitsleistung Erscheinenden überhaupt seine Arbeitnehmer sind. Ein Arbeitnehmer wird sich daher in jedem Falle ausweisen müssen, wenn er den Betrieb betritt. Das gilt jedenfalls dann, wenn es sich um einen Großbetrieb handelt, in dem sich die Arbeitnehmerschaft nicht ohnehin kennt.

Leibesvisitationen kann dagegen der Arbeitgeber nach bestr. Meinung einseitig nur dann anordnen, wenn der dringende Verdacht einer strafbaren Handlung besteht, der Grundsatz der Verhältnismäßigkeit gewahrt ist und eine Aufklärung des Sachverhaltes auf andere Weise nicht zu erzielen ist.

b) In weitergehendem Umfang kann der *Arbeitgeber zusammen mit dem Betriebsrat* Torkontrollen und Leibesvisitationen einführen. Namentlich in Großbetrieben werden in Betriebsordnungen in zulässiger Weise Vorschriften dahin aufgestellt, daß ein Arbeitnehmer sich bei Betreten und Verlassen des Betriebes auszuweisen hat, nur die vorgeschriebenen Ein- und Ausgänge benutzen darf usw. Leibesvisitationen dürfen in Betriebsvereinbarungen dann vereinbart werden, wenn es sich um Wirtschaftszweige handelt, die einer besonderen Eigentumsgefährdung unterliegen.

c) In jedem Falle müssen Leibesvisitationen unparteiisch *durchgeführt werden.* Es muß also sichergestellt sein, daß alle Arbeitnehmer gleichmäßig betroffen werden. Die Visitation beschränkt sich auf das Öffnen der mitgeführten Taschen, allenfalls bei Verdachtsmomenten auf das Abtasten der Oberbekleidung. Die Visitation darf nur von Personen gleichen Geschlechtes durchgeführt werden. Die körperliche Untersuchung darf nur in abgeschlossenen Räumen vorgenommen werden.

5. Private Telefongespräche.* Der Arbeitgeber kann die Benutzung des betrieblichen Telefones für Privatgespräche untersagen. Die rechtswidrige Benutzung kann nach vorheriger Abmahnung zur Kündigung führen. Dem Arbeitgeber steht wegen der Durchführung der Arbeit eine Kontrollbefugnis zu. Er kann mithin dienstliche Gespräche registrieren. Umstritten ist, ob er sich auch mittels einer Aufschaltanlage in dienstliche Gespräche einschalten kann. Das BAG hat dies früher bejaht. Demgegenüber verneint das BVerfG die Zulässigkeit von Aufschaltanlagen, auch wenn der Arbeitgeber erst nach Ertönen eines Warntones mithören kann. Es unterliegt der erzwingbaren Mitbestimmung, wenn sämtliche Telefongespräche nach Gesprächsteilnehmern, Gesprächsdauer, Telefonnummer usw. registriert werden. Bei Privatgesprächen darf die Gesprächsdauer, nicht aber der Angerufene registriert werden. Entsprechendes gilt bei Gesprächen des Betriebsrates, um seine Überwachung zu verhindern.

6. Verhaltenspflichten innerhalb und außerhalb des Betriebs. Die Aufstellung von allgemeinen Verhaltenspflichten innerhalb des Betriebes unterliegt der erzwingbaren Mitbestimmung des Betriebsrates (§ 87 Abs. 1 Nr. 1 BetrVG). Im übrigen richtet sich die Verhaltenspflicht nach der Stellung des Arbeitnehmers im Betrieb. Von dem Prokuristen einer Großbank wird eine andere Verhaltensweise erwartet werden können, als vom Gärtner, der vor der Türe den Rasen pflegt. Eine Einflußnahme auf das außerdienstliche Verhalten kann der Arbeitgeber nur nehmen, wenn durch das Verhalten dienstliche Belange unmittelbar berührt werden. Im allgemeinen können dem Arbeitnehmer keine Vorschriften für seine Kleidung gemacht werden. Aber auch der Arbeitnehmer muß auf die Interessen seines Arbeitgebers Rücksicht nehmen. Ein Kundendienstberater einer Großbank wird auch im Som-

---

* Schaub ArbR von A–Z, Stichwort: Telefonbenutzung.

mer in langen Hosen und mit Krawatte zu erscheinen haben.

7. Arbeitsverweigerung aus Gewissensgründen. Das BAG geht von einem subjektiven Gewissensbegriff aus. Gewissensentscheidung ist jede ernstliche, sittliche, an den Kategorien von gut und böse orientierte Entscheidung. Das Recht zur Arbeitsverweigerung aus Gewissensgründen wird bejaht. Jedoch kann sie zur personenbedingten Kündigung führen, wenn der Arbeitgeber keine Umsetzungsmöglichkeit im Betrieb hat.

§ 12. Verletzung der Arbeitspflicht

I. Arten der Verletzung

1. Nichtleistung. Der Arbeitnehmer kann seine Arbeitspflicht verletzen (Nichtleistung), wenn er die Arbeit verspätet aufnimmt, überhaupt nicht beginnt, nach einer berechtigten Unterbrechung verspätet oder überhaupt nicht aufnimmt, vorzeitig einstellt, mit seiner Arbeitskraft zurückhält oder das Arbeitsverhältnis rechtswidrig verläßt.

2. Schlechtleistung. Der Arbeitnehmer kann seine Pflichten aber auch dadurch verletzen, daß er zwar seiner Arbeitspflicht genügt, aber die Arbeit mangelhaft erfüllt (Schlechtleistung).

II. Nichtleistung der Arbeit*

1. Unmöglichkeit. Leistet der Arbeitnehmer die Arbeit nicht, so wird infolge des Zeitablaufs die Arbeitsleistung dem Arbeitnehmer unmöglich. Nach einer immer noch verbreiteten Meinung soll der Arbeitnehmer mit seiner Arbeitsleistung in Verzug geraten, weil es einer natürlichen Betrachtung widerspreche, von einer Unmöglichkeit der

---

* Schaub ArbR von A–Z, Stichwort: Arbeitsvertragsbruch.

Arbeitsleistung zu sprechen. Diese Meinung verkennt jedoch, daß der Arbeitnehmer seine Arbeitsleistung nicht nachholen kann. War die Nichtleistung der Arbeit rechtmäßig, so wird der Arbeitnehmer von der Arbeitsleistung befreit. War dagegen die Nichtleistung der Arbeit rechtswidrig und hatte der Arbeitnehmer dies zu vertreten, so ist er zum Schadensersatz verpflichtet. Der Arbeitnehmer hat dem Arbeitgeber den Schaden zu ersetzen, der diesem infolge der Nichtleistung der Arbeit entsteht.

2. Vertragsbruch. Der Hauptfall der rechtswidrigen und schuldhaften Nichtleistung der Arbeit ist der Fall des Vertragsbruches des Arbeitnehmers, wenn dieser die Arbeit rechtswidrig und schuldhaft nicht antritt oder ohne Einhaltung einer Kündigungsfrist die Arbeit verläßt. In diesen Fällen ist der Arbeitnehmer zum Ersatz des infolge des Vertragsbruches entstehenden Schadens verpflichtet. Dies kann z. B. sein die Zahlung von Überstundenvergütung für Arbeitskollegen des Arbeitnehmers, Stillstandskosten von Maschinen und Gerät, Gewinnausfall usw. Umstr. ist, in welchem Umfang der Arbeitnehmer gehalten ist, die Kosten des Arbeitgebers für die Anwerbung einer neuen Arbeitskraft zu ersetzen. In seiner älteren Rspr. hat das BAG argumentiert, daß der Arbeitnehmer dem Arbeitgeber den infolge des Vertragsbruches entstandenen Schaden zu ersetzen habe. Infolge des Vertragsbruches seien aber auch die Kosten für etwaige Zeitungsinserate usw. erwachsen. Unerheblich sei demgegenüber, daß diese Kosten auch dann erwachsen seien, wenn der Arbeitnehmer die Kündigungsfrist eingehalten hätte. In seiner neueren Rspr. hat das BAG differenziert. Der Arbeitnehmer muß den infolge des Vertragsbruches entstehenden Schaden ersetzen. Erstattungspflichtig sind aber nur solche Schäden, die im Rechtswidrigkeitszusammenhang mit dem Vertragsbruch stehen. Das sind aber nur solche Kosten, die dem Arbeitgeber infolge der vorzeitigen Beendigung des Arbeitsverhältnisses erwachsen sind (Verfrühungsschaden). Das bedeutet für die Praxis, daß der Arbeitgeber nur solche Inseratskosten für die Anwerbung eines anderen Arbeitnehmers erstattet verlangen kann, die infolge der vorzeitigen Beendigung des Arbeitsverhältnisses erwachsen sind.

3. Rechte des Arbeitgebers bei Vertragsbruch. a) Er kann auf *Erfüllung* der Arbeitsleistung *klagen* (oben § 9 VI S. 110).

b) Er kann für die Zeit, in der keine Arbeit geleistet wird, die Zahlung der *Arbeitsvergütung verweigern.* Dem Arbeitnehmer wird die Arbeitsleistung schuldhaft unmöglich und er verliert seinen Anspruch auf die Gegenleistung (§ 275, 276, 323, 325 BGB).

c) Der Arbeitgeber kann nach vorheriger Abmahnung das Arbeitsverhältnis außerordentlich *kündigen* (§ 44 III S. 379).

d) Er kann *Schadensersatz wegen Nichterfüllung* verlangen (§ 325 BGB; dazu oben II 1, 2 S. 142 ff).

e) Dagegen kann der Arbeitgeber rechtmäßig nicht die Abgeltung des bereits erdienten *Urlaubs verweigern.**** Nach § 7 Abs. 4 S. 2 BUrlG i. d. F. vom 8. 1. 1963 (BGBl I S. 2), zul. geänd. 25. 9. 1996 (BGBl I 1476) durfte der Arbeitgeber die Urlaubsabgeltung verweigern, wenn der Arbeitgeber den Arbeitnehmer berechtigt fristlos entlassen oder der Arbeitnehmer rechtswidrig die Arbeit verlassen hat und in diesen Fällen eine grobe Treupflichtverletzung vorlag. Diese Vorschrift ist durch das Heimarbeitsänderungsgesetz vom 29. 10. 1974 (BGBl I S. 2879) beseitigt worden. In zahlreichen Tarifverträgen ist auch heute noch vorgesehen, daß im Falle der berechtigten fristlosen Entlassung oder des Vertragsbruches des Arbeitnehmers der Urlaubsabgeltungsanspruch verfällt. Derartige Bestimmungen sind insoweit unwirksam, als sie sich auf den gesetzlichen Urlaubsabgeltungsanspruch beziehen. Das bedeutet also, daß allenfalls

---

* Schaub ArbR von A–Z, Stichwort: Urlaubsabgeltung.

der über das Gesetz hinausgehende Anspruch entfallen kann.

f) Der Arbeitgeber, der in seinem Betrieb regelmäßig mehr als 20 Arbeitnehmer beschäftigt, kann mit gewerblichen Arbeitnehmern die *Verwirkung eines rückständigen Wochenlohnes* vereinbaren (§ 134 GewO). Dagegen ist nach Auffassung des BAG § 124 b GewO, der eine Entschädigung wegen Vertragsbruchs in gewerblichen Betrieben mit nicht mehr als 20 Arbeitnehmern vorsah, verfassungswidrig.

g) Schließlich kann der Arbeitgeber für den Fall des Vertragsbruchs *Vertragsstrafen* mit dem Arbeitnehmer vereinbaren (§ 14 S. 180).

h) Der Arbeitgeber kann den Arbeitnehmer in der gesetzlichen Krankenversicherung abmelden, wenn dieser einen Monat keine Arbeitsvergütung mehr bezieht.

III. Schlechtleistung*

1. Begriff. Eine Schlechtleistung ist dann gegeben, wenn der Arbeitnehmer zwar seiner Verpflichtung zur Arbeitsleistung nachkommt, seine Arbeitsleistung aber mangelhaft erbringt.

a) Hierzu zählen die *Fälle,* daß das nach dem Arbeitsvertrag vorausgesetzte Arbeitsergebnis nicht gelingt, der Arbeitnehmer zu langsam oder zu flüchtig arbeitet, er die ihm überlassenen oder anvertrauten Geräte, Maschinen, Werkzeuge usw. beschädigt, oder unrichtige oder fehlerhafte Entscheidungsgrundlagen erstellt.

b) Aus der Schlechtleistung können für den Arbeitgeber drei *Rechtsfolgen* erwachsen. *a)* Der Arbeitgeber kann zur Lohnminderung berechtigt sein; *b)* für den Arbeitgeber kann das Recht zur ordentlichen oder außerordentlichen Kündigung nach vorhergehender Abmahnung erwachsen

---

* Schaub ArbR von A–Z, Stichworte: Haftung des Arbeitnehmers, Schlechtleistung.

und *c)* der Arbeitnehmer kann zum Schadensersatz verpflichtet sein.

2. Lohnminderung. Grundsätzlich ist der Arbeitgeber
auch im Falle der Schlechtleistung nicht zur Lohnminderung berechtigt. Der Arbeitnehmer schuldet nicht die
Herstellung eines Erfolges, sondern sein Tätigwerden als
solches (§ 8 III 2 S. 97). Andererseits errechnet sich die Vergütung grundsätzlich aus der Vervielfältigung von Zeit × Entgelt; d. h., der Angestellte oder Arbeiter erhält für die Arbeit
in einem Monat, einer Stunde ein Gehalt bzw. einen Lohn
in Höhe von X DM. Auch die Akkordentlohnung hängt
grundsätzlich nur von der erbrachten Arbeitsmenge und
nicht von deren Qualität ab (§ 16 III S. 195). Nur in Ausnahmefällen bestimmen die Tarifverträge, daß eine Arbeitsvergütung nur für fach- und sachgerecht erstellte Arbeit zu
zahlen ist. Nur wenn letzteres der Fall ist, vermindert sich
die Vergütung automatisch im Falle der Schlechtleistung.
Diese Rechtslage gilt auch in den beigetretenen Ländern. Im
übrigen hat der Arbeitgeber allenfalls Schadensersatzansprüche gegen den Arbeitnehmer, mit denen er im Rahmen
der Pfändungsschutzbestimmungen gegen die Arbeitsvergütung des Arbeitnehmers aufrechnen kann.

3. Kündigung. Auch ein Recht zur ordentlichen oder außerordentlichen Kündigung wird für den Arbeitgeber nur in
wenigen Ausnahmefällen in Betracht kommen (vgl. §§ 44
III, 47 II 4 S. 379, 392).

4. Schadensersatz. Im Falle der Schlechtleistung erlangt
der Arbeitgeber gegen den Arbeitnehmer einen Schadensersatzanspruch.

a) Ein *Schadensersatzanspruch ist dann gerechtfertigt,*
wenn *a)* der Arbeitnehmer seine Pflichten aus dem Arbeitsvertrag verletzt, *b)* er die Pflichtverletzung zu vertreten hat,
c) dem Arbeitgeber ein Schaden erwächst, *d)* zwischen Pflichtverletzung und Schaden der haftungsbegründende Kau-

salzusammenhang besteht, *e)* ein weitergehender Schaden entsteht, *f)* zwischen Schadensereignis und weitergehendem Schaden die haftungsausfüllende Kausalität gegeben ist.

Beispiel: Ein Arbeitnehmer kommt mit dem LKW seines Arbeitgebers von der Straße ab und fährt gegen einen Baum. Der LKW muß repariert werden und verursacht durch den Stillstand einen weitergehenden Schaden in Form des Verdienstausfalls.

Hier beinhaltet das Abkommen von der Straße die Pflichtverletzung. Die Reparaturkosten den unmittelbaren Schaden und der Verdienstausfall den weitergehenden.

b) Der *Umfang der* einem Arbeitnehmer obliegenden *Pflichten* ist durch sorgfältige Auslegung des Arbeitsvertrages zu ermitteln. So hat der Arbeitnehmer wegen des Eigentums des Arbeitgebers eine Obhuts- und Bewahrungspflicht. Der Kraftfahrer ist auch gegenüber dem Arbeitgeber zur strikten Einhaltung der Verkehrsvorschriften verpflichtet. Ein Pflichtverstoß kann nicht nur in einem positiven Tun, sondern auch in einer Unterlassung bestehen, z. B. wenn der Arbeitnehmer den Arbeitgeber nicht über den Eintritt eines drohenden Schadens unterrichtet, den der Arbeitnehmer ohne weiteres erkennen konnte.

c) Schadensersatzpflichtig wird der Arbeitnehmer nur dann, wenn er die Pflichtverletzung aus dem Arbeitsvertrag zu *vertreten* hat. Zu vertreten hat er Vorsatz und Fahrlässigkeit (§ 276 BGB). Vorsätzlich handelt ein Arbeitnehmer, der den Eintritt eines Erfolges voraussieht und ihn entweder will oder billigend in Kauf nimmt. Fahrlässig handelt er dagegen, wenn er die im Verkehr erforderliche Sorgfalt außer Acht gelassen hat. Bei bewußter Fahrlässigkeit hat der Täter mit der Erfolgsmöglichkeit gerechnet, aber fahrlässig auf seinen Nichteintritt gehofft, bei unbewußter Fahrlässigkeit hat er die Erfolgsmöglichkeit nicht erkannt. Fährt ein Kraftfahrer mit defekten Bremsen und denkt dabei, es ist mir gleichgültig, was passiert, ich muß weg, so handelt er vorsätzlich, handelt er in der Erwartung, es wird schon nichts passieren, fahrlässig.

Es sind verschiedene Grade der Fahrlässigkeit zu unterscheiden, nämlich leichte, mittlere und grobe Fahrlässigkeit. Von einer leichten Fahrlässigkeit spricht man dann, wenn es sich um Versehen handelt, die jedem einmal unterlaufen können. Dagegen ist eine grobe Fahrlässigkeit dann gegeben, wenn es sich um eine schwere, jedermann einleuchtende Nachlässigkeit handelt.

Im allgemeinen ist bei der Beurteilung, ob ein fahrlässiges Handeln gegeben ist, auf einen objektiven Maßstab (auf im Verkehr erforderliche Sorgfalt) abzustellen. Lediglich bei der Beurteilung der groben Fahrlässigkeit spielen auch subjektive Momente, also die Fähigkeiten des Arbeitnehmers eine Rolle.

d) Zwischen der Pflichtverletzung und dem Schadenseintritt muß der *Kausalzusammenhang* bestehen. Ein Kausalzusammenhang ist immer dann gegeben, wenn die Ursache nicht weggedacht werden kann, ohne daß auch der Erfolg entfällt *(Äquivalenztheorie)*. Gleichwohl bedarf dieser sich nach der Äquivalenztheorie ergebende Kausalzusammenhang der wertenden Einschränkung. So bleiben solche Ursachen außer Betracht, die nur unter ganz besonderen, eigenartigen, unwahrscheinlichen und nach dem gewöhnlichen Verlauf der Dinge außer Betracht zu lassenden Umständen geeignet sind, einen derartigen Erfolg herbeizuführen *(Adäquanztheorie)*. Hat ein Kraftfahrer einen Wagen von A nach B zu überführen und wird er unterwegs von einem umstürzenden Baum erfaßt, so ist seine Verzögerung für den Schaden nach der Äquivalenztheorie ursächlich; dagegen ist die Verspätung für das Umstürzen und die Beschädigung des Autos nicht adäquat.

Bei der Kausalitätsprüfung sind die sog. haftungsbegründende und die haftungsausfüllende Kausalität zu unterscheiden. Wenn ein Kraftfahrer bei Rot über eine Ampel fährt und mit einem anderen Fahrzeug zusammenstößt, so besteht zwischen der Pflichtverletzung (Mißachtung der Verkehrsvorschriften) und dem Zusammenstoß, also dem Schadenseintritt der haftungsbegründende Kausalzusammenhang. Zu ersetzen sind aber auch alle solche Schäden, die weiterhin kausal durch die Verletzung bedingt sind, also etwa der Verdienstausfall des Arbeitgebers *(haftungsausfüllende Kausalität)*. Die Unterscheidungen haben vor allem für die Darlegungs- und Beweislast im Prozeß Bedeutung. In den oben 4 a *a)–d)* aufgezählten Fällen hat der Arbeitgeber bei der Erhebung von Schadensersatzansprüchen dem Richter die volle Überzeugung zu vermitteln, daß die Tatbestandsmerkmale vorhanden sind (§ 286 ZPO). Dagegen braucht er in den Fällen 4 a *e) und f)* deren Vorhandensein nur wahrscheinlich zu machen.

e) *Schaden* ist jeder Nachteil, den der Arbeitgeber erleidet. Auch insoweit können sich schwierige Rechtsfragen ergeben, die selten ohne sachverständige Hilfe zu bewältigen sind.

5. Gefahr- oder schadensgeneigte Arbeit.* Die Haftung des Arbeitnehmers konnte in den Altbundesländern gemindert sein, wenn es sich um eine sog. gefahrgeneigte oder schadensgeneigte Arbeit handelt.

a) In einer modernen Industriegesellschaft werden einem Arbeitnehmer häufig Sach- und Vermögenswerte seines Arbeitgebers anvertraut, die *außer Verhältnis zu den Vermögensverhältnissen des Arbeitnehmers und seinen Einkünften stehen.* Ferner können sich vielfältige Gefahren aus der Arbeitsleistung ergeben. Es ist aber unbillig, wenn der Arbeitnehmer hier dem Arbeitgeber jeden Schaden ersetzen müßte. Es ist deswegen der Begriff der gefahrgeneigten Arbeit geprägt worden. Nach der Rspr. des BAG war eine gefahrgeneigte Arbeit dann gegeben, wenn die Eigenart der vom Arbeitnehmer zu leistenden Arbeit es mit großer Wahrscheinlichkeit mit sich bringt, daß auch dem sorgfältigsten Arbeitnehmer gelegentlich Fehler unterlaufen, die für sich allein betrachtet zwar jedesmal vermeidbar waren, mit denen aber angesichts der menschlichen Unzulänglichkeit als mit einem typischen Abirren der Dienstleistung erfahrungs-

---

* Schaub ArbR von A–Z, Stichwort: Gefahrgeneigte Arbeit.

gemäß zu rechnen ist. Nach richtiger Ansicht liegt eine Gefahrneigung auch dann vor, wenn die Gefahr besteht, daß
der durch ein Versehen verursachte Schaden sehr groß ist
und außer Verhältnis des Arbeitseinkommens des Arbeitnehmers steht. Typische gefahrgeneigte Arbeiten sind z. B.
die des Kraftfahrers, Maschinenmeisters, Straßenbahnfah-
rers, Kranführers, aber auch eines Arbeitnehmers mit eilig
zu fassenden, weitreichenden Beschlüssen, eines stark über-
lasteten Arbeitnehmers usw. Es kam bei der Beurteilung auf
die jeweils konkret zu leistende Tätigkeit an. Die Tätigkeit
eines Kraftfahrers ist also nicht gefahrgeneigt, wenn er die
Warenbegleitpapiere prüfen muß oder in gemäßigtem Tem-
po auf einer geraden, menschenleeren Straße zu fahren hat.
Haben die Parteien darüber gestritten, ob eine gefahrgeneigte Arbeit vorliegt, so war für die Umstände, aus denen die
Gefahrneigung folgte, der Arbeitnehmer darlegungs- und
beweispflichtig.

b) In den Fällen der gefahrgeneigten Arbeit war die Haftung des Arbeitnehmers *gemildert*. In den Fällen der gefahrgeneigten Arbeit haftete der Arbeitnehmer bei leichter
Fahrlässigkeit (oben III 4 c S. 146) überhaupt nicht; bei
Vorsatz und grober Fahrlässigkeit haftete er allein. Nur in
wenigen Ausnahmefällen wurde auch bei grober Fahrlässigkeit gequotelt. Dagegen wurde bei mittlerer Fahrlässigkeit
der Schaden zwischen Arbeitgeber und Arbeitnehmer nach
den Umständen des Falles gequotelt.

c) Eine *grobe Fahrlässigkeit* wurde z. B. bejaht bei Fahrten unter Alkoholeinfluß über Promillegrenze, Fahren ohne
Fahrerlaubnis, Fahren ohne Fahrpraxis, wenn dies verschwiegen, erhebliche Geschwindigkeitsüberschreitungen,
Häufung von Fehlleistungen, Mißachtung von Verkehrszei-
chen, Überfahren einer Ampel, Vorfahrtsverletzung, Über-
holung an unübersichtlicher Stelle usw.

6. Entwicklung der Rechtslage. a) Seit einiger Zeit wurde
darüber diskutiert, daß in der modernen Industriegesell-

schaft die mit der Arbeitsleistung verbundenen Gefahren so gestiegen sind, daß dem Arbeitnehmer eine Haftung nicht mehr ohne weiteres zugemutet werden könne. Vielmehr müsse der Arbeitgeber wegen des von ihm gesetzten Betriebsrisikos einen Teil der Schäden selbst tragen. In einer mehr als zehnjährigen Rechtsprechung hat das BAG untersucht, ob und inwieweit die Haftung des Arbeitnehmers im Falle der Schlechtleistung im Wege richterlicher Rechtsfortbildung eingeschränkt werden könne. In einem Beschluß vom 27. 9. 1994 heißt es: „Die Grundsätze der Beschränkung der Arbeitnehmerhaftung gelten für alle Arbeiten, die durch den Betrieb veranlaßt sind und aufgrund eines Arbeitsverhältnisses geleistet werden, auch wenn diese Arbeiten nicht gefahrgeneigt sind."

b) Eine Haftungsbeschränkung des Arbeitnehmers greift mithin ein, wenn die Schäden durch eine betriebliche Tätigkeit verursacht worden sind. Die betriebliche Tätigkeit und die Betriebsgefahr müssen mithin für den Schadenseintritt ursächlich gewesen sein. Das kann die Arbeit an der Maschine in der Werkstatt, der Büroangestellten im Büro oder etwa der Verkäuferin im Supermarkt sein. Keine Schadensminderung tritt ein bei Schwarzfahrten, eigenwirtschaftlicher Tätigkeit des Arbeitnehmers im Betrieb usw. Ist der Schaden durch eine betriebliche Tätigkeit verursacht, findet die Haftungsbefreiung statt, wie sie früher nur bei gefahrgeneigter Arbeit bestand. Es wird also wieder zu einer Dreiteilung der Haftung kommen. Der zuständige Senat des BAG wird hierzu weitere Rechtsgrundsätze entwickeln müssen.

c) Der BGH hatte einen Fall zur Außenhaftung eines Arbeitnehmers zu entscheiden.* Ein Arbeitgeber hatte einen Kraftwagen von einem Leasingunternehmen geleast und seinem Arbeitnehmer zur Dienstausübung überlassen. Der Arbeitnehmer hatte den Kraftwagen leicht fahrlässig be-

---

* BGH NJW 89, 273; vgl. Denck BB 89, 1192; JZ 90, 175.

schädigt. Das Leasingunternehmen hat vom Arbeitnehmer Schadensersatz wegen der Beschädigungen des Kraftwagens verlangt, weil der Arbeitgeber inzwischen in Konkurs gefallen und damit zahlungsunfähig war. Der BGH hat den Arbeitnehmer zum Schadensersatz verurteilt. Er hat ausgeführt, daß die Grundsätze der gefahrgeneigten Arbeit nur zur Haftungseinschränkung des Arbeitnehmers im Innenverhältnis, also im Verhältnis Arbeitgeber/Arbeitnehmer führe, dagegen nicht im Außenverhältnis zwischen Arbeitnehmer und Dritten. Der Arbeitnehmer muß mithin das Risiko der Beschädigung von Betriebsmitteln tragen, wenn diese nicht dem Arbeitgeber, sondern einem Dritten gehören, weil sie z. B. geleast, zur Sicherung übereignet oder unter Eigentumsvorbehalt erworben sind.

7. Mitverschulden des Arbeitgebers. Die Haftung des Arbeitnehmers ist ferner gemildert, wenn den Arbeitgeber bei Entstehung oder Höhe des Schadens ein Mitverschulden trifft (§ 254 BGB). Ein Mitverschulden des Arbeitgebers an der Entstehung des Schadens kann vorliegen, wenn die notwendigen Anweisungen nicht erteilt, erforderliche Überwachungen nicht durchgeführt, mangelhaftes Arbeitsgerät oder Arbeitsmaterial zur Verfügung gestellt worden ist, die Arbeit nicht hinreichend organisiert, die Fähigkeiten des Arbeitnehmers überfordert oder der Arbeitnehmer überlastet worden ist. Für das Verschulden eines Erfüllungsgehilfen, also eines Vorgesetzten des Arbeitnehmers, hat der Arbeitgeber einzustehen (§ 278 BGB). Der Arbeitgeber hat also dafür zu sorgen, daß ein Kraftfahrzeug ausreichend gegen Haftpflichtschäden versichert ist. Kann der Arbeitgeber die von dem Arbeitnehmer angerichteten Schäden versichern, also z. B. den vom Arbeitnehmer zu fahrenden Kraftwagen vollkasko versichern lassen, so ist im Rahmen der Schadensverteilung (5 b, 6) nach der Rspr. des 8. Senats des BAG zu Lasten des Arbeitgebers zu berücksichtigen, wenn er eine Versicherung nicht abgeschlossen hat. Der

Arbeitgeber kann nicht verpflichtet werden eine Versicherung abzuschließen; nur geht das Risiko mit ihm heim, wenn er es nicht getan. Eine Versicherung des LKW's wäre unzweckmäßig, wenn dieser uralt ist.

8. Haftung gegenüber Arbeitskollegen. Ist durch die Schlechtleistung des Arbeitnehmers ein Arbeitskollege geschädigt worden, so ergeben sich Besonderheiten.*

a) Hat ein Arbeitnehmer einen in demselben Betrieb arbeitenden Arbeitskollegen an seiner *Person* geschädigt, so ist aufgrund des § 104 SGB VII die Haftung ausgeschlossen. Personen, die durch eine betriebliche Tätigkeit einen Versicherungsfall von Versicherten desselben Betriebs verursachen, sind diesen sowie deren Angehörigen und Hinterbliebenen nach anderen gesetzlichen Vorschriften zum Ersatz des Personenschadens nur verpflichtet, wenn sie den Versicherungsfall vorsätzlich oder auf einem nach § 8 Abs. 2 Nr. 1 bis 4 SGB VII versicherten Weg herbeigeführt haben. Das sind im wesentlichen die Arbeitswege (vgl. § 37 S. 323).

Von besonderer Bedeutung kann die Haftung in Fahrgemeinschaften der Arbeitnehmer werden. Nach § 8 SGB VII gilt als Arbeitsunfall auch ein Unfall auf einem mit der Tätigkeit zusammenhängenden Weg nach und von dem Ort der Tätigkeit. Die Versicherung in der gesetzlichen Unfallversicherung ist nicht ausgeschlossen, wenn der Versicherte von dem unmittelbaren Weg zwischen der Wohnung und dem Ort der Tätigkeit abweicht, weil er mit anderen berufstätigen oder versicherten Personen gemeinsam ein Fahrzeug für den Weg nach und von dem Ort der Tätigkeit benutzt. Hieraus folgt, daß die an der Fahrgemeinschaft Teilnehmenden grundsätzlich in der gesetzlichen Unfallversicherung versichert sind. Nach § 105 Abs. 1 S. 1 SGB VII ist die Haftung der Arbeitskollegen aber untereinander nur ausgeschlossen, wenn der Arbeitsunfall auf einer betriebli-

* Schaub ArbR von A–Z, Stichwort: Arbeitsunfall.

chen Tätigkeit beruht. Der Fahrer einer Fahrgemeinschaft sollte daher zweckmäßig seine Haftung einschränken.

b) Hat dagegen der Arbeitnehmer einen Arbeitskollegen an seinen *Sachgütern* geschädigt, so greift der Haftungsausschluß nach §§ 104 ff SGB VII nicht ein. Verursacht z. B. ein Arbeitnehmer einen Arbeitsunfall, bei dem sein Arbeitskollege einen Körperschaden und zugleich einen Sachschaden, z. B. Beschädigung des Arbeitsanzuges erleidet, so kann der Arbeitskollege Ersatz des Sachschadens, also des Anzuges verlangen. Der schädigende Arbeitnehmer kann jedoch von seinem Arbeitgeber Freistellung von solchen Schadensersatzansprüchen begehren, wie der Arbeitgeber, wenn er geschädigt worden wäre, seinen Schaden hätte selbst tragen müssen.

9. Haftung gegenüber Dritten. Werden Dritte, nicht zum Betrieb gehörende Personen geschädigt, so haftet der Arbeitnehmer diesen nur, wenn es sich um eine unerlaubte Handlung (§§ 823 ff BGB) handelt. Aber auch dann können Regreßansprüche gegen den Arbeitgeber bestehen (oben 8 b). Die Haftpflichtversicherung des Arbeitgebers gegen Verkehrsunfälle deckt insoweit auch den Arbeitnehmer. Vgl. oben zu 6.

10. Schuldanerkenntnis. Zu den entsprechend geltenden Rechtsgrundsätzen vgl. IV 5.

IV. Mankohaftung*

1. Mankohaftung als Schlechtleistung. Ein besonderer Unterfall der Haftung des Arbeitnehmers wegen Schlechtleistung oder positiver Vertragsverletzung (§ 276 BGB) ist die sog. Mankohaftung.

a) Als *Manko bezeichnet* man im Arbeitsrecht den Schaden, den ein Arbeitgeber dadurch erleidet, daß ein seinem Arbeitnehmer anvertrauter Warenbestand oder eine von

---

* Schaub ArbR von A–Z, Stichwort: Mankohaftung.

ihm geführte Kasse eine Fehlmenge bzw. einen Fehlbetrag aufweist. Das Manko ist die Differenz zwischen dem Soll- und Ist-Bestand.

b) Die *Mankohaftung kann beruhen* auf *a)* einer besonderen Mankovereinbarung zwischen Arbeitgeber und Arbeitnehmer, kraft deren sich der Arbeitnehmer verpflichtet hat, dem Arbeitgeber ein entstandenes Manko zu ersetzen und *b)* auf den allgemeinen Haftungsbestimmungen.

2. Mankovereinbarung. Wegen der im Arbeitsrecht bestehenden Vertragsfreiheit ist eine Mankovereinbarung grundsätzlich rechtlich zulässig (§§ 241, 305 BGB), wenn sie eine sinnvolle, den Eigenarten des Betriebes und der Beschäftigung angepaßte Beweislastverteilung enthält oder eine vom Verschulden des Arbeitnehmers unabhängige Haftung für in seinen Arbeits- und Kontrollbereich aufkommende Fehlbeträge aufweist. Voraussetzung ist aber jeweils, daß dem Arbeitnehmer für die Übernahme der Mankohaftung ein angemessener Risikoausgleich gewährt wird.

Die Rechtsnatur eines Mankovertrages läßt sich nicht ohne weiteres beurteilen. Im allgemeinen wird ein Garantievertrag vorliegen, wenn der Arbeitnehmer eine von seinem Verschulden unabhängige Haftung übernimmt. Dies ist z.B. der Fall, wenn ein Bankkassierer sich verpflichtet, jedes auftretende Manko zu ersetzen oder der Filialleiter eines Lebensmittelunternehmens die Haftung für bestehende Fehlbestände übernimmt. Indes kann dem Filialleiter nicht das Geschäftsrisiko übertragen werden.

3. Allgemeines Haftungsrecht. Ist eine besondere Mankovereinbarung nicht getroffen worden, so läßt sich die Haftung des Arbeitnehmers nur aufgrund der allgemeinen haftungsrechtlichen Vorschriften begründen. Auch hier ist zu differenzieren:

a) Ist ein Arbeitnehmer zur *selbständigen Geschäftsbesorgung* bestellt, so weist sein Arbeitsvertrag einen Doppeltypus auf. Auf ihn sind neben §§ 611 ff BGB auch die

Vorschriften über die Verwahrung (§ 688 BGB) und den Auftrag (§§ 675, 663, 665 bis 670, 672 bis 674 BGB) anzuwenden. Hiernach hat der Arbeitgeber darzulegen und zu beweisen, daß er dem Arbeitnehmer bestimmte Waren zur eigenen Verwaltung übertragen hat. Der Arbeitnehmer ist bei der Abrechnung zu deren Herausgabe bzw. ihres wirtschaftlichen Surrogates (§ 667 BGB) verpflichtet. Ist er hierzu nicht in der Lage, ist ihm also die Leistung unmöglich (§ 280 BGB), so hat er sich zu entlasten, also darzulegen und zu beweisen, daß ihn an der Entstehung eines Mankos kein Verschulden trifft. Im Rahmen eines Mankoprozesses gegen einen Kassierer muß also der Arbeitgeber darlegen und beweisen, in welchem Umfang der Kassierer Geld eingenommen hat. Dagegen muß der Kassierer den Verbleib des Geldes beweisen. Ist ihm auch die Buchführung übertragen, muß er seine Buchungen gegen sich gelten lassen.

b) Ist dagegen ein Arbeitnehmer *nicht zur selbständigen Geschäftsbesorgung bestellt,* trifft ihn eine Haftung nur unter den allgemeinen Voraussetzungen der Schlechtleistung. Der Arbeitgeber hat also im Mankoprozeß darzulegen und zu beweisen, *a)* die Pflichtverletzung des Arbeitnehmers, *b)* das Verschulden (Vertreten müssen) des Arbeitnehmers, *c)* den Eintritt des Schadens und *d)* den Kausalzusammenhang zwischen Pflichtverletzung und Schadenseintritt (oben § 12 III 4 d S. 146 f). Dem Arbeitgeber können insoweit Beweiserleichterungen nach den Grundsätzen des Anscheinsbeweises zukommen.

c) Der Arbeitnehmer ist zur selbständigen Geschäftsbesorgung eingestellt, wenn ihm eigenverantwortlich und nach eigenem Ermessen die Führung von Geschäften übertragen ist. Dies kann zutreffen für den Filialleiter eines Lebensmittelfilialgeschäftes, nicht dagegen für die Verkäuferin in einem Supermarkt.

4. Milderung der Mankohaftung. Auch die Mankohaftung des Arbeitnehmers kann gemildert sein, *a)* nach den allgemeinen Grundsätzen der Arbeitnehmerhaftung (oben § 12 III 6 S. 150), *b)* wegen eines Mitverschuldens des Arbeitgebers. Ein Mitverschulden des Arbeitgebers ist insbesondere im Falle von Organisationsmängeln gegeben.

5. Schuldanerkenntnis.* Im Zusammenhang mit Mankostreitigkeiten kommt es vielfach zu Schuldanerkenntnissen. Es sind das abstrakte und das deklaratorische Schuldanerkenntnis zu unterscheiden.

a) Ein *abstraktes* Schuldanerkenntnis ist dann gegeben, wenn unabhängig von dem bestehenden Schuldgrund eine neue, selbständige, vom Schadensgrund losgelöste Verpflichtung des Arbeitnehmers begründet werden soll. Ein abstraktes Schuldanerkenntnis bedarf der Schriftform (§ 781 BGB). Ob ein abstraktes Schuldanerkenntnis gewollt ist, ist im Wege der Auslegung nach den Umständen des Einzelfalles zu ermitteln. Regelmäßig ist von einem abstrakten Schuldanerkenntnis auszugehen, wenn es z.B. in der Schuldurkunde nur heißt: Der Arbeitnehmer verpflichtet sich, X-DM an den Arbeitgeber zu zahlen.

b) Ein *deklaratorisches* Schuldanerkenntnis ist dann gegeben, wenn lediglich die bereits bestehende Schuldverpflichtung bestätigt werden soll. Das deklaratorische Schuldanerkenntnis begründet keine neue Schuldverpflichtung, sondern legt eine bestehende lediglich fest. Es bedarf keiner Schriftform, wenngleich es zum Zwecke des Beweises zumeist schriftlich abgegeben wird. Regelmäßig werden Formulierungen verwandt, der Arbeitnehmer verpflichtet sich, X-DM wegen . . . . . . zu zahlen.

c) Die Abgabe eines abstrakten oder deklaratorischen Schuldanerkenntnisses *verschiebt die Prozeßaussichten* in einem Mankoprozeß grundlegend. Hat ein Arbeitnehmer ein abstraktes Schuldanerkenntnis abgegeben, so kann sich der Arbeitgeber im Prozeß damit begnügen, vorzutragen, der Arbeitnehmer habe ein Schuldanerkenntnis über einen

* Schaub ArbR von A–Z, Stichwort: Schuldanerkenntnis.

bestimmten Betrag abgegeben. Will der Arbeitnehmer ein-
wenden, daß er in Wirklichkeit gar nicht aus Mankohaftung
hafte, so obliegt es ihm, darzulegen und zu beweisen, daß
kein Anspruch wegen Mankohaftung gegeben war und er
das abstrakte Schuldanerkenntnis ohne Grund erteilt hat.
Hat dagegen der Arbeitnehmer nur ein deklaratorisches
Schuldanerkenntnis abgegeben, so ist die Prozeßsituation
nicht besser. Ein deklaratorisches Schuldanerkenntnis
nimmt dem Arbeitnehmer sämtliche Einwendungen gegen
die Forderungen, die ihm bei Abgabe des Anerkenntnisses
bekannt waren. Es sollte also reiflich überlegt werden, ob
man ein Schuldanerkenntnis abgibt oder nicht. Dies gilt
auch dann, wenn der Arbeitgeber mit Entlassung oder
Strafanzeige droht.

d) Nur in wenigen Ausnahmefällen kann die Abgabe einer Willenserklärung im Rahmen des Anerkennungsvertra-
ges wegen Irrtums oder rechtswidriger Drohung *angefochten* werden (§§ 119, 123 BGB). Wegen der wesentlichen
Rechtsgrundsätze vgl. § 43 II S. 365.

§ 13. Wettbewerbsbeschränkungen des Arbeitnehmers während und nach Beendigung des Arbeitsverhältnisses*

I. Allgemeines

1. Arbeitsvertragliches Wettbewerbsverbot. Während
des Bestandes des Arbeitsverhältnisses gibt es eine gesetzliche Regelung der Wettbewerbsbeschränkungen nur für
Handlungsgehilfen. Für die übrigen Arbeitnehmer folgen
eine Reihe von Grundsätzen aus den Nebenpflichten des
Arbeitnehmers. In der Rechtsprechung des BAG werden
aber zunehmend §§ 60 ff HGB entspr. auf die übrigen Arbeitnehmer angewandt.

---

* Schaub ArbR von A–Z, Stichwort: Wettbewerbsverbot.

2. Nachvertragliches Wettbewerbsverbot. Für die Zeit nach Beendigung des Arbeitsverhältnisses finden sich gesetzliche Regelungen in §§ 74 ff HGB für Handlungsgehilfen, in § 133 f GewO für gewerbliche Angestellte, in § 133 g GewO für gewerbliche Arbeiter und in § 5 BBiG für die zu ihrer Berufsausbildung beschäftigten Personen. Nach der Rspr. des BAG finden aber die §§ 74 ff HGB für alle Arbeitnehmer entspr. Anwendung, so daß §§ 133 f, g GewO kaum noch Bedeutung haben.

3. Mandantenschutzklauseln. Werden nachvertragliche Wettbewerbsverbote zwischen freiberuflich Tätigen (Steuerberater, Wirtschaftsprüfer) und ihren Angestellten abgeschlossen, so spricht man von Mandantenschutzklauseln.

II. Wettbewerbsverbote während des Bestandes des Arbeitsverhältnisses

1. Handlungsgehilfen. Die Wettbewerbsbeschränkungen für Handlungsgehilfen sind in §§ 60 ff HGB enthalten.

a) Das Wettbewerbsverbot *bezieht sich auf Handlungsgehilfen.* Nach der in § 59 HGB enthaltenen Legaldefinition sind Handlungsgehilfen Personen, die in einem Handelsgewerbe zur Leistung kaufmännischer Dienste gegen Entgelt angestellt sind. Der Begriff des Handelsgewerbes ergibt sich dagegen aus § 1 Abs. 2 HGB.*

Nach seinem *zeitlichen Geltungsbereich* beziehen sich die §§ 60 ff HGB auf die Zeit von der Begründung bis zur rechtlichen Beendigung des Arbeitsverhältnisses. Das Wettbewerbsverbot besteht mithin auch während der Zeit der Suspendierung von der Arbeit, des Annahmeverzuges des Arbeitgebers oder einer ungerechtfertigten fristlosen Kündigung bis zur rechtlichen Beendigung des Arbeitsverhältnisses. Wird der Arbeitnehmer auf Grund des allgemeinen oder besonderen Weiterbeschäftigungsanspruches (§ 38 S. 326)

---

* Schaub, Ich mache mich selbständig, 4. Aufl., 1992 S. 147 ff.

weiterbeschäftigt, so muß der Arbeitnehmer nach richtiger Ansicht das Wettbewerbsverbot einhalten.

b) Nach § 60 Abs. 1 HGB darf ein Handlungsgehilfe ohne Einwilligung seines Arbeitgebers weder ein *Handelsgewerbe betreiben noch in dem Handelszweig des Arbeitgebers für eigene oder fremde Rechnung Geschäfte* machen.

Nach dem Wortlaut von § 60 Abs. 1 HGB darf ein Handlungsgehilfe überhaupt kein Handelsgewerbe betreiben. Das BAG hat jedoch in verfassungskonformer Auslegung den Umfang des Verbotes dahin eingeschränkt, daß dem Handlungsgehilfen nur der Betrieb eines Handelsgewerbes im Geschäftsbereich des Arbeitgebers untersagt ist, dagegen ist ihm eine sonstige gewerbliche Tätigkeit erlaubt. Untersagt ist dem Handlungsgehilfen auch der Betrieb eines Handelsgewerbes unter fremdem Namen oder durch einen Strohmann im Geschäftsbereich des Arbeitgebers. Erlaubt ist ihm dagegen, die Vorbereitung seines eigenen Geschäftes für die Zeit nach Beendigung des Arbeitsverhältnisses. Er kann mithin Geschäftsräume anmieten, Personal einstellen, Waren einkaufen usw. Indes können die Vorbereitungshandlungen schon die 2. Fallgestaltung des Verbotes erfüllen.

Nach der 2. Fallgestaltung von § 60 Abs. 1 HGB darf der Handlungsgehilfe in dem Handelszweig seines Arbeitgebers nicht für eigene oder fremde Rechnung Geschäfte machen. Hierunter ist jede spekulative, auf Gewinn gerichtete Teilnahme am Geschäftsverkehr zu verstehen. Vom Verbot nicht erfaßt ist die Befriedigung eigener, privater Bedürfnisse oder die Anlage eigener Mittel. Verboten ist auch das Vorfühlen bei Kunden, die Gewährung von Darlehen an Konkurrenten, die Beteiligung am Handelsgewerbe eines Konkurrenten, die Tätigkeit im eigenen oder fremden Namen.

c) Der Handlungsgehilfe darf Konkurrenztätigkeit entfalten, wenn der Arbeitgeber *einwilligt.* Eine Einwilligung gilt als erteilt, wenn dem Arbeitgeber bei Begründung des Arbeitsverhältnisses bekannt ist, daß der Handlungsgehilfe das Gewerbe betreibt, es sei denn, daß er mit dem Handlungsgehilfen die Aufgabe des Gewerbebetriebes vereinbart (§ 60 Abs. 2 HGB). Im Rahmen eines Prozesses ist der Arbeitnehmer für Erteilung und Umfang der Einwilligung darlegungs- und beweispflichtig. Hat der Arbeitgeber die Einwilligung einmal erteilt, so kann er sie nicht mehr einseitig zurücknehmen. Er muß also das Arbeitsverhältnis kündigen oder eine Änderungskündigung aussprechen, wenn er das Verbot der Konkurrenztätigkeit wieder durchsetzen will.

d) *Verletzt der Handlungsgehilfe das Verbot,* so kann der Arbeitgeber *a)* Schadensersatz verlangen, *b)* in die Geschäfte eintreten, *c)* das Arbeitsverhältnis ordentlich oder außerordentlich kündigen. Im einzelnen gilt folgendes:

Der Arbeitgeber kann Schadensersatz verlangen wegen des Betreibens eines Geschäftes als solchem, dem Abschluß einzelner Geschäfte und verbotener Konkurrenztätigkeit (§ 61 Abs. 1 HGB). Der Arbeitgeber wird Schadensersatz verlangen, wenn er mehr aus dem Geschäft verdient hätte als der Arbeitnehmer. Zu ersetzen hat der Handlungsgehilfe allen Schaden, der dem Arbeitgeber infolge der Wettbewerbstätigkeit des Handlungsgehilfen erwächst. Hierzu gehört auch ein etwaiger Gewinn, den der Arbeitgeber gemacht hätte, wenn er das Geschäft abgeschlossen hätte. Dagegen gehört hierin nicht der Gewinn des Arbeitnehmers.

Der Arbeitgeber kann statt des Schadensersatzes in das vom Handlungsgehilfen geschlossene Geschäft eintreten (§ 61 Abs. 1 HGB). Er wird vom Eintrittsrecht Gebrauch machen, wenn der Arbeitnehmer mehr verdient hat. Selbstverständlich bleibt der Handlungsgehilfe im Verhältnis zum Dritten dessen Vertragspartner. Das sog. Eintrittsrecht bewirkt nur, daß im Verhältnis zwischen Handlungsgehilfen und Arbeitgeber der Handlungsgehilfe so behandelt wird, als ob der Arbeitgeber das Geschäft abgeschlossen hätte. Der Handlungsgehilfe muß also über das Geschäft Auskunft erteilen (§§ 666, 667, 670 BGB), die erzielten Gewinne herausgeben, bei für fremde Rechnung gemachten Geschäften die Vergütung herausgeben usw. Das Eintrittsrecht des Ar-

beitgebers kann durch die Natur des Geschäftes ausgeschlossen sein. Der Arbeitgeber kann also z. B. nicht die
Rechte aus einem vom Handlungsgehilfen abgeschlossenen
Gesellschaftsvertrag ausüben. Insoweit kann er allenfalls
den Gewinn verlangen.

Ob der Arbeitgeber Schadensersatz verlangt oder das
Eintrittsrecht ausübt, steht in seinem Ermessen. Das Wahlrecht wird durch einseitige Erklärung des Arbeitgebers gegenüber dem Handlungsgehilfen ausgeübt. Der Arbeitnehmer kann den Arbeitgeber nicht zwingen, nach einer
Fristsetzung von seinem Wahlrecht Gebrauch zu machen
(§ 264 Abs. 2 BGB).

Schließlich kann der Arbeitgeber das Arbeitsverhältnis
ordentlich oder außerordentlich kündigen. Im allgemeinen
wird eine Konkurrenztätigkeit einen Grund zur ordentlichen Kündigung abgeben. Indes wird eine Abmahnung
vorausgehen müssen. In schweren Fällen, wenn der Arbeitnehmer die Interessen des Arbeitgebers nachhaltig gefährdet
hat, werden auch die Voraussetzungen des wichtigen Grundes für eine außerordentliche Kündigung (§ 626 BGB) vorliegen.

e) Die Rechte des Arbeitgebers aus § 61 HGB *verjähren*
in drei Monaten von dem Zeitpunkt, in welchem der Arbeitgeber von dem Abschluß des Geschäfts Kenntnis erlangt. Ob innerhalb dieser Frist auch mit aus § 61 HGB
konkurrierende Ansprüche, z.B. aus § 823 BGB verjähren,
ist umstr., aber zu bejahen (BAG AP 2 zu § 61 HGB = NJW
86, 2527 = NZA 87, 276). Unberührt von der Verjährungsfrist bleiben etwaige tarifliche *Verfallfristen.*

2. Wettbewerbsverbot für andere Arbeitnehmer. Für alle
anderen Arbeitnehmer folgt aus der vertraglichen Rücksichtspflicht auf die Interessen des Arbeitgebers, daß der
Arbeitnehmer gehalten ist, im Geschäftszweig des Arbeitgebers keine Geschäfte zu machen. Das BAG hat eine analoge
Anwendung von §§ 60 ff HGB bislang nur in einer Ent-

scheidung bejaht. In jedem Fall ist der Umfang des Verbotes aus vertraglicher Rücksichtspflicht so wie nach § 60 HGB zu bestimmen. Das gilt auch für Handwerker. Bei diesen wird aber regelmäßig von Schwarzarbeit gesprochen.

III. Wettbewerbsverbote nach Beendigung des Arbeitsverhältnisses

1. Rechtslage mit und ohne Vereinbarung. Nach rechtlicher Beendigung des Arbeitsverhältnisses kann ein Wettbewerbsverbot nach §§ 74 ff HGB bestehen. Haben die Parteien ein Wettbewerbsverbot nicht vereinbart, so kann der Arbeitnehmer grundsätzlich bis zur Grenze der guten Sitten seinem Arbeitgeber Konkurrenz machen. Dies entspricht einer Wettbewerbswirtschaft. Durch die vertragliche Verpflichtung zur Verschwiegenheit über Betriebs- und Geschäftsgeheimnisse wird der Arbeitnehmer nur an deren Verwertung (Veräußerung) gehindert, nicht aber daran, Kunden seines ehemaligen Arbeitgebers zu umwerben (§ 11 II 2 S. 129 ff). Nach seinem Wortlaut gelten §§ 74 ff HGB nur für Handlungsgehilfen. Indes wendet das BAG §§ 74 ff HGB auf alle anderen Arbeitnehmer entspr. an.

2. Vereinbarung. Nach § 74 Abs. 1 HGB bedarf eine Vereinbarung, die den Gehilfen für die Zeit nach Beendigung des Arbeitsverhältnisses in seiner gewerblichen Tätigkeit beschränkt, der Schriftform und der Aushändigung einer vom Arbeitgeber unterzeichneten, die vereinbarten Bedingungen enthaltenden Urkunde.

a) Der *Abschluß des Wettbewerbsverbotes* vollzieht sich mithin nach den Regeln der §§ 145 ff BGB durch Angebot und Annahme. Das Wettbewerbsverbot kann bereits während der Probezeit eines Arbeitsverhältnisses vereinbart werden. Vielfach wird der Arbeitgeber daran noch kein Interesse haben, da der Arbeitnehmer während der Probezeit noch keine hinreichenden Kenntnisse erlangt, daß der Arbeitgeber seine Konkurrenz fürchten müßte. Diesem Interesse kann der Arbeitgeber nur dadurch Rechnung tragen, daß er ein aufschiebend befristetes Wettbewerbsverbot oder einen Vorvertrag auf Abschluß eines Wettbewerbsverbotes vereinbart.

Beispiel: Der Arbeitnehmer verpflichtet sich, am ...... nachfolgendes Wettbewerbsverbot abzuschließen oder am ...... tritt nachfolgendes Wettbewerbsverbot in Kraft.

b) Das Wettbewerbsverbot bedarf der *Schriftform* (§§ 125 ff BGB). Die Vereinbarung muß mithin von beiden Parteien auf derselben Urkunde (§ 126 Abs. 2 S. 1 BGB) erfolgen oder bei Aufnahme mehrerer Urkunden von jeder Partei auf der für die Gegenseite bestimmten Urkunde unterschrieben sein. Unzureichend ist der Austausch von Briefen, die Aufnahme in ein Bestätigungsschreiben oder – häufig – der (nicht unterzeichneten) Anlage zum Arbeitsvertrag.

c) Für das Wettbewerbsverbot gilt aber noch eine 2. Formvorschrift, nämlich seine *Aushändigung* durch den Arbeitgeber. Hiermit will der Gesetzgeber sicherstellen, daß sich der Arbeitnehmer jederzeit über Umfang und Grenzen des Wettbewerbsverbotes orientieren kann.

d) Die Vorschriften der §§ 74 ff HGB gelten für alle Wettbewerbsverbote, die der Arbeitgeber mit einem Arbeitnehmer *während des rechtlichen Bestandes* des Arbeitsverhältnisses abschließt. Fälle, in denen der Arbeitnehmer etwa seinem Arbeitgeber ein Geschäftslokal vermietet und er in seiner Eigenschaft als Vermieter mit dem Arbeitgeber ein Wettbewerbsverbot abschließt, sollen hier außer Betracht bleiben. Ob die Formvorschriften der §§ 74 ff HGB auch dann gelten, wenn der Arbeitgeber im Rahmen der Verträge zur Beendigung des Arbeitsverhältnisses ein Wettbewerbsverbot abschließt, hat das BAG noch nicht endgültig entschieden. Diese Frage ist jedoch zu bejahen, weil gerade auch im Zuge der Beendigung des Arbeitsverhältnisses der Arbeitnehmer sich in Drucksituationen befinden kann.

3. Wettbewerbsverbot als gegenseitiger Vertrag. Das BAG begreift das Wettbewerbsverbot als einen gegenseitigen Vertrag (§§ 320 ff BGB). Der Arbeitnehmer verpflichtet sich zur Unterlassung von Wettbewerb; der Arbeitgeber verpflichtet sich als Gegenleistung zur Zahlung einer Karenzentschädigung.

a) Hieraus folgt, daß der Arbeitgeber grundsätzlich auch dann zur Zahlung einer Karenzentschädigung verpflichtet bleibt, wenn der Arbeitnehmer überhaupt keine Konkurrenz macht, machen will oder kann, z. B. weil er krank ist, berufsunfähig geworden, ein Studium aufgenommen hat usw. Die einzige Ausnahme besteht darin, daß der Arbeitgeber keine Karenzentschädigung zu zahlen braucht, wenn der Arbeitnehmer eine Freiheitsstrafe verbüßt (§ 74 c Abs. 1 S. 3 HGB). Andererseits muß sich der Arbeitnehmer auf seine Karenzentschädigung anderweiten Verdienst anrechnen lassen; dies widerspricht eigentlich dem Gegenseitigkeitsverhältnis.

b) Da das Wettbewerbsverbot ein gegenseitiger Vertrag ist, findet im Falle der Leistungsstörung auch das Recht der gegenseitigen Verträge Anwendung. Treibt der Arbeitnehmer entgegen seiner Unterlassungsverpflichtung Wettbewerb, so erlangt der Arbeitgeber die Einrede des nicht erfüllten Vertrages (§ 320 BGB). Der Arbeitgeber kann mithin die Zahlung einer Karenzentschädigung verweigern. Macht der Arbeitnehmer Wettbewerb, so wird ihm die Unterlassungsverpflichtung unmöglich. Nach § 325 BGB kann der Arbeitgeber Schadensersatz verlangen oder vom Vertrage zurücktreten. Andererseits erwachsen für den Arbeitnehmer die Rechte aus § 326 BGB, wenn der Arbeitgeber mit der Zahlung der Karenzentschädigung in Verzug gerät.

4. Behinderung während und nach Beendigung des Arbeitsverhältnisses. Ein Wettbewerbsverbot behindert den Arbeitnehmer in seiner beruflichen Tätigkeit für die Zeit nach Beendigung des Arbeitsverhältnisses.

a) Das Wettbewerbsverbot hat aber schon *Wirkungen während des Bestandes* des Arbeitsverhältnisses. Ein Arbeitnehmer, der mit einem Wettbewerbsverbot belastet ist, ist bereits während des Bestandes des Arbeitsverhältnisses daran gehindert, sich auf dem Arbeitsmarkt umzusehen, um möglicherweise eine besser dotierte Stelle bei den Konkurrenten des Arbeitgebers anzutreten. Er weiß nicht, ob der Arbeitgeber ihn freigeben wird oder ihn an das Wettbewerbsverbot binden will. Eine Erkundigung bei dem Arbeitgeber wird vielfach nicht in Betracht kommen, wenn nicht das bestehende Arbeitsverhältnis gefährdet werden soll.

b) Aus der Interessenlage folgt, daß *bedingte Wettbewerbsverbote* unverbindlich sind. Von einem bedingten Wettbewerbsverbot spricht man dann, wenn von einer besonderen Willensentscheidung des Arbeitgebers abhängen soll, ob das Wettbewerbsverbot in Kraft treten soll oder ein bestehendes außer Kraft treten soll. Ein bedingtes Wettbewerbsverbot ist z. B. dann gegeben, wenn der Arbeitgeber sich vorbehält, das Wettbewerbsverbot in Kraft zu setzen, aber auch bereits dann, wenn dem Arbeitnehmer zur Pflicht gemacht wird, etwaige Bewerbungen während des Arbeitsverhältnisses zu offenbaren usw. In all diesen Fällen hat es der Arbeitgeber in der Hand, sich vom Wettbewerbsverbot zu lösen, während andererseits für den Arbeitnehmer die Unsicherheit besteht, ob der Arbeitgeber die Einhaltung des Wettbewerbsverbotes erzwingen wird oder nicht.

5. Rechtsmängel des Wettbewerbsverbots. Das Wettbewerbsverbot kann mit Mängeln behaftet sein.

a) Die Rechtsnormen über das nachvertragliche Wettbewerbsverbot sind *Schutznormen zugunsten des Arbeitnehmers.* Hieraus folgen zwei Grundprinzipien: *a)* Es gibt bestimmte Rechtsmängel, bei denen das Wettbewerbsverbot schlechthin unwirksam ist, d. h., weder der Arbeitnehmer noch der Arbeitgeber kann sich auf das Wettbewerbsverbot berufen. Hierzu gehört z. B. ein Verstoß gegen die Formvorschriften, die Vereinbarung mit einem Minderjährigen usw. Das Gesetz bringt dies damit zum Ausdruck, daß es von der Nichtigkeit des Wettbewerbsverbotes spricht. *b)* In den weitaus meisten Fällen spricht das Gesetz dagegen davon, daß unter bestimmten Umständen das Wettbewerbsverbot unverbindlich ist. In diesen Fällen kann der Arbeitgeber die Einhaltung des Wettbewerbsverbotes nicht erzwingen. Andererseits kann dagegen der Arbeitnehmer sich entscheiden, ob er das Verbot einhalten will und Karenzentschädigung begehrt oder sich vom Wettbewerbsverbot löst und die Chancen auf dem Arbeitsmarkt wahrnehmen will. Mit dem Wort unverbindlich kann das Gesetz aber auch zum Ausdruck bringen, daß ein Wettbewerbsverbot nicht schlechthin unwirksam ist, sondern daß das Verbot auf den rechtlich zulässigen Inhalt zurückgeführt werden kann.

b) Nichtig ist ein Wettbewerbsverbot, wenn der Arbeitgeber sich überhaupt nicht verpflichtet, eine *Karenzentschädigung* zu zahlen. Unverbindlich ist es dagegen, wenn der Arbeitgeber sich verpflichtet, eine Karenzentschädigung zu zahlen, diese aber nicht die gesetzlich vorgeschriebene Höhe erreicht. Der Arbeitnehmer hat im letzteren Falle ein Wahlrecht, ob er sich vom Verbot lösen oder es einhalten und die zugesagte Karenzentschädigung verlangen will. Dagegen hat das BAG noch nicht entschieden, daß der Arbeitnehmer eine Karenzentschädigung in gesetzlicher Höhe verlangen kann.

c) Nichtig ist ein Wettbewerbsverbot mit *Minderjährigen* (§ 74 a Abs. 2 HGB, § 133 f Abs. 2 GewO). Das Wettbewerbsverbot bleibt auch nichtig, wenn der Minderjährige volljährig wird. Nichtig ist ferner ein Wettbewerbsverbot, das den *Auszubildenden* (vgl. § 60 S. 507) für die Zeit nach Beendigung des Berufsausbildungsverhältnisses in der Ausübung einer beruflichen Tätigkeit beschränkt (§ 5 Abs. 1 S. 1 BBiG). Dies gilt nicht, wenn das Wettbewerbsverbot in den letzten sechs Monaten des Berufsausbildungsverhält-

nisses abgeschlossen wird und der Auszubildende sich dazu
verpflichtet mit dem Ausbildenden einen Arbeitsvertrag abzuschließen (§ 5 Abs. 1 S. 2 BBiG). Zweck dieser gesetzlichen Regelung ist, die Mobilität des Auszubildenden zu
erhalten und ihm die Anwendung, Erweiterung und Vertiefung der erworbenen Kenntnisse auch bei Konkurrenten
seines Arbeitgebers zu ermöglichen, andererseits aber auch
nicht die Übernahme in ein Arbeitsverhältnis zu erschweren, weil kein Wettbewerbsverbot abgeschlossen werden
kann.

d) Nach dem Wortlaut des Gesetzes ist ein Wettbewerbsverbot nichtig, wenn der Arbeitnehmer nicht einen *gewissen Mindestverdienst* erzielt hat (§ 74 a Abs. 2 S. 1 HGB).
Es ist zweifelhaft, ob die Vorschrift nicht mangels hinreichender Bestimmtheit nichtig ist. Denn die im Gesetz angegebene Verdienstgrenze von 1500,– DM ist mit einem
Teuerungsfaktor zu vervielfältigen. Die Vorschrift ist in der
Praxis kaum noch von Bedeutung.

e) Nichtig ist eine Vereinbarung, durch die sich der Arbeitgeber die Einhaltung des Wettbewerbsverbotes auf *Ehrenwort* oder unter ähnlichen Versicherungen versprechen
läßt (§ 74 a Abs. 2 S. 2 HGB) oder wenn ein *Dritter an
Stelle des Arbeitnehmers* die Verpflichtung übernimmt, daß
sich der Arbeitnehmer nach der Beendigung des Arbeitsverhältnisses in seiner gewerblichen Tätigkeit beschränken
werde (§ 74 a Abs. 2 S. 3 HGB). Hierdurch soll einer Abhängigkeit des Arbeitnehmers von Dritten vorgebeugt werden bzw. mittelbarer Druck auf den Arbeitnehmer vermieden werden.

f) Unverbindlich ist ein Wettbewerbsverbot insoweit, als
es nicht zum Schutz eines *berechtigten geschäftlichen Interesses* des Arbeitgebers dient (§ 74 a Abs. 1 S. 1 HGB).
Ein berechtigtes Interesse liegt dann vor, wenn der Arbeitgeber wegen der Tätigkeit des Arbeitnehmers Anlaß hat,
dessen Konkurrenz zu fürchten. Dagegen ist ein Wettbewerbsverbot nicht das geeignete Rechtsinstitut, die Mobili

tät des Arbeitnehmers einzuschränken. Soweit der Arbeitgeber kein geschäftliches Interesse hat, ist das Verbot unverbindlich; d.h., der Arbeitnehmer kann es auch insoweit einhalten und Karenzentschädigung verlangen. Er kann sich, soweit es unverbindlich ist, davon lösen und es im übrigen einhalten. Auch dann erhält er die Karenzentschädigung. Dagegen kann sich der Arbeitnehmer nicht vollständig lösen, wenn es mit einem zulässigen Inhalt aufrechterhalten werden kann.

g) Unverbindlich ist ein Wettbewerbsverbot, soweit es nach *Ort, Zeit oder Gegenstand eine unbillige Erschwernis* des Fortkommens des Arbeitnehmers enthält (§ 74 a Abs. 1 S. 2 HGB). In keinem Fall kann das Verbot über zwei Jahre erstreckt werden (§ 74 a Abs. 1 S. 3 HGB). Im allgemeinen muß das Wettbewerbsverbot räumlich beschränkt sein. Nur in Ausnahmefällen wird es zulässig sein, wenn ein Arbeitnehmer für die ganze Bundesrepublik gesperrt wird oder aus dem Deutschen Sprachraum vollständig abgedrängt wird. Indes kann auch dies bei hervorragenden Spezialisten möglich sein.

h) Unverbindlich ist ein bedingtes Wettbewerbsverbot (oben III 4 S. 166). Der Arbeitgeber ist mithin nicht in der Lage die Wettbewerbsunterlassung von vornherein durchzusetzen. Der Arbeitnehmer kann sich mithin vom Wettbewerbsverbot lösen. Er kann aber auch bei Beginn des Unterlassungszeitraumes erklären, er werde sich an das Wettbewerbsverbot halten. Alsdann ist der Arbeitgeber zur Zahlung von Karenzentschädigung verpflichtet; er kann dann aber auch bis zum Ende des Verbotszeitraumes die Unterlassungsverpflichtung durchsetzen.

6. Unterlassung einer Konkurrenztätigkeit. Der Arbeitnehmer ist aufgrund des Wettbewerbsverbotes zur Unterlassung einer Konkurrenztätigkeit verpflichtet.

a) *Je nach der Formulierung* des Wettbewerbsverbotes kann dem Arbeitnehmer eine Konkurrenztätigkeit als Selbständiger, jede Tätigkeit bei einem Konkurrenzunternehmen oder nur eine gleichartige Tätigkeit bei einem Konkurrenzunternehmen verboten sein. Ist dem Arbeitnehmer zwar eine Tätigkeit bei dem Konkurrenzunternehmen erlaubt, nur keine Konkurrenztätigkeit, so erwächst für den Arbeitgeber die Schwierigkeit, nachzuweisen, ob der Arbeitnehmer Konkurrenztätigkeit entfaltet, indem er heimlich sein Wissen weitergibt. Andererseits gibt es Wirtschaftszweige, z. B. in der chemischen Industrie, in denen nur wenige Unternehmen vorhanden sind, zu denen der Arbeitnehmer überhaupt wechseln könnte. Hier haben die Unternehmen vielfach kein Interesse, die Tätigkeit bei dem Konkurrenten überhaupt zu verhindern, sondern nur die Weitergabe des speziellen know how. Tarifverträge für die leitenden Angestellten in der chemischen Industrie sehen daher vor, daß für sie tätigkeitsbezogene Wettbewerbsverbote zulässig sind. Gelegentlich finden sich in Wettbewerbsverboten auch Klauseln im Interesse des Arbeitgebers, daß der Arbeitnehmer in den Betrieb eines Konkurrenten eintreten darf, sofern er nachweist, daß er dort keine Konkurrenztätigkeit entfaltet.

b) Aufgrund des Wettbewerbsverbotes kann der Arbeitgeber den Arbeitnehmer *klageweise* auf Unterlassung von Konkurrenztätigkeit in Anspruch nehmen.* In Eilfällen kann der Arbeitgeber auch den Erlaß einer einstweiligen Verfügung erwirken (§§ 935, 940 ZPO). Da das Wettbewerbsverbot infolge Zeitablaufs gegenstandslos wird, ist vielfach ein Verfügungsgrund gegeben. Hat der Arbeitgeber den Arbeitnehmer auf Unterlassung verklagt und läuft die Verbotsfrist ab, so ist der Rechtsstreit in der Hauptsache erledigt (§ 91a ZPO).** Der Arbeitgeber kann bei berech-

---

* Schaub ArbR von A–Z, Stichwort Einstweilige Verfügung; ders., Meine Rechte und Pflichten im Arbeitsgerichtsverfahren, 6. Aufl., 1997, §§ 41–46.
** Schaub, Meine Rechte und Pflichten im Arbeitsgerichtsverfahren, 6. Aufl., 1997, § 31, S. 212.

tigtem Interesse auch zu einem Antrag übergehen (§ 264 ZPO), festzustellen, daß der Arbeitnehmer gegen ein Wettbewerbsverbot verstoßen hat. An diesem Antrag hat der Arbeitgeber regelmäßig ein rechtliches Interesse, da der Prozeß Rechtskraftwirkung wegen eines etwa folgenden Schadensersatzprozesses hat. Dies gilt namentlich für die höheren Instanzen. Eine Einstellung der Zwangsvollstreckung aus einem vorläufig vollstreckbaren Unterlassungsurteil kommt nur in Betracht, wenn dem Arbeitnehmer nicht zu ersetzende Nachteile erwachsen und das Rechtsmittel eine hinreichende Aussicht auf Erfolg bietet (§ 61 ArbGG).*

c) Schließlich kann der Arbeitgeber *Schadensersatz* von seinem Arbeitnehmer verlangen, wenn ihm infolge des Wettbewerbsverstoßes ein Schaden erwächst.

d) Verstößt der Arbeitnehmer gegen das Wettbewerbsverbot, so verliert er den Anspruch auf *Karenzentschädigung* (§§ 323, 325 BGB) für die Dauer des Verstoßes. Kehrt er zur Einhaltung des Wettbewerbsverbotes zurück, erwächst erneut ein Anspruch auf Karenzentschädigung, es sei denn, daß der Arbeitgeber zuvor zurückgetreten oder Schadensersatz wegen Nichterfüllung verlangt hat.

7. Zahlung einer Karenzentschädigung. Der Arbeitgeber ist während der Dauer des Wettbewerbsverbotes zur Zahlung einer Karenzentschädigung verpflichtet.

a) Nach § 74 Abs. 2 HGB ist ein Wettbewerbsverbot nur verbindlich, wenn sich der Arbeitgeber verpflichtet, für die Dauer des Verbotes eine Entschädigung zu zahlen, die für jedes Jahr des Verbotes mindestens die *Hälfte der von dem Arbeitnehmer zuletzt bezogenen vertragsmäßigen Leistungen* erreicht. In § 75 b HGB waren für sog. Hochbesoldete und für Arbeitnehmer, die für eine Tätigkeit außerhalb Eu-

---

* Schaub ArbR von A–Z, Stichwort: Einstellung der Zwangsvollstreckung; ders., Meine Rechte und Pflichten im Arbeitsgerichtsverfahren, 6. Aufl., 1997, § 27, S. 197.

ropas angestellt worden sind, entschädigungslose Wettbewerbsverbote vorgesehen. Diese Vorschrift ist gegenstandslos geworden, da sie nach Auffassung des BAG gegen die
Verfassung verstößt. § 75 b S. 2 HGB ist in den beigetretenen Ländern nicht anzuwenden.

Es sind die zuletzt gezahlten Monats-, Wochen- oder Ta-
gesbezüge mit 12, 52, 365 zu multiplizieren und monatlich
zu $1/12$ auszuzahlen. Die Karenzentschädigung ist wie das
Gehalt am Schluß eines jeden Monats seit Beendigung des
Arbeitsverhältnisses (nicht notwendig Kalendermonate) fällig. Die Karenzentschädigung unterliegt der Besteuerung,
dagegen nicht der Beitragspflicht zur Sozialversicherung.
Karenzentschädigungen sind kein Arbeitsentgelt i.S. von
§ 14 SGB IV. Ein Wettbewerbsverbot kann mithin zu einer
empfindlichen Rentenminderung führen. Die Karenzentschädigung unterliegt der Verjährungsfrist, die auch für die
Verjährung von Gehaltsansprüchen gilt (§ 196 BGB). Sie
kann – je nach Wortlaut – von tariflichen Verfallfristen erfaßt werden. Im allgemeinen wird dagegen das Stammrecht
nicht berührt, sondern nur die einzelne Rate. Von einer
Ausgleichsquittung wird die Karenzentschädigung nur erfaßt, wenn sie ausdrücklich angesprochen wird.

b) Bei der Berechnung der Karenzentschädigung sind
sämtliche Einkommensbestandteile zu berücksichtigen, also
auch widerrufbare Leistungszulagen, Provisionen (§ 74
Abs. 2 HGB), 13. Gehalt, Gratifikationen, auch wenn kein
Rechtsanspruch besteht, Naturalleistungen, feste Reisespe-
sen, es sei denn, daß sie reiner Unkostenersatz sind. Das
Gesetz spricht von vertragsmäßigen Leistungen. Unberücksichtigt bleiben im Zeitpunkt der rechtlichen Beendigung
des Arbeitsverhältnisses noch nicht fällige Provisionen,
Tantiemen oder sonstige Gewinnanteile, auch wenn sie auf
Wunsch des Arbeitnehmers vorab ausgezahlt werden.

c) Der Arbeitnehmer muß sich auf die Karenzentschädigung *anrechnen lassen,* was er während des Zeitraumes,
für den die Entschädigung gezahlt wird, durch anderweite

Verwertung seiner Arbeitskraft erwirbt oder zu erwerben böswillig unterläßt, soweit die Entschädigung unter Hinzurechnung dieses Betrages den Betrag der zuletzt vom Arbeitnehmer bezogenen vertragsmäßigen Leistungen um mehr als $^1/_{10}$ übersteigt. In § 74 c Abs. 1 S. 1 HGB ist wegen der Anrechnung anderweiter Bezüge dieselbe Formulierung verwandt wie in § 615 S. 2 BGB (vgl. § 10 III 5 S. 120). Es gelten daher die dort gemachten Ausführungen im allgemeinen entspr. Indes wird anders als beim Annahmeverzug ein Monatsvergleich angestellt.

Anzurechnen ist jeder anderweite Erwerb, den der Arbeitnehmer erzielt. Ausgenommen von der Anrechnung sind solche Bezüge, die sich der Arbeitnehmer auch während des Arbeitsverhältnisses verschafft hat oder hätte beschaffen können. Anrechnungsfrei bleibt natürlich Kapitaleinkommen des Arbeitnehmers. Umstr. ist, inwieweit der Arbeitnehmer sich Arbeitslosengeld, Krankengeld oder sonstige öffentlichrechtliche Einnahmen anrechnen lassen muß. Die Rspr. der Arbeitsgerichte und Landesarbeitsgerichte ist kontrovers. Das BAG hat bislang entschieden, daß das Arbeitslosengeld anzurechnen ist, weil es Lohnersatzfunktion hat. Dagegen hat das BAG eine Anrechnung von Unterhaltsgeld, das der Arbeitnehmer während einer Umschulung von der Berufsgenossenschaft erhält, für unzulässig gehalten. Hat sich der Arbeitnehmer selbständig gemacht, so muß er sich den Gewinn aus der gewerblichen Tätigkeit anrechnen lassen. Die Gewinnermittlung erfolgt vielfach in größeren Zeiträumen. Andererseits hat der Arbeitnehmer Anspruch auf eine monatliche Karenzentschädigung. Erteilt der Arbeitnehmer Auskunft über seine voraussichtliche Gewinnentwicklung, hat der Arbeitgeber Abschlagszahlungen auf die Karenzentschädigung zu leisten. Die endgültige Abrechnung erfolgt dann jährlich.

Anrechnen lassen muß sich der Arbeitnehmer, was er zu erwerben böswillig unterläßt. Böswillig unterläßt er anderweitigen Erwerb, wenn er in Kenntnis der objektiven Umstände, also der Arbeitsmöglichkeit, Zumutbarkeit der Arbeit und Nachteilsfolge für den Arbeitgeber untätig bleibt. Der Arbeitnehmer handelt im allgemeinen aber noch nicht deswegen böswillig, weil er ein Studium aufgenommen hat, sich selbständig macht und in der ersten Zeit aus der gewerblichen Tätigkeit noch keine Gewinne anfallen, eine geringer bezahlte Stellung antritt, Fortbildung und Weiterbildung betreibt.

d) Die *Anrechnung* erfolgt nur innerhalb gewisser *Grenzen*. Anderweitiges Einkommen wird nur dann angerechnet, wenn Karenzentschädigung und anderweites Einkommen 110 v. H. des letzten Einkommens übersteigen. Sie dürfen 125 v. H. nicht übersteigen, wenn der Arbeitnehmer infolge des Wettbewerbsverbotes gezwungen worden ist, seinen Wohnsitz zu verlegen. Die anrechnungsfähige Grenze erhöht sich mithin nicht, wenn der Arbeitnehmer auch ohne Wettbewerbsverbot umziehen müßte. Wer sich auf einer Insel als Arbeitnehmer verdingt, muß unabhängig von einem Wettbewerbsverbot wieder umziehen, wenn er die Stelle wechselt.

e) *Muster einer Berechnung:*

a) Jahresberechnung
   Letztes Jahreseinkommen: 2 = Quotient.
   Quotient: 12 = monatlich zahlbare Karenzentschädigung, wenn nicht b)
b) Berücksichtigung anderweitigen Verdienstes.
   aa) Letztes Jahreseinkommen
       + 10% oder im Falle des Wohnungswechsels 25%
       Gesamtsumme von 110% oder 125%
       – Karenzentschädigung
       nicht anrechenbare Vergütung
   bb) Neues Jahreseinkommen
       – Nicht anrechenbare Vergütung aus aa) =
       Anrechenbare Vergütung
   cc) Karenzentschädigung aus a)
       – anrechenbare Vergütung aus bb) =
       zahlbare Karenzentschädigung.

f) Vielfach kommt es wie beim Annahmeverzug (vgl. § 10 III 5 e S. 120 f) zu Streitigkeiten, ob und in welcher Höhe der Arbeitnehmer *anderweites Einkommen* erzielt hat. Auch hier gilt der Grundsatz, daß der Arbeitgeber im Prozeß darlegen und beweisen muß, daß der Arbeitnehmer anderweites Einkommen erzielt hat, dagegen muß der Arbeitnehmer über die Höhe des Einkommens Auskunft geben. Ein jetzt selbständiger Arbeitnehmer braucht keine Gewinn- und Verlustrechnung vorzulegen.

8. Beendigung des Wettbewerbsverbots. Die Beendigung des Wettbewerbsverbotes ist rechtlich sehr verwickelt geregelt.

a) Das Wettbewerbsverbot endet mit *Ablauf der Verbotsfrist.*

b) Der Arbeitgeber kann vor der Beendigung des Arbeitsverhältnisses durch schriftliche Erklärung auf das Wettbewerbsverbot mit der Wirkung *verzichten,* daß der Arbeitnehmer mit sofortiger Wirkung von der Einhaltung des Wettbewerbsverbotes entbunden und der Arbeitgeber mit Ablauf eines Jahres seit der Erklärung von der Verpflichtung zur Zahlung der Karenzentschädigung frei wird (§ 75 a HGB). Der Arbeitgeber kann mithin ohne weitere Angabe von Gründen bereits während des Bestandes des Arbeitsverhältnisses auf die Einhaltung des Wettbewerbsverbotes verzichten; er kann aber auch nach der Kündigung des Arbeitnehmers oder seiner eigenen Kündigung durch eine schriftliche, dem Arbeitnehmer bis zum letzten Tage der Kündigungsfrist zugehende Erklärung auf das Wettbewerbsverbot verzichten. Der Arbeitnehmer kann den Arbeitgeber nicht zwingen, schon vorzeitig von seinem Wahlrecht Gebrauch zu machen; etwas anderes kann nur bei einem Treueverstoß des Arbeitgebers gelten. Es ist aber noch nicht unredlich, wenn der Arbeitgeber zunächst einmal abwartet, wohin sich der Arbeitnehmer zu bewerben versucht. Immerhin muß er für ein Jahr die Karenzentschädigung zahlen.

c) Schließlich kann das Wettbewerbsverbot nach *§ 75 HGB enden.* Hier sind folgende Fallgestaltungen zu unterscheiden: *a)* Kündigt der Arbeitnehmer ordentlich, so bleibt das Wettbewerbsverbot in Kraft. Im allgemeinen wird es gerade für diesen Fall abgeschlossen worden sein. *b)* Kündigt der Arbeitnehmer berechtigt außerordentlich aus wichtigem Grund, so erlangt er ein Wahlrecht (§ 75 Abs. 1 HGB). Er kann das Wettbewerbsverbot bestehen lassen; er bleibt zur Unterlassung verpflichtet und behält seinen Anspruch auf Karenzentschädigung. Er kann aber auch vor Ablauf eines Monats seit der Kündigung gegenüber dem Arbeitgeber schriftlich erklären, daß er sich an das Wettbewerbsverbot nicht gebunden erachtet. Alsdann wird es unwirksam. Er braucht sich des Wettbewerbs nicht zu enthalten, verliert aber auch den Anspruch auf Karenzentschädigung. Im Falle seiner außerordentlichen Kündigung kann mithin der Arbeitnehmer die Chancen auf dem Arbeitsmarkt nutzen. *c)* Kündigt der Arbeitgeber ordentlich, so kann der Arbeitnehmer dies hinnehmen; er wird durch das Wettbewerbsverbot gebunden und erlangt Karenzentschädigung. Er kann aber auch binnen Monatsfrist schriftlich erklären, daß er sich nicht gebunden erachtet (§ 75 Abs. 2 HGB). Dem Arbeitnehmer steht das Lösungsrecht nicht zu, wenn der Arbeitgeber für die Kündigung einen erheblichen Anlaß aus der Person des Arbeitnehmers hatte oder wenn er sich bereit erklärt, die vollen vom Arbeitnehmer zuletzt bezogenen vertragsmäßigen Leistungen weiter zu zahlen. Ein erheblicher Anlaß sind nicht nur der wichtige Grund. Vielmehr sind erheblicher Anlaß auch personen- und verhaltensbedingte Kündigungsgründe. Auf die Karenzentschädigung muß sich der Arbeitnehmer anderweitigen Verdienst anrechnen lassen. *d)* Kündigt der Arbeitgeber aus wichtigem Grund außerordentlich, so hat § 75 Abs. 3 HGB vorgesehen, daß der Arbeitnehmer zur Wettbewerbsenthaltung verpflichtet ist, aber andererseits seinen Anspruch auf die Karenzentschädigung verloren hat. Das BAG hat diese Vorschrift für verfassungswidrig angesehen, weil sie unterschiedliche Rechtsfolgen angeordnet hat, je nachdem, ob der Arbeitgeber oder Arbeitnehmer berechtigt außerordentlich kündigt. Alsdann hat es die erwachsene Gesetzeslücke im Wege der Rechtsfortbildung durch entspr. Anwendung von § 75 Abs. 1 HGB geschlossen. Das bedeutet, daß der Arbeitgeber entweder die Aufrechterhaltung des Wettbewerbsverbots verlangen, aber dann auch zur Zahlung der Karenzentschädigung verpflichtet bleibt oder sich mit sofortiger Wirkung vom Wettbewerbsverbot lösen kann. Alsdann verliert auch der Arbeitnehmer den Anspruch auf Karenzentschädigung. Im Einigungsvertrag ist vorgesehen, daß in den beigetretenen Ländern § 75 Abs. 3 HGB nicht anzuwenden ist; die Rspr. des BAG ist damit vom Gesetzgeber gebilligt. e) Endet das Arbeitsverhältnis durch Aufhebungsvertrag, also im gegenseitigen Einvernehmen, so finden die vorstehenden Regeln entspr. Anwendung. Insoweit ist darauf abzustellen, wer den Aufhebungsvertrag veranlaßt und welche Gründe für ihn bestanden.

d) Das Wettbewerbsverbot endet nicht, wenn der Arbeitnehmer in den Ruhestand tritt und von seinem Arbeitgeber betriebliche Altersversorgung erhält (§ 26 S. 236). Er kann mithin auch weiterhin Karenzentschädigung verlangen. Der Arbeitgeber kann in der Ruhelohnordnung vorsehen, daß die Karenzentschädigung anzurechnen ist.

9. Vertragsstrafe. Vielfach werden zur Sicherung von Wettbewerbsverboten Vertragsstrafen vereinbart. Für die Vereinbarung ist die Schriftform erforderlich (§ 75 c HGB). Vgl. das Muster § 14 III 7 S. 184.

a) Hat der Arbeitnehmer für den Fall, daß er das Wettbewerbsverbot *nicht einhält* eine Vertragsstrafe versprochen, so kann der Arbeitgeber Ansprüche nur nach Maßgabe des § 340 BGB geltend machen (vgl. § 14 III 4 S. 183). Er kann demnach Erfüllung verlangen (§ 340 Abs. 1 S. 1 BGB) oder auch statt der Erfüllung bei Wettbewerbsverstoß die verein-

barte Vertragsstrafe begehren (§ 340 Abs. 1 S. 1 BGB) und
Ersatz des auf dem Wettbewerbsverstoß beruhenden weiteren Schadens fordern (§ 340 Abs. 2 BGB). Verlangt er die
Vertragsstrafe, so ist für die Vergangenheit der Anspruch
auf Erfüllung ausgeschlossen (§ 340 Abs. 1 S. 2 BGB). Dagegen können für die Zukunft im Falle weiterer Verstöße
erneut Erfüllungsansprüche erhoben werden. Ist in dem
Wettbewerbsverbot vereinbart, daß für jeden Fall der Zuwiderhandlung gegen das Verbot der Arbeitnehmer eine Vertragsstrafe in Höhe eines Monatsgehalts verwirkt, so bedarf
es der Auslegung, wenn der Arbeitnehmer in die Dienste
eines Konkurrenten tritt. Im allgemeinen wird die Auslegung
ergeben, daß bei einem Dauerverstoß die Vertragsstrafe für
die Zuwiderhandlung in einem Monat geschuldet wird.

b) Ist die *Vertragsstrafe unverhältnismäßig* hoch, so
kann der Arbeitnehmer ihre Herabsetzung beanspruchen
(§ 75 c Abs. 1 S. 2 HGB; vgl. dazu § 14 III 6 S. 183).

10. Erstattungsanspruch des Arbeitsamtes. Für den Arbeitgeber empfiehlt sich nur noch in seltenen Ausnahmefällen der Abschluß eines Wettbewerbsverbotes, da die
durch es erwachsenden wirtschaftlichen Belastungen die
Vorteile nur selten rechtfertigen.

a) Wettbewerbsabreden schränken die Vermittlungsmög-
lichkeiten des Arbeitnehmers auf dem allgemeinen Arbeitsmarkt ein. Sie dienen dem Schutz berechtigter Interessen
des Arbeitgebers. Damit ist es nicht gerechtfertigt, die Versi-
chertengemeinschaft mit dem erhöhten Vermittlungsrisiko
zu belasten. Der mit einem Wettbewerbsverbot belegte Arbeitnehmer hat Anspruch auf Arbeitslosengeld, weil er dem
Arbeitsmarkt zur Verfügung steht.

b) Der Arbeitgeber muß nach § 128 a AFG (ab 1. 1. 1998
§ 148 SGB III) der BAnstArb vierteljährlich das Arbeitslosengeld bzw. die Arbeitslosenhilfe erstatten, die das Arbeitsamt für Zeiten gezahlt hat, in denen das Wettbewerbsverbot bestand. Die Pflicht zur Erstattung des ALG bzw.

Alhi umfaßt die Pflicht zur Erstattung der auf diese Leistungen entfallenden Beiträge zur gesetzlichen Kranken- und Rentenversicherung. Der Eintritt der Erstattungspflicht hängt nicht von dem Nachweis der Ursächlichkeit zwischen der Beschränkung der beruflichen Tätigkeit des Arbeitnehmers und seiner Arbeitslosigkeit bzw. deren Dauer ab.

11. Muster eines Wettbewerbsverbotes:

I. Herr/Frau verpflichtet sich, für die Dauer von . . . . . . Jahren nach Beendigung des Arbeitsverhältnisses in der Bundesrepublik im Land . . . . . . nicht für ein Konkurrenzunternehmen tätig zu sein, noch unmittelbar oder mittelbar an der Gründung oder im Betrieb eines solchen Unternehmens mitzuwirken.

II. Für die Dauer des Wettbewerbsverbotes zahlt die Firma Herrn/Frau . . . . . . 50% der zuletzt gewährten vertragsmäßigen Leistungen.

III. Im übrigen gelten die Vorschriften der §§ 74 ff HGB.

IV. Mandantenschutzklausel

1. Verbreitung. Namentlich freiberuflich Tätige, wie Steuerberater, Wirtschaftsprüfer usw. haben in der Vergangenheit mit ihren Arbeitnehmern sog. Mandantenschutzklauseln geschlossen. Dagegen sind sie bei Rechtsanwälten nach wohl jetzt h. M. standeswidrig. Es sind zwei Formen der Mandantenschutzklauseln zu unterscheiden.

2. Allgemeine und begrenzte Mandantenschutzklauseln. Hat der Arbeitnehmer eines Steuerberaters die Verpflichtung übernommen, wenn er sich selbständig macht, keine Verträge mit Mandanten seines ehemaligen Arbeitgebers abzuschließen, so liegt eine allgemeine Mandantenschutzklausel vor, die dieselben Wirkungen wie ein Wettbewerbsverbot entfaltet. Es sind also die Vorschriften der §§ 74 ff HGB entspr. anzuwenden. Die Klausel ist nur wirksam, wenn der Arbeitgeber die Zahlung einer Karenzentschädigung verspricht. Hat dagegen der Arbeitnehmer lediglich zugesagt, auf Mandanten seines Arbeitgebers nicht einzuwirken, mit ihm Mandantenverträge abzuschließen, wird von einer begrenzten Mandantenschutzklausel gesprochen, die auch ohne Zahlung einer Karenzentschädigung wirksam ist.

§ 14. Vertragsstrafe*

I. Allgemeines

1. Begriff der selbständigen und unselbständigen Vertragsstrafe. Eine unselbständige Vertragsstrafe nach §§ 339 ff BGB wird für den Fall versprochen, daß ein Schuldner seine Verbindlichkeit nicht oder nicht in gehöriger Weise erfüllt. Sie setzt mithin eine Hauptverbindlichkeit voraus, zu der die Vertragsstrafe akzessorisch ist. Eine selbständige Vertragsstrafe wird für den Fall der Vornahme oder Nichtvornahme einer Handlung zugesagt. Wegen der gesicherten Handlung besteht keine Verpflichtung; sie wird also z. B. zugesagt für den Fall des Ausspruchs einer Kündigung durch den Arbeitgeber usw.

2. Zusage. Für die Zusage einer Vertragsstrafe bedarf es in jedem Fall einer besonderen Vereinbarung, einer Betriebsvereinbarung oder eines Tarifvertrages. Unzulässig sind Vertragsstrafenvereinbarungen mit Auszubildenden (§ 5 Abs. 2 BBiG).

II. Selbständige Vertragsstrafe

1. Fehlende gesetzliche Regelung. Das selbständige Strafversprechen ist im Gesetz in der BRD nicht geregelt. Es ergibt sich aus dem Grundsatz der Vertragsfreiheit (§§ 241, 305 BGB). Es kommt im Arbeitsrecht als eigenständige Regelung selten vor, da die Nichtvornahme oder Vornahmehandlung, zu der man nicht verpflichtet ist, selten durch

---

* Schaub ArbR von A–Z, Stichwort: Vertragsstrafe.

eine selbständige Garantieleistung gesichert ist. Die selbständige Vertragsstrafe erscheint meist in dem Gewand, daß ein Arbeitnehmer keine Ansprüche erlangen soll, wenn er das Arbeitsverhältnis vor einem bestimmten Termin beendet, z. B., wenn vereinbart ist, daß ein Gratifikationsanspruch nicht erwächst oder zurückgezahlt werden muß, wenn das Arbeitsverhältnis vor dem 31. 3. beendet wird usw.

2. Entsprechende Anwendung von §§ 339 ff BGB. Auf das selbständige Strafversprechen können einige Regelungen der §§ 339 ff BGB **entspr. angewandt** werden.

III. Unselbständiges Strafversprechen

1. Gesicherte Hauptverbindlichkeit. Das unselbständige Strafversprechen setzt eine Hauptverbindlichkeit voraus, die durch die Vertragsstrafe gesichert werden soll. Der Arbeitnehmer verpflichtet sich zur Unterlassung von Wettbewerb und sagt für den Fall der Zuwiderhandlung eine Vertragsstrafe in Höhe von X- DM zu. Zur Begründung der Vertragsstrafe ist ein besonderer Vertrag erforderlich, der nach den Regeln von §§ 145 ff BGB geschlossen wird.

2. Unwirksamkeit der Vertragsstrafenabrede. Die Vertragsstrafenabrede kann aus zwei Gründen unwirksam sein.

a) Sie kann einmal unwirksam sein, weil die *gesicherte Hauptverbindlichkeit unwirksam* ist, z. B. das gesicherte Wettbewerbsverbot ist wegen Formmangels oder fehlender Aushändigung unwirksam (§ 13 III 2 c S. 163 f).

b) Die Vertragsstrafenabrede kann aber auch unwirksam sein, weil die Unwirksamkeitsgründe der *Abrede selbst anhaften*, z. B. fehlende Einigung, Anfechtung der Vertragsstrafenabrede usw. Die Abrede ist aber noch nicht dann unwirksam, wenn die Strafe unverhältnismäßig hoch festgesetzt worden ist. Die Strafe kann auf Antrag im Wege der richterlichen Rechtskontrolle auf den angemessenen Betrag herabgesetzt werden (§ 343 BGB).

3. Verwirkung der Strafe. Die Strafe verwirkt, wenn der Vertragsstrafenschuldner in Verzug gerät.

a) Die Strafe kann in einer *Geldsumme oder in einer anderen Leistung* bestehen. Wird als Strafe eine andere Leistung als die Zahlung einer Geldsumme versprochen, so finden gleichfalls die Vorschriften über die Vertragsstrafe Anwendung, jedoch ist der Anspruch auf Schadensersatz ausgeschlossen, wenn der Gläubiger die Strafe verlangt (§ 342 BGB).

b) Hat der Schuldner dem Gläubiger für den Fall, daß er seine Verbindlichkeit nicht oder nicht in gehöriger Weise erfüllt, die Zahlung einer Geldsumme als Strafe versprochen, so ist die Strafe verwirkt, wenn er mit seiner Leistung in *Verzug* gerät. Die Voraussetzungen des Verzuges bestimmen sich nach §§ 284, 285 BGB. Ein Schuldner gerät in Verzug, wenn er nach Fälligkeit auf Abmahnung nicht leistet oder, sofern die Leistungszeit nach dem Kalender bestimmt ist, wenn er bei Eintritt des Datums nicht leistet. Hat also z.B. der Arbeitnehmer die Arbeitsaufnahme für den 1. 7. zugesagt, so gerät er in Verzug, wenn er am 1. 7. nicht zur Arbeit erscheint. Der Arbeitgeber kann bei entspr. Vereinbarung die Vertragsstrafe verlangen. Der Schuldner gerät nicht in Verzug, wenn er die Nichtleistung nicht zu vertreten hat (vgl. § 12 III 4 c S. 156). Besteht die Leistungsverpflichtung des Schuldners in einem Unterlassen, z.B. der Einhaltung eines Wettbewerbsverbotes, so verwirkt die Vertragsstrafe mit der Zuwiderhandlung gegen das Verbot. Nach inzwischen gefestigter Rspr. ist ein schuldhafter Verstoß gegen das Verbot notwendig.

c) Die *Vertragsstrafenfolgen* sind unterschiedlich, je nachdem, ob der Schuldner die Vertragsstrafe für den Fall der Nichterfüllung seiner Verbindlichkeit oder der nicht gehörigen Erfüllung seiner Verbindlichkeit schuldet. Der

Unterschied zwischen beiden Fallgestaltungen besteht darin, daß in dem einen Fall der Schuldner überhaupt nicht leistet und in dem anderen Fall die Leistung mit Mängeln behaftet ist.

4. Strafe für Nichterfüllung. Hat der Schuldner die Strafe für den Fall versprochen, daß er seine Verbindlichkeit nicht erfüllt, so kann der Gläubiger die verwirkte Strafe statt der Erfüllung verlangen. Erklärt der Gläubiger, daß er die Strafe verlangt, so ist der Anspruch auf Erfüllung ausgeschlossen (§ 340 Abs. 1 BGB). Der Hauptfall ist der, daß ein Arbeitnehmer für den Fall des Nichtantritts der Arbeit oder der Beendigung des Arbeitsverhältnisses eine Vertragsstrafe verspricht. Steht dem Gläubiger ein Schadensersatzanspruch wegen Nichterfüllung des Arbeitsvertrages zu (vgl. § 12 II S. 142), so kann der Gläubiger als Mindestbetrag des Schadensersatzes die Vertragsstrafe verlangen.

5. Strafe für nicht gehörige Erfüllung. Hat dagegen der Gläubiger die Strafe für den Fall versprochen, daß er seine Verbindlichkeit nicht in gehöriger Weise, insbesondere nicht zu der bestimmten Zeit erfüllt, so kann der Gläubiger die verwirkte Strafe neben der Erfüllung verlangen (§ 341 Abs. 1 BGB). Die Regelung ist konsequent; der Schuldner leistet ja, seiner Leistung haften nur Mängel an. Nimmt der Gläubiger die (mangelhafte) Leistung des Schuldners an, so kann er die Vertragsstrafe nur verlangen, wenn er sich die Strafe bei der Entgegennahme der Leistung vorbehält (§ 341 Abs. 3 BGB). Steht dem Gläubiger wegen der nicht gehörigen Erfüllung ein Schadensersatz wegen Nichterfüllung zu, so kann wiederum die Vertragsstrafe als Mindestbetrag des Schadensersatzes verlangt werden.

6. Unverhältnismäßig hohe Vertragsstrafe. Haben die Parteien eine unverhältnismäßig hohe Vertragsstrafe vereinbart, so kann sie auf Antrag des Schuldners durch Urteil auf den angemessenen Betrag herabgesetzt werden (§ 343

Abs. 1 S. 1 BGB). Die Vorschrift dient dem Schuldnerschutz und ist nicht abdingbar.

a) Der *Antrag auf Herabsetzung* einer Vertragsstrafe ist
begründet, wenn *a)* ein wirksames Strafversprechen vorliegt, *b)* die Strafe verwirkt, aber noch nicht entrichtet ist
(§ 343 Abs. 1 S. 3 BGB), *c)* die Strafe unverhältnismäßig
hoch ist, *d)* der Schuldner einen Antrag auf Herabsetzung
der Vertragsstrafe gestellt hat.

b) Bei der *Beurteilung der Angemessenheit* einer Strafe
ist jedes berechtigte Interesse des Gläubigers, nicht bloß das
Vermögensinteresse, in Betracht zu ziehen. Es sind mithin
gegeneinander abzuwägen, welche Strafe erforderlich ist,
um den Schuldner zur Erfüllung seiner Verbindlichkeit anzuhalten. Es kann mithin eine fühlbare Strafe in Betracht
kommen, wenn der Gläubiger überhaupt keinen Schaden
erleidet, aber eine Schadensmöglichkeit besteht. Andererseits ist zu berücksichtigen, daß die Strafe für den Schuldner keine unverhältnismäßige Härte darstellen darf. Zu berücksichtigen sind insbesondere wirtschaftliche Lage, Ver-
schuldensgrad, Ursächlichkeit des Schuldnerverzuges usw.
Hat der Arbeitnehmer eine Vertragsstrafe für den Fall des
Vertragsbruches versprochen, so wird in aller Regel eine
Vertragsstrafe in Höhe eines Monatseinkommens nicht zu
beanstanden sein.

7. Muster einer Vertragsstrafenabrede:

(1) Im Falle der schuldhaften Nichtaufnahme oder vertragswidri-
gen Beendigung der Tätigkeit verpflichtet sich der Arbeitnehmer der
Firma eine Vertragsstrafe in Höhe eines Gesamtmonatseinkom-
mens zu zahlen. Das Gesamtmonatseinkommen wird nach dem
Durchschnitt der Bezüge der letzten 12 Monate oder, im Falle einer
kürzeren Beschäftigungsdauer, nach dem Durchschnittsverdienst
während der Beschäftigungszeit oder, sofern die Tätigkeit nicht aufgenommen wurde, der vereinbarten Vergütung errechnet. Die Firma
ist berechtigt, einen weitergehenden Schaden geltend zu machen.

(2) Handelt der Arbeitnehmer dem Wettbewerbsverbot zuwider,
so kann die Firma unbeschadet ihrer sonstigen Rechte, für jeden
Fall der Zuwiderhandlung oder im Falle der Eingehung eines Ar-

beitsverhältnisses in einem Konkurrenzunternehmen für jeden Monat der Beschäftigung eine Vertragsstrafe in Höhe von . . . . . . DM verlangen. Unberührt bleibt hiervon die Möglichkeit, einen weitergehenden Schaden geltend zu machen.

§ 15. Betriebsbuße*

I. Allgemeines

1. Kollektives Ordnungsmittel. Die Betriebsbuße ist ein kollektivrechtliches Ordnungsmittel.

a) Für die *Verhängung einer Betriebsbuße* muß eine besondere Rechtsgrundlage vorhanden sein. Als Rechtsgrundlage kommt in der Praxis nur noch eine Betriebsvereinbarung in Betracht, da der Betriebsrat ein erzwingbares Mitbestimmungsrecht hat (§ 87 Abs. 1 Nr. 1 BetrVG). Die Betriebsbuße dient der Aufrechterhaltung der Ordnung des Betriebes.

b) Die Betriebsbuße ist von der *Abmahnung* zu unterscheiden. Abmahung ist der Ausdruck der Mißbilligung unter Androhung der Rechtsfolgen für die Zukunft. Zweck der Abmahnung ist es, den Arbeitnehmer zur Erfüllung seiner individual- oder kollektivrechtlichen Pflichten anzuhalten. Für sie ist eine Mitbestimmung des Betriebsrates nicht gegeben. Der Arbeitgeber kann mithin den Arbeitnehmer abmahnen, pünktlich zur Arbeit zu erscheinen, mit der notwendigen Anspannung zu arbeiten usw. Zur mitbestimmungspflichtigen Betriebsbuße wird sie erst dann, wenn mit ihr (auch) eine Bestrafung des Arbeitnehmers erfolgen soll. Hierfür können die Umstände und die Verwendung der Ausdrücke sprechen, z.B., sie werden verwarnt, wir erteilen ihnen einen Verweis usw.

c) Die Betriebsbuße ist ferner von der *Vertragsstrafe* (§ 14 S. 180) zu unterscheiden. Die Betriebsbuße hat Strafcharak-

---

* Schaub ArbR von A–Z, Stichwort: Betriebsbuße; ders., Der Betriebsrat, 6. Aufl., 1995, § 42 II.

ter, die Vertragsstrafe soll dagegen die Erfüllung der Verpflichtung des Arbeitnehmers sichern.

d) Die Betriebsbuße ist schließlich zu unterscheiden von der *staatlichen Strafe*. Staatliche Strafen oder Bußen werden zur Ahndung von Vergehen und zur Aufrechterhaltung der öffentlichen Ordnung verhängt. Im allgemeinen kommt die Verhängung einer Betriebsbuße auch nicht bei Straftatbeständen in Betracht. Indes ist ein Kameradendiebstahl im Betrieb nicht nur ein Verstoß gegen die öffentliche Ordnung, sondern auch gegen die konkrete Ordnung des Betriebes, so daß auch eine Betriebsbuße verhängt werden kann. Betriebsbußen werden vor allem vereinbart bei Verstößen gegen die Unfallverhütungsvorschriften.

II. Vereinbarung und Verhängung einer Betriebsbuße

1. Erzwingbares Mitbestimmungsrecht bei Bußordnung. Nach § 87 Abs. 1 Nr. 1 BetrVG hat der Betriebsrat ein erzwingbares Mitbestimmungsrecht in Fragen der Ordnung des Betriebes und des Verhaltens der Arbeitnehmer im Betrieb. Es ist heute allgemein anerkannt, daß dann, wenn der Betriebsrat ein erzwingbares Mitbestimmungsrecht hat, wie die Ordnung des Betriebes zu regeln ist, er auch bei der Aufstellung von Normen zur Durchsetzung der Ordnung ein Mitbestimmungsrecht hat. Eine wirksame Bußordnung setzt voraus, daß *a)* die Bußordnung durch Betriebsvereinbarung zwischen Arbeitgeber und Betriebsrat wirksam geschaffen und bekannt gemacht ist, *b)* in ihr die Verhängung von Buße bedingenden Tatbeständen festgelegt und zulässigerweise normiert ist. In Betracht kommen jedoch nur Fragen der Ordnung des Betriebes; *c)* ein rechtsstaatliches, ordnungsgemäßes Verfahren bei der Verhängung eingehalten wird, *d)* rechtliches Gehör bei der Verhängung gewährt und eine (rechtskundige) Vertretung zugelassen wird; *e)* auch bei der Verhängung der einzelnen Buße der Betriebsrat i. S. der Mitbestimmung eingeschaltet wird.

2. Mitbestimmung bei Verhängung im Einzelfall. Der Betriebsrat hat auch bei der Verhängung der Betriebsbuße im Einzelfall ein erzwingbares Mitbestimmungsrecht nach § 87 Abs. 1 Nr. 1 BetrVG. Regelmäßig wird in der Praxis die Betriebsbuße durch einen von Arbeitgeber- und Arbeitnehmerseite paritätisch besetzten Ausschuß verhängt.

3. Arten der Betriebsbuße. Als Betriebsbußen kommen in Betracht Verwarnung, Verweis oder Geldbuße. Dagegen ist es heute h. M., daß eine Entlassung unzulässig ist, da dadurch der Kündigungsschutz umgangen werden könnte.

a) *Verwarnung und Verweis* sind Beanstandungen des Verhaltens des Arbeitnehmers, durch die das Verhalten sanktioniert, also pönalisiert werden soll. Sie dürfen keine Ehrenstrafen sein. Ihre Eintragung in die Personalakten ist zulässig, sofern sie nach bestimmten Fristen auch wieder gelöscht wird, wenn sich der Arbeitnehmer korrekt verhalten hat. Im allgemeinen werden für die Löschung die Fristen des BZRG gelten. Der Verweis wird als die strengere Form der Bestrafung aufgefaßt.

b) Die Höhe der *Geldbuße* braucht in der Bußordnung nicht bestimmt sein. Ausreichend ist die Normierung eines Bußrahmens. Im allgemeinen werden Geldbußen bis zur Höhe eines Tagesverdienstes als zulässig angesehen.

III. Rechtsverteidigung gegen eine Betriebsbuße

1. Betriebliches Verhängungsverfahren. Der Arbeitnehmer kann sich im Rahmen des betrieblichen Verfahrens gegen die Betriebsbuße verteidigen; ihm muß insoweit rechtliches Gehör gewährt werden.

2. Gerichtskontrolle. Umstritten ist dagegen, inwieweit eine Betriebsbuße der gerichtlichen Kontrolle unterliegt.

a) Unstreitig ist insoweit, daß sich die *richterliche Kontrolle* darauf erstreckt, ob *a)* eine wirksame Bußordnung geschaffen worden ist, *b)* die Formalien der Verhängung der

Buße im Einzelfall gegeben sind, also die Mitbestimmung des Betriebsrates gewahrt, bei der Verhängung der Buße ein rechtsstaatliches Verfahren eingehalten worden ist usw.

b) Umstr. ist dagegen, ob auch die *Buße selbst gerichtlich nachgeprüft* werden kann, ob also ein Bußtatbestand gegeben ist, die Buße angemessen war usw. Nach richtiger Ansicht wird die Buße in vollem Umfang der gerichtlichen Kontrolle unterliegen.

c) Die Gerichtskontrolle wird regelmäßig bei Verwarnung und Verweis *herbeigeführt,* in dem der Arbeitnehmer nach der Verhängung auf Feststellung klagt, daß Verwarnung oder Verweis ungerechtfertigt sind und die Entfernung aus der Personalakte begehrt. Im Falle einer Geldbuße wird der Arbeitgeber in aller Regel diese vom Einkommen des Arbeitnehmers abziehen. Insoweit klagt der Arbeitnehmer einfach auf Auszahlung des Arbeitsentgeltes.

d) Die *Vollstreckung der Betriebsbuße* erfolgt durch den Arbeitgeber, denn dieser muß nach § 77 Abs. 1 BetrVG Vereinbarungen mit dem Betriebsrat ausführen. In Betriebsvereinbarungen über Betriebsbußen ist regelmäßig vorgesehen, daß Geldbußen zugunsten eines betrieblichen Sozialfonds verwirkt werden.

Abschnitt V. Pflichten des Arbeitgebers aus dem Arbeitsvertrag

§ 16. Verpflichtung des Arbeitgebers zur Zahlung der Arbeitsvergütung

I. Begründung des Anspruches*

1. Hauptpflichten. Die Hauptpflicht des Arbeitgebers besteht in der Verpflichtung zur Zahlung einer Arbeitsvergütung. Sie ist Gegenleistung für die vom Arbeitnehmer geschuldete Arbeit.

a) Im allgemeinen *vereinbaren* die Arbeitsvertragsparteien ausdrücklich die Zahlung einer Arbeitsvergütung überhaupt und deren Höhe. Notwendig ist dies jedoch nicht. So kann sich Grund und Höhe der Arbeitsvergütung aus den Umständen ergeben. Wer sich als Verkäuferin in einem Verkaufsunternehmen bewirbt, weiß, daß die übliche Vergütung für Verkäuferinnen gezahlt wird. Es kann auch ausreichend sein, daß sich die Parteien über die Zahlung einer Arbeitsvergütung einig sind und deren Bemessung in das billige Ermessen des Arbeitgebers stellen. Dies ist z.B. der Fall, wenn ein Arbeiter von einem Großbetrieb als Hilfsarbeiter eingestellt wird. In diesen Fällen wird im allgemeinen der Arbeitgeber die Vergütung nach dem ortsüblichen Lohn festlegen. Namentlich in den Fällen der betrieblichen Ruhegeldgewährung wird vielfach die Bemessung der Ruhegelder dem Arbeitgeber überlassen. Erfolgt die Bemessung nicht nach billigem Ermessen, so wird sie durch das Gericht vorgenommen (§ 315 Abs. 3 BGB).

b) Unabhängig davon, ob die Parteien die Höhe der Arbeitsvergütung bestimmt haben oder nicht, darf im Falle der

---

* Schaub ArbR von A–Z, Stichwort: Arbeitsvergütung.

Tarifbindung der Arbeitsvertragsparteien (§ 1 II 6 S. 11) die vereinbarte Vergütung nicht das *tarifliche Entgelt* des auf das Arbeitsverhältnis anzuwendenden Tarifvertrages unterschreiten. Dies folgt aus der unmittelbaren und zwingenden Wirkung des Tarifvertrages. Umstr. ist, ob mit nicht Tarifgebundenen eine andere Vergütung als mit Tarifgebundenen vereinbart werden kann. Diese Frage wurde bislang von der Rspr. des BAG bejaht. Die Rspr. hat angenommen, daß die Organisationszugehörigkeit ein hinreichendes Differenzierungsmerkmal für die Höhe der Vergütung sei. In der neueren Lit. werden hiergegen zunehmend Bedenken erhoben.

2. Vergütungserwartung.* Vielfach erbringen Personen in einem ständigen Verhältnis Arbeitsleistungen, die nach den Umständen nur gegen eine Vergütung zu erwarten sind (§ 612 Abs. 1 BGB). Dies gilt z.B. in Verwandtschaftsverhältnissen, unter Verlobten usw. Solange diese Verhältnisse intakt sind, wird über eine Vergütung nicht gesprochen. Zum Streit über die Vergütung kommt es erst, wenn die wechselseitigen Beziehungen gestört sind oder man sich trennen will. Das Gesetz fingiert, daß in diesen Fällen eine Vergütung als stillschweigend vereinbart gilt (§ 612 Abs. 1 BGB). Ein Anspruch wegen *fehlgegangener Vergütungserwartung,* also ein Anspruch auf Vergütung oder Nachzahlung von Vergütung, ist gegeben, wenn *a)* arbeitsvertragliche Beziehungen bestanden und eine Erwartung gerechtfertigt war, daß durch eine in Zukunft erfolgende Übergabe eines Vermögens oder Vermögensbestandteils die in der Vergangenheit geleisteten Dienste abgegolten werden sollen; *b)* für die geleisteten Dienste entweder keine oder doch nur deutlich unterwertige Bezahlung erfolgt ist und *c)* ein unmittelbarer Zusammenhang zwischen der unterwertigen oder fehlenden Zahlung und der Erwartung besteht. Ein Vertrauen auf eine noch zu gewährende Vergütung ist dann

---

* Schaub ArbR von A–Z, Stichwort: Fehlgegangene Vergütungserwartung.

gegeben, wenn wegen der Dienste eine Erbeinsetzung in Aussicht gestellt ist, z.B. die Übertragung des Hofes, eines Hauses oder sonstiger Vermögensvorteile. Ob eine deutlich unterwertige Vergütung gezahlt worden ist, muß nach den Umständen des Einzelfalles beurteilt werden. Wegen besonderer familiärer Verhältnisse oder den finanziellen Möglichkeiten des Dienstberechtigten kann sich ergeben, daß die Dienste gegen eine besonders niedrige Vergütung geleistet werden sollen. Der Vergütungsanspruch verjährt wie jeder andere Vergütungsanspruch (§ 20 III S. 216). Die Verjährungsfrist beginnt in dem Zeitpunkt zu laufen, in dem über ihn hätte abgerechnet werden müssen. Nur in den Fällen, in denen der Anspruch gestundet sein sollte, beginnt die Verjährung im Zeitpunkt des Wegfalls der Stundung. Dies ist z. B. der Fall, wenn einem Dienstnehmer die Erbeinsetzung in Aussicht gestellt war und sich herausstellt, daß die Erbeinsetzung nicht erfolgt ist.

II. Bemessung der Arbeitsvergütung nach der Arbeitszeit

1. Zeitvergütung. In der Mehrzahl der Fälle wird einem Arbeitnehmer eine Zeitvergütung zugesagt. Der Arbeitnehmer erhält für eine Stunde, einen Tag, eine Woche, einen Monat eine bestimmte Vergütung zugesagt.

a) Ist die Vergütung in einem *Tarifvertrag* geregelt, so wird regelmäßig einer bestimmten Vergütungsgruppe eine bestimmte Vergütung zugeordnet. In welche Vergütungsgruppe ein Arbeitnehmer einzureihen ist, bestimmt sich nach abstrakten, von den Tarifpartnern formulierten Gruppenmerkmalen.* Ein ausgeprägtes Tarifgruppensystem findet sich im öffentlichen Dienst, etwa in der Anlage 1 zum BAT. Danach ist z.B. in Vergütungsgruppe VII BAT einzureihen, wer zur Erfüllung seiner Tätigkeit gründliche und vielseitige Fachkenntnisse haben muß. Zur Verdeutlichung dessen, was die Tarifpartner gewollt haben, werden alsdann

---

* Schaub ArbR von A–Z, Stichwort: Eingruppierung.

in der jeweiligen Tarifgruppe Beispiele aufgeführt, damit erkennbar wird, welcher Umfang und welcher Schwierigkeitsgrad von Arbeiten auf den einzelnen Dienstplätzen vorausgesetzt wird. Dasselbe System wie im BAT liegt aber auch vielfach den Tarifverträgen der Privatwirtschaft zugrunde.

Soll die Höhe der Vergütung eines betroffenen Arbeitnehmers ermittelt werden, so muß zunächst festgestellt werden, in welche Vergütungsgruppe ein Arbeitnehmer einzureihen ist. Dabei gehen nahezu alle Tarifverträge davon aus, daß sich die richtige Einreihung in die Tarifgruppen nicht nach der Eingruppierung durch den Arbeitgeber richtet, sondern nach der Art und dem Umfang der vom Arbeitnehmer zu leistenden Arbeit. Dies beruht auf der Überlegung, daß es dem Arbeitgeber nicht überlassen bleiben darf, die Höhe der Vergütung durch eine zu geringe Eingruppierung zu manipulieren.

In der Privatwirtschaft richtet sich die Eingruppierung regelmäßig nach der überwiegend, also nach der zu mehr als 50 v. H. der Arbeitszeit ausgeübten Tätigkeit. Für Angestellte des öffentlichen Dienstes richtet sich die Eingruppierung nach demjenigen Arbeitsvorgang, der die Arbeitszeit zu mehr als 50 v. H. übersteigt. Der Begriff des Arbeitsvorgangs ist in der Protokollnotiz zu § 22 Abs 2 BAT definiert. Unter Arbeitsvorgang ist unter Hinzurechnung der Zusammenhangstätigkeiten und bei Berücksichtigung einer vernünftigen, sinnvollen praktischen Verwaltungsübung eine nach tatsächlichen Gesichtspunkten abgrenzbare und tarifrechtlich selbständig bewertbare Arbeitseinheit der zu einem bestimmten Arbeitsergebnis führenden Tätigkeit eines Angestellten zu verstehen. Da in einem Arbeitsvorgang regelmäßig auch Zusammenhangstätigkeiten enthalten sind, kann dies dazu führen, daß geringerwertige Tätigkeiten in einem Arbeitsvorgang enthalten sind, aber gleichwohl eine Höhergruppierung erfolgt.

b) Im Interesse des Schutzes der Arbeitnehmer hat der *Betriebsrat* bei der Eingruppierung ein *Mitwirkungsrecht* (vgl. § 6 S. 55 ff).* Dies ist ein Mitbeurteilungsrecht, ob der Arbeitnehmer tarifgerecht eingruppiert ist. Ist der Arbeitnehmer fehlerhaft eingruppiert, kann der Betriebsrat aber nicht die richtige Eingruppierung verhindern. Der Arbeitgeber wird eine Umgruppierung versuchen und hierzu die Zustimmung des Betriebsrats einholen. Verweigert der Betriebsrat die Zustimmung kann der Arbeitgeber das sog Zustimmungsersetzungsverfahren einleiten.**

c) Ist ein Arbeitnehmer nicht tarifgerecht eingruppiert, kann er sich *beschwerdeführend* an den Betriebsrat wenden (§ 84 BetrVG). Er kann aber auch *Klage* beim Arbeitsgericht erheben. Der einfachste Weg ist derjenige zur Erhebung einer Leistungsklage. Hierzu errechnet der Arbeitnehmer für eine bestimmte Zeit in der Vergangenheit die zutreffende Vergütung und klagt sie gegen den Arbeitgeber ein.

d) *Muster:*

An das Arbeitsgericht . . . .   Duisburg, den . . . . . .
Klage
des Anton Müller, wohnhaft in . . . . . .

Klägers
gegen
die Firma . . . . . ., Anschrift . . . . . .

Beklagte
wegen Eingruppierung und Vergütungsnachzahlung.
  Es wird beantragt:
  Die Beklagte wird verurteilt, ... DM nebst 4% Zinsen seit dem . . . . . . an den Kläger zu zahlen.
Begründung.
  Der Kläger ist seit dem . . . . . . als . . . . . . bei der Beklagten beschäftigt. Auf das Arbeitsverhältnis der Parteien ist der . . . . . . Tarifvertrag für . . . . . .anzuwenden. Der Kläger ist Mitglied der IG . . . . . .; die Beklagte ist Mitglied des . . . . . . Verbandes/im Wege des Einzelvertrages haben die Parteien das Arbeitsverhältnis dem Tarifvertrag unterstellt.

---

* Schaub ArbR von A–Z, Stichwort: Betriebsratsaufgaben; ders., Der Betriebsrat, 6. Aufl., 1995, §§ 47–53.
** Schaub, Der Betriebsrat, 6. Aufl., 1995, § 49.

Bei der Einstellung wurde der Kläger in die Vergütungsgruppe
...... eingereiht. Am ...... wurde er in die Vergütungsgruppe
...... höhergruppiert. Aber jetzt ist der Kläger nicht mehr richtig
eingruppiert. Der Kläger ist der Auffassung, daß ihm Vergütung
nach der Vergütungsgruppe ...... zusteht. Nach Vergütungsgruppe ...... sind zu vergüten ......

Diese Voraussetzung erfüllt der Kläger (genaue Schilderung der
übertragenen Aufgaben, Schilderung des Anteils der Einzelaufgaben
an den Gesamtaufgaben usw.).

Dic Vergütung nach Vergütungsgruppe ...... wird für die Zeit
vom ...... bis ...... beansprucht (vorrechnen).

e) Namentlich im öffentlichen Dienst, vielfach aber auch
in der Privatwirtschaft ist es nicht leicht, anhand des Tarifvertrages die richtige Vergütung zu errechnen. In diesen
Fällen ist es üblich, nicht auf Leistung einer bestimmten
Vergütung, sondern auf *Feststellung zu klagen*, daß der
Arbeitgeber die Vergütung nach einer bestimmten Vergütungsgruppe zu zahlen hat.* Für den öffentlichen Dienst ist
diese Klageweise allgemein anerkannt. Sie ist aber auch
zulässig, wenn sie gegen einen Arbeitgeber des Privatrechtes
gerichtet ist. Im Unterschied zur Leistungsklage hat die
Feststellungsklage eine erweiterte Rechtskraftwirkung; d. h.,
es kann auch für die Zukunft festgestellt werden, daß der
Arbeitgeber die Vergütung nach einer höheren Vergütungsgruppe zu berechnen hat. Dagegen werden bei einer Leistungsklage immer nur bestimmte Zahlungsabschnitte her-
ausgegriffen. Allerdings ist eine Feststellungsklage nicht
vollstreckungsfähig. Bei böswilligen Arbeitgebern oder solchen, bei denen eine Vollstreckung, etwa wegen mangeln-
der Zahlungsfähigkeit, notwendig ist, muß in jedem Fall auf
Leistung geklagt werden. Zweckmäßig kann es sein, Fest-
stellungs- und Leistungsklage miteinander zu verbinden.

2. Teillohnperiode. Hat ein Arbeitnehmer nicht während
der ganzen Lohnbemessungsperiode gearbeitet oder ergibt

---

* Schaub, Meine Rechte und Pflichten im Arbeitsgerichtsverfahren,
6. Aufl., 1997, § 6 S. 18.

sich aus sonstigen Gründen die Notwendigkeit der Ermittlung der Vergütung für eine geringere Zeiteinheit (Teillohnperiode), so muß eine Umrechnung erfolgen. Im allgemeinen hat die Umrechnung im Verhältnis der geleisteten zu der zu leistenden Arbeit zu erfolgen, d. h. die Wochenvergütung wird auf die Tagesvergütung umgerechnet, in dem sie durch die Zahl der regelmäßig zu leistenden Wochentage dividiert wird, (y DM : 5 Tage). Bei der Umrechnung der Monatsvergütung werden dagegen verschiedene Methoden angewandt. So wird durch die Zahl der im Monat zu leistenden Arbeitstage oder durch 30 dividiert und im ersten Fall mit den geleisteten Arbeitstagen, im 2. Fall mit den Kalendertagen multipliziert. Beide Systeme sind zulässig, wenn hierfür sachliche und vernünftige Gründe sprechen. Vielfach ergeben sich aber Umrechnungsanleitungen aus den jeweiligen Tarifverträgen. Diese können z. B. enthalten sein bei der Berechnung des Urlaubsentgelts, Überstundenvergütung usw.

III. Bemessung der Akkordvergütung*

1. Akkordvergütung ist eine leistungsabhängige Entlohnung, deren Höhe sich nach der Quantität der Arbeit richtet.

a) Mit der Akkordvergütung kann eine *Lohnsicherung* vereinbart werden, nach der die Akkordvergütung bei Minderleistungsfähigkeit oder überhaupt nicht unter die Zeitvergütung absinkt. Regelmäßig sind derartige Lohnsicherungssysteme tarifvertraglich geregelt.

b) Nach § 87 Abs. 1 Nr. 10 BetrVG hat der Betriebsrat ein *erzwingbares Mitbestimmungsrecht* in Fragen der betrieblichen Lohngestaltung, soweit eine gesetzliche oder tarifliche Regelung nicht besteht.** In aller Regel sind in Tarifverträgen nur Bestimmungen enthalten über die Höhe des

---

* Schaub ArbR von A–Z, Stichwort: Akkord.
** Schaub, Der Betriebsrat, 6. Aufl., 1995, § 42 XI, XII.

Akkordlohnes. Im übrigen werden nur allgemeine Grundsätze der Akkordvergütung tariflich geregelt. Lohngestaltung sind alle im Rahmen der Gesetze oder Tarifverträge für den Betrieb, die Betriebsgruppe, Abteilungen oder Schichten gegebenen Vergütungsregelungen. Zur Lohngestaltung gehören die Entlohnungsgrundsätze sowie die Entlohnungsmethode, die ebenfalls mitbestimmungspflichtig sind. Entlohnungsgrundsätze sind das System, nach dem die Vergütung berechnet wird (z. B. Stundenlohn, Akkorde). Entlohnungsmethode ist die Methode der Bewertung der Arbeitsleistung. Dem Betriebsrat soll nach § 87 Abs. 1 Nr. 10 BetrVG ein umfassendes Mitbestimmungsrecht in allen Fragen der betrieblichen Lohngestaltung eingeräumt werden.

Darüberhinaus hat der Betriebsrat aber nach § 87 Abs. 1 Nr. 11 BetrVG auch noch ein erzwingbares Mitbestimmungsrecht bei der Festlegung der Akkord- und Prämiensätze und vergleichbarer leistungsbezogener Entgelte, einschl. der Geldfaktoren. Hieraus folgt, sämtliche Faktoren, von denen die Berechnung der Akkordvergütung abhängt, sind mitbestimmungspflichtig. Nicht mitbestimmungspflichtig ist dagegen die Berechnung der Akkordvergütung im Einzelfall.

Der Betriebsrat hat bei diesem System der Mitbestimmungsrechte auch ein Initiativrecht; d. h., er kann auch von sich aus an den Arbeitgeber herantreten, im Rahmen der Lohngestaltung Akkordentlohnung im Betrieb einzuführen, die Akkordentlohnung nach einem anderen System berechnen zu lassen usw. Die Schranke seines Mitbestimmungsrechts ist wiederum das Gesetz und die Tarifverträge. Der Betriebsrat kann mithin keine vom Tarifvertrag abweichende Festsetzung des Akkordrichtsatzes verlangen oder sonst Lohnpolitik im Betrieb betreiben. Die Mitbestimmungsrechte stehen dem Betriebsrat im Interesse der Verteilungsgerechtigkeit zu. Gilt ein Tarifvertrag nur noch kraft Nachwirkung kann der Betriebsrat zur umfassenden Regelung initiativ werden. Dies folgt aus dem Grundsatz, daß der Tarifvorbehalt in § 87 I BetrVG nur dann Sperrwirkung entfaltet, wenn er zwingende Wirkung hat.

2. Unterscheidung der Akkordvergütung. Die Akkordvergütung wird nach verschiedenen Methoden unterschieden. Nach dem Bemessungsmaßstab unterschieden wird Stück-, Gewicht-, Maß-, Flächen- und Pauschalakkord. Je nach dem Bemessungsmaßstab wird die Zahl der gefertigten Arbeitsstücke, das Gewicht der verladenen Menge, das Maß der Nähte oder die Fläche der verputzten Wand zur Lohnberechnung herangezogen. Beim Pauschalakkord läßt sich die Arbeitsleistung nicht eindeutig gliedern. Es wird daher für die gefertigte Arbeitsleistung eine Pauschale vereinbart, die entweder auf Schätzung oder grobem Erfahrungswissen der Parteien beruht. Beim Geldakkord wird der Geldfaktor mit dem Bemessungsmaßstab der Arbeitsleistung multipliziert. Die Errechnung erfolgt mithin durch Multiplikation der erarbeiteten Arbeitsstücke mit dem Geldfaktor. Der Nachteil des Geldakkordes besteht darin, daß sich bei jeder Tarifänderung der Geldfaktor ändert und er arbeitswissenschaftlich nicht zur Arbeitsvorbereitung genutzt werden kann. Beim Zeitakkord erhält dagegen der Arbeitnehmer für jede zu fertigende Einheit eine bestimmte Zeitvorgabe. Die Errechnung des Zeitakkordes erfolgt mithin nach der Formel

Arbeitsmenge × Zeiteinheit × $\frac{1}{60}$ des Akkordrichtsatzes.

Für die Bestimmung der Zeitvorgabe bestehen verschiedene arbeitswissenschaftliche Methoden. Im Vordergrund stehen Refa, Bédaux und das MTM-System. Das Refa-System geht davon aus, daß die individuelle Arbeitsleistung eines Arbeitnehmers ermittelt werden kann, wenn als Bezugsgröße die Normalleistung festgestellt wird. Die Normalleistung ist eine Arbeitsleistung, die ein voll oder ausreichend geübter Arbeiter auf die Dauer oder im Mittel der täglichen Schichtzeit ohne Gesundheitsschädigung erbringen kann, wenn er die in der Vorgabezeit enthaltenen Zei-

ten für persönliche Bedürfnisse und Erholung einhält. Nach
dem Refa-System wird eine Fehlerschätzung von ± 5% hin-
genommen.

3. Besondere Rechtsfragen. Im Falle der Leistungsentlohnung erwachsen verschiedene Rechtsfragen.

a) In den Tarifverträgen wird zumeist der *Akkordricht-
satz* festgelegt. Ist auf das Arbeitsverhältnis der Tarifvertrag
anzuwenden (§ 1 II 6 S. 11), läßt sich die tarifliche Lohnhöhe errechnen.

Die Errechnung der Akkordvergütung hängt aber auch
von sonstigen Bemessungsfaktoren ab. Namentlich die *Vorgabezeiten* werden zumeist aufgrund arbeitswissenschaftli-
cher Methoden ermittelt und alsdann im Wege der Betriebsvereinbarung festgelegt. Häufig kommt es im Rahmen
des betrieblichen Geschehens, z. B. infolge nur geringfügiger
Änderungen des Arbeitsablaufes oder schleichender Ratio-
nalisierungen zu Änderungen. Alsdann bedarf es der Anpassung der Vorgabezeiten, also der Akkordrevision.* Dies
geschieht nach Durchführung neuer Arbeitsaufnahmen im
Wege der Betriebsvereinbarung. Aber auch dann, wenn die
Vorgabezeit nicht in einer Betriebsvereinbarung festgelegt
ist, kann eine Akkordrevision durchgeführt werden. Zum
Inhalt des Arbeitsvertrages wird nicht die einmal ermittelte
Vorgabezeit gemacht, sondern nur, daß die Vorgabezeit
methodengerecht ermittelt wird.

b) Ob ein Arbeitgeber einem Arbeitnehmer *Akkordarbeit
zuweisen* darf, richtet sich nach dem durch Auslegung zu
ermittelnden Arbeitsvertrag. Ist ein Arbeitnehmer ausschließlich im Zeitlohn eingestellt, kann ihm der Arbeitgeber nur nach Änderung des Vertrages auch Akkordarbeit
zuweisen. Für bestimmte Arbeitnehmergruppen ist die Zuweisung von Akkordarbeit unzulässig. Dies gilt z. B. für
Fahrpersonal, dem MuSchG unterliegende Frauen oder für
Jugendliche nach dem JArbSchG.

---

* Schaub ArbR von A–Z, Stichwort: Akkordrevision.

Umgekehrt kann einem für Akkordarbeit eingestellten Arbeitnehmer nicht ohne weiteres nur im Zeitlohn zu vergütende Arbeit zugewiesen werden. Vielmehr muß der Arbeitgeber die Arbeit verakkordieren. Ist dies im Einzelfall einmal nicht möglich, so muß der Arbeitgeber den bisherigen Akkorddurchschnittsverdienst weiterzahlen. Etwas anderes gilt dann, wenn der Arbeitnehmer für Akkord- und Zeitlohnarbeiten eingestellt worden ist (Mischlöhner). Bei diesem steht es im Ermessen des Arbeitgebers, ob er dem Arbeitnehmer Akkord- oder Zeitlohnarbeit zuweist.

c) Auch im Falle der Akkordlohnarbeit muß der Arbeitnehmer unter verkehrsüblicher *Anspannung seiner Kräfte arbeiten.* Er darf nicht mit seiner Arbeitskraft zurückhalten, weil er z. B. sonst eine Akkordrevision befürchtet oder weil er vorübergehend nur eine geringere Vergütung wünscht. Hält er mit der Arbeitskraft zurück, so kann nach vorheriger Abmahnung eine ordentliche und in schweren Fällen auch eine außerordentliche Kündigung gerechtfertigt sein.

d) Kommt es zu *Arbeitsmängeln,* so wird die Arbeitsvergütung des Arbeitnehmers nicht automatisch gemindert. Es ist oben § 12 III 2 S. 146 dargelegt, daß der Akkordlohn nur von der Arbeitsmenge, dagegen nicht von der Arbeitsqualität abhängig ist. Der Arbeitgeber kann bei Schlechtleistung nur im Rahmen der Pfändungsfreigrenze mit Schadensersatzansprüchen aufrechnen. Aber auch insoweit bestehen Ausnahmen; im Arbeitsvertrag wie in einem Tarifvertrag kann vereinbart sein, daß Arbeitsvergütung nur für fach- und sachgerecht ausgeführte Arbeit gezahlt wird. In diesen Fällen trägt der Arbeitnehmer das Risiko der Qualität. Für nicht hinreichend sachgemäße Arbeit erhält er keine Arbeitsvergütung.

IV. Bemessung der Prämienvergütung*

1. Arten und Vereinbarung der Prämienentlohnung. Die Prämienentlohnung ist ebenso wie die Akkordvergütung

---

* Schaub ArbR von A–Z, Stichwort: Prämie.

eine Form der Leistungsentlohnung. Anders als die Akkordvergütung kann die Prämie aber an die verschiedensten Verhaltensweisen des Arbeitnehmers geknüpft werden; es sind z.B. üblich die Leistungs-, Qualitäts-, Ersparnisprämie für die Einsparung von Rohstoffen, Energie usw. Die Prämienentlohnung ist nicht zu verwechseln mit sog. Anwesenheitsprämien. Durch diese soll nicht eine bestimmte Leistung angereizt, sondern ein Verhalten des Arbeitnehmers honoriert werden, auf das der Arbeitgeber ohnehin Anspruch hat (vgl. dazu § 24 S. 225).

a) Auch die Prämienentlohnung muß *vertraglich vereinbart* werden. In der Praxis kommen jedoch reine Prämienlohnsysteme kaum vor. Zumeist wird eine Prämienentlohnung mit einer Zeitvergütung oder einer Akkordvergütung gekoppelt. Es wird also z.B. vereinbart, daß die Arbeitnehmer in einem Walzwerk einen bestimmten Stundenlohn erhalten und eine Prämie für eine bestimmte, erreichbare Arbeitsmenge (Mengenprämie) und eine weitere Prämie für die Qualität der gewalzten Produkte (Qualitätsprämie).

b) In Tarifverträgen werden zumeist nur Grundsätze des Prämienlohnsystems geregelt. Die Prämienentlohnung unterliegt der erzwingbaren Mitbestimmung des Betriebsrats (§ 87 I Nr. 10, 11 BetrVG).

2. Prämienkurve. Die Prämienentlohnung kann als Geld- oder Zeitprämie vorkommen. Von Geldprämie wird dann gesprochen, wenn der Geldfaktor unmittelbar mit der Bezugsgröße multipliziert wird. Von Zeitprämie, wenn der Arbeitnehmer für eine bestimmte Arbeit eine Zeitvorgabe erhält, der eine Prämie zugeordnet ist. Die Prämie kann linear, progressiv oder degressiv verlaufen. Die Wahl hängt von den betriebswirtschaftlichen Planungen ab. Es wird z.B. nur eine degressive Lohnkurve gewählt werden, wenn Personal- oder Maschinenüberlastung vorgebeugt werden soll.

V. Vergütungszulagen

1. Arten. Regelmäßig werden im Arbeitsleben neben einer Grundvergütung, die als Zeit- oder Akkordvergütung (oben II, III) ausgestaltet sein kann, Vergütungszuschläge gezahlt. Diese können mannigfache Anknüpfungspunkte haben. In den Tarifverträgen sind vor allem *Erschwerniszulagen* geregelt, die wegen Überschreitung der Regelarbeitszeit (Über- und Mehrarbeitsstundenzuschläge), Arbeiten an gefährlichen oder besonders kräftezehrenden Arbeitsstellen usw. gezahlt werden müssen. Vor allem einzelvertraglich finden sich Leistungszulagen und die sog. übertariflichen Zulagen.

2. Tarifliche Zuschläge. Sie sind zu zahlen, wenn *(1)* das Arbeitsverhältnis dem Geltungsbereich des Tarifvertrages unterliegt (§ 1 II 6 S. 10), *(2)* die Arbeitsvertragsparteien tarifgebunden sind (§ 1 II 6 S. 11), *(3)* die von den Tarifvertragsparteien geregelten Zuschlagsvoraussetzungen vorliegen. Änderung, Erhöhung oder Abschaffung werden durch die Tarifvertragsparteien geregelt.

3. Leistungszulagen. Sie werden für eine überdurchschnittliche Arbeitsleistung erbracht.

a) Sie werden gelegentlich in Tarifverträgen geregelt. Zumeist beruhen sie jedoch auf einer einzelvertraglichen Vereinbarung. Der Betriebsrat hat ein erzwingbares Mitbestimmungsrecht wegen betrieblicher Lohngestaltung (§ 87 I Nr. 10 BetrVG), wenn der Arbeitgeber für den Betrieb, die Betriebsabteilung oder sonst eine Gruppe von Arbeitnehmern Mittel für eine Leistungszulage zur Verfügung stellt. Mitbestimmungspflichtig sind die Verteilungsgrundsätze, also die Voraussetzungen von denen die Gewährung abhängig gemacht wird.

b) Werden Leistungszulagen auf Grund einzelvertraglicher Abmachung gezahlt, so werden sie zum Inhalt des Arbeitsvertrages. Sie können daher vom Arbeitgeber nur durch Änderungskündigung oder einvernehmlich durch Änderungsvertrag geändert oder beseitigt werden. Im Falle von Tariflohnerhöhungen sind sie auf diese aufzustocken. Auf Grund kollektivrechtlicher Grundlage gezahlte Leistungszulagen können auch durch die ranggleiche kollektivrechtliche Regelung geändert, erhöht, verschlechtert oder abgeschafft werden. Dagegen können sie individualvertraglich nur zugunsten des Arbeitnehmers verbessert werden.

4. Übertarifliche Zulagen. a) Sie werden über den Tariflohn hinaus gewährt. Mit ihnen gleicht der Arbeitgeber die Vergütung im Unternehmen an das Vergütungsniveau des Betriebssitzes an, damit das Unternehmen auf dem Arbeitsmarkt konkurrenzfähig bleibt. U. U. wird die übertarifliche Zulage auch zum Ausgleich eines besonderen Marktwertes der Arbeitsleistung erbracht. Sie beruht regelmäßig auf einer individualvertraglichen Vereinbarung. In aller Regel wird dem Arbeitgeber die Anrechnung bei etwaigen Tariflohnerhöhungen und der jederzeitige Widerruf vorbehalten. Der Widerrrufsvorbehalt beinhaltet allein, daß ein Widerruf zu jeder Zeit erfolgen kann. Dagegen ist nichts darüber ausgesagt, unter welchen Umständen widerrufen werden kann. Hierzu bedarf es eines sachlichen Grundes, der notfalls im Wege gerichtlicher Billigkeitskontrolle auf Feststellungsklage hin überprüft werden kann.*

b) Im Falle von Tariflohnerhöhungen wird die übertarifliche Zulage aufgesogen.** Dies erfolgt automatisch, ohne daß es einer besonderen Erklärung des Arbeitgebers bedarf. Dies gilt auch dann, wenn der Arbeitgeber wiederholt auf die Anrechnung verzichtet hat. Gelegentlich wird in Tarifverträgen versucht zu erreichen, daß die übertarifliche Zulage auf die Tariflohnerhöhung aufgestockt wird. Das BAG hält aber sowohl die begrenzte wie die allgemeine Effektivklausel für unwirksam.***

---

* Schaub Arbeitsgerichtsverfahren, 6. Aufl., 1997, § 6.
** Schaub ArbR von A–Z, Stichwort: Tariflohnerhöhung und Zuschläge.
*** Schaub ArbR von A–Z, Stichwort: Effektivklausel.

c) Umstritten war, inwieweit der Betriebsrat bei der Anrechnung von Zulagen ein Mitbestimmungsrecht nach § 87 I Nr. 10 BetrVG wegen Lohngestaltung hat. Das BAG GS hat entschieden: „Die Anrechnung einer Tariflohnerhöhung auf über-/außertarifliche Zulagen und der Widerruf von über-/außertariflichen Zulagen aus Anlaß und bis zur Höhe einer Tariflohnerhöhung unterliegen dann nach § 87 Abs. 1 Nr. 10 BetrVG der Mitbestimmung des Betriebsrats, wenn sich dadurch die Verteilungsgrundsätze ändern und darüber hinaus für eine anderweitige Anrechnung bzw. Kürzung ein Regelungsspielraum verbleibt. Dies gilt unabhängig davon, ob die Anrechnung durch gestaltende Erklärung erfolgt oder sich automatisch vollzieht. Anrechnung bzw. Widerruf sind mitbestimmungsfrei, wenn dadurch das Zulagenvolumen völlig aufgezehrt wird oder die Tariflohnerhöhung vollständig und gleichmäßig auf die über-/außertariflichen Zulagen angerechnet wird. Bei mitbestimmungspflichtigen Anrechnungen kann der Arbeitgeber bis zur Einigung mit dem Betriebsrat das Zulagenvolumen und – unter Beibehaltung der bisherigen Verteilungsgrundsätze – auch entsprechend die einzelnen Zulagen kürzen. Verletzt der Arbeitgeber das Mitbestimmungsrecht, sind Anrechnungen bzw. Widerruf gegenüber den einzelnen Arbeitnehmern rechtsunwirksam." Hieraus folgt, immer dann, wenn sich das Verhältnis der einzelnen Zulagen zueinander ändert, besteht ein Mitbestimmungsrecht. Auch dann ist das Mitbestimmungsrecht nicht gegeben, wenn die gesamte Tariflohnerhöhung verrechnet wird.*

* BAG AP 51, 52 zu § 87 BetrVG 1972 Lohngestaltung = NZA 92, 749, 961, 967 = BB 92, 1859 = DB 92, 1573, 1579.

§ 17. Auszahlung der Arbeitsvergütung*

I. Empfangsberechtigter

1. Gläubiger. Die Arbeitsvergütung ist grundsätzlich dem Arbeitnehmer selbst auszuzahlen. Ist der Arbeitnehmer geschäftsunfähig (§ 104 BGB) oder in der Geschäftsfähigkeit beschränkt (§ 106 BGB), so ist die Arbeitsvergütung an den gesetzlichen Vertreter zu zahlen. Eine Ausnahme gilt dann, wenn der Arbeitnehmer minderjährig ist und ermächtigt war, in Dienst oder Arbeit zu treten (§ 113 BGB).** In diesen Fällen kann die Vergütung an den Minderjährigen selbst gezahlt werden. Der gesetzliche Vertreter kann jedoch jeder Zeit die Ermächtigung zurücknehmen. Dies ist insbesondere der Fall, wenn der gesetzliche Vertreter hinfort Zahlung an sich verlangt. Unabhängig von der Ermächtigung des Arbeitnehmers, in Dienst oder Arbeit zu treten, kann ihm vom gesetzlichen Vertreter die Generalermächtigung erteilt sein, die Arbeitsvergütung einzuziehen. Dies kann insbesondere in Berufsausbildungsverträgen der Fall sein, wenn es der gesetzliche Vertreter fortwährend dem Auszubildenden überlassen hat, die Ausbildungsvergütung einzuziehen.

2. Auszahlung an Vertreter. Der Arbeitnehmer kann einen Dritten bevollmächtigen, die Arbeitsvergütung einzuziehen. Die Wirksamkeit der Bevollmächtigung beurteilt sich nach §§ 164 ff BGB. Der Bevollmächtigte hat seine Vollmacht nach §§ 167, 172 BGB nachzuweisen. Der Arbeitgeber kann die Auszahlung verweigern, wenn der Bevollmächtigte seine Vollmacht nicht durch eine Vollmachtsurkunde nachweist oder wenn dem Arbeitgeber nicht die Bevollmächtigung vom Arbeitnehmer mitgeteilt worden ist. Der Ehepartner oder der Vorarbeiter gelten nicht ohne

* Schaub ArbR von A–Z, Stichwort: Arbeitsvergütung.
** Schaub ArbR von A–Z, Stichwort: Minderjährige.

weiteres als Bevollmächtigte, für den Arbeitnehmer die Vergütung in Empfang zu nehmen. Indes kann insoweit eine
Anscheins- oder Duldungsvollmacht bestehen, die der Arbeitnehmer gegen sich gelten lassen muß. Der Vorarbeiter
kann kraft Duldungsvollmacht bevollmächtigt sein, wenn
der Arbeitnehmer langfristig duldet, daß der Vorarbeiter für
ihn die Entlohnung bei dem Arbeitgeber abholt. Dies ist im
Baugewerbe nicht ungewöhnlich.

II. Zahlungsort

1. Erfüllungsort.* Grundsätzlich ergibt sich der Erfüllungsort für die Arbeitsvergütung aus den getroffenen Vereinbarungen oder den besonderen Umständen des Arbeitsverhältnisses (§ 269 BGB). Einzelvertraglich werden selten
besondere Vereinbarungen über den Erfüllungsort für die
Arbeitsvergütung getroffen. In größeren Betrieben wird der
Erfüllungsort regelmäßig in der Arbeitsordnung geregelt.
Fehlt es an besonderen Rechtsgrundlagen, so ergibt sich
i. d. R. aus den Umständen, daß Erfüllungsort für die Arbeitsvergütung der Betrieb des Arbeitgebers ist. Hieraus
folgt, daß der Arbeitnehmer grundsätzlich die Arbeitsvergütung im Betrieb abzuholen hat. Dasselbe gilt auch für
Montagearbeiter. Etwas anderes kann für die Gewährung
von Kost und Logis bestehen.

2. Schickschuld. Unabhängig von der Vereinbarung eines
Erfüllungsortes kann sich ergeben, daß der Arbeitgeber dem
Arbeitnehmer die Arbeitsvergütung zu übersenden hat
(§ 270 Abs. 1 BGB). Dies ist insbesondere der Fall, wenn
das Arbeitsverhältnis ordentlich oder außerordentlich gelöst
worden ist und der Arbeitgeber die Vergütung nicht bei
Beendigung des Arbeitsverhältnisses bereit hält. In diesen
Fällen hat er die Vergütung auf seine Gefahr und Kosten an
den Arbeitnehmer zu übersenden.

* Schaub ArbR von A–Z, Stichwort: Erfüllungsort.

3. Überweisung. Im allgemeinen wird die Arbeitsvergütung auf ein Konto des Arbeitnehmers überwiesen. Hierdurch wird der Erfüllungsort der Arbeitsvergütung nicht geändert (§ 269 Abs. 1 BGB). Erfüllungsort bleibt also weiter der Betrieb des Arbeitgebers. Indes hat er auf seine Gefahr und Kosten die Vergütung auf ein Konto des Arbeitnehmers zu überweisen. Für die Einführung der bargeldlosen Lohnzahlung hat der Betriebsrat ein erzwingbares Mitbestimmungsrecht (§ 87 Abs. 1 Nr. 4 BetrVG).* Ohne besonderen Rechtsgrund ist der Arbeitgeber nicht verpflichtet, die Kontoführungsgebühren des Arbeitnehmers zu tragen. Es ist nicht ermessenswidrig, wenn bei Streit über die Übernahme der Kontoführungsgebühren zwischen Arbeitgeber und Betriebsrat die Einigungsstelle den Arbeitgeber verpflichtet, einen Teil der Kontoführungsgebühren zu tragen. Der Spruch einer Einigungsstelle, der den Arbeitgeber verpflichtet, an jeden Arbeitnehmer monatlich 3,50 DM zum Ausgleich der durch die bargeldlose Lohnzahlung entstehenden Kosten zu zahlen, überschreitet nicht billiges Ermessen. Dies ist dagegen dann der Fall, wenn der Arbeitgeber verpflichtet wird, jeden Arbeitnehmer monatlich eine Stunde zum Besuch der Bank von der Arbeit freizustellen. Ist durch Betriebsvereinbarung der Arbeitgeber verpflichtet, die Kontoführungsgebühren zu zahlen, so wird diese nicht ohne weiteres gegenstandslos, wenn ein Tarifvertrag die Kontoführung regelt.

III. Zahlungszeit

1. Fälligkeit. Grundsätzlich hat der Arbeitgeber die Arbeitsvergütung im Zeitpunkt der Fälligkeit auszuzahlen. Zu welchem Zeitpunkt die Vergütung fällig wird, kann im Arbeitsvertrag vereinbart werden. Nach § 614 S. 1 BGB ist die Vergütung nach der Leistung der Dienste zu entrichten. Ist

---

* Schaub ArbR von A–Z, Stichwort: Betriebsratsaufgaben; ders., Der Betriebsrat, 6. Aufl., 1995, § 42 V.

die Vergütung nach Zeitabschnitten bemessen, so ist sie nach Ablauf der einzelnen Zeitabschnitte zu zahlen (§ 614 S. 2 BGB). Hieraus ergibt sich, daß Wochen-, Dekaden- oder Monatsvergütung am Ende der Woche, Dekade oder am Ende des Monats zu zahlen ist. Deputate, Unterkunft und Verpflegung sind wegen der Natur der Leistungen im allgemeinen fortlaufend oder zu Beginn der Periode fällig. Einem Landarbeiter, der Anspruch auf Unterkunft und Verpflegung hat, kann nicht am Ende des Monats die Verpflegung für den vergangenen Monat auf einmal ausgehändigt werden.

2. Abschläge.* Abschläge sind Geldzahlungen auf den verdienten, aber noch nicht abgerechneten Lohn. Sie liegen mithin vor, wenn ein Arbeiter alle 10 Tage einen bestimmten Betrag auf seinen Monatslohn erhält. Geht einem Arbeitgeber im Laufe des Monats eine Lohnpfändung zu (§ 29 S. 255), so kann er am Monatsschluß bei der Abrechnung noch seine Abschläge im Rahmen der Errechnung des Pfändungsfreibetrages berücksichtigen, ohne daß es irgendeiner Aufrechnung bedarf. In der Folgezeit kann er Abschläge zahlen, in welcher Höhe er will. Indes kann er hinfort bei der Abrechnung zum Fälligkeitstermin nur noch soviel Abschläge berücksichtigen, daß bei dem Abrechnungstag die Pfändungsgrenze nicht überschritten ist.

3. Vorschüsse.** Vorschüsse sind Geldleistungen auf noch nicht verdienten Lohn. Bei ihnen wird der Fälligkeitstermin der Arbeitsvergütung für kurze Zeit vorverlegt, um dem Arbeitnehmer die Bestreitung des normalen Lebensunterhalts bis zum nächsten Zahlungstermin zu ermöglichen. Der Arbeitnehmer hat grundsätzlich keinen Anspruch darauf, daß ihm der Arbeitgeber Vorschüsse zahlt. Der Arbeitnehmer soll nicht von einem noch nicht ver-

* Schaub ArbR von A–Z, Stichwort: Abschlagszahlung.
** Schaub ArbR von A–Z, Stichwort: Vorschüsse.

dienten Lohn leben. Eine Ausnahme kann sich aus arbeitsvertraglichen Nebenpflichten nur dann ergeben, wenn der Arbeitnehmer in eine unverschuldete Notlage geraten ist, die er anderweitig nicht überwinden kann. Im allgemeinen wird aber in diesen Fällen die öffentliche Hand mit Sozialhilfen usw. einspringen. Gewährt der Arbeitgeber seinem Arbeitnehmer Vorschüsse, so darf er diese bei der nächsten Lohnzahlung berücksichtigen. Er darf Vorschüsse auch mit unpfändbaren Vergütungsbestandteilen verrechnen. Indes muß dem Arbeitnehmer bei der Lohnzahlung in jedem Fall noch soviel Vergütung verbleiben, daß er bis zum nächsten Zahlungstermin seinen Lebensunterhalt bestreiten kann.

4. Darlehen* sind zur Unterscheidung von Vorschüssen dann anzunehmen, wenn eine die jeweilige Entgeltzahlung erheblich übersteigender Betrag zur Erreichung eines Zweckes gegeben wird, der mit den normalen Bezügen nicht oder nicht sofort erreicht werden kann und zu dessen Befriedigung auch sonst üblicherweise Kreditmittel in Anspruch genommen werden. Regelmäßig wird die Rückzahlung des Darlehns in monatlichen Raten vereinbart. Auch dann, wenn das Arbeitsverhältnis überraschend endet, ändert sich nichts daran, daß der Arbeitnehmer weiterhin nur monatliche Ratenzahlungen zu leisten hat. Etwas anderes gilt nur dann, wenn vereinbart ist, daß das Darlehen im Falle der Beendigung des Arbeitsverhältnisses sofort fällig wird. Besondere Schwierigkeiten können sich ergeben, wenn der Arbeitgeber dem Arbeitnehmer ein Darlehen gewährt hat und alsdann eine Lohnpfändung eingeht. In diesen Fällen kann der Arbeitgeber ggf. auch gegenüber dem Pfändungsgläubiger aufrechnen (§ 29 III S. 257). Werden im Betrieb allgemein Darlehen vergeben, etwa zur Finanzierung des Eigenheimbaus, so kann für den Betriebsrat ein erzwingbares Mitbestimmungsrecht nach § 87 Abs. 1 Nr. 10, 11 BetrVG bestehen.

* Schaub ArbR von A–Z, Stichwort: Darlehen.

§ 18. Lohnabzüge

I. Gesetzliche Lohnabzüge

1. Begriff der gesetzlichen Lohnabzüge. Zu den gesetzlichen Lohnabzügen gehören Lohn- und Kirchensteuer sowie die Sozialversicherungsbeiträge. Zu deren Einbehaltung ist der Arbeitgeber kraft Gesetzes verpflichtet. In vielen Fällen bestehen auch noch aufgrund eines Tarifvertrages Abzugsverpflichtungen. Dies ist z.B. im Baugewerbe der Fall. Hier besteht eine zusätzliche Altersversorgung der Arbeitnehmer sowie eine Urlaubskasse. Der Arbeitgeber hat hierhin teilweise auch von den Arbeitnehmern aufzubringende Beiträge abzuführen.

2. Rechtsfragen der Lohnsteuer.* Der Arbeitgeber ist verpflichtet, die Lohnsteuer, eine besondere Form der Einkommensteuer, einzubehalten und an das Finanzamt abzuführen.

a) Das *Recht der Lohnsteuer* ist geregelt im EStG i.d.F. v. 7. 9. 1990 (BGBl I 1898) mit spät. Änd., zul. 20. 12. 1996 (BGBl I 2049) der LStDVO v. 10. 10. 1989 (BGBl I 1848) i. d. Änd. v. 11. 10. 1995 (BGBl I 1250). Ferner sind die LStR vom 10. 11. 1995 (BStBl I Sondernummer 4/1995), die in der Rechtsform einer Verwaltungsverordnung ergangen sind, zu beachten. Die Lohnsteuerrichtlinien haben mithin keine besondere Rechtsnormqualität, an die der Arbeitnehmer gebunden ist. Die Finanzämter sind jedoch zu deren Einhaltung verpflichtet. Außerdem ergeben die LStR einen guten Überblick über das geltende Steuerrecht.

b) *Führt der Arbeitgeber* rechtswidrig und schuldhaft die Lohnsteuer *nicht ab,* so kann er sich wegen Steuerhinterziehung strafbar machen. Einbehaltung und Abführung der

---

* Schaub ArbR von A–Z, Stichworte: Lohnsteuern, Lohnsteuerermäßigungsverfahren, Lohnsteuerjahresausgleich, Lohnsteuerkarte.

Lohnsteuer durch den Arbeitgeber ist aber zusätzlich dadurch gesichert, daß er für die Steuerschuld des Arbeitnehmers haftet (§ 38 EStG). Das Finanzamt kann sich also auch an ihn halten.

c) Der Arbeitgeber, der vom Finanzamt wegen zu Unrecht nicht einbehaltener Lohnsteuer in Anspruch genommen wird, kann vom Arbeitnehmer grundsätzlich *Erstattung* der abgeführten Lohnsteuer beanspruchen. Der Arbeitgeber hat für den Arbeitnehmer aufgrund eines gesetzlich begründeten Auftragsverhältnisses die Steuern abgeführt. Eine Ausnahme vom Steuererstattungsanspruch kann dann bestehen, wenn der Arbeitgeber es unterlassen hat, den Arbeitnehmer rechtzeitig über die Steuernachforderung des Finanzamtes zu informieren und der Arbeitnehmer sich bei Benachrichtigung gegen die Steuernachforderung hätte wehren können. Allerdings ist die nicht rechtzeitige Abführung der Lohnsteuer eine zum Schadensersatz verpflichtende Vertragsverletzung des Arbeitgebers. Ein Schaden des Arbeitnehmers besteht aber noch nicht darin, daß er verspätet die Lohnsteuer bezahlen mußte. Ein Schadensersatzanspruch kann mithin für den Arbeitnehmer nur dann erwachsen, wenn durch die verspätete Abführung ein besonderer, neben der Zahlungspflicht bestehender Schaden erwachsen ist. Der Steuererstattungsanspruch unterliegt tariflichen Verfallfristen. Die Verfallfrist beginnt grundsätzlich mit Fälligkeit des Erstattungsanspruches. Fällig i. S. des Tarifrechts wird der Erstattungsanspruch dann, wenn der Arbeitgeber mit der Erhebung des Steuernachzahlungsanspruches durch das Finanzamt rechnen kann (Haftungsbescheid).

d) Gelegentlich sagen Arbeitgeber eine *Nettovergütung* zu. Dies ist nicht der Normalfall. Behauptet der Arbeitnehmer eine Nettovereinbarung, so ist er im Streitfall darlegungs- und beweispflichtig. Auch dann, wenn der Arbeitgeber einen Nettolohn zugesagt hat, sind von der Vergütung Steuern abzuziehen. Hierbei ist in der Weise vorzugehen, daß der Arbeitgeber zu der Nettovergütung die dazu gehörige Bruttovergütung errechnet und alsdann die Steuern abführt. Ändern sich nach Begründung der Nettolohnvereinbarung die Besteuerungsmerkmale, so wird im allgemeinen die Auslegung der vertraglichen Vereinbarung ergeben, daß der Arbeitnehmer etwaige Steuererhöhungen zu tragen hat. Dagegen werden Steuererleichterungen dem Arbeitgeber kaum jemals zugute kommen sollen. Entsprechend ist die Rechtslage, wenn bei einer Nettolohnvereinbarung nachträglich die Steuerklasse verändert wird.

3. Kirchensteuer.* Kirchensteuern können nach Art. 137 Abs. 6 WRV i. V. m. Art. 140 GG nach Maßgabe der bürgerlichen Steuerlisten erhoben werden. Die Verpflichtung des Arbeitgebers zur Einbehaltung und Abführung der Kirchensteuern ist verfassungsrechtlich unbedenklich.

4. Sozialversicherungsbeiträge.** Die Mittel für die Sozialversicherung haben im Rahmen der Versicherungspflichtgrenze Arbeitgeber und Arbeitnehmer grundsätzlich je zur Hälfte aufzubringen (Ausnahmen in der Knappschaftsversicherung). Zur Sozialversicherung i. d. S. gehört die Kranken- und Rentenversicherung, die Pflegeversicherung sowie die Arbeitslosenversicherung. Die Beiträge werden als Gesamtsozialversicherungsbeitrag abgeführt (§ 28 d SGB IV). Dagegen hat der Arbeitgeber Beiträge zur Unfallversicherung alleine zu zahlen.

a) Streitigkeiten um die *Versicherungs- und Beitragspflichtigkeit* in der gesetzlichen Sozialversicherung gehören zum Sozialversicherungsrecht. Für sie sind die Gerichte für Arbeitssachen unzuständig.

b) Die *Arbeitnehmerbeiträge* zur gesetzlichen Sozialversicherung sind grundsätzlich nur bei der Lohnzahlung für die betreffende Zeit oder bei den nächsten drei Lohnzah-

* Schaub ArbR von A–Z, Stichwort: Kirchensteuer.
** Schaub ArbR von A–Z, Stichwort: Sozialversicherung.

lungen einzubehalten und abzuführen. Eine Ausnahme
besteht nur dann, wenn der Lohnabzug ohne Verschulden
des Arbeitgebers unterblieben ist (§ 28 g SGB IV).

c) Ist der rechtzeitige *Beitragsabzug unterblieben,* so hat
der Arbeitgeber die Arbeitgeber- und Arbeitnehmerbeitrags-
anteile zu zahlen. Ein Erstattungsanspruch ist regelmäßig
ausgeschlossen. Der Gesetzgeber hat diese strenge Regelung
gewählt, um eine Verschuldung des Arbeitnehmers zu vermeiden und den Arbeitgeber zum korrekten Beitragsabzug
zu zwingen.

II. Lohnabzüge aufgrund Gerichts- oder Verwaltungsaktes*

Neben den gesetzlichen Lohnabzügen hat der Arbeitgeber
Abzüge vorzunehmen, die aufgrund eines Staatsaktes ange-
ordnet sind. Dies ist z. B. im Rahmen der Lohnpfändung der
Fall (§ 29 S. 255).

III. Vertragliche Lohnabzüge

1. Vertraglicher Lohnabzug. Die Arbeitsvertragsparteien
können vereinbaren, daß der Arbeitgeber gewisse Abzüge
von dem Verdienst des Arbeitnehmers vornimmt. Dies kann
z. B. der Fall sein für die Überlassung einer Werkswohnung,
vermögenswirksame Leistungen, aber auch den Abzug von
Gewerkschaftsbeiträgen.

2. Lohnsicherung. Durch Vereinbarung, aufgrund derer
der Arbeitgeber zum Lohnabzug berechtigt ist, kann in keinem Fall der Lohn- und Lohnpfändungsschutz umgangen
werden (vgl. § 28 S. 250; § 29 S. 255).

* Schaub ArbR von A–Z, Stichwort: Lohnpfändung.

§ 19. Abrechnung der Arbeitsvergütung

I. Abrechnung*

1. Rechtsgrundlage. Der Arbeitgeber hat allen Arbeitnehmern bei der Lohnzahlung eine Abrechnung zu erteilen.

a) Der *Abrechnungsanspruch* ergibt sich für solche Arbeitnehmer, die in Betrieben mit mehr als 20 gewerblichen Arbeitnehmern beschäftigt werden, aus § 134 Abs. 2 GewO. Aber auch für die sonstigen Arbeitnehmer ist ein Abrechnungsanspruch anerkannt. Vielfach ist dieser auch in Tarifverträgen und Betriebsvereinbarungen, insbesondere den Arbeitsordnungen des Betriebes näher geregelt. Für einige Arbeitnehmergruppen bestehen gesetzliche Sonderregelungen. So haben Heimarbeiter Anspruch auf Aushändigung von Entgeltbüchern (§ 9 HAG).

b) Aus der Abrechnung muß sich die Art der Lohnberechnung, der Betrag der verdienten Arbeitsvergütung sowie Art und Betrag der vorgenommenen Abzüge *ergeben.* Bei zeitbestimmter Entlohnung ist es im allgemeinen ausreichend, daß der Stundenlohn und die Zahl der geleisteten Stunden, bei Monatsentlohnung der Monatslohn angegeben werden. Bei leistungsabhängiger Entlohnung sind im allgemeinen die Leistungseinheit und der Geldfaktor anzugeben (vgl. § 16 III S. 195).

2. Lohnbescheinigung. Neben der Abrechnung kann der Arbeitnehmer in Sonderfällen auch weitere Lohnbescheinigungen verlangen, um z.B. gesetzliche Sonderleistungen (Wohngeld) geltend zu machen.

II. Erläuterung der Abrechnung

Nach § 82 Abs. 2 S. 1 BetrVG kann der Arbeitnehmer verlangen, daß ihm die Berechnung und Zusammensetzung

---

* Schaub ArbR von A–Z, Stichwort: Abrechnung.

seines Entgeltes erläutert wird. Dies gilt insbesondere dann, wenn die Abrechnung mittels Datenverarbeitung erstellt wurde und die Abrechnung nur mit Schwierigkeiten zu verstehen ist.

III. Tarifliche Verfallfristen*

Ist der Arbeitgeber zur Erteilung einer Abrechnung verpflichtet, so kann der Ablauf tariflicher Verfallfristen gehemmt sein, wenn der Arbeitnehmer ohne Erteilung einer Abrechnung die Höhe seines Vergütungsanspruches nicht erkennen kann. Die Hemmung endet, wenn der Abrechnungsanspruch selbst infolge Ablaufes der tariflichen Verfallfrist erloschen ist. Wird dem Arbeitnehmer die Abrechnung erteilt, so muß er unverzüglich seine Restlohnansprüche geltend machen oder notfalls einklagen, da andernfalls die Verfallfrist abläuft und damit die Restvergütungsansprüche zum Erlöschen bringt.

§ 20. Einreden und Einwendungen gegen den Anspruch auf Arbeitsvergütung

I. Erfüllung

Die Vergütungsforderung erlischt, wenn der Arbeitgeber sie erfüllt (§ 362 BGB). Der Arbeitnehmer hat auf Verlangen des Arbeitgebers über die Erfüllung eine Quittung zu erteilen (§ 368 BGB). Im allgemeinen wird in der Praxis der Empfang der Barauszahlung in Lohnlisten quittiert.

II. Verfallfristen**

1. Anwendung. Soweit auf das Arbeitsverhältnis Tarifverträge anzuwenden sind, kann der Anspruch auf Arbeits-

---

* Schaub ArbR von A–Z, Stichwort: Verfallfrist.
** Schaub ArbR von A–Z, Stichwort: Verfallfrist.

vergütung infolge Ablaufs der tariflichen Verfallfristen erlöschen. Tarifverträge sind auf das Arbeitsverhältnis anzuwenden, wenn *a)* beide Parteien tarifgebunden sind (§ 1 II 6 c S. 11), *b)* der Tarifvertrag allgemeinverbindlich ist oder *c)* die Anwendung eines Tarifvertrages vereinbart ist (§ 1 II 6 d S. 12). Tarifliche Verfallfristen bestimmen, daß der Anspruch auf Arbeitsvergütung erlischt, wenn er nicht binnen bestimmter Frist vom Arbeitnehmer geltend gemacht wird. Tarifliche Verfallfristen haben den Zweck, binnen kurzer Frist, die dem jeweiligen Wirtschaftsbereich angepaßt ist, sicherzustellen, daß keine Ansprüche mehr geltend gemacht werden können. Dies ist durchaus sachgemäß, da es häufig schwierig ist, für länger zurückliegende Zeiten noch aufzuklären, ob und in welchem Umfang der Arbeitnehmer Arbeit geleistet und damit Ansprüche erworben hat.

2. Arten der Verfallklauseln. Im Arbeitsleben kommen einstufige und zweistufige Verfallfristen vor. Einstufige Verfallfristen bestimmen, daß der Anspruch erlischt, wenn der Arbeitnehmer die Forderung nicht binnen bestimmter Frist geltend macht. Die Geltendmachung kann mündlich oder schriftlich erfolgen. Indes bestimmen zahlreiche Tarifverträge, daß die Geltendmachung schriftlich zu erfolgen hat. In diesen Fällen ist eine mündliche Geltendmachung unwirksam. Inhaltlich setzt die Geltendmachung voraus, daß die erhobene Forderung nach Grund und Höhe in allgemeinen Umrissen umschrieben und beziffert wird. Unzureichend ist mithin, daß der Arbeitnehmer nur verlangt, der Arbeitgeber müsse ihm noch Überstunden bezahlen. Ausreichend ist es, wenn der Arbeitnehmer geltend macht, er könne für die Zeit vom ...... bis ...... noch ...... Bezahlung von Überstunden verlangen. Eine 2-stufige Verfallklausel ist dann gegeben, wenn die Tarifverträge vorschreiben, daß der Arbeitnehmer gehalten ist, nach Ablauf einer weiteren Frist seine Ansprüche einzuklagen, wenn die 1. Geltendmachung erfolglos bleibt. Derartige Verfallklauseln finden sich z. B.

im Baugewerbe oder im Groß- und Außenhandel. Keine besondere Geltendmachung ist erforderlich, wenn der Arbeitgeber die Ansprüche des Arbeitnehmers anerkennt. Dies kann auch der Fall sein bei Aushändigung einer Abrechnung. Im allgemeinen sollte sich der Arbeitnehmer aber nicht mit bloßen Redensarten abspeisen lassen, „Du bekommst schon dein Geld". Dies ist keine Anerkennung einer nach Grund und Höhe unstreitigen Forderung zwischen den Parteien. Aus Gründen der Streitvorbeugung sollte eine Anerkennung schriftlich erfolgen.

3. Abrechnung. Ist der Arbeitgeber gehalten, dem Arbeitnehmer eine Abrechnung zu erteilen, so kann der Ablauf der tariflichen Verfallfrist gehemmt sein, wenn der Arbeitgeber die Abrechnung nicht rechtzeitig erteilt und der Arbeitnehmer die Forderung ohne Abrechnung nicht geltend machen kann. Läuft aber die Geltendmachungsfrist für die Abrechnung ab, so erlischt auch die Forderung.

III. Verjährung*

1. Begriff der Verjährung. Nach Ablauf längerer Fristen wird es immer schwieriger eine Forderung aufzuklären. Zeugen können sich nicht mehr erinnern; Quittungen werden nur begrenzte Zeit aufgehoben. Aus diesem Grunde hat der Gesetzgeber die Verjährung eingeführt. Nach Ablauf der Verjährungsfrist kann sich ein Schuldner darauf berufen, daß er wegen Fristablauf die Erfüllung ablehnt. Die Verjährung gibt dem Schuldner aber nur ein Leistungsverweigerungsrecht; d.h., in einem etwaigen Prozeß muß sich der Schuldner auf den Ablauf der Verjährungsfrist berufen, sonst bleibt sie unberücksichtigt. Die Gerichte weisen nicht einmal darauf hin, daß eine Forderung verjährt ist, wenn sich der Schuldner nicht darauf beruft, weil sie sonst einer Partei Rechtsrat leisten würden.

* Schaub ArbR von A–Z, Stichwort: Verjährung.

2. Verjährungsfrist. *a)* Die *Verjährungsfrist* für Forderungen aus einem Arbeitsverhältnis beträgt grundsätzlich zwei Jahre. Nach § 196 Abs. 1 Nr. 8 BGB verjähren die Forderungen derjenigen, die im Privatdienst stehen, wegen des Gehaltes, Lohnes oder anderer Dienstbezüge mit Einschluß der Auslagen, sowie der Dienstberechtigten wegen der auf solche Ansprüche gewährten Vorschüsse binnen zwei Jahren. Dieselbe Frist gilt für die Forderungen der gewerblichen Arbeiter, Gesellen, Gehilfen, Lehrlinge, Fabrikarbeiter, der Tagelöhner und Handarbeiter wegen des Lohnes und anderer anstelle oder als Teil des Lohnes vereinbarter Leistungen, unter Einschluß der Auslagen, sowie der Arbeitgeber wegen der auf solche Ansprüche gewährten Vorschüsse. Die übrigen wechselseitigen Forderungen verjähren in 30 Jahren. *b)* Für die *Berechnung der Verjährungsfrist* ist zu beachten, daß die 2jährige Verjährungsfrist erst ab dem Ende des Jahres läuft, in dem die Forderung fällig geworden ist (§§ 198, 201 BGB).

Beispiel: Ist eine Lohnforderung für den Monat Juni 1996 entstanden, so beginnt die Verjährung am 31. 12. 1996. Die Verjährung tritt mithin mit Ablauf des Jahres 1998 ein.

3. Hemmung und Unterbrechnung der Verjährung: *a)* Der Ablauf der Verjährungsfrist kann in Ausnahmefällen *gehemmt* sein. Hemmung bedeutet, daß der Ablauf der Frist gestoppt wird. Ist der Hemmungsgrund beseitigt, so läuft der Rest der Frist ab (§ 205 BGB). Der Ablauf der Verjährungsfrist ist gehemmt, solange die Leistung gestundet oder der Schuldner, also der Arbeitgeber bei der Arbeitsvergütung, vorübergehend zur Verweigerung der Leistung berechtigt ist (202 BGB). *b)* Wird die Verjährungsfrist *unterbrochen,* so beginnt nach dem Ende der Unterbrechung die Verjährungsfrist von neuem zu laufen (§ 217 BGB). In aller Regel wird die Verjährung unterbrochen, wenn der Gläubiger auf die Vergütung Klage erhebt, einen Mahnbescheid beantragt oder sonst in irgendeiner Form die Forderung

gerichtlich geltend macht (§§ 209 ff BGB). Zu beachten ist
aber, daß die Unterbrechung als nicht erfolgt gilt, wenn die
Klage zurückgenommen wird.

IV. Verwirkung*

1. Begriff. Eine Forderung verwirkt, wenn *a)* eine nach
den Umständen des Einzelfalles bemessene, nicht ganz unerhebliche Zeit seit Fälligkeit der Forderung abgelaufen ist,
b) der Schuldner nach dem früheren Verhalten des Rechtsträgers damit rechnen konnte, daß die Forderung nicht
mehr erhoben würde und *c)* der Schuldner sich darauf eingerichtet hat, daß die Forderung nicht mehr erhoben werde
und ihm die Erfüllung auch nicht mehr zugemutet werden
kann. Die Verwirkung ist ein Unterfall der unzulässigen
Rechtsausübung. Sie bewirkt das Erlöschen der Forderung.
Mithin ist sie von Amts wegen zu berücksichtigen, wenn die
Voraussetzungen der Verwirkung im Prozeß unstreitig sind.

2. Einzelmerkmale. Welche Frist für eine Verwirkung abgelaufen sein muß, läßt sich nicht abstrakt bestimmen. Ein
Vertrauenstatbestand, daß eine Forderung nicht mehr geltend gemacht wird, kann erwachsen, wenn der Gläubiger
irgendein Verhalten an den Tag legt, aus dem zu folgern ist,
daß er sie nicht mehr verfolgen will. Dies kann z. B. sein,
wenn für eine frühere Lohnperiode keine Abrechnung mehr
verlangt wird usw. Im allgemeinen ist dem Schuldner aber
auch noch nach längerer Zeit zumutbar, eine Geldforde-
rung zu erfüllen. Etwas anderes gilt nur, wenn er wegen der
Nichterfüllung der Forderung bestimmte finanzielle Dispo-
sitionen getroffen hat.

* Schaub ArbR von A–Z, Stichwort: Verwirkung.

§ 21. Überzahlung der Arbeitsvergütung*

I. Überzahlungsanspruch

1. Anspruchsbegründung. Der Arbeitnehmer ist grundsätzlich zur Rückzahlung von Lohnüberzahlungen verpflichtet.

a) Die *Rückzahlungspflicht* folgt im allgemeinen aus dem Arbeitsvertrag. Die Rechtsprechung wendet jedoch auf den Rückzahlungsanspruch die Vorschriften über die ungerechtfertigte Bereicherung entsprechend an. Hieraus folgt, daß der Arbeitnehmer sich auf den Wegfall der Bereicherung (der Lohnüberzahlung) berufen kann (§ 818 Abs. 3 BGB), wenn der Arbeitnehmer nicht erkennen konnte, daß er zu Unrecht zuviel Lohn erhalten hat. Bei Arbeitnehmern der unteren und mittleren Einkommensgruppen bedarf es bei geringfügiger Lohnüberzahlung keiner näheren Darlegung des Wegfalls der Bereicherung. Dies gilt insbesondere dann, wenn der Arbeitgeber durch von ihm gesetzte Richtlinien zu erkennen gegeben hat, daß er den Wegfall der Bereicherung unterstelle. Dagegen steht ihm die Einrede des Wegfalls der Bereicherung dann nicht zu, wenn er bei Empfangnahme der Vergütung bösgläubig war. Haben die Parteien ausdrücklich vereinbart, daß der Arbeitnehmer zur Rückzahlung von Lohnüberzahlungen verpflichtet ist, so bedeutet dies, daß dieser sich nicht auf den Wegfall der Bereicherung berufen kann.

b) Der Rückzahlungsanspruch des Arbeitgebers unterliegt i. d. R. *tariflichen Verfallfristen*, sofern ein Tarifvertrag auf das Arbeitsverhältnis anwendbar ist (§ 1 II 6 c S. 11). Die Verfallfrist beginnt, wenn der Rückzahlungsanspruch fällig wird. Fällig wird er, wenn der Arbeitgeber bei zumutbarer Anspannung seiner Aufmerksamkeit die Lohnüberzahlung hat erkennen können.

---

* Schaub ArbR von A–Z, Stichwort: Lohnüberzahlung.

2. Anspruchsabwicklung. Ist der Arbeitnehmer zur Rückzahlung von Lohnüberzahlungen verpflichtet, so bedarf es
im allgemeinen des Ausgleichs von Steuer- und Sozialversicherungsbeiträgen. Die Rückzahlung stellt negatives Einkommen dar. Es wird also von dem Einkommen abgezogen.

II. Ausschluß des Rückzahlungsanspruches

Der Rückzahlungsanspruch ist ausgeschlossen, wenn der
Arbeitgeber den Arbeitnehmer jeweils bewußt überzahlt,
um durch einen hohen Rückzahlungsanspruch die Betriebs-
bindung des Arbeitnehmers zu erreichen, also seine Kündi-
gungsmöglichkeiten zu beschränken.

Abschnitt VI. Sonderformen der Arbeitsvergütung

§ 22. Provision*

I. Begriffe

1. Verbreitung. Provision ist eine erfolgsabhängige Vergütung, die für den Handelsvertreter typisch ist, aber auch bei Handlungsgehilfen (§ 59 HGB) und sonstigen Arbeitnehmern vorkommen kann. Sie kann als einzige Vergütung oder neben einer Festvergütung gezahlt werden. Sie beteiligt den Arbeitnehmer am Wert des vermittelten oder abgeschlossenen Geschäftes.

2. Rechtsgrundlagen. Für Handlungsgehilfen gelten die für die Handelsvertreter geltenden Normen der §§ 87 Abs. 1, 3, 87 a–c HGB entsprechend. Dagegen kann eine Bezirks- oder Inkassoprovision nur erwachsen, wenn sie ausdrücklich vereinbart ist.

II. Entstehung des Provisionsanspruches

1. Entstehung. Der Provisionsanspruch entsteht, wenn *a)* das Geschäft zu denen gehört, auf deren Abschluß die Vertretung abzielt; *b)* das Geschäft bindend abgeschlossen ist; weigert sich der Arbeitgeber, das Geschäft abzuschließen, so entsteht keine Provisionspflicht; *c)* das Geschäft auf die Tätigkeit des Handlungsgehilfen zurückzuführen ist, also dessen Tätigkeit ursächlich ist; *d)* unerheblich ist, ob das Arbeitsverhältnis bei Abschluß des Geschäftes noch besteht. Mit einem Arbeitnehmer kann nur dann vereinbart werden, daß eine nach Beendigung des Arbeitsverhältnisses entste-

---

* Schaub ArbR von A–Z, Stichwort: Provision.

hende und fällig werdende Provision (sog. Überhangprovision) wegfällt, wenn hierfür ein sachlich gerechtfertigter Grund besteht. Dies kann z. B. mit Automobilverkäufern der Fall sein, wenn noch erhebliche Nacharbeiten erforderlich sind.

2. Bedingung. Ist der Provisionsanspruch entstanden, so ist er zunächst aufschiebend bedingt. Die Bedingung und Zahlungspflicht tritt ein, *a)* sobald und soweit der Dritte das Geschäft ausgeführt hat (§ 87 a Abs. 1 S. 3 HGB), *b)* sobald und soweit der Arbeitgeber das Geschäft ausgeführt hat (§ 87 a Abs. I S. 1 HGB); soll nach abweichender Vereinbarung die Bedingung erst später eintreten, so hat der Vertreter einen unabdingbaren Anspruch auf einen angemessenen Vorschuß (§ 87 a Abs. 1 S. 2 HGB); *c)* wenn der Unternehmer das Geschäft ganz oder teilweise nicht so ausführt, wie es abgeschlossen worden ist (§ 87 a Abs. 3 S. 1 HGB). Dies gilt jedoch dann nicht, wenn und soweit die Geschäftsausführung nachträglich unmöglich geworden ist, ohne daß den Unternehmer hieran ein Verschulden trifft (§ 87 a Abs. 3 S. 2 HGB) oder wenn die Ausführung des Geschäfts dem Unternehmer nicht zugemutet werden kann, weil in der Person des Dritten hierfür ein wichtiger Grund vorliegt (§ 87 a Abs. 3 S. 2 HGB).

3. Fälligkeit. Der unbedingt entstandene Provisionsanspruch wird am letzten Tag des Monats fällig, in dem über ihn abzurechnen ist (§ 87 a Abs. 4 HGB). Die Abrechnung hat monatlich zu erfolgen, der Abrechnungszeitraum kann auf höchstens drei Monate gestreckt werden (§ 87 c Abs. 1 HGB). Zur Provisionsabrechnung gehören Angaben über Art und Menge der verkauften Ware sowie über den Käufer. Verschweigt sich der Arbeitnehmer auf eine Abrechnung, so kann darin selbst bei entsprechender Abrede keine wirksame Genehmigung gesehen werden.

4. Buchauszug. Zur Sicherung seines Provisionsanspruches kann der Arbeitnehmer einen Buchauszug (§ 87 c 2

HGB) verlangen oder fordern, daß nach Wahl des Arbeitgebers ihm oder einem Wirtschaftsprüfer Einsicht in die Geschäftsbücher gewährt wird.

5. Provisionshöhe. Ist die Provisionshöhe nicht bestimmt, gilt der übliche Satz als vereinbart (§ 87 b Abs. 1 HGB). Sie ist von dem Entgelt zu berechnen, das der Unternehmer zu leisten hat. Nachlässe bei Barzahlungen sind nicht abzuziehen. Dasselbe gilt für Nebenkosten (Fracht, Verpackung, Zölle, Steuern), es sei denn, daß diese gesondert in Rechnung gestellt werden. Eine Ausnahme gilt für die Mehrwertsteuer (§ 87 b Abs. 2 HGB). Die Provisionsansprüche verjähren in zwei Jahren; sie können kürzeren tariflichen Verfallfristen unterliegen.

III. Kollektivrechtliche Regelungen

1. Tarifverträge. Kollektivrechtliche Regelungen finden sich vor allem im Groß- und Außenhandel sowie in der Versicherungswirtschaft.

2. Mitbestimmung. Der Betriebsrat hat bei Provisionssystemen ein erzwingbares Mitbestimmungsrecht nach (§ 87 Abs. 1 Nr. 10 BetrVG) wegen betrieblicher Lohngestaltung. Dagegen ist die Provision keine der Akkordvergütung vergleichbare Leistung, weil die Leistung des Arbeitnehmers nicht gemessen und mit einer Vergleichsleistung verglichen wird. Damit scheidet ein Mitbestimmungsrecht nach § 87 I Nr. 11 BetrVG aus. Kein Mitbestimmungsrecht besteht bei der Ein- und Zuteilung der Verkaufsgebiete.

§ 23. Gewinnbeteiligung*

1. Begriff. Die Gewinnbeteiligung ist eine zusätzliche Arbeitsvergütung, die der Arbeitgeber Arbeitnehmern nur aufgrund besonderer Vereinbarung schuldet.

---

* Schaub ArbR von A–Z, Stichworte: Gewinnbeteiligung, Tantieme.

a) Eine *gesetzliche Regelung* der Gewinnbeteiligung findet sich nur für die gesetzlichen Vertreter juristischer Personen und für deren Aufsichtsratsmitglieder (§§ 86, 113 AktG, § 35 GmbHG). Die Regelungen sind dadurch gekennzeichnet, daß diesen Personen nur ein Anteil des Gewinns ausgezahlt wird, damit die Gesellschaften nicht notleidend werden.

b) Gewinnbeteiligungen werden im allgemeinen in der Bundesrepublik nur für leitende Angestellte *vereinbart*. Sie finden sich allerdings auch für sonstige Arbeitnehmer. Zumeist handelt es sich allerdings bei diesen um Erfolgsbeteiligungen mit Gratifikationscharakter, auf die grundsätzlich Gratifikationsrecht (§ 24 S. 225) entsprechend anzuwenden ist.

c) Wegen der *Berechnung der Gewinnbeteiligung* kann auch mit Arbeitnehmern auf die Vorschriften des AktG verwiesen werden. Sofern dies nicht der Fall ist, müssen im Wege der Auslegung des Arbeitsvertrages die Berechnungsgrundsätze ermittelt werden. Im allgemeinen erfolgt die Berechnung prozentual von dem nach kaufmännischen Grundsätzen ermittelten Reingewinn ohne Abzug eines besonderen Unternehmerlohnes. Bei Ausscheiden während des Geschäftsjahres ist mangels eindeutig gegenteiliger Bestimmung die Jahresbilanz maßgebend. Der Gewinnbeteiligungsanspruch mindert sich jedoch im Verhältnis der zurückgelegten Arbeitszeit zu der Jahresarbeitszeit.

d) Der Anspruch auf Gewinnbeteiligung wird *fällig* bei ordnungsgemäßer Bilanzierung oder wenn bei regelmäßigem Geschäftsablauf eine Bilanz hätte erstellt werden müssen. Der Arbeitnehmer kann über die Höhe seines Gewinnbeteiligungsanspruches Auskunft verlangen. Der Anspruch auf Gewinnbeteiligung unterliegt tariflichen Verfallfristen. Diese beginnen mit der Fälligkeit des Anspruches. Jedoch ist ihr Ablauf bis zur Auskunftserteilung gehemmt, wenn der Arbeitnehmer ohne Auskunftserteilung seinen Anspruch nicht zu berechnen vermag.

2. Wegfall. Vielfach finden sich in Arbeitsverträgen Regelungen, wonach der Gewinnbeteiligungsanspruch entfällt, wenn das Arbeitsverhältnis gekündigt wird. Derartige Regelungen sind im allgemeinen unwirksam, wenn der Wegfall bei Kündigung des Arbeitnehmers eintreten soll, da sie eine unzulässige Kündigungserschwerung darstellen (§ 622 Abs. 6 BGB). Sie können aber auch unwirksam sein, wenn der Arbeitgeber kündigt, da die Gewinnbeteiligungen häufig die Betriebstreue entlohnen sollen und der Arbeitgeber diese vereitelt hat.

3. Mitbestimmung. Tarifliche Regelungen über Gewinnbeteiligungen sind selten. Der Betriebsrat hat kein erzwingbares Mitbestimmungsrecht, ob überhaupt Gewinnbeteiligungen gezahlt werden. Dagegen kann sich wegen ihrer Verteilung ein Mitbestimmungsrecht aus § 87 Abs. 1 Nr. 10 BetrVG ergeben. Von der Mitbestimmung ausgeschlossen sind aber Gewinnbeteiligungen mit leitenden Angestellten (§ 5 BetrVG). Insoweit können aber Vereinbarungen mit dem Sprecherausschuß in Betracht kommen.

§ 24. Sonderzuwendung und Anwesenheitsprämie*

I. Begriff und Begründung des Anspruches auf Sonderzuwendungen

1. Begriff. Gratifikationen sind Sonderzuwendungen, die der Arbeitgeber aus bestimmten Anlässen (Weihnachten, Urlaub, Geschäfts- und Dienstjubiläum) zahlt. Gratifikationen sind in der Regel Belohnung für geleistete Dienste und Anreiz für weitere Dienstleistungen. Ob die Gratifikation vergangenheits- und zukunftsbezogen ist, muß im Wege der Auslegung der Zusage ermittelt werden. Die Zielsetzung, auch zukünftige Leistungen anzureizen, ergibt sich insbe-

---

* Schaub ArbR von A–Z, Stichworte: Gratifikation, Anwesenheitsprämie.

sondere dann, wenn sich der Arbeitnehmer bei Auszahlung in einem ungekündigten Arbeitsverhältnis befinden muß oder eine Rückzahlung bei alsbaldiger Beendigung des Arbeitsverhältnisses vereinbart ist. Ist die Gratifikation nur vergangenheitsbezogen, so kann der Arbeitnehmer Weihnachts- und Urlaubsgratifikationen bei unterjähriger Beschäftigung anteilig verlangen.

2. Rechtsgrund. Ohne einen besonderen Rechtsgrund braucht der Arbeitgeber keine Gratifikationen zu zahlen. Ein besonderer Rechtsgrund kann ebenso wie bei der betrieblichen Altersversorgung (§ 26 S. 236) folgen aus: *a)* Tarifvertrag, *b)* Betriebsvereinbarung, *c)* vertraglicher Einheitsregelung oder Gesamtzusage, *d)* Einzelzusage, *e)* betrieblicher Übung (§ 39 S. 330) oder *f)* Gleichbehandlungsgrundsatz (§ 40 S. 334).

3. Rechtsanspruch. Besteht ein Rechtsanspruch auf Gratifikationszahlung, so richtet sich dessen Höhe nach der ausdrücklich oder konkludent getroffenen Vereinbarung. Bei Umwandlung eines Vollzeitarbeitsverhältnisses in ein Teilzeitarbeitsverhältnis richtet sich die Höhe nach dem im Zeitpunkt der Fälligkeit maßgebenden Arbeitsentgelt, es sei denn, daß für die Berechnung ein Bezugszeitraum in der Vergangenheit gewählt ist. Besteht wegen der Höhe keine Vereinbarung, so kann der Arbeitgeber sie nach billigem Ermessen festsetzen (§ 315 BGB).

4. Freiwillige Leistung. Besteht wegen der Zahlung einer Gratifikation kein besonderer Rechtsgrund, so steht die Zahlung im Ermessen des Arbeitgebers. Dies ist sowohl dann der Fall, wenn sich der Arbeitgeber vorbehalten hat, ob er Gratifikationen zahlt, als auch dann, wenn wegen der Zahlung von Gratifikationen ein Rechtsanspruch ausgeschlossen ist. Hat der Arbeitgeber den Rechtsanspruch nicht ausgeschlossen, so kann bei dreimalig wiederholter Zahlung ein Rechtsanspruch erwachsen. Auch dann, wenn der

Rechtsanspruch ausgeschlossen ist, kann für das einzelne Jahr ein Rechtsanspruch erwachsen, wenn der Arbeitgeber die Zahlung bekanntgemacht hat.

II. Widerrufs- und Rückzahlungsklauseln bei Sonderzuwendungen

1. Widerrufs- und Rückzahlungsklauseln. Die Bedeutung der Widerrufs- und Rückzahlungsklauseln nimmt ab, da Gratifikationsansprüche heute weitgehend tariflich abgesichert sind. Sie sind insoweit nur noch für außertarifliche Leistungen von Bedeutung.

2. Bindung. a) Die vertragliche Bindung durch Rückzahlungsklauseln darf nicht übermäßig sein. Bei einer Weihnachtsgratifikation, die ein Monatsgehalt erreicht, kann die Kündigung bis nach dem 31. 3. des Folgejahres ausgeschlossen werden. Erreicht sie keine zwei Monatsgehälter kann im allgemeinen keine Bindung über den 30. 6. erfolgen. Bei Gratifikationen bis zur Höhe eines Monatsgehaltes ist ein über den 31. 3. des Folgejahres hinausgehender Rückzahlungsvorbehalt wirkungslos. Bis zu einem Betrag von 200,- DM ist ein Rückzahlungsvorbehalt überhaupt nichtig.

b) Ist im Arbeitsvertrag vorgesehen, daß der Arbeitnehmer die Gratifikation zurückzahlen muß, wenn das Arbeitsverhältnis vor Ablauf bestimmter Fristen endet, so soll nach einer etwas älteren Rspr. des BAG der Rückzahlungsanspruch dann nicht ausgelöst werden, wenn der Arbeitgeber aus betriebsbedingten Gründen gekündigt hat. Insoweit habe er selbst die Betriebstreue des Arbeitnehmers verhindert (§ 162 BGB). In der neueren Rechtsprechung findet sich dieser Ausschluß der Rückzahlung nicht mehr.

c) Besonders umstritten war die Rechtslage, ob ein Arbeitnehmer auch dann Anspruch auf Gratifikation hat, wenn er das ganze Jahr, etwa wegen Krankheit nicht gearbeitet hat. Das BAG geht davon aus, daß der Anspruch nur dann ausgeschlossen ist, wenn dies ausdrücklich vereinbart ist.

III. Begriff der Prämie*

1. Prämie. Die Prämie ist eine besondere Vergütung, die der Arbeitgeber für eine befriedigende Arbeitsleistung oder längere Betriebstreue zahlt. Ohne besonderen Rechtsgrund ist der Arbeitgeber nicht zu deren Zahlung verpflichtet. Zu Prämiensystemen vgl. § 16 IV S. 199.

2. Anwesenheitsprämie. Die Anwesenheitsprämie ist als Sonderform der Prämie entwickelt worden. Durch sie bezweckt der Arbeitgeber regelmäßig, die Fehlzeiten in seinem Betrieb herabzusetzen. Zumeist wird daher vereinbart, daß die Prämie entfällt, wenn der Arbeitnehmer in einem bestimmten Bezugszeitraum fehlt oder daß sie bei der Berechnung von Vergütungsfortzahlungsansprüchen unberücksichtigt bleibt.

IV. Zulässigkeit der Anwesenheitsprämie**

1. Bedeutung. Die Anwesenheitsprämie hatte nur noch geringe rechtliche Bedeutung, da sie nach der Rechtsprechung des BAG weitgehend unzulässig war.

2. Wegfall. Die Rechtsprechung zur Zulässigkeit der Anwesenheitsprämie hat wiederholt geändert.

a) Die ältere Rspr. hat angenommen, daß sich der Arbeitgeber grundsätzlich nicht auf eine Vereinbarung berufen kann, daß die Anwesenheitsprämie wegfällt, wenn der Arbeitnehmer aus gerechtfertigtem Grund fehlt. Aus sozialen Gründen ist der Arbeitgeber vielfach gezwungen, auch ohne Arbeitsleistung die Vergütung fortzuzahlen (§§ 31 ff S. 271 ff). Dies gilt z. B. im Falle der Erkrankung, bei Urlaub usw. Die ältere Rspr. hat angenommen, daß durch eine Vereinbarung über den Wegfall der Anwesenheitsprämie der soziale Schutzzweck dieser Normen vereitelt werde.

---

* Schaub ArbR von A–Z, Stichwort: Prämie.
** Schaub ArbR von A–Z, Stichwort: Anwesenheitsprämie.

Diese Rspr. ist sukzessive aufgegeben worden. Das BAG hat angenommen, daß z.B. im Falle der Erkrankung der soziale Schutz nur für die Dauer von sechs Wochen bestehe. Es hat daher zunächst Tarifverträge für zulässig gehalten, die den Wegfall der Prämien bei Fehlzeiten vorgesehen haben. Diese Rspr. ist dann auch auf Betriebsvereinbarungen übertragen worden. Schließlich sind auch einzelvertragliche Vereinbarungen wieder zugelassen worden. Ist in der Prämienregelung vorgesehen, daß ein Arbeitgeber eine Prämie in bestimmter Höhe zahlt, aber für jeden Fehltag eine Summe abgezogen wird, so unterliegt diese jedoch der richterlichen Billigkeitskontrolle. Im allgemeinen darf für jeden Fehltag nicht mehr als $1/60$ der Prämie entfallen.

b) Hat der Arbeitgeber die Vergütung fortzuzahlen, wenn der Arbeitnehmer aus berechtigtem Grund fehlt, so muß die Anwesenheitsprämie bei der Berechnung der Vergütungsfortzahlung *grundsätzlich berücksichtigt* werden. Auch dies folgt aus dem sozialen Schutzzweck der zwingenden Vergütungsfortzahlungsansprüche.

c) Wird die Anwesenheitsprämie als Einmalprämie gewährt, ist die Rechtslage umstritten. Sagt der Arbeitgeber z. B. eine Prämie in Höhe von 2000.– DM aus Anlaß des Weihnachtsfestes zu und soll diese Prämie für jeden Fehltag um 20.– DM gekürzt werden, so ist nach der wiederholt geänderten Rechtsprechung des BAG auch dann eine Kürzung möglich, wenn der Arbeitnehmer wegen Krankheit fehlt. Die Kürzung darf aber bestimmte Grenzwerte nicht überschreiten.

3. Bummelei. Die Anwesenheitsprämie hat vor allem Bedeutung, wenn der Arbeitnehmer unentschuldigt fehlt.

V. Kollektivrechtliche Regelungen

Tarifliche Regelungen über Anwesenheitsprämien kommen kaum noch vor. Soweit in Betriebsvereinbarungen gegen vorstehende Grundsätze der Anwesenheitsprämie verstoßen wird, sind sie ebenfalls unwirksam.

§ 25. Altersteilzeitarbeit*

I. Vorruhestandsgesetz

1. Gesetzeszweck. 1.1 **BRD.** Mit dem Gesetz zur Förderung von Vorruhestandsleistungen (Vorruhestandsgesetz – VRG) vom 13. 4. 1984 (BGBl. I 601) wurden arbeits-, arbeitsmarkt- und sozialpolitische Zwecke verfolgt.

a) Dem Arbeitnehmer sollte ermöglicht werden, vor Eintritt eines Versorgungsfalles, also der Berufs- oder Erwerbsunfähigkeit oder Erreichen der (vorgezogenen) Altersrente aus dem Erwerbsleben auszuscheiden. Insoweit diente das Gesetz der Flexibilisierung der Lebensarbeitszeit.

b) Arbeitsmarktpolitisch sollte das Gesetz einen Beitrag zur Beschäftigungsförderung leisten. Derjenige Arbeitgeber, der auf dem freiwerdenden Arbeitsplatz einen anderen Arbeitnehmer beschäftigte, erhielt die Vorruhestandsleistungen teilweise von der BAnstArb erstattet.

c) Sozialpolitisch sollten die vorzeitigen Pensionierungsprogramme der Wirtschaft (sog. 59er-Regelung) verteuert werden.

Das VRG ist am 31. 12. 1988 außer Kraft getreten. Es hat nur noch Bedeutung für die im Vorruhestand lebenden Arbeitnehmer.

1.**2** In der **DDR** war die VO über die Gewährung von Vorruhestandsgeld vom 8. 2. 1990 (GBl-DDR I Nr. 7 S. 42) erlassen worden. Diese hat nach dem Beitritt nur noch Bedeutung für die bereits zuvor eingetretenen Vorruhestandsfälle.

2. Abgrenzung zu verwandten Verträgen.** a) Der Vorruhestandsvertrag diente der Pensionierung eines Arbeit-

---

* Schaub ArbR von A–Z, Stichwort: Altersteilzeit.
** Zu Kostenberechnungen: Schaub ArbR Formb § 4 III.

nehmers auf Kosten des Arbeitgebers unter teilweiser Kostenerstattung der BAnstArb, wenn der freiwerdende Arbeitsplatz anderweitig besetzt wurde.

b) Bei der sog. 59er-Regelung liegt folgendes Prinzip zugrunde. Nach § 38 SGB VI erhalten in der gesetzlichen Sozialversicherung Versicherte Altersruhegeld, wenn *(1)* sie das 60. Lebensjahr vollendet haben, *(2)* entweder arbeitslos sind und innerhalb der letzten 1½ Jahre vor Beginn der Rente insgesamt 52 Wochen arbeitslos waren oder Anpassungsgeld für entlassene Arbeitnehmer des Bergbaus bezogen haben oder 24 Monate Altersteilzeitarbeit ausgeübt haben, *(3)* in den letzten 10 Jahren vor Beginn der Rente acht Jahre Pflichtbeitragszeit haben, wobei sich der Zeitraum von 10 Jahren um Anrechnungszeiten und Zeiten des Bezugs einer Rente wegen verminderter Erwerbsfähigkeit, die nicht auch Pflichtbeitragszeiten sind, verlängert und *(4)* die Wartezeit von 15 Jahren erfüllt haben. Bei der 59er-Regelung werden die Arbeitnehmer (in ihrem Einverständnis) zu einem Zeitpunkt entlassen, in dem sie Arbeitslosengeld beanspruchen können. Alsdann zahlt ihnen das Unternehmen – regelmäßig aufgrund eines Sozialplans – einen Zuschuß zum Arbeitslosengeld. Mit der Einführung des VRG ist diese Regelung verteuert worden. Nach § 128 AFG muß das Unternehmen der BAnstArb das Arbeitslosengeld erstatten. Das BVerfG hat die Erstattungsregelungen teilweise für verfassungswidrig erklärt (BVerfG NJW 90, 1230 = NZA 90, 161 = Beil. 5 zu BB 90). Darauf hat der Gesetzgeber die Erstattungsregelung aufgehoben und inzwischen neu gefaßt. Inzwischen ist eine grundlegende Neuregelung durch das AFRG erfolgt.

II. Das erste Altersteilzeitgesetz

Das VRG ist durch das Gesetz zur Förderung eines gleitenden Übergangs älterer Arbeitnehmer in den Vorruhestand (Altersteilzeitgesetz – ATG) vom 20. 12. 1988 (BGBl I

2343) ersetzt worden. Es war befristet bis zum 1. 1. 1993. Es hat nur noch Bedeutung für solche Arbeitnehmer, die sich in Altersteilzeit befinden.

III. Voll- und Teilrente

1. Voraussetzungen. a) Nach § 42 SGB VI können Versicherte eine Rente wegen Alters in voller Höhe (Vollrente) oder als Teilrente in Anspruch nehmen. Die Teilrente beträgt ein Drittel, die Hälfte oder zwei Drittel der erreichten Vollrente. Diese Regelung soll einen gleitenden Übergang vom Erwerbsleben in den Ruhestand ermöglichen. Neben der Rente kann vor Vollendung des 65. Lebensjahres innerhalb bestimmter Grenzen, nach Vollendung des 65. Lebensjahres ohne Hinzuverdienstgrenze hinzu verdient werden. Wird nach der vorgesehenen Erhöhung der Altersgrenze nach § 41 SGB VI die Teilrente vorzeitig in Anspruch genommen, so wird diese nach § 77 Abs. 2 Nr. 1 SGB VI um einen versicherungsmathematischen Abschlag gekürzt. Dieser beträgt 0,003 % für jeden Kalendermonat vorzeitiger Inanspruchnahme. Diese Kürzung kann dadurch wieder ausgeglichen werden, wenn der andere Teil der zustehenden Vollrente erst nach dem 65. Lebensjahr in Anspruch genommen wird, weil über 65-jährige nach § 77 Abs. 2 Nr. 2 SGB VI einen Zuschlag von 0,005 % je Kalendermonat erhalten.

b) Die Hinzuverdienstgrenze für die Vollrente beträgt $1/7$ der monatlichen Bezugsgröße (§ 34 Abs. 3 Nr. 1 SGB VI i. V. m. § 18 SGB VI). Die Hinzuverdienstgrenze erhöht sich bei den Teilrenten nach dem Grundsatz, je weniger von der Vollrente in Anspruch genommen wird, umso höher wird die Hinzuverdienstgrenze für unter 65-jährige. Die Hinzuverdienstgrenze kann nach der Formel Teilrentenfaktor X allgemeiner Rentenwert X Entgeltpunkte des letzten Kalenderjahres errechnet werden. Im allgemeinen ist es nur dann sinnvoll, eine Teilrente zu beanspruchen, wenn die Hinzuverdienstgrenze ausgeschöpft wird.

2. Erörterungsrecht. a) Versicherte, die wegen der beabsichtigten Inanspruchnahme einer Teilrente ihre Arbeitsleistung einschränken wollen, können von ihrem Arbeitgeber verlangen, daß er mit ihnen die Möglichkeit einer solchen Einschränkung erörtert. Macht der Versicherte hierzu für seinen Arbeitsbereich Vorschläge, hat der Arbeitgeber zu diesen Vorschlägen Stellung zu nehmen (§ 42 Abs. 3 SGB VI).

b) Der ältere Arbeitnehmer hat mithin keinen Anspruch darauf, daß der Arbeitgeber mit ihm einen Teilzeitarbeitsvertrag abschließt. Es besteht nur ein Verhandlungsanspruch.

3. Inhalt des Teilzeitarbeitsverhältnisses. Nach seinem Inhalt ist das Teilzeitarbeitsverhältnis ein normales Teilzeitarbeitsverhältnis (oben § 7 VII S. 89).

a) Das Altersteilzeitarbeitsverhältnis kann als Teilzeitarbeitsverhältnis, Job-Sharing-Arbeitsverhältnis oder auch als Abrufarbeitsverhältnis begründet werden (oben § 7 VII–IX S. 89 ff).

b) Der Arbeitnehmer in Altersteilzeitarbeit genießt den allgemeinen und besonderen Kündigungsschutz (§ 47 bis § 49 S. 385 ff). Denkbar ist aber, daß nach dem BeschFG befristete Arbeitsverhältnisse abgeschlossen werden (§ 7 II 5 S. 75).

c) Aus dem Altersteilzeitarbeitsverhältnis folgen für Arbeitgeber und Arbeitnehmer eine Reihe von Nebenpflichten zu seiner Durchführung. Dies sind vor allem wechselseitige Melde- und Unterrichtungspflichten.

4. Muster*

§ 1 Fortsetzung des Arbeitsverhältnisses

I. Die Arbeitsvertragsparteien sind sich darüber einig, daß das Arbeitsverhältnis als Teilzeitarbeitsverhältnis fortgesetzt wird. Der Arbeitnehmer wird Altersrente zur Hälfte/$^{1}/_{3}$/$^{2}/_{3}$ in Anspruch nehmen.

II. Die wöchentliche Arbeitszeit wird auf mindestens die Hälfte der tariflichen regelmäßigen Arbeitszeit, auf mindestens jedoch

---

* Schaub ArbR-Formb § 4 III.

18 Stunden wöchentlich vermindert. (Die Stundenzahl muß angepaßt werden, wenn eine ⅓ oder ⅔ Rente beansprucht wird).

III. Der Arbeitnehmer ist verpflichtet, im Rahmen der Notwendigkeiten des Betriebes Über- und Mehrarbeitsstunden zu leisten.

IV. Das Altersteilzeit-Arbeitsverhältnis wird als Job-Sharing-Arbeitsverhältnis/als Abrufarbeitsverhältnis geführt *oder*

IV. die Arbeitszeit des Teilzeitarbeitnehmers wird festgelegt von ...... bis ......

§ 2 Arbeitsvergütung

I. Der Arbeitnehmer erhält für die von ihm zu verrichtende Teilzeitarbeit

1. eine entsprechend der Stundenzahl bemessene Arbeitsvergütung nach Lohn/Gehaltsgruppe ...... des Tarifvertrages in seiner jeweiligen Fassung.

2. eine Leistungszulage ......

3. eine übertarifliche Zulage.

II. Die Teilzeitarbeitsvergütung unterliegt dem Lohnsteuerabzug und der Beitragspflicht zur gesetzlichen Sozialversicherung. Die Beiträge werden vom Arbeitgeber einbehalten und an die zuständigen Stellen abgeführt.

§§ 3 bis 6. (Sie enthalten Regelungen über die Vergütungsfortzahlung bei Krankheit, Urlaub, Abtretung und Verpfändung von Ansprüchen sowie die Beendigung des Altersteilzeit-Arbeitsverhältnisses.)

§ 7 Beendigung des Arbeitsverhältnisses

I. Das Recht zur Kündigung des Arbeitsverhältnisses bleibt unberührt.

II. Das Teilzeitarbeitsverhältnis endet mit Ablauf des Monats, in dem der Arbeitnehmer die Teilzeitarbeit aufgibt oder das 65. Lebensjahr vollendet.

IV. Altersteilzeitgesetz vom 23. 7. 1996

1. Zweck. Durch das Altersteilzeitgesetz vom 23. 7. 1996 (BGBl. I S. 1078) soll älteren Arbeitnehmern ein gleitender Übergang vom Erwerbsleben in die Altersrente ermöglicht werden. Die Bundesanstalt für Arbeit fördert nach dem AltersteilzeitG die Teilzeitarbeit älterer Arbeitnehmer, wenn damit die Einstellung eines sonst arbeitslosen Arbeitnehmers ermöglicht wird. Die Rechtslage wird ab 1. 1. 1998 durch das AFRG geändert.

2. Voraussetzungen. Durch das Gesetz werden Arbeitnehmer begünstigt, die (1) das 55. Lebensjahr vollendet ha-

ben, (2) nach dem 14. 2. 1996 auf Grund einer Vereinbarung mit dem Arbeitgeber ihre Arbeitszeit auf die Hälfte der
tariflichen regelmäßigen wöchentlichen Arbeitszeit, auf jedoch nicht weniger als 18 Stunden wöchentlich vermindert
haben und (3) innerhalb der letzten fünf Jahre vor Beginn
der Altersteilzeitarbeit mindestens 1080 Kalendertage in
einer die Beitragspflicht begründenden Beschäftigung im
Sinne des § 168 des AFG gestanden haben und deren vereinbarte Arbeitszeit der tariflichen regelmäßigen Arbeitszeit
entsprach. Geringfügige Unterschreitungen sind unbeacht-
lich. Die Verteilung der Arbeitszeit ist durch das Gesetz
nicht geregelt. Der ältere Arbeitnehmer kann täglich mit
verminderter Stundenzahl, nur eine bestimmte Anzahl von
Tagen in der Woche, im wöchentlichen oder im monatlichen Wechsel arbeiten. Sichergestellt muß jedoch sein, daß
das Arbeitsentgelt und der Aufstockungsbetrag fortlaufend
gezahlt werden und die Altersteilzeitarbeit die Versiche-
rungspflicht zur Sozialversicherung und die Beitragspflicht
zur BAnstArb begründet.

3. Erstattungsanspruch des Arbeitgebers. Die BAnstArb
erstattet dem Arbeitgeber für längstens fünf Jahre die vorge-
nannten Beträge, wenn die folgenden Voraussetzungen vorliegen: (1) Der Arbeitgeber auf Grund eines Tarifvertrages,
einer Regelung der Kirchen und der öffentlich-rechtlichen
Religionsgesellschaften, einer Betriebsvereinbarung oder
einer Vereinbarung mit dem Arbeitnehmer (a) das Arbeitsentgelt für die Altersteilzeitarbeit um mindestens 20 v.H.
dieses Arbeitsentgelts, jedoch auf mindestens 70 v.H. des
um die gesetzlichen Abzüge, die bei Arbeitnehmern gewöhnlich anfallen, verminderten Vollzeitarbeitsentgelts
(Mindestnettobetrag) aufgestockt hat und (b) für den Arbeitnehmer Beiträge zur gesetzlichen Rentenversicherung
mindestens in Höhe des Beitrags entrichtet hat, der auf den
Unterschiedsbetrag zwischen 90 v.H. des Vollzeitarbeitsentgelts und dem Arbeitsentgelt für die Altersteilzeitarbeit

entfällt, höchstens bis zur Beitragsbemessungsgrenze, sowie
(2) der Arbeitgeber aus Anlaß des Übergangs des Arbeitnehmers in die Altersteilzeitarbeit einen beim Arbeitsamt
arbeitslos gemeldeten Arbeitnehmer oder einen Arbeitnehmer nach Abschluß der Ausbildung auf dem freigemachten
oder einem in diesem Zusammenhang durch Umsetzung
freigewordenen Arbeitsplatz beitragspflichtig im Sinne des
AFG beschäftigt und (3) einem Überforderungsschutz des
Arbeitgebers genügt wird, daß nicht mehr als fünf v. H. in
Altersteilzeitarbeit gehen.

§ 26. Betriebliche Altersversorgung*

I. Zusage

1.1 Rechtsgrund. Ohne eine besondere Rechtsgrundlage
ist der Arbeitgeber nicht verpflichtet, Leistungen der betrieblichen Altersversorgung zu gewähren. Betriebliche Altersversorgung heißen alle Leistungen der Alters-, Invalidi-
täts- und Hinterbliebenenversorgung aus Anlaß eines
Arbeitsverhältnisses (§ 1 Abs. 1 BetrAVG). Im Rahmen der
betrieblichen Altersversorgung können Renten- und Kapi-
talleistungen, Sach- und Nutzungsrechte zugewandt werden. Von der Altersversorgung sind Leistungen der Vermö-
gensbildung zu unterscheiden.

1.2 In den neuen Bundesländern ist das BetrAVG erst am
1. 1. 1992 in Kraft getreten. Sofern vor diesem Zeitpunkt
Betriebsrenten zugesagt worden sind, müssen diese zweckmäßig nach diesem Zeitpunkt bestätigt werden. Zur Zeit
der DDR haben einige Arbeitnehmer aufgrund der AO 54
eine zusätzliche Versorgungszusage erhalten. Das BAG hat
angenommen, daß dies eine Leistung der betrieblichen Altersversorgung ist. Auf Grund der Regelungen des Eini-

---

* Schaub ArbR von A–Z, Stichwort: Ruhegeld.

gungsvertrages können keine Ansprüche mehr neu erwachsen. Entstandene Rechte bleiben jedoch bestehen.

2. Durchführungsformen. Die betriebliche Altersversorgung kommt im allgemeinen in vier Durchführungsformen vor: *a)* Bei der *Direktzusage* verpflichtet sich der Arbeitgeber, bei Eintritt eines Versorgungsfalles Leistungen der betrieblichen Altersversorgung aus seinem Vermögen zu erbringen. *b)* Die Leistungen können bei Eintritt des Versorgungsfalles durch eine *Unterstützungskasse** gewährt werden. Betriebsunterstützungskassen werden als rechtsfähige Einrichtungen zur Sicherung des Daseins der Arbeitnehmer geschaffen (§ 1 Abs. 4 BetrAVG). Zumeist sind sie eingetragene Vereine (e. V.) oder Gesellschaften mit beschränkter Haftung (GmbH). Sie gewähren auf ihre Leistungen keinen Rechtsanspruch. Sie unterliegen nicht der Versicherungsaufsicht. Sie erhalten Zuwendungen des Trägerunternehmens. Die Arbeitnehmer besitzen hierauf keinen Rechtsanspruch. Die Mittel der Betriebsunterstützungskasse werden regelmäßig im Trägerunternehmen angelegt. *c)* Die Leistungen können über eine *Pensionskasse*** gewährt werden. Pensionskassen sind rechtsfähige Versorgungseinrichtungen, die auf ihre Leistungen einen Rechtsanspruch einräumen (§ 1 Abs. 3 BetrAVG). Sie sind Versicherungsvereine auf Gegenseitigkeit, die unter der Versicherungsaufsicht des Staates stehen. Die einzelnen Arbeitnehmer können Mitglied der Pensionskasse werden und auch zu Beiträgen herangezogen werden. Regelmäßig handelt es sich bei den Pensionskassen um Lebensversicherungsunternehmen, die in ihrem Geschäftsbetrieb auf ein Unternehmen oder Konzern beschränkt sind. *d)* Schließlich können Leistungen der betrieblichen Altersversorgung durch Abschluß von *Lebensversicherungsverträgen**** gewährt werden.

* Schaub ArbR von A–Z, Stichwort: Betriebsunterstützungskasse.
** Schaub ArbR von A–Z, Stichwort: Pensionskasse.
*** Schaub ArbR von A–Z, Stichwort: Lebensversicherung.

Eine besondere Form der Direktzusage ist die Versorgungsgewährung aufgrund *einheitlicher Versorgungsrichtlinien* mehrerer Unternehmen. Dies ist z.B. beim Bochumer-, Essener- und Duisburger Verband der Fall. In diesen Verbänden sind die Bergbauunternehmen, Stahlunternehmen oder Speditionsunternehmen zusammengeschlossen. Die Verbände haben einheitliche Versorgungsrichtlinien geschaffen, nach denen von ihnen die Betriebspensionen festgesetzt werden, die alsdann wiederum von den Einzelunternehmen zu zahlen sind.

3. Anspruchsbegründung. Als besonderer Rechtsgrund für die Erbringung der betrieblichen Altersversorgung kommen in Betracht:

a) *Tarifverträge.* Sie finden sich vor allem im öffentlichen Dienst, in der Bauwirtschaft sowie in der Forst- und Landwirtschaft. Dagegen sind sie in den übrigen Wirtschaftszweigen noch selten.

b) *Betriebsvereinbarungen:* Auf ihren Abschluß hat der Betriebsrat keinen Rechtsanspruch. Die Einführung der betrieblichen Altersversorgung gehört zur freiwilligen Mitbestimmung nach § 88 BetrVG. Ist dagegen die betriebliche Altersversorgung einmal eingeführt, so hat der Betriebsrat weitgehende Mitbestimmungsrechte. Diese folgen aus § 87 Abs. 1 Nr. 8 BetrVG, wenn die Versorgung über eine betriebliche Versorgungseinrichtung (Unterstützungs- oder Pensionskasse) erfolgt.* Wird dagegen die Versorgung aufgrund Direktzusage oder über eine Lebensversicherung gewährt, so bestehen Mitbestimmungsrechte nach § 87 Abs. 1 Nr. 10, 11 BetrVG.

c) *Versorgungszusagen.* Eine Versorgungszusage ist dann gegeben, wenn der Arbeitgeber Leistungen der betrieblichen Altersversorgung bei Eintritt eines Versorgungsfalles in Aussicht stellt. Die Versorgung kann einzelnen Arbeitnehmern oder einer Gruppe von Arbeitnehmern zugesagt sein. Die

---

* Schaub ArbR von A–Z, Stichwort: Betriebsaufgaben.

Zusage kann mündlich, schriftlich, ausdrücklich oder konkludent erfolgen. Eine konkludente Zusage ist dann gegeben, wenn der Arbeitgeber den Vertrauenstatbestand erweckt, er werde bei Eintritt des Versorgungsfalles Leistungen der betrieblichen Altersversorgung gewähren. Selbst dann liegt noch eine wirksame Versorgungszusage vor, wenn die Versorgungsleistungen nur dem Grunde nach zugesagt worden sind, während die Bestimmung der Höhe noch vorbehalten ist. Insoweit spricht man von einer *Blankettzusage*.

d) *Versorgungsordnungen oder Gesamtzusagen*. Rechtsdogmatisch handelt es sich bei ihnen auch um Direktzusagen (c). Ihre Besonderheit besteht jedoch darin, daß der Arbeitgeber abstrakt ein Versorgungswerk aufgestellt hat, nach dem er Leistungen der betrieblichen Altersversorgung gewährt, das er bei einer Gesamtzusage allgemein der Belegschaft bekanntgemacht hat.

e) *Betriebliche Übung* (§ 39 S. 330):* Eine betriebliche Übung auf Gewährung von Versorgungsleistungen ist dann gegeben, wenn der Arbeitgeber gegenüber allen oder einzelnen Arbeitnehmern einen Vertrauenstatbestand erweckt hat, sie würden bei Eintritt eines Versorgungsfalles Leistungen erhalten. Betriebliche Übungen spielen nur noch in Ausnahmefällen eine Rolle. Sie sind zumeist durch Versorgungsordnungen oder Betriebsvereinbarungen ersetzt, da der Arbeitgeber bei betrieblichen Übungen keine Steuererleichterungen in Anspruch nehmen kann.

f) *Gleichbehandlungsgrundsatz* (§ 40 S. 334):** Der Gleichbehandlungsgrundsatz kann sowohl bei der Begründung wie der Ausgestaltung einer Versorgung eine Rolle spielen. Bei der Begründung ist der Gleichbehandlungsgrundsatz von Bedeutung, wenn der Arbeitgeber aus sachlich nicht gerechtfertigten Gründen Arbeitnehmer teilweise

---

* Schaub ArbR von A–Z, Stichwort: Betriebsübung.
** Schaub ArbR von A–Z, Stichwort: Gleichbehandlungsgrundsatz.

von der Versorgung ausgeschlossen hat oder wenn er durch die Einführung oder Erhöhung von Versorgungsleistungen einen sachlich nicht gerechtfertigten Stichtag gewählt hat.

4. Versorgungsvoraussetzungen. Unerheblich, welche rechtstheoretische Begründungsform für eine betriebliche Altersversorgung und welche Durchführungsform gewählt worden ist, beinhaltet die Versorgungszusage, daß sich der Arbeitgeber selbst oder durch eine Versorgungseinrichtung verpflichtet, dem Arbeitnehmer Leistungen zu erbringen, wenn dieser *a)* die Wartezeit zurückgelegt hat und *b)* nach Eintritt der Wartezeit ein Versorgungsfall eingetreten ist.

a) Die *Wartezeit* ist eine Frist, nach deren Ablauf ein Ruhegeldanspruch erwachsen kann. Sie ist nicht zu verwechseln mit der *Unverfallbarkeitsfrist* (§ 1 BetrAVG), nach deren Ablauf der Arbeitnehmer die Versorgungsanwartschaft auch im Falle des Arbeitsplatzwechsels mitnehmen kann. Damit der Arbeitgeber die Unverfallbarkeitsfrist nicht durch längere Wartefristen unterläuft, kann der Arbeitnehmer die Wartefrist auch noch in einem Folgearbeitsverhältnis vollenden (§ 1 Abs. 1 S. 6 BetrAVG). Dies ist z. B. der Fall, wenn der Arbeitnehmer nach 10-jähriger Versorgungszusage ausscheidet, während für die Entstehung des Versorgungsanspruches eine 20-jährige Wartefrist vorgesehen ist. Üblich sind zumeist Wartezeiten von 5 Jahren bei Arbeitsunfällen und 10 Jahren bei Eintritt der Altersgrenze.

b) *Versorgungsfall* ist regelmäßig der Eintritt der Berufs- oder Erwerbsunfähigkeit sowie das Erreichen der Altersgrenze. Gelegentlich finden sich statt der Berufs- und Erwerbsunfähigkeit Begriffe wie Arbeitsunfähigkeit, Eintritt der Invalidität usw. Alsdann muß im Wege der Auslegung der Versorgungsordnung ermittelt werden, was hiermit gemeint ist. Die Begriffe Berufs- und Erwerbsunfähigkeit sind im allgemeinen i. S. des Sozialversicherungsrechtes auszulegen (§§ 43, 44 SGB VI). Die Altersgrenze war für Männer regelmäßig das 65. und für Frauen das 60. Lebensjahr. Der

EuGH hat angenommen, daß unterschiedliche Altersgrenzen gegen den Lohngleichheitssatz nach Art. 119 EGV verstoßen. In der gesetzlichen Rentenversicherung werden die Altersgrenzen stufenweise bis zum Jahre 2004 angehoben. Das zwingt dazu auch in der betrieblichen Altersversorgung die Altersgrenzen anzuheben. Allerdings können die Frauen vorzeitig in den Ruhestand treten; sie müssen aber versicherungsmathematische Abschläge bei den Renten in Kauf nehmen.

II. Versorgungsanwartschaft

1. Entstehung. Hat der Arbeitnehmer eine Versorgungszusage erhalten, so erwächst die Versorgungsanwartschaft. Dies ist ein aufschiebend bedingter Versorgungsanspruch, der automatisch zum Vollrecht erstarkt, wenn der Versorgungsfall eintritt.

2. Unverfallbarkeit. In früheren Jahren enthielten Versorgungszusagen regelmäßig die Bestimmung, daß der Arbeitgeber selbst oder seine Versorgungseinrichtung nur dann Ruhegeld gewähre, wenn der Arbeitnehmer bis zum Eintritt des Versorgungsfalles in seinen Diensten verbleibe. Nachdem bereits die Rechtsprechung seit 1972 derartigen Klauseln bei 20jähriger Betriebszugehörigkeit die Rechtswirksamkeit versagt hat, sind die Versorgungsanwartschaften durch das Gesetz zur Verbesserung der betrieblichen Altersversorgung vom 19. 12. 1974 (BGBl I 3610) m. spät. Änd. gesichert worden. Nach § 1 Abs. 1 BetrAVG werden Versorgungsanwartschaften unverfallbar, wenn der Arbeitnehmer das 35. Lebensjahr vollendet hat und er entweder 10 Jahre eine Versorgungszusage hatte oder er bei 12jähriger Betriebszugehörigkeit drei Jahre eine Versorgungszusage besaß. Ein Arbeitnehmer behält seine Anwartschaft auch dann, wenn er aufgrund einer Vorruhestandsregelung (§ 25 S. 230) ausgeschieden ist und ohne das vorherige Ausscheiden die Wartezeit und die sonstigen Voraussetzungen für den Bezug von Leistungen der betrieblichen Altersversorgung erfüllt hätte. Scheidet der Arbeitnehmer nach Ablauf dieser Fristen aus, kann er seine Versorgungsanwartschaft mitnehmen und eine in der Versorgungsordnung vorgesehene Wartezeit noch in einem Folgearbeitsverhältnis vollenden.

3. Verfallbarkeit. Scheidet dagegen der Arbeitnehmer aus den Diensten seines Arbeitgebers, bevor er eine unverfallbare Versorgungsanwartschaft erworben hat, so erlischt diese grundsätzlich. Hatte der Arbeitgeber das Arbeitsverhältnis gekündigt, so kann der Barwert im Rahmen einer Abfindung nach §§ 9, 10 KSchG berücksichtigt werden. Begründet der Arbeitnehmer erneut ein Arbeitsverhältnis mit seinem Arbeitgeber, so lebt dadurch die erloschene, verfallbare Versorgungsanwartschaft nicht wieder auf. Vielmehr sind grundsätzlich die Fristen erneut zurückzulegen. Etwas anderes gilt nur dann, wenn die Parteien ausdrücklich oder konkludent etwas anderes vereinbart haben. Die Parteien tun also gut daran, bei Begründung eines Arbeitsverhältnisses mit einem ehemaligen Arbeitnehmer der betrieblichen Altersversorgung Rechnung zu tragen.

4. Änderung. Grundsätzlich ist die Versorgungsanwartschaft einer Änderung entzogen.

a) Ist der Arbeitnehmer mit einer unverfallbaren Versorgungsanwartschaft *aus den Diensten des Arbeitgebers geschieden*, so fehlt es im allgemeinen an rechtlichen Gestaltungsmöglichkeiten, die Versorgungsanwartschaften noch zu ändern (§ 2 V BetrAVG).

b) Aber auch bei *Fortbestand des Arbeitsverhältnisses* ist nur in engen Grenzen eine Änderung der Versorgungsanwartschaft zum Nachteil des Arbeitnehmers möglich. Das hat seinen Rechtsgrund darin, daß der Arbeitnehmer im Vertrauen auf Versorgungsleistungen gearbeitet hat und ihm nur ein Arbeitsleben zur Verfügung steht, Versorgungsansprüche zu erwerben. Die Änderungsmöglichkeiten sind je nach Rechtsgrundlage des Versorgungsversprechens unterschiedlich. Änderungen von *Tarifverträgen* und *Betriebsvereinbarungen* muß der Arbeitnehmer gegen sich gelten lassen, auch wenn sie zu seinem Nachteil erfolgen. Jedoch unterliegen Betriebsvereinbarungen nicht nur der Rechtskontrolle, sondern auch einer Billigkeitskontrolle durch die Gerichte für Arbeitssachen. *Einzelzusagen* gehören zum Arbeitsvertrag; ihre Änderung ist mithin nur im Einverständnis des Arbeitnehmers bzw. aufgrund Änderungskündigung möglich. Gegen Änderungskündigungen genießt jedoch der Arbeitnehmer den allgemeinen und besonderen Kündigungsschutz (§ 45 S. 384). *Versorgungsordnungen* und *Gesamtzusagen* gehören nach herkömmlicher Rechtsmeinung ebenfalls zum Arbeitsvertrag. Gleichwohl ging das BAG in ständiger Rechtsprechung davon aus, daß sie im Wege der Betriebsvereinbarung auch zum Nachteil des Arbeitnehmers geändert werden können. Insoweit ist zwischen umstrukturierenden und ablösenden zu unterscheiden (§ 1 III 2 S. 17 ff). Bei jeder Änderung muß der bereits erdiente Besitzstand gewahrt bleiben. Dies ist grundsätzlich der nach § 2 BetrAVG bezeichnete Teil der unverfallbaren Anwartschaft. Zu ihm gehören auch bereits erdiente Zuwächse. Zu unterscheiden sind geld- und zeitabhängige Zuwächse. Bei voll- oder halbdynamisierten Versorgungszusagen kann in die Geldzuwächse nur aus triftigem Grund eingegriffen werden. Lediglich in zeitabhängige, noch nicht erdiente Zuwachsraten einer Betriebsrente kann aus sachlichem Grund eingegriffen werden. Versorgungsordnungen dürfen einerseits nicht versteinern; andererseits muß das Vertrauen des Arbeitnehmers in einen bereits erdienten Besitzstand gewahrt bleiben.

5. Rentenkürzung. Ein Arbeitnehmer, der mit einer unverfallbaren Versorgungsanwartschaft ausgeschieden ist, kann bei Eintritt des Versorgungsfalles nicht die Renten verlangen, als ob er bis zum Rentenfall in den Diensten des

Arbeitgebers verblieben wäre. Vielmehr ist sein Ruhegeld im Verhältnis der zurückgelegten Dienstzeit zur zu erbringenden Dienstzeit zu mindern (§ 2 BetrAVG).

III. Ruhegeldanspruch

1. Ruhegeld. Sind die Ruhegeldvoraussetzungen eingetreten, hat der Arbeitnehmer Anspruch auf betriebliches Ruhegeld. Ob der Arbeitgeber verpflichtet ist, nach dem Ableben des Arbeitnehmers auch Hinterbliebenenversorgung zu gewähren, richtet sich nach der Versorgungszusage. Im allgemeinen wird auch eine Witwen- und Waisenrente zugesagt. Ist eine Witwenrente zugesagt, ist der Ausschluß der Witwerversorgung verfassungsrechtlich unzulässig (Art. 3 GG). Insoweit bedarf es noch der Anpassung zahlreicher Versorgungsordnungen in der Praxis. Läßt sich der Arbeitnehmer scheiden, so ist die Versorgungsanwartschaft beim *Versorgungsausgleich* zu berücksichtigen.

2. Vorgezogenes Altersruhegeld. In der gesetzlichen Sozialversicherung hat der Versicherungsberechtigte die Möglichkeit, von der flexiblen Altersgrenze Gebrauch zu machen. Durch § 6 BetrAVG wird sichergestellt, daß der Arbeitnehmer zum gleichen Zeitpunkt auch die Leistungen der betrieblichen Altersversorgung verlangen kann. Macht er hiervon Gebrauch, so ist der Arbeitgeber verpflichtet, früher als vorausgesetzt und länger als erwartet, Ruhegeld zu leisten. Hieraus folgt, daß im allgemeinen der Ruhegeldanspruch gemindert sein muß. Der Arbeitgeber ist zwar nicht zur Ruhegeldminderung verpflichtet. Der Arbeitgeber kann aber vor Eintritt des Ruhegeldfalles alle Kürzungssysteme wählen, die billigem Ermessen entsprechen. Im allgemeinen werden die Ruhegeldansprüche um 0,5% für jeden Monat des vorzeitigen Ausscheidens gekürzt werden können (versicherungsmathematischen Abschlag). Hat der Arbeitgeber vor Eintritt des Ruhegeldfalles die Kürzung nicht bekannt gemacht, so kann er nach der Rechtsprechung des BAG die

Altersversorgung nur nach der ratierlichen Berechnungsmethode des § 2 BetrAVG kürzen (II 5). Diese Kürzung kann neben dem versicherungsmathematischen Abschlag vorkommen.

3. Gesamtversorgung. Zahlt der Arbeitgeber bei Eintritt des Versorgungsfalles eine Gesamtversorgungsrente unter Anrechnung anderweitiger Bezüge, so bedarf es des Schutzes des Arbeitnehmers gegen eine unzulässige Anrechnung und der Auszehrung der Bezüge.

a) Nach § 5 Abs. 2 S. 1 BetrAVG dürfen auf betriebliche Versorgungsbezüge keine Versorgungsleistungen *angerechnet* werden, soweit sie auf eigenen Beiträgen des Arbeitnehmers beruhen. Dies gilt nicht für Renten aus der gesetzlichen Sozialversicherung, soweit sie auf Pflichtbeiträgen beruhen, sowie für sonstige Versorgungsbezüge, die mindestens zur Hälfte auf Beiträgen oder Zuschüssen des Arbeitgebers beruhen. Eine Besonderheit besteht bei Unfallrenten. Sie bleiben in einem solchen Umfang anrechnungsfrei wie bei gleicher Erwerbsminderung die Grundrente nach dem BVersG gezahlt würde.

b) Zahlt der Arbeitgeber einen bestimmten Prozentsatz des letzten Einkommens unter Anrechnung der Sozialversicherungsrente, so würden die jährlichen Rentenanpassungen die Betriebsrenten allmählich *auszehren*. Dem trägt § 5 Abs. 1 BetrAVG Rechnung. Bei Eintritt des Versorgungsfalles wird die Betriebsrente errechnet. Diese darf alsdann bei späterer Steigerung der anderweitigen Bezüge nicht mehr gemindert werden. Ähnlich wird bei sog. *Maximierungsklauseln* verfahren, durch die die Altersrente auf einen bestimmten Prozentsatz des letzten Einkommens begrenzt wird, z. B. die Gesamtversorgung beträgt 75% des letzten Einkommens.

4. Anpassung. Nach § 16 BetrAVG hat der Arbeitgeber die Betriebsrente bei Geldwertschwund anzupassen.

a) Nach § 16 BetrAVG hat der Arbeitgeber *alle drei* Jahre eine Anpassung der laufenden Leistungen der betrieblichen

Altersversorgung zu *prüfen* und hierüber nach billigem Ermessen zu entscheiden. Dabei sind insbesondere die Belange des Versorgungsempfängers und die wirtschaftliche Lage des Arbeitgebers zu berücksichtigen. Anzupassen sind alle *laufenden Leistungen.* Das sind regelmäßig wiederkehrende, lebenslänglich oder temporär laufende Leistungen sämtlicher Formen der betrieblichen Altersversorgung. *Anpassungsverpflichteter* ist jeweils der Arbeitgeber. Dieser hat also alle drei Jahre den Geldwertschwund zu ermitteln. Das geschieht in der Weise, daß aus der Statistik des Statistischen Bundesamtes der Teuerungskoeffizient für einen 4-Personen-Arbeitnehmerhaushalt, Basisjahr 1985 abgelesen wird.

b) Ist die Teuerungsrate ermittelt, so ist unter Berücksichtigung der wechselseitigen Verhältnisse die *Anpassungsrate zu bestimmen.* Es sind einmal die Verhältnisse des Arbeitnehmers, zum anderen aber auch die des Arbeitgebers zu berücksichtigen. Dieser darf die Anpassung davon abhängig machen, daß er alle Arbeitnehmer berücksichtigen kann. Aus wirtschaftlichen Gründen scheidet eine Anpassung dann aus, wenn die erzielten und zu erwartenden Erträge zur Deckung des Anpassungsbedarfes nicht ausreichen. Umstr. war, inwieweit bei der Anpassung die Sozialversicherungsrente zu berücksichtigen ist. Das BAG vertritt insoweit die Auffassung, daß die Summe von Betriebs- und Sozialversicherungsrente nicht über die Steigerungsrate noch aktiver Arbeitnehmer angehoben zu werden braucht (reallohnbezogene Obergrenze).

5. Ausschluß des Rechtsanspruches. In zahlreichen Versorgungsordnungen, insbesondere in den Leistungsplänen der Unterstützungskasse ist ein Rechtsanspruch des Arbeitnehmers auf betriebliche Versorgungsleistungen ausgeschlossen oder hat sich der Arbeitgeber den Widerruf der Versorgungsleistungen vorbehalten.

a) Dies *bedeutet* nicht, daß der Arbeitgeber einzelne Arbeitnehmer von der Versorgung ausschließen oder die Versorgung einfach einstellen kann. Nach der Rechtsprechung des BAG hat der Ausschluß des Rechtsanspruches im allgemeinen nur noch Bedeutung für die Änderung von Versorgungsanwartschaften. Das BVerfG hat teilweise in diese Rspr. eingegriffen und sie eingeschränkt.

b) In sog. *Treuepflichtklauseln* hat sich der Arbeitgeber vielfach das Recht vorbehalten, Versorgungsleistungen zu versagen oder einzustellen, wenn sich der Arbeitnehmer einer groben Treupflichtverletzung schuldig macht. Auch insoweit haben die Treupflichtklauseln eine starke Einschränkung erfahren und geben nur die Rechtslage wieder, die auch ohne sie gelten würde. Danach ist der Arbeitgeber grundsätzlich nur dann zur Versagung oder Einstellung der Ruhegeldleistungen berechtigt, wenn der Arbeitnehmer eine Vertragsverletzung begangen hat, die die von ihm erbrachte Betriebstreue als wertlos erscheinen läßt. In den übrigen Fällen ist der Arbeitgeber darauf beschränkt, Schadensersatzansprüche gegen den Arbeitnehmer geltend zu machen.

IV. Sicherung des Ruhegeldanspruches

Um zu verhindern, daß die Altersversorgung der Arbeitnehmer gefährdet wird, wenn der Arbeitgeber insolvent wird, hat der Arbeitgeber die Versorgungsanwartschaften gegen seine Insolvenz zu versichern. Tritt ein Insolvenzfall nach § 7 BetrAVG ein, hat der Pensionssicherungsverein Bonner Straße 211, 50968 Köln die Versorgungszusage abzusichern.

Abschnitt VII. Aufwendungsersatz

§ 27. Ersatz von Auslagen

I. Auslagenersatz

1. Aufwendungen* Wenn ein Arbeitnehmer im Zusammenhang mit seinen Arbeitspflichten für den Arbeitgeber Aufwendungen macht, für deren Abgeltung die ihm gewährte Arbeitsvergütung nicht bestimmt und die er nach dem sonstigen Inhalt seines Arbeitsvertrages in ihren belastenden Auswirkungen nicht endgültig zu tragen verpflichtet ist, kann er vom Arbeitgeber in unmittelbarer oder entsprechender Anwendung von § 670 BGB Ersatz verlangen, sofern die Aufwendungen von ihm verlangt wurden oder erforderlich waren oder vom Arbeitnehmer für erforderlich gehalten werden durften.

2. Kraftfahrzeugunfall. Aufwendungen können auch vom Arbeitnehmer erlittene Schäden sein. Erleidet der Arbeitnehmer auf einer Dienstfahrt mit seinem eigenen Kraftfahrzeug ohne Verschulden des Arbeitgebers einen Unfall, so haftet der Arbeitgeber dem Arbeitnehmer für den entstandenen Sachschaden, wenn *a)* er die Benutzung des privaten Kraftfahrzeuges verlangt hat, *b)* der Unfall bei einer gefährlichen Arbeit eingetreten ist und der Unfallschaden außergewöhnlich hoch ist, *c)* die Benutzung im Risikobereich des Arbeitgebers und in seinem überwiegenden Interesse und seinem wirklichen und mutmaßlichen Willen erfolgt ist (AP 6 zu § 611 BGB Gefährdungshaftung). Hat bei der Entstehung des Schadens ein Verschulden des Arbeitnehmers mitgewirkt, so hat nach früherer Rspr. eine Schadensver-

---

* Schaub ArbR von A–Z, Stichwort: Aufwendung.

teilung nach den Grundsätzen der gefahrgeneigten Arbeit zu erfolgen (§ 12 III 5 S. 149). Das BAG GS hat inzwischen im Wege richterrechtlicher Rechtsfortbildung die Haftung des Arbeitnehmers bei betrieblicher Tätigkeit allgemein beschränkt. Je nach dem Grade des Verschuldens des Arbeitnehmers wird dieser Freistellungsansprüche wegen seines Eigenschadens gegen den Arbeitgeber erlangen.

II. Kollektivrechtliche Regelungen

1. Tarifverträge. Vielfach enthalten die Tarifverträge besondere Regelungen für den Aufwendungsersatz. Dies gilt insbesondere für die Regelungen von Auslösungen, wenn der Arbeitnehmer außerhalb seines Wohnortes arbeiten muß oder für Fahrgelderstattungen.*

2. Betriebsvereinbarungen. In Betriebsvereinbarungen sind wegen des Tarifvorbehaltes (§ 77 Abs. 3 BetrVG) selten Erstattungsregelungen enthalten.

3. Umzugskosten.** Tarifliche Regelungen im Hinblick auf die Erstattung von Umzugskosten sind nur im öffentlichen Dienst üblich. Die Umzugskosten bei erstmaligem Dienstantritt können erstattet werden, wenn der Umzug in öffentlichem Interesse liegt.

* Schaub ArbR von A–Z, Stichwort: Auslösung.
** Schaub ArbR von A–Z, Stichwort: Umzugskosten.

Abschnitt VIII.
Sicherung der Arbeitsvergütung

§ 28. Die wichtigsten Lohnsicherungen*

I. Allgemeines

Der Arbeitnehmer braucht zur Sicherung seines Lebensunterhaltes die Einkünfte aus dem Arbeitsverhältnis. Der Gesetzgeber mußte daher den Vergütungsanspruch des Arbeitnehmers sichern, damit dessen Lebensunterhalt gewährleistet ist und dieser nicht auf die öffentliche Sozialhilfe angewiesen ist. Die wichtigsten Lohnsicherungen sind der Lohnpfändungsschutz (§ 29 S. 255), das Verbot der Aufrechnung oder das Verbot der Ausübung eines Zurückbehaltungsrechtes sowie das Truckverbot.

II. Truckverbot**

1. Inhalt. Das Truckverbot besagt im wesentlichen, daß die Arbeitsvergütung der Arbeitnehmer in Deutscher Währung zu berechnen und in bar auszuzahlen ist (§ 115 GewO). Die Überweisung auf ein Konto ist zulässig. Soll die bargeldlose Lohnzahlung eingeführt werden, hat der Betriebsrat nach § 87 Abs. 1 Nr. 4 BetrVG ein erzwingbares Mitbestimmungsrecht (§ 17 II 3 S. 206).

2. Waren. Gewerblichen Arbeitnehmern dürfen anstelle der Barzahlung vom Arbeitgeber, seinen Angehörigen und Beauftragten (§ 119 GewO) Waren weder verabreicht oder kreditiert werden (§ 115 GewO). Hiermit soll die Abhängigkeit des Arbeitnehmers, insbesondere seine Verschul-

---

* Schaub ArbR von A–Z, Stichwort: Lohnsicherung.
** Schaub ArbR von A–Z, Arbeitsvergütung.

dung beim Arbeitgeber verhindert werden. Unberührt vom Truckverbot verbleibt der verbilligte Warenbezug bei der Lohnzahlung. Dem Truckverbot unterliegt jedoch auch der Kreditverkauf von Kraftfahrzeugen, so daß gelegentlich der Kaufpreis nicht beigetrieben werden kann. Nach einer Anordnung des Reichsarbeitsministers (RAM) vom 16. 1. 1939 (RABl I 57) sind im beschränkten Umfang Abzahlungskäufe von Hausrat zulässig.

III. Abtretung*

1. Begriff. Abtretung ist ein Vertrag, durch den der Abtretende (Zedent) seine gegenwärtigen oder hinreichend bestimmten zukünftigen Forderungen an einen Dritten (Zessionar) abtritt (§ 398 BGB). Die Abtretung ist formlos wirksam; Ausnahmen können sich aus Tarifverträgen und Betriebsvereinbarungen ergeben. Die Abtretung wird vom Arbeitnehmer vor allem zur Sicherung der Forderung aus Abzahlungskäufen eingesetzt.

2. Unzulässigkeit. Die Abtretung ist unwirksam, wenn die Forderung des Arbeitnehmers nicht der Pfändung unterliegt (§§ 400 BGB, 851, 850 Abs. 2 ZPO). Eine gegen das Abtretungsverbot verstoßende Abtretung ist nichtig. Vielfach ist in Tarifverträgen und Betriebsvereinbarungen ein Abtretungsverbot vereinbart. Auch hiergegen verstoßende Abtretungen haben ihre Nichtigkeit zur Folge. Die Tarif- und Betriebspartner vereinbaren häufig Abtretungsverbote, weil sie die Lohnforderung des Arbeitnehmers sichern, aber gelegentlich auch die Lohnbüros der Arbeitgeber entlasten wollen.

3. Leistungspflicht. Der Arbeitgeber braucht an den neuen Gläubiger nur dann zu leisten, wenn der Arbeitnehmer die Abtretung schriftlich angezeigt hat (§ 410 Abs. 2 BGB) oder der neue Gläubiger dem Arbeitgeber eine Urkunde

* Schaub ArbR von A–Z, Stichwort: Abtretung.

über sie ausgehändigt (§ 410 Abs. 1 BGB). Eine Kündigung
oder Anmahnung der Forderung durch den Neugläubiger ist
unwirksam, wenn keine Urkunde über die Abtretung beigefügt ist und der Arbeitgeber sie aus diesem Grunde zu-
rückweist (§ 410 Abs. 1 BGB). Hat andererseits der Arbeitnehmer dem Arbeitgeber eine Abtretung angezeigt, so muß
er sie auch gegen sich gelten lassen, wenn sie nicht erfolgt
ist oder nicht rechtswirksam ist (§ 409 Abs. 1 BGB). Dasselbe gilt, wenn der neue Gläubiger dem Arbeitgeber eine
Urkunde über die Abtretung vorgelegt hat. Solange die Abtretung nicht angezeigt ist, muß der neue Gläubiger Rechtsgeschäfte zwischen dem Arbeitnehmer und dem Arbeitgeber
gegen sich gelten lassen (§ 407 Abs. 1 BGB).

4. Schuldnerschutz. Der Arbeitgeber bedarf des Schutzes
dagegen, daß sich infolge der Abtretung der Forderung
durch den Arbeitnehmer seine Rechtsstellung verschlechtert. Aus diesem Grunde kann der Arbeitgeber gegenüber
dem neuen Gläubiger alle Einwendungen erheben, die ihm
bereits gegen die abgetretene Forderung zustanden (§ 404
BGB). Der Arbeitgeber kann also die Einrede der Verjährung oder den Einwand des Ablaufs tariflicher Verfallfristen* erheben. Dies gilt auch dann, wenn die *Verfallfrist*
erst nach der Abtretung bei ihm abläuft. Eine *Aufrechnung*
mit Forderungen gegen den Arbeitnehmer ist auch gegenüber dem neuen Gläubiger möglich, es sei denn, daß der
Arbeitgeber bei dem Erwerb der Forderung von der Abtretung Kenntnis hatte oder daß diese erst nach Erlangung der
Kenntnis und später als die abgetretene Forderung fällig
geworden ist (§ 406 BGB).

IV. Aufrechnung**

1. Begriff. Die Aufrechnung ist wechselseitige Tilgung
zweier sich gegenüber stehender Forderungen durch Ver-

---

* Schaub ArbR von A–Z, Stichwort. Verfallfrist.
** Schaub ArbR von A–Z, Stichwort: Aufrechnung.

rechnung. Die Aufrechnung erfolgt durch einseitige, empfangsbedürftige, rechtsgestaltende und damit bedingungsfeindliche Willenserklärung (ich rechne mit einer Forderung
auf Restlohn für die Zeit vom ...... bis ...... gegen die
Forderung ...... auf). Die Aufrechnung kann ferner durch
Aufrechnungsvertrag erfolgen (die Parteien sind sich darüber einig, daß an jedem 1. die Mietzinsforderung für die
Werkswohnung mit einem entsprechenden Betrag der Arbeitsvergütung verrechnet wird). Die Aufrechnung kann
formlos erfolgen. Nach einem Teil der Rechtslehre und
Rechtsprechung soll für die Aufrechnung dann die Schriftform erforderlich sein, wenn zur Wahrung einer tariflichen
Verfallfrist eine schriftliche Geltendmachung notwendig ist.
Dieser Meinung wird kaum zu folgen sein. War die Aufrechnung mit der Gegenforderung wirksam, so sind infolge
der Aufrechnung Forderung und Gegenforderung erloschen.
War dagegen die Aufrechnung mit der Gegenforderung unwirksam, so wird diese im allgemeinen nicht bestehen. Wird
nur hilfsweise aufgerechnet, bedarf es der rechtzeitigen
Geltendmachung der Gegenforderung, damit diese nicht
durch Ablauf der Verfallfrist erlischt, wenn die Haupt-
verteidigung durchgreift.

2. Zulässigkeit. Die Aufrechnung ist nur zulässig, wenn
a) zwei Personen einander Leistungen schulden *(Gegenseitigkeit)*, *b)* die ihrem Gegenstand nach gleichartig sind
(Gleichartigkeit), *c)* die Forderung mit der aufgerechnet
wird, *fällig* und *d)* die Forderung gegen die aufgerechnet
wird *erfüllbar* ist. Mit einer verjährten Forderung kann aufgerechnet werden, soweit sich die Forderungen einmal in
nicht rechtsverjährter Frist gegenüberstanden. Ausgeschlossen ist dagegen die Aufrechnung mit einer infolge Ablauf
der tariflichen Verfallfrist verfallenen Forderung.

3. Unpfändbare Forderung. Gegen eine Lohnforderung
ist die Aufrechnung ausgeschlossen, soweit diese nicht der
Pfändung unterliegt (§ 394 BGB, §§ 850 ff. ZPO). Aber

auch von diesem Grundsatz gibt es Ausnahmen. Gegen unpfändbare Forderungen kann der Arbeitgeber mit Ansprüchen aus vorsätzlich begangenen unerlaubten Handlungen (Diebstahl, Unterschlagung, Betrug, Sachbeschädigung) aufrechnen. Das gleiche gilt für Ansprüche aus vorsätzlichen Vertragsverletzungen, soweit diese nach den Umständen des Einzelfalles, insbesondere nach Abwägung des mit § 394 S. 1 BGB gewollten Sozialschutzes und dem Treueverstoß der Billigkeit entspricht. Auch dann, wenn der Arbeitgeber aufgerechnet hat, behält das Arbeitsgericht seine Zuständigkeit für die behauptete Lohnforderung und die zur Aufrechnung gestellte Gegenforderung.

V. Zurückbehaltungsrecht*

1. Voraussetzungen. Das Zurückbehaltungsrecht ist nach § 273 BGB das Recht des Schuldners, seine Leistung zu verweigern, bis sein Gläubiger seiner ihm obliegenden Leistungspflicht nachgekommen ist. Das Zurückbehaltungsrecht ist ein Sonderfall des allgemeinen Gedankens von Treu und Glauben (§ 242 BGB), nach dem treuwidrig handelt, wer fordert, ohne zu leisten. Ein Zurückbehaltungsrecht setzt voraus: *a)* Eine erfüllbare Schuld, *b)* einen fälligen Gegenanspruch, *c)* Konnexität der Ansprüche, d. h. der Gegenanspruch muß aus demselben Rechtsverhältnis fließen.

2. Ausschluß. Das Zurückbehaltungsrecht kann kraft Gesetzes, Tarifvertrages, Betriebsvereinbarung oder Einzelvereinbarung ausgeschlossen sein. Der Ausschluß kann sich insbesondere aus der Natur des Rechtsverhältnisses ergeben. So ist z. B. ein Zurückbehaltungsrecht ausgeschlossen, wenn *a)* seine Wirkung dem Verstoß gegen ein Aufrechnungsverbot gleichkäme, *b)* ein unverhältnismäßig hoher Schaden verursacht würde, z.B. der Arbeitnehmer übt we-

---

* Schaub ArbR von A–Z, Stichwort: Zurückbehaltungsrecht.

gen einer geringfügigen Restforderung ein Zurückbehaltungsrecht aus und fügt dadurch dem Arbeitgeber hohen Schaden zu, *c)* es gegenüber einer Forderung aus unerlaubter Handlung (§ 823 BGB) ausgeübt werden soll.

§ 29. Lohnpfändung*

I. Pfändungsantrag

1. Arten der Lohnpfändungsbeschlüsse. Erfüllt ein Arbeitnehmer die von ihm eingegangenen Zahlungsverpflichtungen nicht, so kann sein Gläubiger dessen Forderungen auf Arbeitsvergütung gegen den Arbeitgeber (Drittschuldner) pfänden und sich zur Einziehung an Zahlungs Statt, regelmäßig aber nur zur Einziehung überweisen lassen. Eine Pfändung und Einziehung an Zahlungs Statt ist in der Praxis selten, da der Gläubiger mit der Überweisung als befriedigt gilt. Er trägt mithin das Risiko der Beitreibbarkeit der Forderung.

2. Antrag auf Lohnpfändung. Die Lohnpfändung setzt einen zumeist auf einem Formblatt gestellten Pfändungsantrag bei dem Amtsgericht voraus, bei dem der Arbeitnehmer seinen regelmäßigen allgemeinen Gerichtsstand hat (§§ 828, 13, 23 ZPO). Der Pfändungsantrag muß enthalten *a)* Die genaue Bezeichnung des Gläubigers und Schuldners nach Berufsstand, Vor- und Zuname sowie Anschrift. Fehler in der Bezeichnung des Schuldners können die Pfändung unwirksam machen, da dem Arbeitgeber (Drittschuldner) nicht zuzumuten ist, auch noch Ermittlungen wegen der Forderung anzustellen. *b)* Die genaue Bezeichnung der Forderung, wegen der gepfändet werden soll. Bei Pfändung wegen Unterhaltsforderungen erlangt der Gläubiger eine Vorzugsstellung. Dem Pfändungsantrag ist der mit der Voll-

---

* Schaub ArbR von A–Z, Stichwort: Lohnpfändung.

streckungsklausel (§ 724 ZPO) versehene zu vollstreckende Titel (§§ 704, 794 ZPO) und dessen Zustellungsnachweis (§ 750 ZPO) beizufügen. *c)* Die genaue Bezeichnung des Drittschuldners nach Vor- und Zunamen sowie die Anschrift. *d)* Die Bezeichnung der zu pfändenden Forderung. Dies kann eine gegenwärtige oder zukünftige Lohnforderung sein (§ 832 ZPO). Diese muß hinreichend bestimmt sein. Die zukünftige Forderung wird auch erfaßt, wenn das Arbeitsverhältnis inhaltlich geändert wird. Unschädlich ist die rechtlich fehlerhafte Qualifizierung. *e)* Angaben über den Familienstand des Schuldners, soweit dieser bekannt ist. *f)* Sofern bekannt, Angaben über die Höhe des Einkommens, damit bei Unterhaltspfändungen alsbald die pfändungsfreien Beträge festgesetzt werden können. *g)* Zweckmäßig wird mit der Pfändung zugleich die Überweisung der gepfändeten Forderung zur Einziehung beantragt. *h)* Das Ersuchen an die Geschäftsstelle, die Zustellung des Pfändungs- und Überweisungsbeschlusses zu vermitteln. *i)* Den Antrag, dem Drittschuldner die Fragen nach § 840 ZPO vorlegen zu lassen. Diese gehen dahin, sich darüber zu erklären, ob und inwieweit die Forderungen als begründet anerkannt und Zahlungen geleistet werden bzw. ob und welche Ansprüche anderer Personen an die gepfändeten Forderungen gemacht werden, ob und wegen welcher Ansprüche die Forderungen bereits für andere Gläubiger gepfändet sind.

3. Vorpfändung. Besteht die Gefahr, daß eine Lohnpfändung zu spät kommen würde, also der Schuldner die Forderungen vorab einziehen könnte, kann eine Vorpfändung nach § 845 ZPO beantragt werden, wenn bereits ein Titel vorhanden ist.

II. Erlaß des Pfändungs- und Überweisungsbeschlusses

1. Pfändungs- und Überweisungsbeschluß. Das Gericht erläßt den Pfändungs- und Überweisungsbeschluß ohne vorherige Anhörung des Schuldners. Sein rechtliches Gehör wird nicht verletzt, da bereits gegen ihn ein vollstreckungsfähiger Titel besteht. Zum anderen muß einer Lohnschiebung vorgebeugt werden. Eine Ausfertigung des Pfändungs- und Überweisungsbeschlusses wird dem Drittschuldner zugestellt. Die Zustellung erfolgt durch den Gerichtsvollzieher, wenn zugleich die Fragen nach § 840 ZPO gestellt sind. Die Zustellung kann im Wege der Ersatzzustellung erfolgen, also auch an Bedienstete des Drittschuldners. Dieser muß mithin dafür Vorsorge treffen, daß die Pfändungs- und Überweisungsbeschlüsse der Personalstelle unmittelbar weitergeleitet werden. Unwirksam ist aber eine Zustellung an den beim Drittschuldner beschäftigten Schuldner. Dem Schuldner wird der Pfändungs- und Überweisungsbeschluß regelmäßig durch die Post übersandt.

2. Pfändungswirkungen. Der Pfändungs- und Überweisungsbeschluß hat vier Wirkungen: *a)* Der Drittschuldner darf, soweit die Pfändung reicht, nicht mehr an den Schuldner zahlen; *b)* der Gläubiger kann über die gepfändete und zur Einziehung überwiesene Forderung verfügen, sie also einziehen, abtreten usw. Auf ihn gehen sämtliche Vorrechte der gepfändeten Forderung über; *c)* Der Arbeitnehmer kann über die gepfändete Forderung nicht mehr verfügen. Eine Befriedigung ist gegenüber dem Gläubiger unwirksam. *d)* Es läuft die Frist von zwei Wochen, binnen der sich der Drittschuldner auf die ihm nach § 840 ZPO gestellten Fragen äußern muß. Äußert er sich nicht, so kann der Drittschuldner zum Ersatz des Schadens verpflichtet sein, der dem Gläubiger aus der Nichtbeantwortung erwächst.

III. Stellung des Arbeitgebers in der Lohnpfändung

1. Doppelstellung. Der Arbeitgeber hat eine Doppelstellung. Er ist Lohnschuldner seines Arbeitnehmers und Drittschuldner des Gläubigers.

2. Pflichten gegenüber Gläubiger. Der Arbeitgeber hat nach Zugang des Pfändungs- und Überweisungsbeschlusses folgendes zu veranlassen:

a) Er hat dafür zu sorgen, daß die ihm nach § 840 ZPO gestellten Fragen zutreffend beantwortet werden. Erteilt er eine unrichtige *Auskunft,* so enthält diese zwar kein Schuldanerkenntnis (§ 780 BGB) entsprechend der erteilten Auskunft. Ihn trifft aber die Darlegungs- und Beweislast, daß die Auskunft unrichtig war.

b) Der Arbeitgeber muß dem Pfändungs- und Überweisungsbeschluß nachkommen. Er hat also die *Höhe der gepfändeten Forderung festzustellen* und den gepfändeten Betrag an den Gläubiger zu überweisen. Nach § 836 Abs. 2 ZPO gilt dem Drittschuldner gegenüber der Pfändungs- und Überweisungsbeschluß solange als rechtsbeständig, bis er aufgehoben und ihm dies mitgeteilt worden ist. Gleichwohl ist er gegen Rechtsmängel nur unvollkommen geschützt. Nach h. M. trägt er das volle Risiko, wenn die Vergütung für mehrere Gläubiger gepfändet worden ist, daß die richtige Rangfolge der Pfändung eingehalten worden ist.

c) Erfüllt der Drittschuldner seine Verpflichtungen nicht oder nicht hinreichend, so kann der Gläubiger vor den Gerichten für Arbeitssachen im Wege der *Drittschuldnerklage** gegen den Arbeitgeber (Drittschuldner) vorgehen. Im Rahmen dieser Klage hat der Gläubiger darzulegen und zu beweisen, daß *a)* ein Vollstreckungstitel gegen den Schuldner besteht; *b)* ein Pfändungs- und Überweisungsbeschluß erlassen worden ist; *c)* der Schuldner eine Forderung gegen den Drittschuldner hat; *d)* die Höhe des pfändbaren Betrages. Der Arbeitgeber kann gegenüber der Drittschuldnerklage alle Einwendungen erheben, die ihm z. Zt. der Pfändung gegenüber der gepfändeten Forderung zustanden (§§ 1274, 412, 404 BGB). Demgemäß kann er auch mit eigenen Forderungen aufrechnen.

---

* Schaub ArbR von A–Z, Stichwort: Drittschuldnerklage.

d) Schließlich kann der Arbeitgeber gegen die Art und Weise der Pfändung *Erinnerung* an das Amtsgericht einlegen (§ 766 ZPO).

e) Ist die Vergütung des Arbeitnehmers für mehrere Gläubiger gepfändet, so kann er den gepfändeten Betrag *hinterlegen*. Auf Verlangen eines Gläubigers ist er dazu verpflichtet.

3. Pflichten gegenüber dem Arbeitnehmer. Der Arbeitgeber ist mit seinem Arbeitnehmer weiterhin durch das Arbeitsverhältnis verbunden.

a) Der Arbeitgeber darf dem Arbeitnehmer den gepfändeten Lohn *nicht mehr auszahlen*. Auszuzahlen ist nur der pfändungsfreie Betrag. Wird mehr ausgezahlt, muß der Arbeitgeber zunächst einmal doppelt zahlen.

b) Dem Arbeitgeber obliegt gegenüber dem Arbeitnehmer weiter die *Fürsorgepflicht*. Hieraus folgt, daß er zwar nicht zur Rechtsberatung des Arbeitnehmers verpflichtet ist. Indes darf er auftretende Zweifelsfragen nicht schlechthin zum Nachteil des Arbeitnehmers beantworten. Auf etwaige Rechtsmängel des Pfändungsverfahrens hat er den Arbeitnehmer hinzuweisen, damit dieser ggf. nach § 766 ZPO Vorteile wahren kann.

IV. Stellung des Arbeitnehmers in der Lohnpfändung

1. Doppelstellung. Der Arbeitnehmer hat eine Doppelstellung. Er ist Gläubiger der Lohnforderung und Schuldner der Vollstreckungsforderung.

2. Rechte gegenüber Arbeitgeber. In seinem Verhältnis zum Arbeitgeber ist der Arbeitnehmer befugt, die *Rechte und Pflichten aus dem Arbeitsverhältnis auszuüben* und dieses entsprechend den vertraglichen Bestimmungen zu beenden. Alsdann wird der Pfändungs- und Überweisungsbeschluß wirkungslos. Er bleibt auch wirkungslos, wenn später ein neues Arbeitsverhältnis begründet wird, es sei denn, daß zwischen den mehreren Arbeitsverhältnissen ein unmittelbarer innerer Zusammenhang besteht.

b) Der Arbeitnehmer kann nur noch Auszahlung des *pfändungsfreien Lohnes* an sich verlangen. Berechnet der Arbeitgeber die pfändbaren Bezüge zu seinem Nachteil unrichtig, so kann er gegen diesen mit der Lohnklage vorgehen.

3. Stellung des Arbeitnehmers gegenüber Gläubiger. Im Verhältnis zum Gläubiger muß sich der Arbeitnehmer zwei Fragen vorlegen.

a) Ob und was er dem Gläubiger *schuldet,* ist in einem anderen Verfahren bereits festgestellt. Eine Verteidigung gegen die Forderung, wegen der gepfändet wird, ist daher im Regelfall nicht möglich. Insoweit stehen dem Arbeitnehmer lediglich folgende Möglichkeiten offen: *a)* Erfolgt die Lohnpfändung bereits aufgrund eines vorläufig vollstreckbaren, aber noch nicht rechtskräftigen Urteils, so kann er bei späterer Aufhebung des Urteils nach § 717 ZPO Schadensersatz vom Gläubiger verlangen. *b)* Betreibt der Gläubiger aufgrund eines rechtskräftigen Urteils die Vollstreckung, so ist der Arbeitnehmer i. d. R. mit allen Einwendungen ausgeschlossen, die er im Vorverfahren hätte geltend machen können. Dies gilt nur dann nicht, wenn er die Rechtsmittelfrist versäumt und die Voraussetzungen der Wiedereinsetzung in den vorigen Stand vorliegen und das Urteil schließlich aufgehoben wird oder wenn die Voraussetzungen einer Nichtigkeits- (§§ 578, 579 ZPO) bzw. Restitutionsklage (§§ 578, 580 ZPO) vorliegen und das Urteil aufgehoben wird. Bis zur Aufhebung des Urteils oder vorläufigen Einstellung der Zwangsvollstreckung wird jedoch die Vollstreckung durchgeführt. *c)* Ist der Arbeitnehmer rechtskräftig zu künftig fällig werdenden, wiederkehrenden Leistungen verurteilt worden (Unterhaltsleistung), so kann er bei Veränderung der Verhältnisse nach Erlaß des Urteils eine Abänderungsklage nach § 323 ZPO erheben. *d)* Sind

Einwendungen gegen die festgestellte Forderung nach Erlaß des Urteils erwachsen (teilweise Abzahlung, Erlaß der Schuld usw.), so kann eine Vollstreckungsgegenklage (§ 767 ZPO) bei dem Prozeßgericht des 1. Rechtszuges, von dem das Urteil erlassen ist, erhoben werden.

b) Ob die *Art und Weise der Zwangsvollstreckung* zutreffend erfolgt. Haften dem Pfändungsverfahren insoweit Mängel an, kann er sich im Wege der Erinnerung beim Amtsgericht verteidigen (§ 766 ZPO).

V. Lohnpfändungsschutzbestimmungen*

Es werden drei Gruppen von Pfändungsschutzbestimmungen für das Arbeitseinkommen unterschieden. a) *Absolut unpfändbar* sind die in § 850 a ZPO genannten Bezüge. Hierzu gehören die Hälfte der für die Leistung von Mehrarbeitsstunden gezahlten Teile des Arbeitseinkommens, Aufwandsentschädigungen und Auslösungen, da der Arbeitnehmer diese zur Fortsetzung des Arbeitsverhältnisses bedarf, Kilometergelder, übliche Tage- und Übernachtungsgelder, sowie die für die Dauer des Urlaubs über die Urlaubsvergütung hinaus gezahlten Vergütungsbestandteile, also das Urlaubsgeld; b) *bedingt pfändbar* sind die in § 850 b ZPO genannten Bezüge. Dazu zählen u. a. Unterhaltsrenten, Bezüge aus Witwen-, Waisen-, Hilfs- und Krankenkassen, die ausschließlich oder zu einem wesentlichen Teil zu Unterstützungszwecken dienen. Bezüge aus der Sozialversicherung sind nach §§ 54, 55 I SGB I geschützt. Ansprüche auf einmalige Geldleistungen können nur gepfändet werden, soweit dies nach den Umständen des Falles, insbesondere den Einkommens- und Vermögensverhältnissen des Leistungsberechtigten, der Art des beizutreibenden Anspruches sowie der Höhe und der Zweckbestimmung der Geldleistung der Billigkeit entspricht (§ 54 II SGB I). Ansprüche auf laufende Geldleistungen können wie

---

* Schaub ArbR von A–Z, Stichwort: Pfändungsschutzvorschriften.

Arbeitseinkommen gepfändet werden wegen gesetzlicher Unterhaltsansprüche und wegen der anderen Ansprüche nur, wenn die Voraussetzungen der Pfändung von Einmalleistungen vorliegen und der Leistungsberechtigte dadurch nicht hilfsbedürftig wird. c) *relativ pfändbare Bezüge,* hierzu gehört das Arbeitseinkommen. Dies ist für einen Schuldner ohne Unterhaltsverpflichtung unpfändbar bis zu 1209,– DM monatlich, 279,– DM wöchentlich, 55,80 DM täglich. Für einen Schuldner mit Unterhaltspflichten erhöht sich die Unpfändbarkeit für die 1. Person, der Unterhalt zu gewähren ist, um 468,– DM monatlich, 108,– DM wöchentlich und 21,60 DM täglich und für jede weitere Person um 351,– DM monatlich, 81,– DM wöchentlich und 16,20 DM täglich bis zum Maximalbetrag von 3081,– DM monatlich, 711,– DM wöchentlich und 142,20 DM täglich. Übersteigt das Arbeitseinkommen diese Beträge, bleibt aber unter 3081,– DM monatlich, 711,– DM wöchentlich und 142,20 DM täglich, wird die pfändungsfreie Summe aus einer Tabelle abgelesen. Übersteigt das Arbeitseinkommen diese Beträge, ist es in vollem Umfang pfändbar. Die Berechnung der Pfändungsfreigrenzen erfolgt nach § 850 e ZPO.

§ 30. Arbeitsvergütung im Konkurs*

I. Begriff und Auswirkungen auf das Arbeitsverhältnis

1. Rechtslage in der BRD. Konkurs ist ein gerichtliches Verfahren zur Aufteilung des der Zwangsvollstreckung unterliegenden, zur Begleichung aller Schulden aber nicht ausreichenden Vermögens eines Schuldners unter seine sämtlichen Gläubiger. Ist der Arbeitsvertrag bei Eröffnung des Konkursverfahrens über das Vermögen des Arbeitgebers noch nicht in Vollzug gesetzt, so hat der Konkursverwalter ein Wahlrecht, anstelle des Gemeinschuldners den Vertrag

---

* Schaub ArbR von A–Z, Stichwort: Konkursausfallgeld.

zu erfüllen und Erfüllung zu verlangen oder die Erfüllung zu
verweigern, also außerordentlich zu kündigen (§ 17 KO).
Verlangt er Erfüllung, so werden die Vergütungsansprüche
des Arbeitnehmers Masseschulden. Verweigert der Konkursverwalter die Erfüllung, so kann der Arbeitnehmer
Schadensersatz verlangen. Die Schadensersatzforderungen
werden jedoch Konkursforderungen. Ist dagegen das Arbeitsverhältnis bereits in Vollzug gesetzt, so kann der Konkursverwalter gleichfalls das Arbeitsverhältnis vorübergehend oder auf Dauer fortsetzen. Regelmäßig wird er jedoch
aus betriebsbedingten Gründen kündigen. Dabei sind die
allgemeinen und besonderen Kündigungsbeschränkungen
zu beachten. Nach herrschender Rechtsprechung ist eine
außerordentliche Kündigung unzulässig. Ist die Konkurs-
masse sehr gering, kündigen viele Konkursverwalter gleichwohl außerordentlich, damit die Arbeitnehmer in den Stand
versetzt werden, sich arbeitslos zu melden und Arbeitslosengeld zu beanspruchen (§ 101 AFG). Die Arbeitnehmer
werden im allgemeinen dann Kündigungsschutzklage erheben müssen (§ 47 III S. 400).

Durch das Arbeitsrechtliche Beschäftigungsförderungsgesetz vom 25. 9. 1996 (BGBl I S. 1476) ist die Insolvenzordnung (InsO) in ihrem arbeitsrechtlichen Teil vorzeitig in
Kraft gesetzt worden. Durch sie wird namentlich das Recht
der Kündigung erheblich umgestaltet.

2. In den **neuen Bundesländern** ist die Konkurs- und
Vergleichsordnung nicht in Kraft getreten. Seit vielen Jahren ist in den alten Bundesländern über eine große Insol-
venzrechtsreform diskutiert worden. Es haben die KO und
VglO nicht in die neuen Bundesländer übertragen werden
sollen. In den neuen Bundesländern gilt die Gesamtvoll-
streckungsordnung i. d. F. vom 23. 5. 1991 (BGBl I 1185)
m. spät. Änd. und das Gesetz über die Unterbrechung von
Gesamtvollstreckungsverfahren (Gesamtvollstreckung – Un-
terbrechungs-Gesetz – GUG) i. d. F. vom 23. 5. 1991 (BGBl

I 1191). Sowohl die KO u. VglO als auch die GesO und das GUG treten außer Kraft, wenn die Insolvenzordnung (InsO) vom 5. 10. 1994 (BGBl I 2866) am 1. 1. 1999 in Kraft tritt. Im Unterschied zu den alten Bundesländern sind aber die arbeitsrechtlichen Vorschriften der InsO durch das Arbeitsrechtliche Beschäftigungsförderungsgesetz nicht vorzeitig in Kraft gesetzt worden.

II. Rückständige Forderungen

1. Gliederung der rückständigen Forderungen. Im Konkursverfahren sind die rückständigen Forderungen auf Arbeitsentgelt unterschiedlich gesichert.

a) Haben Arbeitnehmer einschließlich der Auszubildenden bei Eröffnung des Konkursverfahrens über das Vermögen des Arbeitgebers für die letzten der Eröffnung des Konkursverfahrens vorausgehenden *drei Monate* noch Anspruch auf Arbeits- und Urlaubsentgelt, so erhalten sie auf Antrag von der BAnstArb *Konkursausfallgeld*. In Höhe des gezahlten Konkursausfallgeldes nimmt die BAnstArb am Konkursverfahren teil, da insoweit die Ansprüche auf sie übergegangen sind.

b) Die bei Konkurseröffnung für die letzten *sechs Monate* rückständigen Forderungen auf Arbeitsvergütung, Karenzentschädigungen aus einem Wettbewerbsverbot, Urlaubsentgelt, Urlaubsgelder, Ruhegelder, Vergütungen eines Einfirmenvertreters werden Masseschulden.

c) Die für das *letzte Jahr* rückständigen Forderungen werden Konkursforderungen des ersten Ranges (§ 61 Abs. 1 Nr. 1 KO). Alle weiter zurückliegenden Forderungen werden einfache Konkursforderungen des letzten Ranges (§ 61 Abs. 1 Nr. 6 KO). Für die Einreihung in die verschiedenen Ränge maßgebend ist, wann der Arbeitnehmer die für die Vergütung geschuldete Arbeit geleistet hat.

d) Erhebliche Unterschiede bestehen bei der Geltendmachung der einzelnen Forderungen.

2. Verfolgung von Masseforderungen. Masseschulden, also die für die letzten sechs Monate rückständigen Forderungen oder die erst gegen den Konkursverwalter erwachsenden Lohnforderungen, werden gegen diesen wie eine normale Forderung geltend gemacht. Sofern der Konkursverwalter eine ausreichende Masse zur Verfügung hat, wird er diese erfüllen, soweit er sie als sachlich gerechtfertigt ansieht. Eine Klage empfiehlt sich daher nur, wenn er die Forderung bestreitet oder tarifliche Verfallfristen unterbrochen werden müssen. Ist die Masse unzulänglich, so kann der Konkursverwalter die Einrede der Masse-Unzulänglichkeit erheben. Alsdann werden auch die Masseschulden nur anteilig befriedigt, so daß eine Klage empfehlenswert ist, wenn mit erneutem Vermögenserwerb des Gemeinschuldners gerechnet werden kann.

3. Verfolgung von Konkursforderungen. Konkursforderungen sind bei dem für den Betriebssitz (Unternehmen) zuständigen Amtsgericht (Konkursgericht) zur Konkurstabelle anzumelden. Alsdann findet ein Prüfungstermin statt, in dem sich der Konkursverwalter und Gemeinschuldner zur Berechtigung der Forderung äußern. Wird die Forderung vom Konkursverwalter bestritten, so kann Klage auf Feststellung erhoben werden, daß der Widerspruch des Konkursverwalters gegen die zum Rang . . . . . . angemeldete Forderung unbegründet ist. Widerspricht der Gemeinschuldner, so hat dies nur Bedeutung für die Zeit nach Beendigung des Konkursverfahrens. Widerspricht weder der Konkursverwalter noch der Gemeinschuldner, so wird die Forderung zur Konkurstabelle festgestellt. Alsdann werden die Forderungen anteilig entsprechend der vorhandenen Vermögensmasse befriedigt. Die Feststellung hat im übrigen die Bedeutung eines vollstreckungsfähigen Titels gegen den Gemeinschuldner. Aus ihm kann also nach Beendigung des Konkursverfahrens vollstreckt werden, wenn er neue Vermögensgegenstände erwirbt.

III. Gesamtvollstreckungsverfahren

1. Einleitung. Die Gesamtvollstreckung erfolgt bei Zahlungsunfähigkeit einer natürlichen oder juristischen Person sowie bei einer nicht rechtsfähigen Personengesellschaft oder eines Nachlasses, bei einer juristischen Person auch bei Überschuldung (§ 1 GesO). Die Gesamtvollstreckung wird nur auf Antrag eingeleitet. Sie ist durch Beschluß zu eröffnen (§ 5 GesO).

2. Forderungsanmeldung. a) Die Forderungen sind innerhalb der vom Gericht festgelegten und veröffentlichten Anmeldefrist bei dem Verwalter anzumelden (§ 5 GesO). Der Verwalter hat ein Verzeichnis des Vermögens und die Verpflichtungen des Schuldners aufzustellen. Das Verzeichnis ist nach Ende der Anmeldefrist abzuschließen (§ 11 Abs. 1 GesO).

b) Nach § 11 Abs. 2 GesO ist nach Anmeldung der Forderung ein Prüfungstermin abzuhalten, in dem den Gläubigern und dem Verwalter Gelegenheit zur Stellungnahme und zum Bestreiten angemeldeter Forderungen gegeben wird. Der Schuldner hat sich zu den angemeldeten Forderungen zu erklären. Im Umfang des Anerkenntnisses hat der Verwalter die Forderungen oder sonstigen Rechte in das Verzeichnis aufzunehmen. Werden die Forderungen im Prüfungstermin bestritten, kann der Gläubiger seine Forderungen durch eine Klage gegen den Bestreitenden geltend machen. Wird eine Forderung verspätet angemeldet, hat der Verwalter nach Ablauf der Anmeldefrist eingehende Forderungen noch anzuerkennen und in das Vermögensverzeichnis aufzunehmen, wenn die Anmeldung unverschuldet verspätet war und das Gericht zustimmt.

c) Der Verwalter hat das gepfändete Vermögen des Schuldners zu verwerten und den Erlös der Verteilung zuzuführen (§ 17 GesO).

3. Einteilung der Forderung. Die Forderungseinteilung entspricht derjenigen in den alten Bundesländern.

a) Aus den vorhandenen Mitteln hat der Verwalter mit Einwilligung des Gerichtes vorab in folgender Reihenfolge zu begleichen: *(1)* Die durch die Verwaltung entstandenen notwendigen Ausgaben einschl. derjenigen, die durch den Abschluß oder die Erfüllung von Verträgen, durch die Geltendmachung von Forderungen und Rechten des Schuldners sowie durch die Ablösung von Pfandrechten entstehen; *(2)* die Gerichtskosten für das Verfahren einschl. der vom Gericht festgelegten Vergütung des Verwalters und der Mitglieder des Gläubigerausschusses; *(3)* mit gleichem Rang *a)* Lohn- oder Gehaltsforderungen von Arbeitnehmern, die im Unternehmen des Schuldners beschäftigt waren, höchstens für eine nicht länger als sechs Monate vor der Eröffnung der Gesamtvollstreckung zurückliegenden Zeitraum sowie für den Zeitraum, für den sie von ihrer Beschäftigung in Folge einer Kündigung durch den Verwalter freigestellt sind; *b)* die Ansprüche der Träger der Sozialversicherung und der Bundesanstalt für Arbeit auf Beiträge einschl. Säumniszuschläge und auf Umlagen wegen der Rückstände für die letzten sechs Monate vor Eröffnung der Gesamtvollstreckung.

b) Auch in den neuen Bundesländern haben Arbeitnehmer bei Zahlungsunfähigkeit ihres Arbeitgebers Anspruch auf Konkursausfallgeld wie in den alten Bundesländern.

c) Nach Abschluß der Verwaltung des Vermögens und nach vorheriger Berichtigung der Aus- und Absonderungsberechtigten sowie der Massekosten und Masseschulden erfolgt die Erfüllung der restlichen Forderungen nach folgender Rangordnung: Im ersten Rang sind die Lohn- oder Gehaltsforderungen für die Zeit bis zu 12 Monaten vor der Eröffnung der Gesamtvollstreckung, bestimmte Forderungen der Träger der Sozialversicherung sowie Forderungen aus einem vom Verwalter vereinbarten Sozialplan, soweit die Summe der Sozialplanforderungen nicht größer ist als der Gesamtbetrag von drei Monatsverdiensten der von einer Entlassung betroffenen Arbeitnehmer, zu berichtigen. Zum zweiten und dritten Rang gehören Forderungen auf Unterhalt oder Familienaufwand sowie Steuern und Abgaben. Alle übrigen Forderungen gehören zum vierten Rang (§ 17 Abs. 3 GesO).

IV. Kündigung im Konkursverfahren in den alten Bundesländern

1. Kündigung. a) Nach § 113 InsO kann ein Dienstverhältnis, bei dem der Schuldner der Dienstberechtigte ist, vom Insolvenzverwalter bzw. Konkursverwalter und vom anderen Teil ohne Rücksicht auf eine vereinbarte Vertragsdauer oder einen vereinbarten Ausschluß des Rechts zur ordentlichen Kündigung gekündigt werden. Die Kündigungsfrist beträgt drei Monate zum Monatsende. Kündigt der Verwalter, so kann der andere Teil wegen der vorzeitigen Beendigung des Dienstverhältnisses als Insolvenzgläubiger Schadensersatz verlangen.

b) Will ein Arbeitnehmer geltend machen, daß die Kündigung seines Arbeitsverhältnisses durch den Insolvenzverwalter unwirksam ist, so muß er auch dann innerhalb von drei Wochen nach Zugang der Kündigung Klage beim Arbeitsgericht erheben, wenn er sich für die Unwirksamkeit auf andere Gründe als fehlende soziale Rechtfertigung beruft. Die Klageerhebung muß mithin auch bei Bestehen des besonderen Kündigungsschutzes nach dem MuSchG oder dem SchwbG erfolgen. Wird die Klagefrist versäumt gibt es die nachträgliche Zulassung, wenn die Versäumung schuldlos erfolgt (§ 47 S. 409).

2. Kündigungsschutz. a) Auch im Konkursverfahren gilt das KSchG (§ 47 S. 385). Im Regelfall wird der Konkursverwalter eine betriebsbedingte Kündigung aussprechen. Die Grundsätze, nach denen eine betriebsbedingte Kündigung gerechtfertigt ist, bestimmen sich nach dem allgemeinen Kündigungsschutzrecht (§ 47 II 5 S. 395).

b) Liegen betriebsbedingte Gründe zur Kündigung vor, so ist zu prüfen, ob eine zutreffend soziale Auswahl getroffen ist (§ 47 S. 395). Es sind drei Fragen zu stellen: (1) Wer ist in die soziale Auswahl einzubeziehen (§ 47 S. 395), (2) welche Sozialdaten sind zu berücksichtigen (§ 47 S. 395), (3) wie kann die Sozialauswahl überwunden werden (§ 47 S. 395). Insoweit ist auch der Konkursverwalter an das KSchG gebunden.

3. Interessenausgleich und Kündigungsschutz. a) Der Konkursverwalter wird im Rahmen des Personalabbaus vielfach einen Interessenausgleich und einen Sozialplan abschließen müssen.

b) Schließt der Konkursverwalter mit dem Betriebsrat einen Interessenausgleich, in dem die zu kündigenden Arbeitnehmer namentlich bezeichnet werden, so erwachsen zwei Vermutungen, nämlich (1) daß die Kündigung der zu entlassenden Arbeitnehmer durch dringende betriebliche Erfordernisse bedingt ist, (2) die soziale Auswahl der Arbeitnehmer kann nur im Hinblick auf die Dauer der Betriebszugehörigkeit, das Lebensalter und die Unterhaltspflichten überprüft werden.

c) Hat der Betrieb keinen Betriebsrat oder kommt aus anderen Gründen innerhalb von drei Wochen nach Verhandlungsbeginn oder schriftlicher Aufforderung zur Aufnahme von Verhandlungen ein Interessenausgleich nicht zustande, obwohl der Verwalter den Betriebsrat rechtzeitig und umfassend unterrichtet hat, so kann der Konkursverwalter beim Arbeitsgericht beantragen, festzustellen, daß die Kündigung der Arbeitsverhältnisse bestimmter, im Antrag bezeichneter Arbeitnehmer durch dringende betriebliche Erfordernisse bedingt und sozial gerechtfertigt ist.

d) Hat ein Arbeitnehmer wegen der Kündigung (oben IV 1 b) Klage erhoben oder erhebt er Klage, wozu er gezwungen sein kann, so werden die Kündigungsschutzklagen ausgesetzt, bis das Sammelverfahren des Konkursverwalters entschieden ist. Dies muß allerdings vom Arbeitsgericht vorrangig behandelt werden.

Abschnitt IX. Arbeitsvergütung ohne Arbeitsleistung

§ 31. Persönliche Arbeitsverhinderung*

I. Grundsatz: Ohne Arbeit keinen Lohn

Der Arbeitsvertrag ist ein **gegenseitiger Vertrag,** d. h., in ihm stehen sich die Verpflichtung des Arbeitnehmers zur Leistung von Arbeit und des Arbeitgebers zur Zahlung der Arbeitsvergütung in einem gegenseitigen Austauschverhältnis einander gegenüber. Es gilt also der Grundsatz, ohne Arbeit keinen Lohn und ohne Lohn keine Arbeit.

1. Ausnahmen. Bereits aus den allgemeinen, bürgerlich rechtlichen Grundsätzen ist der Grundsatz ohne Arbeit keinen Lohn durchbrochen. Zunächst verliert der Arbeitnehmer den Lohnanspruch, wenn ihm die Arbeit aus von ihm zu vertretenden Gründen unmöglich wird. Das kann der Fall sein, wenn er morgens verspätet zur Arbeit kommt für die Zeit der Dienstverhinderung, aber auch wenn aus seinem Verschulden der Betrieb abbrennt usw. Dagegen behält der Arbeitnehmer seinen Vergütungsanspruch, wenn ihm die Arbeit aus vom Arbeitgeber zu vertretenden Gründen unmöglich wird. Das kann der Fall sein, wenn der Arbeitgeber den Arbeitnehmer nicht arbeiten läßt usw. Hat keine Partei das Unterbleiben der Arbeitsleistung zu vertreten, so würde nach § 275 BGB der Arbeitnehmer von der Arbeitsleistung frei; umgekehrt würde er nach § 323 BGB auch seinen Anspruch auf Arbeitsvergütung verlieren. Von diesem Grundsatz gibt es zahlreiche Ausnahmen (§ 31 II S. 272; § 32 S. 275; § 34 S. 298).

* Schaub ArbR von A–Z, Stichwort: Arbeitsverhinderung.

2. Soziale Gründe. Aus sozialen Gründen hat der Arbeitgeber in den im Gesetz aufgezählten Fällen auch dann Vergütung zu zahlen, wenn dem Arbeitnehmer die Arbeitsleistung unmöglich wird. Dem Arbeitgeber ist mithin die Daseinsfürsorge für den Arbeitnehmer übertragen.

II. Voraussetzungen von § 616 BGB

Nach § 616 BGB ist der Arbeitgeber zur Vergütungsfortzahlung verpflichtet, wenn der Arbeitnehmer ohne sein Verschulden für eine verhältnismäßig nicht erhebliche Zeit aus persönlichen Gründen an der Arbeitsleistung verhindert ist.

1. Persönliche Gründe. Der Arbeitgeber ist nur dann zur Vergütungsfortzahlung verpflichtet, wenn der Arbeitnehmer aus Gründen seiner Person oder seiner persönlichen Verhältnisse an der Arbeitsleistung verhindert ist. Dies kann der Fall sein, wenn die Arbeitsleistung tatsächlich oder rechtlich unmöglich ist, aber auch dann, wenn sie dem Arbeitnehmer aus ethischen Gründen nicht zumutbar ist. Eine persönliche Arbeitsverhinderung ist mithin gegeben, wenn der Arbeitnehmer einen Arzt aufsuchen muß, nicht pünktlich zur Arbeit erscheinen kann, weil die Batterie seines Autos versagt hat, er zu Behörden geladen worden ist usw. Aus ethischen Gründen wäre ihm die Arbeitsleistung nicht zumutbar bei Heirat, hohen Familienfeierlichkeiten (goldene Hochzeit der Eltern), Niederkunft der Ehefrau usw. Dagegen besteht keine Verpflichtung des Arbeitgebers zur Vergütungsfortzahlung, wenn der Arbeitsleistung objektive Leistungshindernisse entgegenstehen. Dies ist z. B. der Fall bei witterungsbedingten Arbeitsverspätungen, durch die eine Vielzahl von Arbeitnehmern betroffen werden (starkes Schneetreiben, Glatteis usw.).

2. Verhältnismäßig nicht erhebliche Zeit. Ein Vergütungsfortzahlungsanspruch besteht nur, wenn der Arbeitnehmer für eine verhältnismäßig nicht erhebliche Zeit an der Arbeitsleistung verhindert ist. Ist er für eine verhältnismäßig erhebliche Zeit an der Arbeitsleistung verhindert, so verliert er auch die Vergütungsansprüche für die unerhebliche Zeit. Der Begriff der verhältnismäßig nicht erheblichen Zeit muß unter Berücksichtigung aller Umstände des Einzelfalles definiert werden. Dabei kommt es insbesondere auf die Dauer der Verhinderung im Verhältnis zur Gesamtdauer des Arbeitsverhältnisses an. Anhaltspunkte können sich aber auch aus der Länge der Kündigungsfrist ergeben. Im allgemeinen wird ein Anspruch in erforderlichem Umfang aber immer nur für wenige Tage (3 bis 8 Tage) bestehen. Erforderlich ist die Verhinderung nur, wenn sie sich nach verständigem Ermessen nicht vermeiden läßt.

3. Verschulden. Schließlich hängt die Entstehung davon ab, daß der Arbeitnehmer die Dienstverhinderung nicht verschuldet hat. Ein Verschulden ist dann gegeben, wenn der Arbeitnehmer gröblich gegen die Grundsätze eines verständigen Menschen gehandelt hat und dem Arbeitgeber nicht zumutbar ist, dem Arbeitnehmer das Risiko hierfür abzunehmen. Verschuldet wäre die Arbeitsverhinderung z. B., wenn der Arbeitnehmer während der Dienstzeit zum Arzt geht, während er dies ebensogut nach Dienstschluß oder vor Dienstbeginn könnte usw. Der Arbeitgeber ist für das Verschulden des Arbeitnehmers im Prozeß darlegungs- und beweispflichtig.

III. Dienstverhinderung bei Erkrankung von Kindern

1. Kinderkrankengeld. Zu den Gründen persönlicher Arbeitsverhinderung gehört die Erkrankung naher Angehöriger, insbesondere von Kindern.

a) Nach § 45 SGB V hat ein Arbeitnehmer bis zu zehn Tagen im Kalenderjahr Anspruch auf *Krankengeld,* wenn ein im Haushalt des Arbeitnehmers lebendes Kind unter zwölf Jahren wegen einer Erkrankung nach ärztlichem

Zeugnis der Beaufsichtigung, Betreuung oder Pflege bedarf, weil eine andere im Haushalt lebende Person hierfür nicht zur Verfügung steht.

b) Der Anspruch auf Krankengeld besteht nur, sofern der Arbeitnehmer nicht *Vergütungsfortzahlung* von seinem Arbeitgeber verlangen kann. Beide Elternteile können während der Erkrankung des Kindes bestimmen, wer die Pflege übernimmt. Die Pflegebedürftigkeit muß durch ärztliches Zeugnis nachgewiesen werden. Die Dauer von zehn Tagen (für Alleinerziehende 20 Tage) gilt als nicht erhebliche Zeit. Der Anspruch besteht für Versicherte nicht mehr als 25 Arbeitstage, für Alleinerziehende für nicht mehr als 50 Arbeitstage je Kalenderjahr.

2. Tarifregelungen. Durch Tarifvertrag kann der Dienstbefreiungsanspruch bei Erkrankung von Kindern näher geregelt sein. Alsdann gehen im Falle der Tarifbindung die tariflichen Regelungen vor (§ 1 II 6 c S. 11).

IV. Abdingbarkeit von § 616 BGB

1. Abdingung. Der Anspruch auf Vergütungsfortzahlung kann sowohl durch Tarifvertrag wie durch Einzelarbeitsvertrag ausgeschlossen, abgeändert oder eingeschränkt werden. Lediglich ein völliger Ausschluß wird wegen Verstoßes gegen die Sozialschutzbestimmungen des Arbeitnehmers unzulässig sein.

a) Im allgemeinen enthalten die *Tarifverträge* Kataloge, in welchem Umfang und für welche Zeit der Arbeitgeber verpflichtet ist, im Falle persönlicher Dienstverhinderung des Arbeitnehmers die Vergütung fortzuzahlen. Geregelt ist z. B., daß der Arbeitnehmer bei eigener Hochzeit zwei Tage, bei goldener Hochzeit der Eltern einen Tag usw. bezahlte Dienstbefreiung verlangen kann. Enthält der Tarifvertrag eine Bestimmung, bezahlt wird nur die geleistete Arbeitszeit und eine abschließende Aufzählung der Fälle, so kann der Arbeitnehmer in anderen, als tariflich geregelten Fällen der

Dienstverhinderung keine Vergütung verlangen. Dies kommt zum Ausdruck, wenn es im Tarifvertrag heißt, in folgenden Fällen kann der Arbeitnehmer Vergütung begehren. Enthält dagegen der Tarifvertrag nur beispielhaft aufgezählte Fälle persönlicher Dienstverhinderung, finden auch die oben dargestellten Grundsätze der persönlichen Arbeitsverhinderung Anwendung. Hieraus folgt, daß es je nach tariflichem Regelungsbereich verschieden ist, ob ein Arbeitnehmer Anspruch auf Vergütungsfortzahlung bei Arztbesuchen, Familienfeiern, Ausübung öffentlicher Ämter hat.

b) Gelegentlich finden sich auch in *Einzelarbeitsverträgen* Regelungen der persönlichen Arbeitsverhinderung. Dies ist rechtlich im allgemeinen nicht zu beanstanden.

2. Betriebsvereinbarung. Dagegen finden sich in Betriebsvereinbarungen selten Regelungen über die Arbeitsverhinderung. Dies hat seinen Rechtsgrund darin, daß nach § 77 Abs. 3 BetrVG betriebliche Regelungen ausgeschlossen sind, wenn entsprechende Regelungen tarifüblich sind.

§ 32. Vergütungsfortzahlung im Krankheitsfalle

I. Voraussetzungen des Anspruches auf Lohn- und Gehaltsfortzahlung

1. Die Vergütungsfortzahlung im Krankheitsfalle war in den alten und neuen Bundesländern unterschiedlich geregelt. Durch Art. 53 des Pflege-Versicherungsgesetzes vom 26. 5. 1994 (BGBl. I 1014) ist das Gesetz über die Zahlung des Arbeitsentgeltes an Feiertagen und im Krankheitsfalle (Entgeltfortzahlungsgesetz) vom 26. 5. 1994 (BGBl. I 1014) erlassen worden. Es regelt die Zahlung des Arbeitsentgeltes an gesetzlichen Feiertagen und die Fortzahlung des Arbeitsentgelts im Krankheitsfalle an Arbeitnehmer sowie die wirtschaftliche Sicherung im Bereich der Heimarbeit für gesetzliche Feiertage und im Krankheitsfalle. Durch Art. 3 des

Arbeitsrechtlichen Beschäftigungsförderungsgesetzes vom
25. 9. 1996 (BGBl. I S. 1476) ist das EntgeltFG geändert
worden. Die Höhe der Entgeltfortzahlung ist begrenzt worden. Durch das Gesetz zur sozialrechtlichen Behandlung
von einmalig gezahltem Arbeitsentgelt vom 12. 12. 1996
(BGBl. I, S. 1859) ist das EntgeltFG an das SGB VII angepaßt worden.

Arbeitnehmer i. S. dieses Gesetzes sind Arbeiter und Angestellte sowie die zu ihrer Berufsausbildung Beschäftigten
(§ 1 EntgeltFG). Damit sind alle gesetzlichen Sonderregeln
über die Entgeltfortzahlung im Krankheitsfalle aufgehoben
worden. Keinen gesetzlichen Anspruch auf Entgeltfortzahlung im Krankheitsfalle haben Dienstnehmer, also Geschäftsführer, Vorstände, aber auch Handelsvertreter.

2. Anspruchsvoraussetzungen. Nach § 3 Abs. 1 S. 1 EntgeltFG verliert ein Arbeitnehmer nicht den Anspruch auf
Arbeitsentgelt für die Zeit der Arbeitsunfähigkeit bis zur
Dauer von sechs Wochen, wenn er durch Arbeitsunfähigkeit infolge Krankheit an seiner Arbeitsleistung verhindert
ist, ohne daß ihn ein Verschulden trifft. Der Anspruch entsteht erst nach einer vierwöchigen ununterbrochenen Dauer
des Arbeitsverhältnisses. Der Gesetzgeber hat es als unbillig
angesehen, daß der Arbeitgeber bereits dann die Kranken-
vorsorge übernehmen soll, obwohl er noch keine Arbeitsleistung erhalten hat. Besteht das Arbeitsverhältnis über die
Dauer der Wartezeit weiter, so erwächst der Entgeltfortzahlungsanspruch für die Dauer von sechs Wochen.

II. Krankheit und Arbeitsunfähigkeit

1. Begriff der Krankheit.* Der juristische und medizinische Begriff der Krankheit stimmen nicht überein. Wer einen Schnupfen hat, kann krank im medizinischen Sinne
sein. Dagegen braucht der Schnupfen nicht in jedem Fall

---

* Schaub ArbR von A–Z, Stichwort: Krankheit.

behandlungsbedürftig zu sein, so daß im juristischen Sinne keine Krankheit gegeben ist. Nach im wesentlichen übereinstimmender Rechtsprechung der Arbeits- und Sozialgerichte ist Krankheit im juristischen Sinne ein regelwidriger Körper- oder Geisteszustand, der in der Notwendigkeit der Heilbehandlung oder der Arbeitsunfähigkeit wahrnehmbar zutage tritt. Eine Krankheit liegt mithin auch vor, wenn sie so schwer ist, daß mit einer Genesung nicht mehr zu rechnen ist oder erst die durch den Chirurgen durchgeführte Operation die Arbeitsunfähigkeit auslöst, wenn z. B. einem Körperbehinderten eine Operation angeraten wird. Eine Krankheit ist auch bei Trunkenheit oder Rauschgiftsucht gegeben. Keine Krankheit ist dann gegeben, wenn eine Schönheitsoperation durchgeführt wird. Leidet jemand unter abstehenden Ohren, die kosmetisch angelegt werden sollen, so mag zwar ein regelwidriger Körper- oder Geisteszustand gegeben sein, dagegen liegt nicht die Notwendigkeit einer Heilbehandlung vor. Die Grenze zwischen der kosmetischen und der medizinisch indizierten Operation kann fließend sein; so kann die Behandlung von X-Beinen durchaus medizinisch zur Vermeidung von Rückenschädigungen notwendig sein.

2. Begriff der Arbeitsunfähigkeit. Arbeitsunfähig ist, wem die Leistung der entsprechenden Dienste unmöglich oder nicht zumutbar ist. Der Begriff der Arbeitsunfähigkeit ist ein relativer. Er ist bezogen auf die konkret von dem Arbeitnehmer zu leistende Arbeit. Eine Sehnenscheidenentzündung bedingt die Arbeitsunfähigkeit einer Stenotypistin, da diese mit der Entzündung keine Schreibmaschine schreiben kann. Dagegen führt sie regelmäßig nicht zur Arbeitsunfähigkeit eines Richters, da er die Rechtsstreitigkeiten nicht mit den Armen, sondern mit seinem Kopf entscheiden soll.

3. Kausalzusammenhang. Ein Anspruch auf Vergütung im Krankheitsfalle besteht nur, wenn die Erkrankung die Arbeitsunfähigkeit bedingt.

III. Arbeitsverhinderung

1. Arbeitsverhinderung. Die auf Krankheit beruhende Arbeitsunfähigkeit muß zur Arbeitsverhinderung führen. Damit erwächst immer dann ein Anspruch auf Entgeltfortzahlung im Krankheitsfalle, wenn der Arbeitnehmer nach Abschluß des Arbeitsvertrages und Ablauf der Wartezeit arbeitsunfähig krank wird. Unerheblich ist, ob er bereits seinen Dienst angetreten hat oder nicht. Soll ein Arbeitsverhältnis am 1. 7. beginnen und ist der Arbeitnehmer seit dem 20. 6. arbeitsunfähig krank, so erhält er nach vierwöchiger Wartezeit Anspruch auf Entgeltfortzahlung. Allerdings wird nach Inkrafttreten des Arbeitsrechtlichen Beschäftigungsförderungsgesetzes der Anspruch für volle sechs Wochen entstehen.

2. Kausalzusammenhang. Die auf Krankheit beruhende Arbeitsunfähigkeit muß die einzige Ursache des Unterbleibens der Arbeitsleistung sein. Der Arbeitnehmer hat mithin dann keinen Anspruch auf Vergütungsfortzahlung im Krankheitsfalle, wenn er auch ohne die Erkrankung nicht gearbeitet hätte. Hat ein Arbeitnehmer erklärt, er werde auf keinen Fall mehr bei dem Arbeitgeber arbeiten und wird er alsdann krank, ist der Anspruch auf Vergütungsfortzahlung gehindert. Aber nicht in allen Fällen, in denen der Arbeitnehmer aus Wut oder Verärgerung erklärt hat, er werde am nächsten Tag nicht mehr arbeiten kommen, indiziert, daß er auf keinen Fall mehr gearbeitet hätte, wenn er krank wird. Insoweit kommt es vielfach auf die Umstände des Einzelfalles an.

3. Sonderurlaub. Besonders deutlich wird der Rechtsgrundsatz, daß die auf Krankheit beruhende Arbeitsunfähigkeit die einzige Ursache des Ausbleibens der Arbeitsleistung sein muß, in den Fällen des Sonderurlaubs. Hierzu gilt folgendes:

a) Beantragt und erhält ein Arbeitnehmer von seinem Arbeitgeber Sonderurlaub und wird er *vor oder während des Sonderurlaubs arbeitsunfähig krank*, so verliert er damit den Anspruch auf Entgeltfortzahlung im Krankheitsfalle. Denn wäre er nicht krank geworden, hätte er auch nicht gearbeitet und nichts verdient.

b) Von der vorstehenden Rechtsfolge, daß der Arbeitnehmer keinen Anspruch auf Entgeltfortzahlung im Krankheitsfalle hat, besteht dann eine *Ausnahme*, wenn Sonderurlaub und Urlaub einheitlich Erholungszwecken des Arbeitnehmers dienen sollen. Nach § 9 BUrlG wird einem Arbeitnehmer eine Zeit der Arbeitsunfähigkeit, die er durch ärztliches Zeugnis nachgewiesen hat, nicht auf den Erholungsurlaub angerechnet. Erkrankt der Arbeitnehmer vor dem Urlaub, braucht er den Urlaub nicht anzutreten; erkrankt er während des Urlaubs, wird der Urlaub unterbrochen. Diese Vorschrift wendet die Rechtsprechung dann entsprechend auf den Sonderurlaub an, wenn auch dieser Erholungszwecken dient. Dies ist dann der Fall, wenn der Arbeitnehmer eine längere Zeitspanne zur Erholung benötigt, wegen einer besonders weiten Heimreise usw. Dagegen verliert der ausländische Arbeitnehmer seinen Anspruch auf Vergütungsfortzahlung, wenn er den Urlaub zur Mithilfe bei der Ernte in seinem Heimatland benutzen will. Auch ein Sonderurlaub wegen weiter Heimreise kann insoweit bei Erkrankung nicht zur Vergütungsfortzahlung führen, wenn er die für die Heimreise benötigte Zeitspanne weit überschreitet.

IV. Verschulden

1. Begriff des Verschuldens. Ein Arbeitnehmer hat nur dann Anspruch, wenn er die zur Arbeitsunfähigkeit führende Erkrankung nicht verschuldet hat. Ein Verschulden i. S. der Bestimmungen über die Vergütungsfortzahlung im Krankheitsfalle ist dann gegeben, wenn ein gröblicher Verstoß gegen das von einem verständigen Menschen im eigenen Interesse zu erwartende Verhalten vorliegt, es also unbillig wäre, die Folgen auf den Arbeitgeber abzuwälzen. Der Arbeitnehmer braucht nicht peinlich darauf zu achten, daß er gesund und zur Arbeit fähig bleibt. Er kann aber auch nicht erwarten, daß der Arbeitgeber seine Daseinsvorsorge übernimmt, wenn er sich leichtfertig in Gefahr begibt und Schaden erleidet. Im Einzelfall obliegt dem Arbeitgeber der Nachweis, daß der Arbeitnehmer die Erkrankung verschuldet hat.

2. Einzelfälle. a) Im allgemeinen liegt kein Verschulden bei *allgemeinen Erkrankungen* vor, also wenn der Arbeitnehmer sich eine Erkältung zuzieht, weil er im Regen spazieren gegangen ist usw. Aber schon die ungezügelte Einnahme von Appetitzüglern, der Antritt einer anstrengenden Urlaubsreise nach einer Schicht sind als schuldhaft angesehen worden, wenn es zu Kreislaufzusammenbrüchen oder Unfällen gekommen ist.

b) Ein *Arbeitsunfall* ist verschuldet, wenn grob gegen die Sicherheitsbestimmungen verstoßen worden ist, also keine Sicherheitsbrille oder Sicherheitsschuhe getragen worden sind. Ebenso sind als schuldhaft Verkehrsunfälle angesehen worden, wenn grob gegen die Verkehrsvorschriften verstoßen worden ist, also Fahrten bei Trunkenheit, Fahren ohne Sicherheitsgurte, ohne Sturzhelm usw.

c) Regelmäßig sind schuldhaft Erkrankungen, die auf *Schlägereien oder Raufereien* innerhalb oder außerhalb des Betriebes beruhen. Insoweit mag es Ausnahmen geben, da der Frömmste nicht in Frieden leben kann, wenn es dem bösen Nachbarn nicht gefällt. Schuldhaft ist nicht, wenn man sich wehrt; wenn man sich aber bewußt oder gewollt in eine Rauferei einläßt, kann man nicht den Arbeitgeber die Folgen tragen lassen.

d) Eine auf einem *Sportunfall* beruhende Erkrankung ist dann schuldhaft, wenn *a)* es sich um eine besonders gefährliche Sportart handelt und *b)* der Arbeitnehmer sich eine seine Kräfte wesentlich übersteigende Sportart ausgesucht und ausgeübt hat. In der Rechtsprechung des BAG ist bislang noch keine Sportart als besonders gefährlich angesehen worden. Dies gilt auch für das Drachenfliegen oder Moto-Cross-Rennen. Indes kann es durchaus sein, daß der Vergütungsfortzahlungsanspruch verneint wird, wenn ein Anfänger in besonders gefährlicher Gegend Drachenfliegen würde.

e) Im allgemeinen ist das Verschulden ausgeschlossen bei **Suchterkrankungen.** Trunk- und Drogensucht können in einem fortgeschrittenen Stadium die Schuldfähigkeit ausschließen. Indes ist es auch schuldhaft durch erhöhten Alkoholgenuß die Sucht herbeizuführen. Für die schuldhafte Herbeiführung der Trunksucht spricht keine Vermutung. Hierfür ist ein besonderer Tatsachenvortrag des Arbeitgebers erforderlich. Da der Arbeitgeber aber regelmäßig keine Kenntnis über das Privatleben des Arbeitnehmers hat, muß dieser im Prozeß Umstände darlegen, die die Herbeiführung der Trunksucht verständlich erscheinen lassen. Entsprechende Grundsätze werden bei den übrigen Suchterkrankungen gelten. Hat der Arbeitnehmer eine Entziehungskur gemacht und wird er alsdann rückfällig, ist im allgemeinen von einem Verschulden auszugehen.

f) Ein Verschulden liegt jedenfalls nicht vor, wenn der Arbeitnehmer in einer erlaubten *Nebentätigkeit* einen Unfall erleidet, der zur Arbeitsunfähigkeit führt (§ 7 X S. 95). Etwas anderes gilt allerdings in den Fällen der Schwarzarbeit.

V. Beginn und Ende der Entgeltfortzahlung im Krankheitsfalle

1. Ablauf von sechs Wochen. Der Anspruch auf Entgeltfortzahlung im Krankheitsfalle endet, wenn sechs Wochen abgelaufen sind. Der Anspruch endet mit dem 42. Tag der

Arbeitsunfähigkeit. Erkrankt ein Arbeitnehmer am 1. Tag vor der Schicht, so wird bereits dieser Tag mitgezählt. Erkrankt ein Arbeitnehmer aber während oder nach der Schicht, so wird dieser Tag bei der Berechnung nicht mitgezählt. Indes muß dieser Tag voll vergütet werden.

2. Entgeltfortzahlung über das Ende des Arbeitsverhältnisses. Ein Anspruch auf Entgeltfortzahlung im Krankheitsfalle besteht grundsätzlich nur während des Bestandes des Arbeitsverhältnisses. Gleichwohl hat der Gesetzgeber dafür Vorsorge getroffen, daß sich der Arbeitgeber nicht dadurch der Vergütungsfortzahlung entziehen kann, daß er das Arbeitsverhältnis beendet.

a) Nach § 8 EntgeltFG besteht ein Anspruch auf Vergütungsfortzahlung über das Ende des Arbeitsverhältnisses hinaus, wenn der Arbeitgeber das Arbeitsverhältnis aus *Anlaß der Arbeitsunfähigkeit kündigt.* Das gleiche gilt, wenn der Arbeitnehmer das Arbeitsverhältnis aus einem vom Arbeitgeber zu vertretenden Grund kündigt, der den Arbeitnehmer zur Kündigung aus wichtigem Grund ohne Einhaltung einer Kündigungsfrist berechtigt. Der Arbeitgeber kann mithin keine Kündigung provozieren.

b) Regelmäßig kommt es zum Streit darüber, ob ein Arbeitsverhältnis aus *Anlaß der Arbeitsunfähigkeit* gekündigt worden ist. Anlaß ist nicht das Motiv, sondern die äußere, überwiegende Ursache, die zur Kündigung geführt hat. Die Erkrankung ist mithin für die Kündigung ursächlich, wenn der Arbeitgeber wegen der Erkrankung einen Arbeitsplatz im Betrieb neu besetzen muß, der Arbeitnehmer nicht mehr im Betrieb umgesetzt werden kann usw. Hat der Arbeitnehmer verabsäumt, seine Erkrankung dem Arbeitgeber rechtzeitig zu melden oder durch eine Arbeitsunfähigkeitsbescheinigung nachzuweisen, so war nach der Rechtsprechung des BAG dann davon auszugehen, daß die Erkrankung der Anlaß ist, wenn der Arbeitgeber nicht drei Tage abgewartet hat, ob ihm eine Arbeitsunfähigkeitsbescheinigung vorgelegt wird. Dies gilt erst Recht für das EntgeltFG, da der Arbeitnehmer erst am 4. Tag der Erkrankung eine Arbeitsunfähigkeitsbescheinigung vorzulegen hat.

c) Der Arbeitnehmer ist im Prozeß dafür *darlegungs- und beweispflichtig,* daß der Arbeitgeber aus Anlaß der Arbeitsunfähigkeit das Arbeitsverhältnis beendet hat. Seine Beweisführungslast kann erleichtert sein nach den Grundsätzen des Beweises des ersten Anscheins.* Kündigt ein Arbeitgeber bei Krankmeldung ohne Angabe von Gründen, so kann im allgemeinen davon ausgegangen werden, daß er aus Gründen der Erkrankung gekündigt hat.

d) Endet das Arbeitsverhältnis nicht vor Ablauf des Sechs-Wochenzeitraums nach dem Beginn der Arbeitsunfähigkeit, ohne daß es einer Kündigung bedarf, oder infolge einer Kündigung aus anderen Gründen als denen der Arbeitsunfähigkeit, so endet der Anspruch mit dem Ende des Arbeitsverhältnisses (§ 8 Abs. 2 EntgeltFG).

3. Wiederholungs- und Fortsetzungskrankheit. a) Gelegentlich kommt es vor, daß ein Arbeitnehmer in kurzen Abständen wiederholt erkrankt. Die Rechtslage ist unterschiedlich bei Wiederholungs- und Fortsetzungserkrankung. Eine *wiederholte Erkrankung* ist dann gegeben, wenn der Arbeitnehmer wiederholt, auch an der gleichen Krankheit erkrankt. Erleidet ein Arbeitnehmer mehrere Lungenentzündungen, weil er sich mehrmals erkältet hat, so liegt eine wiederholte Erkrankung vor. Erkrankt jedoch ein Arbeitnehmer in kurzen Abständen wegen Bandscheibenschadens oder Heuschnupfen, so liegt regelmäßig eine *Fortsetzungserkrankung* vor. Die Erkrankung beruht auf demselben Grundleiden.

b) Bei *wiederholter Erkrankung* ist der Arbeitgeber grundsätzlich in jedem Einzelfall für die Dauer von sechs Wochen zur *Vergütungsfortzahlung* verpflichtet. War der Arbeitnehmer wegen Erkältung arbeitsunfähig, hat dann ein

* Schaub ArbR von A–Z, Stichwort: Anscheinsbeweis.

oder mehrere Tage gearbeitet und sich erneut erkältet, so muß der Arbeitgeber erneut für die Dauer von sechs Wochen Entgeltfortzahlung zahlen. Eine Ausnahme kann bei einem *mißglückten Arbeitsversuch* bestehen. Ein solcher liegt vor, wenn der Arbeitnehmer einen erfolglosen Arbeitsversuch macht, obwohl er noch nicht arbeitsfähig ist. Auch dann ist der Arbeitgeber verpflichtet, erneut für sechs Wochen die Vergütung fortzuzahlen, wenn der Arbeitnehmer gesund war und dann wegen einer anderen Erkrankung erneut arbeitsunfähig wird. Dies gilt selbst dann, wenn er zwischen den beiden Erkrankungen noch nicht wieder gearbeitet hat. Dagegen erwächst kein neuer Entgeltfortzahlungsanspruch, wenn die zweite Erkrankung bereits während der ersten eintritt.

c) Bei *Fortsetzungserkrankungen* verliert der Arbeitnehmer wegen der erneuten Arbeitsunfähigkeit den Anspruch für einen weiteren Zeitraum von höchstens sechs Wochen nicht, wenn *(1)* er vor der erneuten Arbeitsunfähigkeit mindestens sechs Monate nicht infolge derselben Krankheit arbeitsunfähig war oder *(2)* seit Beginn der ersten Arbeitsunfähigkeit infolge derselben Krankheit eine Frist von 12 Monaten abgelaufen ist. Grundsätzlich muß der Arbeitnehmer mithin sechs Monate nach der ersten Arbeitsunfähigkeit gearbeitet haben oder es muß seit Beginn der ersten Arbeitsunfähigkeit eine Frist von 12 Monaten abgelaufen sein.

VI. Berechnung der Vergütungsfortzahlung

1. Lohnausfallprinzip. Für die Berechnung der Entgeltfortzahlung gilt das sog. Lohnausfallprinzip. Der Arbeitnehmer hat mithin Anspruch auf diejenige Vergütung, die er erzielt hätte, wenn er gearbeitet hätte. Durch das Arbeitsrechtliche Beschäftigungsförderungsgesetz ist der gesetzliche Entgeltfortzahlungsanspruch auf 80 v. H. begrenzt (vgl. S. 286). Bei der Berechnung der Vergütungsfortzahlung sind sämtliche laufenden Leistungen, die bei Arbeitsleistung des Arbeitnehmers angefallen wären, zu berücksichtigen. Ausgenommen sind Leistungen für Aufwendungen des Arbeitnehmers, soweit der Anspruch auf sie im Falle der Arbeitsunfähigkeit davon abhängt, daß dem Arbeitnehmer entspr. Aufwendungen tatsächlich entstanden sind und dem Arbeitnehmer solche Aufwendungen während der Arbeitsunfähigkeit nicht entstehen.

2. Entgeltfortzahlung bei Zeit- und Leistungslohn. a) Wird ein Arbeitnehmer im *Zeitlohn* entlohnt, so ist die Berechnung des fortzuzahlenden Entgelts verhältnismäßig einfach. Es ist die Stunden-, Tages-, Wochen-, Monatsvergütung weiterzuzahlen. Ist im Betrieb die flexible Arbeitszeit eingeführt, so können sich je nach Arbeitszeitgestaltung Unterschiede ergeben. Wird z. B. die Arbeitszeitverkürzung durch freie Tage ausgeglichen, muß Vergütungsfortzahlung für die volle Arbeitszeit erbracht werden. Wird dagegen die persönliche wöchentliche Arbeitszeit verkürzt, braucht nur für die verkürzte Arbeitszeit Vergütungsfortzahlung geleistet werden, auch wenn die betriebliche Arbeitszeit länger ist.

b) Wird ein Arbeitnehmer im *Leistungslohn* entlohnt, so ist der von dem Arbeitnehmer in der für ihn maßgebenden regelmäßigen Arbeitszeit erzielbare Durchschnittsverdienst fortzuzahlen. Die Berechnung des fortzuzahlenden Entgelts kann Schwierigkeiten bereiten, weil nicht ohne weiteres zu ermitteln ist, was der Arbeitnehmer verdient hätte, wenn er gearbeitet hätte. Hat ein Arbeitnehmer im Rahmen einer Akkordarbeitergruppe gearbeitet, so wird im allgemeinen eine Orientierung daran möglich sein, was die anderen Akkordarbeiter während der Erkrankung verdient haben. Hat er im Einzelakkord gearbeitet oder ist die Akkordgruppe auseinandergefallen, muß eine Schätzung erfolgen. Insoweit ist es zulässig, daß der mutmaßliche Akkordverdienst nach dem Durchschnitt der letzten drei Monate geschätzt wird. Dabei trägt der Arbeitnehmer die Darlegungs- und Beweislast im Prozeß für die Durchschnittslohnberechnung, der Arbeitgeber für den Einwand, daß der Arbeitnehmer inzwischen nicht mehr im Akkord beschäftigt würde oder an einer Baustelle beschäftigt würde, die eine völlig andere Entlohnungsstruktur aufweist.

3. Berücksichtigung von Vergütungsbestandteilen. a) *Über- und Mehrarbeitsstunden* sind bei der Berechnung zu berücksichtigen, wenn sie auch während der Erkrankung angefallen wären. Sie bleiben dagegen unberücksichtigt, wenn auch im Falle der Gesundheit während der Krankheitsperiode keine Mehr- und Überstunden angefallen wären. Andererseits ist Mehr- und Überstundenvergütung zu zahlen, wenn während der Erkrankung sämtliche Arbeitnehmer Über- und Mehrarbeitsstunden leisten müssen.

b) Zu berücksichtigen sind laufende *Prämien, Provisionen, Vergütungen für Nacht-, Feiertags- und Sonntagsarbeit, Zuschläge* jeglicher Art. Nicht zu berücksichtigen sind dagegen Aufwendungs- und Auslagenersatz, es sei denn, daß Aufwendungen auch während der Erkrankung anfallen. Unterschiedlich kann die Rechtslage bei Auslösungen sein, wenn der Arbeitnehmer sie zugleich zur Steigerung seines Lebensstandardes verwenden kann.

c) *Einmalige Leistungen* (Gratifikation, Prämien, Gewinnbeteiligungen) sind bei der Berechnung der Vergütungsfortzahlung im Krankheitsfalle nicht zu berücksichtigen. Jedoch kann ihre Weiterzahlung während der Erkrankung geschuldet sein.

4. Höhe des fortzuzahlenden Arbeitsentgelts. *a)* Die Höhe des fortzuzahlenden Arbeitsentgelts wird in § 4 Abs. 1 S. 1 EntgeltFG n.F. auf 80 v.H. des dem Arbeitnehmer bei der für ihn maßgebenden regelmäßigen Arbeitszeit zustehenden Arbeitsentgelts begrenzt. Im übrigen weist § 4 Abs. 1 S. 1 EntgeltFG keine Änderung gegenüber den bisherigen Bemessungsfaktoren der maßgebenden regelmäßigen Arbeitszeit auf.

b) Während der Ausschußberatungen des Arbeitsrechtlichen Beschäftigungsförderungsgesetzes wurden drei Ausnahmen von der Begrenzung der Entgeltfortzahlung eingeführt. Die Verkürzung von 100 auf 80 v.H. tritt nicht ein, wenn Personen, *(1)* die aufgrund eines Arbeits-, Dienst- oder Lehrverhältnisses beschäftigt werden, einen Arbeitsunfall erleiden, *(2)* aufgrund von Arbeitsschutz- oder Unfallverhütungsvorschriften ärztlich untersucht oder behandelt werden oder *(3)* eine Berufskrankheit i.S. des SGB VII vorliegt. Im Falle des Arbeitsunfalles wird aber nur dann von einer Kürzung in dem Arbeitsverhältnis abgesehen, in dem der Arbeitsunfall eingetreten ist. Während des Gesetzgebungsverfahrens sollte eine weitere Ausnahme für schwangere Frauen gemacht werden. Hiervon ist abgesehen worden, weil befürchtet wurde, daß hierdurch ein weitgehendes Beschäftigungshemmnis für Frauen ausgehen würde.

5. Anrechnung auf den Erholungsurlaub. *a)* Die während des Gesetzgebungsverfahrens besonders umstrittene Regelung der Anrechnung auf den Urlaub ist in § 4a EntgeltFG enthalten. Nach dem Grundprinzip kann der Arbeitnehmer vom Arbeitgeber bis zum 3. Arbeitstag nach dem Ende der Arbeitsunfähigkeit verlangen, daß ihm von je fünf Tagen, an denen der Arbeitnehmer infolge Krankheit an seiner Arbeitsleistung verhindert ist, der erste Tag auf den Erholungsurlaub angerechnet wird. Gewollt ist, daß der Arbeitnehmer für fünf Krankheitstage einen Tag Urlaub sich anrechnen läßt. Durch die Bezahlung des Urlaubstages wird alsdann die Begrenzung der Entgeltfortzahlung auf 80 v.H. ausgeglichen. Andererseits erhält der Arbeitnehmer für den angerechneten Urlaubstag keine Entgeltfortzahlung.

b) Ferner ist bestimmt, daß mehrere Zeiträume, in denen der Arbeitnehmer arbeitsunfähig erkrankt ist, zusammengerechnet werden. Durch diese Regelung wird bewirkt, daß ein z.B. an zwei Tagen erkrankter Arbeitnehmer, der von der Anrechnungsmöglichkeit Gebrauch macht, bei der nächsten Krankheitsperiode noch weitere Krankheitstage durch die Anrechnung ausgleichen kann.

c) Durch die Anrechnung der Krankheitszeiten auf den Urlaub darf im Interesse des Arbeitnehmerschutzes der gesetzliche Jahresurlaub nach § 3 BUrlG, § 19 JArbSchG, §§ 53, 54 SeemannsG sowie der Zusatzurlaub nach § 47 SchwbG nicht unterschritten werden.

d) Die Anrechnung von Krankheitszeiten auf den Jahresurlaub ist insoweit ausgeschlossen, wie der Urlaub aus betrieblichen Gründen für alle Arbeitnehmer oder für bestimmte Arbeitnehmergruppen einheitlich im Betrieb festgelegt ist, also z.B. für Betriebsurlaub. Die Anrechnung ist ferner ausgeschlossen, soweit der Urlaub üblicherweise durch arbeitsfreie Zeiträume als abgegolten gilt, z.B. im Schul- und Hochschulbereich während der Ferien. Durch diese Regelung soll erreicht werden, daß der Arbeitnehmer durch die Anrechnung von Krankheitstagen nicht die an gesamtbetrieblichen Erfordernissen ausgerichtete Regelung unterlaufen kann.

6. Tarifliche Öffnungsklausel und Vorrang des Tarifvertrages. a) In Tarifverträgen kann nach § 4 Abs. 4 EntgeltFG eine anderweitige Berechnung eingeführt werden.

b) Durch die Änderungen des EntgeltFG kann nur der gesetzliche Anspruch auf Entgeltfortzahlung gekürzt werden. Dagegen greifen die Kürzungen nicht ein, wenn die Entgeltfortzahlung tariflich geregelt ist und die Parteien tarifgebunden sind (vgl. § 1 II S. 11). Alsdann haben die tariflichen Regelungen den Vorrang.

Gleichwohl sind insoweit mehrere Fallgruppen zu unterscheiden. Die Tarifvertragsparteien haben vielfach die Entgeltfortzahlung eigenständig geregelt, alsdann gilt Tarifrecht. Die Tarifvertragsparteien haben aber auch auf das Gesetz verwiesen. Das BAG hat im Rahmen der Regelung von Kündigungsfristen durch die Tarifvertragsparteien im Wege der Verweisung unterschieden, ob es sich um eine deklaratorische Verweisung oder eine konstitutive Verweisung handelt. Bei einer deklaratorischen Verweisung hat es angenommen, daß die Tarifvertragsparteien keinen eigenen Regelungswillen hatten, so daß das Gesetz gilt. Bei konstitutiven Verweisungen gilt dagegen wiederum das Tarifrecht. Ob eine deklaratorische oder konstitutive Verweisung gewollt ist, muß durch Auslegung des Tarifrechts entschieden werden.

c) Ist im Arbeitsvertrag individualvertraglich auf den Tarifvertrag verwiesen, so gilt die tarifliche Regelung bis sie durch eine andere Abmachung ersetzt wird. Die Verweisung auf den Tarifvertrag hat den Zweck einheitliche Arbeitsbedingungen für Tarifgebundene und Nichttarifgebundene herbeizuführen. Im Falle der Verweisung auf Tarifrecht gilt damit dieselbe Rechtslage wie bei den Tarifgebundenen.

d) Nach § 4a Abs. 1 EntgeltFG wird dagegen die Anrechnung von Urlaub auf die Entgeltfortzahlung nicht tariflich verhindert, wenn der Arbeitnehmer dies wünscht, weil die tarifliche Regelung der Entgeltfortzahlung einen Anspruch nicht ergibt.

VII. Anzeige- und Nachweispflichten*

1. Anzeigepflicht. a) Der Arbeitnehmer ist verpflichtet, dem Arbeitgeber die Arbeitsunfähigkeit und deren voraussichtliche Dauer unverzüglich mitzuteilen. Der Arbeitnehmer muß mithin in den ersten Stunden des ersten Tages der Arbeitsunfähigkeit die Arbeitsverhinderung mitteilen. Da die Mitteilung „unverzüglich", also ohne schuldhaftes Zögern (§ 121 BGB), erfolgen muß, wird der Arbeitnehmer seinen Arbeitgeber im allgemeinen anrufen müssen oder durch Telefax bzw. telegraphisch unterrichten müssen. Eine Unterrichtung durch Brief ist zumeist unzureichend, da die Information nicht unverzüglich ist. Der Arbeitnehmer muß

---

* Schaub ArbR von A–Z, Stichwort: Arbeitsunfähigkeitsbescheinigung.

die Arbeitsunfähigkeit mitteilen. Er braucht nicht die Art der Erkrankung mitzuteilen. Ferner ist die voraussichtliche Dauer der Arbeitsunfähigkeit mitzuteilen. Von dem Arbeitnehmer wird daher im allgemeinen eine Selbstdiagnose erwartet. Ihm sind mithin daraus keine Vorwürfe zu machen, daß er sich wegen seiner Erkrankung verschätzt hat.

b) Gelegentlich kann den Arbeitnehmer eine *weitergehende Unterrichtungspflicht* treffen. Dies ist insbesondere der Fall, wenn der Arbeitnehmer dringende Arbeiten zu erledigen hat, deren Fortschreiten der Arbeitgeber nur schwer überwachen konnte oder überwacht hat. Der Arbeitnehmer hat mithin den Arbeitgeber auch auf solche Umstände hinzuweisen, die sein Eingreifen notwendig machen. Der Exportsachbearbeiter wird etwa auf bestimmte laufende Fristen hinweisen müssen usw. Er darf sich nicht einfach darauf verlassen, daß sein Nachfolger sich schon einarbeiten werde.

c) *Unterläßt* ein Arbeitnehmer die *rechtzeitige Unterrichtung* des Arbeitgebers, so kann dieser ihn abmahnen und im Wiederholungsfalle auch ordentlich kündigen, wenn der Betrieb durch die fehlende Dispositionsmöglichkeit geschädigt wird.

2. Arbeitsunfähigkeitsbescheinigung. a) Dauert die Arbeitsunfähigkeit länger als drei Kalendertage, hat der Arbeitnehmer eine ärztliche Bescheinigung über das Bestehen der Arbeitsunfähigkeit sowie deren voraussichtliche Dauer spätestens an dem folgenden Arbeitstag vorzulegen. Der Arbeitgeber ist berechtigt, die Vorlage der ärztlichen Bescheinigung früher zu verlangen (§ 5 Abs. 1 EntgeltFG). Die ersten Entwürfe zum EntgeltFG sahen vor, daß der Arbeitnehmer schon am ersten Arbeitstag ein Attest vorlegen sollte. Auf Vorschlag des Arbeits- und Sozialausschusses des Deutschen Bundestages wurde darauf verzichtet, weil eine Zunahme ärztlicher Untersuchungen und damit höhere Kosten für die Krankenkassen befürchtet wurden.

b) Umstr. ist, innerhalb welcher Frist die Arbeitsunfähigkeitsbescheinigung vorzulegen ist. Zum Teil wird angenommen, daß nach dem Wortlaut des Gesetzes die Arbeitsunfähigkeitsbescheinigung spätestens am 5. Kalendertag vorzulegen ist, sofern dies der erste Arbeitstag ist. Länger als drei Kalendertage dauert die Arbeitsunfähigkeit erst am vierten Tag. Demnach könnte nur der fünfte Tag der erste Arbeitstag sein. Demgegenüber heißt es in der Begründung des Gesetzes: „Gleichzeitig wird der Arbeitnehmer verpflichtet, bei mehr als dreitägiger Arbeitsunfähigkeit dem Arbeitgeber am 4. Krankheitstag eine ärztliche Bescheinigung über die Arbeitsunfähigkeit sowie deren voraussichtliche Dauer vorzulegen". Der amtlichen Begründung ist zu folgen.

c) Der Arbeitgeber ist berechtigt, die Vorlage der Arbeitsunfähigkeitsbescheinigung früher zu verlangen. Das Gesetz enthält für das Vorlageverlangen keine näheren Vorschriften. Es kann mündlich, telefonisch oder schriftlich erfolgen. Das Vorlageverlangen kann nach Ausbruch der auf Krankheit beruhenden Arbeitsunfähigkeit gestellt werden. Zweifelhaft ist aber, ob Vorlageverlangen generell, ohne Rücksicht auf eine Erkrankung für alle Krankheitsfälle geäußert werden können. Dies ist nach richtiger Ansicht zu verneinen, da es sonst der Arbeitgeber in der Hand hätte, auf die Kosten der Krankenkassen Einfluß zu nehmen.

d) Für die Geltendmachung des Vorlageverlangens bedarf es keiner Begründung. Aus dem Wortlaut von § 5 Abs. 1 S. 3 EntgeltFG ergibt sich weder eine Begründungspflicht, noch daß der Arbeitgeber sachliche Gründe für die Vorlage haben muß. Demgegenüber ist nach § 275 Abs. 1 SGB V die Einschaltung des medizinischen Dienstes auf Verlangen des Arbeitgebers nur zur Beseitigung von begründeten Zweifeln an der Arbeitsunfähigkeit möglich. Freilich ist dem Arbeitgeber ein Anspruch auf Vorlage eingeräumt, um Mißbrauchsmöglichkeiten vorzubeugen. Gleichwohl ist dies kein ausreichender Grund, die Vorlagepflicht einzuschränken, zumal der Arbeitgeber häufig nur Verdachtsmomente haben wird, die nicht immer durch Tatsachen zu erhärten sein werden. Allerdings kann der Arbeitgeber nicht rechtsmißbräuchlich die Vorlage einer Arbeitsunfähigkeitsbescheinigung verlangen. Mit der Erhebung des Verlangens wird eine vertragliche Nebenverpflichtung begründet, auf die § 315 Abs. 1 BGB zumindest entspr. anzuwenden ist. Hiernach kann die Vorlagepflicht nur nach billigem Ermessen begründet werden.

e) Zweifelhaft ist auch, ob durch Tarifvertrag oder Betriebsvereinbarung eine allgemeine Vorlagepflicht für den ersten Tag begründet werden kann.

Durch das Gesetz zur Ergänzung des Wachstums- und Beschäftigungsförderungsgesetzes war eine strengere Kontrolle bei Erkrankung durch den medizinischen Dienst beabsichtigt. Das Gesetz ist gescheitert, weil es durch den Bundesrat zustimmungspflichtig war.

3. Beweiswert der Arbeitsunfähigkeitsbescheinigung. a) Im allgemeinen hat die Arbeitsunfähigkeitsbescheinigung die *Vermutung der Richtigkeit* für sich; d. h., durch die Arbeitsunfähigkeitsbescheinigung wird nicht im Wege des Urkundenbeweises die Arbeitsunfähigkeit nachgewiesen. Vielmehr besteht lediglich ein Lebenserfahrungssatz dafür, daß der Arzt zutreffend die Arbeitsunfähigkeit beurteilt hat. Ob dies auch für Arbeitsunfähigkeitsbescheinigungen ausländischer Ärzte gilt, war nach der Rspr. des BAG zweifelhaft. Nach ihr soll sich aus der Arbeitsunfähigkeitsbescheinigung ergeben, daß dem Arzt die Begriffe der Krankheit und der Arbeitsunfähigkeit nach deutschem Recht geläufig sind. Der EuGH hat dagegen entschieden, daß zwischen in- und ausländischen Arbeitsunfähigkeitsbescheinigungen nicht unterschieden werden kann. Insoweit hat der EuGH auch nach erneuter Einleitung eines Vorabentscheidungsverfahrens durch das BAG entschieden, daß der Vorrang des Gemeinschaftsrechts gelte. Allerdings liege es im Entscheidungsspielraum der nationalen Gerichte einer rechtsmißbräuchlichen Ausnutzung des sozialen Netzes zu begegnen.

b) Unabhängig hiervon kann der Arbeitgeber den *Beweiswert* der Arbeitsunfähigkeitsbescheinigung *erschüttern.* Hier bestehen zwei Angriffsflächen: *a)* Der Arbeitgeber kann im Streit um die Arbeitsunfähigkeit Tatsachen nachweisen, aus denen sich ergibt, daß der Arzt den Rechtsbegriff der Arbeitsunfähigkeit verkannt hat. Dies kann z. B. der Fall sein, wenn der Arzt überhaupt keine Kenntnis des Arbeitsplatzes hat. *b)* Der in der Praxis bedeutsamere Einwand ist der, daß der Arzt die Erkrankung verkannt hat. Hier kommt vor allem vor, daß (1) der Arzt eine Arbeitsunfähigkeitsbescheinigung ausgestellt hat, ohne den Patienten überhaupt untersucht zu haben, (2) der Arzt für mehr als zwei Tage rückwirkend die Arbeitsunfähigkeitsbescheinigung ausstellt, (3) der Arzt die Arbeitsunfähigkeit allein aufgrund der vom Patienten geschilderten Symptome ausstellt (Durchfall, Magenschmerzen, Rückenschmerzen usw.), (4) der Patient ein Verhalten an den Tag legt, das sich mit der Erkrankung schlechthin nicht verträgt, wenn dieser also Schwarzarbeit leistet, an seinem Eigenheim baut usw. Nicht jedes atypische Verhalten oder jedes leichtfertig ausgestellte Attest kann den Beweiswert der Arbeitsunfähigkeitsbescheinigung beseitigen. Der Arbeitgeber muß schon greifbare Anhaltspunkte dafür darlegen, daß der Arzt ein fehlerhaftes Attest ausgestellt hat.

VIII. Medizinischer Dienst

1. Kontrollverpflichtung. Die Krankenkassen sind in den gesetzlich bestimmten Fällen oder wenn es nach Art, Schwere, Dauer oder Häufigkeit der Erkrankung oder nach dem Krankheitsverlauf erforderlich ist, verpflichtet, zur Beseitigung von Zweifeln an der Arbeitsunfähigkeit eine gutachtliche Stellungnahme des medizinischen Dienstes der Krankenkassen einzuholen (§ 275 Abs. 1 Nr. 3 SGB V). § 275 Abs. 1 a, 1 b SGB V i. d. F. des Pflegegesetzes haben eine wesentliche Verstärkung der Kontrollen durch den medizinischen Dienst eingeführt. In § 275 sind die Absätze 1 a und 1 b eingefügt worden: „*1 a* Zweifel an der Arbeitsunfähigkeit nach Abs. 1 Nr. 3 Buchst. b sind insbesondere in Fällen anzunehmen, in denen *a)* Versicherte auffällig häufig oder auffällig häufig nur für kurze Dauer arbeitsunfähig sind oder der Beginn der Arbeitsunfähigkeit häufig auf einen Arbeitstag am Beginn oder am Ende einer Woche fällt oder *b)* die Arbeitsunfähigkeit von einem Arzt festgestellt worden ist, der durch die Häufigkeit der von ihm ausgestellten Bescheinigungen über Arbeitsunfähigkeit auffällig geworden ist.

Die Prüfung hat unverzüglich nach Vorlage der ärztlichen Feststellung über die Arbeitsunfähigkeit zu erfolgen. Der Arbeitgeber kann verlangen, daß die Krankenkasse eine gutachtliche Stellungnahme des medizinischen Dienstes zur Überprüfung der Arbeitsunfähigkeit einholt. Die Krankenkasse kann von einer Beauftragung des medizinischen Dienstes absehen, wenn sich die medizinischen Voraussetzungen der Arbeitsunfähigkeit eindeutig aus den der Krankenkasse vorliegenden ärztlichen Unterlagen ergeben.

1 b Der medizinische Dienst überprüft bei Vertragsärzten, die nach § 106 Abs. 2 Satz 1 Nr. 2 geprüft werden, stichprobenartig und zeitnah Feststellungen der Arbeitsunfähigkeit. Die in § 106 Abs. 2 Satz 3 genannten Vertragspartner vereinbaren das Nähere".

2. Sonstige Überprüfungsmöglichkeit. Unabhängig von § 275 SGB V hat der Arbeitgeber keine Möglichkeit, die Arbeitsunfähigkeit seiner Arbeitnehmer überprüfen zu lassen. Es ist ihm aber unbenommen, Hausbesuche und dergleichen zu machen. Der Arbeitnehmer braucht den Arbeitgeber nicht hereinzulassen. Andererseits muß der Arbeitgeber mögliche Mitbestimmungsrechte des Betriebsrates wahren (§ 87 Abs. 1 Nr. 1 BetrVG).

3. Kein Eingriff in die Behandlung. Der medizinische Dienst darf nicht in die Behandlung des Arztes eingreifen.

Ihm obliegt aber die Begutachtung, ob Arbeitsunfähigkeit vorliegt.

4. Unterrichtungspflicht. Der medizinische Dienst hat dem an der vertragsärztlichen Versorgung teilnehmenden Arzt, sonstigen Leistungserbringern, über deren Leistungen er eine gutachtliche Stellungnahme abgegeben hat, und der Krankenkasse das Ergebnis der Begutachtung und die erforderlichen Angaben über den Befund mitzuteilen. Der Versicherte kann der Mitteilung über den Befund an die Leistungserbringer widersprechen (§ 277 Abs. 1 SGB V). Im „Ergebnis" bedeutet, daß nicht eine abweichende Diagnose mitzuteilen ist, sondern lediglich eine abweichende Auffassung zur Frage der Arbeitsunfähigkeit und ihrer Dauer. Der Arbeitgeber wird durch den medizinischen Dienst nicht benachrichtigt. Nach § 277 Abs. 2 SGB V hat die Krankenkasse, solange ein Anspruch auf Fortzahlung des Arbeitsentgeltes besteht, dem Arbeitgeber und dem Versicherten das Ergebnis des Gutachtens des medizinischen Dienstes über die Arbeitsunfähigkeit mitzuteilen, wenn das Gutachten mit der Bescheinigung des Kassenarztes im Ergebnis nicht übereinstimmt. Die Mitteilung darf keine Angaben über die Krankheit des Versicherten enthalten.

IX. Kollektivrechtliche Regelungen

1. In **Tarifverträgen** werden häufig nur die gesetzlichen Regeln wiederholt. Hierdurch wird der Vergütungsfortzahlungsanspruch für die Tarifgebundenen alsdann zu einem tariflichen Anspruch. Zum Nachteil können die Tarifverträge nicht von der gesetzlichen Regelung abweichen. Allerdings kann die Berechnung der Vergütungsfortzahlung abweichend geregelt werden (§ 4 Abs. 4 EntgeltFG).

2. In **Betriebsvereinbarungen** finden sich häufig besondere Anzeige- und Nachweispflichten im Falle der Erkrankung. Insoweit hat der Betriebsrat nach § 87 Abs. 1 Nr. 1 BetrVG ein erzwingbares Mitbestimmungsrecht.

§ 33. Vergütungsfortzahlung bei Kur- und Heilverfahren

I. Rechtsgrundlagen

Auch für Kur- und Heilverfahren ist die Rechtslage durch das EntgeltFG für alle Arbeitnehmer in der Bundesrepublik vereinheitlicht worden (vgl. § 32 I S. 275).

II. Anspruchsvoraussetzungen

1. Anspruchsvoraussetzungen bei Versicherten der gesetzlichen Sozialversicherung. Vorschriften für die Entgeltfortzahlung im Krankheitsfalle gelten entspr. für die Arbeitsverhinderung infolge einer Maßnahme der Vorsorge oder Rehabilitation, die ein Träger der gesetzlichen Renten-, Kranken- oder Unfallversicherung, eine Verwaltungsbehörde der Kriegsopferversorgung oder ein sonstiger Sozialleistungsträger bewilligt hat und die in einer Einrichtung der medizinischen Vorsorge oder stationär durchgeführt wird. Der Anspruch kann auch dann bestehen, wenn der Arbeitnehmer nicht arbeitsunfähig krank ist. Eine Vorbeugungskur setzt jedoch voraus, daß der Träger der Sozialversicherung die Kur verantwortlich gestaltet. Keine Kur liegt vor, wenn der Arbeitnehmer sie in urlaubsmäßigem Zuschnitt verbringen kann. Wird von einer sonstigen Stelle eine Kur bewilligt, so bestehen keine Ansprüche gegen den Arbeitgeber.

2. Anspruchsvoraussetzungen bei Nichtversicherten. Ist der Arbeitnehmer nicht Mitglied einer gesetzlichen Krankenkasse oder nicht in der gesetzlichen Rentenversicherung versichert, gelten die Vorschriften für das Kur- oder Heilverfahren entspr., wenn eine Maßnahme der medizinischen Vorsorge oder Rehabilitation ärztlich verordnet worden ist und stationär in einer Einrichtung der medizinischen Vorsorge oder Rehabilitation oder einer vergleichbaren Einrichtung durchgeführt wird. Bei nicht in der gesetzlichen Krankenversicherung Versicherten wird es möglich sein, daß sie ihre Kur oder Heilverfahren in einem Badehotel verbringen.

III. Inhalt des Anspruches

1. Wegen des **Inhaltes des Anspruches** wird allgemein auf die Regelung der Entgeltfortzahlung im Krankheitsfalle verwiesen.

Es gilt damit auch die Beschränkung auf 80 v. H. des gesetzlichen Entgeltfortzahlungsanspruches und der Möglichkeit der teilweisen Verrechnung mit dem Urlaub (vgl. S. 287).

2. Mitteilungspflichten. Den Arbeitnehmer treffen dieselben Mitteilungspflichten wie bei der Arbeitsunfähigkeit infolge der Erkrankung.

3. Urlaubsanrechnung. Nach § 10 BUrlG ist der Arbeitgeber berechtigt, von je fünf Tagen, an denen der Arbeitnehmer infolge der Maßnahme der medizinischen Vorsorge oder Rehabilitation an seiner Arbeitsleistung verhindert ist, die ersten zwei Tage auf den Erholungsurlaub anzurechnen. Die angerechneten Tage gelten als Urlaubstage; insoweit besteht kein Anspruch des Arbeitnehmers auf Entgeltfortzahlung im Krankheitsfall. Eine Anrechnungsmöglichkeit besteht nicht (1) bei Arbeitsunfähigkeit des Arbeitnehmers nach § 3 EntgeltFG, (2) für Maßnahmen, deren unmittelbarer Anschluß an eine Krankenhausbehandlung medizinisch notwendig ist (Anschlußrehabilitation); als unmittelbar gilt auch, wenn die Maßnahme innerhalb von 14 Tagen beginnt; (3) für Vorsorgekuren für Mütter nach § 24 SGB V sowie für Müttergenesungskuren nach § 41 SGB V, (4) für Kuren von Beschädigten nach § 11 Abs. 2 BVersG. Durch die Anrechnung darf der gesetzliche Jahresurlaub nicht unterschritten werden.

§ 34. Urlaub*

I. Gesetzlicher Urlaubsanspruch

1. Gesetzliche Grundlagen. a) Der Urlaub ist in der BRD im Mindesturlaubsgesetz für Arbeitnehmer (Bundesurlaubsgesetz) vom 8. 1. 1963 (BGBl I 2) zul. geänd. 25. 9. 1996 (BGBl I 1476) geregelt. Zumeist enthalten die Tarifverträge ausführliche Regelungen.

b) Der Urlaubsanspruch richtet sich in den neuen Bundesländern ab 1. 1. 1995 nach dem BUrlG.

2. Urlaubsdauer in der BRD. Alle Arbeitnehmer haben während des Urlaubsjahres Anspruch auf einen bezahlten Jahresurlaub (§ 1 BUrlG). Urlaubsjahr ist grundsätzlich das Kalenderjahr (Ausnahmen im öffentlichen Dienst). Urlaub ist Freistellung von der Arbeit unter Fortzahlung der Vergütung. Der Urlaubsanspruch beträgt, sofern kraft Tarifvertrages oder Einzelarbeitsvertrages keine längere Urlaubsdauer vereinbart ist, für Arbeitnehmer, arbeitnehmerähnliche Personen, die in Teilzeitbeschäftigung Tätigen sowie die zur Berufsausbildung Beschäftigten, ohne daß sie im konkreten Fall ein Erholungsbedürfnis nachweisen müssen, ab 1995 24 Werktage. Für Jugendliche beträgt der Urlaub für zu Beginn des Kalenderjahres noch nicht 16 Jahre alte 30, noch nicht 17 Jahre alte 27 und im übrigen 25 Werktage. Im Bergbau unter Tage beschäftigte Jugendliche erhalten zusätzlich drei Urlaubstage. Weiter haben besondere Arbeitnehmergruppen gesetzlichen Anspruch auf zusätzlichen Urlaub, z. B. Schwerbehinderte. Werktage sind alle Tage, die nicht Sonn- und Feiertage sind. Arbeitsfreie Sonnabende werden also bei der Berechnung des Urlaubs mitgezählt. Der volle Urlaubsanspruch wird erstmals nach 6-monatigem Bestehen des Arbeitsverhältnisses erworben (§ 4 BUrlG),

---

* Schaub ArbR von A–Z, Stichwort: Urlaub.

und zwar ohne Rücksicht darauf, ob während des Arbeitsverhältnisses auch gearbeitet worden ist. Dies gilt selbst
dann, wenn der Arbeitnehmer ununterbrochen krank war.
Die Wartezeit braucht nur einmal zurückgelegt werden.
Endet das Arbeitsverhältnis vor Ablauf der Wartezeit, so
wird ein anteiliger Urlaubsanspruch erworben. Dasselbe
gilt, wenn der Arbeitnehmer in der 1. Hälfte des Urlaubsjahres ausscheidet (§ 5 BUrlG).

3. Gewährung. Die Erteilung des Urlaubsanspruches
steht im billigen Ermessen des Arbeitgebers (§ 7 BUrlG). Sie
muß idR. während des Urlaubsjahres erfolgen (oben 2
S. 298). Nur in Ausnahmefällen ist eine Übertragung in das
kommende Jahr bis zum 31. 3. möglich. Die Übertragung in
das kommende Jahr erfolgt ohne Antragstellung des Arbeitnehmers, wenn die Übertragungsvoraussetzungen vorliegen.

Grundsätzlich ist der Urlaub im Zusammenhang zu gewähren (§ 7 Abs. 2 BUrlG), es sei denn, daß dringende betriebliche oder in der Person des Arbeitnehmers liegende
Gründe eine Teilung des Urlaubs erforderlich machen.
Kann er aus diesen Gründen nicht zusammenhängend gewährt werden und hat der Arbeitnehmer einen Anspruch
von mehr als 12 Werktagen, so muß ein Teil mindestens 12
Werktage umfassen. In keinem Fall ist auch im Einverständnis des Arbeitnehmers eine tage- oder stundenweise
Gewährung statthaft. Der Arbeitgeber hat bei der Erteilung
des Urlaubs auf die Wünsche des Arbeitnehmers Rücksicht
zu nehmen. Von diesen darf er nur abweichen, wenn dringende betriebliche Gründe oder soziale Verhältnisse anderer Arbeitskollegen entgegenstehen (z. B. Arbeitnehmer mit
schulpflichtigen Kindern während der Ferien usw.). Ist der
Urlaub einmal erteilt, so darf der Arbeitnehmer auch in
Urlaub gehen. Der Urlaub kann vom Arbeitgeber nur dann
verweigert werden, wenn der Urlaubszeitpunkt vertraglich
geändert wird oder wenn überwiegende betriebliche Interessen entgegenstehen. Aus diesem Grunde kann der Arbeit-

geber den Arbeitnehmer auch aus dem Urlaub zurückrufen. Er ist aber in jedem Fall verpflichtet, dem Arbeitnehmer die hierdurch erwachsenen Kosten zu ersetzen. Die Kostenerstattung wird sich auch auf die Kosten für die mitgefahrene Ehefrau und Kinder erstrecken.

Wird der Urlaub nicht während des Urlaubsjahres oder, sofern ein Übertragungsgrund bestand, bis zum 31. 3. des Folgejahres gewährt oder genommen, so erlischt er.

4. Urlaubsentgelt. Während des Urlaubs hat der Arbeitnehmer Anspruch auf Fortzahlung der Vergütung. Die Berechnung der Urlaubsvergütung erfolgt nach einem modifizierten Referenzprinzip (§ 11 BUrlG). Es ist mithin der Durchschnittsverdienst der letzten drei Monate während des Urlaubs weiterzuzahlen. Sind während des Referenzzeitraumes Gehalts- oder Lohnerhöhungen eingetreten, so ist von dem erhöhten Verdienst auszugehen. Das Urlaubsentgelt ist nach früher h. M. nicht pfändbar. Dies wird nach dem veränderten Verständnis des Urlaubs in der Rechtsprechung nicht mehr gelten.

5. Urlaubsarbeit. Während des Urlaubs darf der Arbeitnehmer keiner anderweitigen Erwerbstätigkeit nachgehen. Geht er einer anderen Erwerbstätigkeit nach, kann der Arbeitgeber zur Verweigerung des Urlaubsentgelts berechtigt sein oder kann bereits gezahltes zurückfordern. Dies ändert aber nichts daran, daß der Arbeitgeber alsdann zu anderer Zeit den Urlaub nachgewähren muß.

II. Gesetzliche Urlaubsabgeltung*

1. Urlaubsabgeltung. a) Wird das Arbeitsverhältnis beendet, ohne daß der Arbeitnehmer seinen Urlaub ganz oder teilweise erhalten hat, so ist der noch ausstehende Urlaub abzugelten. Als Abgeltung sind grundsätzlich je Urlaubstag $1/78$ des Durchschnittsverdienstes der letzten drei Monate zu

---

* Schaub ArbR von A–Z, Stichwort: Urlaubsabgeltung.

zahlen. Erhält der Arbeitnehmer Abgeltung, so kann er grundsätzlich nach seinem Ermessen Urlaub machen. Er braucht also nicht unmittelbar nach Beendigung des Arbeitsverhältnisses mit der Arbeit auszusetzen.

b) Nach der sog. neuen Urlaubsrechtsprechung ist die Urlaubsabgeltung ein Surrogat des Urlaubs. Die Urlaubsabgeltung setzt mithin voraus, daß der Arbeitgeber den Arbeitnehmer von der Arbeit freistellen könnte. Hieraus zieht die Rechtsprechung die Schlußfolgerung, daß der Arbeitnehmer dann keinen Abgeltungsanspruch hat, wenn der Arbeitnehmer nach dem Ende des Arbeitsverhältnisses fortlaufend krank ist. Bei Berufs- und Erwerbsunfähigkeit kommt es darauf an, ob der Arbeitnehmer noch in der Lage ist, Arbeit zu leisten.

2. Steuern, Sozialversicherung. Die Urlaubsabgeltung ist steuer- sowie sozialversicherungspflichtig. Auch wenn das Arbeitsverhältnis nicht um die Dauer der Urlaubsabgeltung verlängert wird, kann der Arbeitnehmer kein Arbeitslosengeld beanspruchen.

3. Verwirkung. Bis zum Jahre 1974 war vorgesehen, daß der Urlaubsabgeltungsanspruch dann verwirkte, wenn der Arbeitnehmer das Arbeitsverhältnis ohne rechtfertigenden Grund fristlos beendete oder fristlos entlassen worden ist und in diesen beiden Fällen eine grobe Treuwidrigkeit vorlag. Diese Vorschrift ist durch den Gesetzgeber in Anlehnung an das Recht der Europäischen Wirtschaftsgemeinschaft ersatzlos gestrichen worden. Soweit Tarifverträge noch den Verfall von Urlaubsansprüchen vorsehen, sind diese unwirksam, soweit sie sich auf den gesetzlichen Urlaubsabgeltungsanspruch beziehen. Dagegen können sie einen weitergehenden tariflichen Anspruch zum Erlöschen bringen.

III. Tarifliche und betriebsverfassungsrechtliche Regelungen*

1. Tarifverträge. Nahezu alle Mantel- oder Rahmentarifverträge sehen eine ausführliche Urlaubsregelung vor, die im allgemeinen der gesetzlichen Regelung vorgeht, sofern sie für tarifgebundene Arbeitnehmer günstiger ist (§ 1 II 6 c S. 11).

2. Mitbestimmung. Bei der Festlegung des Urlaubszeitpunktes hat der Betriebsrat weitgehende Mitbestimmungsrechte (§ 87 Abs. 1 Nr. 5 BetrVG).

a) Zunächst kann der Arbeitgeber mit dem Betriebsrat allgemeine *Urlaubsgrundsätze* vereinbaren, nach denen der Arbeitgeber gehalten ist, den Urlaub zu erteilen. Hierin kann bestimmt werden, daß während der Schulferien vor allem Arbeitnehmer mit schulpflichtigen Kindern Urlaub erhalten usw. Ferner kann der Arbeitgeber mit dem Betriebsrat einen Urlaubsplan aufstellen, nach dem der Urlaub abzuwickeln ist. Schließlich kann bestimmt werden, daß eine Urlaubsliste aufgestellt wird, in die sich jeder Arbeitnehmer einzutragen hat, wann er seinen Urlaub wünscht. Hat sich der Arbeitnehmer in die Urlaubsliste eingetragen und hat der Arbeitgeber nicht binnen angemessener Zeit widersprochen, so gilt der Urlaub als in dem angegebenen Zeitraum als genehmigt.

b) Ferner stehen dem Betriebsrat Mitbestimmungsrechte zu, wenn es zu *Streitigkeiten zwischen dem Arbeitgeber und dem Arbeitnehmer* über die Urlaubserteilung kommt. Der Arbeitnehmer kann sich an den Betriebsrat wenden (§ 85 BetrVG). Dieser kann alsdann zwischen Arbeitgeber und Arbeitnehmer vermitteln; notfalls kann er bei der Festlegung des Urlaubszeitpunkts mitbestimmen. Unabhängig hiervon kann jedoch der Arbeitnehmer sofort die Gerichte für Arbeitssachen anrufen, damit der Urlaubszeitpunkt fest-

---

* Schaub, Der Betriebsrat, 6. Aufl., 1995, § 42 VI.

gelegt, die Urlaubsvergütung berechnet oder der sonstige Streit bereinigt wird. Teilweise wird für derartige Rechtsstreitigkeiten jedoch das Rechtsschutzinteresse verneint, wenn nicht zuvor der Betriebsrat eingeschaltet worden ist.

IV. Betriebsurlaub*

1. Einführung. Betriebsurlaub (Betriebsferien) heißt die gleichzeitige Erteilung des Urlaubs an einen Teil oder die gesamte Belegschaft. Bei der Einführung des Betriebsurlaubs hat der Betriebsrat ein erzwingbares Mitbestimmungsrecht (§ 87 Abs. 1 Nr. 5 BetrVG). In betriebsratslosen Betrieben kann der Arbeitgeber einseitig nach seinem Ermessen Betriebsurlaub einführen. Unzulässig ist in jedem Fall, Betriebsurlaub im Vorgriff auf das folgende Jahr zu erteilen.

2. Fehlender Urlaubsanspruch. Hat der Arbeitnehmer zu Beginn des Betriebsurlaubs noch keinen hinreichenden Urlaubsanspruch, so muß ihm entweder bereits wie allen Arbeitnehmern Urlaub erteilt werden oder die Möglichkeit geschaffen werden, daß er arbeiten kann. Kann er nicht arbeiten, so gerät der Arbeitgeber grundsätzlich in Annahmeverzug mit der Verpflichtung, dem Arbeitnehmer die Vergütung auch ohne Arbeitsleistung weiterzuzahlen (§ 10 III S. 115). Unzulässig ist auch, dem Arbeitnehmer bereits anteiligen Urlaub zu gewähren, wenn nicht sichergestellt ist, daß ein Teil des Urlaubs mindestens zwei Wochen erreicht (§ 7 BUrlG).

3. Urlaubsentgelt. Wegen der Berechnung der Urlaubsvergütung bestehen keine Besonderheiten. Ist ein Arbeitnehmer eingestellt und ist voraussehbar, daß er im Zeitpunkt des Beginns des Betriebsurlaubs noch keine hinreichenden Urlaubsansprüche hat, so soll es nach der Rechtsprechung des BAG zulässig sein, daß die Annahmeverzugsan-

---

* Schaub ArbR von A–Z, Stichwort: Betriebsurlaub; ders., Der Betriebsrat, 6. Aufl., 1995 § 42 VI.

sprüche während des Betriebsurlaubs abbedungen werden, wenn die Interessen von Arbeitgeber und Arbeitnehmer hinreichend gegeneinander abgewogen sind. Die Rechtslage ist für den Arbeitgeber unsicher.

4. Krankheit, Mutterschutz. Sind Arbeitnehmer während des Urlaubs krank oder können sie aus anderen Gründen keinen Urlaub nehmen (z.B. Mutterschutz), so muß ihnen Gelegenheit gegeben werden, zu anderen Zeiten Urlaub zu nehmen.

V. Erziehungsurlaub

1. Zweck und Rechtsgrundlagen. Durch den Erziehungsurlaub soll die Betreuung und Erziehung des Kindes im ersten Lebensabschnitt gefördert werden. Das Erziehungsgeld soll es Vater oder Mutter ermöglichen, im Anschluß an die Mutterschutzfrist von acht oder 12 Wochen nach der Geburt auf die Erwerbstätigkeit zu verzichten. Der Erziehungsurlaub wurde durch das Gesetz über die Gewährung von Erziehungsgeld und Erziehungsurlaub (Bundeserziehungsgeldgesetz – BErzGG) i.d.F. vom 31. 1. 1994 (BGBl I 180) zul. geänd 20. 12. 1996 (BGBl I S. 2110) eingeführt.

2. Anspruchsvoraussetzungen. a) Anspruchsberechtigt sind Arbeitnehmer (§ 15 Abs. 1 BErzGG), die zu ihrer Berufsausbildung Beschäftigten (§ 20 Abs. 1 BErzGG, dazu § 60 S. 507), Heimarbeiter und die ihnen Gleichgestellten, soweit sie am Stück mitarbeiten (§ 20 Abs. 2 BErzGG). Der Begriff des Arbeitnehmers richtet sich nach den allgemeinen Grundsätzen (§ 1 I S. 1); unerheblich ist, ob das Arbeitsverhältnis auf Dauer, befristet, oder als Teilzeitarbeitsverhältnis abgeschlossen ist (§ 7 S. 71 ff).

b) Arbeitnehmer haben Anspruch auf Erziehungsurlaub bis zur Vollendung des dritten Lebensjahres eines Kindes, das nach dem 31. 12. 1991 geboren ist, wenn sie *(1)* mit einem Kind, für das ihnen die Personensorge zusteht, einem

Kind des Ehepartners, einem Kind, das sie mit dem Ziel der Annahme als Kind in ihre Obhut aufgenommen haben, einem Kind, für das sie ohne Personensorgerecht in einem Härtefall Erziehungsgeld gemäß § 1 Abs. 7 S. 2 beziehen können in einem Haushalt leben und *(2)* dieses Kind selbst erziehen und betreuen. Bei einem angenommenen Kind und bei einem Kind in Adoptionspflege kann Erziehungsurlaub von insgesamt drei Jahren ab der Inobhutnahme, längstens bis zur Vollendung des siebten Lebensjahres des Kindes genommen werden. Bei einem leiblichen Kind eines nicht sorgeberechtigten Elternteils ist die Zustimmung des sorgeberechtigten Elternteils erforderlich.

c) Der Antragsteller muß das Kind betreuen oder erziehen. Die Betreuung umfaßt alle Verrichtungen, die sich bei Pflege oder Versorgung eines Kleinkindes ergeben. Sie wird nicht dadurch unterbrochen, daß der Antragsteller vorübergehend krank wird oder in Urlaub fährt. Nach § 1 Abs. 5 BErzGG bleibt der Anspruch auf Erziehungsgeld unberührt, wenn der Antragsteller aus einem wichtigen Grund die Betreuung und Erziehung des Kindes nicht sofort aufnehmen kann oder sie unterbrechen muß. Dies ist z. B. dann der Fall, wenn sich das Kind oder der Antragsteller in Krankenhausbehandlung befinden.

Während des Bezuges von Erziehungsgeld ist eine Erwerbstätigkeit zulässig, wenn die wöchentliche Arbeitszeit 19 Stunden nicht übersteigt. Teilerwerbstätigkeit bei einem anderen Arbeitgeber oder als Selbständiger bedarf der Zustimmung des Arbeitgebers. Die Ablehnung der Zustimmung kann der Arbeitgeber nur mit entgegenstehenden betrieblichen Interessen begründen. Der Zweck der Regelung besteht darin, auch zu gewährleisten, daß der Antragsteller sich wirklich mit der Betreuung des Kindes beschäftigt. Erwerbstätigkeit ist jede selbständige oder unselbständige Beschäftigung, die gegen Entgelt verrichtet wird. Unschädlich ist dagegen die Ausbildung in einer Schule oder Hochschule.

3. Geltendmachung des Erziehungsurlaubs. a) Der Arbeitnehmer muß den Erziehungsurlaub spätestens vier Wochen vor dem Zeitpunkt, von dem ab er ihn in Anspruch nehmen will, von dem Arbeitgeber verlangen und gleichzeitig erklären, bis zu welchem Lebensmonat des Kindes er ihn in Anspruch nehmen will (§ 16 Abs. 1 S. 1 BErzGG). Erziehungsurlaub kann mithin auch für eine beschränkte Zeit des Anspruchszeitraums verlangt werden. Eine Inanspruchnahme von Erziehungsurlaub oder ein Wechsel unter den Berechtigten ist dreimal zulässig. Bei Zweifeln hat die Erziehungsgeldstelle auf Antrag des Arbeitgebers mit Zustimmung des Arbeitnehmers zu der Frage Stellung zu nehmen, ob die Voraussetzungen des Erziehungsurlaubs vorliegen. Dagegen kann eine Verlängerung des verkürzt verlangten Erziehungsurlaubs nur ausnahmsweise geltend gemacht werden. Das Verlangen kann mündlich oder schriftlich erfolgen. Es wird mit dem Zugang beim Arbeitgeber wirksam; seiner Zustimmung bedarf es nicht. Die 4-Wochenfrist ist eine Ausschlußfrist. Der Arbeitgeber muß sich auf die Abwesenheit des Arbeitnehmers einstellen können. Versäumt der Arbeitnehmer die Frist, so kann er eben nur später den Erziehungsurlaub antreten. Nur ganz ausnahmsweise wird von einer 4-Wochenfrist abgesehen (§ 16 Abs. 2 BErzGG).

4. Ausschluß des Erziehungsurlaubs. Ein Anspruch auf Erziehungsurlaub besteht nicht, *(1)* solange die Mutter als Wöchnerin bis zum Ablauf von acht oder 12 Wochen nach der Geburt nicht beschäftigt werden darf oder *(2)* der mit dem Arbeitnehmer in einem Haushalt lebende Ehegatte nicht erwerbstätig ist. Das gilt nicht, wenn der Ehegatte arbeitslos ist oder sich in Ausbildung befindet (§ 15 Abs. 2 BErzGG), *(3)* der andere Elternteil Erziehungsurlaub in Anspruch nimmt.

5. Dauer des Erziehungsurlaubs. Der Erziehungsurlaub wird grundsätzlich bis zur Vollendung des dritten Lebensjahres eines Kindes gewährt (§ 15 Abs. 1).

6. Auswirkungen auf das Arbeitsverhältnis. a) Während des Erziehungsurlaubs sind die Hauptpflichten (Arbeitsleistung und Vergütungsfortzahlung) suspendiert. Dagegen ist gesetzlich nicht angeordnet, daß das Arbeitsverhältnis ruht.

b) Teilzeitarbeit darf nur bis zu 19 Stunden wöchentlich ausgeübt werden. Aber auch diese darf nicht bei einem anderen Arbeitgeber angenommen werden (§ 15 Abs. 4 BErzGG). Nach dem Erziehungsurlaub kann der Arbeitnehmer im Zweifel wieder zur Vollzeitarbeit zurückkehren.

c) Vom durch Auslegung zu ermittelnden Inhalt des Arbeitsvertrages hängt es ab, ob der Arbeitgeber während des Erziehungsurlaubs Sonderzuwendungen (§ 24 S. 225) oder vermögenswirksame Leistungen erbringen muß. Der Anspruch auf Naturalbezüge ist dagegen regelmäßig suspendiert.

d) Während des Erziehungsurlaubs erlangt der Arbeitnehmer grundsätzlich keine Ansprüche auf Entgeltfortzahlung im Krankheitsfalle (§ 32 S. 275). Eine Ausnahme besteht, soweit der Arbeitnehmer seinem Arbeitgeber Teilzeitarbeit geleistet hat.

e) Der Anspruch auf Urlaub wird anteilig gekürzt (§ 17 BErzGG).

f) Während des Erziehungsurlaubs bleibt das Arbeitsverhältnis bestehen. Damit werden die Fristen zur Aufrechterhaltung der Gewährung der betrieblichen Altersversorgung (§ 26 S. 236) nicht unterbrochen.

g) Die Zeit des Erziehungsurlaubs wird auf Berufsbildungszeiten nicht angerechnet (§ 20 BErzGG).

§ 35. Feiertagsrecht*

I. Einleitung

1. Im Feiertagsrecht sind **vier Rechtsfragen** zu unterscheiden: *(1)* In welchem Umfang der Arbeitnehmer an

---

* Schaub ArbR von A–Z, Stichwort: Feiertage.

Feiertagen zur Arbeit verpflichtet ist. *(2)* In welchem Umfang er Fortzahlung der Arbeitsvergütung verlangen kann, wenn die Arbeit infolge eines Feiertages ausfällt. *(3)* Ob der Arbeitnehmer Anspruch auf Vergütungszuschläge hat, wenn er am Feiertag beschäftigt wird. *(4)* Welche Tage Feiertage sind.

2. In welchem Umfang **Feiertagsruhe** herrscht war außerordentlich verstreut geregelt. Die Rechtslage ist durch das Gesetz zur Vereinheitlichung und Flexibilisierung des Arbeitszeitrechts (Arbeitszeitrechtsgesetz – ArbZRG) vom 6. 6. 1994 (BGBl. I, 1170) vereinheitlicht und am 1. 7. 1994 in Kraft getreten.

3. Nach dem Gesetz über die Zahlung des Arbeitsentgelts **an Feiertagen** und im Krankheitsfall vom 26. 5. 1994 (BGBl I 1014) richtet sich, in welchem Umfang der Arbeitnehmer Entgeltfortzahlung verlangen kann, wenn die Arbeit infolge eines gesetzlichen Feiertages ausfällt.

4. Vergütungszuschläge. Dagegen gibt es keine gesetzlichen Regelungen, aufgrund derer der Arbeitnehmer bei Arbeit an Sonn- und Feiertagen Vergütungszuschläge für die Feiertagsarbeit verlangen kann. Derartige Regelungen müssen sich aus dem Tarifvertrag, in seltenen Fällen aus einer Betriebsvereinbarung oder aus dem Einzelarbeitsvertrag ergeben.

5. Feiertagsregelung. Die gesetzlichen Feiertage ergeben sich mit Ausnahme des 3. Oktober aus Landesgesetzen.

II. Sonn- und Feiertagsruhe

1. Institutionelle Garantie. Nach übereinstimmender Auffassung in Rechtsprechung und Schrifttum enthalten Art. 140 GG in Verb. mit Art. 139 Weimarer Reichsverfassung eine institutionelle Garantie der Sonn- und Feiertagsruhe. Sie gebietet dem Gesetzgeber einen verbindlichen Gestaltungsrahmen vorzugeben.

2. Beschäftigungsverbot. a) Arbeitnehmer dürfen an Sonn- und gesetzlichen Feiertagen von 0.00 bis 24.00 Uhr nicht beschäftigt werden. In mehrschichtigen Betrieben mit regelmäßiger Tag- und Nachtschicht kann Beginn oder Ende der Sonn- und Feiertagsruhe um bis zu 6 Stunden vor oder zurückverlegt werden, wenn für die auf den Beginn der Ruhezeit folgenden 24 Stunden der Betrieb ruht. Die Feiertagsruhe kann mithin von 18.00 Uhr vor dem Feiertag bis 18.00 Uhr am Feiertag oder von 6.00 Uhr am Feiertag bis 6.00 Uhr am darauffolgenden Tag gehen. Für Kraftfahrer und Beifahrer kann der Beginn der 24-stündigen Sonn- und Feiertagsruhe um bis zu zwei Stunden vorverlegt werden (§ 9 ArbZG).

b) Von dem Beschäftigungsverbot an Sonn- und Feiertagen bestehen Ausnahmen *(1)* kraft Gesetzes, *(2)* durch RechtsVO und *(3)* durch Verwaltungsakt.

3. a) Die **gesetzlichen Ausnahmen** vom Beschäftigungsverbot an Sonn- und Feiertagen sind in 16 Ausnahmetatbeständen zusammengefaßt (§ 10 ArbZG). Die Ausnahmen gelten kraft Gesetzes. Eine Ausnahmegenehmigung der zuständigen Behörde ist nicht notwendig. Der Arbeitgeber hat in jedem Einzelfall zu prüfen, ob die Ausnahmetatbestände gegeben sind. Er trägt hierfür die straf- und bußgeldrechtliche Verantwortung (§ 22 Abs. 1 Nr. 5, § 23 Abs. 1 ArbZG).

b) Die Mitbestimmungsrechte des Betriebsrates bleiben nach § 87 Abs. 1 BetrVG unberührt.

c) Eine Ausnahme vom Beschäftigungsverbot besteht nur, wenn die Arbeiten nicht an Werktagen vorgenommen werden können.

4. Aufzählung der Ausnahmen. In den in § 10 Abs. 1 ArbZG aufgelisteten Fällen bestehen Ausnahmen vom Beschäftigungsverbot. *(1)* In Not- und Rettungsdiensten sowie bei der Feuerwehr. Hiervon erfaßt werden auch die handwerklichen Notdienste, die Notrufzentralen auch der Automobilclubs und die Zentralen Sperrannahmestellen der

Bank- und Kreditorganisationen (BT-Drucks. 12/5888, S. 29). *(2)* Zur Aufrechterhaltung der öffentlichen Sicherheit und Ordnung sowie der Funktionsfähigkeit von Gerichten und Behörden und für Zwecke der Verteidigung. *(3)* In Krankenhäusern und anderen Einrichtungen zur Behandlung, Pflege und Betreuung von Personen. Zu den anderen Einrichtungen zählen auch die ambulanten Pflegedienste (BT-Drucks. 12/5888, S. 29). *(4)* In Gaststätten und anderen Einrichtungen zur Bewirtung und Beherbergung sowie im Haushalt. Der Deutsche Bundestag hat die Ausnahme auch für im Haushalt beschäftigte Arbeitnehmer vorgesehen. Der Party-Service zählt zu den Einrichtungen zur Bewirtung (BT-Drucks. 12/6990, S. 40). *(5)* Bei Musikaufführungen, Theatervorstellungen, Filmvorführungen, Schaustellungen, Darbietungen und anderen ähnlichen Veranstaltungen. *(6)* Bei nichtgewerblichen Aktionen und Veranstaltungen der Kirchen, Religionsgesellschaften, Verbände, Vereine, Parteien und anderer ähnlicher Vereinigungen. *(7)* Beim Sport und in Freizeit-, Erholungs- und Vergnügungseinrichtungen, beim Fremdenverkehr sowie in Museen und wissenschaftlichen Präsenzbibliotheken. *(8)* Beim Rundfunk, bei der Tages- und Sportpresse, bei Nachrichtenagenturen, sowie bei den der Tagesaktualität dienenden Tätigkeiten für andere Presseerzeugnisse einschließlich des Austragens, bei der Herstellung von Satz, Filmen und Druckformen für tagesaktuelle Nachrichten und Bilder bei tagesaktuellen Aufnahmen auf Ton- und Bildträger sowie beim Transport und Kommissionieren von Presseerzeugnissen, deren Ersterscheinungstag am Montag oder am Tag nach einem Feiertag liegt. *(9)* Bei Messen, Ausstellungen und Märkten i. S. des Titels IV der Gewerbeordnung sowie bei Volksfesten. *(10)* In Verkehrsbetrieben sowie beim Transport und Kommissionieren von leichtverderblichen Waren i. S. des § 30 Abs. 3 Nr. 2 der StVO. Leichtverderbliche frische Produkte wie Weintrauben, Erdbeeren und Spargel konnten nach dem bisherigen Recht an Sonn- und

Feiertagen nur abgeladen und in Kühlräume verbracht werden. Dagegen war eine Kommissionierung der Produkte bislang nicht möglich. In Zukunft dürfen leichtverderbliche Waren auch an Sonn- und Feiertagen transportiert und kommissioniert werden (BT-Drucks. 12/6990, S. 43). *(11)* In den Energie- und Wasserversorgungsbetrieben sowie in Abfall- und Abwasserentsorgungsbetrieben. *(12)* In der Landwirtschaft und in der Tierhaltung sowie in Einrichtungen zur Behandlung und Pflege von Tieren. *(13)* Im Bewachungsgewerbe und bei der Bewachung von Betriebsanlagen. *(14)* Bei der Reinigung und Instandhaltung von Betriebseinrichtungen, soweit hierdurch der regelmäßige Fortgang des eigenen oder eines fremden Betriebs bedingt ist, bei der Vorbereitung der Wiederaufnahme des vollen werktägigen Betriebs sowie bei der Aufrechterhaltung der Funktionsfähigkeit von Datennetzen und Rechnersystemen. *(15)* Zur Verhütung des Verderbens von Naturerzeugnissen oder Rohstoffen oder des Mißlingens von Arbeitsergebnissen sowie bei kontinuierlich durchzuführenden Forschungsarbeiten. *(16)* Zur Vermeidung einer Zerstörung oder erheblichen Beschädigung der Produktionseinrichtungen.

b) Abweichend vom Beschäftigungsverbot dürfen Arbeitnehmer an Sonn- und Feiertagen mit den Produktionsarbeiten beschäftigt werden, wenn die infolge der Unterbrechung der Produktion zulässigen Arbeiten den Einsatz von mehr Arbeitnehmern als bei durchgehender Produktion erfordern, also z. B. für Reinigungsarbeiten.

5. Ermächtigung. In § 13 ArbZG wird die BReg. ermächtigt, durch RechtsVO mit Zustimmung des BRats zur Vermeidung erheblicher Schäden unter Berücksichtigung des Schutzes der Arbeitnehmer und der Sonn- und Feiertagsruhe die Bereiche mit Sonn- und Feiertagsbeschäftigung sowie die dort zugelassenen Arbeiten näher zu bestimmen sowie weitere Ausnahme zuzulassen.

6. Die Aufsichtsbehörde kann in zwei Fällen Ausnahmen vom Beschäftigungsverbot an Sonn- und Feiertagen zulassen.

a) Nach § 13 Abs. 4 ArbZG soll die Aufsichtsbehörde Abweichungen vom Beschäftigungsverbot bewilligen, wenn dies aus chemischen, biologischen, technischen oder physikalischen Gründen einen ununterbrochenen Fortgang auch an Sonn- und Feiertagen erfordern.

b) Nach § 13 Abs. 5 ArbZG hat die Aufsichtsbehörde Ausnahmen zu bewilligen, wenn folgende Voraussetzungen festgestellt werden: *(1)* Das antragstellende Unternehmen die gesetzlich zulässigen wöchentlichen Betriebszeiten von 144 Stunden weitgehend ausnutzt; *(2)* ausländische Konkurrenten des Unternehmens mehr als 144 Stunden in der Woche produzieren; *(3)* die Konkurrenzfähigkeit des Unternehmens unter Berücksichtigung der verfassungsmäßig garantierten Sonn- und Feiertagsruhe unzumutbar beeinträchtigt ist und *(4)* ohne die Genehmigung von Sonn- und Feiertagsarbeit Arbeitsplätze verloren gehen.

III. Ausgleich für die Ausnahme vom Beschäftigungsverbot

1. Ausgleichsleistungen. Für Arbeitnehmer, die an Sonn- und Feiertagen beschäftigt werden, sieht § 11 ArbZG eine Reihe von Ausgleichsleistungen vor.

a) Mindestens fünfzehn Sonntage im Jahr müssen beschäftigungsfrei bleiben (§ 11 Abs. 1 ArbZG).

b) Durch die Beschäftigung an Sonn- und Feiertagen darf weder die Höchstarbeitszeit noch der Ausgleichszeitraum des § 3 ArbZG überschritten werden (§ 11 Abs. 2 ArbZG).

c) Für die Beschäftigung am Sonn- oder Feiertag ist ein Ersatzruhetag zu gewähren, und zwar für die Beschäftigung am Sonntag innerhalb eines Zeitraums von zwei Wochen und für die Beschäftigung am Feiertag innerhalb von acht Wochen.

d) Sowohl die Sonn- und Feiertagsruhe als auch der Ersatzruhetag sind in unmittelbarem Zusammenhang mit einer täglichen Ruhezeit von elf Stunden zu gewähren, soweit dem technische oder arbeitsorganisatorische Gründe nicht entgegenstehen (§ 11 Abs. 4 ArbZG). Damit soll grundsätzlich eine Wochenruhe von 35 Stunden sichergestellt werden.

2. Durch **Tarifvertrag** oder aufgrund eines Tarifvertrages durch Betriebsvereinbarung können Abweichungen von den Ausgleichsregelungen des § 11 ArbZG zugelassen werden.

IV. Rechtsfolgen der Überschreitung des Beschäftigungsverbots

1. Unwirksamkeit. Verpflichtet ein Arbeitgeber einen Arbeitnehmer über die Grenzen des Beschäftigungsverbotes zu Arbeiten, so ist diese Verpflichtung nach § 134 BGB unwirksam. Der Arbeitnehmer hat an seiner Arbeitsleistung ein Zurückbehaltungsrecht (§ 273 BGB). Da er bei einer entgegen dem Beschäftigungsverbot geleisteten Arbeit eine nicht geschuldete Arbeitsleistung erbringt, ist diese zu vergüten.

2. Die Einhaltung des Beschäftigungsverbots ist durch **Bußgeld und Strafe** gegen den Arbeitgeber gesichert.

V. Feiertagsbezahlung

1. Rechtsgrundlagen. Die Zahlung des Arbeitsentgeltes an gesetzlichen Feiertagen ist im Gesetz über die Zahlung des Arbeitsentgeltes an Feiertagen und im Krankheitsfalle (Entgeltfortzahlungs-Gesetz) vom 26. 5. 1994 (BGBl I 1014) zul. geänd. 12. 12. 1996 (BGBl I S. 1859) geregelt. Es hat die Rechtslage in den alten und neuen Bundesländern vereinheitlicht. Das Feiertagslohnzahlungsgesetz vom 2. 8. 1951 (BGBl I 479) ist aufgehoben.

2. Anspruchsvoraussetzungen. a) Für Arbeitszeit, die infolge eines gesetzlichen Feiertages ausfällt, hat der Arbeitgeber dem Arbeitnehmer das Arbeitsentgelt zu zahlen, das er ohne den Arbeitsausfall erhalten hätte (§ 2 Abs. 1 EntgeltFG). Die Feiertagsbezahlung tritt mithin dann ein, wenn Arbeitszeit ausfällt. Dagegen lassen sich aus dem Gesetz keine Ansprüche ableiten, wenn am Feiertag gearbeitet wird. Der Feiertag kann auch auf einen Sonntag fallen. Der Ausfall aufgrund des Feiertages muß aber die einzige Ursache des Ausfalls sein.

b) Die Arbeitszeit, die an einem gesetzlichen Feiertag gleichzeitig infolge von Kurzarbeit ausfällt und für die an anderen Tagen als an gesetzlichen Feiertagen Kurzarbeitgeld geleistet wird, gilt als infolge eines gesetzlichen Feiertages ausgefallen (§ 2 Abs. 2 EntgeltFG). Hieraus folgt, daß dann das Gesetz einen Ausfall wegen des Feiertages annimmt, wenn sowohl der Feiertag wie die Kurzarbeit für den Arbeitsausfall ursächlich waren. Feiertagsbezahlung ist aber nur in Höhe des Kurzarbeitergeldes zu leisten.

c) In mehrschichtigen Betrieben mit regelmäßiger Tag- und Nachtschicht kann Beginn oder Ende der Sonn- und Feiertagsruhe auch bis zu sechs Stunden vor- oder zurückverlegt werden, wenn für die auf den Beginn der Ruhezeit folgenden 24 Stunden der Betrieb ruht (§ 9 Abs. 2 ArbZG). Die Arbeit kann mithin bis 6 Uhr morgens am Feiertag laufen, wenn die nächste Schicht erst am nächsten Tag um 6 Uhr beginnt. Es kann aber auch um 18 Uhr am Feiertag begonnen werden, wenn zuvor der Betrieb 24 Stunden geruht hat. Welche Schichtplangestaltung gewählt wird, richtet sich nach den tariflichen oder betrieblichen Regelungen im Einzelfall.

3. Wegfall des Anspruches. a) Arbeitnehmer, die am letzten Arbeitstag vor oder am ersten Arbeitstag nach Feiertagen unentschuldigt der Arbeit fernbleiben, haben keinen Anspruch auf Bezahlung dieser Feiertage (§ 2 Abs. 3 EntgeltFG). Versäumt der Arbeitnehmer nur einen Teil der Arbeitszeit, so entfällt der Anspruch, wenn der Arbeitnehmer nicht bereits die Hälfte der für den Arbeitstag maßgebenden Arbeitszeit geleistet hat. Dabei braucht die Fehlzeit nicht in unmittelbarem Zusammenhang mit dem Feiertag zu stehen. Die Feiertagsbezahlung kann mithin auch dann entfallen, wenn der Arbeitnehmer nach dem Feiertag morgens nur drei Stunden arbeitet, dann aber nach Hause geht.

b) Die Feiertagsbezahlung entfällt nicht, wenn ein Feiertag in den Urlaub fällt und der Arbeitnehmer nicht rechtzeitig aus dem Urlaub zurückkommt. Insoweit ist der Feiertag in Urlaubstage, also berechtigte Fehltage eingebettet. Besteht zwischen Weihnachten und Neujahr Betriebsurlaub, so soll die Feiertagsbezahlung für Weihnachten und Neujahr entfallen, wenn der Arbeitnehmer im Anschluß an die Feiertage unentschuldigt fehlt.

4. Berechnung der Feiertagsbezahlung. Für die Berechnung gilt das sog. Lohnausfallprinzip (vgl. § 32 VI S. 284). Bei zeitbestimmter Entlohnung ist die Vergütung fortzuzahlen, die der Arbeitnehmer ohne Feiertag bezogen hätte. Bei leistungsabhängiger Entlohnung (Akkord, Provision) ist die Vergütung zu zahlen, die ohne den Feiertag angefallen wäre. Diese ist notfalls zu schätzen. Dabei kann auf einen Durchschnittsverdienst vorausgegangener Lohnperioden zurückgegriffen werden. Regelmäßig sind insoweit drei Monate ausreichend. Dies gilt auch bei Provisionsvertretern. Behauptet der Arbeitgeber, daß der Arbeitnehmer am Feiertag eine geringere Vergütung erzielt hätte, ist er insoweit darlegungs- und beweispflichtig. In keinem Fall kann der Arbeitgeber, etwa bei einem Möbelverkäufer, der Provision erhält, die Berücksichtigung der Provisionen mit der Begründung verweigern, die Kunden hätten auch an anderen Tagen die Möbel gekauft.

VI. Vergütungszuschläge für Feiertagsarbeit.

1. Gesetz. Eine gesetzliche Sonderregelung der Vergütung für an Feiertagen geleistete Arbeit besteht in der BRD nicht. Es besteht kraft Gesetzes kein Anspruch auf Feiertagszuschläge. Allerdings kann bei fehlender vertraglicher Regelung eine Vertragslücke vorliegen, die nach § 612 BGB geschlossen wird. Insoweit schuldet der Arbeitgeber alsdann die übliche Vergütung.

2. Tarifvertrag. Regelmäßig sehen die Tarifverträge vor, daß für an Feiertagen geleistete Arbeit Feiertagszuschläge zu zahlen sind. Die Höhe der Zuschläge ist tariflich geregelt. Sie beträgt im allgemeinen zwischen 35 bis 200 %.

Abschnitt X. Sonstige Pflichten des Arbeitgebers

§ 36. Fürsorgepflicht*

I. Begriff

1. Nebenpflichten. Der Arbeitsvertrag ist ein gegenseitiger Vertrag, in dem der Arbeitnehmer Arbeit und der Arbeitgeber Vergütung schuldet. Gleichwohl erschöpfen sich die Verpflichtungen der Arbeitsvertragsparteien nicht in diesen Hauptleistungen. Im Arbeitsverhältnis erwachsen zahlreiche Nebenpflichten; diese sind von der h.M. unter dem Oberbegriff der Treuepflicht des Arbeitnehmers und der Fürsorgepflicht des Arbeitgebers zusammengefaßt worden. In der neueren Literatur werden diese Begriffe – häufig nur aus terminologischen Gründen – abgelehnt.

2. Sozialer Kontakt. Nebenpflichten aus dem Arbeitsverhältnis können bereits vor der Begründung des Arbeitsvertrages aus sozialem Kontakt und nach Beendigung des Arbeitsverhältnisses erwachsen. So ist ein Arbeitgeber verpflichtet, im Falle der Bewerbung eines Arbeitnehmers die von ihm verlangten Bewerbungsunterlagen sorgfältig zu verwahren und ggf. zurückzugeben. Nach Beendigung des Arbeitsverhältnisses kann der Arbeitgeber gehalten sein, noch ein Zeugnis oder eine Auskunft über den Arbeitnehmer zu erteilen. Während des Bestandes des Arbeitsverhältnisses obliegen dem Arbeitgeber gegenüber dem Arbeitnehmer Schutz-, Auskunfts- und Mitteilungspflichten.

II. Die wichtigsten Fürsorgepflichten

1. Allgemeine Fürsorgepflicht. a) Der Arbeitgeber ist unter dem Gesichtspunkt der allgemeinen Fürsorgepflicht

---

* Schaub ArbR von A–Z, Stichwort: Fürsorgepflicht.

gehalten, für Leben und Gesundheit des Arbeitnehmers zu sorgen. Nach §§ 617, 618 BGB, § 62 HGB, § 120 a GewO ist er verpflichtet, Räume, Vorrichtungen und Gerätschaften, die er zur Verrichtung der Dienste zu beschaffen hat, so einzurichten und zu unterhalten, daß der Arbeitnehmer gegen Gefahren für Leben und Gesundheit soweit geschützt ist, wie die Natur des Betriebes und der Arbeit es gestatten.

b) Ist der Arbeitnehmer in die häusliche Gemeinschaft aufgenommen, so hat der Arbeitgeber in Ansehung der Wohn- und Schlafräume, der Verpflegung sowie der Arbeits- und Erholungszeiten diejenigen Einrichtungen und Anordnungen zu treffen, die mit Rücksicht auf die Gesundheit, Sittlichkeit und Religion des Arbeitnehmers erforderlich sind. Dies gilt auch bei Aufnahme in Gemeinschaftsunterkünfte. Diese Regelungen des § 62 Abs. 2 HGB gelten nicht in den beigetretenen Ländern. In den neuen Bundesländern sind die arbeitsrechtlichen Vorschriften der §§ 120 a bis f GewO nach ihrem Geltungsbereich erweitert.

2. Häusliche Gemeinschaft. Bei Aufnahme in die häusliche Gemeinschaft kann dem Arbeitgeber obliegen, für eine ausreichende Krankenversorgung des Arbeitnehmers zu sorgen.

3. Soziale Schutzvorschriften. Der Arbeitgeber hat die arbeitsrechtlichen, arbeitsschutzrechtlichen und sozialversicherungsrechtlichen Vorschriften zum Schutz des Arbeitnehmers einzuhalten. Bei Verletzung wird er schadensersatzpflichtig. Nur im Rahmen eines Arbeitsunfalles kann insoweit die Haftung des Arbeitgebers eingeschränkt sein.

4. Belehrungspflichten. Den Arbeitgeber trifft eine Mitteilungs- und Auskunftspflicht, wenn die Gewährung besonderer Sozialleistungen von einer Antragsstellung abhängig ist. So hat der Arbeitgeber den Arbeitnehmer bei der Begründung des Arbeitsverhältnisses über die Möglichkeit der betrieblichen Altersversorgung zu belehren und die Vor-

und Nachteile der jeweils bestehenden Versorgungsmöglichkeiten zu erläutern. Dagegen braucht er während des Bestandes des Arbeitsverhältnisses nicht mehr über die Zweckmäßigkeit von Maßnahmen des Arbeitnehmers im Hinblick auf die Versorgung aufzuklären. Wenn er dies jedoch tut, müssen die Auskünfte richtig, vollständig und umfassend sein, andernfalls haftet er auf Schadensersatz. Dies gilt insbesondere für Arbeitnehmer des öffentlichen Dienstes.

5. Sachen des Arbeitnehmers.* Den Arbeitgeber trifft eine besondere Fürsorgepflicht im Hinblick auf die zum Betrieb mitgebrachten Sachen des Arbeitnehmers. Man spricht insoweit von eingebrachten Sachen.

a) Zu unterscheiden sind *a)* persönlich unentbehrliche, *b)* unmittelbar arbeitsdienliche, aber nicht notwendige, *c)* mittelbar arbeitsdienliche Sachen, *d)* Sachen, die mit dem Arbeitsverhältnis nicht im Zusammenhang stehen.

b) *Persönlich unentbehrliche Sachen* sind solche, die der Arbeitnehmer braucht, um zur Arbeit zu kommen und sich zur Arbeitsleistung fähig und bereit zu halten. Hierzu gehören also Straßenkleidung, angemessener Geldbetrag, Arbeitskleidung, Uhr usw. *Unmittelbar arbeitsdienliche, aber nicht notwendige Sachen* sind solche, die nach ihrer Zweckbestimmung mit dem Arbeitsverhältnis im Zusammenhang stehen und mit deren Einbringung gerechnet werden muß. Hierzu gehören Fachbücher, Rechenschieber, Rechenmaschine usw. Für deren Aufbewahrung muß der Arbeitgeber eine geeignete Verwahrungsmöglichkeit schaffen. Unterläßt er dies, so haftet er bei deren Verlust oder Beschädigung auf Schadensersatz. Allerdings muß der Arbeitnehmer von geeigneten Sicherungsmöglichkeiten Gebrauch machen. Er muß also das Spind abschließen, notfalls auch ein eigenes Schloß kaufen.

c) *Mittelbar arbeitsdienliche Sachen* sind solche, deren Verwendung im Arbeitsverhältnis zweckmäßig, aber nicht

---

* Schaub ArbR von A–Z, Stichwort: Eingebrachte Sachen.

notwendig ist. Hierzu gehören vor allem die Beförderungs-
mittel des Arbeitnehmers, also Kraftfahrzeuge, Krafträder
und Fahrräder. Für deren Aufbewahrung haftet der Arbeitgeber, wenn ihm dies zumutbar ist. Für eine geeignete Verwahrungsmöglichkeit von Fahrrädern wird gesorgt werden
müssen. Dagegen werden nur Parkplätze geschaffen werden
müssen, wenn die Arbeitnehmer üblicherweise mit dem
Kraftwagen kommen und dem Arbeitgeber die Überlassung
von Parkplätzen zumutbar ist. Einem Kaufhaus in der In-
nenstadt ist nicht zumutbar, daß allen Bediensteten ein
Parkplatz zur Verfügung gestellt wird. Dagegen wird von
einem Unternehmen am Stadtrand in verkehrsungünstiger
Lage verlangt werden müssen, auch für angemessenen Parkraum zu sorgen.

d) Keine Haftung obliegt dem Arbeitgeber für *solche Sa-
chen, die mit dem Arbeitsverhältnis nichts zu tun haben.*
Der Arbeitgeber haftet also grundsätzlich nicht für die wert-
volle, zum Arbeitsplatz mitgebrachte Uhr oder Kamera.
Etwas anderes kann gelten, wenn es üblich ist, daß solche
Sachen mitgebracht werden. Dies kann z. B. für die Juwe-
lierverkäuferin gelten, von der erwartet wird, daß sie
Schmuck trägt.

6. Beförderungsanspruch. a) Aufgrund der Fürsorgepflicht kann der Arbeitnehmer auch im öffentlichen Dienst
weder seine Beförderung noch eine besondere Aus- und
Fortbildung aufgrund der Fürsorgepflicht erzwingen. Allerdings kann der Arbeitgeber gelegentlich nur nach Aus- und
Fortbildung betriebsbedingt kündigen, wenn er besondere
Rationalisierungsmaßnahmen durchgeführt hat.

b) Nach Art 33 Abs 2 GG hat jeder Deutsche nach seiner
Eignung, Befähigung und fachlichen Leistung gleichen Zu-
gang zu jedem öffentlichen Amt. Im Beamtenrecht ist das
Rechtsinstitut der Konkurrentenklage entwickelt worden.
Nach dieser kann dem Dienstherren untersagt werden, er-
messenswidrig einen anderen Beamten zu befördern, als

auch aufgegeben werden Schadensersatz zu leisten. Für die Zuweisung einer höherwertigen Tätigkeit sind vor allem Leistungsunterschiede zu berücksichtigen. Die Konkurrentenklage wird aber unbegründet, wenn inzwischen die Beförderung des Konkurrenten ausgesprochen worden ist. Die für Beamte entwickelten Grundsätze gelten entsprechend für die Arbeitnehmer des öffentlichen Dienstes.

III. Parkplatz*

1. Schaffung. Besondere Probleme kann der Parkplatz mit sich bringen. Über die Verpflichtung zur Schaffung von Parkraum vgl. II 5 c S. 319.

2. Verkehrssicherungspflicht. Der Arbeitgeber hat den Parkplatz auch dann verkehrssicher zu halten, wenn eine Pflicht zu dessen Bereitstellung nicht bestand. Dieser ist also im Winter abzustreuen. Es ist für eine ausreichende Breite der Stellfläche und Beleuchtung zu sorgen. Soweit diese Pflichten vernachlässigt werden, kann der Arbeitgeber schadensersatzpflichtig sein. Den Arbeitgeber treffen jedoch keine Schutzpflichten gegen den vorbeifließenden Verkehr. Dies gilt selbst dann, wenn er für die Überlassung des Parkplatzes eine Gebühr verlangt.

3. Abschleppen. Stellt ein Arbeitnehmer innerhalb des Betriebes aber außerhalb der dafür vorgesehenen Stellflächen seinen Wagen ab, so ist umstr. ob der Arbeitgeber ihn auf Kosten des Arbeitnehmers abschleppen lassen darf. Nach richtiger Auffassung kann der Arbeitgeber den Wagen abschleppen lassen, wenn der Betriebs- und Arbeitsablauf gestört wird. Der Arbeitnehmer ist zum Ersatz der Betriebsstörungskosten verpflichtet. Die Abschleppkosten sollen aber gerade den Betriebsstörungskosten vorbeugen. Sie sind daher im allgemeinen nur zu ersetzen, wenn hierfür ein besonderer Rechtsgrund, z.B. in einer Arbeitsordnung besteht.

* Schaub ArbR von A–Z, Stichwort: Parkplatz.

IV. Mobbing

1. Begriff. Von Mobbing wird dann gesprochen, wenn einzelne Arbeitnehmer aus der Betriebsgemeinschaft ausgegrenzt, geringschätzig behandelt, von einer Kommunikation ausgeschlossen, beleidigt und diskriminiert werden. Im Falle des Mobbing können Ansprüche gegen Arbeitskollegen und den Arbeitgeber erwachsen.

2. Ansprüche gegen Arbeitskollegen. Kommt es infolge des Mobbing zu Körper- oder Ehrverletzungen kann die strafbare Handlung wegen Körperverletzung bzw. Beleidigung vorliegen. Im allgemeinen wird aber kein öffentliches Interesse an der Strafverfolgung bestehen. Der Arbeitnehmer kann dann eine Privatklage erheben. Da Rechtsbeziehungen zwischen den einzelnen Arbeitnehmern eines Betriebes nicht bestehen, können nur Ansprüche aus unerlaubter Handlung (§§ 823 ff BGB) auf Unterlassung oder Schadensersatz erwachsen.

3. Ansprüche gegen Arbeitgeber. Zwischen Arbeitgeber und Arbeitnehmer bestehen vertragsrechtliche Beziehungen. Insbesondere besteht für den Arbeitgeber die Fürsorgepflicht. Der Arbeitgeber muß sich schützend vor den Arbeitnehmer stellen. Die mobbenden Arbeitskollegen sind aber keine Erfüllungsgehilfen des Arbeitgebers. Dies sind allenfalls die Vorgesetzten des Arbeitnehmers. Von dem Arbeitgeber kann aber nur Zumutbares verlangt werden. Es muß ein angemessener Interessenausgleich zwischen allen Beteiligten hergestellt werden.

4. Betriebsrat. Der Arbeitnehmer kann sich mit einer Beschwerde an den Betriebsrat wenden (§ 85 BetrVG).

V. Mitbestimmung des Betriebsrats*

1. Mitbestimmung. Nach § 87 Abs. 1 Nr. 1 BetrVG hat der Betriebsrat ein erzwingbares Mitbestimmungsrecht in Fragen der Ordnung des Betriebes. In Arbeitsordnungen werden vielfach umfangreiche Regelungen geschaffen, unter welchen Voraussetzungen der Betriebsparkplatz benutzt werden darf, welche Aufbewahrungsmöglichkeiten für die eingebrachten Sachen bestehen und welche Rechte und Pflichten Arbeitgeber und Arbeitnehmer insoweit haben.

2. Haftungsausschluß. Der Betriebsrat überschreitet aber seine Rechte, wenn er z. B. in einer Betriebsvereinbarung lediglich die Haftung des Arbeitgebers für eingebrachte Sachen ausschließt.

§ 37. Arbeitsunfall**

I. Rechtsgrundlagen in der BRD

Durch das Gesetz zur Einordnung des Rechts der gesetzlichen Unfallversicherung in das Sozialgesetzbuch (Unfallversicherungs-Einordnungsgesetz – UVEG) vom 7. 8. 1996 (BGBl I S. 1254) wurde das gesamte Unfallversicherungsrecht in das neu geschaffene SGB VII eingefügt. Es ist am 1. 1. 1997 in Kraft getreten.

II. Begriff des Arbeitsunfalles

Versicherungsfälle nach dem SGB VII sind Arbeitsunfälle und Berufskrankheiten. Verbotswidriges Handeln schließt einen Versicherungsfall nicht aus (§ 7 SGB VII). Arbeitsunfälle sind Unfälle von Versicherten infolge einer den Ver-

---

* Schaub, Der Betriebsrat, 6. Aufl., 1995, § 42 II.
** Schaub ArbR von A–Z, Stichwort: Arbeitsunfall, Haftung des Arbeitgebers; ders., Der Betriebsrat, 6. Aufl., 1995, §§ 42 VIII, 44.

sicherungsschutz nach § 2, 3 oder 6 begründenden Tätigkeit (versicherte Tätigkeit). Unfälle sind zeitlich begrenzte, von außen auf den Körper einwirkende Ereignisse, die zu einem Gesundheitsschaden oder zum Tod führen (§ 8 Abs 1 SGB VII). Versicherte Tätigkeiten sind in § 2 SGB VII aufgeführt. Hierzu gehört insbesondere die Tätigkeit in einem Arbeits- und Ausbildungsverhältnis, die Tätigkeit als Heimarbeiter, Hausgewerbetreibender und Zwischenmeister. Versicherte Tätigkeiten können aber auch die Unternehmertätigkeit (§ 3 SGB VII) oder Tätigkeiten bei freiwilliger Versicherung (§ 6 SGB VII) sein. Nach § 8 Abs 2 SGB VII sind versicherte Tätigkeiten ua. auch (1) das Zurücklegen des mit der versicherten Tätigkeit zusammenhängenden unmittelbaren Weges nach und von dem Ort der Tätigkeit, (2) das Zurücklegen des von einem unmittelbaren Weg nach und von dem Ort der Tätigkeit abweichenden Weges um im gemeinsamen Haushalt lebende Kinder fremder Obhut anzuvertrauen oder mit anderen Berufstätigen Fahrgemeinschaften zu gründen, (3) das Abweichen von dem direkten Weg, um die Kinder zurückzuholen, (4) das Zurücklegen des mit der versicherten Tätigkeit zuammenhängenden Weges von und nach der ständigen Familienwohnung, wenn die Versicherten wegen der Entfernung ihrer Familienwohnung von dem Ort der Tätigkeit an diesem oder in der Nähe eine Unterkunft haben, (5) das mit der versicherten Tätigkeit zusammenhängende Verwahren, Befördern, Instandhalten und erneuern eines Arbeitsgerätes.

III. Haftung des Arbeitgebers bei Arbeitsunfällen

1. Haftungsausschluß. Unternehmer sind den Versicherten, die für ihre Unternehmen tätig sind oder zu ihren Unternehmen in einer sonstigen die Versicherung begründenden Beziehung stehen, sowie deren Angehörigen und Hinterbliebenen nach anderen gesetzlichen Vorschriften zum Ersatz des Personenschadens nur verpflichtet, wenn sie den Unfall vorsätzlich herbeigeführt haben oder auf einem nach § 8 Abs 2 Nr 1 bis 4 SGB VII versicherten Weg herbeigeführt haben. Der Sinn der Haftungsbeschränkung besteht darin, die gerichtliche Auseinandersetzung aus dem Unternehmen zu halten; andererseits soll durch die Unfallversicherung den Beschäftigten in jedem Fall ein zahlungsfähiger Schuldner geschaffen werden, der vom Unternehmer zu finanzieren ist. Zum Personenschaden gehört nach h. M. auch der Anspruch auf Schmerzensgeld. Ein etwaiger Schaden des Arbeitnehmers wird durch die Berufsgenossenschaft abgedeckt. Vorsätzlich herbeigeführt ist ein Unfall, wenn er bewußt und gewollt verursacht oder billigend in Kauf genommen worden ist. Im Falle der vorsätzlichen Herbeiführung des Unfalls ist es gerechtfertigt, den Unternehmer selbst haften zu lassen. Der Ausschluß der Haftung greift ferner nicht Platz, wenn der Unfall vom Unternehmer auf den aufgeführten Wegen herbeigeführt wird. Der Unfall hat mit den betrieblichen Tätigkeiten nichts zu tun.

2. Arbeitskollegen. Derselbe Haftungsausschluß wie für den Unternehmer gilt für die Arbeitskollegen des Arbeitnehmers, wenn beide demselben Betrieb angehören und der Arbeitsunfall durch eine betriebliche Tätigkeit verursacht worden ist (§ 105 SGB VII). Tritt ein Arbeitsunfall bei gemeinsamer Fahrt zur Arbeit ein, so ist zwar ein Unfall auf dem versicherten Weg gegeben; gleichwohl sind die Haftungsansprüche untereinander nicht ausgeschlossen, so daß Ansprüche auf die Berufsgenossenschaft übergehen können. Es handelt sich nicht um eine betriebliche Tätigkeit (vgl. oben § 12 III 8 S. 153).

3. Sachschäden. Kein Haftungsausschluß besteht, wenn ein Arbeitnehmer infolge des Unfalles Sachschaden erleidet. Der Arbeitgeber haftet seinem Arbeitnehmer auf Ersatz, wenn er die Schäden durch unerlaubte Handlung oder eine Vertragsverletzung verschuldet (§ 36 II S. 317). In Ausnahmefällen kann er aber auch ohne Verschulden ersatzpflich-

tig werden (§ 27 S. 248). Ein Arbeitskollege wird schadensersatzpflichtig, wenn er rechtswidrig und schuldhaft Schäden bei einem Arbeitskollegen verursacht (§ 823 BGB).
U. U. kann er wegen des Schadensersatzes Freistellung
durch den Arbeitgeber verlangen (§ 27 S. 248 ff).

§ 38. Beschäftigungspflicht*

I. Während des Bestandes des Arbeitsverhältnisses

1. Recht auf Arbeit. In einer Reihe von Landesverfassun-
gen ist das Recht auf Arbeit normiert. Es besagt, daß der
Staat für eine hinreichende Arbeitsmöglichkeit seiner
Staatsangehörigen zu sorgen hat.

2. Beschäftigungsanspruch. Der Beschäftigungsanspruch
in der BRD ist gegen den Arbeitgeber gerichtet. Bei Inkrafttreten des BGB am 1. 1. 1900 ist man noch davon ausgegangen, daß es unerheblich sei, ob der Arbeitgeber den Arbeitnehmer auch beschäftige. Bereits in der Rechtsprechung
nach 1920 ist anerkannt worden, daß alle Arbeitnehmer
einen Beschäftigungsanspruch während des Arbeitsverhältnisses haben, die zur Erhaltung ihrer Fähigkeiten der Beschäftigung bedürfen. Dies ist etwa bei einem Chirurgen zur
Erhaltung der Fingerfertigkeit der Fall. Inzwischen ist für
alle Arbeitnehmer anerkannt, daß sie während des Bestandes des Arbeitsverhältnisses auch einen klagbaren Anspruch auf Beschäftigung haben. Das BAG leitet diesen
daraus ab, daß die Achtung vor der Person des Arbeitnehmers verlangt, daß dieser auch für das von ihm verlangte
Geld eine Tätigkeit entfaltet.

---

* Schaub ArbR von A–Z, Stichwort: Anhörung des Betriebsrats, Beschäftigungspflicht; ders., Der Betriebsrat, 6. Aufl. 1995, § 50.

II. Beschäftigungsanspruch während des Streits um die Beendigung des Arbeitsverhältnisses

1. Beschäftigungsanspruch nach dem BetrVG. In § 102 Abs. 5 BetrVG ist ein beschränkter Weiterbeschäftigungsanspruch während des Streits um den Fortbestand des Arbeitsverhältnisses geregelt. Hat der Betriebsrat bei seiner Anhörung (§ 44 IV S. 382) einer ordentlichen Kündigung des Arbeitgebers aus den in § 102 Abs. 3 BetrVG aufgezählten Gründen widersprochen, so kann der Arbeitnehmer, wenn er Kündigungsschutzklage erhebt, bis zur rechtskräftigen Beendigung des Kündigungsschutzrechtsstreits die Weiterbeschäftigung verlangen. Stellt sich heraus, daß die Kündigung sozial gerechtfertigt war, so endet mit Rechtskraft der Entscheidung über den Kündigungsschutzrechtstreit das Beschäftigungsverhältnis. Stellt sich dagegen heraus, daß die Kündigung sozial ungerechtfertigt ist, so hat die Beschäftigungspflicht aus dem Arbeitsverhältnis niemals geendet. Auch während der Weiterbeschäftigung gelten die allgemeinen Rechte und Pflichten aus dem Arbeitsverhältnis. Der Arbeitnehmer hat mithin Anspruch auf Vergütung, rückständige Vergütung, Vergütungsfortzahlung im Krankheitsfalle, Urlaub usw. Umgekehrt ist er in dieser Zeit zur Arbeitsleistung verpflichtet.

2. Allgemeiner Weiterbeschäftigungsanspruch. Zu den umstrittensten Fragen des Arbeitsrechts in der BRD hat gehört, ob der Arbeitnehmer auch unabhängig von den Voraussetzungen des § 102 Abs. 5 BetrVG einen Weiterbeschäftigungsanspruch während des Streits um die Beendigung des Arbeitsverhältnisses hat.

a) Der BAG GS hat entschieden, daß der gekündigte Arbeitnehmer einen arbeitsvertragsrechtlichen Anspruch auf vertragsgemäße Beschäftigung über den Ablauf der Kündigungsfrist oder bei einer fristlosen Kündigung über deren Zugang hinaus bis zum rechtskräftigen Abschluß des Kündigungsschutzprozesses hat, wenn die Kündigung unwirksam ist und überwiegende schutzwerte Interessen des Arbeitgebers einer solchen Beschäftigung nicht entgegenstehen. Außer im Falle einer offensichtlich unwirksamen Kündigung begründet die Ungewißheit über den Ausgang des Kündigungsschutzprozesses ein schutzwertes Interesse des Arbeitgebers an der Nichtbeschäftigung des gekündigten Arbeitnehmers für die Dauer des Kündigungsprozesses. Dieses überwiegt i. d. R. das Beschäftigungsinteresse des Arbeitnehmers bis zu dem Zeitpunkt, in dem im Kündigungsprozeß ein die Unwirksamkeit der Kündigung feststellendes Urteil ergeht. Solange ein solches Urteil besteht, kann die Ungewißheit des Prozeßausgangs für sich allein ein überwiegendes Gegeninteresse des Arbeitgebers nicht mehr begründen. Hinzu kommen müssen dann vielmehr zusätzliche Umstände, aus denen sich im Einzelfall ein überwiegendes Interesse des Arbeitgebers ergibt, den Arbeitnehmer nicht zu beschäftigen.

b) Der arbeitsvertragliche Beschäftigungsanspruch kann im Klagewege geltend gemacht werden. Eine Aussetzung des Verfahrens bis zum rechtskräftigen Abschluß eines anhängigen Rechtsstreits über die Wirksamkeit der Kündigung ist nicht zwingend. Ist die Wirksamkeit einer Kündigung nach den Vorschriften des Kündigungsschutzgesetzes zu beurteilen, so darf einer Beschäftigungsklage nur stattgegeben werden, wenn ein Gericht für Arbeitssachen auf eine entsprechende Kündigungsschutzklage des Arbeitnehmers hin festgestellt hat oder gleichzeitig feststellt, daß das Arbeitsverhältnis durch die Kündigung nicht aufgelöst worden ist. Hieraus folgt, daß im allgemeinen eine einstweilige Verfügung auf Weiterbeschäftigung nicht in Betracht kommt.

c) Wird im Kündigungsschutzprozeß festgestellt, daß die Kündigung unwirksam ist, so besteht das alte Arbeitsverhältnis fort. Der Arbeitnehmer hat mithin während der Weiterbeschäftigung Anspruch auf alle Leistungen aus dem Arbeitsverhältnis. Wird dagegen festgestellt, daß die Kündigung wirksam ist, so ist zu unterscheiden. Hat der Arbeitgeber den Arbeitnehmer einvernehmlich weiterbeschäftigt, so hat der Arbeitnehmer Anspruch auf alle Leistungen aus dem Arbeitsverhältnis wie Vergütungsfortzahlung im Krankheitsfalle, Urlaub usw. Im Wege der Auslegung ergibt sich, daß die Parteien entweder ein besonderes Weiterbeschäftigungsarbeitsverhältnis begründen oder das alte resolutiv bedingt bis zum Abschluß des Kündigungsschutzprozesses fortsetzen. Hat dagegen der Arbeitgeber den Arbeitnehmer nur unter dem Druck der Zwangsvollstreckung weiterbeschäftigt, so soll nach der Rechtsprechung des BAG der Arbeitnehmer nur Ansprüche aus ungerechtfertigter Bereicherung (§§ 812 ff. BGB) haben. Diese Ansprüche sollen im Falle der Arbeitsleistung der Höhe nach den Vergütungsansprüchen entsprechen; ist der Arbeitnehmer aber wegen Krankheit oder Urlaub an der Arbeitsleistung verhindert, kann der Arbeitgeber schlechthin nicht bereichert sein.

III. Suspendierung von der Arbeit*

1. Begriff. Von einer Arbeitssuspendierung spricht man dann, wenn der Arbeitnehmer vorübergehend von der Arbeit freigestellt werden soll. Die Arbeitssuspendierung kommt vor allem während der Kündigungsfrist vor.

2. Zulässigkeit. Eine Arbeitssuspendierung ist dann zulässig, wenn überwiegende und schutzwürdige Interessen des Arbeitgebers dies gebieten Dies kann z.B. bei einem Vertreter der Fall sein, wenn er während der Kündigungsfrist aus gerechtfertigtem Grund von der Kundschaft ferngehalten werden soll oder bei einem Ingenieur, der keinen Zugang mehr zum betrieblichen Geschehen haben soll. Im Arbeitsvertrag kann vereinbart werden, daß der Arbeitgeber berechtigt sein soll, den Arbeitnehmer vom Dienst zu suspendieren. Während der Suspendierung ist nur die Arbeits-

---

* Schaub ArbR von A–Z, Stichwort: Suspendierung.

pflicht des Arbeitnehmers beseitigt. Im übrigen besteht das Arbeitsverhältnis fort. Der Arbeitgeber ist mithin zur Vergütungsfortzahlung einschl. aller Zulagen verpflichtet. Der Arbeitnehmer darf den Dienstwagen weiter benutzen, wenn ihm ein solcher überlassen ist. Andererseits ist er aber auch verpflichtet, etwaige, während des Bestandes des Arbeitsverhältnisses bestehende Wettbewerbsverpflichtungen und Schweigepflichten einzuhalten.

§ 39. Betriebliche Übung*

I. Begriff und Grundsatz

1. Begriff. Die betriebliche Übung setzt eine ständige, tatsächliche Übung innerhalb eines Betriebes sowie ein Verhalten des Arbeitgebers voraus, das bei den Arbeitnehmern den Eindruck vermittelt, der Arbeitgeber wolle sich für die Zukunft an sein Verhalten binden. Für die Arbeitnehmer muß ein Vertrauenstatbestand erwachsen sein, daß ihr Vertrauen nicht mehr enttäuscht werden darf und dem Arbeitgeber zuzumuten ist, die Verpflichtungen, auch für die Zukunft zu erfüllen. Die betriebliche Übung ist mithin nichts anderes als eine konkludente Willenserklärung. Die betriebliche Übung hat vor allem rechtliche Bedeutung für die Begründung von Pflichten des Arbeitgebers, die Auslegung der wechselseitigen Rechte und Pflichten aus dem Arbeitsvertrag und die Konkretisierung der Fürsorgepflicht des Arbeitgebers.

2. Rechtsgrund. Die juristische Begründung der schuldrechtlichen Wirkungen der betrieblichen Übung ist umstritten. Von wesentlicher Bedeutung sind die Rechtsgeschäfts- und Vertrauenshaftungslehre.

a) Nach der *Rechtsgeschäftslehre* gibt der Arbeitgeber durch sein gleichförmiges Verhalten konkludent eine Wil-

---

* Schaub ArbR von A–Z, Stichwort: Betriebsübung.

lenserklärung gegenüber der Belegschaft ab, daß er sich für die Zukunft entsprechend binden wolle oder in der Zukunft in einer bestimmten Weise verfahren werde. Verspricht der Arbeitgeber drei Jahre hintereinander eine Weihnachtsgratifikation, so gibt er damit die Erklärung ab, daß er auch in Zukunft Weihnachtsgratifikationen zahlen werden. Bei betrieblichen Übungen, die den Arbeitnehmer begünstigen, ist grundsätzlich davon auszugehen, daß sie die in den Übungen enthaltenen Willenserklärungen annehmen (§ 150 BGB). Bei betrieblichen Übungen, die den Arbeitnehmer dagegen benachteiligen, ist im allgemeinen eine Verhaltensweise notwendig, aus der sich ergibt, daß der Arbeitnehmer sie gegen sich gelten lassen will. Dies kann eine widerspruchslose Weiterarbeit oder bei teilweise begünstigenden und teilweise belastenden betrieblichen Übungen die Inanspruchnahme der Begünstigungen sein.

b) Nach der Lehre von der *Vertrauenshaftung* krankt die Rechtsgeschäftslehre daran, daß sie dem Arbeitgeber vielfach einen Willen unterstellt, den er überhaupt nicht gehabt habe oder woran er überhaupt nicht gedacht habe. Die Lehre von der Vertrauenshaftung sieht den Rechtsgrund der Verpflichtung des Arbeitgebers darin, daß er bei den Arbeitnehmern einen Vertrauenstatbestand erweckt hat, auch in Zukunft gewisse Leistungen zu erbringen. Die Verpflichtung des Arbeitgebers setzt mithin voraus: *a)* Eine längere Zeit gleichbleibendes Verhalten; *b)* die Erweckung eines Vertrauens, daß auch in Zukunft so verfahren werde und *c)* ein Einrichten des Arbeitnehmers, auf die Leistung des Arbeitgebers. Schwierigkeiten hat die Lehre allein bei der Begründung der Wirkungsweise einer den Arbeitnehmer belastenden Übung. Insoweit werden weitgehend die gleichen Grundsätze wie von der Rechtsgeschäftslehre vertreten.

II. Bedeutung der betrieblichen Übung

1. Bedeutung. Die betriebliche Übung hat vor allem Bedeutung für die Begründung von besonderen Sozialleisstungsansprüchen gegen den Arbeitgeber. So können bei wiederholter Zahlung Ansprüche auf Gratifikationen (§ 24 S. 225) oder Ruhegelder (§ 26 S. 236) erwachsen; es können auch Ansprüche auf Gewährung von Deputaten, Kohlen usw. entstehen.

2. Tarifverträge. Vielfach wenden Arbeitgeber auf alle Arbeitnehmer des Betriebes ohne Rücksicht auf ihre Tarifbindung (§ 1 II 6 c S. 11) die Tarifverträge an. Dies bietet keine Schwierigkeit, soweit für die Arbeitnehmer nur Rechte erwachsen. Vielfach wehren sie sich aber bereits dann, wenn die Kündigungsfristen verkürzt oder die Vergütungsansprüche tariflichen Verfallfristen unterworfen sind. Wendet der Arbeitgeber ohnehin die Tarifverträge an, ist es für ihn zweckmäßig, vertraglich die Anwendung des Tarifrechts zu vereinbaren, um Auseinandersetzungen zu vermeiden. Im übrigen wird zur Anwendung der den Arbeitnehmer belastenden Normen erforderlich sein, daß Anhaltspunkte dafür bestehen, daß der Arbeitgeber unterschiedslos die Tarifverträge anwendet.

III. Beseitigung der betrieblichen Übung

1. Ausschluß des Rechtsanspruchs. Die betriebliche Übung ist ein Rechtsinstitut zur Begründung einzelvertraglicher Rechte und Pflichten. Der Arbeitgeber kann die Entstehung von Ansprüchen dadurch vermeiden, daß er nach der Rechtsgeschäftslehre bei der jeweiligen Leistung die Entstehung von Rechtsansprüchen ausschließt oder nach der Vertrauenshaftungslehre den entsprechenden Vertrauenstatbestand bei den Arbeitnehmern zerstört. Die Zahlung erfolgt freiwillig und ohne Rechtsanspruch für den Arbeitnehmer; auch durch einmalige und wiederholte Zahlung wird kein Anspruch für die Arbeitnehmer in Zukunft begründet.

2. Beendigung. Ist ein Anspruch aufgrund betrieblicher Übung einmal erwachsen, ist seine Beseitigung oder Einschränkung kaum jemals durchsetzbar.

a) Der Arbeitgeber kann wegen der durch die betriebliche Übung begründeten oder ausgestalteten Ansprüche das Arbeitsverhältnis *kündigen.* Indes ist eine Teilkündigung ausgeschlossen (§ 44 I 2 d S. 373 f). Möglich ist nur eine Änderungskündigung. Insoweit genießen die Arbeitnehmer aber den allgemeinen und besonderen Kündigungsschutz (§ 45 S. 384), so daß bereits erwachsene Ansprüche schon wegen der Vielzahl der möglichen Prozesse kaum beseitigt werden können.

b) Nach einer Entscheidung des BAG GS* kann eine betriebliche Übung auch zum Nachteil der Arbeitnehmer durch eine Betriebsvereinbarung abgelöst werden (§ 1 III 2 S. 17). Es ist jedoch zu unterscheiden: *(1)* Sollen die Leistungen des Arbeitgebers nur umstrukturiert werden, so ist dies möglich, wenn hierfür ein sachlicher Grund besteht. Notwendig ist, daß bereits erdiente Besitzstände gewahrt bleiben, der Gesamtaufwand des Arbeitgebers nicht gemindert wird *(kollektiver Günstigkeitsvergleich)* und ein sachlicher Grund für die Neuverteilung gegeben ist. Das können wirtschaftliche Zwänge oder veränderte Gerechtigkeitsvorstellungen sein. *(2)* Sollen dagegen die Leistungen des Arbeitgebers insgesamt herabgesetzt werden, so ist dies nur möglich, wenn die Betriebsübung unter einem entsprechenden Vorbehalt steht oder die Geschäftsgrundlage weggefallen ist.**

3. Zukünftige Ansprüche. Der Arbeitgeber kann für die Zukunft, also gegenüber neu in den Betrieb eintretenden Arbeitnehmern die betriebliche Übung aufgeben. Er kann also für die Zukunft die Leistungen unter Ausschluß des Rechtsanspruches oder überhaupt nicht mehr erbringen. Alsdann laufen die Leistungen über kurz oder lang aus. Ob neu eintretende Arbeitnehmer die Ansprüche weiter durch-

---

* BAG GS AP 14 zu § 611 BGB Beschäftigungsanspruch = NJW 85, 2968.
** Schaub ArbR von A–Z, Stichwort: Geschäftsgrundlage.

setzen können, ist eine Frage der Gleichbehandlung, ob also für die Einführung eines Stichtages für die Weitergewährung der Leistungen ein sachlicher Grund besteht.

§ 40. Gleichbehandlung*

I. Grundsätze

1. Gleichheit. Nach Art. 3 GG sind alle Menschen gleich. Männer und Frauen sind gleichberechtigt (Art. 3 II GG). Der Staat fördert die tatsächliche Durchsetzung der Gleichberechtigung von Frauen und Männern und wirkt auf die Beseitigung bestehender Nachteile hin. Niemand darf wegen seines Geschlechts, seiner Abstammung, seiner Rasse, seiner Sprache, seiner Heimat und Herkunft, seines Glaubens, seiner religiösen oder politischen Anschauung benachteiligt oder bevorzugt werden (Art. 3 Abs. 3 GG). Niemand darf wegen seiner Behinderung benachteiligt werden. Der verfassungsrechtliche Gleichheitssatz weist den Gesetzgeber, aber auch die Träger kollektivrechtlicher Normen, also die Tarifpartner für Tarifverträge und die Betriebspartner wegen Betriebsvereinbarungen an, Gleiches gleich, aber Ungleiches entsprechend seiner Eigenart zu behandeln. Arbeitsbedingungen dürfen nicht so ausgestaltet sein, daß durch sie Frauen ungleich schwerer als Männer belastet werden. Dies kann auch dann der Fall sein, wenn an formale Merkmale angeknüpft wird (Größe, Körpergewicht), durch diese aber nur Frauen von Sozialleistungen ausgeschlossen werden *(indirekte oder verdeckte Diskriminierung).* Hiervon zu unterscheiden ist, wenn durch eine benachteiligende Regelung vor allem Personen eines Geschlechtes betroffen werden *(mittelbare Diskriminierung).* Dazu § 57 V S. 479.

---

* Schaub ArbR von A–Z, Stichwort: Gleichbehandlung.

2. Voraussetzung der Gleichbehandlung. Der Gleichbehandlungsgrundsatz ist ein privatrechtlicher Grundsatz, der dem Arbeitgeber die willkürliche Schlechterstellung einzelner Arbeitnehmer gegenüber anderen, in vergleichbarer Lage befindlichen Arbeitnehmern verbietet. Es ist das Verbot der Herausnahme einzelner Arbeitnehmer aus einer bestimmten Ordnung. Der Gleichbehandlungsgrundsatz setzt mithin voraus: *a)* Eine Rechtsbeziehung zwischen Arbeitgeber und Arbeitnehmer; *b)* eine vergleichbare Gruppe von Arbeitnehmern; *c)* eine bestimmte Ordnung.

a) Grundsätzlich müssen zwischen den Arbeitnehmern und dem Arbeitgeber, die miteinander verglichen werden sollen, die *gleichen Rechtsbeziehungen* bestehen. Miteinander verglichen werden können mithin nur Arbeitnehmer, dagegen nicht Arbeitnehmer und Heimarbeiter. Vergleichbar sind nur Arbeitnehmer derselben Gruppe. Dies kann eine Gruppe sein, die nach sachlichen Gruppenmerkmalen abgegrenzt ist. Es kann aber auch eine Gruppe sein, die in der Zeit durch Stichtage gebildet worden ist.

b) Im allgemeinen sind nur vergleichbar Arbeitnehmer eines *Betriebes oder Betriebsteils.* Zwischen Arbeitnehmern verschiedener Betriebe eines Unternehmens gilt der Gleichbehandlungsgrundsatz nur, wenn es sachwidrig ist, zwischen den Betrieben zu unterscheiden.

c) Schließlich findet der Gleichbehandlungsgrundsatz nur Anwendung, wenn der Arbeitgeber eine *bestimmte Ordnung* aufgestellt hat. Der Arbeitgeber ist nicht gehindert, einen oder einzelne Arbeitnehmer zu begünstigen. Nur darf er keinen Arbeitnehmer aus einer Ordnung ausnehmen.

3. Differenzierungsgründe. Der Gleichbehandlungsgrundsatz verbietet eine Differenzierung zwischen vergleichbaren Arbeitnehmern aus sachfremden Gründen. Hier sind zwei Unterscheidungen zu treffen.

a) *Kraft Gesetzes dürfen im Arbeitsrecht eine Reihe von Unterscheidungsmerkmalen nicht herangezogen werden,* es sei denn, daß diese Merkmale zwingende Voraussetzungen für die Arbeitsausübung sind. Hierzu gehören die in Art. 3 GG, § 75 BetrVG, § 67 BPersVG aufgezählten Merkmale. Eine unterschiedliche Behandlung von Personen wegen ihrer Abstammung, Religion, Nationalität, Herkunft, politischen oder gewerkschaftlichen Betätigung oder Einstellung oder wegen ihres Geschlechts hat zu unterbleiben. Es besteht kein Grund, zwischen Männern und Frauen zu differenzieren, es sei denn, daß die Unterscheidung aus biologischen und funktionellen Gründen erforderlich ist.

b) Es dürfen nur solche Unterscheidungsmerkmale herangezogen werden, für die unter Berücksichtigung der Umstände des Einzelfalles *sachliche, vernünftige Gründe* sprechen. Unter Berücksichtigung dieses Grundsatzes hat das BAG eine unterschiedliche Gewährung von Gratifikationen aus Anlaß des Weihnachtsfestes für Arbeiter und Angestellte für unzulässig gehalten, da keine Gründe bestehen, Festtagshilfen in unterschiedlicher Höhe zu zahlen. Zulässig ist dagegen eine Differenzierung nach Vergütungssystemen, wenn z. B. bei einer Berufsgruppe Sonderleistungen vergütet, bei der anderen nicht vergütet werden.

4. Anspruchsgrund und Ausgestaltung. Der Gleichbehandlungsgrundsatz kann anspruchsbegründend wirken. Er kann auch dem Grunde nach bestehende Ansprüche näher ausgestalten. Er hat in vielfacher Hinsicht Auswirkungen auf das Arbeitsverhältnis. Rechtlich konstruktiv führt der Verstoß einer Erklärung oder Maßnahmen gegen den Gleichbehandlungsgrundsatz zu deren Unwirksamkeit (§ 134 BGB). Damit erwächst eine Vertragslücke, die im Wege der Lückenergänzung gefüllt wird. Dies führt im allgemeinen dazu, daß die Leistungen nach „oben" angepaßt werden.

II. Bedeutung des Gleichbehandlungsgrundsatzes im einzelnen

1. Vergütung. Im allgemeinen hat der Gleichbehandlungsgrundsatz nur geringe Bedeutung auf dem Gebiet der zwischen Arbeitnehmer und Arbeitgeber vereinbarten Grundvergütung. Der Arbeitgeber darf daher mit dem Arbeitnehmer die Vergütung nach h. M. im allgemeinen frei vereinbaren. So darf er für die gleiche Arbeit eine unterschiedliche Vergütung mit Tarifgebundenen und nicht Tarifgebundenen vereinbaren (§ 1 II 6 c S. 11).

2. Vergütungszuschläge. Der Gleichbehandlungsgrundsatz hat dagegen schon erhebliche Bedeutung auf dem Gebiet der Zulagen. Der Arbeitgeber ist gehalten, allen Arbeitnehmern für den gleichen Tatbestand die gleichen Zulagen zu zahlen. Er darf also nicht für die Arbeitsleistung von Über- oder Mehrarbeitsstunden Zulagen in unterschiedlicher Höhe zahlen. Unbenommen ist es ihm, die Zulagen entsprechend den Leistungen des Arbeitnehmers zu staffeln. Indessen ist er gehalten, insoweit ein logisches, nachprüfbares System aufzustellen. Dies gilt namentlich bei außertariflichen Angestellten (sog. AT-Angestellten).

3. Gehaltserhöhungen. Der Gleichbehandlungsgrundsatz ist zu wahren bei der Gewährung von Gehaltserhöhungen. Erhalten alle Arbeitnehmer eine Gehaltserhöhung, so können nicht einzelne oder einzelne Gruppen hiervon ausgenommen werden. Dies gilt auch für die sog. Höherverdienenden. Insbesondere dürfen keine Arbeitnehmer von der Ausgleichung des Geldwertverlustes ausgeschlossen werden.

4. Sonderleistungen. Vor allem hat der Gleichbehandlungsgrundsatz Bedeutung für die Gewährung von Sonderleistungen. Hierzu gehören vor allem Gratifikationen, Ruhegelder usw.

5. Direktionsrecht. Bei der Ausübung des Direktionsrechtes dürfen nicht einzelne Arbeitnehmer benachteilig
werden. Im Falle notwendiger Versetzungen, Anordnung
von Überstunden, Einteilung zur Arbeit sind alle Arbeitnehmergruppen gleichmäßig zu berücksichtigen.

6. Kündigung. Umstr. ist nach wie vor, inwieweit der
Gleichbehandlungsgrundsatz bei dem Ausspruch von Kündigungen zu berücksichtigen ist. Das BAG hat zumeist die
Anwendung des Gleichbehandlungsgrundsatzes abgelehnt.
Indes werden Urteile zumeist nur recht vordergründig betrachtet. Im allgemeinen wird auch für die Auswahl, ob von
einem Gestaltungsmittel Gebrauch gemacht werden soll,
der Gleichbehandlungsgrundsatz gelten. Indes erfordert die
Beurteilung, ob eine Kündigung sozial gerechtfertigt ist, eine
Beurteilung im Einzelfall, so daß es zumeist an der Vergleichbarkeit fehlt. Dies bedeutet, der Arbeitgeber darf im
Falle eines Diebstahls nicht einem Arbeitnehmer schlechthin kündigen, einem anderen dagegen nicht. Lediglich in
der Beurteilung der Gewichtigkeit des Diebstahls für eine
Kündigung kann er die unterschiedlichen individuellen Verhältnisse mit berücksichtigen.

Abschnitt XI. Betriebsnachfolge und Arbeitnehmerüberlassung

§ 41. Betriebsnachfolge*

I. Begriff

1. Arten. Zu unterscheiden sind die Gesamt- und Einzelrechtsnachfolge.

a) Eine *Gesamtrechtsnachfolge*** liegt vor, wenn der Rechtsnachfolger, ohne daß es einzelner Übertragungsakte bedarf, unmittelbar in die gesamte Rechtsposition des Rechtsvorgängers einrückt. Die Fälle der Gesamtrechtsnachfolge sind enumerativ im Gesetz aufgezählt. Zu ihnen zählen die Erbfolge und die Umwandlung von Gesellschaften. Die Arbeitsverhältnisse bleiben grundsätzlich unverändert bestehen. Der Nachfolger haftet für die Verbindlichkeit aus dem Arbeitsverhältnis.

b) Eine *Einzelrechtsnachfolge* ist gegeben, wenn ein Betrieb oder Betriebsteil durch Rechtsgeschäft auf einen Betriebsnachfolger übertragen wird und die zum Betriebsvermögen gehörenden materiellen oder immateriellen Rechte nicht automatisch, sondern durch einen besonderen Übertragungsakt auf den Rechtsnachfolger übertragen werden, die arbeitsrechtlichen Zwecke im allgemeinen beibehalten werden und die Betriebsgemeinschaft im wesentlichen dieselbe bleibt.

2. Regelung der Einzelrechtsnachfolge. Die Einzelrechtsnachfolge ist gesetzlich in § 613 a BGB geregelt, der 1972 durch das BetrVG in das Gesetz eingefügt und 1980

---

* Schaub ArbR von A–Z, Stichwort: Betriebsnachfolge.
** Schaub ArbR von A–Z, Stichwort: Betriebsnachfolge.

durch die sog. EG- Anpassungsnovelle geändert worden ist. Da der Gesetzgeber in § 613 a Abs. 3 BGB auf eine Gesamtrechtsnachfolge Bezug nimmt und im UmwG hierauf verweist, geht die h. M. davon aus, daß § 613 a BGB anzuwenden ist, soweit in Abs. 3 keine Ausnahme gemacht wird.

3. In das **Arbeitsrecht der DDR** ist nach Abschluß des Staatsvertrages § 59 a AGB-DDR eingefügt worden, der seinem Inhalt nach § 613 a BGB entsprach. Inzwischen gilt § 613 a BGB. Gleichwohl war in Art. 232 § 5 EGBGB bestimmt, daß in den neuen Bundesländern bis zum 31. 12. 1994 § 613 a BGB nicht im Gesamtvollstreckungsverfahren gilt und daß anstelle des § 613 a Abs. 4 S. 2 BGB folgender Satz gilt: „Satz 1 läßt das Recht zur Kündigung aus wirtschaftlichen, technischen oder organisatorischen Gründen, die Änderungen im Bereich der Beschäftigung mit sich bringen, unberührt." Inzwischen ist die Geltungsdauer der Regelung für die neuen Bundesländer wiederholt verlängert worden, zuletzt bis zum Inkrafttreten der Insolvenzordnung am 1. 1. 1999.

II. Einzelrechtsnachfolge

1. Vertragsregelung. Die Parteien können die Betriebsnachfolge rechtsgeschäftlich regeln. Im Wege eines dreiseitigen Rechtsgeschäftes, das also der Zustimmung des Betriebserwerbers, des Betriebsveräußerers und des Arbeitnehmers bedarf, kann das Arbeitsverhältnis als ganzes auf den Betriebsnachfolger übertragen werden. Die Rechte und Pflichten der Beteiligten richten sich alsdann nach dem Vertrage. Indes darf in diesem Vertrage grundsätzlich nicht zum Nachteil des Arbeitnehmers von § 613 a BGB abgewichen werden.

2. Übergang des Arbeitsverhältnisses. a) Nach § 613 a Abs. 1 S. 1 BGB gehen *Arbeitsverhältnisse* auf den Betriebsnachfolger über. Unerheblich ist, ob es sich um Ar-

beitsverhältnisse von Arbeitern, Angestellten, Auszubildenden, leitenden Angestellten handelt. Es gehen nicht über
Dienstverhältnisse von freien Mitarbeitern, Geschäftsfüh-
rern und Vorständen von GmbH oder AG oder arbeitnehmerähnliche Verhältnisse, da diese Personenkreise keinen
besonderen Kündigungsschutz genießen. Ebensowenig gehen die Nachwirkungen aus einem Arbeitsverhältnis über.
Hierzu gehören Ruhestandsverhältnisse oder die Versorgungsanwartschaften bereits ausgeschiedener Arbeitnehmer. Hierfür haftet der Betriebsveräußerer weiter. Wettbewerbsverbote noch bestehender Arbeitsverhältnisse gehen
dagegen über, da ein Wettbewerbsverbot bereits während
des Bestandes des Arbeitsverhältnisses Rechtswirkungen
entfaltet. Zweifelhaft ist, ob Wettbewerbsverbote bereits
ausgeschiedener Arbeitnehmer auf den Betriebsnachfolger
übergehen. Der Arbeitnehmer kann dem Übergang seines
Arbeitsverhältnisses bis zu seinem Übergang widersprechen.
Alsdann bleibt er Arbeitnehmer des Veräußerers.

b) Der *Betriebsnachfolger tritt* in die Arbeitsverhältnisse
ein, wenn der Betrieb oder Betriebsteil auf ihn übergeht.
Das ist dann der Fall, wenn er in die Betriebsorganisation
(Teilorganisation) eintritt und er die betriebstechnische
Zwecksetzung weiter verfolgen kann. Nach der Rechtsprechung des BAG ist Betrieb der Inbegriff materieller und
immaterieller Mittel, mit der eine arbeitstechnische Zwecksetzung fortgesetzt verfolgt werden kann. Zu unterscheiden
ist zwischen Produktions- und Handels- bzw. Dienstleistungsbetrieben. Ein Produktionsbetrieb geht dann über,
wenn die Produktion ganz oder teilweise fortgesetzt werden
kann. Dies kann bereits bei dem Übergang einer einzelnen
Maschine der Fall sein. Unerheblich ist dagegen, ob die Bü-
roausstattung und dgl. übertragen wird. Bei Handels- und
Dienstleistungsbetrieben kommt es dagegen vor allem darauf an, ob die Geschäftsräume, das Warensortiment, die
Kundschaft, der sog. good will übergeht. Dagegen ist es
unerheblich, ob etwa die (veraltete) Verkaufstheke, Kaffee-

maschine usw. übernommen wird. Umstritten ist die Rechtslage bei der sog. Funktionsnachfolge. Werden z.B. die Reinigungsarbeiten für ein Bürohaus einer Reinigungsfirma übertragen, so geht kein Betriebssubstrat über. Dasselbe gilt bei der Übertragung von Bewachungsaufgaben. Das BAG hat angenommen, daß in allen Fällen, in den kein Substrat übergeht § 613a nicht eingreift. Demgegenüber geht der EuGH von einem anderen Betriebsbegriff aus. Der Betriebsübergang ist in einer Richtlinie des Rates der EG zur Angleichung der Rechtsvorschriften der Mitgliedstaaten über die Wahrung von Ansprüchen der Arbeitnehmer beim Übergang von Unternehmen, Betrieben oder Betriebsteilen vom 14. 2. 1977 (77/178/EWG – Abl EG L 61 S 26 = RdA 1977, 162) geregelt. In der auf heftige Kritik gestoßenen Entscheidung Christel Schmitt hat der EuGH eine Betriebsnachfolge bejaht, weil die Funktion von Reinigungsaufgaben auf eine andere Firma übergegangen ist.* In Folgeentscheidungen hat er seine Auffassung präzisiert. Er hat ausgeführt: „Für die Feststellung, ob diese Voraussetzung (sc. Betriebsübergang) erfüllt ist, sind sämtliche den Vorgang kennzeichnenden Tatsachen zu berücksichtigen. Dazu gehören namentlich die Art des betreffenden Unternehmens oder Betriebe, der Übergang oder Nichtübergang der materiellen Aktiva wie Gebäude und bewegliche Güter, der Wert der immateriellen Aktiva zum Zeitpunkt des Übergangs, die Übernahme oder Nichtübernahme der Hauptbelegschaft durch den neuen Inhaber, der Übergang oder Nichtübergang der Kundschaft sowie der Grad der Ähnlichkeit zwischen der vor und der nach dem Übergang verrichteten Tätigkeit und die Dauer einer eventuellen Unterbrechung dieser Tätigkeit. Alle diese Umstände sind jedoch nur Teilaspekte der vorzunehmenden Gesamtbewertung und dürfen deshalb nicht isoliert betrachtet werden."** Schließlich hat

---

* EuGH v. 14. 4. 1994 – Rs C-392/92 – NJW 94, 2343.
** EuGH v. 7. 3. 1996 – Rs. C-171/ und C 172/94 – BB 1996, 1065.

der EuGH in einer Entscheidung vom 11. 3. 1997 – Rs C-13/95 – die Entscheidung Christel Schmidt weiter relativiert oder aufgegeben.

c) Dem Übergang muß ein *Rechtsgeschäft zugrunde liegen*. Dies kann ein Vermächtnis, eine Betriebsveräußerung oder Betriebsverpachtung sein. Ein Vermächtnis ist ein Rechtsgeschäft von Todes wegen (§§ 2147 ff. BGB); es kommt nur vor, wenn ein kleinerer Betrieb auf einen Rechtsnachfolger übergehen soll.

Der Regeltatbestand ist die *Betriebsveräußerung.* Die Betriebsveräußerung ist die Rechtsübertragung an den zum Betrieb gehörenden sächlichen und immateriellen Gegenständen. Sie kann auf Kauf oder Schenkung beruhen. § 613 a Abs. 1 S. 1 BGB findet auch dann Anwendung, wenn der Betrieb durch den Konkurs- oder Vergleichsverwalter an einen Rechtsnachfolger verkauft wird. Auch in diesen Fällen soll sichergestellt werden, daß die Arbeitnehmer ihre Arbeitsplätze behalten und die Betriebsratstätigkeit fortgesetzt werden kann. Gleichwohl bedarf § 613 a Abs. 1 S. 1 BGB einer teleologischen Reduktion. Würde der Betriebserwerber in vollem Umfang für die Verbindlichkeiten aus den Arbeitsverhältnissen haften müssen, würde er den Kaufpreis entsprechend mindern, sofern er sich überhaupt zum Kauf bereit finden würde. Die Arbeitnehmer wären gegenüber den übrigen Gläubigern bevorrechtigt. Um die Gleichheit aller Gläubiger sicherzustellen, hat das BAG entschieden, daß der Betriebserwerber nicht für die Schulden der Vergangenheit haftet. Insoweit ist der Arbeitnehmer durch seine Beteiligung am Konkurs (§ 30 S. 262) gesichert. Für bereits erwachsene Ruhestandsverpflichtungen oder unverfallbare Versorgungsanwartschaften haftet der Pensionssicherungsverein (§ 26 S. 236). Dagegen muß der Erwerber für die neu entstehenden Verbindlichkeiten eintreten. Allerdings kann er aus wichtigem Grund die Aufhebung oder Minderung bestehender Sozialleistungen verlangen, wenn dadurch die Arbeitsplätze gesichert oder erhalten werden

können. In den neuen Bundesländern war § 613 a BGB
vorübergehend auf die Betriebsveräußerung im Gesamtvollstreckungsverfahren (oben § 30 S. 262) nicht anzuwenden.

Der Betriebsnachfolger tritt auch in die Arbeitsverhältnisse ein, wenn die Betriebsnachfolge auf einem *Pachtvertrag*
beruht. Dies kann sowohl der Fall sein, wenn der Betrieb
vom Verpächter auf den Pächter übergeht, als auch dann,
wenn der Betrieb von einem Verpächter verpachtet ist und
er vom Erst- auf den Zweitpächter übergeht. Der Tankstel-
lenpächter tritt mithin in die Arbeitsverhältnisse ein, die
sein Vorgänger abgeschlossen hat. Das BAG sieht den
Grund darin, daß durch § 613 a Abs. 1 S. 1 BGB alle Fälle
der Einzelrechtsnachfolge haben erfaßt werden sollen.

3. Kündigung. Das Arbeitsverhältnis darf nicht aus Anlaß
des Betriebsüberganges gekündigt werden (§ 613 a Abs. 4
BGB).

a) Nach dem Wortlaut von § 613 a Abs. 4 BGB ist eine
Kündigung aus Anlaß des Betriebsüberganges schlechthin
unzulässig. Das BAG hat die Auffassung vertreten, daß
§ 613 a Abs. 4 BGB einen eigenen Unwirksamkeitstatbe-
stand enthält, wenn die Kündigung durch die Betriebsveräußerung herbeigeführt wird. Hieraus folgt, daß ein Kündi-
gungshindernis auch in Kleinbetrieben bis zu zehn Arbeitnehmern oder bei Arbeitnehmern, die noch keine sechs Monate beschäftigt werden, besteht (§ 1 KSchG).

b) *Unwirksam* sind Kündigungen, wenn sie aus Anlaß
des Betriebsüberganges erfolgen. Aus Anlaß des Betriebsüberganges ist sie ausgesprochen, wenn dieser die überwiegende Ursache, nach Auffassung des BAG das Motiv bildet.
Unerheblich ist, ob die Kündigung vom Veräußerer oder
Erwerber ausgesprochen wird. Unberührt bleibt dagegen die
Kündigung aus wichtigem Grund, personen- oder verhaltensbedingten Gründen. Insoweit besteht nur der allgemeine und besondere Kündigungsschutz (§ 45 S. 384). Selbst
eine Kündigung aus betriebsbedingtem Grund erscheint

möglich, sofern der Grund nur nicht im Zusammenhang mit dem Betriebsübergang steht. Dagegen sollte durch das Kündigungsverbot in § 613 a Abs. 4 BGB keine Rationalisierung der Betriebe verhindert werden. Vorübergehend bestanden Besonderheiten in den neuen Bundesländern.

4. Schuldenhaftung. Für das Haftungssystem im Falle der Betriebsnachfolge gelten folgende Rechtsgrundsätze:

a) Der *bisherige Betriebsinhaber* haftet allein und zeitlich unbeschränkt für rückständige Forderungen aus den im Zeitpunkt des Übergangs bereits *beendeten Arbeitsverhältnissen* (z. B. Ruhegeld, Ruhegeldanwartschaften).

b) Er haftet zeitlich beschränkt für ein Jahr als Gesamtschuldner neben dem neuen Betriebsinhaber für solche Ansprüche, die *vor dem Betriebsübergang entstanden* und fällig geworden sind.

c) Er haftet zeitlich beschränkt für ein Jahr neben dem neuen Betriebsinhaber als Gesamtschuldner für solche Ansprüche, die vor dem Betriebsübergang *entstanden* sind, aber erst innerhalb eines Jahres nach dem Betriebsübergang *fällig* geworden sind.

d) Er haftet *überhaupt nicht,* wenn der Anspruch nach dem Betriebsübergang entstanden und fällig geworden ist oder wenn der Anspruch zwar vor dem Betriebsübergang entstanden, aber erst nach Ablauf eines Jahres fällig geworden ist.

5. Tarifverträge und Betriebsvereinbarungen. Durch die EG-Anpassungsnovelle von 1980 sind die Auswirkungen der Betriebsnachfolge auf das kollektive Arbeitsrecht geregelt worden. Der Gesetzgeber hatte zwei Gestaltungsprinzipien zur Verfügung. Er konnte schlicht den Eintritt des Nachfolgers in das kollektive Arbeitsrecht anordnen. Er konnte auch zum andern die Rechtsnormen des kollektiven Arbeitsrechts in das Einzelarbeitsverhältnis absinken lassen. Er hat das zweite Gestaltungsprinzip gewählt, weil die Tarifbindung grundsätzlich von der Mitgliedschaft in den Verbänden abhängt (§ 1 II 6 c S. 11). Der Gesetzgeber hat befürchtet, in die Koalitionsfreiheit einzugreifen, wenn er den Betriebsnachfolger an die Tarifverträge seines Vorgängers gebunden hätte. Damit gelten folgende Grundprinzipien:

a) Grundsätzlich gehen Rechtsnormen einer Betriebsvereinbarung oder eines Tarifvertrages, die den *Inhalt* eines Arbeitsverhältnisses regeln (Inhaltsnormen), in das Arbeitsverhältnis über. Soweit sie zwingende Wirkung entfaltet haben, dürfen sie vor Ablauf eines Jahres nicht zum Nachteil eines Arbeitnehmers geändert werden. Zum Inhalt des Arbeitsvertrages werden mithin tarifliche Regelungen über die Höhe der Vergütung, zu zahlende Sondervergütungen usw. Nicht zum Inhalt des Arbeitsverhältnisses werden dagegen die schuldrechtlichen Bestimmungen aus betrieblichen Einigungen oder Tarifverträgen. Ein sonst nicht tarifgebundener Betriebsnachfolger ist mithin nicht mehr an die tarifliche Friedenspflicht gebunden; ferner können u. U. Regelungsabreden über die betriebliche Arbeitszeit gegenstandslos werden.

b) Eine *Ausnahme von der Transformation* der Kollektivregelungen in das Arbeitsverhältnis tritt dann ein, wenn die Rechte und Pflichten bei dem neuen Inhaber durch Rechtsnormen eines anderen Tarifvertrages oder durch eine andere Betriebsvereinbarung geregelt werden (§ 613 a Abs. 1 S. 3 BGB).

III. Gesamtrechtsnachfolge

Die wichtigsten Fälle der Gesamtrechtsnachfolge ergeben sich aus dem Umwandlungsgesetz (UmwG) vom 28. 10. 1994, ber. 1995 I S 428)

1. Arten der Umwandlung. *a) Begriff der Umwandlung.* Das Umwandlungsgesetz findet Anwendung, wenn eine Strukturveränderung des Unternehmens stattfindet, wenn also gesellschaftsrechtliche Veränderungen erfolgen. Dagegen werden Strukturveränderungen innerhalb eines Unternehmens, die sich lediglich auf Bestandteile seines Vermögens beziehen, vom Umwandlungsrecht nicht erfaßt. Die einzelnen Arten der Umwandlung ergeben sich aus § 1 UmwG. Rechtsträger mit Sitz im Inland können umgewandelt werden, (1) durch Verschmelzung; (2) durch Spaltung (Aufspaltung, Abspaltung, Ausgliederung); (3) durch Vermögensübertragung; (4) durch Formwechsel.

b) Verschmelzung (§ 2 bis § 122 UmwG). Die Verschmelzung kommt in zwei Grundformen vor. Rechtsträger können unter Auflösung ohne Abwicklung verschmolzen werden, (1) im Wege der Aufnahme durch Übertragung des Vermögens eines Rechtsträgers oder mehrerer Rechtsträger (übertragende Rechtsträger) als Ganzes auf einen anderen bestehenden Rechtsträger (übernehmenden Rechtsträger) oder (2) im Wege der Neugründung durch Übertragung der Vermögen zweier oder mehrerer Rechtsträger (übertragende Rechtsträger) jeweils als Ganzes auf einen neuen, von ihnen dadurch gegründeten Rechtsträger. Die Anteilseigner der übertragenden Rechtsträger erhalten Mitgliedschaftsrechte des übernehmenden oder neuen Rechtsträgers (§ 2 UmwG). Mit der Eintragung der Verschmelzung ins Handelsregister erlöschen die übertragenden Rechtsträger (§ 20 Abs. 1 Nr. 2 UmwG). Das Vermögen geht im Wege der Gesamtrechtsnachfolge auf den übernehmenden Rechtsträger über (§ 20 Abs. 1 Nr. 1 UmwG).

c) Spaltung. Die Spaltung kommt in drei Grundformen vor.

aa) Aufspaltung. Der übertragende Rechtsträger kann unter Auflösung ohne Abwicklung sein Vermögen aufspalten als Gesamtheit auf andere bestehende Rechtsträger (übernehmende Rechtsträger) oder zur Neugründung durch gleichzeitige Übertragung der Vermögensanteile jeweils als Gesamtheit auf andere, von ihm dadurch gegründete neue Rechtsträger gegen Gewährung von Anteilen (§ 123 Abs. 1 UmwG).

bb) Abspaltung. Bei der Abspaltung kann der übertragende Rechtsträger von seinem Vermögen zur Aufnahme durch Übertragung eines oder mehrerer Teile jeweils als Gesamtheit auf einen bestehenden oder mehrere bestehende Rechtsträger oder zur Neugründung durch Übertragung dieses Teils oder dieser Teile jeweils als Gesamtheit auf einen oder mehrere, von ihm dadurch gegründete oder neuen Rechtsträger gegen Gewährung von Anteilen oder Mitgliedsschaftsrechten dieses oder dieser Rechtsträger an die Anteilseigener des übertragenden Rechtsträgers (§ 123 Abs. 2 UmwG).

cc) Ausgliederung. Bei der Ausgliederung gliedert der übertragende Rechtsträger aus seinem Vermögen einen Teil oder mehrere Teile zur Aufnahme durch Übertragung dieses Teils oder dieser Teile jeweils als Gesamtheit auf einen bestehenden oder mehrere bestehende Rechtsträger aus oder zur Neugliederung durch Übertragung dieses Teils oder dieser Teile jeweils als Gesamtheit auf einen oder mehrere, von ihm dadurch neu gegründete Unternehmen oder neu gegründete Unternehmen gegen Gewährung von Anteilen oder Mitgliedschaftsrechten des Rechtsträgers oder dieser Rechtsträger.

dd) Durchführung. Das Vermögen des übertragenden Rechtsträgers geht jeweils im Wege der Gesamtrechtsnachfolge über (§ 131 Abs. 1 Nr. 1 UmwG). Das sich aufspaltende Unternehmen wird aufgelöst und erlischt mit Eintragung der Aufspaltung im Handelsregister (§ 131 Abs. 1 Nr. 2 UmwG). Bei der Abspaltung überträgt der übertragende Rechtsträger nur einen Teil seines Vermögens. Er bleibt mithin erhalten. Die Ausgliederung unterscheidet sich von der Abspaltung dadurch, daß die Anteilsrechte in das Vermögen des übertragenden Rechtsträgers fließen.

d) Vermögensübertragung. Die Vermögensübertragung kommt vor als Aufspaltung, Abspaltung und Ausgliederung (§ 174 UmwG). Eine Vermögensübertragung ist als Voll- oder Teilübertragung jeweils nur möglich von einer Kapitalgesellschaft auf den Bund, ein Land, eine Gebietskörperschaft oder einen Zusammenschluß von Gebietskörperschaften oder von Versicherungsgesellschaften auf andere (vgl. § 175 UmwG).

e) Formwechsel. Beim Formwechsel erhält ein Rechtsträger nur eine andere Rechtsform (§ 190 UmwG). Es liegt mithin überhaupt keine Rechtsnachfolge vor.

2. Gesamtrechtsnachfolge. *a) Vollzug.* Bei der Verschmelzung, der Auf- und Abspaltung sowie der Ausgliederung vollzieht sich der Rechtsübergang im Wege der Gesamtrechtsnachfolge. Soweit bei der Abspaltung bzw. der Ausgliederung Vermögensteile bei dem übertragenden Rechtsträger verbleiben, wird von einer geteilten Gesamtrechtsnachfolge kraft Rechtsgeschäft gesprochen. Die Gesamtrechtsnachfolge tritt aber erst bei Eintragung in das Handelsregister ein (§§ 20, 125 UmwG). Dagegen ist nicht der Verschmelzungsstichtag entscheidend. Nach § 5 Abs. 1 Nr. 6 UmwG ist der Verschmelzungsstichtag nur entscheidend für den Zeitpunkt, von dem an die Handlungen der übertragenden Rechtsträger als für Rechnung des übernehmenden Rechtsträgers angenommen werden.

b) Numerus clausus. Für die Umwandlung von Unternehmen besteht ein numerus clausus der einzelnen Umwandlungsarten. Hinzu kommt, daß für alle Umwandlungsarten strenge Formvorschriften bestehen. Darüber hinaus bestehen gegenüber der Betriebsvertretung umfangreiche Hinweispflichten.

3. Zuordnung von Arbeitsverhältnissen. *a) Verweisung auf § 613a.* Bei der Umwandlung gehen nach den Grundsätzen der Gesamtrechtsnachfolge alle Arbeitsverhältnisse auf den neuen Rechtsträger über. In § 324 UmwG heißt es darüber hinaus, daß § 613a Abs. 1 und 4 durch die Wirkungen der Eintragung einer Verschmelzung, Spaltung oder Vermögensübertragung unberührt bleibt. Hieraus folgt, daß entgegen der früheren Rechtsprechung des BAG § 613a BGB auch auf die Fälle der Gesamtrechtsnachfolge Anwendung findet.

b) Im Falle der Gesamtrechtsnachfolge gehen die Arbeitsverhältnisse auf den Rechtsnachfolger über.

In § 323 Abs. 2 UmwG heißt es: Kommt bei einer Verschmelzung, Spaltung oder Vermögensübertragung ein Interessenausgleich zustande, in dem diejenigen namentlich
bezeichnet werden, die nach der Umwandlung einem bestimmten Betrieb oder Betriebsteil zugeordnet werden, so
kann die Zuordnung der Arbeitnehmer durch das Arbeitsgericht nur auf grobe Fehlerhaftigkeit überprüft werden. Die
Vorschrift entspricht den Rechtsgedanken in § 125 InsO.
Hier heißt es: Ist eine Betriebsänderung geplant und kommt
zwischen Insolvenzverwalter und Betriebsrat ein Interessenausgleich zustande, in dem die Arbeitnehmer, denen gekündigt werden soll, namentlich bezeichnet sind, so ist § 1
KSchG mit folgenden Maßgaben anzuwenden: (1) Es wird
vermutet, daß die Kündigung der Arbeitsverhältnisse der
bezeichneten Arbeitnehmer durch dringende betriebliche
Erfordernisse, die einer Weiterbeschäftigung in diesem Betrieb oder einer Weiterbeschäftigung zu unveränderten Arbeitsbedingungen entgegenstehen, bedingt ist; (2) die soziale
Auswahl der Arbeitnehmer kann nur im Hinblick auf die
Dauer der Betriebszugehörigkeit, das Lebensalter und die
Unterhaltspflichten und auch insoweit nur auf grobe Fehlerhaftigkeit nachgeprüft werden; sie ist nicht als grob fehlerhaft anzusehen, wenn eine ausgewogene Personalstruktur erhalten oder geschaffen wird.

c) Widerspruch. Das BAG hat in ständiger Rspr. angenommen, daß der Arbeitnehmer dem Übergang seines Arbeitsverhältnisses widersprechen und dadurch den Übergang verhindern kann. Im Schrifttum wird überwiegend angenommen, daß das Widerspruchsrecht auch dem Arbeitnehmer im Rahmen der Gesamtrechtsnachfolge zusteht. Ob
diese Beurteilung der Rechtslage zutreffend ist, scheint zumindest zweifelhaft. Die Rechtsgrundsätze der Gesamtrechtsnachfolge werden durch § 613a Abs. 1 S. 1 überlagert.
Der automatische Übergang des Arbeitsverhältnisses bei
Gesamtrechtsnachfolge verbietet die Anwendung der Rechtsprechung zum Widerspruchsrecht. Hierdurch werden die

Individualinteressen der einzelnen Arbeitnehmer nicht unangemessen beeinträchtigt.

4. Haftung für Arbeitnehmeransprüche. *a) Nach dem Übergang entstehende Ansprüche.* Durch Auf- oder Abspaltung kann die Haftungsmasse des Unternehmens erheblich verkleinert werden. Für nach dem Übergang des Arbeitsverhältnisses nach § 613a Abs. 1 auf den neuen Rechtsträger entstehende Ansprüche haftet allein der neue Rechtsträger. Will der Arbeitnehmer das nicht, muß er entsprechend der h. M. dem Übergang widersprechen. Er trägt aber das Risiko, seinen Arbeitsplatz zu verlieren. Das Prinzip, daß nach dem Betriebsübergang nur der neue Rechtsträger haftet, wird jedoch in § 134 Abs. 1 UmwG für die Fälle der klassischen Betriebsaufspaltung durchbrochen. Spaltet ein Rechtsträger sein Vermögen in eine Anlagegesellschaft und eine Betriebsgesellschaft und sind an diesen Gesellschaften im wesentlichen dieselben Personen beteiligt, so haftet die Anlagegesellschaft auch für die Forderungen der Arbeitnehmer der Betriebsgesellschaft als Gesamtschuldner, die binnen fünf Jahren nach dem Wirksamwerden der Spaltung aufgrund der §§ 111 bis 113 BetrVG begründet werden. Über § 134 Abs. 3, 133 Abs. 3 UmwG wird die Nachhaftung auf 10 Jahre erstreckt.

b) Bei Umwandlung vorhandene Ansprüche. Es konkurrieren zwei verschiedene Haftungsebenen, die nicht aufeinander abgestimmt sind, nämlich einmal die Haftung nach § 613a und zum anderen die umwandlungsrechtliche bei Verschmelzung (§ 22 UmwG) und bei Spaltung (§§ 133, 134 UmwG).

c) Umwandlungsrechtliche Haftung bei Spaltung. Für die Verbindlichkeiten des übertragenden Rechtsträgers, die vor dem Wirksamwerden der Spaltung begründet worden sind, haften die an der Spaltung beteiligten Rechtsträger als Gesamtschuldner (§§ 133 Abs. 1 S. 1 UmwG). Dasselbe ergibt sich im übrigen auch aus § 613a Abs. 1 S. 1 BGB. Die gesamtschuldnerische Haftung ist jedoch nach § 133 Abs. 3 UmwG beschränkt. Diejenigen Rechtsträger, denen die Verbindlichkeiten nach Abs. 1 S. 1 im Spaltungs- und Übernahmevertrag nicht zugewiesen worden sind, haften für diese Verbindlichkeiten, wenn sie vor Ablauf von fünf Jahren nach der Spaltung fällig und daraus Ansprüche gegen sie gerichtlich geltend gemacht sind. Bei öffentlich rechtlichen Verbindlichkeiten genügt zur Geltendmachung ein Verwaltungsakt. Hieraus folgt, daß der übertragende Rechtsträger, also der bisherige Arbeitgeber, für Altverbindlichkeiten mindestens noch fünf Jahre nachhaftet. Dies gilt nur dann nicht, wenn er bei der Aufspaltung erlischt.

d) Arbeitsrechtliche Haftung bei Spaltung. Nach § 613a Abs. 2 haftet der bisherige Arbeitgeber neben dem neuen Inhaber für Verpflichtungen bei Betriebsübergang, soweit sie zu dem Zeitpunkt des Überganges entstanden sind und vor Ablauf von einem Jahr nach diesem Zeitpunkt fällig werden, als Gesamtschuldner. Wie dieser Widerspruch der beiden Haftungsebenen zu lösen ist, ist umstr. Nach der einen Auffassung hat die umwandlungsrechtliche Haftung den Vorrang. Nach anderer Meinung ist § 613a Abs. 2 lex specialis gegenüber der umwandlungsrechtlichen Lösung. Nach richtiger Auffassung wird wohl die umwandlungsrechtliche Lösung den Vorrang haben. In § 324 UmwG ist überhaupt nicht auf § 613a Abs. 2 BGB verwiesen. Andererseits läßt sich dann § 613a Abs. 3 nicht erklären, wonach eine Nachhaftung des übertragenden Unternehmens nicht besteht, wenn es erlischt.

e) Haftung bei Verschmelzung. Bei Verschmelzung können alle Gläubiger, also auch die Arbeitnehmer Sicherheit verlangen, wenn sie binnen sechs Monaten die Forderungen schriftlich anmelden, soweit sie keine Befriedigung verlangen können. Dieses Recht ist jedoch wiederum eingeschränkt für solche Gläubiger, die im Falle der Insolvenz ein Recht auf vorzugsweise Befriedigung aus einer Deckungsmasse haben, die nach gesetzlicher Vorschrift zu ihrem Schutz errichtet und staatlich überwacht ist. Ein derartiger Insolvenzschutz besteht durch den Pensionssicherungsverein (vgl. BT-Durcks 12/6699, S. 92).

5. Haftung für die betriebliche Altersversorgung. a) *Haftungssystem des UmwG.* Für die betriebliche Altersversorgung gilt grundsätzlich das Haftungssystem der §§ 133, 134 UmwG im Falle der Spaltung. Hiernach haftet der neue Rechtsträger für nach der Spaltung erwachsene Forderungen. Dagegen haftet der übertragende Rechtsträger nach § 133 Abs. 1 S. 1 UmwG als Gesamtschuldner für Altverbindlichkeiten. Das sind Versorgungsanwartschaften und Ansprüche, die im Zeitpunkt der Spaltung bereits erdient sind.

b) *Aktive Belegschaft.* Für die aktive Belegschaft gilt § 613a Abs. 1 S. 1 i. V. m. § 324 UmwG. Hieraus folgt, daß die Versorgungsverpflichtungen auf den übernehmenden Rechtsträger übergehen. Dies gilt sowohl für die bereits bestehenden Anwartschaften als die zukünftig erwachsenden.

c) *Versorgungsanwartschaften und Ansprüche ausgeschiedener Arbeitnehmer.* Sind die Arbeitnehmer mit unverfallbaren Versorgungsanwartschaften ausgeschieden oder sind bereits Versorgungsansprüche ausgeschiedener Arbeitnehmer erwachsen, so findet § 613a Abs. 1 S. 1 keine Anwendung, weil kein Arbeitsverhältnis mehr gegeben ist. Insoweit wird für möglich gehalten, daß im Spaltungsplan nach § 126 Abs. 1 Nr. 9 UmwG bestimmt wird, welcher übernehmender Rechtsträger für die Versorgungsverbindlichkeiten einstehen muß. Ob dies richtig ist, erscheint zweifelhaft. Das BAG hat in § 4 BetrAVG eine Schutzvorschrift für den PSV gesehen. Es hat früher angenommen, daß die Übertragung der Verbindlichkeit auf andere als in § 4 genannte Schuldner der Zustimmung des PSV bedürften. Die Übertragung dieser Rspr. erscheint wohl notwendig, um den PSV vor unberechtigter Inanspruchnahme zu schützen.

§ 42. Arbeitnehmerüberlassung*

I. Echtes und unechtes Leiharbeitsverhältnis

1. Leiharbeitsverhältnis. Ein Leiharbeitsverhältnis ist gegeben, wenn ein selbständiger Unternehmer einen bei ihm angestellten Arbeitnehmer für vorübergehende Zeit an einen anderen Unternehmer derart abgibt, daß unter Fortbestand des Vertragsverhältnisses der Arbeitnehmer für den Betrieb des Entleihers nach dessen Weisungen zu arbeiten hat.

a) Bei einem *echten Leiharbeitsverhältnis* wird der Arbeitnehmer mit seiner Zustimmung vorübergehend in den Betrieb eines Dritten abgeordnet.

b) Bei einem *unechten Leiharbeitsverhältnis* wird der Arbeitnehmer von vornherein zum Zwecke der Arbeitsleistung bei einem Dritten eingestellt. Zur Regelung der unechten Leiharbeit ist das Gesetz zur Regelung der gewerbsmäßigen Arbeitnehmerüberlassung (Arbeitnehmerüberlassungsgesetz – AÜG i. d. F. vom 23. 3. 1994 (BGBl I 646), in der zur Zeit geltenden Fassung zul. geänd. am 7. 8. 1996 (BGBl I S. 1246) ergangen. Unzulässig ist die Arbeitnehmerüberlassung im Baugewerbe (§ 12 a AFG; ab 1. 1. 1998 § 1b AÜG). Diese Ausnahme ist verfassungsgemäß. Durch Art 63 des AFRG wird das AÜG mit Wirkung vom 1. 1. 1998 erneut geändert.

Keine erlaubnispflichtige Arbeitnehmerüberlassung ist gegeben, wenn die Arbeitnehmer zu einer zur Herstellung eines Werkes gebildeten Arbeitsgemeinschaft abgeordnet werden, für alle Mitglieder der Arbeitsgemeinschaft Tarifverträge desselben Wirtschaftszweiges gelten und alle Mitglieder auf Grund des Arbeitsgemeinschaftsvertrages zur selbständigen Erbringung von Vertragsleistungen verpflichtet sind.

---

* Schaub ArbR von A–Z, Stichwort: Leiharbeitsverhältnis.

2. Montagearbeit, Arbeitsvermittlung. Vom Leiharbeitsverhältnis ist das Arbeitsverhältnis eines Montagearbeiters
oder die Arbeitsvermittlung zu unterscheiden.

a) Der *Montagearbeiter* arbeitet aufgrund seines Arbeitsvertrages mit seinem Arbeitgeber in einem Betriebe, für den
sein Arbeitgeber eine Dienst- oder Werkleistung übernommen hat.

b) Eine unzulässige *Arbeitsvermittlung* ist dann gegeben,
wenn echte arbeitsvertragliche Beziehungen zwischen dem
Verleiher und dem Arbeitnehmer nicht begründet werden.

3. Ausnahmen. Vom AÜG nicht erfaßt wird die Arbeitnehmerüberlassung *(1)* zwischen Arbeitgebern desselben
Wirtschaftszweiges zur Vermeidung von Kurzarbeit oder
Entlassungen, wenn ein für den Entleiher und Verleiher
geltender Tarifvertrag dies vorsieht, und *(2)* zwischen Kon-
zernunternehmen (§ 18 AktG), wenn der Arbeitnehmer
seine Arbeit vorübergehend nicht bei seinem Arbeitgeber
leistet (§ 1 Abs. 3 AÜG). Ab 1. 1. 1998 besteht eine weitere
Ausnahme bei der Überlassung an ein deutsch-ausländi-
sches Gemeinschaftsunternehmen, an dem der Verleiher
beteiligt ist.

II. Erlaubnis zur Arbeitnehmerüberlassung

1. Antrag auf Erlaubnis. a) Arbeitgeber, die Dritten Arbeitnehmer gewerbsmäßig zur Arbeitsleistung überlassen
wollen, bedürfen neben der Gewerbeerlaubnis einer weiteren Erlaubnis (§ 1 AÜG). Die Erlaubnis wird auf schriftlichen Antrag von der BAnstArb erteilt (§§ 2, 17 AÜG). Sie
ist gebührenpflichtig (§ 2 a AÜG). Sie wird grundsätzlich
auf ein Jahr befristet. Nur dann, wenn der Arbeitgeber drei
aufeinanderfolgende Jahre erlaubt tätig war, kann sie unbefristet erteilt werden (§ 2 Abs. 4, 5 AÜG). War sie befristet
erteilt, so ist spätestens drei Monate vor Ablauf des Jahres
ihre Verlängerung zu beantragen. Sie gilt als verlängert,
wenn sie nicht bis zum Ablauf des Jahres verweigert wird

(§ 2 Abs. 4 AÜG). Die Erlaubnis kann unter Auflagen und Bedingungen erteilt werden, um die Einhaltung des AÜG sicherzustellen (§ 2 Abs. 2 AÜG).

b) Keiner Erlaubnis bedarf ein Arbeitgeber mit weniger als 20 Beschäftigten, der zur Vermeidung von Kurzarbeit oder Entlassungen an einen Arbeitgeber desselben Wirtschaftszweiges im selben oder im unmittelbar angrenzenden Handwerkskammerbezirk einen Arbeitnehmer bis zur Dauer von drei Monaten überläßt, wenn er die Überlassung vorher schriftlich dem für seinen Geschäftssitz zuständigen Landesarbeitsamt angezeigt hat (§ 1 a AÜG). Der Inhalt der Anzeige ergibt sich aus § 1 a Abs. 2 AÜG). Die Ausnahme bezieht sich auf die gewerbliche Arbeitnehmerüberlassung. Erfolgt die Überlassung nicht gewerblich, findet das AÜG keine Anwendung (vgl. oben I 1 S. 1).

2. Versagung, Rücknahme und Widerruf. Die Erlaubnis kann aus den in § 3 AÜG aufgezählten Gründen versagt werden. Versagungsgründe sind insbesondere mangelnde Zuverlässigkeit, Verstöße gegen Sozialversicherungs- und Lohnsteuerrecht, befristeter Abschluß von Arbeitsverträgen usw. Die Erlaubnis kann nach § 4 AÜG zurückgenommen werden, wenn sie rechtswidrig war. Im Falle der Rücknahme kann die Erlaubnisbehörde schadensersatzpflichtig werden. Schadensersatzansprüche sind jedoch ausgeschlossen, wenn der Unternehmer die Erlaubnis erschlichen hat oder ihre Rechtswidrigkeit kannte oder grob fahrlässig nicht kannte. Der Widerruf ist zulässig, wenn er vorbehalten war, und der Unternehmer eine Auflage nicht erfüllt hat (§ 5 AÜG).

3. Überwachung. Der Unternehmer hat zur Überwachung der Leiharbeit umfangreiche Benachrichtigungs- und Informationspflichten gegenüber verschiedenen Behörden.

III. Bei der Arbeitnehmerüberlassung auftretende Rechtsverhältnisse

1. Vertrag zwischen Verleiher und Entleiher. a) Der Vertrag auf Überlassung von Arbeitnehmern zwischen dem Verleiher und Entleiher bedarf der *Schriftform*. In der Urkunde hat der Verleiher zu erklären, ob er die erforderliche Erlaubnis besitzt (§ 12 Abs. 1 AÜG). Ein ohne Beachtung der Schriftform oder ohne die erforderliche Erlaubnis abgeschlossener Vertrag ist nichtig (§ 9 AÜG, § 125 BGB). Der Verleiher kann gegenüber dem Entleiher verpflichtet sein, die charakterlichen Fähigkeiten und Eigenschaften des Leiharbeitnehmers zu überprüfen.

b) Hat ein Arbeitnehmer bei dem Entleiher Arbeit geleistet, obwohl der Vertrag zwischen Verleiher und Entleiher *nichtig* ist, kann der Verleiher von dem Entleiher Ersatz der Aufwendungen verlangen, die der Entleiher erspart hat. Zahlt der Verleiher das vereinbarte Arbeitsentgelt oder Teile des Arbeitsentgelts an den Leiharbeitnehmer, obwohl der Vertrag nach § 9 Nr. 1 unwirksam ist, so hat er auch sonstige Teile des Arbeitsentgelts, die bei einem wirksamen Arbeitsvertrag für den Leiharbeitnehmer an einen anderen zu zahlen wären, an den anderen zu zahlen. Hinsichtlich der Zahlungspflicht gilt der Verleiher neben dem Entleiher als Arbeitgeber; beide haften insoweit als Gesamtschuldner.

c) Wird die Erlaubnis zur Arbeitnehmerüberlassung *nicht verlängert, zurückgenommen oder widerrufen,* so hat der Verleiher den Entleiher unverzüglich (§ 121 BGB), d. h. ohne schuldhaftes Zögern, zu unterrichten (§ 12 Abs. 2 AÜG). Abreden zwischen Verleiher und Entleiher, wonach dieser verpflichtet ist, nach Beendigung des Leiharbeitsverhältnisses den Leiharbeitnehmer nicht einzustellen, sind unwirksam (§ 9 Nr. 4 AÜG).

2. Vertrag zwischen Verleiher und Leiharbeitnehmer. a) Der Verleiher ist verpflichtet, den wesentlichen Inhalt des Arbeitsverhältnisses mit dem Leiharbeitnehmer in eine von ihm zu unterzeichnende *Urkunde oder einen schriftlichen Arbeitsvertrag* aufzunehmen, die Urkunde dem Leiharbeitnehmer auszuhändigen und eine Durchschrift drei Jahre aufzubewahren (§ 11 AÜG). Der Vertrag ist auch ohne Einhaltung der Schriftform wirksam. Jedoch kann der Arbeitgeber schadensersatzpflichtig werden und für den Arbeitnehmer nach Abmahnung ein Recht zur außerordentlichen Kündigung (§ 44 III S. 379) erwachsen. In die Urkunde sind aufzunehmen *(1)* Firma und Anschrift des Verleihers, die Erlaubnisbehörde sowie Ort und Datum der Erteilung der Erlaubnis, *(2)* Vor- und Familienname, Wohnort und Wohnung, Tag und Ort der Geburt des Leiharbeitnehmers, *(3)* Art der von dem Leiharbeitnehmer zu leistenden Tätigkeit und etwaige Pflicht zur auswärtigen Leistung, *(4)* Beginn und Dauer des Arbeitsverhältnisses, Gründe für eine Befristung, *(5)* Fristen für die Kündigung des Arbeitsverhältnisses, *(6)* Höhe des Arbeitsentgeltes und Zahlungsweise, *(7)* Leistungen bei Krankheit, Urlaub und vorübergehende Nichtbeschäftigung, *(8)* Zeitpunkt und Ort der Begründung des Arbeitsverhältnisses, *(9)* die Dauer des jährlichen Erholungsurlaubs, *(10)* die vereinbarte Arbeitszeit, *(11)* der in allgemeiner Form gehaltene Hinweis auf die Tarifverträge und Betriebsvereinbarungen, die auf das Leiharbeitsverhältnis anzuwenden sind, *(12)* die Angaben nach § 2 Abs. 2 des Nachweisgesetzes, wenn der Leiharbeitnehmer länger als einen Monat seine Arbeitsleistung außerhalb der Bundesrepublik Deutschland zu erbringen hat. Der Verleiher ist ferner verpflichtet, dem Leiharbeitnehmer ein Merkblatt der BAnstArb über den wesentlichen Inhalt des AÜG auf seine Kosten zu erstellen und auszuhändigen (§ 11 Abs. 2 AÜG).

b) Im Interesse des Schutzes des Leiharbeitnehmers sind eine Reihe von *Vertragsbedingungen* zwischen Leiharbeitnehmer und Verleiher *rechtsunwirksam: (1)* Es können keine Aushilfsarbeitsverhältnisse mit verkürzten Kündigungsfristen (§ 622 Abs. 5 BGB) vereinbart werden (§ 11 Abs. 4 AÜG). *(2)* Das Recht des Leiharbeitnehmers auf

Vergütung bei Annahmeverzug (§ 10 III S. 115) kann nicht ausgeschlossen werden (§ 10 Abs. 4 S. 2 AÜG). Hierdurch soll sichergestellt werden, daß der Verleiher auch dann zur Lohnfortzahlung verpflichtet ist, wenn er vorübergehend keine Arbeit hat. *(3)* Befristungen des Leiharbeitsverhältnisses sind unwirksam, es sei denn, daß für den Abschluß des befristeten Arbeitsvertrages (§ 7 II S. 71) ein sachlicher Grund aus der Person des Leiharbeitnehmers besteht (§ 9 AÜG); ab 1. 1. 1998 wiederholte Befristungen. *(4)* Verbote, nach Beendigung des Leiharbeitsverhältnisses ein Arbeitsverhältnis mit dem Entleiher zu begründen, sind unwirksam (§ 9 Nr. 4, 5 AÜG). *(5)* Kündigungen des Leiharbeitnehmers durch den Verleiher, wenn dieser ihn innerhalb von drei Monaten wieder einstellt (§ 9 Nr. 3 AÜG). Das Gesetz will verhindern, daß ein Verleiher sich den Verpflichtungen eines Arbeitgebers dadurch entzieht, daß er ein Arbeitsverhältnis begründet, dieses aber alsbald wieder kündigt, wenn er den Arbeitnehmer ausgeliehen hat (§ 9 AÜG). In der Zwischenzeit hat der Verleiher die Vergütung bei Annahmeverzug (§ 10 III S. 115) fortzuzahlen (§ 10 AÜG). Indes muß sich der Leiharbeitnehmer Zwischenverdienst anrechnen lassen.

c) Schließt ein Verleiher *ohne die erforderliche Erlaubnis* einen Vertrag mit einem Leiharbeitnehmer, so ist dieser unwirksam (§ 9 Nr. 1 AÜG). Der Verleiher haftet mithin dem Leiharbeitnehmer auf Schadensersatz (§ 10 Abs. 2 AÜG). Darüber hinaus bestimmt aber § 10 Abs. 1 AÜG, daß zwischen dem Entleiher und dem Leiharbeitnehmer zu dem Zeitpunkt, der für den Beginn der Tätigkeit vorgesehen ist, ein Arbeitsverhältnis als zustandegekommen gilt. Dasselbe gilt, wenn die Unwirksamkeit des Arbeitsvertrages erst später wegen Ablaufs, Rücknahme oder Widerrufs der Erlaubnis eintritt. Darüberhinaus kann es zu einem Arbeitsverhältnis mit dem Entleiher kommen, wenn der Arbeitnehmer einem Entleiher länger als neun Monate (ab 1. 1. 1998: 12 Monate) überlassen wird (§ 1 Abs. 2, § 10

AÜG).* Verfallfristen für Vergütungsansprüche aus dem fingierten Arbeitsverhältnis laufen erst ab dem Zeitpunkt, zu dem der Leiharbeitnehmer den Wechsel des Arbeitgebers erkennen kann.

3. Rechtsverhältnis zwischen Entleiher und Leiharbeitnehmer. a) Zwischen Entleiher und Arbeitnehmer kommt grundsätzlich *kein Arbeitsvertrag* zustande. Gleichwohl obliegen dem Entleiher eine Reihe von sozialversicherungsrechtlichen und steuerlichen Verpflichtungen. Er hat nach § 28 a SGB IV Abs. 4 Beginn und Ende der Überlassung der zuständigen Stelle zu melden. Nach § 28 e SGB IV Abs. 2 SGB IV haftet der Entleiher auf die Abführung der Sozialversicherungsbeiträge als selbstschuldnerischer Bürge. Muß der Entleiher die Sozialversicherungsbeiträge abführen, so werden sie von der Einzugsstelle in die Versicherungskarte eingetragen. Nach § 38 EStG haftet der Entleiher für die Abführung der Lohnsteuer.

b) Der Leiharbeitnehmer unterliegt dem *Direktionsrecht* (§ 9 III S. 104 ff.) des Entleihers. Er muß mithin die Dienststunden des Entleihbetriebes einhalten, soweit nichts anderes bestimmt ist; er hat ferner die Arbeit zu verrichten, für die er dem Entleiher überlassen worden ist. Bei Arbeitsmängeln kann er sich gegenüber den Schadensersatzansprüchen des Entleihers auf die Grundsätze der Haftungsmilderung von Arbeitnehmern berufen (§ 12 III S. 145 ff.). Das Arbeitsverhältnis kann nur von und gegenüber dem Verleiher gekündigt werden, jedoch kann der Arbeitnehmer ein außerordentliches Kündigungsrecht erlangen, wenn der Verleiher seinen Schutzpflichten nicht nachkommt.

IV. Tarifvertrag

Tarifverträge zur Regelung der Zeitarbeit haben die Deutsche Angestelltengewerkschaft und der Bundesverband Zeitarbeit Dienstleistungen e.V. Hamburg abgeschlossen.

* BAG AP 14 zu § 1 AÜG = NZA 89, 812 = BB 89, 1623 = DB 89, 1898.

Die Tarifverträge für den Entleiherbetrieb kommen mangels arbeitsvertraglicher Beziehungen zwischen Entleiher und Leiharbeitnehmer grundsätzlich nicht zur Anwendung. Die Tarifverträge sind im allgemeinen älteren Datums.

V. Mitwirkung des Betriebsrates bei Arbeitnehmerüberlassung

1. Betrieb des Verleihers. Leiharbeitnehmer bleiben auch während der Zeit der Arbeitsleistung im Betrieb des Dritten Arbeitnehmer des Verleihers. Hieraus folgt, der Leiharbeitnehmer hat grundsätzlich im Betrieb des Verleihers die vollen betriebsverfassungsrechtlichen Rechte und Pflichten (§ 14 AÜG).

2. Betrieb des Entleihers. Dagegen stehen dem Leiharbeitnehmer im Betrieb des Entleihers nur eingeschränkte betriebsverfassungsrechtliche Rechte zu (§ 14 Abs. 2 AÜG). So ist der Leiharbeitnehmer zum Betriebsrat des Entleihbetriebes weder aktiv noch passiv wahlberechtigt. Sie können jedoch die Sprechstunden des Betriebsrates des Entleihbetriebes aufsuchen und ihnen stehen die sog. betriebsverfassungsrechtlichen Grundrechte aus §§ 81, 82, 84 bis 86 BetrVG zu. Sie sind mithin auch im Entleihbetrieb durch den Entleiher über Aufgaben und Verantwortung zu unterrichten, haben Anhörungs- und Erörterungsrechte und können sich sowohl unmittelbar beim Arbeitgeber des Entleihbetriebes wie über dessen Betriebsrat beschweren. Vor der Übernahme eines Leiharbeitnehmers ist der Betriebsrat des Entleihbetriebes nach § 14 Abs. 3 AÜG i.V. m. § 99 BetrVG zu beteiligen.

3. Echte Leiharbeit. Die Vorschrift über die Mitwirkung des Betriebsrats wird auf die echte Leiharbeit (oben I 1 S. 1) entsprechend angewandt.

Abschnitt XII. Beendigung des Arbeitsverhältnisses

§ 43. Aufhebungsvertrag*

I. Begriff und Abschluß

1. Begriff. Aufhebungsvertrag ist die Einigung der Arbeitsvertragsparteien, daß das Arbeitsverhältnis zu einem bestimmten Zeitpunkt beendet wird. Der Aufhebungsvertrag kann ausdrücklich oder durch schlüssiges Verhalten, das eindeutig auf die Beendigung des Arbeitsverhältnisses gerichtet ist, abgeschlossen werden. Die Rechtsprechung legt insoweit einen strengen Maßstab an. Der Aufhebungsvertrag ist formfrei wirksam, wenngleich aus Beweissicherungsgründen sein schriftlicher Abschluß zu empfehlen ist.

2. Interesse. Der Abschluß eines Aufhebungsvertrages liegt zumeist im Interesse des Arbeitgebers, da der Arbeitnehmer keinen allgemeinen oder besonderen Kündigungsschutz genießt (§ 45 S. 384).

3. Muster: Die Parteien sind sich darüber einig, daß das Arbeitsverhältnis mit dem . . . . . . endet / auf Veranlassung des Arbeitgebers endet.

4. Outplacement. In der Personalwirtschaft hat sich der Begriff des **Outplacement** entwickelt. Zum Begriff des Outplacement gehört die einvernehmliche Beendigung des Arbeitsverhältnisses und zum anderen die Unterstützung des Mitarbeiters bei seiner beruflichen Neuorientierung. Kern des Outplacements ist der Abschluß des Aufhebungsvertrages.

---

* Schaub ArbR von A–Z, Stichwort: Aufhebungsvertrag, Ausgleichsquittung.

5. Sozialversicherungsrechtliche Auswirkungen. Bei Abschluß des Aufhebungsvertrages sind vor allem die sozialversicherungsrechtlichen Auswirkungen zu bedenken.

a) Diese ergeben sich aus dem ARFG, das am 24. 3. 1997 (BGBl I 594, 595) verabschiedet worden ist. *(1)* Nach bisherigem Recht (§§ 117, 117a AFG) konnten Abfindungen unter bestimmten Voraussetzungen zum zeitweisen aber vollständigen Ruhen von Abfindungen führen. Diese Regelung ist ab 1. 4. 1997 durch eine Anrechnungsregelung ersetzt worden. Die Regelung entspricht der am 1. 1. 1998 in Kraft tretenden Regelung des SGB III. *(2)* Der abrupte Wechsel hätte auf der Leistungsseite zu erheblichen Problemen geführt. Nach § 242x AFG ist daher eine Übergangsregelung bis zum 31. 1. 1997 vorgesehen. Nur für diejenigen, für die die Übergangsregelung nicht eingreift, gilt § 115a AFG ab 1. 4. 1997. Soweit die Übergangsregelung eingreift, bewendet es bei den bisherigen Vorschriften. *(3)* Soweit die Übergangsregelung nicht eingreift, ist in jedem Fall bei Abschluß von Aufhebungsverträgen, Abwicklungsverträgen, Vergleichen oder ähnlichen Rechtsinstituten der Sammelerlaß Arbeitslosengeld/Arbeitslosenhilfe vom 18. 12. 1996 zu beachten, der eine wesentliche Verschärfung der Sperrzeitenregelung enthält. Der Sammelerlaß beruht auf einer Fortschreibung einer Entscheidung des BSG vom 9. 11. 1995 (AP Nr. 3 zu § 620 BGB Aufhebungsvertrag bzw. AP Nr. 4 zu § 119 AFG).

b) Die Übergangsregelung sieht im wesentlichen vor, daß die bisherige Regelung Anwendung findet, wenn *(1)* bereits arbeitslose Leistungsbezieher vor dem 1. 4. 1997 mindestens 360 Kalendertage in einer die Beitragspflicht begründenden Beschäftigung gestanden haben, *(2)* bis zum 14. 2. 1941 geboren sind und *(2.1)* entweder am 14. 2. 1996 arbeitslos waren oder Anpassungsgeld für entlassene Arbeitnehmer des Bergbaus bezogen haben oder *(2.2)* deren Arbeitsverhältnis aufgrund einer Kündigung oder Vereinbarung, die vor dem 14. 2. 1996 erfolgt ist, nach dem 13. 2. 1996 beendet worden ist und die daran anschließend arbeitslos geworden sind oder Anpassungsgeld für entlassene Arbeitnehmer des Bergbaus bezogen haben oder *(2.3)* bestimmte Voraussetzungen des Bergbaus erfüllen. Die Übergangsregelung wird in § 427 Abs. 6 SGB III fortgeschrieben. Sie wird mithin auch nach dem 1. 1. 1998 gelten.

c) Die Rechtslage vom 1. 4. 1997 bis zum 31. 12. 1997, soweit die Übergangsregelung nicht eingreift. *(1)* Nach § 115a AFG werden Abfindungen, Entschädigungen oder ähnliche Leistungen (Entlassungsentschädigung), die der Arbeitslose wegen der Beendigung des Arbeits- oder Beschäftigungsverhältnisses zu erhalten oder zu beanspruchen hat unter voller Anrechnung der Beitragszahlung zur Sozialversicherung zur Hälfte auf das Arbeitslosengeld angerechnet, soweit der Freibetrag überschritten wird. Es gelangt damit immer ein halbes Arbeitslosengeld zur Auszahlung. *(2)* Der Freibetrag der Entlassungsentschädigung beträgt 25 v.H., bei Arbeitnehmern die bei Beendigung des Beschäftigungsverhältnisses das 50. Lebensjahr vollendet haben, 35 v.H. Er erhöht sich für je fünf Jahre des Bestandes des Beschäftigungsverhältnisses nach Vollendung des 45. Lebensjahres des Arbeitnehmers um je 5 v.H. *(3)* Beispiel: Ein seit 20 Jahren beschäftigter Arbeitnehmer, verheiratet, ohne zu berücksichtigende Kinder, Steuerklasse III wird zum 30. 4. 1999 gekündigt. Er ist alsdann 58 Jahre. Er erhält bei einem monatlichen Bruttoeinkommen von 4500,– DM eine Abfindung von 45 000,– DM. Der Anspruch auf Arbeitslosengeld besteht nach § 106 AFG 832 Tage (2 J. und 8 M.). Der AN unterfällt nicht der Übergangsregelung nach § 242x AFG. Der Grundfreibetrag von 25 % erhöht sich auf 35 % wegen Vollendung des 50. Lebensjahres und um 2 mal 5 Punkte für je volle 5 Beschäftigungsjahre nach dem 45. Lebensjahr. Der Freibetrag von 45 % beträgt 20 250,– DM. Der anrechenbare Betrag beträgt 24 750,– DM. Das Arbeitslosengeld beträgt nach dem vorherigen Einkommen 71,70 DM. Es wird hälftig angerechnet. Der Arbeitnehmer erhält

24750,– DM geteilt durch 35,85 = 690 Leistungstage ein halbes Arbeitslosengeld. Eine entsprechende Regelung gilt für die Arbeitslosenhilfe.

d) Die Rechtslage ab 1. 1. 1998 entspricht der ab 1. 4. 1997. Jedoch ist auch insoweit die Übergangsregelung fortgeschrieben. Bei Abschluß eines Vergleiches über die Beendigung des Arbeitsverhältnisses bedarf es in jedem Einzelfall einer genauen Kontrolle der Anrechnung, um zu einer sachgemäßen Entscheidung zu kommen. Darüber hinaus muß in die Erwägungen einbezogen werden, daß eine Beseitigung der Steuerfreiheit von Abfindungen beabsichtigt ist.

e) Umstr. ist, ob der Arbeitgeber den Arbeitnehmer über die sozialversicherungsrechtlichen Auswirkungen belehren muß.

II. Beseitigung des Aufhebungsvertrages

1. Fortsetzung. Der Aufhebungsvertrag kann beseitigt werden, indem die Parteien die Fortsetzung des Arbeitsverhältnisses vereinbaren. Häufig kommt es jedoch über die Wirksamkeit des Aufhebungsvertrages zum Streit.

2. Anfechtung. Die Willenserklärung, mit der ein Aufhebungsvertrag geschlossen worden ist, kann angefochten werden. Indes sind die dabei erwachsenden Rechtsfragen schwieriger Natur, so daß man zumeist rechtskundigen Beistands bedarf.

a) Nach § 119 Abs. 1 BGB ist eine Anfechtung begründet, wenn sich der Anfechtende über den Inhalt seiner Erklärung oder den Inhalt seiner Willenserklärung irrt. Ein Irrtum in der Erklärung *(Erklärungsirrtum)* liegt vor, wenn sich der Erklärende verspricht oder verschreibt. Ein *Inhaltsirrtum* ist gegeben, wenn er der Erklärung einen anderen Inhalt beimißt.

Beispiel: Handelt der Arbeitnehmer in der festen Vorstellung, er quittiere nur die vorübergehende Aushändigung der Arbeitspapiere, so liegt ein Inhaltsirrtum vor; dagegen ist ein Erklärungsirrtum gegeben, wenn er eine Urkunde unterschreibt, er wolle die Arbeit einstellen, wenn nur beabsichtigt war, das Arbeitsverhältnis vorübergehend zum Ruhen zu bringen.

Zu beachten ist aber, daß derjenige, der eine Urkunde ungelesen unterschreibt, jeglichen Inhalt gegen sich gelten lassen muß.

b) Nach § 119 Abs. 2 BGB kann anfechten, wer sich über die *verkehrswesentlichen Eigenschaften von Personen oder Sachen* irrt.

c) Eine Anfechtung nach § 123 BGB ist möglich, wenn der Anfechtende durch *arglistige Täuschung oder durch rechtswidrige Drohung* zur Abgabe einer Willenserklärung gezwungen worden ist. Der wichtigste Fall ist der der widerrechtlichen Drohung. Drohung ist die Ankündigung eines Übels, das vom Willen des Drohenden abhängt. Widerrechtlich ist die Drohung, wenn das angedrohte Mittel bereits rechtswidrig ist, der angestrebte Erfolg rechtswidrig ist oder die Verbindung des angedrohten Mittels mit diesem Erfolg rechtswidrig ist. Auch in diesem Zusammenhang spielen vor allem Fälle eine Rolle, wenn der Arbeitgeber mit einer außerordentlichen Kündigung (Strafanzeige) droht, wenn der Arbeitnehmer nicht in die Aufhebung des Arbeitsvertrages einwilligt. Dies ist dann rechtswidrig, wenn ein verständiger Arbeitgeber bei Abwägung der wechselseitigen Interessen nicht davon ausgehen kann, daß eine außerordentliche Kündigung gerechtfertigt ist. Die Androhung einer Strafanzeige zur Erzwingung eines Aufhebungsvertrages wird im allgemeinen rechtswidrig sein.

d) Die Anfechtung nach §§ 119 BGB muß *unverzüglich,* d. h. ohne schuldhaftes Zögern (§ 121 BGB), erfolgen. Dies bedeutet, daß die Anfechtung im allgemeinen längstens binnen 3–4 Tagen nach der Entdeckung des Irrtums erklärt werden muß. Eine Anfechtung nach § 123 BGB muß binnen *Jahresfrist* erfolgen. Eine derartige Frist ist für die Verhältnisse des Arbeitsrechts jedoch eindeutig zu lang. Im allgemeinen wird das Anfechtungsrecht sehr viel früher verwirken. Man sollte sich daher regelmäßig nicht länger als zwei Wochen Zeit nehmen.

Muster:

Ich habe am ...... der Auflösung meines Arbeitsverhältnisses zugestimmt. Diese Zustimmung fechte ich wegen rechtswidriger Drohung an. Ich habe nur deswegen die Zustimmung zur Beendigung des Arbeitsverhältnisses erteilt, weil mir eine Strafanzeige in Aussicht gestellt wurde, wenn ich nicht in die Auflösung des Arbeitsverhältnisses einwillige. Die Voraussetzungen einer strafbaren Handlung sind nicht gegeben. Zugleich biete ich meine Arbeitskraft an. Ich werde am ...... wieder zur Arbeit erscheinen.

III. Tarifvertrag

In Tarifverträgen wird dem Arbeitnehmer gelegentlich das Recht zum Rücktritt vom Aufhebungsvertrag zugebilligt. Dies muß innerhalb der tariflichen Fristen ausgeübt werden.

§ 44. Kündigung des Arbeitsverhältnisses*

I. Rechtsfragen zur Kündigungserklärung

1. Begriff. Zur Beendigung des Arbeitsverhältnisses bedarf es eines besonderen Beendigungstatbestandes. Der regelmäßige Beendigungstatbestand ist die Kündigung. *Kündigung ist eine einseitige, empfangsbedürftige, rechtsgestaltende, bedingungsfeindliche, formfreie Willenserklärung,* die den Endtermin des Arbeitsverhältnisses bestimmen soll. Aus dieser Begriffsbestimmung ergeben sich im einzelnen folgende Darlegungen:

a) Die Kündigung ist eine *Willenserklärung.* Zu ihrer Abgabe und Empfangnahme ist mithin regelmäßig die unbeschränkte Geschäftsfähigkeit erforderlich. Von und gegenüber einem beschränkt Geschäftsfähigen (§ 106 BGB) kann nicht gekündigt werden; vielmehr sind die entsprechenden Erklärungen von/gegenüber dem gesetzlichen Vertreter auszusprechen. Eine Ausnahme gilt wiederum für Minderjährige (§ 5 II 1 c S. 41). Diese können kündigen, wenn sie er-

---

* Schaub ArbR von A–Z, Stichwort: Kündigung.

mächtigt waren, in Dienst oder Arbeit zu treten oder ein Erwerbsgeschäft selbständig zu führen (§§ 112, 113 BGB). War der Minderjährige nicht ermächtigt, in Dienst oder Arbeit zu treten oder befindet er sich in einem Berufsausbildungsverhältnis, so ist die Kündigung an den Minderjährigen gesetzlich vertreten durch seine namentlich zu bezeichnenden gesetzlichen Vertreter (Eltern) zu richten.

b) Die Kündigung ist eine *einseitige* Willenserklärung. Sie wird mithin wirksam, ohne daß der Gegner zustimmt. Erklärungen des Arbeitgebers oder Arbeitnehmers, die Kündigung werde angenommen, haben mithin grundsätzlich keine Bedeutung für die Wirksamkeit. Sie können allenfalls die Auslegung zulassen, daß die Beendigung des Arbeitsverhältnisses im gegenseitigen Einvernehmen gewollt ist oder auf einen besonderen Kündigungsschutz verzichtet wird. Da die Kündigung eine einseitige Erklärung ist, darf sie zu keinerlei Rechtsunsicherheit führen. Eine Kündigung, die ohne Bestehen einer Vertretungsmacht für den Arbeitgeber ausgesprochen wird, ist mithin rechtsunwirksam. Wird bei Ausspruch der Kündigung die Bevollmächtigung nicht nachgewiesen, kann der Kündigungsempfänger sie zurückweisen mit der Folge, daß sie rechtsunwirksam wird (§ 174 BGB). Im allgemeinen kann der Arbeitnehmer mithin die Kündigung zurückweisen, wenn sie durch einen Rechtsanwalt oder einen nicht handelsrechtlich Bevollmächtigten Vertreter (Prokuristen, Handlungsbevollmächtigten) des Arbeitgebers ausgesprochen wird, es sei denn, daß der Kündigung eine besondere Vollmachtsurkunde beigefügt ist. Lediglich für einen Personalleiter, dagegen schon nicht für einen Personalsachbearbeiter kann sich die Bevollmächtigung aus den Umständen ergeben. Ausreichend ist, wenn der Arbeitnehmer erklärt, ich weise die Kündigung zurück, da mir eine Bevollmächtigung nicht nachgewiesen ist.

c) Die Kündigung ist eine *empfangsbedürftige* Willenserklärung; sie wird mithin nur wirksam, wenn sie dem Kündigungsempfänger zugeht. Insoweit gelten folgende Differenzierungen: *a)* Eine Kündigung unter Anwesenden geht grundsätzlich zu, wenn der Kündigungsempfänger sie verstehen kann. Eine Kündigung unter Anwesenden ist eine mündliche Kündigung bei Gegenwart beider Parteien, aus der eindeutig auf die Beendigung des Arbeitsverhältnisses zu schließen ist. Es braucht nicht notwendig das Wort Kündigung verwandt werden. Eine hinreichende Eindeutigkeit kann auch dann gegeben sein, wenn der Arbeitgeber dem Arbeitnehmer erklärt, hau ab, schieß in den Wind usw. und die Umstände auf eine Beendigung des Arbeitsverhältnisses schließen lassen. Namentlich bei Ausländern kann es zweifelhaft sein, ob diese eine mündliche Kündigungserklärung verstehen. Eine Erklärung unter Anwesenden ist auch die telefonische Kündigungserklärung. *b)* Eine Kündigung unter Abwesenden ist zumeist eine schriftliche Erklärung. Sie geht dann zu, wenn der Kündigungsempfänger nach dem regelmäßigen Lauf der Dinge von ihr Kenntnis nehmen kann. Wird einem Arbeitnehmer im Personalbüro ein langes Kündigungsschreiben ausgehändigt, so geht dies dann zu, wenn er die Möglichkeit hatte, es zu lesen. Wird es ihm dagegen durch einen Boten oder die Post übersandt, so geht es zu, wenn nach dem regelmäßigen Lauf mit einer Entleerung des Briefkastens gerechnet werden kann. So kann mit einer täglichen Entleerung des Briefkastens gerechnet werden; wird dagegen um 23.55 Uhr eine Kündigung in den Briefkasten gesteckt, so kann erst am nächsten Tag die Leerung erwartet werden. Anders ist es dagegen, wenn der Bote um 23.55 Uhr den Kündigungsempfänger herausschellt und ihm die Kündigung in die Hand gibt. Für die *einzelnen Versendungsformen* gelten folgende Grundsätze. Eine schriftliche Kündigung geht zu, wenn sie zur verkehrsüblichen Zeit in den Briefkasten gelegt wird. Wird die Kündigung durch *einfachen Brief* übersandt, so spricht keine Vermutung dafür, daß dieser auch zugeht. Der Absender ist mithin für den Zugang beweispflichtig, der allerdings so gut wie nie zu führen ist, da der Postbote sich kaum jemals an einen bestimmten Brief erinnern kann. In geeigneten Fällen kann es sich empfehlen, die Kündigung durch Fax zu übersenden, da dann in aller Regel ein Zugang nachgewiesen werden kann. Auch die Übersendung eines *Einschreibebriefes* weist Risiken auf. Trifft der Postbote den Adressaten oder einen Familienangehörigen nicht an, so nimmt er den Einschreibebrief unter Hinterlassung eines Benachrichtigungsscheines wieder mit. Der Einschreibebrief gilt aber nicht als zugegangen, wenn der Empfänger den Benachrichtigungsschein erhält, sondern erst dann, wenn ihm der Einschreibebrief ausgehändigt wird. Niemand ist aber verpflichtet, zur Postzeit zuhause zu sein oder gar einen Brief von der Post abzuholen. Die Übersendung des Einschreibens kann gerade zu Lasten des Absenders den Zugang vereiteln. Von dem Grundsatz, daß man keinen Brief von der Post abzuholen braucht, können Ausnahmen bestehen. Dies gilt vor allem dann, wenn man mit dem Zugang einer Kündigung rechnen muß, z.B. wenn bei einem Schwerbehinderten bereits das Zustimmungsverfahren bei der Hauptfürsorgestelle durchgeführt worden ist. Die Übersendung durch *Einschreiben mit Rückschein* ist zweckmäßig, weil bei rechtzeitiger Übersendung der Kündigung zu ermitteln ist, ob der Empfänger den Einschreibebrief erhalten oder abgeholt hat und in Notfällen noch anderweitige Vorsorge für den Zugang der Kündigung getroffen werden kann. Die Übersendung der Kündigung durch *Postzustellungsurkunde* bietet keinerlei Vorteile. Etwas anderes gilt für die Übersendung der Kündigung durch den *Gerichtsvollzieher.* Die Zustellung durch den Gerichtsvollzieher geschieht in der Weise, daß dem Gerichtsvollzieher drei Ausfertigungen mit dem Ersuchen übersandt werden, eine Kündigung dem Kündigungsempfänger zuzustellen. Mit der Präsentation der Kündigung an der Wohnungstür gilt die Kündigung als zugegangen, auch wenn der Kündigungsempfänger nicht angetroffen wird (§ 132 BGB). In neuerer Zeit ist streitig geworden, ob eine Privatperson den Gerichtsvollzieher um Zustellung der Kündigung ersuchen kann. Wenn mit gerichtlichen Auseinandersetzungen über den Zugang der Kündigung zu rechnen ist, sollte ein Arbeitnehmer oder Arbeitgeber keine Kosten scheuen, die Kündigung mit einem zuverlässigen *Boten* zu übersenden, der das Kündigungsschreiben kennt, eine Einkuvertierung überwacht und selbst darauf bedacht nimmt, daß es zuverlässig in den Briefkasten oder unter der Wohnungstür hergeschoben wird. *c)* Nur in Ausnahmefällen gilt die Kündigung als zugegangen, auch wenn der Kündigungsempfänger von ihr keine Kenntnis nehmen konnte. Dies ist dann der Fall, wenn der Kündigungsempfänger den *Zugang vereitelt* hat (§ 162 BGB). Eine Vereitelung ist aber nur in wenigen Fällen von der Rechtsprechung anerkannt worden. Dies war z.B. der Fall, wenn einem leitenden Angestellten eine Kündigung in Aussicht gestellt worden ist und er einen Tag vor dem letzten Kündigungstermin zu Unrecht einen Campingurlaub in Holland angetreten hat. *d)* Besondere Schwierigkeiten können auftreten, wenn der Arbeitnehmer zum Kündigungszeitpunkt ortsabwesend ist, z.B. weil er sich in Urlaub befindet. Die Rspr. hat insoweit wiederholt gewechselt. Das BAG nimmt an, daß dem Arbeitnehmer auch dann eine Kündigung an die Wohnadresse zugeht, wenn der Arbeitgeber weiß, daß sich der Arbeitnehmer ortsabwesend in Urlaub oder Untersuchungshaft befindet. Eine andere Frage ist, ob dem Arbeitnehmer bei verspäteter Kenntnis von dem Kündigungszugang nachträgliche Zulassung der Kündigungsschutzklage zuzubilligen ist (§ 47 III S. 400).

d) Die Kündigung ist eine *rechtsgestaltende* Willenserklärung, d. h., sie beendet das Arbeitsverhältnis mit ihrem Zugang für die Zukunft. Die Kündigung kann grundsätzlich zu jeder Zeit ausgesprochen werden. Umstr. ist insoweit lediglich, welche Wirkung eine Kündigung vor *Beginn des Arbeitsverhältnisses* entfaltet. Eine vor Beginn des Arbeitsverhältnisses ausgesprochene außerordentliche Kündigung wird das Arbeitsverhältnis sofort beenden, sofern für sie ein wichtiger Grund besteht. Es wäre sinnlos, die Parteien für eine „logische Sekunde" an das Arbeitsverhältnis zu binden. Dagegen ist es bei einer ordentlichen Kündigung zweifelhaft. Es wird darüber gestritten, ob bei einer ordentlichen Kündigung die Kündigungsfrist ab Kündigungszugang oder erst ab Beginn des Arbeitsverhältnisses läuft. Vielfach sind Arbeitgeber daran interessiert, daß die Kündigungsfrist erst ab Beginn des Arbeitsverhältnisses läuft, da dies Vertragsbrüchen der Arbeitnehmer vorbeugt. Im Zweifelsfall sollte man die Rechtsfrage, die von der Auslegung der Erklärungen abhängt und in der Rechtsprechung des BAG noch nicht eindeutig geklärt ist, bei Begründung des Arbeitsverhältnisses durch eine arbeitsvertragliche Bestimmung klarstellen, z. B. vor Beginn des Arbeitsverhältnisses ist die Kündigung ausgeschlossen. Selbst wenn eine Kündigung vor Beginn eines Arbeitsverhältnisses zulässig ist, darf sie nicht zur Unzeit ausgesprochen werden, also etwa zu Weihnachten, um Mitternacht usw.

e) Die Kündigung ist *bedingungsfeindlich.* Aus dem Grundsatz, daß der Kündigungsempfänger sofort die Bedeutung der Erklärung erkennen muß, folgt, daß sie nicht unter Bedingungen ausgesprochen werden kann. Bedingungen sind zukünftige ungewisse Ereignisse, auf deren Eintritt der Kündigungsempfänger keinen Einfluß hat. Unwirksam sind mithin Kündigungserklärungen, die Kündigung werde wirksam, wenn der Arbeitnehmer sein Verhalten nicht ändere usw. Wirksam sind dagegen Kündigungen, die allein von einem einmaligen Willensentschluß des Kündigungsempfängers abhängen. Hierzu gehören die sog. Änderungskündigungen (§ 44 I 2 S. 374).

f) Grundsätzlich ist eine Kündigung *formfrei* wirksam. Sie kann also mündlich, schriftlich, durch eingeschriebenen Brief usw. ausgesprochen werden. Nur in wenigen Ausnahmefällen ist kraft Gesetzes für die Kündigung die Schriftform erforderlich. Dies gilt z. B. für die Kündigung von

Ausbildungsverhältnissen (§ 15 Abs. 3 BBiG) oder von Seeleuten (§ 62 SeemannsG). Vielfach ergeben sich für die Kündigung aber auch Formvorschriften aus einem Tarifvertrag oder einer Betriebsvereinbarung. Wird die Kündigung ohne Einhaltung der gesetzlich oder kollektiv-rechtlich vorgeschriebenen Schriftform ausgesprochen, so ist sie unwirksam (§ 126 BGB). Auch in Arbeitsverträgen kann für die Kündigung eine Schriftform vereinbart werden. Insoweit kann gewollt sein, daß die Schriftform deklaratorische oder konstitutive Bedeutung hat. Nach der Auslegungsregel von § 127 BGB ist aber davon auszugehen, daß eine Schriftformvereinbarung konstitutiv ist. Eine ohne Einhaltung der konstitutiven Form ausgesprochene Kündigung ist mithin gleichfalls unwirksam. Wird vereinbart, daß die Kündigung durch eingeschriebenen Brief erfolgen muß, so hat die Schriftform im Zweifel konstitutive Bedeutung, dagegen die Einschreibung nur deklaratorische. Durch die Vereinbarung der Einschreibung soll nur sichergestellt werden, daß der Adressat die Kündigung auch erhält.

2. Arten der Kündigung. Es sind verschiedene Arten von Kündigungen zu unterscheiden.

a) Die *ordentliche Kündigung* kommt zumeist nur in auf unbestimmte Zeit eingegangenen Arbeitsverhältnissen vor. In befristeten Arbeitsverhältnissen ist eine ordentliche Kündigung regelmäßig ausgeschlossen, sofern nicht ausdrücklich etwas anderes vereinbart ist (§ 7 IV 3 S. 82). Eine ordentliche Kündigung soll das Arbeitsverhältnis nach Ablauf der Kündigungsfrist beenden. Ausreichend ist, wenn erklärt wird, das Arbeitsverhältnis solle mit ordentlicher Frist zum nächstzulässigen Termin gekündigt werden.

b) Eine *außerordentliche Kündigung* soll das Arbeitsverhältnis unabhängig von einer bestimmten Kündigungsfrist beenden. Für sie muß regelmäßig ein gesetzlich anerkannter Anlaß bestehen. Dies ist regelmäßig ein wichtiger Grund (unter § 44 III S. 379).

c) Eine *Änderungskündigung* soll lediglich den Inhalt des Arbeitsverhältnisses ändern. Ihre Legaldefinition findet sich in § 2 KSchG. Im allgemeinen kommt eine Änderungskündigung jedoch nur in zwei Formen vor nämlich: *a)* Das Arbeitsverhältnis wird unbedingt gekündigt und zugleich wird ein Arbeitsvertrag in abgeänderter Form angeboten. Kündigung und Angebot eines abgeänderten Arbeitsvertrages laufen mithin parallel. *b)* Denkbar ist aber auch, daß das Arbeitsverhältnis unter der Bedingung gekündigt wird, daß der Kündigungsempfänger nicht in den abgeänderten Arbeitsvertrag einwilligt. Auch hier liegt keine Unsicherheit für den Kündigungsempfänger vor. Nur von seinem einmaligen Willensentschluß hängt es ab, ob das Arbeitsverhältnis zu geänderten Bedingungen fortbesteht oder beendet wird.

d) Durch eine *Teilkündigung* sollen nur einzelne Bedingungen der gegenseitigen Verpflichtungen eines Arbeitsverhältnisses beendet, dagegen die übrigen Arbeitsbedingungen aufrechterhalten werden. Die Teilkündigung ist grundsätzlich unzulässig, da keine Partei es in der Hand haben kann, den Inhalt des Arbeitsverhältnisses völlig zu ändern und damit dem Gegner einen anderen Vertrag aufzuzwingen. Gleichwohl wurde von einer weitverbreiteten Meinung die Teilkündigung dann für zulässig angesehen, wenn sie für einzelne Bedingungen im Arbeitsverhältnis vorbehalten war. Das galt z.B. für die Provisionsstaffeln bei einem Vertreter, Bezugsrechte für einzelne Naturalien usw. In neuerer Zeit sind Bedenken gegen die Wirksamkeit eines Vorbehaltes angemeldet worden, weil durch die Teilkündigung der Inhalt eines Arbeitsverhältnisses geändert werden kann, der Arbeitnehmer aber bei der Änderungskündigung auch einen Inhaltsschutz genießt (§ 2 KSchG). Dieser Kündigungsschutz wird aber umgangen. Handelt es sich um den Vorbehalt des Widerrufs einzelner Arbeitsbedingungen, die nicht in einem Gegenseitigkeitsverhältnis stehen, spricht man von *Widerruf.* Dieser kommt namentlich bei der Gewährung von Ruhegeldzusagen (§ 26 S. 236) oder Gratifikationen (§ 24 S. 225) vor.

3. Kündigungsgrund. Für die Wirksamkeit einer Kündigung bedarf es grundsätzlich nicht der Angabe eines *Kündigungsgrundes.* Arbeitnehmer und Arbeitgeber brauchen mithin dem Gegner nicht zu sagen, warum sie das Arbeitsverhältnis beenden wollen. Gleichwohl ist dieser Grundsatz, namentlich für den Arbeitgeber, weitgehend eingeschränkt oder gar aufgehoben.

a) In *Gesetzen, Tarifverträgen und Betriebsvereinbarungen* kann für eine oder beide Parteien vorgeschrieben sein, daß dem Kündigungsempfänger die Kündigungsgründe mitgeteilt werden müssen. In diesem Fall müssen die Kündigungsgründe in einem solchen Umfang geschildert werden, daß sich der Gegner ein Bild von den Ursachen der Kündigung machen kann. Fehlt es an der Angabe der Kündigungsgründe, ist die Kündigung unwirksam (§ 126 BGB). Kraft Gesetzes ist für beide Parteien die Angabe der Kündigungsgründe notwendig bei einer außerordentlichen Kündigung eines Berufsausbildungsverhältnisses und bei der außerordentlichen Kündigung des Auszubildenden wegen Berufswechsels (§ 15 Abs. 3 BBiG).

b) Vielfach wird die Wirksamkeit einer Kündigung nicht von der Angabe der Kündigungsgründe abhängig gemacht, sondern der Kündigungsempfänger erlangt ein Recht, von dem Kündigenden die *Angabe der Kündigungsgründe zu erfahren.* In diesen Fällen soll dem Kündigungsempfänger die Möglichkeit eingeräumt werden, anhand der Kündigungsgründe zu prüfen, ob ggf. ein Prozeß gegen den Kündigenden Aussicht auf Erfolg hat. Kraft Gesetzes kann nach Ausspruch einer außerordentlichen Kündigung jede Partei von der anderen die Mitteilung der Kündigungsgründe verlangen (§ 626 Abs. 2 S. 3 BGB). Hat der Arbeitgeber aus betriebsbedingten Gründen gekündigt, kann der Arbeitnehmer von ihm verlangen, daß dieser ihm die Gründe mitteilt, die zu der sozialen Auswahl geführt haben (§ 1 Abs. 3 S. 1 KSchG).

c) Der Arbeitgeber wird aber darüber hinaus noch gezwungen, die Kündigungsgründe zu offenbaren. Will er ein Arbeitsverhältnis kündigen, so muß er vor Ausspruch der Kündigung den *Betriebsrat anhören* und ihn über alle Gründe informieren, auf die er die Kündigung stützen will. Durch diese Mitteilungspflicht werden die Gründe regelmäßig auch dem Arbeitnehmer bekannt.

Erhebt der Arbeitnehmer gegen eine Kündigung Kündigungsschutzklage (§ 47 S. 385), so hat das Gericht dem Arbeitgeber eine Frist zu setzen, binnen deren sämtliche Kündigungsgründe vorgetragen werden. Auf andere Gründe kann alsdann die Kündigung nicht mehr gestützt werden. Diese Vorschrift dient dazu, den Streit um die Kündigung kurzfristig zu bereinigen.

II. Ordentliche Kündigung

1. Kündigungsfrist. Die ordentliche Kündigung wird mit einer Kündigungsfrist ausgesprochen.

a) Die *gesetzlichen Kündigungsfristen* sind mit zwei Ausnahmen in § 622 BGB zusammengefaßt. Eine Sonderregelung besteht für *a)* Schiffsleute und Schiffsoffiziere, *b)* die zur Berufsausbildung beschäftigten Personen (§ 15 Abs. 2 Nr. 2 BBiG).

b) In der BRD bestanden für Angestellte und Arbeiter unterschiedliche Kündigungstermine und Kündigungsfristen. Das BVerfG hat in zwei Entscheidungen die unterschiedlichen Kündigungsregelungen als verfassungswidrig angesehen. § 622 BGB i. d. F. vom 7. 10. 1993 (BGBl. I 1668) hat unterschiedliche Kündigungsfristen für Angestellte und Arbeiter beseitigt und auch die Rechtslage in den alten und neuen Bundesländern vereinheitlicht.*

---

* Schaub ArbR von A–Z, Stichwort: Kündigung.

Das Arbeitsverhältnis eines Arbeiters oder eines Angestellten (Arbeitnehmers) kann mit einer Frist von vier Wochen zum 15. oder zum Ende eines Kalendermonats gekündigt werden (§ 622 Abs. 1 BGB). Nur für den Arbeitgeber
verlängern sich die Kündigungsfristen, wenn das Arbeitsverhältnis längere Zeit bestanden hat. Für eine Kündigung
durch den Arbeitgeber beträgt die Kündigungsfrist, wenn
das Arbeitsverhältnis in dem Betrieb oder Unternehmen
(1) zwei Jahre bestanden hat, einen Monat zum Ende eines
Kalendermonats, *(2)* fünf Jahre bestanden hat, zwei Monate
zum Ende eines Kalendermonats, *(3)* acht Jahre bestanden
hat, drei Monate zum Ende eines Kalendermonats, *(4)* zehn
Jahre bestanden hat, vier Monate zum Ende eines Kalendermonats, *(5)* zwölf Jahre bestanden hat, fünf Monate zum
Ende eines Kalendermonats, *(6)* fünfzehn Jahre bestanden
hat, sechs Monate zum Ende eines Kalendermonats,
(7) zwanzig Jahre bestanden hat, sieben Monate zum Ende
eines Kalendermonats.

Bei der Berechnung der Beschäftigungsdauer werden Zeiten, die vor der Vollendung des 25. Lebensjahres des Arbeitnehmers liegen, nicht berücksichtigt (§ 622 Abs. 2 BGB).
Die genannten Kündigungsfristen gelten für alle Arten von
Kündigungen, also auch für Änderungskündigungen.

c) Während einer vereinbarten Probezeit, längstens für
die Dauer von sechs Monaten, kann das Arbeitsverhältnis
mit einer Frist von zwei Wochen gekündigt werden. Die
Verkürzung der Kündigungsfrist tritt automatisch ein, wenn
eine Probezeit vereinbart wird. War das Probearbeitsverhältnis befristet, so ist die Kündigung ausgeschlossen, wenn
diese nicht vorbehalten war (§ 622 Abs. 3 BGB).

d) Nach § 622 Abs. 4 S. 1 BGB sind die Grundkündi-
gungsfrist und die Kündigungstermine des § 622 Abs. 1, die
verlängerten Kündigungsfristen des § 622 Abs. 2 sowie die
Kündigungsfrist während der Probezeit (§ 622 Abs. 3) tarif-
dispositiv, damit die Tarifvertragsparteien für einzelne Wirtschaftszweige und Beschäftigungsgruppen Besonderheiten

berücksichtigen können. Die Tarifvertragsparteien sind damit in der Lage, die Kündigungsfristen zu verkürzen oder zu verlängern. Die Tariföffnungsklausel des § 622 Abs. 4 S. 2 BGB gestattet, daß im Geltungsbereich eines solchen Tarifvertrages die abweichenden tarifvertraglichen Bestimmungen zwischen nicht tarifgebundenen Arbeitgebern und Arbeitnehmern vereinbart werden können (vgl. § 1 II 6 S. 10).

e) Im Wege des Einzelarbeitsvertrages können kürzere Grundkündigungsfristen nach § 622 Abs. 1 BGB nur vereinbart werden, *(1)* wenn ein Arbeitnehmer zur vorübergehenden Aushilfe eingestellt ist; dies gilt nicht, wenn das Arbeitsverhältnis über die Zeit von drei Monaten hinaus fortgesetzt wird; *(2)* wenn der Arbeitgeber i. d. R. nicht mehr als 20 Arbeitnehmer ausschließlich der zu ihrer Berufsausbildung Beschäftigten beschäftigt und die Kündigungsfrist vier Wochen nicht unterschreitet. Bei der Feststellung der Zahl der beschäftigten Arbeitnehmer sind Teilzeitbeschäftigte mit einer regelmäßigen wöchentlichen Arbeitszeit von nicht mehr als zehn Stunden mit 0,25, nicht mehr als 20 Stunden mit 0,5 und nicht mehr als 30 Stunden mit 0,75 zu berücksichtigen. Dagegen können einzelvertraglich längere Kündigungsfristen als in § 622 Abs. 1 bis 3 BGB vereinbart werden.

f) In § 622 Abs. 6 BGB ist das Prinzip verankert, daß für den Arbeitnehmer keine längere Kündigungsfrist als für den Arbeitgeber vereinbart werden darf. Dies gilt sowohl für die Tarifvertragsparteien als auch für die Einzelvertragsparteien. Aus dem Grundsatz des § 622 Abs. 6 BGB folgt aber weiter, daß der Arbeitnehmer auch nicht in sonstiger Weise bei Ausspruch einer Kündigung benachteiligt werden darf. Es ist damit unzulässig, im Falle der Kündigung durch den Arbeitnehmer den Verfall von Kautionen, Provisionen usw. vorzusehen.

2. Übergangszeit. Da sich für eine **Übergangszeit** noch aus älteren Tarifverträgen und deren Inbezugnahme Unterscheidungen ergeben können, enthält Art. 222 EGBGB eine Übergangsregelung.*

3. Berechnung der Kündigungsfrist. a) Die Berechnung der Kündigungsfrist richtet sich nach §§ 186 ff BGB. Bei einer vier-wöchigen Kündigungsfrist wird der Tag der Kündigung nicht mitgezählt. Die Kündigungsfrist endet mithin vier Wochen später an dem Tage, der durch seine Benennung dem Kündigungstag entspricht (§§ 187, 188 BGB). Es muß mithin zurückgerechnet werden, daß die Kündigungstermine des § 622 Abs. 1 BGB eingehalten werden können. Bei monatlicher oder mehrmonatlicher Kündigungsfrist muß die Kündigung spätestens am letzten Tage des vorletzten bzw. des mehrmonatlichen Zeitraumes zugehen.

b) Ist der *letzte Tag,* an dem gekündigt werden kann, ein Sonnabend, Sonntag, oder sonst anerkannter Feiertag, so kann gleichwohl an diesem Tage gekündigt werden. Dies ist jedoch zumeist von akademischer Bedeutung, da an diesen Tagen nicht gearbeitet wird oder keine Post befördert wird. Es muß also am Tage vorher gekündigt werden. Andererseits verlängert sich die Kündigungsfrist nicht, wenn an ihrem letzten Tag ein Sonnabend, Sonntag oder Feiertag liegt.

III. Außerordentliche Kündigung

1. Wichtiger Grund. Der Hauptfall der außerordentlichen Kündigung ist der aus wichtigem Grund (§ 626 Abs. 1 BGB).

a) Die außerordentliche Kündigung kann *fristlos, entfristet,* aber auch mit *ordentlicher Kündigungsfrist* ausgesprochen werden. Entfristet oder mit ordentlicher Frist wird sie selten ausgesprochen. Aus sozialen Gründen kündigen manche Arbeitgeber mit einer Auslauffrist, um dem Arbeitnehmer den Übergang in ein anderes Arbeitsverhältnis zu

---

* Schaub ArbR von A–Z, Stichwort: Kündigung.

erleichtern. Für den Arbeitgeber ist eine derartige Kündigung risikoreich. Er muß eindeutig klarstellen, daß eine Kündigung mit Auslauffrist gewollt ist, andernfalls kann der Arbeitnehmer davon ausgehen, daß eine ordentliche Kündigung gemeint war, die u. U. nicht fristgemäß erklärt ist.

b) Ein *wichtiger Grund* ist dann gegeben, wenn Tatsachen vorliegen, aufgrund deren dem Kündigenden unter Berücksichtigung aller Umstände des Einzelfalles und unter Abwägung der Interessen beider Vertragsteile die Fortsetzung des Arbeitsverhältnisses bis zum Ablauf der Kündigungsfrist oder bis zu der vereinbarten Beendigung des Arbeitsverhältnisses nicht zugemutet werden kann (§ 626 Abs. 1 BGB). Der Begriff des wichtigen Grundes setzt sich mithin aus zwei Elementen zusammen. Es muß ein deskriptiv zu umschreibendes Ereignis vorliegen, das unter Zumutbarkeitsgesichtspunkten dem Kündigenden die Fortsetzung des Arbeitsverhältnisses überhaupt unzumutbar macht.

Im allgemeinen wird das Ereignis eine schwere Vertragsverletzung oder unerlaubte Handlung der einen oder anderen Vertragspartei sein.

Unzumutbar ist die Fortsetzung des Arbeitsverhältnisses, wenn bei objektiver und vernünftiger Betrachtung keiner Partei angesonnen werden kann, das Ende der ordentlichen Kündigungsfrist abzuwarten. Je kürzer die Kündigungsfrist ist, um so eher kann deren Auslaufen abgewartet werden.

2. Ultima ratio. Die außerordentliche Kündigung ist das letzte, äußerste Mittel, das das Arbeitsrecht zur Verfügung stellt. Hieraus folgt, bevor von ihr Gebrauch gemacht wird, müssen alle anderen Mittel des Arbeitsverhältnisses erschöpft sein. Im allgemeinen bedarf es vor Ausspruch einer außerordentlichen Kündigung einer Abmahnung der Gegenseite, also einer Erklärung, daß dann, wenn das vertragsschädigende Verhalten fortgesetzt wird, mit einer außerordentlichen Kündigung zu rechnen sei. Es kann nur eine Änderungskündigung (§ 44 I 2 c S. 373) ausgesprochen werden, wenn hierdurch hinreichend die Interessen des Kündigenden gewahrt werden.

3. Verwirkung der außerordentlichen Kündigung. Eine außerordentliche Kündigung kann nur innerhalb von zwei Wochen erfolgen. Die Frist beginnt mit dem Zeitpunkt, in dem der Kündigungsberechtigte von den für die Kündigung maßgebenden Tatsachen Kenntnis erlangt (§ 626 Abs. 2 S. 1, 2 BGB). Dieser Regelung liegt die Vorstellung zugrunde, daß dann, wenn eine Vertragspartei in Kenntnis des vertragsschädigenden Verhaltens das Arbeitsverhältnis zwei Wochen fortsetzt, ihr auch weiterhin zugemutet werden kann, am Arbeitsverhältnis zumindest bis zum Ablauf der Kündigungsfrist festzuhalten. Andererseits erwächst für den Kündigungsadressaten der Vertrauenstatbestand, daß das Verhalten nicht zu dem sofortigen Verlust des Arbeitsplatzes führen wird. Zu bedenken ist aber, daß der Arbeitgeber vor Ausspruch einer außerordentlichen Kündigung sowohl die den Arbeitnehmer be- wie entlastenden Umstände aufklären darf. Natürlich läuft die Frist ab, wenn nichts mehr aufzuklären war und die Umstände klar auf der Hand liegen.

4. Muster. Muster und Beispiele einer außerordentlichen Kündigung lassen sich nur schwer bilden.* Nach der Rechtsprechung kommt es immer auf die Umstände des Einzelfalles an. Hervorgehoben sei jedoch, daß eine *Verdachtskündigung*** grundsätzlich unzulässig ist. Von Verdachtskündigung wird dann gesprochen, wenn die Kündigung auf den Verdacht einer schweren Vertragsverletzung oder Straftat gestützt wird, die nicht nachgewiesen werden kann. Sie ist nur ausnahmsweise zulässig, wenn ein dringender, durch Tatsachen erhärteter Verdacht besteht und unter den gegebenen Umständen das wechselseitige Ver-

---

* Schaub ArbR-Hdb., 8. Aufl., 1996 § 125 VII, VIII.
** Schaub ArbR von A–Z, Stichwort: Verdachtskündigung.

trauen geschwunden ist, so daß die Fortsetzung des Arbeitsverhältnisses nicht erwartet werden kann.

IV. Anhörung des Betriebsrates*

1. Vorherige Anhörung. a) Die Kündigung des Arbeitgebers ist *unheilbar nichtig*, wenn er nicht vor Ausspruch der Kündigung den Betriebsrat über die tatsächlichen Kündigungsgründe angehört hat (§ 102 BetrVG, § 134 BGB). Die Anhörung ist vor jeder Kündigung, also einer ordentlichen, außerordentlichen, Änderungskündigung erforderlich. Eine Heilung der Kündigung tritt auch dann nicht ein, wenn der Arbeitgeber den Betriebsrat nachträglich anhört und dieser der Kündigung zustimmt.

b) Die Anhörung wird *in der Weise durchgeführt*, daß der Arbeitgeber sich an den Betriebsrat, vertreten durch den Betriebsratsvorsitzenden wendet, diesem die Person des zu kündigenden Arbeitnehmers bezeichnet, die Art der Kündigung und den Kündigungstermin und Frist angibt und die Kündigungsgründe darlegt und Gelegenheit zur Stellungnahme gibt. Eine sofortige Stellungnahme des Betriebsratsvorsitzenden ist unzureichend und führt, wenn der Arbeitgeber im Vertrauen darauf kündigt, zur Unwirksamkeit der Kündigung. In Großbetrieben ist die Anhörung zu Kündigungen häufig einem Personalausschuß übertragen (§§ 27, 28 BetrVG); in diesen Fällen kann sich der Arbeitgeber an den Vorsitzenden des Personalausschusses wenden. Ob die Anhörung einem Ausschuß übertragen ist, richtet sich nach der Geschäftsordnung des Betriebsrates. Dagegen ist es unzureichend, wenn sich der Arbeitgeber an ein sonstiges Betriebsratsmitglied oder ein einzelnes Ausschußmitglied wendet.

c) Ist der *Betriebsrat* über eine anstehende Kündigung informiert worden, so hat er bei einer ordentlichen Kündigung eine Woche und bei einer außerordentlichen Kündi-

---

* Schaub ArbR von A–Z, Stichwort: Anhörung des Betriebsrats

gung drei Tage Zeit, zusammenzutreten, die anstehende Kündigung zu beraten, Beschluß zu fassen und seine Stellungnahme gegenüber dem Arbeitgeber abzugeben. Der Betriebsrat muß mithin einberufen werden, diskutieren, abstimmen usw. Vor seiner Beschlußfassung soll er den betroffenen Arbeitnehmer anhören. Das Ergebnis der Beratung wird der Betriebsratsvorsitzende dem Arbeitgeber mitteilen.

2. Stellungnahme des Betriebsrates. a) Die Stellungnahme des Betriebsrates muß zur Meidung ihrer Unwirksamkeit in jedem Falle *schriftlich erfolgen.* Gibt der Betriebsrat keine form- und ordnungsgemäße Stellungnahme innerhalb der Frist ab, so wird unterstellt, daß er der Kündigung zustimmt.

b) Der Betriebsrat kann *jeden Einwand* gegen die Kündigung vorbringen. Er kann also darlegen, daß er die Kündigungsgründe nicht für schwerwiegend hält, entlastende Umstände zu berücksichtigen seien usw. Einen Widerspruch gegen die Kündigung kann er dagegen nur aus den in § 102 Abs. 3 BetrVG aufgezählten Gründen erheben. Dabei darf er sich nicht auf die Wiederholung des Gesetzeswortlauts beschränken, sondern hat die Hintergründe seines Widerspruches darzulegen.

c) Selbst wenn der Betriebsrat der Kündigung widerspricht, so kann der Arbeitgeber gleichwohl die Kündigung *aussprechen.* Er hat jedoch einen frist- und ordnungsgemäß erhobenen Widerspruch seiner Kündigung beizufügen (§ 102 Abs. 4 BetrVG).

3. Rechtsmängel. Im Rahmen eines Anhörungsverfahrens kann es vorkommen, daß dem Verfahren Rechtsmängel anhaften. Die Folgen dieser Rechtsmängel treffen den Arbeitgeber, wenn er den Betriebsrat nicht hinreichend informiert oder sonst ohne Anhörung gekündigt hat. Haften dagegen dem Verfahren des Betriebsrates Rechtsfehler an, so ist das seine Sache. Den Arbeitgeber trifft insoweit keine Verantwortlichkeit, selbst wenn er die Fehler erkennt. An der Rechtmäßigkeit des Anhörungsverfahrens für den Arbeitgeber wird dadurch nichts geändert. Der betroffene Arbeitnehmer muß mithin die Folgen tragen.

§ 45. Übersicht über den Kündigungsschutz des Arbeitnehmers*

1. Kündigungsfristen. Arbeitgeber und Arbeitnehmer haben, wenn sie ein Arbeitsverhältnis kündigen wollen, die Kündigungsfristen einzuhalten. Nur in Ausnahmefällen ist eine außerordentliche Kündigung aus wichtigem Grund (§ 44 III S. 379) möglich. Die Kündigungsfristen sind bei älteren Arbeitnehmern (§ 46 S. 385) verlängert.

2. Kündigungsbeschränkungen des Arbeitgebers. Unerheblich von den Kündigungsfristen hat der Arbeitgeber aber folgende, zugunsten des Arbeitnehmers bestehende Kündigungsbeschränkungen zu beachten:

a) Kündigungsschutzgesetz

b) Treu und Glauben

c) Schwerbehindertengesetz

d) Mutterschutzgesetz

e) Bundeserziehungsgeldgesetz

f) Heimkehrergesetz

g) Eignungsübungsgesetz

h) Arbeitsplatzschutzgesetz

i) Gesetz über den Zivilschutz

j) Gesetz über den Katastrophenschutz

k) Ländergesetze zum Schutz politisch Verfolgter in Württemberg Baden, Baden und Rheinl.-Pfalz und in den beigetretenen Ländern

l) Ländergesetze über den Bergmannsversorgungsschein in Nordrhein-Westfalen, Saarland und Niedersachsen

---

* Schaub ArbR von A–Z, Stichwort: Kündigungsschutz.

m) Sonderschutzvorschriften für Massenentlassungen
n) Sonderschutzvorschriften für Mitglieder von Betriebs-
verfassungsorganen und Personalratsmitgliedern
o) Die Anhörung des Betriebsrates bzw. Personalrates vor
Ausspruch der Kündigung.
p) Beschäftigungsschutz bei sexueller Belästigung
q) § 613 Abs. 4 BGB im Falle der Betriebsnachfolge.

§ 46. Kündigungsschutz für ältere Arbeitnehmer*

Der Kündigungsschutz älterer Angestellter war in den alten Bundesländern im AngKSchG vom 9. 7. 1926 (RGBl.
I 399) i. d. Änd. vom 26. 4. 1985 (BGBl. I 710) geregelt. Der
Kündigungsschutz älterer Arbeiter ergab sich aus § 622
BGB. Die unterschiedlichen Regelungen waren verfassungswidrig. Sie sind durch das Kündigungsfristengesetz ersetzt,
durch das § 622 BGB neu gefaßt worden ist (vgl. § 44 S. 367).

§ 47. Allgemeiner Kündigungsschutz nach dem Kündigungsschutzgesetz**

I. Geltungsbereich

1. Räumlicher Geltungsbereich. Nach seinem räumli-
chen Geltungsbereich gilt das Kündigungsschutzgesetz
i. d. F. vom 25. 8. 1969 (BGBl I 1317), zul. geänd. 25. 9.
1996 (BGBl I 1476) in der gesamten BRD. Die Änderung
des KSchG durch das AFRG vom 24. 3. 1997 (BGBl I 594)
tritt am 1. 1. 1998 in Kraft. Unerheblich ist, ob Arbeitnehmer oder Arbeitgeber Deutsche oder Ausländer sind.

2. Persönlicher Geltungsbereich. a) Auf den im KSchG
geregelten allgemeinen Kündigungsschutz können sich *alle*

---

* Schaub ArbR von A–Z, Stichwort: Ältere Angestellte.
** Schaub ArbR von A–Z, Stichwort: Kündigungsschutzklage.

Arbeitnehmer berufen. Zunächst waren Arbeitnehmer, die noch keine 21, später 18 Jahre alt waren, vom Kündigungsschutz ausgenommen. Im Zuge des Rückgangs der Konjunktur sind die ursprünglich vorgesehenen Altersschranken entfallen.

b) Der Kündigungsschutz setzt aber erst ein, wenn der Arbeitnehmer ohne Unterbrechung in demselben Betrieb oder Unternehmen *länger als sechs Monate* in Dienst gestanden hat. Die Fristberechnung richtet sich nach §§ 187 ff BGB. Ist das Arbeitsverhältnis am 1. 1. begründet worden, so beginnt der Kündigungsschutz am 1. 7. 00.00 Uhr. Der Kündigungsschutz ist von dem 6-monatigen Bestand eines Arbeitsverhältnisses abhängig gemacht worden, weil die Parteien zuvor sich wechselseitig prüfen sollen, ob ein auf Dauer angelegtes Arbeitsverhältnis sinnvoll ist. Es handelt sich insoweit um eine gesetzliche Probezeit. Ob während der 6-Monatsfrist der Arbeitnehmer beschäftigt worden ist, ist unerheblich. Das Gesetz stellt aus Gründen der Rechtssicherheit ausschließlich auf den rechtlichen Bestand des Arbeitsverhältnisses ab. Wird das Arbeitsverhältnis rechtlich unterbrochen, so muß die Wartezeit, von deren Ablauf das Einsetzen des Kündigungsschutzes abhängt, von neuem zurückgelegt werden. Von diesem Rechtsgrundsatz hat die Rechtsprechung nur dann eine Ausnahme gemacht, wenn das 1. und 2. Arbeitsverhältnis in einem inneren Zusammenhang stehen und der Arbeitnehmer in dem 2. Arbeitsverhältnis auf demselben Arbeitsplatz weiter beschäftigt wird. Diese Rechtsprechung beruht auf der Überlegung, daß die rechtliche Unterbrechung dann unschädlich ist, wenn der Arbeitgeber etwa aus betriebsbedingten Gründen gekündigt hat, aber nach kurzer Zeit neue Aufträge erhält und mit seiner alten Belegschaft den Betrieb fortsetzen will. Die Unterbrechung ist aber nur dann unschädlich, wenn der Arbeitnehmer auf demselben Arbeitsplatz weiter beschäftigt wird. Nur insoweit ist keine neue wechselseitige Erprobung notwendig.

3. Betrieblicher Geltungsbereich. Der allgemeine Kündigungsschutz gilt nur, wenn der Betrieb oder das Unternehmen, in dem der Arbeitnehmer beschäftigt ist, mehr als zehn Arbeitnehmer ausschließlich der zu ihrer Berufsbildung Beschäftigten beschäftigt (§ 23 Abs. 1 KSchG). Der Begriff der Berufsbildung ist in der BRD in § 1 Abs. 1 BBiG definiert. Berufsbildung ist die Berufsausbildung, berufliche Fortbildung und berufliche Umschulung. Kleinbetriebe sind vom Kündigungsschutz ausgenommen, weil sich in ihnen Vertrauensstörungen zwischen Arbeitgeber und Arbeitnehmer besonders bemerkbar machen und betriebliche Engpässe schlecht überbrückt werden können. Mit einem Zusammenbruch eines einzelnen Arbeitgebers mit wenigen Arbeitnehmern ist aber weder den Arbeitnehmern noch dem Arbeitgeber gedient. Das BAG hat die Rechtsauffassung nicht geteilt, die Ausnahme der Kleinbetriebe vom Kündigungsschutz sei verfassungswidrig. Bei der Feststellung der Zahl der beschäftigten Arbeitnehmer sind teilzeitbeschäftigte Arbeitnehmer mit einer regelmäßigen wöchentlichen Arbeitszeit von nicht mehr als zehn Stunden mit 0,25, nicht mehr als 20 Stunden mit 0,5 und nicht mehr als 30 Stunden mit 0,75 zu berücksichtigen. Durch die Vorschrift wird die Beschäftigung von Teilzeitbeschäftigten angereizt. Sie ermöglicht einem Arbeitgeber 40 geringfügig beschäftigte Teilzeitarbeitskräfte einzustellen, ohne daß der Kündigungsschutz eingreift. Die Vorschrift ist durch das Arbeitsrechtliche Wachstums- und Beschäftigungsförderungsgesetz eingefügt worden. Damit solche Arbeitnehmer, die nach früherem Recht bereits Kündigungsschutz hatten, diesen nicht verlieren, heißt es in einer Übergangsregelung: Die Sätze 2 und 3 berühren bis zum 30. 9. 1999 nicht die Rechtsstellung der Arbeitnehmer, die am 30. 9. 1996 gegenüber ihrem Arbeitgeber Rechte aus der bis zu diesem Zeitpunkt geltenden Fassung in Verbindung mit dem Ersten Abschnitt des KSchG hätten herleiten können; § 1 Abs 3 bis 5 findet Anwendung. Die Gesetzesänderung wirkt sich daher zunächst nur bei neu eingestellten Arbeitnehmern aus.

Besteht zwischen Arbeitgeber und Arbeitnehmer Streit, wieviel Arbeitnehmer beschäftigt werden, so ist der Arbeitnehmer darlegungs- und beweispflichtig.

II. Soziale Rechtfertigung

1. Allgemeine Grundsätze. Die Kündigung des Arbeitgebers gegenüber einem Arbeitnehmer, der unter den Geltungsbereich des KSchG fällt, ist sozial ungerechtfertigt und damit rechtsunwirksam, wenn keine Gründe bestehen, die sie sozial rechtfertigen (§ 1 Abs. 1 KSchG). Gleichwohl hängt der Schutz des KSchG davon ab, daß der gekündigte Arbeitnehmer eine ihm erklärte Kündigung vor den Gerichten für Arbeitssachen innerhalb einer Frist von drei Wochen seit Zugang der Kündigung (§ 47 III S. 400) mit der Kündigungsschutzklage angreift. Greift er die Kündigung nicht mit der Kündigungsschutzklage an, so werden etwaige Mängel der sozialen Rechtfertigung geheilt. Die Kündigung wird voll wirksam (§ 7 KSchG).

2. Arten fehlender sozialer Rechtfertigung. Man unterscheidet vier Arten fehlender sozialer Rechtfertigung. Sozial ungerechtfertigt ist eine Kündigung, wenn sie nicht durch *a)* personenbedingte, *b)* verhaltensbedingte, *c)* betriebsbedingte Gründe bedingt ist oder *d)* wenn der Betriebsrat der Kündigung widersprochen hat.

3. Personenbedingter Kündigungsgrund. a) *Personenbedingte Kündigungsgründe* sind solche Gründe, die in der Person, den persönlichen Verhältnissen und Eigenschaften des Arbeitnehmers ihren Grund haben. Ein personenbedingter Kündigungsgrund rechtfertigt nur dann eine Kündigung, wenn unter Abwägung der Interessen des Arbeitnehmers am Fortbestand seines Arbeitsverhältnisses und den

Interessen des Arbeitgebers an der anderweitigen Besetzung des Arbeitsplatzes in den Augen eines verständig und gerecht denkenden Arbeitgebers die Beendigung des Arbeitsverhältnisses das sozial angemessene und zutreffende Mittel ist. Es muß also für den Zeitpunkt der Kündigung eine wechselseitige Interessenabwägung stattfinden. Die wichtigsten personenbedingten Kündigungsgründe sind die Erkrankung, die Abnahme der geistigen oder körperlichen Leistungsfähigkeit des Arbeitnehmers, auch die besonderen persönlichen Verhältnisse eines Arbeitnehmers. Wird der Entwicklungsingenieur eines Betriebes von der Vorstandssekretärin des schärfsten Konkurrenten geheiratet, werden beide nicht mehr das uneingeschränkte Vertrauen ihrer Arbeitgeber finden.

b) Das BAG unterscheidet bei der *Kündigung wegen Krankheit* drei Fallgruppen.* Zur 1. Fallgruppe gehören Fälle, in denen ein Arbeitnehmer lang andauernd erkrankt ist, zur 2. solche, bei denen ein Arbeitnehmer in der Vergangenheit wiederholt, wenngleich auch nur kurzfristig erkrankt und zur 3. die krankhaft verminderte Leistungsfähigkeit.

Eine *Kündigung wegen lang andauernder Erkrankung* ist nur dann wirksam, wenn *a)* der Arbeitnehmer in der Vergangenheit langfristig erkrankt war, *b)* bei prognostischer Betrachtungsweise auch in Zukunft mit längerfristiger Erkrankung zu rechnen ist, *c)* infolge der Erkrankung es zu betrieblichen Störungen kommt und *d)* eine Umsetzung des Arbeitnehmers auf einen anderen Arbeitsplatz nicht in Betracht kommt.

Eine *Kündigung wegen häufiger Erkrankung* in der Vergangenheit ist dann sozial gerechtfertigt, wenn *a)* der Arbeitnehmer in der Vergangenheit häufig kurzfristig erkrankt war, *b)* bei prognostischer Betrachtungsweise auch in Zukunft mit häufigen Erkrankungen zu rechnen ist, *c)* infolge

---

* Schaub ArbR von A–Z, Stichwort: Krankheit.

Erkrankung betriebliche Störungen auftreten und *d)* eine Umsetzung nicht in Betracht kommt.

Welche *Zeitspanne als längerfristige Erkrankung* in der Vergangenheit anzusehen ist, läßt sich nicht abstrakt definieren. Das BAG hat insoweit die Auffassung vertreten, daß wegen des Grundsatzes der Verhältnismäßigkeit die vom Arbeitgeber auszuhaltende Frist sich nach den Umständen des Einzelarbeitsverhältnisses bemißt. Bei einem längerfristig beschäftigten Arbeitnehmer müsse der Arbeitgeber eine längere Frist zuwarten, bevor er kündige, als bei einem kurzfristig Beschäftigten. Dies ist sicher richtig; die Rechtfertigung, typologisch eine Gruppe der längerfristig Erkrankten zu bilden, besteht darin, daß verhindert werden soll, daß ein Arbeitgeber sich von einem Arbeitnehmer trennen kann, wenn dieser von einem Schicksalsschlag betroffen wird, der ihn einmal längerfristig aus der Bahn wirft, also z. B. der Herzinfarkt oder die Unterleibsoperation der Frau usw. In diesen Fällen soll der Arbeitgeber abwarten müssen, ob sich der Arbeitnehmer nach geraumer Zeit wieder erholt.

Bei *wiederholten, nicht nur unerheblichen kurzfristigen Erkrankungen* bestehen zwei Überlegungen. Einmal sind diese Erkrankungen für den Arbeitgeber besonders „unangenehm", da er sie nicht in seine Planungen und Kalkulationen einbeziehen kann. Der Betriebsablauf kann mithin empfindlich gestört werden. Zum anderen indiziert eine häufige Erkrankung oftmals die mangelnde Eignung des Arbeitnehmers für einen bestimmten Arbeitsplatz. Auch insoweit kommt es auf die Umstände des Einzelfalles an. Bei einem in Wind und Wetter draußen arbeitenden Bauarbeiter sind mehr Erkrankungen hinzunehmen, als bei einem geschützt arbeitenden Anwaltssekretär. Bei den Arbeitsgerichten 1. Instanz scheint sich so eine Art Faustregel herauszubilden, daß bei einer Krankheitszeit von rund 30% der regelmäßigen Arbeitszeit eine Kündigung möglich ist.

Bei beiden Krankheitsgruppen ist nur dann eine Kündigung gerechtfertigt, wenn bei *prognostischer Betrachtung* mit weiteren Erkrankungen zu rechnen ist. Ist dies nicht der Fall, bedarf es keiner Beendigung des Arbeitsverhältnisses. Ob die prognostische Betrachtungsweise gerechtfertig ist, beurteilt sich nach den Umständen, die dem Arbeitgeber bekannt sind oder bekannt sein können. Der Arbeitnehmer braucht dem Arbeitgeber über die Art der Erkrankung keine Auskunft zu geben; also kann dem Arbeitgeber auch nicht angesonnen werden, eine Prognose anhand von Tatsachen anzustellen, die ihm nicht bekannt sind. Der Arbeitgeber hat lediglich vor Ausspruch einer Kündigung sich bei dem Arbeitnehmer nach der Erkrankung, ihrem Verlauf und ihrer mutmaßlichen Dauer zu erkundigen. Erteilt ihm der Arbeitnehmer Auskunft, hat der Arbeitgeber hieran eine Prognose anzustellen. Erteilt ihm der Arbeitnehmer keine Auskunft, muß die Prognose anhand der bekannten Tatsachen angestellt werden. Jedenfalls ist eine Kündigung nicht per se nichtig, weil der Arbeitgeber es unterlassen hat, sich vor Ausspruch der Kündigung nach dem Gesundheitszustand des Arbeitnehmers und seiner Entwicklung zu erkundigen.

Eine Kündigung ist nur dann gerechtfertigt, wenn es infolge der Erkrankung zu *betrieblichen Störungen* kommt. Diese brauchen nach richtiger Auffassung noch nicht das Gewicht einer betriebsbedingten Kündigung zu haben. Ausreichend ist, wenn es zu Störungen im betrieblichen Ablauf kommt. Dies kann die Anordnung von Mehr- und Überstunden für die übrigen Betriebsangehörigen sein, Störungen im Produktionsablauf, Maschinenstillstandszeiten usw.

Schließlich muß der Arbeitgeber versuchen, vor Ausspruch einer Kündigung den Arbeitnehmer zu *versetzen*. Er hat insoweit die im Betrieb vorhandenen und nicht besetzten Arbeitsplätze durchzugehen. Kommt es über die Versetzungsmöglichkeit im Betrieb zum Streit, so hat der Arbeitnehmer im Prozeß darzulegen, an welcher Stelle er sich eine

Weiterbeschäftigung denkt. Alsdann muß der Arbeitgeber darlegen und beweisen, aus welchen Gründen eine Beschäftigung des Arbeitnehmers an dieser Stelle nicht in Betracht kommt. Dabei besteht im allgemeinen in einem Großbetrieb eher eine Versetzungsmöglichkeit als in einem Kleinbetrieb.

Eine *Kündigung wegen krankheitsbedingter Abnahme der Leistungsfähigkeit* kommt dann in Betracht, wenn die Leistungsfähigkeit des Arbeitnehmers erheblich gemindert ist und er nicht mehr in der Lage ist, die vertraglich geschuldete Arbeitsleistung zu erbringen und eine Versetzung auf einen anderen Arbeitsplatz ausgeschlossen ist.

Im allgemeinen sind die Anforderungen an eine Kündigung wegen Krankheit sehr streng. Dies ist trotz vieler Einwände gegen diese Rechtsprechung gerechtfertigt; eine ganz andere Frage ist, unter welchen Voraussetzungen eine Kündigung gerechtfertigt ist, wenn der Arbeitnehmer eine Krankheit simuliert oder das soziale Netz ausnutzt.

c) *Weitere personenbedingte Kündigungsgründe* können sein Alkoholsucht, Alter, fehlende Arbeits- oder Berufsausübungserlaubnis, Gefahr der Weitergabe von Betriebsgeheimnissen, zahlreiche Ehrenämter, fehlende Eignung, familiäre Verpflichtungen usw. Im allgemeinen wird die Alkohol- oder Rauschgiftsucht wie eine Erkrankung behandelt. Eine Kündigung ist daher regelmäßig erst dann gerechtfertigt, wenn der Arbeitnehmer eine Entziehungskur durchgeführt hat oder aber ihre Durchführung ablehnt.

4. Verhaltensbedingte Kündigung. a) *Verhaltensbedingte Kündigungsgründe* sind solche, die sich aus einem Verhalten des Arbeitnehmers gegenüber dem Arbeitgeber, seinen Arbeitskollegen oder Dritten ergeben, durch die das Arbeitsverhältnis unmittelbar beeinflußt wird. Im allgemeinen wird es sich um Vertragsverletzungen gegenüber dem Arbeitgeber handeln. Denkbar ist aber auch, daß der Arbeitnehmer durch sein Verhalten in Gegensatz zu seinen Arbeitskollegen gerät und diese eine weitere Zusammenarbeit mit ihm ablehnen oder gar Kunden des Arbeitgebers an dem Arbeitnehmer Anstoß nehmen. Dies kann z. B. der Fall sein, wenn der Arbeitnehmer in den Verdacht strafbarer Handlungen gerät. Grundsätzlich können nur solche Verhaltensweisen des Arbeitnehmers zur Kündigung herangezogen werden, die betriebsbezogen sind, durch die also das Arbeitsverhältnis unmittelbar berührt wird. Verfehlungen im außerdienstlichen Bereich können nur ausnahmsweise eine Kündigung rechtfertigen. Auch bei verhaltensbedingten Gründen kommt es auf eine Abwägung der Interessen des Arbeitnehmers einerseits und den Interessen des Arbeitgebers andererseits an. Nur dann ist eine verhaltensbedingte Kündigung sozial gerechtfertigt, wenn sie bei sozialer Beurteilung zu billigen ist. Bevor der Arbeitgeber eine verhaltensbedingte Kündigung ausspricht, ist im allgemeinen zu erwarten, daß er das beanstandete Verhalten des Arbeitnehmers abmahnt, also mißbilligt und zu erkennen gibt, daß bei Nichtänderung des Verhaltens mit einer Kündigung des Arbeitsverhältnisses zu rechnen ist. Lediglich dann ist eine Abmahnung entbehrlich, wenn das vertragsschädigende Verhalten des Arbeitnehmers so schwerwiegend ist, daß nicht davon ausgegangen werden kann, daß ein Arbeitgeber es billigen würde oder auch durch eine Abmahnung fehlendes Vertrauen nicht mehr ersetzt werden kann.

b) *Verhaltensbedingte Kündigungsgründe können sein* Abkehrmaßnahmen des Arbeitnehmers, Anzeigen gegen den Arbeitgeber, Nicht-Vorlage der Arbeitspapiere, Arbeitspflichtverletzungen (Verspätungen, Schlechtleistungen), außerdienstliches Verhalten, durch das das Arbeitsverhältnis konkret beeinträchtigt wird, Beleidigungen, Störungen des Betriebsfriedens, Saumseligkeiten, Nicht-Anzeige von Krankheiten, Nicht-Vorlage von Arbeitsunfähigkeitsbescheinigungen, Neben- und Konkurrenztätigkeit, strafbare Handlungen, durch die das Arbeitsverhältnis beeinträchtigt wird. Zu all diesen Merkmalen hat sich eine sehr ins Einzelne gehende Rechtsprechung gebildet, die zwar auf die

Umstände des Einzelfalles abstellt, aber gleichwohl generalisierende Merkmale enthält, die in einem Taschenbuch nicht alle aufgezählt werden können. Insoweit muß auf das vom Verfasser herausgegebene Arbeitsrechts-Handbuch oder auch auf das Taschenbuch Arbeitsrecht von A–Z verwiesen werden.

c) Eine *Verdachtskündigung** ist nur in seltenen Ausnahmefällen begründet. Ebensowenig wie jemand bestraft werden kann, ohne daß ein berechtigter Grund besteht, ist der Verlust des Arbeitsplatzes ohne Grund gerechtfertigt. Gleichwohl kann nicht verkannt werden, daß ein Arbeitgeber auch durch einen dringenden Verdacht einer strafbaren Handlung oder einer schwerwiegenden Vertragsverletzung durch den Arbeitnehmer das für ein Arbeitsverhältnis notwendige Vertrauen verloren haben kann.

Eine *Druckkündigung*** ist ebenfalls nur in Ausnahmefällen gerechtfertigt. Im allgemeinen muß sich der Arbeitgeber schützend vor den Arbeitnehmer stellen und darf nicht jedem Druck aus der Belegschaft oder von dritter Seite nachgeben, den Arbeitnehmer zu kündigen. Andererseits wird aber auch nicht vom Arbeitgeber verlangt, daß er seine eigene Existenz aufs Spiel setzt. Gerade im Fall einer Druckkündigung ist auch weitgehend ein Entgegenkommen des Arbeitnehmers zu erwarten, um ungerechtfertigten oder unzumutbaren Druck vom Arbeitgeber fernzuhalten. Wenn ein Verkaufsfahrer in den Verdacht einer strafbaren Handlung bei einem bei seinem Arbeitgeber kaufenden Kaufhauskonzern geraten ist und deswegen Hausverbot erhalten hat, muß dieser auch in die Änderung seines Verkaufsfahrbezirks einwilligen, um eine Kündigung zu vermeiden. Er kann von seinem Arbeitgeber nicht verlangen, daß er notfalls auf den Kaufhauskonzern als Kunden verzichtet.

---

* Schaub ArbR von A–Z, Stichwort: Verdachtskündigung.
** Schaub ArbR von A–Z, Stichwort: Druckkündigung.

Im Falle des Mobbing wird der Arbeitgeber sich vor den Ausgegrenzten stellen müssen. Andererseits kann nach vorheriger Abmahnung eine Kündigung des Mobbenden in Betracht kommen, wenn es zu schwerwiegenden Verletzungen des Betriebsfriedens, Fehlleistungen oder Erkrankungen des gemobbten Arbeitnehmers kommt.

5. Betriebsbedingte Kündigungsgründe. a) Sie ist gerechtfertigt, wenn *(1)* eine unternehmerische Entscheidung vorliegt, mit der einem verändertern Arbeitsbedarf Rechnung getragen wird. Unternehmerische Entscheidung ist das Konzept zur Anpassung der Arbeitnehmer an den Arbeitsbedarf. Die Zweckmäßigkeit der Entscheidung ist grundsätzlich nicht überprüfbar, es sei denn, daß sie offenbar unsachlich, ungeeignet oder willkürlich ist. Die Rechtfertigung dieser Auffassung ergibt sich daraus, daß auch der Betriebsrat nach § 112 BetrVG kein erzwingbares Mitbestimmungsrecht bei dem Abschluß des Interessenausgleiches hat, also der unternehmerischen Entscheidung im Falle der Betriebsänderung; *(2)* betriebliche Gründe zur Kündigung bestehen. Das können innerbetriebliche oder außerbetriebliche Umstände sein. Innerbetrieblich sind regelmäßig Rationalisierungsmaßnahmen, Um- oder Einstellung der Produktion. Außerbetriebliche sind Auftragsmangel, Umsatzrückgang, Gewinnverfall, Unrentabilität. Der Arbeitgeber hat im Kündigungsschutzprozeß die inner- oder außerbetrieblichen Ursachen substantiiert darzulegen. Beruft er sich also z. B. auf Auftragsmangel, so hat er darzulegen, welchen Auftragsbestand er hat, wieviel Arbeitnehmer zur Erledigung dieses Auftrages nach der Zahl der zur Verfügung stehenden Arbeitsstunden und den betriebstechnischen Möglichkeiten notwendig sind; *(3)* der Arbeitsplatz des Arbeitnehmers weggefallen ist. Es ist nicht notwendig, daß der konkrete Arbeitsplatz weggefallen ist; ausreichend ist, daß ein Arbeitsplatz entbehrlich ist; *(4)* dringende betriebliche Erfordernisse vorliegen. Hierdurch wird das ultima ratio Prinzip zum Tatbestandsmerkmal erhoben. Die Kündigung soll nur das letzte Mittel zur Sanierung darstellen. Eine betriebsbedingte Kündigung ist mithin dann nicht gerechtfertigt, wenn es andere Mittel gibt. Hierzu gehören, *(4.1)* daß der Arbeitnehmer auf einen anderen freien Arbeitsplatz versetzt werden kann; *(4.2)* daß der Arbeitnehmer weiter gebildet werden kann; *(4.3)* daß die Interessen des Arbeitgebers durch eine Änderungskündigung gewahrt sind.

Dagegen sind Maßnahmen der Arbeitsstreckung als unternehmerische Entscheidung der gerichtlichen Kontrolle entzogen. Insoweit kann der Betriebsrat wiederum Einfluß nehmen, z. B. bei Einführung von Kurzarbeit.

b) Während bei der personen- oder verhaltensbedingten Kündigung lediglich festzustellen ist, ob personen- oder verhaltensbedingte Gründe vorliegen, ist bei der betriebsbedingten Kündigung eine *Doppelprüfung* vorzunehmen. Zunächst ist zu prüfen, *ob* überhaupt eine Kündigung zulässig ist. Alsdann ist zu ermitteln, *wer* zu kündigen ist. Der Arbeitgeber muß mithin eine soziale Auswahl vornehmen. Der Arbeitnehmer kann verlangen, daß ihm mitgeteilt wird, nach welchen Grundsätzen der Arbeitgeber die soziale Auswahl vorgenommen hat (§ 1 Abs. 3 S. 1, 2. Halbsatz KSchG). Die soziale Auswahl wird in drei Prüfungsschritten vollzogen: *(1)* Welche Arbeitnehmer sind in die soziale Auswahl einzubeziehen; *(2)* welche Sozialdaten sind bei der sozialen Auswahl zu berücksichtigen und *(3)* welche Arbeitnehmer sind aus betriebsbedingten Gründen für den Betrieb notwendig. In die soziale Auswahl einzubeziehen sind nur Arbeitnehmer desselben Betriebs. Es gilt der Grundsatz der Betriebsbezogenheit. Die Vergleichbarkeit der in die soziale Auswahl einzubeziehenden Arbeitnehmer richtet sich in erster Linie nach arbeitsplatzbezogenen Merkmalen. Sind Arbeitsplätze durch eine betriebsbedingte Kündigung weggefallen, so ist zunächst auf der horizontalen Ebene zu untersuchen, ob es im Betrieb Arbeitsplätze mit identischen oder vergleichbaren Aufgaben gibt. Die soziale Auswahl hat unter den Vergleichbaren zu erfolgen. Sind die Arbeitsplätze nur partiell vergleichbar, so kommt es darauf an, ob der für die Kündigung in Aussicht genommene Arbeitnehmer auf einem partiell vergleichbaren Arbeitsplatz eingesetzt werden könnte. Dagegen kann die soziale Auswahl nicht vertikal erweitert werden. Ein höher qualifizierter Arbeitnehmer hat also nicht die Möglichkeit, die Zahl der Vergleichspersonen zu erweitern, indem er sich bereit erklärt auch auf einem niedriger bezahlten Arbeitsplatz zu arbeiten. Auf der zweiten Stufe sind die Sozialdaten zu vergleichen. Durch das Arbeitsrechtliche Beschäftigungsförderungsgesetz von 1996 ist die soziale Auswahl grundlegend geändert worden. Nach dem früheren Recht mußten alle Umstände des Einzelfalles berücksichtigt werden. Nach der Formulierung von § 1 Abs 3 S. 1 KSchG ist die soziale Auswahl fehlerhaft, wenn der Arbeitgeber die Dauer der Betriebszugehörigkeit, das Lebensalter und die Unterhaltspflichten nicht oder nicht ausreichend berücksichtigt. Der Arbeitgeber ist nach der Formulierung des Gesetzes nur noch gezwungen die sog. Kerndaten zu berücksichtigen. Diese waren auch nach der bisherigen Formulierung des Gesetze zu berücksichtigen. Es wird darüber gestritten, ob durch die Reduzierung der zu berücksichtigenden Sozialdaten das Gesetz lückenhaft geworden ist und eine verfassungskonforme Lückenausfüllung notwendig wird. Frauen haben in der Regel eine kürzere Betriebszugehörigkeit; sie können durch die Begrenzung der Auswahlmerkmale benachteiligt werden. Nach dem Wortlaut sind Behinderungen oder im Betrieb erlittene Unfälle nicht mehr zu berücksichtigen. Nach Art. 3 Abs. 3 S. 2 darf niemand wegen seiner Behinderung benachteiligt werden.

c) Nach § 1 Abs. 3 KSchG alter Fassung konnten die Grundsätze der sozialen Auswahl überwunden werden, wenn für die Weiterbeschäftigung des sozial stärkeren überwiegende betriebliche Gründe bestanden. In § 1 Abs. 3 S. 2 heißt es: In die soziale Auswahl sind Arbeitnehmer nicht einzubeziehen, deren Weiterbeschäftigung, insbesondere wegen ihrer Kenntnisse, Fähigkeiten und Leistungen oder zur Sicherung einer ausgewogenen Personalstruktur des Betriebes, im berechtigten betrieblichen Interesse liegt. Diejenigen Arbeitnehmer, deren Weiterbeschäftigung in betrieblichem Interesse liegt, werden schlicht aus der sozialen Auswahl herausgenommen. Die Weiterbeschäftigung muß wegen der Kenntnisse, Fähigkeiten und Leistungen notwendig sein. Es sollen nicht die Leistungsträger des Betriebes gekündigt werden müssen. Im Prozeß sind die Leistungsmerkmale substantiiert darzulegen. Aus der sozialen Auswahl werden aber auch solche Arbeitnehmer ausgenommen, deren Weiterbeschäftigung zur Sicherung einer gesunden Personalstruktur notwendig ist. Jeder Betrieb braucht Arbeitnehmer in einem gesunden Altersaufbau, d.h., es sollen nicht alle Arbeitnehmer gleichzeitig in Pension gehen. Die Ausnahme aus der sozialen Auswahl erfolgt aber nur zur Sicherung und nicht zur Herstellung eines gesunden Altersaufbaus. Wenn der Altersaufbau bereits gestört ist, hilft das Gesetz nicht.

d) Aufgrund des Kollektivrechts kann die Nachprüfung der Sozialauswahl begrenzt werden. Vgl. unter 6.

e) Im Prozeß hat der Arbeitgeber darzulegen und zu beweisen, daß dringende betriebliche Gründe zum Wegfall des Arbeitsplatzes geführt haben und damit Gründe zur Kündigung bestanden. Er hat ferner die Auswahlkriterien der Sozialauswahl darzulegen. Insoweit hat der Arbeitnehmer ohnehin ein Fragerecht. Dagegen ist der Arbeitnehmer darlegungs- und beweispflichtig, welche anderen Arbeitnehmer an seiner Stelle hätten gekündigt werden können. Er muß also im einzelnen die Arbeitnehmer benennen, die an seiner Stelle hätten gekündigt werden können.

6. Kollektivrechtliche Einflüsse. a) In einem Tarifvertrag, einer Betriebsvereinbarung oder in einer entsprechenden Richtlinie nach den Personalvertretungsgesetzen können

Auswahlrichtlinien festgelegt werden, wie bei der sozialen Auswahl die Auswahlmerkmale zu gewichten sind. Liegen derartige Richtlinien vor, so wird die Auswahl nur auf grobe Fehlerhaftigkeit überprüft. Grobe Fehler sind dann gegeben, wenn die Grundlagen des Kündigungsschutzes verkannt worden sind.

b) Ist in diesen Betrieben oder Verwaltungen eine Vertretung nicht vorhanden, kann der Arbeitgeber mit Zustimmung von mindestens zwei Dritteln der Arbeitnehmer des Betriebes oder der Dienststelle Auswahlrichtlinien aufstellen. Auch die Auswahl aufgrund derartiger Auswahlrichtlinien wird nur auf grobe Fehlerhaftigkeit überprüft (§ 1 Abs 4 KSchG).

c) Schließlich ist die Sozialauswahl eingeschränkt, wenn Kündigungen infolge einer Betriebsänderung nach § 111 BetrVG ausgesprochen werden müssen. Sind die Arbeitnehmer in einem Interessenausgleich bezeichnet, so erwachsen zwei Vermutungen. Es wird vermutet, daß die Kündigung aus dringenden betrieblichen Interessen erfolgt. Zum anderen wird vermutet, daß die soziale Auswahl zutreffend ist. Die soziale Auswahl wird nur auf grobe Fehlerhaftigkeit überprüft. Der Arbeitnehmer trägt mithin die Darlegungs- und Beweislast, wenn er sich gegen die Kündigung wehren will (§ 1 Abs. 5 KSchG).

7. Kündigung im Konkursverfahren. Zahlreiche Besonderheiten können bei Kündigungen im Konkursverfahren erwachsen.

8. Widerspruch des Betriebsrates. Schließlich ist die Kündigung sozial ungerechtfertigt, wenn der Betriebsrat oder Personalrat aus den in § 1 Abs. 2 S. 2 KSchG aufgezählten Gründen der Kündigung widersprochen hat. Insoweit hat das KSchG eine Verbindung zwischen dem kollektiven und individuellen Kündigungsschutz geschaffen. Die Vorschriften haben in der Praxis keine sehr große Bedeutung erlangt.

III. Kündigungsschutzklage

1. Klageerhebung. Will ein Arbeitnehmer geltend machen, daß eine ordentliche Kündigung sozial ungerechtfertigt ist, so muß er innerhalb einer Frist von drei Wochen nach Zugang der Kündigung *Klage beim Arbeitsgericht* auf Feststellung erheben, daß das Arbeitsverhältnis durch die Kündigung nicht aufgelöst worden ist. In der Klage muß der Arbeitnehmer unter genauer Bezeichnung der Parteien einen bestimmten Antrag stellen und eine kurze Begründung geben, nämlich die unter I dargestellten Voraussetzungen darlegen (vgl. Muster unter VI S. 408). Vielfach kommt es vor, daß der Arbeitgeber vorsorglich mehrere Kündigungen erklärt, dann muß jede einzelne Kündigung zur Vermeidung von Rechtsnachteilen mit der fristgemäßen Kündigungsschutzklage angegriffen werden. Dieser Last kann man als Arbeitnehmer enthoben sein, wenn man im Wege kumulativer Klagehäufung eine Feststellungsklage nach § 256 ZPO erhebt, festzustellen, daß das Arbeitsverhältnis durch die Kündigung des Arbeitgebers vom . . . . . . nicht aufgelöst worden ist und weiterhin fortbesteht. Nach der Rspr. des BAG muß sich aber deutlich ergeben, daß im Wege kumulativer Klagehäufung sowohl eine Kündigungsschutzklage nach § 4 KSchG als auch eine Feststellungsklage nach § 256 ZPO erhoben wird. Man wird hierauf in der Klagebegründung ausdrücklich hinweisen. Ferner empfiehlt es sich, darzulegen, daß mit weiteren Beendigungstatbeständen zu rechnen ist.

b) *Versäumt der Arbeitnehmer die Klagefrist,* so wird die Kündigung fiktiv wirksam (§ 7 KSchG). Das Gesetz unterstellt mithin, daß bei Versäumung der Klagefrist die Kündigung von vornherein sozial gerechtfertigt gewesen ist. Nur in Ausnahmefällen kann der Arbeitnehmer die nachträgliche Zulassung der Klage verlangen (Muster unter VI 2). Zulässig ist ein Antrag auf nachträgliche Zulassung der Klage nur dann, wenn er innerhalb einer Frist von zwei Wochen seit Behebung des Hindernisses gestellt wird, das der Wahrung der Klagefrist entgegen stand (§ 5 Abs. 3 KSchG). Unzulässig ist der Antrag jedoch, wenn seither mehr als sechs Monate verstrichen sind. Begründet ist ein Antrag auf nachträgliche Zulassung nur dann, wenn der Arbeitnehmer auch bei größter Sorgfalt die Klage nicht rechtzeitig erheben konnte (§ 5 Abs. 1 KSchG). Verhinderungsgrund können mithin sein eine schwerwiegende Erkrankung, die den Arbeitnehmer hindert, seine Interessen wahrzunehmen. Insoweit ist aber ein strenger Maßstab geboten, da eine schlichte Postkarte an das Gericht genügt, man sei mit der Kündigung des Arbeitgebers nicht einverstanden und dieser beschäftige mehr als fünf Arbeitnehmer. Nicht jede zur Arbeitsunfähigkeit führende Erkrankung rechtfertigt die nachträgliche Zulassung. Die Außerachtlassung der Klagefrist gilt als entschuldigt, wenn man sich bei einem Rechtsanwalt, dem Betriebsratsvorsitzenden eines Großbetriebes (bestr.) Rechtsrat eingeholt hat, falsch beraten worden ist oder auf den Lauf der Klagefrist nicht aufmerksam gemacht worden ist. Unzureichend ist aber die mangelhafte Kenntnis des Arbeitsrechtes oder fehlende Kenntnis der Klagefrist, Vernachlässigung der hinreichenden Sorgfalt usw. Über die nachträgliche Zulassung entscheidet das Gericht im Wege des Beschlusses, der durch sofortige Beschwerde beim Landesarbeitsgericht angefochten werden kann.

c) Gelegentlich kommt es vor, daß ein Arbeitnehmer innerhalb der Dreiwochenfrist *aus anderen Gründen* als fehlender sozialer Rechtfertigung oder Mangel eines wichtigen Grundes *geltend macht,* daß die Kündigung rechtsunwirksam ist. Das ist z. B. auch dann der Fall, wenn ein Arbeitnehmer über den Ablauf der Kündigungsfrist Lohn- oder Gehaltsfortzahlung vom Arbeitgeber begehrt und sich auf die Unwirksamkeit der Kündigung beruft. In diesen Fällen kann er auch noch nach Ablauf der Klagefrist die fehlende soziale Rechtfertigung oder den mangelnden wichtigen Grund geltend machen (§ 6 KSchG).

2. Außerordentliche Kündigung. Auch eine außerordentliche Kündigung aus wichtigem Grund (§ 44 III S. 379) kann der Arbeitnehmer mit der Kündigungsschutzklage angreifen (§§ 13 Abs. 1, 4 KSchG). Auch insoweit hat er die Klagefrist von drei Wochen einzuhalten und kann unter eingeschränkten Voraussetzungen in Ausnahmefällen die nachträgliche Zulassung beantragen.

3. Sonstige Rechtsmängel der Kündigung. a) Haften dagegen der Kündigungserklärung sonstige Rechtsmängel an, so können diese unabhängig von der Klagefrist geltend gemacht werden (§ 13 Abs. 3 KSchG). Sonstige Rechtsmängel können z. B. sein die fehlende Anhörung des Betriebsrates (§ 102 BetrVG; dazu § 44 IV S. 382), Mängel des Zugangs, fehlende Zustimmung von Behörden usw. Es ist aber nicht zu empfehlen, die Klagefrist ablaufen zu lassen. Fehlt es bei der ausgesprochenen Kündigung an Gründen der Sozialrechtfertigung oder an einem wichtigen Grund, kann es durchaus sinnvoll sein, einen Antrag auf Auflösung des Arbeitsverhältnisses (unter IV S. 403) zu stellen. Dies ist aber nicht mehr möglich, wenn die Klagefrist abgelaufen ist. Hinzu kommt, daß auch eine derartige Kündigung nicht schrankenlos klageweise angegriffen werden kann. Das Arbeitsrecht ist auf eine schnelle Abwicklung angelegt. Auch eine nach § 13 Abs. 3 KSchG i. V. m. § 256 ZPO erhobene Klage auf Feststellung der Unwirksamkeit einer Kündigung aus sonstigen Gründen kann verwirken, wenn der Arbeitgeber nicht mehr damit zu rechnen brauchte, daß sie noch erhoben würde.

b) Seit Inkrafttreten des Arbeitsrechtlichen Beschäftigungsförderungsgesetzes 1996 sind im Gesetz mehrere Fristenregelungen enthalten, in denen der Arbeitnehmer eine dreiwöchige Klagefrist einhalten muß, wenn er sich gegen eine Kündigung oder die Beendigung des Arbeitsverhältnisse wehren will. *(1)* Nach § 1 BeschFG muß der Arbeitnehmer die Unwirksamkeit einer Befristung des Arbeitsverhältnisses binnen drei Wochen klageweise geltend machen. *(2)*

Im Konkursverfahren müssen auch Arbeitnehmer, die einen besonderen Kündigungsschutz genießen, binnen drei Wochen Klage erheben.

IV. Auflösung des Arbeitsverhältnisses gegen Zahlung einer Abfindung*

1. Interessengegensatz. Im Verlaufe des Kündigungsschutzrechtsstreites kann sich herausstellen, daß die Parteien sich auseinander gelebt haben und eine Fortsetzung des Arbeitsverhältnisses nicht sinnvoll ist. Aus diesem Grund kann sowohl der Arbeitnehmer als auch der Arbeitgeber beantragen, daß das Arbeitsverhältnis durch rechtsgestaltendes Urteil aufgelöst wird (Muster unter VI S. 408). Ein derartiger Antrag kommt nur in Betracht, wenn die Kündigung des Arbeitgebers nicht gerechtfertigt war. Denn hatte der Arbeitgeber einen wichtigen oder sozial rechtfertigenden Grund zur Kündigung, so endet das Arbeitsverhältnis schon aufgrund der Kündigung des Arbeitgebers.

2. Auflösungsantrag des Arbeitnehmers. Stellt das Gericht fest, daß das Arbeitsverhältnis durch die Kündigung nicht aufgelöst ist, ist jedoch dem Arbeitnehmer die Fortsetzung des Arbeitsverhältnisses nicht zuzumuten, so hat das Gericht auf Antrag des Arbeitnehmers das Arbeitsverhältnis aufzulösen und den Arbeitgeber zur Zahlung einer angemessenen Abfindung zu verurteilen. Nach seiner älteren Rechtsprechung hat das BAG angenommen, daß der Auflösungsantrag des Arbeitnehmers nur dann gerechtfertigt ist, wenn nach Ausspruch der (unwirksamen) Kündigung Gründe für den Arbeitnehmer erwachsen sind, die seine außerordentliche Kündigung rechtfertigen. In neuerer Zeit vertritt es die Auffassung, daß auch minder schwere Gründe dem Arbeitnehmer die Fortsetzung des Arbeitsverhältnisses unzumutbar machen. Gründe, die die Auflösung des Ar-

---

* Schaub ArbR von A–Z, Stichwort: Abfindung.

beitsverhältnisses rechtfertigen, sind z.B. schwerwiegende Beleidigungen durch den Arbeitgeber, sonstige Ehrkränkungen usw. Der Arbeitnehmer kann den Auflösungsantrag nach einer ordentlichen Kündigung oder außerordentlichen Kündigung bis zum Schluß der mündlichen Verhandlung in der Berufungsinstanz stellen. Indes ist es ihm verschlossen, nur zum Zwecke der Durchsetzung des Auflösungsantrages Berufung einzulegen, wenn er wegen seines Feststellungsantrages, die Kündigung des Arbeitgebers für unwirksam zu erklären, voll gewonnen hat.

3. Auflösungsantrag des Arbeitgebers. Das Gericht hat auf Antrag des Arbeitgebers das Arbeitsverhältnis aufzulösen, wenn Gründe vorliegen, die eine den Betriebszwecken dienliche weitere Zusammenarbeit zwischen Arbeitgeber und Arbeitnehmer nicht erwarten lassen. Der Arbeitgeber muß zur Rechtfertigung seines Auflösungsantrages Tatsachen darlegen und beweisen, die auf das geschwundene Vertrauen im Arbeitsverhältnis schließen lassen. Auch insoweit kann ein Auflösungsantrag bis zum Schluß der mündlichen Verhandlung in der Berufungsinstanz gestellt werden. Indes ist es dem Arbeitgeber verschlossen, einen Auflösungsantrag zu stellen, wenn er eine außerordentliche Kündigung ausgesprochen hat und sich deren Unwirksamkeit herausstellt.

4. Auflösungsantrag beider Parteien. Stellen beide Parteien einen Auflösungsantrag, so hat das Gericht nur noch zu prüfen, ob die Kündigung des Arbeitgebers gerechtfertigt ist. In diesen Fällen ist die Klage abzuweisen. Ist dagegen die Kündigung nicht gerechtfertigt, so steht aufgrund der beiderseitigen Anträge fest, daß das Arbeitsgericht das Arbeitsverhältnis aufzulösen hat. Insoweit hat es dann lediglich die Höhe der Abfindung zu bemessen.

5. Abfindung. Das Gericht kann einen Abfindungsbetrag bis zu 12 Monatsverdiensten festsetzen (§ 10 Abs. 1

KSchG). Hat der Arbeitnehmer das 55. Lebensjahr vollendet und bestimmte Beschäftigungszeiten zurückgelegt, so kann die Abfindung bis höchstens 18 Monatsverdienste erhöht werden. Eine Erhöhung der Abfindung tritt in den Altbundesländern nicht ein, wenn das gesetzliche Rentenalter erreicht ist. In den beigetretenen Ländern ist dies das 65. Lebensjahr bis das Sozialversicherungsrecht angepaßt ist. Die Höhe der Abfindung wird nach den Umständen des Einzelfalles bemessen. Bei ihrer Bemessung sind vor allem zu berücksichtigen Lebensalter, Dauer des Arbeitsverhältnisses, aber auch Anzahl der unterhaltsberechtigten Kinder, Gesundheitszustand, Art des Berufes, Gründe der Auflösung des Arbeitsverhältnisses, Chancen auf dem Arbeitsmarkt, wirtschaftliche Lage des Arbeitnehmers, Verdienstausfall, Dauer der Arbeitslosigkeit usw. Gleichwohl ist nicht zu verkennen, daß sich in der Praxis doch einige Faustregeln herausgebildet haben, die allerdings von Gerichtssprengel zu Gerichtssprengel differieren können. Im allgemeinen wird bei der Mehrzahl der Gerichte in NRW davon ausgegangen, daß für jedes Jahr der Beschäftigung $1/2$ Monatseinkommen in Ansatz zu bringen ist. Je nach Maßgabe der übrigen Sozialdaten wird der sich ergebende Gesamtbetrag nach oben oder unten abgerundet.

6. Steuern und Sozialversicherung. a) Die Abfindungen sind in der BRD im Rahmen ihrer Höchstbeträge nach § 3 Abs. 1 Nr. 9 EStG einkommensteuerfrei. Es bestehen Planungen die Steuerfreiheit der Abfindungen zu beseitigen.

b) Zunächst wurde angenommen, daß sie infolge der Steuerfreiheit insoweit auch sozialversicherungsfrei seien (§ 14 Abs. 1, § 17 SGB IV i. V. m. § 1 VO über die Bestimmung des Arbeitsentgelts in der Sozialversicherung i. d. F. vom 18. 12. 1984 (BGBl I 1642, 1644) zul. geänd. 8. 12. 1995 (BGBl I 1643). Dies war in neuerer Zeit umstr. Das BAG geht davon aus, daß sie in bisherigem Umfang sozialversicherungsfrei sind. Dagegen vertreten die Einzugsstellen häufig die Auffassung, daß sie beitragspflichtig sind. Das BSG hat sich der Meinung des BAG angeschlossen. Überschreitet die Abfindung die Steuerfreigrenze, so kann sie auf mehrere Jahre verteilt werden und nach § 24 EStG Steuerbegünstigungen unterliegen. Dies gilt auch, wenn die Abfindung vergleichsweise vereinbart worden ist. Indes ist zu beachten, daß dann, wenn in dem Urteil oder gerichtlich protokollierten Vergleich ein Abfindungsbetrag enthalten ist, es sich grundsätzlich um eine auf einen Bruttobetrag gerichtete Abfindung handelt. Lediglich aufgrund der Steuergesetze ergibt sich, daß von diesem Betrag der Arbeitgeber keine Steuern einzubehalten braucht. Ist dagegen in dem Vergleich die Bestimmung enthalten, daß sich der Arbeitgeber verpflichtet, die Abfindung netto zu zahlen, so hat er damit gegenüber dem Finanzamt die Steuerpflicht übernommen. Bei etwaigen Auseinandersetzungen mit dem Finanzamt bleibt die Steuer daher endgültig bei dem Arbeitgeber hängen.

c) Durch das AFRG vom 24. 3. 1997 (BGBl I 594) ist eine Anrechnung der Abfindung auf das Arbeitslosengeld vorgesehen. Die Rechtslage ist oben § 43 I 5 S. 363 dargestellt.

V. Arbeitnehmer gewinnt den Kündigungsschutzprozeß

1. Weiterbeschäftigung. a) Erweist sich, daß die Kündigung des Arbeitgebers sozial ungerechtfertigt oder für sie kein wichtiger Grund bestand oder daß sie aus anderen Gründen rechtsunwirksam war, so stellt das Arbeitsgericht fest, daß das Arbeitsverhältnis durch die Kündigung des Arbeitgebers nicht aufgelöst worden ist. Damit ergibt sich, daß der Arbeitnehmer *weiter arbeiten* und der Arbeitgeber *weiter Lohn* zahlen muß. Hat der Arbeitnehmer den Arbeitgeber vor oder während des Prozesses in Annahmeverzug gesetzt (§ 10 III S. 115), so braucht der Arbeitnehmer nicht von sich aus seine Arbeitskraft bei dem Arbeitgeber anzubieten. Vielmehr muß der Arbeitgeber den Arbeitnehmer wieder zur Arbeit auffordern. Erkennt der Arbeitgeber aufgrund der mündlichen Verhandlung vor dem Arbeitsgericht, daß der Arbeitnehmer voraussichtlich im Recht sein wird und beabsichtigt er, kein Rechtsmittel gegen das Urteil des Arbeitsgerichtes einzulegen, kann es sich empfehlen, unmittelbar nach der Verhandlung beim Arbeitsgericht anzurufen und sich nach dem Ausgang des Rechtsstreites zu erkundigen, wenn das Urteil nicht in Gegenwart der Parteien verkündet wird.

b) *Verliert der Arbeitgeber* den Prozeß und befand er sich während des Prozesses in Annahmeverzug (§ 10 III S. 115), so ist er auch für die Vergangenheit verpflichtet, die Vergütung nachzuzahlen. Er muß den Arbeitnehmer so stellen, wie dieser gestanden hätte, wenn nicht gekündigt worden wäre und es nicht zum Prozeß gekommen wäre. Er hat ihm selbst Weihnachtsgratifikationen, Provisionen usw. weiterzuzahlen. Einzelheiten § 10 III S. 115 ff.

2. Nichtfortsetzung des Arbeitsverhältnisses. Nach Beendigung des Kündigungsschutzrechtsstreits kann sich für den Arbeitnehmer ergeben, daß er inzwischen eine andere Arbeitsstelle gefunden hat, so daß er kein Interesse mehr daran hat, zu seinem alten Arbeitgeber zurückzukehren. Dies gilt um so mehr, als in der Privatwirtschaft durch einen Prozeß häufig die Rechtsbeziehungen getrübt sind. Das Gesetz erlaubt dem Arbeitnehmer, das Arbeitsverhältnis zu beenden. Besteht nach der Entscheidung des Gerichtes das Arbeitsverhältnis fort, ist jedoch der Arbeitnehmer inzwischen ein neues Arbeitsverhältnis eingegangen, so kann er binnen einer Woche nach der Rechtskraft des Urteils durch Erklärung gegenüber dem alten Arbeitgeber die Fortsetzung des Arbeitsverhältnisses bei diesem verweigern (§ 12 S. 1 KSchG). Der Arbeitnehmer hat mithin eine verhältnismäßig lange Überlegungsfrist, ob er zu seinem alten Arbeitgeber zurückkehren will. Der Arbeitnehmer wahrt die Frist, wenn er die Erklärung der Nichtfortsetzung des Arbeitsverhältnisses binnen einer Woche zur Post gibt. Insoweit empfiehlt sich eine beweiskräftige Postaufgabe. Mit dem Zugang der Erklärung erlischt das Arbeitsverhältnis. Die Nichtfortsetzungserklärung des Arbeitnehmers hat aber auch Bedeutung für die Verpflichtung des Arbeitgebers, während der Dauer des Kündigungsschutzrechtsstreites wegen Annahmeverzuges die Vergütung fortzuzahlen. Gibt der Arbeitnehmer eine Nichtfortsetzungserklärung ab, so hat der Arbeitgeber den dem Arbeitnehmer entgangenen Verdienst nur für die Zeit bis zum Eintritt in das neue Arbeitsverhältnis zu zahlen (§ 12 S. 4 KSchG). Zeichnet sich für den Arbeitnehmer ab, daß er ohnehin nicht mehr zu seinem alten Arbeitgeber zurückkehren will, kann es sich für ihn häufig empfehlen, rechtzeitig während des Kündigungsschutzprozesses eine vergleichsweise Regelung zu versuchen. Häufig sind Arbeitgeber zu diesem Zeitpunkt noch bereit, Abfindungen zu zahlen. Andererseits wird auch der Arbeitgeber einen anderweitigen Stellenantritt in seine prozeßtaktischen Erwägungen einbeziehen. Prozeßtaktische Erwägungen können im allgemeinen nur im Einzelfall nach genauer Kenntnis der Details von erfahrenen Arbeitsrechtlern beurteilt werden.

VI. Klagemuster*

1. Einfache Kündigungsschutzklage

An das Arbeitsgericht . . . ., den . . . . . .

Klage

des Arbeiters/Angestellten . . . . . .

Klägers

gegen

die Firma . . . . . .   Beklagte

wegen Kündigungsschutz.

Ich erhebe Klage und werde beantragen zu erkennen:

1. Es wird festgestellt, daß das Arbeitsverhältnis durch die Kündigung der Beklagten vom . . . . . . – zugegangen am . . . . . . – nicht aufgelöst worden ist.

---

* Schaub, Arbeitsrechtliche Formularsammlung und Arbeitsgerichtsverfahren, 6. Aufl., 1994.

2. Es wird festgestellt, daß das Arbeitsverhältnis über den . . . . . . fortbesteht.
3. Die Beklagte wird verurteilt, den Kläger über den Ablauf der Kündigungsfrist zu den bisherigen Arbeitsbedingungen weiter zu beschäftigen;
4. die Beklagte wird weiter verurteilt, ... DM nebst 4% Zinsen seit Klagezustellung an den Kläger zu zahlen.

Gründe

Der am . . . . . . geborene, ledige/verheiratete Kläger, der . . . . . . Kinder hat, wurde am . . . . . . von der Beklagten, die . . . . . . Arbeitnehmer beschäftigt, als . . . . . . eingestellt. Die Beklagte hat das Arbeitsverhältnis mit Schreiben vom . . . . . ., das dem Kläger am . . . . . . zugegangen ist, gekündigt. Für die Kündigung hat ein Grund nicht bestanden.

Der Betriebsrat ist zur Kündigung gehört/nicht gehört/hat der Kündigung widersprochen.

Da damit zu rechnen ist, daß die Beklagte noch weitere Kündigungen aussprechen wird, weil sie das Arbeitsverhältnis auf jeden Fall beenden will, bedarf es einer weitergehenden Feststellungsklage.

Der Kläger bietet der Beklagten seine Arbeitskraft an.

Die Beklagte ist verpflichtet, aufgrund der allgemeinen Beschäftigungspflicht (§ 38 S. 326) den Kläger auch über den Ablauf der Kündigungsfrist, zumindest bis zur Rechtskraft der Entscheidung weiter zu beschäftigen. Der Weiterbeschäftigungsanspruch wird mit dem Klageantrag zu 2 geltend gemacht.

Schließlich hat die Beklagte dem Kläger während des Annahmeverzuges die Vergütung weiterzuzahlen. Der Kläger hat monatlich . . . . . . DM verdient. Er hat der Beklagten am . . . . . . tatsächlich und am . . . . . . wörtlich seine Arbeitsleistung angeboten. Die Beklagte hat jedoch die Entgegennahme der Arbeitsleistung abgelehnt. Sie befindet sich mithin in Verzug.

U. U.: Nach den tariflichen Vorschriften ist der Kläger gehalten, seine Vergütung zur Vermeidung des Ablaufes der tariflichen Verfallfristen einzuklagen. Es wird schon jetzt angekündigt, daß der Kläger wegen seiner Vergütungsfortzahlungsansprüche seine Klage monatlich erweitern wird.

2. Antrag auf nachträgliche Zulassung der Klage. Rubrum wie Muster 1).

Wegen nachträglicher Zulassung und Kündigungsschutz wird beantragt:
1. Es wird festgestellt, daß das Arbeitsverhältnis durch die Kündigung der Beklagten vom . . . . . . nicht aufgelöst worden ist,

2. die Kündigungsschutzklage nachträglich zuzulassen.
   U. U. Anträge 3 und 4 wie Muster 1, Anträge 2 und 3.

Gründe

I. Der am . . . . . . geboren, ledige/verheiratete Kläger, der . . . . . .
Kinder hat, wurde am . . . . . . von der Beklagten, die . . . . . . Arbeitnehmer beschäftigt, als . . . . . . eingestellt. Der Kläger hat am
. . . . . . seinen Jahresurlaub angetreten. Er hat seinen Urlaub in
. . . . . . verlebt. Als er am . . . . . . aus dem Urlaub zurückgekehrt
ist, hat er in seinem Briefkasten eine Kündigung vom . . . . . . vorgefunden. Für die Kündigung hat kein Grund bestanden. Mit der
Kündigung brauchte der Kläger auch nicht zu rechnen. Er ist
niemals abgemahnt worden. Die Kündigungsschutzklage ist mithin nachträglich zuzulassen, wenn sich herausstellen sollte, daß
der Kläger die Klagefrist versäumt hat.
Die Richtigkeit vorstehender Angaben werden an Eides Statt
versichert.

II. Sonstige Angaben wie in Muster 1.

3. Klage mit Auflösungsantrag nach §§ 9, 10 KSchG. a) Antrag
des Arbeitnehmers.
   In Sachen pp volles Rubrum wie Muster 1. wird beantragt,
1. festzustellen, daß das Arbeitverhältnis durch die Kündigung vom
   . . . . . . – zugegangen am . . . . . . – nicht aufgelöst worden ist;
2. das Arbeitverhältnis gegen Zahlung einer Abfindung, deren
   Höhe in das Ermessen des Gerichtes gestellt wird, die aber . . . . .
   DM nicht unterschreiten sollte, aufzulösen.
   Allgemeine Begründung der Klage wie Muster 1.
   Zum Auflösungsantrag: Das Arbeitsverhältnis ist gegen Zahlung
einer Abfindung aufzulösen. Der Kläger ist bei der Beklagten als
Möbelverkäufer beschäftigt. Die Beklagte hat die Kündigung in Gegenwart von Kunden mit der Begründung ausgesprochen, der Kläger habe sich Veruntreuungen zu Schulden kommen lassen. Hierdurch ist der Ruf des Klägers im erheblichem Umfange herabgesetzt. Dem Kläger ist aus diesem Grunde nicht zuzumuten, in dem
Geschäft der Beklagten weiterzuarbeiten. Bei der Bemessung der
Abfindung sind folgende Umstände zu berücksichtigen . . . . . .
   b) Antrag des Arbeitgebers:
   Es wird beantragt,
   die Klage abzuweisen;
   hilfsweise, das Arbeitsverhältnis gegen Zahlung einer Abfindung,
   die . . . . . . DM nicht übersteigen sollte, aufzulösen.

§ 48. Kündigungsschutz von Mitgliedern der Betriebsverfassungsorgane*

I. Grundgedanken

1. Geltungsbereich. Der Kündigungsschutz von Mitgliedern der Betriebsverfassungsorgane gilt in der gesamten BRD.

2. Zweck. Zur Wahrung ihrer Unparteilichkeit und Unabhängigkeit genießen die Mitglieder sämtlicher Betriebsverfassungsorgane einen besonderen Kündigungsschutz. In ihm ist der kollektivrechtliche und individualrechtliche Kündigungsschutz verzahnt.

II. Kündigungsschutz nach dem KSchG

1. Allgemeiner und besonderer Kündigungsschutz. Ein Mitglied eines Betriebsverfassungsorgans kann sich neben dem besonderen Kündigungsschutz nach §§ 15 ff KSchG auf den allgemeinen Kündigungsschutz nach §§ 1 ff KSchG berufen. Im allgemeinen wird es vom allgemeinen Kündigungsschutz keine besonderen Vorteile haben, da der besondere Kündigungsschutz sehr viel weitergehender ist. Indes kann er gelegentlich bei der sozialen Auswahl eine Rolle spielen.

2. Ordentliche Kündigung. a) Nach § 15 Abs. 1 S. 1 KSchG ist die ordentliche Kündigung eines *Mitgliedes eines Betriebsrates, einer Jugend- und Auszubildendenvertretung, einer Bordvertretung oder eines Seebetriebsrates* unzulässig. Unzulässig bleibt die ordentliche Kündigung auch nach Beendigung der Amtszeit, und zwar für die Dauer eines Jahres für Mitglieder des Betriebsrates, einer Jugend- und Auszubildendenvertretung oder eines Seebe-

---

* Schaub ArbR von A–Z, Stichwort: Betriebsratsmitglied; Der Betriebsrat, 6. Aufl., 1995.

triebsrates und für die Dauer von sechs Monaten für die Mitglieder einer Bordvertretung. Unzulässig ist ferner die ordentliche Kündigung eines Mitgliedes des Wahlvorstandes vom Zeitpunkt seiner Bestellung, die Kündigung eines Wahlbewerbers vom Zeitpunkt der Aufstellung des Wahlvorschlages an, jeweils bis zur Bekanntgabe des Wahlergebnisses und darüber hinaus noch für weitere sechs Monate. Der Wahlvorschlag ist aufgestellt, wenn er die erforderliche Zahl von Unterschriften trägt. Ersatzmitglieder der Betriebsverfassungsvertreter genießen während der Gesamtdauer der Vertretung und einer angemessenen Vorbereitungszeit Kündigungsschutz. Nach Beendigung der Vertretung steht ihnen der nachwirkende Kündigungsschutz zu.

b) Nur *ausnahmsweise ist auch eine ordentliche Kündigung* der Mitglieder der Betriebsverfassungsorgane zulässig. Dies ist dann der Fall, wenn der Betrieb *stillgelegt* wird (§ 15 Abs. 4 KSchG). Aber auch in diesen Fällen kann die Kündigung frühestens zum Zeitpunkt der Stillegung erfolgen. Etwas anderes gilt nur dann, wenn die Kündigung durch zwingende betriebliche Gründe vorab erforderlich ist. Werden die Mitglieder der Betriebsverfassungsorgane in einer Abteilung beschäftigt, die stillgelegt wird, so sind sie grundsätzlich in eine andere Betriebsabteilung zu übernehmen (§ 15 Abs. 5 KSchG). Eine Übernahme braucht nur dann nicht stattzufinden, wenn dies aus betrieblichen Gründen nicht möglich ist, wenn also eine Beschäftigungsmöglichkeit in einer anderen Abteilung nicht gegeben ist. In diesen Fällen können sie zum Zeitpunkt der Stillegung der Abteilung gekündigt werden.

3. Außerordentliche Kündigung. a) Die außerordentliche Kündigung bleibt von der *Amtstätigkeit* unberührt. Die Voraussetzungen, die an eine außerordentliche Kündigung gestellt werden, sind jedoch sehr hoch. Dabei ist insbesondere zu beachten, daß ein wichtiger Grund nur dann die außerordentliche Kündigung rechtfertigt, wenn er in den arbeitsvertraglichen Pflichten gesetzt ist. Dagegen rechtfertigt eine schwerwiegende Verletzung der Amtspflichten im allgemeinen nicht die außerordentliche Kündigung, sondern nur eine Amtsenthebung. Etwas anderes kann nur dann gelten, wenn die Amtspflichtverletzung zugleich eine Verletzung der arbeitsvertraglichen Pflichten beinhaltet.

b) Die außerordentliche Kündigung von Mitgliedern des Betriebsrates, der Jugend- und Auszubildendenvertretung, der Bordvertretung und des Seebetriebsrates, des Wahlvorstandes sowie von Wahlbewerbern bedarf jedoch der *vorherigen Zustimmung* des Betriebsrates (§ 103 Abs. 1 BetrVG). Damit ergibt sich ein gestaffelter Kündigungsschutz. Während der Amtstätigkeit kann ein Mitglied eines Betriebsverfassungsorganes nur mit Zustimmung des Betriebsrates gekündigt werden, wenn ein wichtiger Grund vorliegt. Nach Ablauf der Amtstätigkeit genießt das Mitglied des Betriebsverfassungsorganes noch für eine Übergangzeit einen nachwirkenden Kündigungsschutz, in dem eine außerordentliche Kündigung nur aus wichtigem Grund zulässig ist, zu dem aber die Zustimmung des Betriebsrates nicht, wohl aber die Anhörung notwendig ist. Für eine ordentliche Kündigung bei Stillegung des Betriebes ist nur die Anhörung des Betriebsrates notwendig.

III. Zustimmung des Betriebsrates und das Zustimmungsersetzungsverfahren

1. Vorbereitung der außerordentlichen Kündigung. Will der Arbeitgeber ein Mitglied der Betriebsverfassungsorgane kündigen, so muß er vor dem Ausspruch der Kündigung die Zustimmung des Betriebsrates unter Mitteilung der Kündigungsgründe einholen. Auf andere als dem Betriebsrat mitgeteilte Kündigungsgründe kann er die Kündigung nicht stützen. Der Arbeitgeber muß die Zustimmung zur Kündigung so rechtzeitig einholen, daß er bei Verweigerung noch vor Ablauf der Frist nach § 626 Abs. 2 BGB (§ 44 III S. 379) die Ersetzung der Zustimmung durch das Arbeitsgericht beantragen kann. Erteilt der Betriebsrat die Zustimmung zur Kündigung, so kann der Arbeitgeber kündigen. Der Arbeitnehmer kann jedoch gleichwohl noch Kündigungsschutzklage erheben und sich auf den allgemeinen und besonderen Kündigungsschutz berufen (§ 45 S. 384).

2. Zustimmungsersetzungsverfahren. Stimmt der Betriebsrat der Kündigung nicht zu, so kann der Arbeitgeber beim Arbeitsgericht die Ersetzung der Zustimmung des Betriebsrates beantragen. Dasselbe gilt, wenn in einem Betrieb noch kein Betriebsrat besteht, aber ein Wahlvorstand oder Wahlbewerber außerordentlich gekündigt werden sollen.

a) Das Arbeitsgericht hat die *Zustimmung zu ersetzen,* wenn ein wichtiger Grund für die Kündigung besteht. Hieraus folgt, daß es nicht im Ermessen des Betriebsrates steht, ob er der Kündigung zustimmen will oder nicht. Ersetzt das Arbeitsgericht die Zustimmung nicht und wird sein Beschluß rechtskräftig, so ist die Kündigung endgültig unzulässig.

b) *Stimmt das Arbeitsgericht* der Kündigung *zu,* so kann der Arbeitgeber unverzüglich nach Rechtskraft der Entscheidung eine Kündigung aussprechen. In einer älteren Rechtsprechung hat das BAG die Auffassung vertreten, daß dann, wenn das LAG in der 2. Instanz entschieden hat, unverzüglich nach Entscheidung zu kündigen sei, wenn eine weitere Anfechtung des Beschlusses nicht zu erwarten ist. Wegen der bestehenden Rechtsunklarheit wird ein Arbeitgeber sowohl nach der Entscheidung wie auch nach Eintritt der Rechtskraft vorsorglich kündigen. Das betroffene Mitglied des Betriebsverfassungsorgans kann aber unabhängig von dem kollektivrechtlichen Kündigungsschutz Klage nach dem Kündigungsschutzgesetz wegen fehlender sozialer Rechtfertigung der Kündigung erheben (§ 47 III S. 400).

c) Gelegentlich wird empfohlen, neben dem Zustimmungsersetzungsverfahren ein *Amtsenthebungsverfahren* einzuleiten. Nach der Rechtsprechung der Arbeitsgerichte ist die Abgrenzung zwischen Amtspflichtverletzungen und Arbeitsvertragsverletzungen nur sehr schwer zu ziehen.

IV. Auflösungsantrag, Annahmeverzug und Zutrittsrecht zum Betrieb

1. Auflösungsantrag. War die Kündigung des Arbeitgebers sozial ungerechtfertigt, so kann der Arbeitnehmer wie jeder andere Arbeitnehmer auch unter den Voraussetzungen, die in § 47 S. 400 ff geschildert sind, Kündigungsschutzklage erheben und die Auflösung des Arbeitsvertrages durch richterliches Gestaltungsurteil beantragen. Dagegen kann der Arbeitgeber einen Auflösungsantrag nicht stellen, da dadurch der Sonderkündigungsschutz umgangen werden könnte.

2. Annahmeverzug. Beschäftigt der Arbeitgeber das Mitglied des Betriebsverfassungsorganes nicht, so gerät er in Annahmeverzug (§ 10 III S. 115). Das gilt selbst dann, wenn der Arbeitgeber nicht kündigen kann, weil die Zustimmung des Betriebsrates oder des Arbeitsgerichtes noch nicht vorliegt. Eine Ausnahme von diesem Grundsatz wird nur dann gemacht, wenn die Weiterbeschäftigung dem Arbeitgeber schlechthin nicht zumutbar ist. Dies ist z. B. dann gegeben, wenn ein Mitglied des Betriebsverfassungsorgans eine Brandstiftung im Betrieb begangen hat und dergl.

3. Zutrittsrecht. Zur Ausübung seiner Amtstätigkeit hat das Betriebsratsmitglied auch weiterhin ein Zutrittsrecht zum Betrieb. Das Zutrittsrecht erlischt erst dann, wenn der Betriebsrat der Kündigung zugestimmt oder das Arbeitsgericht – auch noch nicht rechtskräftig – die Zustimmung des Betriebsrates ersetzt hat.

§ 49. Kündigungsschutz bei anzeigepflichtigen Entlassungen (Massenentlassungen)*

I. Zweck des Kündigungsschutzes

1. Geltungsbereich. Der Kündigungsschutz gilt in der gesamten BRD.

2. Gesetzeszweck. Der Kündigungsschutz bei anzeigepflichtigen Entlassungen (Massenentlassungen) ist nicht in erster Linie im Interesse des einzelnen Arbeitnehmers, sondern der BAnstArb eingeführt, damit diese sich rechtzeitig auf die Vermittlung der entlassenen oder zur Entlassung anstehenden Arbeitnehmer vorbereiten kann. Um diesen Zweck zu verwirklichen, hat der Arbeitgeber nach § 8 AFG schon ein Jahr vor einer erheblichen Personalveränderung die BAnstArb zu unterrichten.

3. Gesetzesänderung. Durch das AFRG vom 24. 3. 1997 (BGBl. I 594) wird das Recht der anzeigepflichtigen Entlassung mit Wirkung vom 1. 1. 1998 geändert.

II. Verfahren des Arbeitgebers bei anzeigepflichtigen Entlassungen (Massenentlassungen)

1. Begriff der Massenentlassung. Eine Massenentlassung liegt vor, wenn der Arbeitgeber in Betrieben mit i. d. R. mehr als 20 und weniger als 60 Arbeitnehmern mehr als 5, mit 60–499 10 v. H. oder mehr als 25, mit mindestens 500 Arbeitnehmern 30 Arbeitnehmer innerhalb von 30 Kalendertagen auf einmal oder ratenweise aufgrund ordentlicher Kündigung oder Änderungskündigung entläßt. Bei der Berechnung sind außerordentliche Kündigungen des Arbeitgebers (§ 17 Abs. 4 KSchG) oder Kündigungen der Arbeitnehmer nicht zu berücksichtigen. Etwas anderes gilt für Kündigungen der Arbeitnehmer dann, wenn der Arbeitge-

---

* Schaub ArbR von A–Z, Stichwort: Massenentlassung.

ber sie veranlaßt hat. Bei der Berechnung kommt es nicht auf den Ausspruch der Kündigung, sondern die Entlassung, also das Ausscheiden der Arbeitnehmer an.

2. Information des Betriebsrates. Beabsichtigt der Arbeitgeber eine Massenentlassung vorzunehmen, so hat er den Betriebsrat rechtzeitig zu unterrichten (§ 17 Abs. 2 KSchG). Er hat dabei die Gründe der Entlassung, die Zahl und die Berufsgruppen der zu entlassenden Arbeitnehmer, die Zahl und die Berufsgruppen der i.d.R. beschäftigten Arbeitnehmer und den Zeitraum, in dem die Entlassung vorgenommen werden soll, die vorgesehenen Kriterien für die Auswahl der zu entlassenden Arbeitnehmer, die für die Berechnung etwaiger Abfindungen vorgesehenen Kriterien schriftlich dem Betriebsrat mitzuteilen. Er hat dem Betriebsrat auch mündlich weitere zweckdienliche Auskünfte zu erteilen. Der Betriebsrat hat zunächst intern und dann zusammen mit dem Arbeitgeber die Möglichkeiten zu beraten, Entlassungen zu vermeiden oder einzuschränken, sowie ihre Folgen zu mildern (§ 17 Abs. 2 KSchG).

3. Anzeige. Der Arbeitgeber hat dem Arbeitsamt (§ 17 Abs. 1 KSchG) die Anzeige der bevorstehenden Massenentlassungen (oben II 1) zuzuleiten. Mit der Anzeige hat er dem Arbeitsamt eine Abschrift der Mitteilung an den Betriebsrat zu übersenden (§ 17 Abs. 3 S. 1 KSchG). Beizufügen ist ferner die Stellungnahme des Betriebsrates. Hat der Betriebsrat sich nicht geäußert, so ist die Anzeige von der bevorstehenden Massenentlassung nur wirksam (§ 17 Abs. 3 S. 3 KSchG), wenn der Arbeitgeber glaubhaft macht, daß er den Betriebsrat mindestens zwei Wochen vor der Anzeige unterrichtet hat und er den Stand der Beratungen darlegt. Insoweit soll vermieden werden, daß der Betriebsrat das Verfahren bei Massenentlassungen vereiteln kann.

4. Inhalt der Anzeige. Die Anzeige hat Angaben über den Namen des Arbeitgebers, den Sitz und die Art des Betriebes, die Zahl und die Berufsgruppen der in der Regel beschäftigten Arbeitnehmer, die Zahl und die Berufsgruppe der zu entlassenden Arbeitnehmer, die Gründe für die Entlassung und den Zeitraum, in dem die Entlassungen vorgenommen werden sollen, zu enthalten (§ 17 Abs. 3 S. 4 KSchG). In der Anzeige sollen ferner im Einvernehmen mit dem Betriebsrat für die Arbeitsvermittlung Angaben über Geschlecht, Alter, Beruf und Staatsangehörigkeit der zu entlassenden Arbeitnehmer enthalten sein. Auch diese Angaben liegen im Interesse der BAnstArb, damit sie sich auf ihre Vermittlungsaufgaben vorbereiten kann. Der Betriebsrat kann weiter von seinem Standpunkt aus eine weitere Stellungnahme abgeben. Ebenso wie der Arbeitgeber dem Betriebsrat eine Abschrift seiner Stellungnahme zu übermitteln hat, hat andererseits auch der Betriebsrat von seiner Stellungnahme den Arbeitgeber zu unterrichten. Keine Interessenpartei soll die andere hintergehen können.

III. Verfahren der Bundesanstalt für Arbeit

1. Zuständigkeit. Für die Entscheidung über die Massenentlassung ist das Landesarbeitsamt zuständig. Die Entscheidung trifft nach Anhörung des Arbeitgebers und des Betriebsrates ein Ausschuß, der sich aus dem Präsidenten oder einem von ihm beauftragten Angehörigen des LAA als Vorsitzenden, je zwei Vertretern der Arbeitnehmer, der Arbeitgeber und der öffentlichen Körperschaften zusammensetzt, die vom Verwaltungsausschuß des LAA benannt werden. Der Verwaltungsausschuß ist ein Selbstverwaltungsorgan der BAnstArb (§ 190 AFG). Der Ausschuß kann seine Kompetenz für Betriebe mit i. d. R. weniger als 500 Arbeitnehmern auf den Ausschuß des örtlich zuständigen Arbeitsamtes übertragen (§ 20 KSchG). Sollen mehr als 500 Arbeitnehmer aus Betrieben, die zum Geschäftsbereich des Bundesministers für Verkehr oder zum Bereich des Bundesministers für das Post- und Fernmeldewesen gehören, entlassen werden, entscheidet ein Ausschuß bei der Hauptstelle der BAnstArb. Im letzteren Fall werden, soweit keine Sonderregeln ergehen, die Landesarbeitsämter zuständig bleiben.

Ab 1. 1. 1998 sind die Arbeitsämter zuständig.

2. Auswirkungen auf die Kündigung. a) *Zustimmungspflichtige Entlassungen* werden vor Ablauf eines Monats nach Eingang der Anzeige beim Arbeitsamt nur mit Zustimmung des LAA *wirksam* (§ 18 Abs. 1 KSchG). Das bedeutet, selbst wenn die Kündigungsfrist des konkreten Arbeitnehmers keine zwei Wochen beträgt, wird die Entlassung, also das Ausscheiden aus dem Betrieb, erst nach Ablauf eines Monats wirksam, wenn das LAA nicht einem früheren Ausscheiden zustimmt.

b) Das LAA kann aber im Einzelfall bestimmen, daß die Entlassungen nicht *vor Ablauf von längstens zwei Monaten* nach Eingang der Anzeige beim Arbeitsamt wirksam werden (§ 18 Abs. 2 KSchG). Auch hierin zeigt sich die arbeitsmarktpolitische Zielsetzung des Massenentlassungsschutzes.

c) Das LAA kann schließlich die Zustimmung zur Massenentlassung unter *Auflagen,* z. B. der Zahlung von Abfindungen an die Arbeitnehmer, erteilen. Damit erlangen die Arbeitnehmer nicht unmittelbar einen zivilrechtlichen Anspruch gegen den Arbeitgeber. Dieser kann vielmehr den Ablauf der gesetzlichen oder vom LAA bestimmten Sperrfrist abwarten und alsdann ohne Zahlung einer Abfindung entlassen oder die Kündigungen teilweise zurücknehmen, so daß diese die für Massenentlassungen maßgebliche Stichzahl nicht überschreiten.

d) Das LAA kann schließlich der Massenentlassung *zustimmen.* In diesem Falle können die Entlassungen innerhalb eines Monats seit Ablauf der Sperrfrist durchgeführt werden. Ist die Kündigungsfrist der einzelnen Arbeiter länger als ein Monat, so muß die Kündigung so ausgesprochen werden, daß der Endzeitpunkt des Arbeitsverhältnisses in die Freifrist fällt (§ 18 Abs. 4 KSchG).

3. Kurzarbeit. Ist der Arbeitgeber nicht in der Lage, die Arbeitnehmer bis zum Ablauf eines Monats oder bis zu der vom LAA bestimmten Frist zu beschäftigen, so kann das LAA auf Antrag des Arbeitgebers gestatten, daß Kurzarbeit eingeführt wird (§ 19 Abs. 1 KSchG).

a) Die Zustimmung der BAnstArb zur Einführung von Kurzarbeit beseitigt nur die *öffentlich rechtliche Sperre*.

b) Nach dem *Einzelarbeitsvertrag* kann der Arbeitgeber nur dann Kurzarbeit einführen, wenn er den Inhalt des Arbeitsvertrages insoweit geändert hat. Zur Einführung der Kurzarbeit bedarf es damit grundsätzlich der Änderungskündigung des Arbeitsverhältnisses. Für die Einführung der Kurzarbeit können jedoch aufgrund eines Tarifvertrages oder einer Betriebsvereinbarung besondere Vorschriften bestehen. Tarifverträge kürzen häufig die Kündigungsfristen ab und normieren für die Einführung der Kurzarbeit besondere Ankündigungsfristen. Es ist umstritten, ob diese Inhaltsnormen oder Betriebsnormen sind. Sind sie Inhaltsnormen finden sie nur Anwendung, wenn der Arbeitgeber und der Arbeitnehmer tarifgebunden sind. Sind sie dagegen Betriebsnormen werden sie bereits angewandt, wenn nur der Arbeitgeber tarifgebunden ist. Vgl. § 1 II 6 S. 10.

c) Der *Betriebsrat* hat bei der Einführung von Kurzarbeit nach § 87 Abs. 1 Nr. 3 BetrVG ein erzwingbares Mitbestimmungsrecht. Der Betriebsrat kann mithin im Wege der Betriebsvereinbarung der Einführung von Kurzarbeit zustimmen und damit einzelvertraglich bestehende Kündigungsfristen für die Änderung des Inhalts des Arbeitsvertrages abkürzen oder beseitigen. Dagegen kann er Ankündigungsfristen für die Einführung von Kurzarbeit, die durch Tarifvertrag bestimmt sind, nicht abkürzen (§ 87 Abs. 1 Einleitungssatz, § 77 Abs. 3 BetrVG). Eine Betriebsvereinbarung erfaßt das Arbeitsverhältnis mit normativer Wirkung. Dagegen sind in jedem Fall die einzelvertraglichen Kündigungsfristen für die Einführung der Kurzarbeit einzu-

halten, wenn der Betriebsrat nur im Wege der Regelungsabrede der Einführung zustimmt.

IV. Durchführung der anzeigepflichtigen Entlassung (Massenentlassung)

1. Zustimmung der BAnstArb. Hat die BAnstArb der
Massenentlassung zugestimmt, so können sich folgende
Fallgestaltungen ergeben:

a) Der Arbeitgeber kann innerhalb der Freifrist nach vor-
heriger *Anhörung des Betriebsrates* (§ 102 BetrVG) die
Entlassung vornehmen. Die Massenentlassung kann zum
Abschluß eines Interessenausgleichs und Sozialplanes nöti-
gen (§ 112 BetrVG).* Dem Arbeitnehmer ist unbenommen
die Kündigung mit der Kündigungsschutzklage anzugreifen.
Der allgemeine und besondere Kündigungsschutz (§ 45
S. 384) bleibt unberührt.

b) Die Bundesanstalt kann der Durchführung einer Massenentlassung *zustimmen,* jedoch die Frist für die *Sperrfrist
verlängern,* wobei sie für die Zwischenzeit der Einführung
von Kurzarbeit zustimmen kann. Auch in diesem Fall kann
der Arbeitgeber die Arbeitsverhältnisse nach vorheriger Anhörung des Betriebsrates in der Freifrist beenden. Die Einführung der Kurzarbeit ist nur möglich, wenn der Betriebsrat nach § 87 Abs. 1 Nr. 3 BetrVG zustimmt.

**2. Verweigerung der Zustimmung zu Massenentlassun-
gen.** Hat die BAnstArb die Zustimmung zum Ausspruch einer
Massenentlassung verweigert oder diese nur unter Auflagen
und Bedingungen erlaubt, so kann der Arbeitgeber die Sperrfrist abwarten und gleichwohl Entlassungen aussprechen.
Der Arbeitnehmer kann sich in diesen Fällen auf den allgemeinen und besonderen Kündigungsschutz berufen und der
Betriebsrat hat Mitwirkungsrechte nach § 102, § 112 BetrVG.

---

* Schaub ArbR von A–Z, Stichwort: Interessenausgleich, Sozialplan;
ders., Der Betriebsrat, 6. Aufl., 1995, § 56.

3. Unterlassung der Anzeige. Hat der Arbeitgeber unterlassen, überhaupt das Verfahren über die Massenentlassung in Gang zu setzen, so kann der einzelne Arbeitnehmer im Rahmen einer von ihm zu erhebenden Kündigungsschutzklage sich hierauf berufen. Der besondere Schutz bei Massenentlassungen ist aber davon abhängig, daß der Arbeitnehmer diesen Einwand im Prozeß erhebt.

V. Mitwirkung des Betriebsrates*

Dem Betriebsrat kommt bei der Durchführung einer Massenentlassung eine zentrale Bedeutung zu.

Der Betriebsrat kann einer Massenentlassung *zustimmen.* In diesem Fall ist bei Ausspruch der einzelnen Kündigung noch seine Anhörung nach § 102 BetrVG notwendig. Darüber hinaus kann der Betriebsrat nach § 112 BetrVG seine wirtschaftlichen Mitwirkungsrechte ausüben.

Hat der Betriebsrat dagegen der Massenentlassung widersprochen, so stehen ihm das Anhörungsrecht und die wirtschaftlichen Mitwirkungsrechte zu. Die Massenentlassung vermag er nicht zu verhindern. Dagegen ist die Einführung von Kurzarbeit gegen seinen Willen ausgeschlossen, es sei denn, daß die Einigungsstelle seine Zustimmung ersetzt.

§ 50. Kündigungsschutz bei Wehrdienst oder zivilem Ersatzdienst*

I. Geltungsbereich

Der Kündigungsschutz bei Wehrdienst richtet sich nach dem Gesetz über den Schutz des Arbeitsplatzes bei Einberufung zum Wehrdienst (Arbeitsplatzschutzgesetz – ArbPlSchG) i.d.F. vom 14. 4. 1980 (BGBl I 425), zul. geänd. 25. 9. 1996 (BGBl I 1476). Er greift ein *a)* wenn ein Soldat

---

* Schaub, Der Betriebsrat, 6. Aufl., 1995, §§ 50, 56, 57.
* Schaub ArbR von A–Z, Stichwort: Wehrdienst.

zur Ableistung seiner Wehrpflicht einberufen wird, *b)* für Soldaten auf Zeit, für die zunächst auf sechs Monate festgesetzte Dienstzeit, *c)* für die entgültig auf insgesamt nicht mehr als zwei Jahre festgesetzte Dienstzeit, *d)* wenn ein Soldat zur Wehrübung einberufen wird (§§ 2, 11, 16 a ArbPlatzSchG), *e)* im Falle des Wehrdienstes in der Verfügungsbereitschaft und des unbefristeten Wehrdienstes im Verteidigungsfalle mit der Maßgabe, daß die Vorschriften über die Wehrübungen anzuwenden sind (§ 16 ArbPlatzSchG), *f)* für Personen, die zivilen Ersatzdienst leisten (§ 78 ZDG).

II. Inhalt des Kündigungsschutzes

Die unter I genannten Personenkreise genießen den besonderen Kündigungsschutz wegen des Wehrdienstes und zivilen Ersatzdienstes. Daneben können sie sich aber auch auf den allgemeinen Kündigungsschutz (§ 47 S. 385 ff.) berufen.

1. Während des Wehrdienstes. Der Arbeitgeber darf das Arbeitsverhältnis überhaupt nicht kündigen von der Zustellung des Einberufungsbescheides bis zur Beendigung des Grundwehrdienstes sowie während einer Wehrübung. Dasselbe gilt während der Ableistung des Wehrdienstes von sechs Monaten bzw. zwei Jahren oder des zivilen Ersatzdienstes (§ 2 Abs. 1, 16 a ArbPlatzSchG, § 78 ZDG). Kündigt der Arbeitgeber gleichwohl, so ist die Kündigung gemäß § 2 I ArbPlatzSchG, § 134 BGB nichtig. Der Arbeitnehmer kann die Nichtigkeit der Kündigung klageweise geltend machen, ohne an die Fristen von § 4 KSchG gebunden zu sein (§ 13 Abs. 3 KSchG). Etwas anderes gilt im Insolvenzverfahren.

2. Anlaß des Wehrdienstes. Vor oder nach Beendigung des Wehrdienstes bzw. des zivilen Ersatzdienstes darf der Arbeitgeber nicht aus Anlaß des Wehrdienstes bzw. zivilen

Ersatzdienstes kündigen. Anlaß ist die äußere Ursache der Kündigung. Eine Kündigung aus Anlaß des Wehrdienstes kann bereits dann gegeben sein, wenn der Arbeitgeber nach der Musterung kündigt. Im allgemeinen wird der Arbeitnehmer nur schlecht aufklären können, aus welchen Gründen der Arbeitgeber ihm gekündigt hat. Das Gesetz hilft ihm daher. Nach § 2 Abs. 2 S. 3 ArbPlatzSchG trägt der Arbeitgeber bei Streit über die Gründe der Kündigung die Darlegungs- und Beweislast, daß er den Arbeitnehmer nicht aus Anlaß des Wehrdienstes gekündigt hat. Der Arbeitgeber muß mithin die anderweitigen Gründe darlegen und beweisen und ausräumen, daß nicht der Wehrdienst ursächlich für die Kündigung war. Auch eine aus Anlaß des Wehrdienstes oder zivilen Ersatzdienstes ausgesprochene Kündigung ist nichtig (§ 134 BGB). Ihre Nichtigkeit kann unabhängig von der Klagefrist des § 4 KSchG geltend gemacht werden.

3. Allgemeiner Kündigungsschutz. Neben dem besonderen Kündigungsschutz nach dem ArbPlatzSchG können sich Wehrpflichtige, Soldaten auf Zeit und Ersatzdienstleistende auch auf den allgemeinen Kündigungsschutz nach dem KSchG berufen (§ 47 S. 385 ff.). Aber auch insoweit gelten einige Besonderheiten.

a) Geht den wegen des Wehrdienstes oder Ersatzdienstes besonders geschützten Personen nach Zustellung des Einberufungsbescheides oder während des Dienstes eine Kündigung zu, so läuft die *Drei-Wochenfrist* zur Erhebung einer Klage (§ 47 S. 385 ff) erst zwei Wochen nach dem Ende des Wehrdienstes. Hierdurch soll erreicht werden, daß der Wehrdienst nicht durch die Lasten der Prozeßführung gestört wird, aber auch dem Arbeitnehmer die Möglichkeit eingeräumt ist, noch bis zur Beendigung des Wehrdienstes bzw. Ersatzdienstes abzuwarten, ob er die Kündigung angreift. Es kann dem Arbeitgeber also u. U. noch zwei Jahre nach Ausspruch der Kündigung eine Kündigungsschutzklage zugestellt werden, gegen die eine Verteidigung aussichtslos ist.

b) Hat ein Arbeitgeber einen besonders geschützten Arbeitnehmer aus betriebsbedingten Gründen gekündigt (§ 47 S. 385), so darf bei der *sozialen Auswahl* der zu Entlassenden der Wehr- bzw. Ersatzdienst nicht zu Ungunsten des Arbeitnehmers berücksichtigt werden (§ 2 Abs. 2 S. 1 ArbPlatzSchG, § 78 ZDG). Erwächst hierüber Streit, so trifft wiederum den Arbeitgeber die Beweislast, daß er die soziale Auswahl nach anderen Gesichtspunkten als unter Berücksichtigung des Wehr- bzw. Ersatzdienstes vorgenommen hat.

4. Berufsausbildung. Eine Besonderheit gilt in Berufsausbildungsverhältnissen. Ein Berufsausbildungsverhältnis endet grundsätzlich, wenn die *Ausbildungszeit abgelaufen* ist oder der Auszubildende die Prüfung bestanden hat (§ 60 IV S. 512). Auch insoweit bedürfen die Wehrpflichtigen, Soldaten und Ersatzdienstleistenden eines besonderen Schutzes. Der Arbeitgeber darf die Übernahme in ein Dauerarbeitsverhältnis nicht aus Anlaß dieser Dienste ablehnen (§ 16 Abs. 5 ArbPlatzSchG). Lehnt er die Übernahme ab, so trifft ihn wiederum die Darlegungs- und Beweislast, daß die Ablehnung aus anderen Gründen erfolgte.

III. Ausnahmen vom Kündigungsschutz

1. Außerordentliche Kündigung. Das Recht zur außerordentlichen Kündigung vor, während oder nach Ableistung des Wehrdienstes oder zivilen Ersatzdienstes bleibt unberührt. Dies kann z. B. in Betracht kommen, wenn Dienstverfehlungen erst dann entdeckt werden.

2. Kündigung wegen Wehrdienst. Die Kündigung wegen des Wehrdienstes kann selbst ein *wichtiger Grund* zur außerordentlichen Kündigung von unverheirateten Arbeitnehmern in Betrieben mit i. d. R. fünf oder weniger Arbeitnehmern ausschließlich der zu ihrer Berufsbildung Beschäftigten abgeben, wenn dem Arbeitgeber infolge Einstellung einer Ersatzkraft die Weiterbeschäftigung des Arbeitnehmers nach Entlassung aus dem Wehrdienst nicht zugemutet werden kann (§ 2 Abs. 3 S. 2 ArbPlatzSchG). Durch diese Vorschrift soll vor allem Kleinbetrieben Rechnung getragen werden, die keine Arbeitsplätze freihalten können. Bei der Feststellung der Zahl der beschäftigten Arbeitnehmer sind teilzeitbeschäftigte Arbeitnehmer mit einer regelmäßigen wöchentlichen Arbeitszeit von nicht mehr als zehn Stunden mit 0,25, nicht mehr als 20 Stunden mit 0,5 und nicht mehr als 30 Stunden mit 0,75 zu berücksichtigen. Bis zum 30. 9. 1999 gelten für solche Arbeitnehmer Übergangsvorschriften, die am 30. 9. 1996 bereits Kündigungsschutz genossen haben (vgl. § 47 S. 385). Die Kündigung darf jedoch nur unter Einhaltung einer Frist von zwei Monaten zum Zeitpunkt der Entlassung erfolgen. Den allgemeinen Kündigungsschutz genießen diese Arbeitnehmer nicht, da die Betriebe nicht unter § 1 KSchG fallen.

IV. Muster einer Klage

In Sachen (volles Rubrum wie Muster § 47 S. 408) wird beantragt festzustellen, daß das Arbeitsverhältnis durch die Kündigung vom . . . . . . – zugegangen am . . . . . . – nicht aufgelöst worden ist.

Gründe.

Der . . . . . . Jahre alte, led./verh. Kläger wurde am . . . . . . von der Beklagten, die . . . . . . Arbeitnehmer beschäftigt, eingestellt. Am . . . . . .wurde der Kläger zum Wehrdienst einberufen. Gleichwohl hat ihm die Beklagte gekündigt. Diese Kündigung ist nach dem ArbPlatz-SchG unwirksam und nach dem KSchG sozial ungerechtfertigt.

§ 51. Kündigungsschutz während des Erziehungsurlaubs

I. Umfang und Dauer des Kündigungsschutzes

1. Grundsatz. a) Nach § 18 Abs. 1 BErzGG darf der Arbeitgeber das Arbeitsverhältnis ab dem Zeitpunkt, von dem ab Erziehungsurlaub verlangt worden ist, höchstens jedoch sechs Wochen vor Beginn des Erziehungsurlaubs, und während des Erziehungsurlaubs nicht kündigen. Die für den Arbeitsschutz zuständige oberste Landesbehörde oder die von ihr bestimmte Stelle kann in besonderen Fällen ausnahmsweise die Kündigung für zulässig erklären. Der Bundesminister für Arbeit- und Sozialordnung wird ermächtigt, mit Zustimmung des Bundesrates allgemeine Verwaltungsvorschriften zur Durchführung der Ausnahmen vom Kündigungsschutz zu erlassen. Der Kündigungsschutz nach dem BErzGG ist dem Sonderkündigungsschutz der Frauen während der Schwangerschaft oder nach der Entbindung nachgebildet (§ 58 III S. 493).

b) Nach seinem persönlichen Geltungsbereich gilt der Sonderkündigungsschutz für voll- und teilzeitbeschäftigte Arbeitnehmer, für die in Heimarbeit sowie zur Berufsausbildung Beschäftigten (§ 20 Abs. 1 BErzGG). Der Sonderkündigungsschutz gilt auch dann (§ 18 Abs. 2 BErzGG), wenn die Teilzeitarbeit bei dem bisherigen Arbeitgeber unter oder über 19 Stunden ausgeübt wird sowie für Teilzeitarbeitnehmer, die ohne Änderung ihrer Arbeitszeit bei ihrem Arbeitgeber weiter arbeiten, weil ihre Arbeitszeit ohnehin schon weniger als 19 Stunden/Woche beträgt. Voraussetzung ist aber, daß der Arbeitnehmer Anspruch auf Erziehungsgeld hat oder nur deshalb nicht hat, weil das Einkommen die Einkommensgrenze überschreitet. Letztere Personengruppe soll nicht schlechter gestellt werden als diejenigen Arbeitnehmer, die Erziehungsurlaub verlangen können. Insoweit kann es vorkommen, daß der Arbeitgeber gar nicht weiß, daß Sonderkündigungsschutz besteht. Der Arbeitnehmer wird sich daher nach Ausspruch einer Kündigung in entspr. Anwendung von § 9 MuSchG binnen zwei Wochen nach Ausspruch einer Kündigung auf den bestehenden Kündigungsschutz berufen müssen.

c) Nach seinem sachlichen Geltungsbereich bezieht sich der Sonderkündigungsschutz auf die Kündigung des Arbeitsverhältnisses, das im Zeitpunkt des Eintritts des Erziehungsurlaubes bestanden hat sowie auf dasjenige, das die Arbeitsvertragsparteien durch Vereinbarung von Teilzeitarbeit umgestaltet haben. Unberührt vom Kündigungsschutz ist die sonstige Beendigung des Arbeitsverhältnisses.

2. Dauer des Kündigungsschutzes. Der Kündigungsschutz beginnt mit dem Verlangen des Erziehungsurlaubes, bei Kündigungsschutz ohne Erziehungsurlaub (§ 18 Abs. 2 Nr. 2 BErzGG) mit dem Zeitpunkt, zu dem er hätte verlangt werden können. Der Kündigungsschutz endet mit dem Erziehungsurlaub. Unerheblich ist, ob er regulär oder vorzeitig endet.

3. Zulassung der Kündigung. a) Die oberste Arbeitsbehörde oder die von ihr bestimmte Stelle kann ausnahmsweise die Kündigung zulassen. Die Zustimmung muß vor Ausspruch der Kündigung vorliegen. Eine zuvor ausgesprochene Kündigung ist unwirksam (§ 134 BGB). Rechtskräftig braucht die Zustimmung noch nicht zu sein. Wird sie im Rechtsmittelzug aufgehoben, so wird die zuvor ausgesprochene Kündigung unwirksam. Die Zuständigkeit zur Erteilung der Zustimmung ist in den einzelnen Bundesländern unterschiedlich geregelt.

b) Der Begriff des besonderen Falles ist ein unbestimmter Rechtsbegriff, der im vollen Umfang verwaltungsgerichtlicher Kontrolle unterliegt. Das BAM hat mit Zustimmung des Bundesrates zur Durchführung der Befreiung vom Kündigungsschutz Verwaltungsvorschriften vom 2. 1. 1986 (BAnz. Nr. 1 vom 3. 1. 1986 S. 4) erlassen. Die Verwaltungsvorschriften binden die Behörden, haben dagegen keine Auswirkungen für die einzelnen Arbeitnehmer und Arbeitgeber. Ein besonderer Fall ist dann gegeben, wenn das nach dem Gesetz als vorrangig angesehene Interesse des Arbeitnehmers am Fortbestand seines Arbeitsverhältnisses hinter die Interessen des Arbeitgebers an dessen Beendigung zurücktreten muß. Zu den besonderen Fällen gehören insbesondere Stillegung von Betrieben oder Betriebsabteilungen, dessen Verlagerung, schwere Pflichtverstöße des Arbeitnehmers, Existenzgefährdung des Arbeitgebers usw. Liegt ein besonderer Fall vor, kann die zuständige Behörde die Zustimmung erteilen. Die Zustimmung steht in ihrem pflichtgemäßen Ermessen. Insoweit findet nur eine eingeschränkte verwaltungsgerichtliche Kontrolle auf ermessensfehlerfreie Verwaltung statt.

4. Konkurrierender Kündigungsschutz. Neben dem Kündigungsschutz nach dem BErzGG besteht der allgemeine und besondere Kündigungsschutz (§ 45 S. 384).

II. Kündigungsrecht des Erziehungsurlaubsberechtigten

Der Erziehungsurlaubsberechtigte kann das Arbeitsverhältnis unter Einhaltung einer Kündigungsfrist von drei Monaten zum Ende des Erziehungsurlaubs kündigen, wenn nicht eine kürzere gesetzliche oder vereinbarte Kündigungsfrist gilt. Das Sonderkündigungsrecht ist § 10 MuSchG nachgebildet. Das Sonderkündigungsrecht kann frühestens mit dem Verlangen von Erziehungsurlaub ausgeübt werden.

III. Arbeitsverhältnis einer Ersatzkraft

1. Sachlicher Grund. Wird einem Arbeitnehmer durch die Befristung eines Arbeitsvertrages der Kündigungsschutz entzogen, so ist die Befristung nur wirksam, wenn hierfür ein sachlicher Grund besteht (§ 7 II S. 71). Nach § 21 Abs. 1 BErzGG liegt ein sachlicher Grund, der die Befristung eines Arbeitsvertrages rechtfertigt dann vor, wenn ein Arbeitgeber einen Arbeitnehmer zur Vertretung eines Arbeitnehmers für die Dauer der Beschäftigungsverbote nach dem MuSchG (§ 58 II S. 491) oder für die Dauer eines Erziehungsurlaubs oder für beide Zeiten zusammen oder für Teile davon einstellt. Derselbe Kündigungsschutz besteht, wenn ein Arbeitnehmer zur Kinderbetreuung aufgrund eines Tarifvertrages, einer Betriebsvereinbarung oder einzelvertraglich freigestellt wird. Die Befristung ist auch für die Dauer der notwendigen

Einarbeitung zulässig. Die Dauer der Befristung muß kalendermäßig bestimmt oder bestimmbar sein. Endet der Erziehungsurlaub ohne Einverständnis des Arbeitgebers vorzeitig nach § 16 BErzGG (§ 34 S. 298), so kann der Arbeitgeber das Arbeitsverhältnis mit einer 3-wöchigen Frist, frühestens zum Ende des Erziehungsurlaubs kündigen. In allen anderen Fällen muß der Arbeitgeber dagegen die normalen Kündigungszeiten einhalten. Da das Aushilfsarbeitsverhältnis aber befristet abgeschlossen wird, ist eine ordentliche Kündigung nur möglich, wenn sie vorbehalten wird (§ 7 V S. 85).

§ 52. Zeugnis und Auskunft

I. Zeugnis*

1. Anspruchsvoraussetzungen. Der Arbeitgeber ist verpflichtet, bei Beendigung des Arbeitsverhältnisses grundsätzlich allen Arbeitnehmern ein Zeugnis auszustellen (§§ 630 BGB, 113 GewO, 73 HGB, 8 BBiG).

a) Grundsätzlich haben *alle Arbeitnehmer* einen Anspruch, die in einem *dauernden Dienstverhältnis* beschäftigt waren. Das ist ein Arbeitsverhältnis, das entweder von vornherein für eine längere Dauer eingegangen ist oder eine nicht nur unerhebliche Zeit gedauert hat.

b) Das Zeugnis ist *bei Beendigung* des Arbeitsverhältnisses auszuhändigen. Besteht über die Beendigung Streit, weil z.B. noch eine Kündigungsschutzklage anhängig ist, so ist es gleichwohl zum Ablauf der Kündigungsfrist bzw. Zugang der außerordentlichen Kündigung zu erteilen. Da der Arbeitnehmer das Zeugnis benötigt, um sich bei einem neuen Arbeitgeber zu bewerben, hat er bereits vor Beendigung des Arbeitsverhältnisses Anspruch auf ein *Zwischenzeugnis.* Das Zwischenzeugnis kann eine Zeitspanne vor Beendigung des Arbeitsverhältnisses verlangt werden, die etwa der Kündigungsfrist entspricht.

---

* Schaub ArbR von A–Z, Stichwort: Zeugnis.

c) Es sind das *einfache* und das *qualifizierte Zeugnis* zu unterscheiden. Das einfache Zeugnis enthält die Beschreibung der Arbeit, die der Arbeitnehmer bei dem Arbeitgeber verrichtet hat. Es soll mithin vornehmlich die zukünftigen Arbeitgeber darüber unterrichten, welche Fähigkeiten bei dem Arbeitnehmer besonders ausgebildet sind. Das qualifizierte Zeugnis ist nur auf Verlangen des Arbeitnehmers zu erteilen. Es enthält neben der Beschreibung der Arbeit eine Beurteilung der Führung und Leistung.

2. Inhalt. Der Inhalt des Zeugnisses wird von zwei Grundsätzen beherrscht: Es soll wahr sein; es soll aber auch wohlwollend ausgestellt sein.

a) Der Inhalt des Zeugnisses muß *wahr* sein. Ein Arbeitgeber, der ein unwahres Zeugnis ausstellt, also „diebischen" Verkäufern und Buchhaltern die Ehrlichkeit bescheinigt, setzt sich der Gefahr von Schadensersatzansprüchen seines Nachfolgearbeitgebers aus. Wenngleich das Zeugnis wahr sein muß, brauchen nicht kleinlich sämtliche Dienstverfehlungen aufgelistet werden. Vielmehr gehören in das Zeugnis nur für den Arbeitnehmer charakteristische Eigenschaften. Ein Zeugnis verfolgt den Arbeitnehmer sein ganzes Leben. Es muß sich mithin auf wesentliches beschränken.

b) Gerade weil das Zeugnis langfristig den Arbeitnehmer begleitet, soll es *wohlwollend* ausgestellt sein. Es soll den Folgearbeitgeber informieren; es soll dem Arbeitnehmer aber nicht unnötig den Lebensweg erschweren.

3. Kennzeichen. Ein Zeugnis darf keine Kennzeichen enthalten, durch die der Arbeitnehmer abgestempelt wird. Gleichwohl hat sich im Laufe der Zeit eine bestimmte Zeugnissprache ausgebildet. So gelten im allgemeinen: Er hat sich bemüht, seinen Aufgaben gerecht zu werden = ungenügend; er hat seine Aufgaben zu unserer Zufriedenheit erfüllt = durchschnittliche, noch brauchbare Leistung; zur vollen Zufriedenheit = gute Leistungen; zur vollsten Zufriedenheit = sehr gute Leistungen. Eine Abqualifizierung des

Arbeitnehmers erfolgt insbesondere dadurch, daß die für eine Berufsgruppe wesentlichen Eigenschaften im Zeugnis überhaupt nicht erwähnt werden. Z.B. wird einer Verkäuferin oder einem Buchhalter die Ehrlichkeit nicht bescheinigt, kann im allgemeinen von einem Strafverfahren ausgegangen werden.

4. Form. Ein Zeugnis ist sowohl eine Visitenkarte des Arbeitnehmers, aber nicht zuletzt auch eine des Arbeitgebers.

a) Es versteht sich daher von selbst, daß ein Zeugnis *sauber* geschrieben sein muß und nicht mit Flecken versehen sein darf. Ein Arbeitnehmer kann ein Zeugnis, das mit Bleistift oder Kugelschreiber geschrieben ist, zurückweisen. Es muß grundsätzlich mit Maschine auf einem Firmenbogen geschrieben werden.

b) Das Zeugnis braucht nicht unbedingt vom Arbeitgeber selbst *unterschrieben* werden. Ausreichend ist es, wenn es von einem deutlich höherrangigen Dienstvorgesetzten unterzeichnet ist. Unzureichend ist, wenn das Zeugnis eines Prokuristen von einem anderen Prokuristen unterschrieben wird; ausreichend ist, wenn das Zeugnis einer Stenotypistin von einem Prokuristen unterschrieben wird.

II. Auskunft*

1. Zweck. Während das Zeugnis auf eine längere Zeitspanne zugeschnitten ist, soll eine Auskunft gegenwärtige Informationen über einen Arbeitnehmer enthalten. Die Auskunft muß wie das Zeugnis wahr und wohlwollend sein. Insoweit gelten dieselben Grundsätze wie beim Zeugnis. Indes können im Rahmen einer Auskunft auch Einzelfälle benachteiligender Art über den Arbeitnehmer geschildert werden.

2. Rechtsbeziehungen. Bei der Auskunft sind drei Rechtsbeziehungen zu unterscheiden:

---

* Schaub ArbR von A–Z, Stichwort: Auskunft.

a) Grundsätzlich kann ein *Arbeitgeber von dem früheren Arbeitgeber* seines Arbeitnehmers keine Auskunft verlangen. Ein Arbeitgeber kann sich also auf den Standpunkt stellen, er erteile einem Folgearbeitgeber überhaupt keine Auskunft. Eine andere Frage ist, inwieweit der *Arbeitgeber* damit seine *Pflichten gegenüber seinem Arbeitnehmer* verletzt. In vielen Fällen bedeutet nämlich die Verweigerung einer Auskunft, daß es zwischen Arbeitgeber und Arbeitnehmer zum Streit gekommen ist. Um diesen Anschein zu vermeiden, sollte man als Arbeitgeber deutlich darauf hinweisen, man erteile überhaupt keine Auskünfte, keine telefonischen Auskünfte, man müsse Rücksprache mit dem Arbeitnehmer nehmen usw. Wird eine Auskunft erteilt, muß sie wahr und wohlwollend sein. Ist sie unwahr, weil der Arbeitnehmer zu sehr gelobt worden ist, kann der Folgearbeitgeber Schadensersatzansprüche haben. Ist die Auskunft unwahr, weil der Arbeitnehmer schlecht gemacht wurde, kann der Arbeitgeber seinem ehemaligen Arbeitnehmer schadensersatzpflichtig werden. Im allgemeinen hat der *Arbeitnehmer gegen seinen Arbeitgeber* Anspruch auf Mitteilung des Inhalts der über ihn erteilten Auskunft. Vielfach wird daher empfohlen, die Auskunft nur schriftlich zu erteilen und dem Arbeitnehmer eine Durchschrift auszuhändigen.

b) Aus *nachfolgender Fürsorgepflicht* ist der Arbeitgeber gegenüber seinem Arbeitnehmer grundsätzlich verpflichtet, Auskünfte zu erteilen. Dies ist im allgemeinen unproblematisch, wenn das Arbeitsverhältnis im besten Einvernehmen beendet wurde. Ist dagegen das Arbeitsverhältnis im Streit beendet worden, kann die Auskunftserteilung sowohl für den Arbeitnehmer wie den Arbeitgeber höchst gefährlich sein. Die Parteien können demgemäß auch regeln, ob der Arbeitgeber überhaupt Auskunft geben darf, wer diese Auskunft beim Arbeitgeber zu erteilen hat und welchen allgemeinen Inhalt die Auskunft haben kann.

III. Mitbestimmung

Der Betriebsrat hat im allgemeinen wenig Einfluß auf Zeugnis und Auskunft. Er kann allenfalls mit dem Arbeitgeber nach § 94 BetrVG Beurteilungsrichtlinien vereinbaren, die auch für die Abfassung des Zeugnisses entscheidend sind.

§ 53. Arbeitspapiere*

1. Herausgabe. Bei Beendigung des Arbeitsverhältnisses hat der Arbeitgeber dem Arbeitnehmer die Arbeitspapiere auszufüllen und herauszugeben. Grundsätzlich hat der Arbeitnehmer die Arbeitspapiere im Betrieb abzuholen. Bei der Herausgabe handelt es sich um eine sog. Holschuld. Nur ausnahmsweise wird der Arbeitgeber die Arbeitspapiere zu übersenden haben. Dies kann der Fall sein, wenn sie bei Beendigung des Arbeitsverhältnisses nicht fertig waren oder wenn der Arbeitnehmer sie aus gerechtfertigtem Grund, z. B. Krankheit, nicht abholen kann.

2. Zurückbehaltungsrecht.** Der Arbeitgeber hat an den Arbeitspapieren kein Zurückbehaltungsrecht. Dies hat seinen Rechtsgrund darin, daß der Arbeitnehmer die Arbeitspapiere benötigt, um seinen weiteren Lebensunterhalt zu verdienen und der Arbeitnehmer dem Arbeitgeber die Arbeitspapiere nur aus öffentlich-rechtlichen Gründen zum Zwecke der Ausfüllung aushändigen muß. Natürlich muß dem Arbeitgeber bei einem überraschenden Ausscheiden des Arbeitnehmers hinreichend Zeit zur Ausfüllung verbleiben. Dies wird aber auch im Falle der fristlosen Kündigung des Arbeitnehmers selten eine längere als 10-tägige Zeitspanne sein. Kann der Arbeitgeber innerhalb dieser Zeit die

---

* Schaub ArbR von A–Z, Stichwort: Arbeitspapiere.
** Schaub ArbR von A–Z, Stickwort: Zurückbehaltungsrecht.

Arbeitspapiere nicht aushändigen, kann er dem Arbeitnehmer eine sog. *Zwischenbescheinigung* erteilen, aus der sich alle für das Arbeitsverhältnis wesentlichen Daten ergeben.

3. Einzelne Arbeitspapiere. Zu den Arbeitspapieren gehören die Lohnsteuerkarte, das Sozialversicherungs-Nachweisheft, der Versicherungsausweis, die Bescheinigung für das Arbeitsamt, die Urlaubsbescheinigung, das Zeugnis und gelegentlich noch ein Gesundheitszeugnis.

a) In die *Lohnsteuerkarte** ist die dem Arbeitnehmer für das laufende Jahr gezahlte Arbeitsvergütung einzutragen. Nur die gezahlte Vergütung ist einzutragen, da auch nur insoweit eine Steuerpflicht bestanden hat. Ferner sind die bei dem Arbeitnehmer einbehaltenen Lohnsteuern aufzuführen. Kommt es zwischen dem Arbeitnehmer und dem Arbeitgeber über die Höhe der abzuführenden Lohnsteuern zum Streit, so kann eine sog. *Anrufungsauskunft* des Finanzamtes eingeholt werden. Grundsätzlich hat der Arbeitgeber auf der Lohnsteuerkarte dieselben Eintragungen wie in seinem Lohnkonto vorzunehmen. Umstr. ist, inwieweit der Arbeitnehmer vor den Gerichten für Arbeitssachen eine Berichtigung der Eintragung verlangen kann. Soweit es nur darum geht, Fehler zu beheben, die auf unrichtiger Buchführung beruhen, werden die Arbeitsgerichte zuständig sein. Unzuständig sind sie dagegen, wenn es darum geht, die Höhe der abzuführenden Lohnsteuer zu ermitteln.

b) Der Arbeitgeber hat die Höhe der für den Arbeitnehmer abgeführten Sozialversicherungsbeiträge in die *Versicherungskarte* einzutragen und Versicherungskarte und Sozialversicherungsnachweisheft dem Arbeitnehmer auszuhändigen. Eine Durchschrift der Versicherungskarte wird der Einzugsstelle übersandt.

c) Die *Arbeitsbescheinigung*** dient dazu, den Arbeitnehmer instand zu setzen, Arbeitslosengeld von der BAnst-

---

* Schaub ArbR von A–Z, Stichwort: Arbeitspapiere, Lohnsteuerkarte.
** Schaub ArbR von A–Z, Stichwort: Arbeitslosenversicherung.

Arb zu beziehen. Die Arbeitsbescheinigung ist daher sorgfältig und wahrheitsgemäß auszufüllen. Auch insoweit ist streitig, ob der Arbeitnehmer auf Berichtigung wegen des vom Arbeitgeber eingetragenen Beendigungstatbestandes vor den Arbeitsgerichten klagen kann. Nach richtiger Auffassung wird dies zu verneinen sein, denn durch diese Eintragung wird eine Zeugenaussage des Arbeitgebers im Rahmen des Verfahrens zur Bewilligung des Arbeitslosengeldes ersetzt. Eine Zeugenaussage muß aber jeweils wahrheitsgemäß sein; eine Vollstreckung, in einer bestimmten Weise auszusagen, ist ausgeschlossen. Dann fehlt es aber auch an einem Rechtsschutzinteresse für eine entsprechende Klage.

d) Nach § 6 Abs. 2 BUrlG hat der Arbeitnehmer Anspruch auf Erteilung einer *Urlaubsbescheinigung** über die Höhe des ihm erteilten Urlaubs. Möglicherweise hat ein Arbeitnehmer bei Beendigung des Arbeitsverhältnisses noch Urlaubsansprüche, die nicht abgegolten sind. Vielleicht ist ihm aber auch bereits mehr Urlaub erteilt worden, als ihm zustand. Je nachdem kann der Folgearbeitgeber verpflichtet sein, noch Urlaub nachzugewähren, oder berechtigt sein, Urlaub zu verweigern. Er braucht nicht eher Urlaub zu gewähren, bis ihm die Urlaubsbescheinigung vorgelegt wird. Sie dient also in erster Linie den Interessen des folgenden Arbeitgebers.

e) In manchen Berufen ist die Vorlage eines *Gesundheitszeugnisses* notwendig, z.B. im Lebensmittelhandel. Scheidet der Arbeitnehmer aus, so braucht der Arbeitgeber die Bescheinigungen nicht mehr; sie sind daher dem Arbeitnehmer auszuhändigen.

4. Klage. Es ist im wesentlichen unstreitig, daß der Arbeitnehmer bei den Gerichten für Arbeitssachen auf Herausgabe der Arbeitspapiere klagen kann (§ 2 Abs. 1 ArbGG). Kommt der Arbeitgeber mit der Herausgabe der Arbeitspapiere in Verzug, so haftet er dem Arbeitnehmer auf

---

* Schaub ArbR von A–Z, Stichwort: Urlaubsbescheinigung.

Ersatz des daraus erwachsenen Schadens. In Verzug gerät
er dann, wenn der Arbeitnehmer ihn nach Entstehung des
Herausgabeanspruchs, also grundsätzlich bei Beendigung
des Arbeitsverhältnisses abmahnt, die Arbeitspapiere herauszugeben.

Abschnitt XIII. Arbeitsschutzrecht

§ 54. Öffentliches Arbeitsschutzrecht*

I. Begriff des Arbeitsschutzrechtes

1. Öffentliches Recht. 1.1 Altbundesländer. Das gesamte Arbeitsrecht dient dem Schutz des Arbeitnehmers. Gleichwohl wird im Rahmen des Arbeitsrechtes noch ein spezielles Arbeitsschutzrecht unterschieden. Hierunter wird herkömmlich das öffentliche Recht verstanden, das dem Schutze des Arbeitnehmers dient und notfalls mit öffentlichen Zwangsmitteln durchgesetzt wird. Dagegen muß bei privatrechtlichen Arbeitsvertragsnormen der Arbeitnehmer ihre Einhaltung klageweise erzwingen, auch wenn sie unabdingbar sind.

1.2 Rechtslage in beigetretenen Ländern. Das Arbeitsschutzrecht in der DDR hat sich wesentlich von dem der BRD unterschieden. Es war in §§ 201 ff AGB – DDR geregelt. Nach Art. 30 Einigungsvertrag war es Aufgabe des Gesamtdeutschen Gesetzgebers *(1)* das Arbeitsvertragsrecht sowie das öffentlich-rechtliche Arbeitszeitrecht einschl. der Zulässigkeit von Sonn- und Feiertagsarbeit und den besonderen Frauenarbeitsschutz möglichst bald einheitlich neu zu kodifizieren, *(2)* den öffentlich-rechtlichen Arbeitsschutz in Übereinstimmung mit dem Recht der Europäischen Gemeinschaft und den damit konformen Teil des Arbeitsschutzrechts der Deutschen Demokratischen Republik zeitgemäß neu zu regeln. Dieser Auflage ist der Gesetzgeber zunächst auf dem Gebiet des Arbeitszeitrechts nachgekommen. Mit dem Zweiten Gleichberechtigungsgesetz hat es auch den Frauenarbeitsschutz verbessert.

* Schaub ArbR von A–Z, Stichwort: Arbeitsschutz.

1.3 Die EG hat die Richtlinie 89/391/EWG vom 12. 6. 1989 über die Durchführung von Maßnahmen zur Verbesserung der Sicherheit und des Gesundheitsschutzes der Arbeitnehmer bei der Arbeit (Abl EG Nr. L 183 vom 29. 6. 1989 S. 1) sog. Arbeitsschutz-Rahmenrichtlinie (89/391/ EWG) erlassen. Diese Rahmenrichtlinie ist durch das Gesetz zur Umsetzung der EG-Rahmenrichtlinie Arbeitsschutz und weiterer Arbeitsschutz-Richtlinien vom 7. 8. 1996 (BGBl I 1246) in das nationale Recht umgesetzt worden. Dieses Gesetz enthält in Art. 1 das Gesetz über die Durchführung von Maßnahmen des Arbeitsschutzes zur Verbesserung der Sicherheit und des Gesundheitsschutzes der Beschäftigten bei der Arbeit (Arbeitsschutzgesetz-ArbSchG). Damit ist auch das Arbeitsschutzrecht in den alten und neuen Bundesländern vereinheitlicht.

2. Öffentliches Arbeitsschutzrecht und Privatrecht. a) Auch durch das *öffentliche Arbeitsschutzrecht wird der Inhalt des Einzelarbeitsvertrages* gestaltet. Die öffentlich-rechtlichen Arbeitnehmerschutzvorschriften begründen Fürsorgepflichten des Arbeitgebers, bei deren Verletzung der Arbeitnehmer auf Schadensersatz wegen Schlechterfüllung klagen kann. Der Arbeitgeber hat auch für das Verschulden seiner Erfüllungsgehilfen nach § 278 BGB einzustehen.

b) Die öffentlich-rechtlichen Arbeitnehmerschutzvorschriften sind *Schutzgesetze im Sinne von § 823 Abs. 2 BGB*. Der Arbeitgeber haftet wegen unerlaubter Handlung auf Schadensersatz, wenn er die öffentlich-rechtlichen Schutzpflichten nicht erfüllt.

c) Die Ansprüche auf Schadensersatz wegen Schlechterfüllung oder wegen Verletzung aus § 823 Abs. 2 BGB können im Falle eines *Arbeitsunfalles* ausgeschlossen sein (§ 37 S. 323).

d) Schließlich ist der Arbeitnehmer berechtigt, bei Verstoß des Arbeitgebers gegen Arbeitnehmerschutzvorschrif-

ten von seinem *Zurückbehaltungsrecht* an der Arbeitsleistung Gebrauch zu machen. Bietet er dem Arbeitgeber unter
Hinweis auf die Ausübung des Zurückbehaltungsrechtes
seine Arbeitskraft an, so gerät dieser in Annahmeverzug, mit
der Rechtsfolge, daß er zur Vergütungsfortzahlung verpflichtet bleibt (§ 10 III S. 115).

II. Einteilung des öffentlich-rechtlichen
Arbeitsschutzrechts

Das öffentlich-rechtliche Arbeitsschutzrecht wird nach
dem sachlichen Inhalt und dem geschützten Personenkreis
unterteilt.

1. Inhaltliche Gliederung. Bei der inhaltlichen Gliederung des Arbeitsschutzrechtes werden unterschieden:

a) Arbeitsschutzgesetz. Es enthält in seinem Ersten Ab-
schnitt Allgemeine Vorschriften, in denen die Zielsetzung
und der Anwendungsbereich normiert werden. Der Zweite
Abschnitt regelt die Pflichten des Arbeitgebers. Aus dem
Dritten Abschnitt ergeben sich die Pflichten und Rechte der
Beschäftigten, insbesondere ihre besonderen Unterstüt-
zungspflichten gegenüber dem Arbeitgeber. Der Vierte Abschnitt regelt besondere Verordnungsermächtigungen. Im
Fünften Abschnitt sind insbesondere die behördlichen
Überwachungsbefugnisse, das betriebliche Datenrecht und
die Zusammenarbeit mit anderen Behörden geregelt.

b) Der *Arbeitszeitschutz* hat vier Funktionen: Er soll verhindern, daß der Arbeitnehmer über gewisse Höchstarbeits-
zeiten hinaus arbeitet. Er soll sicherstellen, daß dem Arbeitnehmer die notwendigen Pausen eingeräumt werden. Er soll
ferner die Lage der täglichen und wöchentlichen Arbeitszeit
beeinflussen. Einzelheiten § 55 S. 451.

c) Der *Entgeltschutz* ist nur noch in einigen Sonderberei-
chen öffentlich-rechtlich geschützt. So ist der Arbeitgeber
nach §§ 19, 20 MuSchG verpflichtet, den Aufsichtsbehör-
den Unterlagen zur Einsicht vorzulegen oder einzusenden,

aus denen Namen, Beschäftigungsart und Beschäftigungszeit der werdenden und stillenden Mütter sowie Lohn- und Gehaltszahlungen ersichtlich sind. In aller Regel ist der Entgeltschutz rein privatrechtlich ausgestaltet, er ist also davon abhängig, daß der Arbeitnehmer ihn gerichtlich geltend macht.

d) Neben die klassischen Gebiete des Arbeitnehmerschutzes ist der *Datenschutz* getreten (unter V).

2. Gliederung nach Personen. Nach den Zielgruppen wird der Arbeitsschutz für Frauen (§ 57 S. 475), dem MuSchG unterliegende Frauen (§ 58 S. 490), Jugendliche (§ 56 S. 465), Schwerbehinderte (§ 59 S. 498) und Heimarbeiter (§ 61 S. 516) unterschieden. Die Arbeitsschutznormen für die einzelnen aufgezählten Gruppen sind teilweise öffentlich-rechtlich und teilweise privatrechtlich ausgestaltet.

III. Inhalt des Arbeitsschutzgesetzes

1. Anwendungsbereich. Das ArbSchG gilt für alle Beschäftigten (§ 1 ArbSchG). Beschäftigte im Sinne des Gesetzes sind *(1)* Arbeitnehmerinnen und Arbeitnehmer, *(2)* die zu ihrer Berufsausbildung Beschäftigten, *(3)* arbeitnehmerähnliche Personen im Sinne von § 5 ArbGG, ausgenommen die in Heimarbeit Beschäftigten und ihnen Gleichgestellten, *(4)* Beamtinnen und Beamte, *(5)* Richterinnen und Richter, *(6)* Soldatinnen und Soldaten, *(7)* die In Werkstätten von Behinderten Beschäftigten (§ 2 Abs 2 ArbSchG). Ausgenommen vom ArbSchG sind Hausangestellte in privaten Haushalten. Es gilt ferner nicht in der Seeschifffahrt und im Bergbau, soweit dort Sonderregeln bestehen.

2. Arbeitgeberpflichten. a) Grundsätzlich ist der Arbeitgeber für den Arbeitsschutz verantwortlich (§ 3 bis § 14 ArbSchG). Der Arbeitgeber ist verpflichtet, die erforderlichen Maßnahmen des Arbeitsschutzes unter Berücksichtigung der Umstände zu treffen, die Sicherheit und Gesundheit bei der Arbeit beeinflussen. Er hat die getroffenen Maßnahmen auf ihre Wirksamkeit zu überprüfen (§ 3 Abs. 1 ArbSchG). In § 4 ArbSchG sind eine Reihe von Einzelgrundsätze aufgezählt, die der Arbeitgeber zu beachten hat. Hiernach hat er insbesondere die Arbeit so zu gestalten, daß eine Gefährdung für Leben und Gesundheit möglichst vermieden wird; bei den getroffenen Maßnahmen sind der Stand der Technik, Arbeitsmedizin und Hygiene sowie sonstige gesicherte arbeitswissenschaftliche Erkenntnisse zu berücksichtigen; spezielle Gefahren für besonders schutzbedürftige Beschäftigungsgruppen sind zu berücksichtigen. Unmittelbar oder mittelbar geschlechtsspezifisch wirkende Maßnahmen sind nur zulässig, wenn dies aus biologischen Gründen zwingend geboten ist.

b) Der Arbeitgeber hat durch eine Beurteilung der für die Beschäftigten mit ihrer Arbeit verbundenen Gefährdungen zu ermitteln, welche Maßnahmen des Arbeitsschutzes erforderlich sind (§ 5 Abs. 1 ArbSchG). Durch die dem Arbeitgeber auferlegten Beurteilungspflichten sollen mögliche Gefährdungen aus der Arbeit erkannt werden. Nach § 5 Abs. 1 genügt es bei gleichen Arbeitsbedingungen, wenn ein Arbeitsplatz oder eine Tätigkeit beurteilt wird.

c) Die Dokumentationspflicht ist in § 6 ArbSchG geregelt. Der Arbeitgeber muß über die je nach Art der Tätigkeit und der Zahl der Beschäftigten erforderlichen Unterlagen verfügen, aus denen das Ergebnis der Gefährdungsbeurteilung, die von ihm festgelegten Maßnahmen des Arbeitsschutzes und das Ergebnis ihrer Überprüfung ersichtlich sind. Es sind nicht notwendig für jeden Arbeitsplatz Unterlagen verfügbar zu halten, wenn die Gefährdungssituation gleich ist.

d) Bei der Übertragung von Arbeit muß der Arbeitgeber darauf achten, ob die Beschäftigten befähigt sind, die für die Sicherheit und den Gesundheitsschutz bei der Aufgabenerfüllung zu beachtenden Bestimmungen und Maßnahmen einzuhalten (§ 7 ArbSchG). Die Zusammenarbeit mehrerer Arbeitgeber regelt § 8 ArbSchG. Die Vorschrift hat Schutzcharakter und kann bei Verletzung zu Schadensersatzansprüchen führen.

e) Der Arbeitgeber hat Maßnahmen zu treffen, damit nur Beschäftigte Zugang zu besonders gefährlichen Arbeitsbereichen haben, die zuvor geeignete Arbeitsanweisungen erhalten haben (§ 9 ArbSchG). Erste Hilfe und Notfallmaßnahmen sind in § 10 und die arbeitsmedizinische Vorsorge in § 11 ArbSchG geregelt. Der Arbeitgeber hat den Beschäftigten je nach den Gefahren für ihre Sicherheit und Gesundheit bei der Arbeit zu ermöglichen, sich regelmäßig arbeitsmedizinisch untersuchen zu lassen. Eine spezielle Unterweisungspflicht ergibt sich aus § 12 ArbSchG. Der Arbeitgeber hat die Beschäftigten über Sicherheit und Gesundheitsschutz bei der Arbeit während ihrer Arbeitszeit ausreichend und angemessen zu unterweisen. Die Unterweisung muß individuell zugeschnitten, der Gefährdungsentwicklung angepaßt sein und gegebenenfalls wiederholt werden.

f) In § 13 ArbSchG sind die verantwortlichen Personen aufgezählt, die mit Arbeitgeberpflichten betraut werden können. Der Arbeitgeber kann zuverlässige und fachkundige Personen schriftlich damit beauftragen, ihm obliegende Aufgaben nach dem ArbSchG in eigener Verantwortung wahrzunehmen.

3. Arbeitnehmerpflichten. a) Durch das ArbSchG werden auch Verpflichtungen der Arbeitnehmer begründet. Die Beschäftigten sind verpflichtet, nach ihren Möglichkeiten sowie gemäß der Unterweisung und Weisung des Arbeitgebers für ihre Sicherheit und Gesundheit bei der Arbeit Sorge zu tragen. Sie haben auch für die Sicherheit und Gesundheit der Personen zu sorgen, die von ihren Handlungen und Unterlassungen betroffen sind. Die Arbeitnehmer haben technische Arbeitsmittel bestimmungsgemäß zu verwenden (§ 15 ArbSchG).

b) Nach § 16 ArbSchG haben die Beschäftigten dem Arbeitgeber oder dem zuständigen Vorgesetzten jede von ih-

nen festgestellte unmittelbare erhebliche Gefahr für die
Sicherheit und Gesundheit sowie jeden an den Schutzsy-
stemen festgestellten Defekt unverzüglich zu melden.

c) Nach § 17 ArbSchG sind die Beschäftigten berechtigt,
dem Arbeitgeber Vorschläge zu allen Fragen der Sicherheit
und des Gesundheitsschutzes bei der Arbeit zu machen.
Sind Beschäftigte auf Grund konkreter Anhaltspunkte der
Auffassung, daß die vom Arbeitgeber getroffenen Maßnahmen und bereitgestellten Mittel nicht ausreichen, um die
Sicherheit und Gesundheit bei der Arbeit zu gewährleisten
und hilft der Arbeitgeber darauf gerichtete Beschwerden der
Beschäftigten nicht ab, so können sich diese an die zuständige Behörde wenden.

4. Vollzug und Überwachung. a) In § 21 ArbSchG ist die
Überwachung des Arbeitsschutzes als staatliche Aufgabe
festgeschrieben. Die mit der Überprüfung beauftragten
Personen haben ein Zutrittsrecht und können die erforder-
lichen Unterlagen und Auskünfte verlangen. Für die
Durchführung sind die Landesbehörden zuständig. Eine
besondere Zuständigkeit ergibt sich für den Bund aus § 21
Abs. 5 ArbSchG.

b) In § 22 ArbSchG sind die Befugnisse der Behörden geregelt. Hiernach hat die Gewerbeaufsichtsbehörde eine ge-
neralklauselartige Anordnungsbefugnis gegenüber dem Arbeitgeber. Als schärfste Maßnahme ist die Anordnung zur
Einstellung der betroffenen Arbeit oder das Verbot der Verwendung eines bestimmten Arbeitsmittels vorgesehen.

5. Zusammenarbeit mit Unfallversicherungsträgern. Die
Aufgaben und Befugnisse der Unfallversicherungsträger
richten sich nach dem SGB VII (§ 21 Abs. 2 ArbSchG). Die
Behörden des Arbeitsschutzes wirken mit den Unfallversicherungsträgern zusammen (§ 21 Abs. 2 ArbSchG). Die
Unfallversicherungsträger können aber mit den Landesbehörden vereinbaren, daß sie Aufgaben der Überwachung
des Gesetzes übernehmen.

6. Zivilrechtliche Folgen. a) Es war stets anerkannt, daß dem Arbeitnehmer bei Verletzung des öffentlichen Arbeitsschutzrechts die oben § 54 I 2 S. 439 zusammengestellten Recht zustanden. Das ArbSchG enthält daneben drei weitere zivilrechtliche Ansprüche.

b) Nach § 9 Abs. 3 hat der Arbeitgeber Maßnahmen zu treffen, die es dem Beschäftigten bei unmittelbarer erheblicher Gefahr ermöglichen, sich durch sofortiges Verlassen des Arbeitsplatzes in Sicherheit zu bringen. Dem Beschäftigten dürfen hierdurch keine Nachteile erwachsen. Hält die unmittelbare Gefahr an, darf der Arbeitgeber die Beschäftigten nur in besonders begründeten Ausnahmefällen auffordern, ihre Tätigkeit wieder aufzunehmen. Das Recht steht dem Beschäftigten aber nur bei unmittelbarer und erheblicher Gefahr zu.

c) Nach § 17 Abs. 1 sind die Beschäftigten berechtigt, dem Arbeitgeber Vorschläge zu allen Fragen der Arbeitssicherheit zu machen. Diesem Recht korrespondiert eine Verpflichtung des Arbeitgebers zur Kenntnisnahme. Dagegen erwächst daraus keine Verpflichtung zur Berücksichtigung.

d) Nach § 17 Abs. 2 wird der Arbeitnehmer von der arbeitsvertraglichen Schweigepflicht entbunden. Sind die Beschäftigten der Auffassung, daß der Arbeitgeber keine hinreichenden Maßnahmen getroffen hat, haben sie ein abgestuftes Beschwerderecht. Sie haben zunächst die Beschwerde an den Arbeitgeber. Wird keine Abhilfe geschaffen, ist die Beschwerde an die zuständige Behörde gegeben.

IV. Durchführung des Arbeitsschutzes

1. Normadressat. Die Normen des Arbeitsschutzrechtes wenden sich in erster Linie an den Arbeitgeber. Dieser ist sowohl dem Staat und seinen Einrichtungen als auch dem Arbeitnehmer gegenüber zur Einhaltung des Arbeitsschutzrechtes verpflichtet. Die staatliche Aufsicht wird ausgeübt durch die Gewerbeaufsichtsbeamten (§ 139 b GewO), die für einen bestimmten Bereich zu Gewerbeaufsichtsämtern zusammengefaßt sind, sowie die staatlichen Gewerbeärzte und die Bergämter (§ 154 a GewO). Die Gewerbeaufsichtsbeamten sind für den gesamten Arbeitsschutz zuständig mit Ausnahme der gesundheitlichen Aufgaben und der Bergaufsicht. Für die ärztlichen Aufgaben des Gewerbeschutzes sind die staatlichen Gewerbeärzte, für den Bergbau die Bergämter zuständig. Neben den Gewerbeaufsichtsbeamten ist der polizeiliche Vollzugsdienst (Schutzpolizei, Kriminalpolizei) als Hilfsbeamte der Gewerbeaufsicht und zur Ermittlung in Strafverfahren zuständig. Die Behörden der Ordnungsverwaltung (Ordnungsämter) haben die Durchführung bestimmter Arbeitsschutzvorschriften zu überwachen.

Die Berufsgenossenschaften üben eine besondere Aufsicht im Hinblick auf den Unfallschutz und die Verhütung von Berufskrankheiten aus. Sie bedienen sich der technischen Aufsichtsbeamten (§ 18 SGB VII). Sie haben mit dem Betriebsrat zusammenzuwirken (§ 19 SGB VII, § 89 BetrVG). Die Grundsätze der Zusammenarbeit zwischen Arbeitsschutzbehörden, Unfallversicherungträger und Betriebsrat sind in § 20 SGB VII zusammengefaßt. Zur Ergänzung können allgemeine Verwaltungsvorschriften ergehen. Zum früheren Recht galten allgemeine Verwaltungsvorschriften vom 21. 6. 1968 (BAnz 116 vom 27. 6. 1968) i. d. Änd. vom 28. 11. 1977 (BAnz 225 vom 2. 12. 1977).

2. Arbeitnehmer. Die Arbeitnehmer sind zu einem arbeitsschutzgerechten Verhalten verpflichtet. Verstoßen sie gegen die Pflichten der Arbeitnehmerschutzvorschriften, so können sie schadensersatzpflichtig werden, wenn dadurch auch Dritte geschädigt werden. Nach vorheriger Abmahnung kann auch eine Kündigung und in besonders schweren Fällen eine außerordentliche Kündigung des Arbeitsverhältnisses in Betracht kommen. In Ausnahmefällen machen sich die Arbeitnehmer bei Verstoß gegen Arbeitsschutzvorschriften strafbar. Im ArbSchG sind weitere besondere Pflichten normiert.

3. Betriebsrat. Für die Einhaltung des Arbeitsschutzes kommt dem Betriebsrat eine besondere Bedeutung zu.

a) Nach § 80 Abs. 1 Nr. 1 BetrVG hat der Betriebsrat darüber zu wachen, daß die zugunsten der Arbeitnehmer geltenden Gesetze, Verordnungen, Unfallverhütungsvorschriften, Tarifverträge und Betriebsvereinbarungen durchgeführt werden.

b) Nach § 87 Abs. 1 Nr. 7 hat der Betriebsrat, soweit keine gesetzlichen oder tariflichen Regelungen bestehen, ein erzwingbares Mitbestimmungsrecht bei Regelungen über die Verhütung von Arbeitsunfällen und Berufskrankheiten sowie über den Gesundheitsschutz im Rahmen der gesetzlichen Vorschriften oder der Unfallverhütungsvorschriften. Mit der Einräumung des erzwingbaren Mitbestimmungsrechtes an den Betriebsrat soll die Ausführung der Arbeitsschutzvorschriften gesichert und seine Erfahrungen beim Arbeitsschutz nutzbar gemacht werden. Das Mitbestimmungsrecht besteht im Rahmen des bestehenden Arbeitsschutzes bei der Durchführung der Maßnahmen.

c) Nach § 88 Nr. 1 BetrVG hat der Betriebsrat ein freiwilliges Mitbestimmungsrecht bei der Einführung zusätzlicher Maßnahmen zur Verhütung von Arbeitsunfällen und Gesundheitsschädigungen. Der Betriebsrat kann mithin an den Arbeitgeber herantreten, um über die bestehenden gesetzlichen Vorschriften hinaus betriebliche Unfallverhütungseinrichtungen zu schaffen. Allerdings kann der Betriebsrat diese Regelungen nicht erzwingen.

d) Schließlich hat sich der Betriebsrat nach § 89 BetrVG für die Durchführung des Arbeitsschutzes einzusetzen.

4. Sicherheitsbeauftragte. In Unternehmen mit mehr als 20 Beschäftigten müssen Sicherheitsbeauftragte unter Mitwirkung des Betriebsrates bestellt werden (§ 22 Abs. 1 SGB VII). In Unternehmen mit besonderen Unfallgefahren kann die

Zahl der Beschäftigten gesenkt, in Unternehmen mit geringer Unfallgefahr erhöht werden. Zu Sicherheitsbeauftragten werden i. d. R. Arbeitnehmer des Betriebes ausgewählt, die sich freiwillig für die besonderen Belange des Arbeitsschutzes einsetzen. Die Zahl der Sicherheitsbeauftragten wird in den Unfallverhütungsvorschriften der Berufsgenossenschaften festgelegt. Sie sollen den Unternehmer bei der Durchführung des Unfallschutzes unterstützen (§ 22 Abs. 2 SGB VII).

5. Fachkräfte für Arbeitssicherheit und Betriebsärzte. Der Arbeitgeber hat nach § 5 ASI Sicherheitsingenieure, Sicherheitstechniker oder Sicherheitsmeister zu bestellen. Ihr Aufgabenbereich ergibt sich aus § 6 ASI. Hierzu gehört, den Arbeitgeber beim Arbeitsschutz und bei der Unfallverhütung in allen Fragen der Arbeitssicherheit einschließlich der menschengerechten Gestaltung der Arbeit zu unterstützen. Sie haben insbesondere den Arbeitgeber und die sonst für den Arbeitsschutz und die Unfallverhütung verantwortlichen Personen zu beraten, insbesondere auch die Arbeitsbedingungen arbeitsschutzrechtlich zu beurteilen, die Betriebsanlagen und die technischen Arbeitsmittel vor der Inbetriebnahme sowie die Arbeitsverfahren sicherheitstechnisch zu überprüfen, die Durchführung des Arbeitsschutzes und der Unfallverhütung zu beobachten und daraufhin zu wirken, daß sich alle im Betrieb Beschäftigten den Anforderungen des Arbeitsschutzes und der Unfallverhütung entsprechend verhalten. Die Sicherheitsbeauftragten und Fachkräfte für Arbeitssicherheit wirken im Arbeitsschutzausschuß zusammen (§ 11 ASI).

Ferner hat der Arbeitgeber nach § 2 ASI Betriebsärzte zu bestellen und die in § 3 ASI genannten Aufgaben des Gesundheitsschutzes zu übertragen. Der Arbeitgeber kann statt der Bestellung von Betriebsärzten und Fachkräften für Arbeitssicherheit überbetriebliche Einrichtungen in Anspruch nehmen. Der Betriebsrat hat insoweit ein erzwingbares Mitbestimmungsrecht.

V. Datenschutz*

1. Die verschiedenen Schutznormen. Der Schutz des Arbeitnehmers vor der Personaldatenverarbeitung des Arbeitgebers wird in der BRD gewährleistet durch *a)* den Arbeitsvertrag und das Deliktsrecht, *b)* datenschutzrechtlich durch das BDSG vom 20. 12. 1990 (BGBl I 2954), zul. geänd. 14. 9. 1994 (BGBl I 2325), *c)* verfassungsrechtlich durch das Grundrecht auf informationelle Selbstbestimmung und *d)* das Mitbestimmungsrecht des Betriebsrats nach dem BetrVG. Ferner sind im ArbSchG und im SGB VII datenschutzrechtliche Normen enthalten.

2. Persönlichkeitsrecht. Es ist ein Recht auf Achtung, auf Nichtverletzung der Person in ihren unmittelbaren Äußerungen, ihrer sozialen Geltung und ihrem ihr unmittelbar zugehörigen Daseinsbereich. Bei Verletzung des Persönlichkeitsrechts können für den Arbeitnehmer erwachsen *a)* Unterlassungsansprüche wegen fernerer Verletzung, *b)* Schadens- und Schmerzensgeldansprüche aus Vertrag und unerlaubter Handlung. Zum Schutz des Persönlichkeitsrechts hat der Arbeitgeber die Personalakten verschlossen aufzubewahren, Dritten keine Einsicht zu gewähren, Bewerbungsunterlagen erfolglos gebliebener Bewerber zu vernichten.

3. Bundesdatenschutzgesetz. Zweck des BDSG ist es, den Einzelnen davor zu schützen, daß er durch den Umgang mit seinen personenbezogenen Daten in seinem Persönlichkeitsrecht beeinträchtigt wird. Das BDSG gilt für die Erhebung, Verarbeitung und Nutzung personenbezogener Daten durch die öffentliche Hand, aber auch durch nicht öffentliche Stellen, soweit sie die Daten in oder aus Dateien geschäftsmäßig oder für berufliche oder gewerbliche Zwecke verarbeiten oder nutzen. Für die Datenverarbeitung nicht öffentlicher Stellen bestehen in §§ 27 ff BDSG besondere

* Schaub ArbR von A–Z, Stichwort: Datenverarbeitung, Personalakte.

Vorschriften. Das Speichern, Verändern oder Übermitteln personenbezogener Daten oder ihre Nutzung als Mittel für die Erfüllung eigener Geschäftszwecke ist zulässig, *(1)* im Rahmen der Zweckbestimmung eines Vertragsverhältnisses, *(2)* soweit es zur Wahrung berechtigter Interessen der speichernden Stelle erforderlich ist und kein Grund zu der Annahme besteht, daß das schutzwürdige Interesse des Betroffenen an dem Ausschluß der Verarbeitung oder Nutzung überwiegt, *(3)* wenn die Daten aus allgemein zugänglichen Quellen entnommen werden können, *(4)* wenn es im Interesse der speichernden Stelle zur Durchführung wissenschaftlicher Forschung erforderlich ist und die Interessen des Betroffenen nicht unangemessen berührt werden. Im übrigen ist die Nutzung unzulässig. Die Übermittlung oder Nutzung ist auch zulässig, *(1)* soweit es zur Wahrung berechtigter Interessen eines Dritten oder öffentlicher Interessen erforderlich ist oder wenn es sich um listenmäßig oder sonst zusammengefaßte Daten über Angehörige einer Personengruppe handelt, *(2)* wenn es im Interesse einer Forschungseinrichtung zur Durchführung wissenschaftlicher Forschung erforderlich ist.

b) Werden erstmals personenbezogene Daten für eigene Zwecke gespeichert, ist der Betroffene von der Speicherung und der Art der Daten zu benachrichtigen. Werden personenbezogene Daten geschäftsmäßig zum Zwecke der Übermittlung gespeichert, ist der Betroffene von der erstmaligen Übermittlung und der Art der übermittelten Daten zu benachrichtigen. Der Arbeitnehmer kann verlangen, *a)* Auskunft über die zu seiner Person gespeicherten Daten, *b)* Berichtigung der Daten, wenn sie unrichtig sind und Sperrung, wenn sich weder Richtigkeit noch Unrichtigkeit feststellen lassen, *c)* Löschung, wenn die Speicherung unzulässig war (§§ 33 ff BDSG).

4. Grundrecht auf informationelle Selbstbestimmung. Es gewährt grundsätzlich jedem das Recht, selbst zu entscheiden, wann und innerhalb welchen Grenzen persönliche Lebenssachverhalte offenbart werden (BVerfG NJW 84, 419). Es wird im allgemeinen nur der Intimbereich geschützt.

5. Mitbestimmung des Betriebsrats. Dem Betriebsrat können zahlreiche Mitwirkungsrechte erwachsen. *a)* Er ist zu unterrichten, wo überall Personaldaten verarbeitet werden. *b)* Mit dem Betriebsrat ist die Einführung von Personalinformationssystemen zu beraten, weil es sich insoweit um technische Anlagen handelt (§ 90 BetrVG). *c)* Der Betriebsrat hat bei der Datenerhebung, z.B. bei der Aufstellung von Personalfragebogen (§ 3 III S. 31) ein Mitbestimmungsrecht (§ 94 BetrVG). Das gilt vor allem, wenn sie in Datenbanken eingegeben werden sollen. *d)* Der Betriebsrat hat ein Mitbestimmungsrecht, wenn die Datenverarbeitung zur Überwachung der Arbeitnehmer dienen kann. *e)* Dagegen soll kein Mitbestimmungsrecht bestehen, wenn ein Arbeitnehmer zum Datenschutzbeauftragten (§ 36 BDSG) bestellt werden soll.

§ 55. Arbeitszeitschutz

I. Gliederung

Das Arbeitsrecht wird gegliedert in das öffentlich-rechtliche, kollektivrechtliche und privatrechtliche Arbeitszeitrecht.

1. Das **öffentliche Arbeitszeitrecht** legt die Grenzen der zulässigen Arbeitszeit fest. Es ist enthalten im Gesetz zur Vereinheitlichung und Flexibilisierung des Arbeitszeitrechtes (Arbeitszeitrechtsgesetz – ArbZG) vom 8. 6. 1994 (BGBl I 1170), das am 1. 7. 1994 in Kraft getreten ist und am 30. 7. 1996 (BGBl I 1186) zuletzt geändert worden ist. Das in ihm enthaltene Arbeitszeitgesetz (AZG) hat die AZO aus dem Jahre 1938 und zahlreiche sonstige Regelungen abgelöst. Mit der Verabschiedung des ArbZG hat der gesamtdeutsche Gesetzgeber dem Auftrag aus Art. 30 des Einigungsvertrages Folge geleistet, das öffentlich-rechtliche Arbeitszeitrecht einschließlich der Zulässigkeit von Sonn- und Feiertagsarbeit und den besonderen Frauenarbeitsschutz einheitlich neu zu kodifizieren. Zugleich hat der Gesetzgeber den Aufforderungen des Bundesverfassungsgerichtes aus den Entscheidungen zum Hausarbeitstag* und zur Nachtarbeit** entsprochen. Das ArbZG entspricht darüber hinaus grundsätzlich den Festlegungen der Richtlinie 93/104/EG des Rechtes der Europäischen Union vom 23. 11. 1993 über bestimmte Aspekte der Arbeitzeitgestaltung.***

2. Das **tarifvertragliche Arbeitszeitrecht** kann die gesetzliche Arbeitszeit verkürzen. Das ist der Regelfall. Sie können aber auch für bestimmte Berufsgruppen die Arbeitszeit verlängern. Die Tarifvertragsnormen gelten nur für die der Tarifbindung unterliegenden Arbeitnehmer. Nach einer Mindermeinung sind die Arbeitszeitregelungen Betriebsnormen, die bereits dann anzuwenden sind, wenn der Arbeitgeber tarifgebunden ist. Haben die Tarifnormen die Arbeitszeit verlängert, so ist im allgemeinen davon auszugehen, daß die Arbeitnehmer auch zur Arbeitsleistung verpflichtet sind.

3. Im allgemeinen hat der **Betriebsrat** kein Mitbestimmungsrecht bei der Festlegung der Dauer der Arbeitszeit. Nach § 87 Abs. 1 Nr. 3 BetrVG hat der Betriebsrat nur ein erzwingbares Mitbestimmungsrecht bei der vorübergehenden Verkürzung oder Verlängerung der betriebsüblichen Arbeitszeit. Nach § 77 Abs. 3 hat der Betriebsrat kein Mit-

---

* BVerfG vom 13. 11. 1979 – AP Nr. 28 zu § 1 HausarbeitstagsG-NRW = BB 1980, 207.
** BVerfG v. 28. 1. 1992 – Beil. 3 zu BB 1992.
*** ABl EG Nr. L 307 vom 13. 2. 1993, S. 18; vgl. Anzinger, RdA 1994, 11; Günther BArbBl. 10/1993, S. 17 ff.; Lörcher ArbuR 1994, 49 ff.

bestimmungsrecht wenn die Dauer der Arbeitszeit üblicherweise durch Tarifvertrag geregelt wird. Insoweit greift
der Schrankenvorbehalt aus § 87 Abs. 1 Einleitungssatz
nicht ein, wenn dem Betriebsrat ein erzwingbares Mitbestimmungsrecht wegen der Dauer der Arbeitszeit nicht zusteht.

4. Einzelvertragliche Regelungen über die Dauer und
Lage der Arbeitszeit sind selten. Fehlen kollektivrechtliche
Vereinbarungen und ist mit dem einzelnen Arbeitnehmer
nichts ausdrücklich vereinbart, so muß Umfang, Dauer und
Lage der Arbeitszeit durch Auslegung des Arbeitsvertrages
unter Berücksichtigung der allgemeinen Auslegungsregeln,
namentlich der betrieblichen Übung bestimmt werden
(§§ 133, 157 BGB). Im Zweifel gilt die betriebliche Arbeitszeit als stillschweigend vereinbart.

II. Konzeption und Aufbau des ArbZG

1. Schutzzweck. Mit dem ArbZG wird der Gesundheitsschutz der Arbeitnehmer verbessert, den Tarifvertragsparteien und Betriebspartnern bei Arbeitszeitfragen eine
erweiterte Gestaltungsmöglichkeit eingeräumt und die
Sonn- und Feiertagsruhe geschützt (vgl. § 1 ArbZG). Es
werden aber auch die Rahmenbedingungen für flexible Ar-
beitszeitmodelle durch Verlängerung des Ausgleichszeitraums zur Einhaltung des Acht-Stunden-Tages von bisher
zwei Wochen auf sechs Monate verbessert. Hierdurch soll
ein Schritt zur größeren Flexibilität und zur Sicherung des
Industriestandortes Deutschland vorgenommen werden
(vgl. BR-Drucks. 626/93, S. 45).

2. Gliederung. Das ArbZG ist in acht Abschnitte gegliedert, nämlich in (1) allgemeine Vorschriften (Zweck des
Gesetzes; Begriffsbestimmungen); (2) werktägliche Arbeitszeit und arbeitsfreie Zeiten; (3) Sonn- und Feiertagsruhe;
(4) Ausnahmen in besonderen Fällen; (5) Durchführung des

Gesetzes; (6) Sonderregeln; (7) Straf- und Bußgeldvor-
schriften; (8) Schlußvorschriften.

3. Geltungsbereich des Gesetzes. a) Das ArbZG gilt mit
wenigen Ausnahmen für alle Arbeitnehmer in allen Be-
schäftigungsbereichen. Arbeitnehmer i. S. des Gesetzes sind
Arbeiter und Angestellte sowie die zu ihrer Berufsausbildung Beschäftigten. Anders als im Regierungsentwurf gilt
das ArbZG auch für im Haushalt beschäftigte Arbeitnehmer
(BT-Drucks. 12/6990, S. 44). Wegen der Sonn- und Feiertagsruhe ist das Ladenschlußgesetz für im Einzelhandel
beschäftigte Arbeitnehmer lex specialis (Sondergesetz).

b) Das ArbZG ist nicht anzuwenden (§ 18 ArbZG) auf
(1) leitende Angestellte i. S. des § 5 Abs. 3 BetrVG sowie
    Chefärzte,
(2) Leiter von öffentlichen Dienststellen und deren Vertreter
    sowie Arbeitnehmer im öffentlichen Dienst, die zu selb-
    ständigen Entscheidungen in Personalangelegenheiten
    befugt sind;
(3) Arbeitnehmer, die in häuslicher Gemeinschaft mit den ih-
    nen anvertrauten Personen zusammenleben und sie eigen-
    verantwortlich erziehen, pflegen oder betreuen, z. B. Er-
    zieher in SOS-Kinderdörfern (BT-Drucks. 12/6990, S. 44);
(4) den liturgischen Bereich der Kirchen und der Religions-
    gemeinschaften.

c) Für die Beschäftigung von Personen unter 18 Jahren
gilt anstelle des ArbZG das JArbSchG (§ 18 Abs. 2 ArbZG).

Für die Beschäftigung von Arbeitnehmern auf Kauffahrteischiffen als Besatzungsmitglieder i. S. von § 3 SeemG gilt
anstelle des ArbZG das SeemG (§ 18 Abs. 3 ArbZG).

Für die Beschäftigung von Arbeitnehmern in Bäckereien
und Konditoreien gilt anstelle des ArbZG das Gesetz über
die Arbeitszeit in Bäckereien und Konditoreien.

d) Bei der Wahrnehmung hoheitlicher Aufgaben im öffentlichen Dienst können, soweit keine tarifvertragliche Regelung besteht, durch die zuständige Dienstbehörde die für

Beamte geltenden Bestimmungen über die Arbeitszeit auf die Arbeitnehmer übertragen werden. Insoweit finden die §§ 3 bis 13 ArbZG keine Anwendung (§ 19 ArbZG).

Sonderregeln sind ferner vorgesehen für die Beschäftigung in der Luftfahrt (§ 20 ArbZG) und in der Binnenschiffahrt (§ 21 ArbZG).

4. Begriffsbestimmungen des Gesetzes. a) Arbeitszeit ist nach § 2 Abs. 1 ArbZG die Zeit von Beginn bis Ende der Arbeit ohne Ruhepausen. Arbeitszeit ist mithin die Summe der Zeiten zwischen dem Arbeitsbeginn und dem Arbeitsende. Im Bergbau unter Tage zählen die Ruhepausen zur Arbeitszeit (§ 2 Abs. 1 Satz 2 ArbZG). Für den Begriff der Arbeitszeit unerheblich ist, ob der Arbeitnehmer auch tatsächlich arbeitet. Ausreichend ist, wenn er sich am Arbeitsplatz bereithält. Daher gehören auch Arbeitsunterbrechungen z.B. wegen Maschinenstillstandes oder fehlender Arbeitsmaterialien zur Arbeitszeit. Nicht gesetzlich geregelt ist der Beginn und das Ende der Arbeitszeit. Insoweit ist auf Regelungen des Tarifvertrages einer Betriebsvereinbarung oder des Einzelarbeitsvertrages abzustellen.

b) Keine Arbeitszeit sind *Wegezeiten*. Das sind diejenigen Zeiten, die der Arbeitnehmer benötigt, um von seiner Wohnung zum Betrieb oder wieder zurückzukommen.

Dienstreisezeit ist dagegen diejenige Zeit, die der Arbeitnehmer benötigt, um von dem Betriebs- oder Wohnort an einen vom Arbeitgeber bestimmten Ort außerhalb der Gemeindegrenzen des Betriebs- oder Wohnorts zu gelangen, an dem die Dienstgeschäfte zu erledigen sind. Die Dienstreisezeit gehört dann zur Arbeitszeit, wenn der Arbeitnehmer selbst arbeitet, z.B. er fährt das Auto oder erledigt sonstige Aufgaben für den Arbeitgeber. Die Dienstreisezeit zählt nicht zur Arbeitszeit, wenn der Arbeitnehmer sich in dieser Zeit erholen oder entspannen kann.

c) Arbeitszeitrechtlich sind Zeiten der *Arbeitsbereitschaft* in die Arbeitszeit einzubeziehen. Arbeitsbereitschaft liegt vor, wenn die Art der vom Arbeitnehmer verrichteten Arbeit einen Wechsel zwischen voller und geringerer Beanspruchung beinhaltet. Sie ist wache Achtsamkeit im Zustand der Entspannung. Arbeitsbereitschaft ist gegeben, wenn die Verkäuferin auf den Kunden wartet oder der Pförtner an der offenen Haustür auf den Besucher.

Bereitschaftsdienst zählt dagegen nicht zur Arbeitszeit. Er liegt vor, wenn der Arbeitnehmer sich an einer vom Arbeitgeber bestimmten Stelle innerhalb oder außerhalb des Betriebes aufzuhalten hat, um, sobald es notwendig ist, seine Arbeit aufzunehmen, ohne sich im Zustand wacher Achtsamkeit zu befinden. Arbeitsbereitschaft hat der Pförtner hinter der geschlossenen Tür.

Rufbereitschaft ist dagegen die Verpflichtung des Arbeitnehmers, sich an einem selbstbestimmten, aber dem Arbeitgeber anzugebenden Ort auf Abruf zur Arbeit bereitzuhalten.

d) *Nachtarbeit* i. S. des ArbZG ist jede Arbeit, die mehr als zwei Stunden der Nachtzeit umfaßt (§ 2 Abs. 4 ArbZG). Nachtarbeitnehmer i. S. des ArbZG sind Arbeitnehmer, die *(1)* aufgrund ihrer Arbeitszeitgestaltung normalerweise Nachtarbeit in Wechselschicht zu leisten haben oder *(2)* Nachtarbeit an mindestens 48 Tagen im Kalenderjahr leisten (§ 2 Abs. 5 ArbZG).

e) Nachtzeit i. S. des AZG ist die Zeit von 23.00 bis 6.00 Uhr, in Bäckereien und Konditoreien von 22.00 bis 5.00 Uhr.

III. Dauer der gesetzlich zulässigen Höchstarbeitszeit

1. Höchstarbeitszeit. a) Die werktägliche Arbeitszeit der Arbeitnehmer darf acht Stunden nicht überschreiten (§ 3 Satz 1 ArbZG). Im Unterschied zum früheren Recht kann sie ohne bestimmte Anlässe bis zu zehn Stunden verlängert werden, wenn innerhalb von sechs Kalendermonaten oder innerhalb von 24 Wochen im Durchschnitt acht Stunden werktäglich nicht überschritten werden (§ 3 Satz 2 ArbZG). Mit dieser Regel sollte eine einwandfreie gesetzliche Grundlage für alle Formen der Gleitzeitmodelle geschaffen werden. Ob der Arbeitgeber als Ausgleichszeitraum sechs Kalendermonate oder 24 Wochen wählt, steht in seinem Ermessen. Der Betriebsrat hat nach § 87 Abs. 1 Nr. 3 BetrVG ein erzwingbares Mitbestimmungsrecht.

b) Der gesetzliche Höchstrahmen für die Arbeitszeit beträgt mithin 6 × 8 Stunden = 48 Stunden × 48 Wochen (52 Jahreswochen minus 4 Wochen gesetzlicher Urlaub) = 2304 Arbeitsstunden. Die Arbeitszeit kann bis zu 60 Stunden wöchentlich erhöht werden, wenn innerhalb des gesetzlich festgelegten Ausgleichszeitraums von 6 Monaten bzw. 24 Wochen die Arbeitszeit von acht Stunden werktäglich nicht überschritten wird. Der Ausgleich der Mehrarbeit innerhalb des Ausgleichszeitraums ist die einzige Voraussetzung für die Verlängerung der regelmäßigen Arbeitszeit. Urlaubs- und Krankheitstage sowie Tage sonstiger Arbeitsbefreiung kommen als Ausgleichstage nicht in Betracht. Sie sind grundsätzlich mit einer Regelarbeitszeit von acht Stunden in Ansatz zu bringen.

Da die Verlängerung der gesetzlichen Arbeitszeit nur von der Gewährung von Ausgleichszeit abhängig ist, sind praktisch alle Formen der Arbeitszeitflexibilisierung möglich. Denkbar wäre z. B. ein Arbeitszeitmodell von 48 Stunden wöchentlich (6 × 8 Stunden). Bei einem Ausgleichszeitraum von 24 Wochen ergibt sich eine Gesamtarbeitszeit von 1.152 Stunden. Dies entspricht 144 Werktagen je acht Stunden. Im äußersten Fall kann die Gesamtarbeitszeit von 1.152 Stunden auf 115 Werktage mit je 10 Stunden und einem Werktag von zwei Stunden verteilt werden (1.152 : 10 = 115,2). Alsdann wären 28,8 Werktage arbeitsfrei.

c) Arbeitszeiten bei mehreren Arbeitgebern sind zusammenzurechnen (§ 2 Abs. 1 ArbZG).

d) Der Betriebsrat hat nach § 87 Abs. 1 Nr. 3 BetrVG bei der Festlegung des Ausgleichszeitraumes ein erzwingbares Mitbestimmungsrecht.

2. Arbeitsverpflichtung. a) Das ArbZG enthält allein einen gesetzlich zulässigen Höchstrahmen für die Tagesarbeitszeit. Dagegen enthält es keine Aussage zur zeitlichen Verpflichtung des Arbeitnehmers, Arbeit zu leisten. Dies gilt sowohl für die Zahl der Arbeitsstunden als auch die Zahl der Werktage in der Woche. In welchem Umfang der Arbeitnehmer zur Arbeitsleistung verpflichtet ist, muß im Tarifvertrag, einer Betriebsvereinbarung oder im Einzelarbeitsvertrag festgelegt sein.

b) Der Arbeitgeber, der einen Arbeitnehmer länger als 10 Stunden beschäftigt oder Überschreitungen der 10-Stunden-Grenze duldet, handelt nach § 22 Abs. 1 Nr. 1 ArbZG ordnungswidrig. Die Ordnungswidrigkeit kann mit einer Geldbuße bis zu 30 000,– DM geahndet werden.

Vereinbarungen zwischen Arbeitgeber und Arbeitnehmer, nach denen der Arbeitnehmer verpflichtet wird, über die gesetzlich zulässige Arbeitszeit hinaus zu arbeiten, sind nach § 134 BGB unwirksam. Der Arbeitnehmer hat an seiner Arbeitsleistung ein Zurückbehaltungsrecht, ohne daß der Arbeitgeber ihn abmahnen oder kündigen könnte.

Arbeitet der Arbeitnehmer über die gesetzlich zulässige Arbeitszeit hinaus, so erbringt er eine Arbeitsleistung, zu der er nicht verpflichtet ist. Er erlangt insoweit einen „Vergütungsanspruch" nach § 812 BGB.

Erbringt der Arbeitnehmer eine Leistung über seine individualvertraglich geschuldete Arbeitsleistung bis zur Dauer der gesetzlich zulässigen Arbeitszeit, so muß sich im Wege der Auslegung kollektivrechtlicher oder individualrechtlicher Vereinbarungen ergeben, inwieweit dem Arbeitnehmer Anspruch auf Überstundenvergütung zusteht. Das ArbZG enthält keine Anspruchsgrundlage mehr für die Bezahlung von Mehrarbeitsstunden. Es ist als reines Arbeitsschutzgesetz konzipiert.

3. Tarifvorrang. a) In einem Tarifvertrag oder aufgrund eines Tarifvertrages in einer Betriebsvereinbarung kann zugelassen werden, abweichend von § 3 ArbZG *(a)* die Arbeitszeit über zehn Stunden werktäglich auch ohne Ausgleich zu verlängern, wenn in die Arbeitszeit regelmäßig und in erheblichem Umfang Arbeitsbereitschaft fällt, *(b)* einen anderen Ausgleichszeitraum festzulegen, *(c)* ohne Ausgleich die Arbeitszeit auf bis zu zehn Stunden werktäglich an höchstens 60 Tagen im Jahr zu verlängern (§ 7 Abs. 1 Nr. 1 ArbZG). Regelmäßig bedeutet, daß es zur Eigenart der Tätigkeit gehören muß, daß Zeiten der Vollarbeit mit Zeiten geringerer Inanspruchnahme wechseln. Das Merkmal der Erheblichkeit wird als erfüllt anzusehen sein, wenn die während der Vollarbeit anfallende Zeit der Arbeitsbereitschaft einen Richtwert von 25 bis 30% erreicht.

b) Von der gesetzlichen Regelung kann im Rahmen der gesetzlichen Ermächtigung abgewichen werden durch Tarifvertrag. Abweichungen in einer Betriebsvereinbarung sind nur dann wirksam, wenn ein Tarifvertrag vorliegt und sich aus diesem eindeutig ergibt, daß und in welchem Umfang die Tarifvertragsparteien ihre Befugnis zur Zulassung von Abweichungen auf die Betriebspartner übertragen haben. Im Geltungsbereich eines Tarifvertrages können abweichende tarifvertragliche Regelungen im Betrieb eines nicht tarifgebundenen Arbeitgebers durch Betriebsvereinbarung oder, wenn ein Betriebsrat nicht besteht, durch schriftliche Vereinbarung zwischen dem Arbeitgeber und dem Arbeitnehmer übernommen werden (§ 7 Abs. 3 Satz 1 ArbZG). Weitere Einzelheiten ergeben sich aus § 7 Abs. 3 ArbZG.

c) Die Kirchen und die öffentlich-rechtlichen Religionsgemeinschaften können die Arbeitszeit und den Ausgleichszeitraum in ihren Regelungen vorsehen (§ 7 Abs. 4 ArbZG). Diese regeln üblicherweise die Arbeitszeit durch arbeitsvertragliche Einheitsregelungen, die nach h. M. nicht den Rang von Tarifverträgen haben.

d) In einem Bereich, in dem Regelungen durch Tarifvertrag üblicherweise nicht getroffen werden, können Ausnahmen durch die Aufsichtsbehörde bewilligt werden, wenn dies aus betrieblichen Gründen erforderlich ist und die Gesundheit der Arbeitnehmer nicht gefährdet wird (§ 7 Abs. 5 ArbZG). Schließlich kann die BReg durch RechtsVO mit Zustimmung des Bundesrats Ausnahmen zulassen, sofern dies aus betrieblichen Gründen erforderlich ist und die Gesundheit der Arbeitnehmer nicht gefährdet wird (§ 7 Abs. 6 ArbZG).

IV. Ruhepausen

1. Pausendauer. Die Arbeit ist durch im voraus feststehende Ruhepausen von mindestens 30 Minuten bei einer Arbeitszeit von mehr als sechs bis zu neun Stunden und 45 Minuten bei einer Arbeitszeit von mehr als neun Stunden insgesamt zu unterbrechen. Die Ruhezeiten können in Zeitabschnitten von jeweils mindestens 15 Minuten aufgeteilt werden. Länger als sechs Stunden hintereinander dürfen Arbeitnehmer nicht ohne Ruhepausen beschäftigt werden (§ 4 ArbZG). Auf unterschiedliche Pausenregelungen für Männer und Frauen ist aus Gründen der Gleichberechtigung und zur Vermeidung betrieblicher Schwierigkeiten verzichtet worden.

2. Der **Begriff der Ruhepause** ist gesetzlich nicht definiert. Ruhepausen sind im voraus festgelegte, zumindestens jedoch vorhersehbare Zeiten einer Arbeitsunterbrechung von bestimmter Dauer, in denen der Arbeitnehmer von jeglicher Arbeitspflicht befreit ist und sich zu keiner Arbeitsleistung bereithalten muß, sondern frei darüber entscheiden kann, wie er diese Freizeit verbringen will. Das Merkmal, im voraus feststehend, ist als erfüllt anzusehen, wenn bei Beginn der täglichen Arbeitszeit ein zeitlicher Rahmen feststeht, innerhalb dessen Ruhepausen angetreten werden können. Dies ist bei nahezu allen Gleitzeitregelungen gegeben.

3. Die **Tarifvertragsparteien** und aufgrund eines Tarifvertrages die Betriebspartner können abweichend von § 4 Satz 2 ArbZG die Gesamtdauer der Ruhezeiten in Schichtbetrieben und Verkehrsbetrieben auf Kurzpausen von angemessener Dauer aufteilen. Verkehrsbetriebe sind alle öffentlichen und privaten Betriebe, deren Zweck auf die Beförderung von Personen, Gütern, Nachrichten gerichtet ist, sowie die dazu gehörigen selbständigen oder unselbständigen Hilfs- und Nebenbetriebe (BT-Drucks. 12/5888, S. 25). Unterschiedliche Regelungen für Männer und Frauen sind beseitigt.

V. Ruhezeit

1. Begriff. Unter Ruhezeit versteht man den Zeitraum zwischen zwei Arbeitsschichten. Nach § 5 Abs. 1 ArbZG müssen Arbeitnehmer nach Beendigung der täglichen Arbeitszeit eine ununterbrochene Ruhezeit von mindestens elf Stunden haben. Von dieser Regelung gibt es eine Reihe von Ausnahmen.

2. Die **Dauer der Ruhezeit** kann
– in Krankenhäusern und anderen Einrichtungen zur Behandlung, Pflege und Betreuung von Personen (also etwa Altersheimen),
– in Gaststätten und anderen Einrichtungen zur Bewirtung und Beherbergung,
– in Verkehrsbetrieben,
– beim Rundfunk sowie
– in der Landwirtschaft und in der Tierhaltung
um bis zu einer Stunde verkürzt werden, wenn jede Verkürzung der Ruhezeit innerhalb eines Kalendermonats oder innerhalb von vier Wochen durch Verlängerung einer anderen Ruhezeit auf mindestens zwölf Stunden ausgeglichen wird.

Durch die Ausnahmeregelung für die im Rundfunkbereich beschäftigen Arbeitnehmer soll der Informationsvermittlung des Rundfunks Rechnung getragen werden.

3. Krankenhausbereich. Im Krankenhausbereich bestanden Sonderregeln, die inzwischen außer Kraft getreten sind. (§ 26 ArbZG).

4. Weitere **Sonderregelungen sind für Kraftfahrer** vorgesehen im EG-Bereich (§ 5 Abs. 5 ArbZG).

VI. Nacht- und Schichtarbeit

1. Verfassungsrechtliche Vorgaben. Das BVerfG hat in der Entscheidung vom 28. 1. 1992 (BB Beil. 3 zu BB 1992 zu H. 5) ausgeführt: „Der Gesetzgeber ist verpflichtet, den Schutz der Arbeitnehmer vor den schädlichen Folgen der Nachtarbeit neu zu regeln. Eine solche Regelung ist notwendig, um dem objektiven Gehalt der Grundrechte, insbesondere des Rechtes auf körperliche Unversehrtheit (Art. 2 Abs. 2 Satz 1 GG), Genüge zu tun. Eine Schutzpflicht des Staates besteht gerade im Hinblick auf dieses Grundrecht. Dem Gesetzgeber kommt bei der Erfüllung dieser Schutzpflicht zwar ein weiter Einschätzungs-, Wertungs- und Gestaltungsspielraum zu, der auch Raum für die Berücksichtigung konkurrierender öffentlicher und privater Interessen läßt. Die von ihm getroffenen Maßnahmen dürfen aber zur Wahrung des Grundrechtsschutzes nicht ganz ungeeignet sein. Daran muß sich auch die Neuregelung des Arbeitnehmerschutzes vor den gesundheitlichen Folgen der Nachtarbeit messen lassen." Für die Nachtarbeitnehmer wird der Gesundheitsschutz durch § 6 ArbZG verbessert.

2. Die Arbeitszeit der **Nacht- und Schichtarbeitnehmer** ist nach den gesicherten arbeitswissenschaftlichen Erkenntnissen über die menschengerechte Gestaltung der Arbeit festzulegen (§ 6 Abs. 1 ArbZG). Nacht- und Schichtarbeit wird mithin nicht verboten, sondern der Gesundheitsschutz verbessert.

a) Über § 6 Abs. 1 ArbZG sollen die Erkenntnisse der Schichtarbeitsforschung in die Schichtplanungsgestaltung einfließen. Die Europäische Stiftung zur Verbesserung der Lebens- und Arbeitsbedingungen, Dublin, hat die Erkenntnisse zusammengefaßt: *(1)* Möglichst kurze Nachtschichtfolgen, in der Regel nicht mehr als zwei bis vier Nachtschichten; *(2)* ausreichende Ruhezeiten zwischen den Schichten; *(3)* regelmäßige freie Wochenenden; *(4)* keine Arbeitsperioden von acht oder mehr Tagen; *(5)* Vorwärtswechsel der Schichten, also Früh-, Spät- und Nachtschicht; *(6)* Flexibilität bei den Übergabezeiten; *(7)* Spielraum für individuelle Wünsche der Arbeitnehmer; *(8)* rechtzeitige Information der Arbeitnehmer über den Schichtplan. Die BAnstArb für Arbeitsschutz, Dortmund, soll eine Bilanzierung der bisherigen Arbeitserkenntnisse zur Nacht- und Schichtarbeitsforschung vorlegen und interessierten Betrieben zur Verfügung stellen.

b) Die werktägliche Arbeitszeit der Nachtarbeitnehmer darf acht Stunden nicht überschreiten. Sie kann auf bis zu zehn Stunden nur verlängert werden, wenn abweichend vom Ausgleichszeitraum innerhalb von einem Kalendermonat oder innerhalb von vier Wochen im Durchschnitt werktäglich acht Stunden nicht überschritten werden. Für Zeiträume, in denen Nachtarbeitnehmer nach § 2 Abs. 5 Nr. 2 ArbZG nicht zur Nachtarbeit herangezogen werden, bleibt es bei dem Ausgleichszeitraum des § 3 ArbZG.

3. Ansprüche der Arbeitnehmer. a) Nachtarbeitnehmer sind berechtigt, sich vor Beginn der Beschäftigung und danach in regelmäßigen Zeitabständen von nicht länger als drei Jahren arbeitsmedizinisch untersuchen zu lassen. Nach Vollendung des 50. Lebensjahres steht Nachtarbeitnehmern dieses Recht in Zeitabständen von einem Jahr zu. Die Kosten der Untersuchung trägt der Arbeitgeber. Er kann sie aber durch einen Betriebsarzt oder überbetrieblichen Dienst von Betriebsärzten durchführen lassen (§ 6 Abs. 3 ArbZG).

b) Der Arbeitgeber hat den Arbeitnehmer auf dessen Verlangen auf einen für ihn geeigneten Arbeitsplatz umzuset-

zen, wenn *(1)* nach arbeitsmedizinischer Feststellung die
weitere Nachtarbeit den Arbeitnehmer in seiner Gesundheit
gefährdet, *(2)* im Haushalt ein Kind unter 12 Jahren lebt, *(3)*
der Arbeitnehmer einen schwerpflegebedürftigen Angehörigen zu versorgen hat, sofern dem nicht dringende betriebliche Erfordernisse entgegenstehen (§ 6 Abs. 4 ArbZG).

c) Soweit keine tarifvertraglichen Ausgleichsregelungen
bestehen, haben Nachtarbeitnehmer Anspruch auf eine angemessene Zahl bezahlter freier Tage bzw. angemessener
Zuschläge. Als tarifvertragliche Ausgleichsregelung kommen auch bereits bestehende Tarifverträge in Betracht, in
denen der Ausgleich besonders geregelt ist (BT-Drucks. 12/
6990, S. 43).

d) Nachtarbeitnehmern ist der gleiche Zugang zur betrieblichen Weiterbildung und zu aufstiegsfördernden Maßnahmen wie den übrigen Arbeitnehmern zu gewähren (§ 6
Abs. 6 ArbZG). Der Grundsatz stellt eine Konkretisierung
des allgemeinen Gleichbehandlungsgrundsatzes dar (BT-
Drucks. 12/5888, S. 41 [Nr. 22], S. 52 [zu Nr. 22] und S. 52
[zu Nr. 22]).

4. Die **Tarifvertragsparteien** und aufgrund eines Tarifvertrages die Betriebspartner können abweichend von § 6
Abs. 2 ArbZG bei Arbeitsbereitschaft die Arbeitszeit über
zehn Stunden werktäglich hinaus und auch ohne Ausgleich
regeln (§ 7 Abs. 1 Nr. 4 a ArbZG). Sie können ferner einen
längeren Ausgleichszeitraum festlegen und den Beginn des
siebenstündigen Nachtzeitraums auf die Zeit zwischen
22.00 und 24.00 Uhr festlegen, also jeweils um eine Stunde
vor oder zurücklegen (vgl. § 7 Abs. 1 Nr. 4, 5 ArbZG).

VII. Frauenarbeitsschutz

Die Arbeitszeitnormen gelten anders als nach bisherigem
Recht für Männer und Frauen. Geschlechtsspezifische
Gründe für unterschiedliche Regelungen bestehen nicht.
Allgemeine Erwägungen wie die Doppelbelastung der Frau

durch Beruf und Familie reichen für unterschiedliche Regelungen nicht aus.

§ 56. Jugendarbeitsschutz*

I. Geltungsbereich und Grundbegriffe des Jugendarbeitsschutzes

1. Geltungsbereich des Jugendarbeitsschutzgesetzes.
Das Jugendarbeitsschutzgesetz (JArbSchG) vom 12. 4. 1976 (BGBl I 965) i. d. Änd. vom 24. 2. 1997 (BGBl I 311) gilt ohne Rücksicht auf die Wirksamkeit des Arbeits- oder Dienstvertrages für jede Form der Beschäftigung von Jugendlichen. Es gilt mithin für die betriebliche Berufsausbildung, für Arbeits- und Heimarbeitsverhältnisse sowie für die Beschäftigung mit sonstigen Dienstleistungen oder für Rechtsverhältnisse, die den Arbeits- und Heimarbeitsverhältnissen bzw. Berufsausbildungsverhältnissen ähnlich sind. Zur Berufsausbildung gehört insbesondere die Ausbildung in einem Berufsausbildungsverhältnis, das mit dem Ziel einer späteren Verwendung als Beamter begründet wird sowie die betriebliche Ausbildung für Heil- und Heilhilfsberufe (§ 107 Abs. I BBiG). Sondervorschriften gelten für die Jugendlichen auf Kauffahrteischiffen. Vom JArbSchG ausgenommen sind lediglich geringfügige Hilfeleistungen, soweit sie aus Gefälligkeit, aufgrund familienrechtlicher Vorschriften, in Einrichtungen der Jugendhilfe sowie in Einrichtungen zur Eingliederung Behinderter erbracht werden. Ferner gilt das JArbSchG nicht bei einer Beschäftigung im Vollzug einer Freiheitsentziehung (§ 62 JArbSchG) sowie in Beamtenverhältnissen (§§ 65, 66 JArbSchG).

2. Kinder und Jugendliche. Kinder sind entspr. den heutigen Anschauungen Personen, die das 15. Lebensjahr noch

---

* Schaub ArbR von A–Z, Stichwort: Jugendarbeitsschutz.

nicht vollendet haben, Jugendliche dagegen solche, die das
15., aber noch nicht das 18. Lebensjahr vollendet haben.
Soweit ein besonderer Schutz für über 18jährige notwendig
ist, ist dieser besonderen Verordnungen, z. B. nach § 120 e
GewO, vorbehalten. Im Wege der Fiktion gelten auch solche Jugendliche noch als Kinder, die noch der Vollzeitschulpflicht unterliegen. Die Vollzeitschulpflicht beträgt
heute neun Jahre, so daß im allgemeinen das JArbSchG für
Kinder bis zum 15. Lebensjahr reicht.

3. Tages- und Wochenarbeitszeit. Die arbeitszeitrechtli-
chen Grundbegriffe des JArbSchG stimmen im allgemeinen
mit denjenigen des AZG überein (§ 55 II S. 453). Gleichwohl ist die Begriffsbildung nicht ganz einheitlich. *Tagesarbeitszeit* ist die Zeit vom Beginn bis zum Ende der täglichen
Beschäftigung ohne die Ruhepausen (§ 4 Abs. 1 JArbSchG).
Arbeitszeit ist mithin nicht nur die Zeit, in der gearbeitet
wird, sondern auch die Zeit des Wartens auf Arbeit am
Arbeitsplatz, *Ausbildungzeit* oder *Bereitschaftsdienst*
(§ 55 II S. 453). Dagegen ist Arbeitszeit nach § 2 Abs. 1 S. 1
AZG die Zeit vom Beginn bis zum Ende der Arbeit ohne die
Ruhepausen. *Schichtzeit* ist die tägliche Arbeitszeit unter
Hinzurechnung der Pausen (§ 4 Abs. 2 JArbSchG). Die tägliche Schichtzeit darf 10 Stunden, im Bergbau unter Tage
acht und im Gaststättengewerbe 11 Stunden nicht übersti-
gen (§ 12 JArbSchG). Der Begriff der Schichtzeit ist im
AZG gesetzlich nicht definiert. Es bestehen Unterschiede
wie bei der täglichen Arbeitszeit. Schichtarbeit oder Wech-
selschichtarbeit liegt vor, wenn mindestens zwei Arbeitnehmer ein und dieselbe Arbeitsaufgabe erfüllen, indem sie
sich regelmäßig nach einem feststehenden und für sie über-
schaubaren Plan ablösen. Für die Berechnung der *Wochenarbeitszeit* wird auf den Zeitraum von Montag bis zum darauffolgenden Sonntag abgestellt (§ 4 Abs. 4 JArbSchG).
Fällt im Laufe der Woche infolge eines gesetzlichen Feiertages die Arbeit aus, so wird die ausfallende Arbeitszeit mitge-

rechnet. Es können mithin bereits dann vergütungspflichtige Mehrarbeitsstunden anfallen, obwohl die effektive Arbeitszeit noch keine 40 Stunden in der Woche erreicht hat.

II. Beschäftigung von Kindern

1. Beschäftigungsverbot. Nach § 5 Abs. 1 ist die Beschäftigung von Kindern (I 2) verboten. Das Beschäftigungsverbot ist verfassungsrechtlich zulässig und gilt unabhängig davon, aus welchen Gründen das Kind beschäftigt wird. Arbeitet das Kind entgegen einem Beschäftigungsverbot, so steht es gleichwohl unter Versicherungsschutz. Andererseits kann ein Kind, das entgegen dem Beschäftigungsverbot beschäftigt worden ist, bei Fehlleistungen nicht auf Schadensersatz in Anspruch genommen werden.

2. Ausnahmen vom Beschäftigungsverbot. a) Ohne Altersgrenze können Kinder aus *arbeitstherapeutischen Gründen*, im Rahmen eines *Betriebspraktikums* während der *Vollzeitschulpflicht* und in Erfüllung einer richterlichen Weisung (§ 5 Abs. 2 JArbSchG, §§ 10, 23 JGG) beschäftigt werden. Die Ausnahmen dienen dem Interesse der Kinder, um sie zu heilen, ihnen eine Orientierung für das zukünftige Berufsleben zu erleichtern oder sie zu erziehen. Ist eine Beschäftigung von Kindern zulässig, so darf sie nur mit leichten, für sie geeigneten Tätigkeiten bis zu sieben Stunden täglich = 35 Stunden wöchentlich erfolgen.

b) Das Beschäftigungsverbot gilt nicht für die Beschäftigung von Kindern über 13 Jahre mit Einwilligung des *Personensorgeberechtigten*, soweit die Beschäftigung leicht und für Kinder geeignet ist (§ 5 Abs. 3 JArbSchG). Die Beschäftigung ist leicht, wenn sie aufgrund ihrer Beschaffenheit und den besonderen Bedingungen unter denen sie ausgeführt wird, (1) die Sicherheit, Gesundheit und Entwicklung des Kindes, (2) ihren Schulbesuch, ihre Beteiligung an Maßnahmen zur Berufswahlvorbereitung oder Berufsausbildung, die von der zuständigen Stelle anerkannt, und (3) ihre Fähigkeit, dem Unterricht mit Nutzen zu folgen, nicht nachteilig beeinflußt.

c) Ausnahmen vom Beschäftigungsverbot bestehen kraft aufsichtsbehördlicher Zustimmung bei *Theaterveranstaltungen* und *Musikaufführungen,* aber auch bei Werbeveranstaltungen, sofern die Kinder gestaltend mitwirken (§ 6 JArbSchG).

d) Die BReg kann durch RechtsVO die zugelassenen Arbeiten näher bezeichnen. Der Arbeitgeber unterrichtet die Personensorgeberechtigten des von ihm beschäftigten Kindes über mögliche Gefahren sowie über alle zu ihrer Sicherheit und ihrem Gesundheitsschutz getroffenen Maßnahmen (§ 5 Abs. 4a, 4b JArbSchG).

III. Beschäftigung von Jugendlichen

1. Mindestalter bei der Beschäftigung. Nach § 5 Abs. 1 JArbSchG ist die Beschäftigung Kindern unter 15 Jahren verboten. Eine Ausnahme gilt dann, wenn die Kinder wegen vorzeitiger Einschulung nicht mehr der Vollzeitschulpflicht unterliegen und entweder in einem Berufsausbildungsverhältnis oder außerhalb eines Berufsausbildungsverhältnisses mit leichten und für sie geeigneten Tätigkeiten bis zu sieben Stunden täglich und 35 Stunden wöchentlich beschäftigt werden. Aus Vorstehendem folgt, daß die Beschäftigung in einem Berufsausbildungsverhältnis 40 Stunden erreichen darf.

2. Arbeitszeit. Die Arbeitszeit der Jugendlichen darf acht Stunden täglich oder 40 Stunden wöchentlich nicht überschreiten (§ 8 Abs. 1 JArbSchG). In der Landwirtschaft dürfen Jugendliche über 16 Jahre während der Erntezeit nicht mehr als neun Stunden täglich und 85 Stunden in der Doppelwoche beschäftigt werden (§ 8 Abs. 3 JArbSchG). Die Arbeitszeitverlängerung in der Landwirtschaft beruht darauf, daß man auf Jugendliche nicht glaubt verzichten zu können. Um den Jugendlichen im Zusammenhang mit Feiertagen eine längere zusammenhängende Freizeit zu ermöglichen, ist nach § 8 Abs. 2 JArbSchG eine anderweitige Verteilung der Arbeitszeit möglich. Es darf die ausfallende Arbeitszeit auf die Werktage von fünf zusammenhängenden, die Ausfalltage einschließenden Wochen dergestalt verteilt werden, daß die Wochenarbeitszeit im Durchschnitt dieser fünf Wochen 40 Stunden nicht überschreitet. Die tägliche Arbeitszeit darf $8^{1}/_2$ Stunden nicht übeschreiten. Dagegen beträgt der Ausgleichzeitraum bei Erwachsenen 24 Wochen (§ 55 III 1 S. 456). Wenn an einzelnen Werktagen die Arbeitszeit auf weniger als 8 Stunden verkürzt ist, können Jugendliche an den übrigen Werktagen derselben Woche 8 $^{1}/_2$ Stunden beschäftigt werden (§ 8 Abs. 2 a JArbSchG).

3. Berufsschulunterricht. Jugendliche und noch berufsschulpflichtige ältere Personen sind zur Teilnahme am Berufsschulunterricht freizustellen (§ 9 Abs. 1 S. 1 JArbSchG). Die Vorschrift ist § 7 S. 1 BBiG nachgebildet (§ 60 S. 507 ff). Ein Beschäftigungsverbot besteht für einen vor neun Uhr beginnenden Unterricht, an Berufsschultagen mit einer Unterrichtszeit einschl. der Pausen von mindestens fünf Zeitstunden einmal in der Woche (also nicht für einen 2. Berufsschultag) und in Berufsschulwochen mit einem planmäßigen Blockunterricht von mind. 25 Stunden an mind. fünf Tagen in der Woche. Jedoch sind beim Blockunterricht zusätzlich betriebliche Ausbildungsveranstaltungen bis zu zwei Stunden wöchentlich zulässig. In § 9 Abs. 2 JArbSchG wird geregelt, inwieweit die Berufsschulzeit auf die Arbeitszeit angerechnet wird. Fünf Zeitstunden Unterricht einschl. der Pausen für den ersten Berufsschultag nach § 9 Abs. 1 Nr. 2 JArbSchG zählen als 8stündige Arbeitszeit, und zwar auch dann, wenn sie auf einen arbeitsfreien Sonnabend fällt. Der wöchentliche Blockunterricht von mindestens 25 Stunden entspricht der 40-Stunden-Woche. Da die regelmäßige tägliche Arbeitszeit häufig unter 8 Stunden abgesunken ist, ist die Streitfrage erwachsen, ob sich die Anrech-

nung noch auf die Arbeitszeit am 2. Arbeitstag nach dem
Berufsschultag auswirkt. Das BAG hat angenommen, daß
dies nicht der Fall ist. Infolge des Besuches der Berufsschule
darf keine Entgeltminderung eintreten. Jedoch braucht der
Berufsschulbesuch nicht zusätzlich vergütet werden, wenn
ein Entgeltausfall nicht eintritt.

4. Prüfungen und Ausbildungsmaßnahmen. Der Arbeitgeber hat den Jugendlichen ohne Entgeltausfall freizustellen
für die Teilnahme an Prüfungen und Ausbildungsmaßnahmen, die aufgrund öffentlich-rechtlicher oder vertraglicher
Bestimmungen außerhalb der Arbeitsstätte durchzuführen
sind, sowie am Arbeitstag vor der schriftlichen Abschlußprüfung (§ 10 JArbSchG).

5. Pausen. Den Jugendlichen müssen bei einer Arbeitszeit
von mehr als $4^1/_2$ Stunden eine oder mehrere im voraus
feststehende Pausen gewährt werden (§ 11 JArbSchG). Diese müssen mind. betragen bei mehr als $4^1/_2$ bis 6 Stunden
30 Min., bei mehr als sechs Stunden Arbeitszeit 60 Min. Als
Pausen gelten nur Arbeitsunterbrechungen von 15 Min. Der
Aufenthalt während der Ruhepausen in Arbeitsräumen darf
den Jugendlichen nur gestattet werden, wenn die Arbeit in
diesen Räumen während dieser Zeit eingestellt ist und auch
sonst die notwendige Erholung nicht beeinträchtigt ist (Ausnahmen im Bergbau). Vgl. § 11 Abs. 3, 4 JArbSchG.

6. Freizeit. Nach Beendigung der täglichen Arbeit ist Jugendlichen mindestens eine 12stündige ununterbrochene
Freizeit zu gewähren (§ 13 JArbSchG).

7. Nachtruhe. Jugendliche genießen einen besonderen
Schutz der Nachtruhe. Sie dürfen nur in der Zeit von 6 bis
20 Uhr beschäftigt werden (§ 14 Abs. 1 JArbSchG). Um den
besonderen Bedürfnissen einzelner Gewerbezweige Rechnung zu tragen, dürfen Jugendliche, die älter als 16 Jahre
sind im Gaststättengewerbe bis 22 Uhr, in mehrschichtigen
Betrieben bis 23 Uhr, in der Landwirtschaft ab 5 Uhr oder

bis 21 Uhr, in Bäckereien und Konditoreien ab 5 Uhr beschäftigt werden. Jugendliche über 17 Jahren dürfen in Bäckereien ab vier Uhr beschäftigt werden. Eine weitere Ausnahme besteht für Jugendliche in kontinuierlich arbeitenden Betrieben (§ 14 Abs. 5 JArbSchG) sowie bei Musikaufführungen usw. oder Rundfunkaufnahmen (§ 14 Abs. 7 JArbSchG). Diese Ausnahmen sind teilweise wieder vor Berufsschultagen eingeschränkt.

8. Fünf-Tage-Woche. Jugendliche dürfen nur an fünf Tagen in der Woche beschäftigt werden (§ 15 JArbSchG). Die beiden wöchentlichen Ruhetage sollen nach Möglichkeit aufeinander folgen. Eine Beschäftigung von Jugendlichen an Samstagen und Sonntagen ist grundsätzlich unzulässig (§§ 16 Abs. I, 17 I JArbSchG). Zulässig ist die Beschäftigung von Jugendlichen an diesen Tagen nur in den in §§ 16 II, 17 Abs. II JArbSchG aufgezählten Wirtschaftsbereichen. Hierzu zählen z. B. Krankenanstalten, offene Verkaufsstellen, das Verkehrswesen, Landwirtschaft und Tierpflege, Gaststätten- und Schaustellergewerbe, Musikaufführungen, Theatervorstellungen, beim Sport, im ärztlichen Notdienst. Grundsätzlich ist eine Beschäftigung von Jugendlichen am 24. und 31. 12. nach 14.00 Uhr und an gesetzlichen Feiertagen unzulässig (§ 18 Abs. 1 JArbSchG).

9. Urlaub. Der Arbeitgeber hat Jugendlichen für jedes Kalenderjahr bezahlten Urlaub zu gewähren. Dieser beträgt für zu Beginn des Kalenderjahres noch nicht 16 Jahre alte 30 Tage, noch nicht 17 Jahre alte 27 und im übrigen 25 Werktage. Im Bergbau unter Tage beschäftigte Jugendliche erhalten einen weiteren Zuschlag von drei Tagen je Altersgruppe (§ 19 JArbSchG). Der Urlaub ist grundsätzlich während der Berufsschulferien zu erteilen und wird durch jeden Berufsschulunterricht unterbrochen. Im übrigen wird auf das BUrlG (§ 34 S. 298) verwiesen.

10. Abweichende Tarifverträge. Von den vorstehenden Schutzvorschriften kann in vielen Fällen durch Tarifvertrag oder Betriebsvereinbarungen kraft tariflicher Ermächtigung abgewichen werden.

IV. Beschäftigungsverbote im Interesse des Arbeitsschutzes Jugendlicher

1. Gefährliche Arbeiten. Die Beschäftigung Jugendlicher ist mit den in § 22 Abs. 1 JArbSchG aufgezählten gefährlichen Arbeiten verboten. Hierzu gehören Arbeiten, die die physische und psychische Leistungsfähigkeit der Jugendlichen übersteigen, bei denen sie sittlichen Gefahren ausgesetzt sind oder die zu Unfallgefahren führen, die der Jugendliche wegen seines Spieltriebes nicht unmittelbar erkennen kann. Unzulässig ist ferner die Beschäftigung von Jugendlichen mit Arbeiten, bei denen ihre Gesundheit durch außergewöhnliche Hitze oder Kälte oder Nässe gefährdet wird oder bei denen sie schädlichen Einwirkungen von Lärm, Erschütterungen, Strahlen oder von giftigen, ätzenden oder reizenden Stoffen ausgesetzt sind oder mit Arbeiten, bei denen sie schädlichen Einwirkungen von biologischen Arbeitsstoffen ausgesetzt sind. Eine Ausnahme von dem Beschäftigungsverbot gilt für Jugendliche über 15 Jahre, soweit dies zur Erreichung ihres Ausbildungszieles erforderlich ist und ihr Schutz durch die Aufsicht eines Fachkundigen gewährleistet ist. Die in § 22 Abs. 1 JArbSchG enthaltenen Beschäftigungsverbote können im Wege der RechtsVO näher konkretisiert werden. Sie gelten aber auch unabhängig von etwaigen RechtsVO. Insbesondere ergeben sich Beschäftigungsverbote aus der DruckluftVO, aus der VO über das Verbot der Beschäftigung von Personen unter 18 Jahren mit sittlich gefährdeten Tätigkeiten und aus der GefahrstoffVO.

2. Akkordarbeit. Grundsätzlich dürfen Jugendliche nicht beschäftigt werden (§ 23 JArbSchG) *a)* mit *Akkordarbeiten* oder jeglichen Arbeiten, bei denen durch ein gesteigertes Arbeitstempo ein höheres Entgelt erzielt werden kann; es soll vermieden werden, daß der Jugendliche durch Entgeltanreiz seine Kräfte überschätzt; *b)* in einer *Arbeitsgruppe* mit erwachsenen Arbeitnehmern, die Arbeiten im Leistungslohn verrichten. Hier soll dem von der Gruppe ausgehenden Leistungsdruck vorgebeugt werden; *c)* mit allen Arbeiten, bei denen das *Arbeitstempo* nicht nur gelegentlich vorgeschrieben, vorgegeben oder auf andere Weise erzwungen wird. Eine Ausnahme der Beschäftigung von Jugendlichen in Leistungsgruppen besteht dann, wenn dies zur Erreichung des Ausbildungszieles notwendig oder wenn die Jugendlichen eine Berufsausbildung für die vorgegebene Beschäftigung abgeschlossen haben und jeweils durch die Aufsicht eines Fachkundigen ausreichender Schutz gewährleistet ist.

3. Verbot der Beschäftigung durch bestimmte Personen (§ 25 JArbSchG). Bestimmte Personen, die zu Freiheitsstrafen verurteilt worden sind oder sonst vorsätzlich gegen das JArbSchG verstoßen haben, dürfen Jugendliche nicht beschäftigen.

4. Ermächtigung. Da auf dem Gebiet des Arbeitsschutzes nicht alle Entwicklungen vorauszusehen sind, ist der BMA ermächtigt, mit Zustimmung des Bundesrates weitere Vorschriften zum Schutze der Jugend zu erlassen (§ 26 JArbSchG).

V. Menschengerechte Gestaltung des Arbeitsplatzes

Der menschengerechten Gestaltung des Arbeitsplatzes dienen Vorschriften für die Einrichtung von Werkzeugen und Maschinen (§ 28 Abs. 1 JArbSchG), eine besondere VO-Ermächtigung für den BMA (§ 28 Abs. 2, 3 JArbSchG), eine Unterrichtungspflicht über Unfall- und Gesundheitsgefahren (§ 29 JArbSchG). Besondere Fürsorgepflichten bei Aufnahme in die häusliche Gemeinschaft (§ 30 JArbSchG). Verboten ist die *Züchtigung* Jugendlicher (§ 31 JArbSchG) sowie die Abgabe von Tabak und alkoholischen Getränken (§ 31 JArbSchG).

VI. Ärztliche Überwachung

1. Erstuntersuchung. Nach § 32 Abs. 1 JArbSchG darf ein Jugendlicher, der in das Berufsleben eintritt, nicht beschäftigt werden, wenn er nicht innerhalb der letzten vierzehn Monate von einem Arzt untersucht worden ist und hierüber eine Bescheinigung bei seinem Arbeitgeber vorlegt. Die erste Untersuchung braucht nur einmal vorgenommen werden, auch wenn der Jugendliche den Arbeitsplatz wechselt. Sie ist überhaupt nicht erforderlich für eine geringfügige oder eine nicht länger als zwei Monate dauernde Beschäftigung mit leichten Arbeiten, von denen keine gesundheitlichen Nachteile für den Jugendlichen zu befürchten sind (§ 32 Abs. 2 JArbSchG).

2. Nachuntersuchung. Neun Monate nach Aufnahme der ersten Beschäftigung hat der Arbeitgeber den Arbeitnehmer nachdrücklich auf den Zeitpunkt hinzuweisen, bis zu dem der Jugendliche ihm die Bescheinigung über die erste Nachuntersuchung vorzulegen hat und zur Nachuntersuchung aufzufordern. Ein Jahr nach Aufnahme der ersten Beschäftigung hat der Arbeitgeber sich alsdann die Bescheinigung des Arztes über die erste Nachuntersuchung vorlegen zu lassen. Legt der Jugendliche die Bescheinigung nicht vor, so hat ihn der Arbeitgeber binnen Monatsfrist schriftlich unter Hinweis auf das Beschäftigungsverbot aufzufordern, die Bescheinigung einzureichen. Eine Durchschrift des Schreibens ist den Personensorgeberechtigten, dem Betriebs- oder Personalrat und der Aufsichtsbehörde zuzusenden. Nach Ablauf von 14 Monaten darf der Jugendliche nicht mehr beschäftigt werden, wenn er die Bescheinigung nicht vorlegt (§ 33 JArbSchG). Versäumt der Jugendliche die Nachuntersuchung und ist er rechtzeitig auf diese hingewiesen worden, verliert er den Anspruch auf Vergütungsfortzahlung, da er einen Annahmeverzug (§ 10 III S. 115) des Arbeitgebers nicht begründen kann. Nach Ablauf jedes weiteren Jahres kann sich der Jugendliche nachuntersuchen lassen.

Abschnitt XIV. Besondere Arten von Arbeitsverhältnissen

§ 57. Arbeitsverhältnis mit Frauen*

I. Öffentlich-rechtlicher Frauenarbeitsschutz

1. Durch die Änderung von Art. 3 GG soll die **Gleichberechtigung** von Männern und Frauen durchgesetzt werden. Nach Art. 3 Abs. 2 S. 2 GG fördert der Staat die tatsächliche Durchsetzung der Gleichberechtigung von Männern und Frauen und wirkt auf die Beseitigung bestehender Nachteile hin.

2. Dagegen ist der **öffentlich-rechtliche Arbeitsschutz** der Frauen weitgehend beseitigt. Es gibt keine besonderen Arbeitszeitregelungen mehr für Frauen und keine verbotenen Gewerbe. Es bestehen insoweit noch Ausnahmen in der Seeschiffahrt und im Bergbau.

II. Zweites Gleichberechtigungsgesetz

1. Das **Gesetz zur Durchsetzung der Gleichberechtigung** von Frauen und Männern (2. Gleichberechtigungsgesetz – 2. GleiBG) vom 24. 6. 1994 (BGBl I, 1406) will die Durchsetzung der Gleichberechtigung von Frauen und Männern am Arbeitsplatz gewährleisten. Es ist ein Artikelgesetz.

2. Das **2. GleiBG enthält** in *(1)* Art. 1 das Gesetz zur Förderung von Frauen und der Vereinbarkeit von Familie und Beruf in der Bundesverwaltung und den Gerichten des Bundes (Frauenfördergesetz – FFG); *(2)* Art. 10 das Gesetz zum Schutz der Beschäftigten vor sexueller Belästigung am

* Schaub ArbR von A–Z, Stichwort: Frauenarbeitsschutz.

Arbeitsplatz (Beschäftigtenschutzgesetz) und *(3)* Art. 11 das Gesetz über die Berufung und Entsendung von Frauen und Männern in Gremien im Einflußbereich des Bundes (Bundesgremienbesetzungsgesetz – BGremBG).

In weiteren Artikeln werden Vorschriften der übrigen Rechtsordnung geändert. Hierzu gehören vor allem das BGB und das BetrVG.

III. Frauenförderungsgesetz

1. Inhalt. Das **FFG enthält drei Abschnitte** über (1) allgemeine Bestimmungen, (2) Fördermaßnahmen und (3) Frauenbeauftragte.

2. Betrieblicher Geltungsbereich. a) Das FFG gilt nach seinem **betrieblichen Geltungsbereich** für die Beschäftigten in den Verwaltungen des Bundes und der bundesunmittelbaren Körperschaften, Anstalten und Stiftungen des öffentlichen Rechtes sowie in den Gerichten des Bundes.

b) Gesetzesziel ist die Durchsetzung der Gleichberechtigung von Frauen und Männern in der Bundesverwaltung. Frauen werden nach Maßgabe des Gesetzes unter Beachtung des Vorranges von Eignung, Befähigung und fachlicher Leistung gefördert (Art. 33 Abs. 2 GG).

c) In § 3 FFG sind Begriffsbestimmungen enthalten. Nach seinem persönlichen Geltungsbereich gilt das Gesetz für Beamtinnen und Beamte, Angestellte und Arbeiterinnen und Arbeiter sowie zu ihrer Berufsausbildung Beschäftigte, ferner Inhaberinnen und Inhaber öffentlich-rechtlicher Ämter sowie Richterinnen und Richter. Wegen der weiteren Einzelheiten vgl. § 3 FFG.

3. In Abschnitt 2 über die **Fördermaßnahmen** für Frauen sind geregelt *(1)* der Frauenförderplan (§ 4 FFG); *(2)* die von der Dienststelle zu erfassenden statistischen Angaben (§ 5 FFG); *(3)* die Regeln über die Stellenausschreibung (§ 6 FFG). Hiernach darf ein Arbeitsplatz nicht nur für Männer oder Frauen ausgeschrieben werden, es sei denn, ein bestimmtes Geschlecht ist unverzichtbare Voraussetzung. Dabei sind Stellen so auszuschreiben, daß sich auch Frauen bewerben, insbesondere wenn sie in entsprechenden Stellen unterrepräsentiert sind. *(4)* Einstellung, beruflicher Aufstieg und Qualifikation (§ 7 FFG); *(5)* die Fortbildung (§ 8 FFG); *(6)* eine familiengerechte Arbeitszeit (§ 9 FFG); *(7)* die Teilzeitbeschäftigung (§ 10 FFG). Unter Berücksichtigung der dienstlichen Möglichkeiten sowie des Bedarfs hat die Dienststelle ein ausreichendes Angebot an Teilzeitarbeitsplätzen, auch bei Stellen mit Vorgesetzten- und Leitungsaufgaben, zu schaffen. *(8)* Beurlaubung (§ 11 FFG); *(9)* das Benachteiligungsverbot bei Teilzeitbeschäftigung und familienbedingter Beurlaubung (§ 12 FFG); *(10)* tarifvertragliche Sonderregeln (§ 13 FFG); *(11)* die Berichtspflicht der BReg (§ 14 FFG) gegenüber dem Gesetzgeber.

4. Abschnitt 3 enthält die Einrichtung einer **Frauenbeauftragten.**

a) In jeder Dienststelle mit regelmäßig mindestens 200 Beschäftigten ist aus dem Kreis der Beschäftigten nach vorheriger Ausschreibung oder geheimer Wahl eine Frauenbeauftragte zu bestellen. Die Wahl ist durchzuführen, wenn sich die Mehrheit der weiblichen Beschäftigten für sie entscheidet. In einer Dienststelle ohne Frauenbeauftragte ist eine Vertrauensperson als Ansprechpartnerin für die weiblichen Beschäftigten und die Zuständige Frauenbeauftragte zu bestellen (vgl. § 15 FFG).

b) Die Frauenbeauftragte gehört der Verwaltung an. Sie wird grundsätzlich unmittelbar der Dienststellenleitung zugeordnet. Bei Obersten Bundesbehörden ist auch die Zuordnung zur Zentralabteilung möglich. Die Frauenbeauftragte wird von anderweitigen Tätigkeiten freigestellt, wie es nach Art und Umfang der Dienststellung zur ordnungsgemäßen Durchführung ihrer Aufgaben erforderlich ist. Über die Umstände, die sie in ihrer Eigenschaft als Frauenbeauftragte erfahren hat, ist sie zu Stillschweigen verpflichtet (§ 16 FFG).

c) Die Frauenbeauftragte hat die Aufgabe, den Vollzug des Gesetzes in der Dienststelle zu fördern und zu überwachen. Sie wirkt bei allen Maßnahmen mit, die Fragen der Gleichstellung von Frauen und Männern, die Vereinbarkeit von Familie und Beruf und die Zuweisung der beruflichen Situation der in der Dienststelle beschäftigten Frauen betreffen. Insoweit hat sie eine Reihe von Mitwirkungsrechten in Personalangelegenheiten (§ 17 FFG).

d) Die Frauenbeauftragte hat durch Durchführung ihrer Aufgaben ein umfassendes Unterrichtungsrecht, kann unmittelbar der Dienststellenleitung vortragen und darf bei Erfüllung ihrer Aufgaben nicht behindert und ihrer beruflichen Entwicklung nicht benachteiligt werden. Vor Kündigung, Versetzung und Abordnung ist sie, ungeachtet der unterschiedlichen Aufgabenstellung, in gleicher Weise geschützt wie die Mitglieder des Personalrates (§ 18 FFG).

e) Kommt es zu Verletzungen des Gesetzes, hat die Frauenbeauftragte nach § 19 FFG ein Beanstandungsrecht.

IV. Bundesgremienbesetzungsgesetz

1. Im Gesetz über die **Berufung und Entsendung** von Frauen und Männern in Gremien im Einflußbereich des Bundes (Bundesgremienbesetzungsgesetz – BGremBG) wird versucht zu erreichen, daß der Bund und andere am Besetzungsverfahren von Gremien Beteiligten darauf hinwirken, daß eine gleichberechtigte Teilhabe von Frauen und Männern in Gremien geschaffen oder erhalten wird (§ 1 BGremBG). Gremien im Sinne dieses Gesetzes sind Vorstände, Beiräte, Kommissionen, Ausschüsse, Verwaltung und Aufsichtsräte, kollegiale Organe und vergleichbare Gruppierungen unbeschadet ihrer Bezeichnung, soweit der Bund für deren Mitglieder Benennungs- oder Entsendungsrechte hat. Das Gesetz gilt nicht für die Gerichtsbarkeit, die Deutsche

Bundesbank und für die Ernennung der Mitglieder der Bundesregierung. Es ist ferner nicht auf solche Gruppierungen anzuwenden, soweit für die Mitgliedschaft durch Rechtsnormen oder Vereinssatzungen ein Wahlverfahren vorgesehen ist (§ 2 BGremBG).

2. Für jeden in einem Gremium zu besetzenden Sitz sind **jeweils eine Frau und ein Mann** bei gleicher Eignung zu benennen oder vorzuschlagen (§ 4 Abs. 1, § 7 Abs. 2 BGremBG). Die berufende Stelle hat Frauen und Männer mit dem Ziel ihrer gleichberechtigten Teilhabe zu berücksichtigen.

In welchem Umfang das Verhältnis der Geschlechter verbessert wird, soll laufend dokumentiert werden. In jeder Legislaturperiode legt die BReg gemäß § 9 BGremBG dem Deutschen Bundestag einen Bericht über den Anteil von Frauen in wesentlichen Gremien im Bereich des Bundes sowie außerhalb dieses Bereiches vor.

V. Diskriminierungsverbot und Haftung

1. Diskriminierungsverbot. Der Arbeitgeber darf einen Arbeitnehmer bei einer Vereinbarung oder einer Maßnahme, insbesondere bei der Begründung des Arbeitsverhältnisses, beim beruflichen Aufstieg, bei einer Weisung oder einer Kündigung, nicht wegen des Geschlechtes benachteiligen (§ 611 a Abs. 1 Satz 1 BGB).

a) Untersagt ist jede Benachteiligung des Arbeitnehmers tatsächlicher oder rechtlicher Art wegen seines Geschlechtes. Dies gilt nicht nur für vertragliche Vereinbarungen bei Begründung oder Bestehen eines Arbeitsverhältnisses, sondern auch für sonstige Maßnahmen des Arbeitgebers (Ausübung des Weisungsrechtes, einseitige Leistungsbestimmung, Kündigung usw.). Verboten sind nicht nur unmittelbare, sondern auch mittelbare Benachteiligungen. Eine unmittelbare Diskriminierung ist dann gegeben, wenn das Geschlecht oder Merkmale, die regelmäßig nur von

Personen eines Geschlechtes erfüllt werden, als Auswahl-merkmal herangezogen werden. Eine mittelbare Diskriminierung ist dann gegeben, wenn *(1)* eine Regelung vorliegt, durch die eine bestimmte Gruppe von Arbeitnehmern ausgeschlossen wird, *(2)* durch diese Regelung wesentlich mehr Personen des einen als des anderen Geschlechtes betroffen werden. Dabei kommt es nicht auf die absoluten Zahlen, sondern die Prozentzahlen in jeder Gruppe an und *(3)* die Benachteiligung mit dem Geschlecht oder der Geschlechtsrolle zu erklären ist. Ob das dritte Merkmal vorliegen muß, ist umstritten. Zum Teil wird angenommen, daß eine mittelbare Diskriminierung bereits dann vorliegt, wenn die beiden ersten Tatbestandsmerkmale erfüllt sind.

b) Eine unterschiedliche Behandlung wegen des Geschlechtes ist jedoch zulässig, soweit eine Vereinbarung oder eine Maßnahme die Art der vom Arbeitnehmer auszuübenden Tätigkeit zum Gegenstand hat und ein bestimmtes Geschlecht unverzichtbare Voraussetzung für diese Tätigkeit ist (§ 611 a Abs. 1 Satz 2 BGB). Nach der Gesetzesbegründung (BT-Drucks. VIII/3317; VIII/4259) soll durch die Ausnahmeregelng ermöglicht werden, daß für eine männliche Schauspielerrolle keine Frau eingestellt zu werden braucht. Die BReg hat bei der EG einen Ausnahmekatalog vorgelegt. In ihm sind folgende Ausnahmen genannt: *(1)* Berufliche Tätigkeit, bei denen die automatische Erfüllung einer Rolle oder einer Aufgabe von einem bestimmten Geschlecht abhängt, *(2)* berufliche Betätigung im kirchlichen Bereich, soweit mit dem Verkündigungsauftrag im Zusammenhang, *(3)* berufliche Tätigkeit in Ländern außerhalb der EG, bei denen aus religiösen oder kulturellen Gründen nur ein Geschlecht akzeptiert wird, *(4)* berufliche Tätigkeit in einem Frauenhaus, *(5)* bestimmte Tätigkeiten der inneren und äußeren Sicherheit, insbesondere im Justizvollzugsdienst (vgl. RdA 88, 36).

c) Kommt es zwischen Arbeitgeber und Arbeitnehmer zum Streit, ob eine Benachteiligung wegen des Geschlech-

tes vorliegt, so enthält § 611 a Abs. 1 Satz 3 BGB eine Be-
weisregelung. Der oder die Benachteiligte braucht allein
Tatsachen glaubhaft zu machen, aus denen auf eine Benachteiligung wegen des Geschlechtes zu schließen ist. In
diesem Fall trägt der Arbeitgeber die Darlegungs- und Beweislast dafür, daß nicht auf das Geschlecht bezogene,
sachliche Gründe eine unterschiedliche Behandlung rechtfertigen oder das Geschlecht unverzichtbare Voraussetzung
für die auszuübende Tätigkeit ist.

2. Die **Rechtsfolgen** bei einem Verstoß gegen das Diskriminierungsverbot sind durch das 2. GleiBG neu geregelt
worden, da sie den Voraussetzungen des europäischen
Rechtes nicht genügt haben.

a) Hat der Arbeitgeber bei der Begründung eines Arbeitsverhältnisses einen Verstoß gegen das Benachteiligungsverbot des Abs. 1 zu vertreten, so hat der hierdurch benachteiligte Bewerber Anspruch auf eine angemessene Entschädigung. Die Höhe ist im Einzelfall nach der Schwere der
diskriminierenden Handlung, dem Grad des Verschuldens
des Arbeitgebers und den Auswirkungen bei dem Bewerber
zu bemessen. Das Gesetz begrenzt die angemessene Entschädigung in Geld in Höhe auf höchstens drei Monatsverdienste. Als Monatsverdienst gilt, was dem Bewerber bei
regelmäßiger Arbeitszeit in dem Monat, in dem das Arbeitsverhältnis hätte begründet werden sollen, an Geld und
Sachbezügen zugestanden hätte. Ist das Arbeitsverhältnis
wegen eines Verstoßes gegen das Benachteiligungsverbot
nicht begründet worden, so besteht kein Erfüllungsan-
spruch auf Einstellung. Der Anspruch auf Entschädigung
muß innerhalb von zwei Monaten nach Zugang der Ablehnung der Bewerbung schriftlich geltend gemacht werden.

b) Die Regelung über die Höhe der Entschädigung sowie
dessen Geltendmachung gilt bei Verletzung des Diskri-
minierungsverbotes in den Fällen des beruflichen Aufstiegs
entsprechend, wenn auf den Aufstieg kein Rechtsanspruch

besteht (§ 611 a Abs. 5 BGB) Hieraus folgt umgekehrt, daß bei Bestehen eines Rechtsanspruches zunächst auf dessen Erfüllung geklagt werden muß. Die Entschädigung kann jedoch eingeschränkt sein (vgl. § 61 b Abs. 5 Satz 2 ArbGG).

3. Für **Schadensersatzklagen** nach § 611 a BGB wegen Nichtbegründung eines Arbeitsverhältnisses ist eine flankierende Regelung in § 61 b ArbGG enthalten.

a) Eine Klage auf Entschädigung nach § 611 a Abs. 2 BGB wegen Diskriminierung bei der Begründung des Arbeitsverhältnisses muß innerhalb von drei Monaten, nach dem der Anspruch schriftlich geltend gemacht worden ist, erhoben werden. Es muß demnach eine doppelte Frist beachtet werden; der Anspruch muß rechtzeitig geltend gemacht und eingeklagt werden. Nach Ablauf der Fristen erlischt der Anspruch. Denkbar ist, daß dem Erlöschen des Anspruches mit dem Einwand der Arglist begegnet werden kann.

b) Machen mehrere Bewerber wegen Benachteiligung bei der Begründung eines Arbeitsverhältnisses eine Entschädigung nach § 611 a Abs. 2 BGB gerichtlich geltend, so ist in § 61 b Abs. 2 ArbGG ein Kappungsverfahren vorgesehen.

(1) Auf Antrag des Arbeitgebers ist die Summe der Entschädigung auf sechs Monatsverdienste oder, wenn vom Arbeitgeber ein einheitliches Auswahlverfahren mit dem Ziel der Begründung mehrerer Arbeitsverhältnisse durchgeführt worden ist, auf 12 Monatsverdienste zu begrenzen. Soweit der Arbeitgeber Ansprüche auf Entschädigung bereits erfüllt hat, ist der Höchstbetrag, der sich aus Satz 1 ergibt entsprechend zu verrechnen. Da aber der Geschädigte nicht benachteiligt werden kann, weil der Arbeitgeber vorab bereits gezahlt hat, sind die bereits erfüllten Ansprüche jeweils nur bis zur Höhe des Betrages, der im Falle gemeinsamer Geltendmachung auf sie entfallen würde, zu berücksichtigen.

(2) Überschreiten die Entschädigungen, die dem Kläger nach § 611 a Abs. 2 BGB zu leisten waren, insgesamt den sich nach § 61 b Abs. 2 ArbGG ergebenden Höchstbetrag, so verringern sich die einzelnen Entschädigungen in dem Verhältnis, in welchem ihre Summe zu dem Höchstbetrag steht (§ 61 b Abs. 2 Satz 4 ArbGG).

(3) Hat der Arbeitgeber gezahlt, ohne die Anträge zu stellen, so wird er im allgemeinen keine Rückzahlungsansprüche haben, da er geleistet hat, ohne hierzu verpflichtet zu sein (§ 814 BGB).

c) Eine prozessuale Besonderheit für das Kappungsverfahren ergibt sich aus § 61 b Abs. 3 ArbGG. Haben mehrere Arbeitnehmer Klage auf Entschädigung nach § 611 a Abs. 2 BGB erhoben und hat der Arbeitgeber einen Antrag nach § 61 b Abs. 2 ArbGG gestellt, so wird das Arbeitsgericht, bei dem die erste Klage erhoben ist, auch für die übrigen Klagen ausschließlich zuständig. Der Arbeitgeber muß natürlich prozessual darauf hinweisen, damit das Arbeitsgericht dies überhaupt erkennen kann. Die Rechtsstreitigkeiten sind nach § 61 b Abs. 3 Satz 3 ArbGG von Amts wegen an das zuerst angegangene Arbeitsgericht zu verweisen. Die Prozesse sind zu gleichzeitiger Verhandlung und Entscheidung zu verbinden.

d) Damit der Arbeitgeber die Kappungsanträge stellen kann, findet auf Antrag des Arbeitgebers die mündliche Verhandlung nicht vor Ablauf von sechs Monaten seit Erhebung der ersten Klage statt (§ 61 b Abs. 4 ArbGG).

4. Wegen **Schadensersatzklagen** wegen Diskriminierung **bei dem beruflichen Aufstieg** findet sich eine flankierende Regelung in § 61 b Abs. 5 ArbGG.

a) Die besonderen Verfahrensvorschriften nach § 61 b Abs. 1 bis 4 ArbGG finden nur in Unternehmen mit in der Regel bis zu 400 Arbeitnehmern entsprechende Anwendung. Dagegen gibt es für größere Unternehmen keine verfahrensrechtliche Besonderheiten und dementsprechend auch keine Kappungsmöglichkeit. Ob dies dem Gleichheitssatz des Art. 3 GG genügt, ist damit mehr als zweifelhaft.

b) Für die Berechnung von Ansprüchen wegen Diskriminierung beim beruflichen Aufstieg tritt an die Stelle des Monatsverdienstes der Unterschiedsbetrag zwischen dem tatsächlichen Minderverdienst des Bewerbers und dem mit dem beruflichen Aufstieg verbundenen Monatsverdienst.

5. Ausschreibung. Nach § 611 b BGB muß der Arbeitgeber einen Arbeitsplatz sowohl öffentlich als auch innerhalb des Betriebes geschlechtsneutral ausschreiben. Er darf ihn also nicht nur für Männer oder für Frauen ausschreiben, es sei denn, daß ein Fall des § 611 a Abs. 1 Satz 2 BGB vorliegt, also ein Fall, daß ein Geschlecht Voraussetzung für die Arbeitsstelle ist. Der Arbeitgeber muß mithin eine Stelle als Schlosser/in oder Sekretär/in ausschreiben. Eine ausdrückliche Sanktion sieht das Gesetz nicht vor. Bei Verletzung des Gebotes der geschlechtsneutralen Ausschreibung liegt eine Diskriminierung nach § 611 a BGB vor, so daß Entschädigungsansprüche erwachsen können.

6. Aushang. Bereits durch das EG-Anpassungsgesetz waren Aushangpflichten für den Betrieb begründet worden. Diese haben jetzt folgenden Wortlaut: „In Betrieben, in denen in der Regel mehr als fünf Arbeitnehmer beschäftigt sind, ist ein Abdruck der §§ 611 a, 611 b, 612 Abs. 3 und § 612 a des Bürgerlichen Gesetzbuches sowie des § 61 b des ArbGG an geeigneter Stelle zur Einsicht auszulegen oder auszuhängen." Sie sind mithin dahin erweitert worden, daß auch die Regelungen des ArbGG ausgelegt werden müssen. Darüber hinaus ergibt sich aber auch aus § 7 des Beschäftigungsschutzgesetzes, daß auch dieses Gesetz in die Aushangpflicht einbezogen worden ist.

VI. Beschäftigtenschutzgesetz

1. In Art. 10 des 2. GleiBG ist das Gesetz zum **Schutz der Beschäftigten vor sexueller Belästigung** am Arbeitsplatz (Beschäftigtenschutzgesetz) enthalten.

a) Ziel des Gesetzes ist die Wahrung der Würde von Frauen und Männern durch Schutz vor sexueller Belästigung am Arbeitsplatz.

b) Der Geltungsbereich des Gesetzes ergibt sich aus § 1 Abs. 2 BSchG. Beschäftigte im Sinne des Gesetzes sind alle Arbeitnehmerinnen und Arbeitnehmer in Betrieben und Verwaltungen des privaten und öffentlichen Rechtes, arbeitnehmerähnliche Personen, Heimarbeiter und ihnen Gleichgestellte sowie Beamtinnen, Richterinnen, Beamte und Richter sowie weibliche und männliche Soldaten. Das BSchG gilt damit im privaten und öffentlichen Dienst ohne Ausnahmen.

2. Begriff. Der **Begriff der sexuellen Belästigung** ist in § 2 Abs. 2 BSchG definiert.

a) Sexuelle Belästigung am Arbeitsplatz ist jedes vorsätzliche, sexuell bestimmte Verhalten, das die Würde von Beschäftigten am Arbeitsplatz verletzt. Der Tatbestand ist mithin durch drei Tatbestandsmerkmale markiert.

Es muß ein sexuell bestimmtes Verhalten vorliegen. Hierzu werden alle Verhaltensweisen zählen, die sich geschlechtsbezogen auf Personen des anderen Geschlechtes auswirken.

Die Verhaltensweise muß vorsätzlich vorgenommen werden. Das zufällige Anrempeln der Sekretärin auf dem Bürokorridor wird mithin nicht erfaßt.

Durch die sexuelle Verhaltensweise muß die Würde der Frau oder des Mannes beeinträchtigt sein. Die Definitionsversuche zur Würde des Menschen gehen im allgemeinen aus vom christlichen Würdebegriff und von der Lehre Kants von der Autonomie des sittlich handelnden Menschen. Nach der Objekttheorie heißt es: „Die Menschenwürde ist getroffen, wenn der konkrete Mensch zum Objekt, zu einem bloßen Mittel, zur vertretbaren Größe herabgewürdigt wird". Das BVerfG hat diese Auffassung übernommen (BVerfGE 50, 205/215 = NJW 1979, 1040). Es hat den Begriff aber relativiert: „Allgemeine Formeln wie die, der Mensch dürfe nicht zum bloßen Objekt der Staatsgewalt herabgewürdigt werden, können lediglich die Richtung andeuten, in der Fälle von Verletzung der Menschenwürde gefunden werden können. Der Mensch ist nicht selten bloß Objekt nicht nur der Verhältnisse und der gesellschaftlichen Entwicklung, sondern auch des Rechts, insofern er ohne Rücksicht auf sein Interesse sich fügen muß". Alle Definitionen haben eine hohe Abstraktionshöhe. Es wird daher Aufgabe der Rechtsprechung sein, einen sachgemäßen Interessenausgleich und eine Falltypik zu entwickeln.

Es scheint noch keine Verletzung der Würde einer Frau oder eines Mannes zu sein, wenn ein Mann einer Frau sagt, sie sei hübsch oder umgekehrt, der Mann sei kräftig.

b) Zur sexuellen Belästigung gehören Handlungen und Verhaltensweisen, die nach den strafgesetzlichen Vorschriften unter Strafe gestellt sind. Hierzu zählen vor allem die Straftaten gegen die sexuelle Selbstbestimmung nach §§ 174 bis 184 c StGB.

c) Ferner gehören dazu *(1)* sonstige sexuelle Handlungen und Aufforderungen zu diesen, *(2)* sexuell bestimmte körperliche Berührungen, *(3)* Bemerkungen sexuellen Inhalts, *(4)* Zeigen und sichtbares Anbringen von pornographischen Darstellungen, die von den Betroffenen erkennbar abgelehnt werden. Bei der Anhörung der Sachverständigen am 11. 11. 1993 wurden als Beispiel für sexuell belästigendes Verhalten genannt: Hinterherpfeifen, Anstarren, Bemerkungen über das Äußere machen, scheinbar zufälliges Berühren, unerwünschtes Küssen und Umarmen, Zeigen pornographischer Darstellungen am Arbeitsplatz, Auffordern zu sexuellen Handlungen, deren Aufdrängen. Weitere Beispiele auf konkrete sexuelle Belästigungen ergeben sich aus den stenografischen Protokollen der Anhörung des Bundes-

tagsausschusses für Frauen und Jugend (BT-Drucks. 12/
5468).

d) Die ehemalige Bundesministerin für Frauen und Jugend Dr. Angela Merkel hat in einem Aufsatz berichtet, daß
72% aller Befragten an ihren Arbeitsplätzen sexuellen Belästigungen ausgesetzt seien (AuA 1994, 265, 267). Dabei seien später mehr die Belästigten als die Belästiger benachteiligt worden.

e) Die Beispiele aus der Rechtsprechung sind nicht sehr
groß. Das BAG (vom 9. 1. 1986 – AP Nr. 20 zu § 626 BGB
Ausschlußfrist) stimmt dem Zustimmungsersetzungsantrag
des Arbeitgebers zur außerordentlichen Kündigung des Betriebsratsvorsitzenden zu, weil er eine Auszubildende mehrfach im Intimbereich berührt hat.

Das LAG Berlin (vom 30. 1. 1991) billigte die Kündigung
eines Fleischermeisters, der Mitarbeiterinnen am Busen und
am Gesäß berührte und ihnen sexuell gefärbte Geschichten
erzählte, ohne daß vorher eine Abmahnung ausgesprochen
wurde.

3. Pflichten des Arbeitgebers. a) Arbeitgeber und Dienstvorgesetzte haben die Beschäftigten vor sexueller Belästigung
am Arbeitsplatz zu schützen. Dieser Schutz umfaßt auch vorbeugende Maßnahmen (§ 2 Abs. 1 BSchG). Die Schutzpflicht
ist eine arbeitsvertragliche Nebenverpflichtung, deren nähere Ausgestaltung im Gesetz nur wenig ausformuliert ist.

b) Bei sexueller Belästigung hat der Arbeitgeber die im
Einzelfall angemessenen arbeitsrechtlichen Maßnahmen
wie Abmahnung, Umsetzung, Versetzung oder Kündigung
zu ergreifen (§ 4 Abs. 1 Nr. 1 BSchG). Es gilt mithin der
Grundsatz der Verhältnismäßigkeit. Es muß ein Ausgleich
zwischen den Interessen des Verletzten und des Störers
gefunden werden.

Für den öffentlichen Dienst heißt es entsprechend, daß
der Dienstvorgesetzte die erforderlichen dienstrechtlichen
und personalwirtschaftlichen Maßnahmen zu treffen hat.

c) Da der Schutz vor sexueller Belästigung eine vertragliche Nebenpflicht darstellt, wird dem Arbeitgeber ein Ermessens- und Beurteilungsspielraum zustehen, welche Maßnahmen er ergreift. Dagegen wird der belästigte Beschäftigte keine konkrete Maßnahme klageweise verlangen können.

d) Da die Maßnahmen des Arbeitgebers zur Ordnung des Betriebes gehören oder sich in personellen Maßnahmen auswirken können, heißt es in § 4 Abs. 1 Nr. 1 Satz 2: „Die Rechte des Betriebsrates nach § 87 Abs. 1 Nr. 1, §§ 99 bis 102 BetrVG sowie den entsprechenden Vorschriften des BPersVG oder der LPersVG bleiben unberührt."

Parallel hierzu sind die Befugnisse des Personalrats in öffentlich-rechtlichen Rechtsverhältnissen (Beamtenverhältnissen) angesprochen.

4. Verstoß gegen das BSchG. a) In § 2 Abs. 3 BSchG wird die sexuelle Belästigung am Arbeitsplatz als eine Verletzung arbeitsvertraglicher Pflichten oder als ein Dienstvergehen gekennzeichnet.

b) Hieraus folgt, daß die sexuelle Belästigung ein verhaltensbedingter Kündigungsgrund oder ein wichtiger Grund zur Kündigung sein kann. Insoweit wird es wieder von den Umständen des Einzelfalles abhängen, welche Maßnahmen der Arbeitgeber ergreifen muß.

5. Die **Rechte des belästigten Beschäftigten** ergeben sich aus § 3, § 4 Abs. 2 und 3 BSchG.

a) Die belästigten Beschäftigten haben das Recht, sich bei den zuständigen Stellen des Betriebes oder der Dienststelle zu beschweren, wenn sie sich vom Arbeitgeber, vom Vorgesetzten, von anderen Beschäftigten oder von Dritten am Arbeitsplatz sexuell belästigt im Sinne von § 2 Abs. 2 BSchG fühlen. Das Beschwerderecht ist §§ 84, 85 BetrVG nachgebildet. Es ist aber von dessen Voraussetzungen unabhängig; damit ist eine Beschwerde auch in nicht beschwerdepflichtigen Betrieben möglich bzw. steht auch leitenden Angestellten zu.

Der Arbeitgeber oder Dienstvorgesetzte hat die Beschwerde zu prüfen und die geeigneten Maßnahmen zu ergreifen.

b) Ergreift der Arbeitgeber oder Dienstvorgesetzte keine oder offensichtlich ungeeignete Maßnahmen zur Unterbindung der sexuellen Belästigung, sind die belästigten Beschäftigten berechtigt, ihre Tätigkeit am betreffenden Arbeitsplatz ohne Verlust des Arbeitsentgeltes und der Bezüge einzustellen, soweit dies zu ihrem Schutz erforderlich ist (§ 4 Abs. 2 BSchG). Der Belästigte erlangt mithin ein Zurückbehaltungsrecht an seiner Arbeitsleistung. Andererseits behält er seine Bezüge nach § 615 Satz 1 BGB. Die Ausübung des Zurückbehaltungsrechtes ist mit erheblichen Unsicherheiten belastet. Der Belästigte muß beurteilen, ob der Arbeitgeber keine Maßnahmen ergriffen hat. Wie soll er z. B. von einer Abmahnung erfahren. Darüber hinaus muß er beurteilen, ob die ergriffenen Maßnahmen offensichtlich unzulänglich sind. Schließlich steht die Ausübung des Zurückbehaltungsrechtes unter dem Vorbehalt der Verhältnismäßigkeit. Das Zurückbehaltungsrecht kann nur ausgeübt werden, soweit dies zum Schutz des Belästigten erforderlich ist.

c) Der Arbeitgeber oder Dienstvorgesetzte darf die belästigten Beschäftigten nicht benachteiligen, weil diese sich gegen eine sexuelle Belästigung gewehrt und in zulässiger Weise ihre Rechte ausgeübt haben (§ 4 Abs. 3 BSchG).

Das Benachteiligungsverbot verbietet die Umsetzung oder Versetzung des Belästigten, seine Kündigung oder sonstige Maßregelungen.

Vorausgesetzt wird aber auch hier eine zulässige Rechtsausübung.

6. Schadensersatz. Neben den aufgezählten Rechten ist aber auch denkbar, daß es zu Schadensersatzverpflichtungen des Arbeitgebers kommt. Dies ist dann der Fall, wenn der Arbeitgeber oder Dienstvorgesetzte Maßnahmen ergreift, die sich diskriminierend im Sinne von § 611 a BGB auswirken.

§ 58. Mutterschutz*

I. Geltungsbereich des MuSchG

1. Rechtsgrundlage. Kernstück des Frauenarbeitsschutzrechts ist das MuSchG i. d. F. vom 17. 1. 1997 (BGBl. I 22). Es gilt grundsätzlich für alle Frauen, die in einem Arbeitsverhältnis stehen sowie für Heimarbeiterinnen und ihnen Gleichgestellte, die am Stück mitarbeiten. Nicht dem MuSchG unterfallen Selbständige, Arbeitgeber und arbeitgeberähnliche Personen (Vorstände juristischer Personen), arbeitnehmerähnliche Personen sowie Beamtinnen. Für Beamtinnen gilt die VO über den MuSch für Beamtinnen i. d. F. vom 25. 11. 1994 (BGBl I 3509) und dieser entspr. VO der Länder.

2. Mitteilungspflicht. Werdende Mütter sollen dem Arbeitgeber ihre Schwangerschaft und den mutmaßlichen Tag der Entbindung mitteilen (§ 5 Abs. 1 MuSchG). Auf Verlangen des Arbeitgebers haben sie auf dessen Kosten das Zeugnis eines Arztes oder einer Hebamme vorzulegen. Der Arbeitgeber muß die Mitteilung auch dann gegen sich gelten lassen, wenn er oder sein Vertreter von ihr keine Kenntnis genommen oder sie nicht oder falsch verstanden hat. Dies kann z. B. der Fall sein, bei Verwendung von Fachausdrükken. Als solche kommen in Betracht Hyperemesis gravid = Erbrechen während der Schwangerschaft und Gravidität = Schwangerschaft. Für die Berechnung der Schutzfristen nach dem MuSchG ist das Zeugnis maßgebend. Irrt sich die Medizinalperson, so verkürzt oder verlängert sich die Schutzfrist. Der Arbeitgeber hat die Aufsichtsbehörde unverzüglich von der Mitteilung der werdenden Mutter zu benachrichtigen. Ob er gegen den Willen der werdenden Mutter auch den Betriebsrat informieren darf, ist umstr., wird aber von der h. M. in Lit. und Rechtsprechung bejaht.

---

* Schaub ArbR von A–Z, Stichwort: Mutterschutz.

II. Arbeits- und Gefahrenschutz

1. Gestaltung des Arbeitsplatzes. Wer eine werdende oder stillende Mutter beschäftigt, hat bei der Einrichtung und der Unterhaltung des Arbeitsplatzes einschl. der Maschinen, Werkzeuge und Geräte und bei der Regelung der Beschäftigung die erforderlichen Vorkehrungen und Maßnahmen zum Schutze von Leben und Gesundheit der werdenden oder stillenden Mutter zu treffen (§ 2 Abs. 1 MuSchG). Bei stehender oder gehender Beschäftigung ist für Sitzgelegenheiten zu sorgen, bei sitzender Beschäftigung für kurze Arbeitsunterbrechungen. Sowohl im Wege der RechtsVO als auch der Einzelweisung durch die Aufsichtsbehörde kann ein besonderer Arbeitsschutz eingerichtet werden.

2. Beschäftigungsverbote. a) Werdende Mütter dürfen in den letzten 6 Wochen vor der Entbindung und bis zum Ablauf von acht Wochen nach der Entbindung *nicht beschäftigt werden*. Für Mütter nach Früh- und Mehrlingsgeburten verlängert sich diese Frist auf 12 Wochen (§ 3 Abs. 2, § 6 Abs. 1 MuSchG); bei Frühgeburten zusätzlich um den Zeitraum, der nach § 3 Abs 2 (6 Wochen) nicht in Anspruch genommen worden ist. Eine werdende Mutter kann sich bereit erklären, vor der Geburt auch während der Schutzfrist noch zu arbeiten. Sie kann diese Bereitschaft jedoch zu jeder Zeit widerrufen.

b) Über das allgemeine Beschäftigungsverbot hinaus dürfen werdende Mütter nicht beschäftigt werden, soweit nach ärztlichem Zeugnis Leben oder Gesundheit von Mutter und Kind bei Fortdauer der Beschäftigung *gefährdet ist* (§ 3 Abs. 1 MuSchG). Entspr. dürfen Frauen, die in den ersten Monaten nach der Entbindung nach ärztlichem Zeugnis nicht voll leistungsfähig sind, nicht zu einer ihrer Leistungsfähigkeit übersteigenden Arbeit herangezogen werden (§ 6 Abs. 2 MuSchG).

c) Werdende und stillende Mütter dürfen nicht mit *Mehrarbeit,* nicht in der Nacht zwischen 20 und 6 Uhr und nicht an Sonn- und Feiertagen beschäftigt werden (§ 8 Abs. 1 MuSchG). Von diesem Verbot bestehen zahlreiche Ausnahmen, die in § 8 des MuSchG enthalten sind.

d) Stillenden Müttern ist auf ihr Verlangen die zum *Stillen erforderliche Zeit,* mind. aber zweimal täglich eine 1/2 Stunde oder einmal täglich eine Stunde freizugeben (§ 7 MuSchG). Durch die Gewährung der Stillzeit darf ein Verdienstausfall nicht eintreten. Die Stillzeit darf von stillenden Müttern nicht vor- oder nachgearbeitet und nicht auf die in dem Arbeitszeitgesetz oder in anderen Vorschriften festgesetzten Ruhepausen angerechnet werden. Ferner gelten für sie eine Reihe von weiteren Beschäftigungsverboten (§ 6 Abs. 3 MuSchG). Für die Frau können sich besondere arbeitsvertragliche Rücksichtspflichten ergeben, wenn sie unverhältnismäßig lange (mehrere Jahre) stillt.

3. Arbeitsverbote. a) Werdende und stillende Mütter dürfen nicht mit schweren körperlichen Arbeiten und nicht mit Arbeiten beschäftigt werden, bei denen sie schädlichen Immissionen (Staub, Gase, Dämpfe, Hitze, Kälte, Nässe, Erschütterungen, Lärm usw.) ausgesetzt sind oder die in § 4 Abs. 2 MuSchG aufgezählt sind. Der BAM ist ermächtigt, durch RechtsVO weitere Arbeiten zu bestimmen, die unter die Beschäftigungsverbote fallen, oder weitere zu erlassen. Beschäftigungsverbote sind enthalten in der GefahrStoffVO, DruckluftVO, StrlSchVO.

b) Werdende und stillende Mütter dürfen nicht mit Arbeiten im *Akkord und sonstigen Arbeiten,* bei denen durch ein gesteigertes Arbeitstempo ein höheres Entgelt erzielt werden kann, beschäftigt werden. Die Aufsichtsbehörde kann Ausnahmen bewilligen, wenn die Art der Arbeit und das Arbeitstempo eine Beeinträchtigung der Gesundheit von Mutter und Kind nicht befürchten lassen (§ 4 Abs. 3, 5 MuSchG).

III. Kündigungsschutz

1. Die **Anfechtung des Arbeitsvertrages** wegen Schwangerschaft. a) Grundsätzlich braucht keine Frau bei einer Bewerbung um eine Arbeitsstelle von sich aus auf das Bestehen einer Schwangerschaft *hinzuweisen*. Eine Ausnahme gilt dann, wenn die Frau zur Erbringung der Arbeit nicht in der Lage ist. Dies gilt etwa für eine Sportlehrerin, ein Mannequin usw. Keine Hinweispflicht besteht für solche Frauen, die in einem Kleinbetrieb eingestellt werden und durch deren Ausfall eine empfindliche Störung des Betriebes eintritt.

b) Nach früher herrschender Rspr. durfte ein Arbeitgeber eine Frau nach dem Bestehen einer Schwangerschaft fragen. Diese Meinung ist überholt, da sie eine Geschlechtsdiskriminierung darstellt (§ 611 a BGB). Nach der Rspr. des EuGH und des BAG ist die Frage nach dem Bestehen einer Schwangerschaft grundsätzlich unzulässig. Hiervon wird nach der Rspr. des BAG nur dann eine Ausnahme gemacht, wenn die Frage im Interesse der Gesundheit von Mutter und Kind notwendig ist. Jedenfalls muß eine Frau die zulässig gestellte Frage wahrheitsgemäß beantworten. Dagegen ist sie nicht verpflichtet, eine auf ungewisse Anhaltspunkte gestützte Vermutung zu offenbaren. Beantwortet die Frau eine zulässiger Weise an sie gestellte Frage nach der Schwangerschaft falsch, so kann die Anfechtung des Arbeitsvertrages wegen arglistiger Täuschung (§ 123 BGB) gerechtfertigt sein. Ein Anfechtungsrecht wird im allgemeinen anerkannt, wenn *a)* die Frage zulässig war, *b)* die Arbeitnehmerin die Frage bewußt falsch beantwortet hat, *c)* die Arbeitnehmerin wissen oder erkennen mußte, daß die von ihr verschwiegene Tatsache für die Entscheidung des Arbeitgebers für ihre Einstellung von ausschlaggebender Bedeutung sein kann; *d)* die verschwiegene Tatsache für die Einstellung der Arbeitnehmerin ursächlich war. Liegen diese Voraussetzungen nicht vor, so kann der Arbeitgeber weder wegen arglistiger Täuschung anfechten, noch Schadensersatz wegen Verschuldens bei Vertragsschluß verlangen. Dagegen kommt nur in ganz seltenen Ausnahmefällen eine Anfechtung bei Bestehen der Schwangerschaft wegen verkehrswesentlicher Eigenschaften in Betracht. Das Bestehen oder Nichtbestehen der Schwangerschaft ist keine Eigenschaft der Frau.

c) Gegen die *Anfechtung gibt es keinen allgemeinen oder besonderen Kündigungsschutz.* Greift die Anfechtung durch, so wird das Arbeitsverhältnis mit ex nunc Wirkung unwirksam. Erfährt der Arbeitgeber bei zulässig gestellter Frage nachträglich von dem Bestehen einer Schwangerschaft, so wird er im allgemeinen innerhalb einer Frist von zwei Wochen die Anfechtung erklären müssen.

Erklärt der Arbeitgeber die Anfechtung, so ist ihre Konversion (§ 140 BGB) in eine ordentliche oder außerordentliche Kündigung unzulässig, da diese gegen § 9 MuSchG verstoßen würde. Andererseits ist auch eine ordentliche Kündigung des Arbeitgebers nicht in eine Anfechtung zu konvertieren (§ 140 BGB), da eine Anfechtung weiterreichende Folgen als eine ordentliche Kündigung hat. Dagegen soll nach der vorherrschenden Rechtsprechung der Landesarbeitsgerichte eine außerordentliche Kündigung in eine Anfechtung konvertiert werden können. Von Konversion spricht man dann, wenn ein Rechtsgeschäft unwirksam ist, die Parteien aber, wenn sie die Unwirksamkeit gekannt hätten, ein weniger weitgehendes, aber wirksames Rechtsgeschäft vereinbart hätten. Die Rspr. der LAGe ist kaum richtig; möglich erscheint allenfalls, daß die als außerordentliche Kündigung bezeichnete Erklärung als Anfechtung ausgelegt wird.

2. Kündigungsverbot. a) Die *Kündigung* gegenüber einer Frau während der Schwangerschaft und bis zum Ablauf von vier Monaten nach der Entbindung ist *unzulässig*, wenn dem Arbeitgeber z. Z. der Kündigung die Schwangerschaft oder Entbindung bekannt war oder innerhalb von zwei Wochen nach Zugang der Kündigung mitgeteilt wird (§ 9 Abs. 1 S. 1 MuSchG). Die Überschreitung der Zwei-Wochenfrist ist unschädlich, wenn es auf einem von der Frau nicht zu vertretenden Grund beruht und die Mitteilung unverzüglich nachgeholt wird. Eine Verlängerung des Kündigungsschutzes kann eintreten, wenn die Frau Erziehungsurlaub in Anspruch nimmt (§ 51 S. 426). Die Kündigung ist auch dann unwirksam, wenn sie innerhalb der Schutzfrist erklärt, aber erst nach dem Ende der Schutzfrist wirksam werden soll. Dies folgt daraus, daß die Schwangere und die Wöchnerin vor den wirtschaftlichen Nachteilen einer Kündigung und den seelischen Belastungen des Verlustes des Arbeitsplatzes geschützt werden soll. Der Kündigungsschutz wirkt nur dann, wenn dem Arbeitgeber das Bestehen der Schwangerschaft oder der Entbindung bekannt ist. Er wirkt auch dann nicht, wenn der Arbeitgeber grobfahrlässig die Schwangerschaft oder die Entbindung nicht kennt. Die Schwangere oder Wöchnerin ist in der Lage, durch Mitteilung des Bestehens der Schwangerschaft oder der Entbindung den Kündigungsschutz wirksam werden zu lassen. Die 2-Wochenfrist, innerhalb derer die Frau ihrem Arbeitgeber die Schwangerschaft mitteilen kann, ist verfassungsgemäß, wenn sie sie schuldhaft versäumt. Der Kündigungsschutz endet mit einer Fehl-, jedoch nicht bei Todgeburt. Kündigt der Arbeitgeber entgegen dem Kündigungsverbot, so kann er in Annahmeverzug (§ 10 III S. 115) geraten mit der Folge, daß er zur Vergütungsfortzahlung verpflichtet bleibt. Er ist nur dann der Zahlungsverpflichtung enthoben, wenn dem Arbeitgeber nicht zumutbar war, die Arbeitsleistung anzunehmen, also bei gröbsten Verfehlungen der Geschützten.

b) Eine *Ausnahme vom Kündigungsverbot* galt bei Frauen nach Ablauf des 5. Monats der Schwangerschaft, die von dem Arbeitgeber im Familienhaushalt mit hauswirtschaftlichen, erzieherischen oder pflegerischen Arbeiten in einer ihrer Arbeitskraft voll in Anspruch nehmenden Weise beschäftigt wurden (§ 9 Abs. 1 S. 2 MuSchG). Diese Ausnahme ist durch das Änderungsgesetz von 1997 aufgehoben. Das Kündigungsverbot gilt für Frauen, die den in Heimarbeit Beschäftigten gleichgestellt sind, nur, wenn sich die Gleichstellung auch auf den Abschnitt Kündigung des HAG erstreckt. Zum Kündigungsschutz von Heimarbeitern vgl. § 9 Abs. 4 MuSchG.

c) Von dem Kündigungsverbot unberührt bleibt der Abschluß von *Aufhebungsverträgen*. Ferner enden die Arbeitsverhältnisse von Schwangeren auch dann, wenn sie befristet abgeschlossen worden sind (vgl. § 7 II S. 71). War ein befristetes Probearbeitsverhältnis abgeschlossen, darf der Arbeitgeber den Abschluß eines endgültigen Arbeitsvertrages nicht nur mit Rücksicht auf die Schwangerschaft ablehnen. Für den Umstand, daß der Arbeitgeber das Arbeitsverhältnis nur mit Rücksicht auf die Schwangerschaft nicht fortgesetzt hat, kann der Beweis des ersten Anscheins sprechen. Will der Arbeitgeber ein befristetes Arbeitsverhältnis nach Eintritt der Schwangerschaft nicht fortsetzen, wird er im allgemeinen die Gründe anzugeben haben, aus denen er die Fortsetzung des Arbeitsverhältnisses ablehnt.

IV. Mutterschaftsurlaub

Die Vorschriften über den Mutterschaftsurlaub sind durch die über den Erziehungsurlaub nach dem BErzGG ersetzt (§§ 34 V, 51 S. 304, 426).

V. Vergütungsansprüche der Mutter in der BRD

1. Prinzip der wirtschaftlichen Absicherung. Die wirtschaftliche Absicherung der Frau während der Schwangerschaft und nach der Entbindung ist zwischen dem Arbeitgeber und der Gemeinschaft aufgeteilt. Im allgemeinen liegt der Absicherung das Prinzip zugrunde, daß bei allgemeinen und generellen Beschäftigungsverboten die Gemeinschaft die Absicherung übernimmt, dagegen der Arbeitgeber bei individuellen Beschäftigungsverboten einspringen muß.

2. Entgeltfortzahlung durch den Arbeitgeber. a) Nach § 11 MuSchG ist der Arbeitgeber zur Fortzahlung des Durchschnittsverdienstes der letzten 13 Wochen oder der letzten drei Monate verpflichtet, wenn

b) die Arbeitnehmerin unter den Geltungsbereich von § 1 MuSchG fällt (I S. 490);

c) kein Anspruch auf Mutterschaftsgeld nach den Vorschriften der RVO besteht; vgl. § 200 RVO;

d) wegen bestimmter Beschäftigungsverbote ganz oder teilweise mit der Arbeit aussetzen oder die Beschäftigungsart wechseln muß. Hierzu gehören:

- aus § 4 MuSchG: Verbot der Beschäftigung werdender Mütter mit schweren oder gesundheitlich schädigenden Arbeiten, einschl. Akkord- und Fließarbeit;
- aus § 6 Abs. 3 MuSchG i. V. m. § 4 MuSchG: Verbot der Beschäftigung stillender Mütter mit schweren oder gesundheitlich schädigenden Arbeiten nach näherer Maßgabe der Verweisung in § 6 Abs. 3 MuSchG bzw. einer gemäß § 4 Abs. 4 Nr. 2 MuSchG erlassenen RechtsVO;
- aus § 8 MuSchG Verbot der Beschäftigung werdender oder stillender Mütter mit Nacht-, Mehr-, Sonn- und Feiertagsarbeit;
- aus § 3 Abs. 1 MuSchG Verbot der Beschäftigung werdender Mütter aufgrund ärztlichen Zeugnisses;
- aus § 6 Abs. 2 MuSchG Verbot der Heranziehung nicht voll leistungsfähiger Mütter in den ersten Monaten nach der Entbindung aufgrund ärztlichen Zeugnisses.

e) Infolge der Beschäftigungsverbote eine Minderung des bisherigen Verdienstes eintritt. Der Arbeitgeber ist jedoch berechtigt, der Schwangeren oder Wöchnerin eine andere zumutbare Arbeit zuzuweisen.

3. Zuschuß zum Mutterschaftsgeld. Der Arbeitgeber ist verpflichtet, bestimmten Frauen einen Zuschuß zum Mutterschaftsgeld zu zahlen. Nach § 200 Abs. 2 RVO ist das Mutterschaftsgeld für in der gesetzlichen Krankenversicherung freiwillig oder pflichtversicherte Frauen oder für solche, die nicht in der gesetzlichen Krankenversicherung pflichtversichert sind, auf 25,– DM kalendertäglich begrenzt. Um diesen Frauen den Lebensstandard zu sichern, ist der Arbeitgeber verpflichtet, einen Zuschuß zum Mutterschaftsgeld in Höhe der Differenz zwischen dem Mutterschaftsgeld und dem um die gesetzlichen Abzüge verminderten durchschnittlichen kalendertäglichen Arbeitsentgelt zu zahlen (§ 14 MuSchG).

§ 59. Arbeitsverhältnis mit Schwerbehinderten*

I. Begriff des Schwerbehinderten

1. Rechtsgrundlagen. In der BRD ist Rechtsgundlage das Gesetz zur Sicherung der Eingliederung Schwerbehinderter in Arbeit, Beruf und Gesellschaft (Schwerbehindertengesetz) (SchwbG) i.d.F. vom 26. 8. 1986 (BGBl I 1221, ber. 1550) zul. geänd. 23. 7. 1996 (BGBl I 1088).

2. Schwerbehinderter. Schwerbehinderte i.S. der SchwbG sind alle Personen, auf die folgende drei Voraussetzungen zutreffen (§ 1 SchwbG): *a)* Sie sind körperlich, geistig oder seelisch behindert; *b)* der Grad ihrer Behinderung beträgt nicht nur vorübergehend wenigstens 50 v. H.; *c)* sie müssen rechtmäßig im Geltungsbereich des SchwbG wohnen, sich aufhalten oder einer Beschäftigung als Arbeitnehmer nachgehen.

3. Gleichgestellte. Den Schwerbehinderten gleichgestellt werden können Personen (§ 2 SchwbG): *a)* Die körperlich, geistig oder seelisch behindert sind; *b)* die nicht nur vorübergehend um weniger als 50 v. H., aber wenigstens um 30 v. H. behindert sind; *c)* die sich rechtmäßig im Bereich der Bundesrepublik und im Land Berlin aufhalten oder

---

* Schaub ArbR von A–Z, Stichwort: Schwerbehinderte.

einer Beschäftigung nachgehen; *d)* deren Behinderung festgestellt ist; *e)* die einen Antrag auf Gleichstellung beim Arbeitsamt gestellt haben und *f)* ohne Gleichstellung infolge ihrer Behinderung einen geeigneten Arbeitsplatz nicht erlangen oder behalten können. Die Gleichstellung kann zeitlich befristet werden. Sie wird mit dem Eingang des Antrages wirksam. Die Gleichgestellten erlangen dieselben Rechte wie ein Schwerbehinderter mit Ausnahme des Rechts auf Zusatzurlaub und unentgeltlicher Beförderung (§ 2 Abs. 2 SchwbG).

4. Nachweis der Behinderung. a) Der Begriff der Behinderung ergibt sich aus § 3 Abs. 1 SchwbG. Behinderung ist die Auswirkung einer nicht nur vorübergehenden Funktionsbeeinträchtigung, die auf einem regelwidrigen körperlichen, geistigen oder seelischen Zustand beruht. Regelwidrig ist der Zustand, der von dem für das Lebensalter typischen abweicht; d. h. ein erhöhter Altersabbau führt nicht zu einer Behinderung i. S. des Gesetzes. Als nicht nur vorübergehend gilt ein Zeitraum von 6 Monaten (§ 3 Abs. 1 SchwbG). Der Grad der Behinderung wird in Zehnergraden von 20–100 festgestellt. Im Unterschied zu früheren Gesetzesfassungen wird nicht mehr vom Grad der Erwerbsminderung gesprochen, um den Anschein zu vermeiden, daß der Behinderte in seiner Arbeitsleistung leistungsgemindert sei.

b) Um dem Behinderten den Nachweis seiner Rechte zu erleichtern, wird auf seinen Antrag in der BRD von den für die Durchführung des Bundesversorgungsgesetzes zuständigen Behörden, also den Versorgungsämtern, der Grad der Behinderung nach den Grundsätzen von § 30 Abs. 1 BVersG festgestellt (§ 3 Abs. 3, § 4 Abs. 1 SchwbG). In den neuen Bundesländern bestehen noch einige Besonderheiten.

c) Auf Antrag des Behinderten stellt das Versorgungsamt aufgrund einer unanfechtbar gewordenen Feststellung einen *Schwerbehindertenausweis* aus. Der Ausweis dient zum

Nachweis für die Inanspruchnahme von Rechten nach dem SchwbG und von Vergünstigungen, die Schwerbehinderten nach anderen gesetzlichen Bestimmungen zustehen.

5. Erlöschen des Schutzes. Der Schwerbehindertenschutz erlischt am Ende des dritten Kalendermonats, wenn *a)* der Grad der Behinderung der Erwerbsunfähigkeit sich auf weniger als 50 v. H. verringert und *b)* diese Verringerung unanfechtbar festgestellt wird (vgl. § 38 SchwbG). Der gesetzliche Schutz Gleichgestellter erlischt mit dem Widerruf oder der Rücknahme der Gleichstellung. Ferner ist nach § 39 SchwbG eine zeitweilige Entziehung des Schwerbehindertenschutzes möglich.

II. Besondere Pflichten des Arbeitgebers

1. Beschäftigungspflicht. Alle Arbeitgeber, die über mindestens 16 Arbeitsplätze verfügen, haben auf 6 v. H. der Arbeitsplätze Schwerbehinderte zu beschäftigen (§ 5 Abs. 1 SchwbG). Unter den zu beschäftigenden Schwerbehinderten müssen sich in angemessener Zahl Schwerstbehinderte befinden (§ 6 SchwbG). Das sind *a)* Schwerbehinderte, die nach Art und Schwere ihrer Behinderung im Arbeits- und Berufsleben besonders betroffen sind, insbesondere solche, die zur Ausübung ihrer Beschäftigung wegen ihrer Behinderung eine Hilfskraft bedürfen, deren Arbeitsplatz besondere Aufwendungen erfordert oder die nur eine verminderte Arbeitsleistung erbringen sowie solche, bei denen ein Grad der Behinderung von wenigstens 50 allein infolge geistiger oder seelischer Behinderung oder eines Anfallsleidens vorliegt und schließlich solche, die wegen Art und Schwere der Behinderung keine abgeschlossene Berufsausbildung haben; *b)* Schwerbehinderte, die das 50. Lebensjahr vollendet haben. Beschäftigen Arbeitgeber nicht die vorgeschriebene Zahl von Schwerbehinderten, so haben sie eine Ausgleichsabgabe zu zahlen (§ 11 SchwbG).

2. Mitteilungspflichten. Der Arbeitgeber hat gegenüber dem Arbeitsamt eine Reihe von Anzeige-, Nachweis- und Duldungspflichten. So hat er ein Verzeichnis der Schwerbehinderten, Gleichgestellten und anrechnungsfähigen Personen laufend zu führen (§ 13 SchwbG), einmal jährlich bis zum 31. 3. für das vorausgegangene Kalenderjahr die Zahl der Arbeitsplätze und der Schwerbehinderten, sowie die Höhe der Ausgleichsabgabe mitzuteilen usw.

3. Förderung von Schwerbehinderten. Bei Besetzung freier Arbeitsplätze haben die Arbeitgeber besonders zu prüfen, ob Schwerbehinderte beschäftigt werden können. Bei der Auswahl unter mehreren Bewerbern, auch wenn sie teilweise nicht behindert sind, darf er indes auf Leistung und Eignung abstellen. Bewerbungen sind mit der Schwerbehindertenvertretung zu erörtern und mit ihrer Stellungnahme dem Betriebs- oder Personalrat zuzuleiten (§ 14 Abs. 1 SchwbG).

Das SchwbG will nicht nur eine Einstellung, sondern auch den *beruflichen Aufstieg* der Schwerbehinderten fördern. Die Schwerbehinderten haben mithin einen einklagbaren Anspruch auf eine Beschäftigung, in der sie ihre Fähigkeiten und Kenntnisse möglichst voll verwerten und weiter entwickeln können (§ 14 Abs. 2 SchwbG).

4. Arbeitsplatz. Die Arbeitgeber sind verpflichtet, die Arbeitsräume, Betriebsvorrichtungen, Maschinen und Gerätschaften unter besonderer Berücksichtigung der Unfallgefahr so einzurichten und zu unterhalten und den Betrieb so zu regeln, daß eine tunlichst große Zahl Schwerbehinderter in ihren Betrieben dauernde Beschäftigung finden kann. Die Einrichtung von Teilzeitarbeitsverhältnissen ist zu fördern (§ 14 Abs. 3 SchwbG).

5. Bemessung der Arbeitsvergütung. Bei der Bemessung der Arbeitsvergütung der Schwerbehinderten aus einem bestehenden Beschäftigungsverhältnis dürfen Renten und vergleichbare Leistungen, die wegen der Behinderung bezogen werden, nicht berücksichtigt werden (§ 45 SchwbG). Schwerbehinderte sind auf ihr Verlangen von der Mehrarbeit freizustellen (§ 46 SchwbG). Sie haben ferner Anspruch auf einen bezahlten zusätzlichen Urlaub von 5 Arbeitstagen im Urlaubsjahr. Verteilt sich die regelmäßige Arbeitszeit des Schwerbehinderten auf mehr oder weniger als 5 Arbeitstage in der Kalenderwoche, erhöht oder vermindert sich der Zusatzurlaub entsprechend. Der Anspruch auf Zusatzurlaub ist geringfügig vermindert worden, weil der Urlaubsanspruch der nicht behinderten Beschäftigten, der auch Behinderten zusteht, wesentlich erhöht worden ist. Unberührt bleiben für die Schwerbehinderten günstigere tarifliche oder betriebliche Regelungen.

III. Kündigungsschutz

1. Ordentliche Kündigung. Schwerbehinderte und Gleichgestellte genießen einen besonderen Kündigungsschutz gegen ordentliche Kündigungen des Arbeitgebers. Unabhängig hiervon können sie sich auf den allgemeinen Kündigungsschutz (§ 47 S. 385) berufen.

a) Die Kündigung des Arbeitsverhältnisses eines Schwerbehinderten oder Gleichgestellten durch den Arbeitgeber bedarf der vorherigen *Zustimmung der Hauptfürsorgestelle* (§ 15 SchwbG). Da die Gleichstellung bereits mit dem Eingang des Antrages wirksam wird (§ 2 Abs. 1 SchwbG), muß der Arbeitgeber schon nach Antragstellung vorsorglich die Zustimmung beantragen. Die Kündigungsfrist beträgt mindestens vier Wochen (§ 16 SchwbG). Sie läuft erst vom Tage der Zustimmung durch die Hauptfürsorgestelle. Die Zustimmung ist bei der örtlich für den Betrieb oder die Dienststelle zuständigen Hauptfürsorgestelle schriftlich in doppelter Ausfertigung zu beantragen (§ 17 Abs. 1 SchwbG).

b) Grundsätzlich gilt der Kündigungsschutz unabhängig davon, ob der *Arbeitgeber* von der Schwerbehindertenei-

genschaft oder Gleichstellung *Kenntnis hat oder nicht*.
Gleichwohl hat die Rechtsprechung von diesem Grundsatz
Ausnahmen gemacht. Nach ihr greift der besondere Kündigungsschutz von § 15 SchwbG nicht ein, wenn die Schwer-
behinderteneigenschaft des Arbeitnehmers im Zeitpunkt der
Kündigung weder gemäß § 4 SchwbG (oben I 4 S. 499)
festgestellt worden ist, noch der Arbeitnehmer einen Antrag
auf Erteilung eines entspr. Bescheides gestellt hat. Wird auf
Antrag des Behinderten rückwirkend die Schwerbehinder-
teneigenschaft anerkannt, so ist dies im Rahmen des Kündigungsschutzgesetzes bei der Abwägung der Sozialrechtfertigung zu berücksichtigen. Dagegen besteht ein besonderer
Kündigungsschutz bei offenbaren Behinderungen, auch wenn
noch kein Antrag gestellt ist. Hatte der Arbeitgeber zum Zeitpunkt der Kündigung keine Kenntnis, daß der Arbeitnehmer
vor der Kündigung Feststellung seiner Schwerbehinderten-
eigenschaft beantragt hat oder diese Feststellung bereits getroffen war, ist der Arbeitnehmer gehalten, nach Zugang der
Kündigung innerhalb angemessener Frist hierauf hinzuweisen. Unterläßt er diese Mitteilung, ist die Kündigung nicht
wegen Verstoßes gegen den Sonderkündigungsschutz unwirksam. Im Falle der ordentlichen wie außerordentlichen
Kündigung ist eine Frist von einem Monat angemessen.

c) Die *Hauptfürsorgestelle* holt nach Eingang des Antrages eine Stellungnahme des zuständigen Arbeitsamtes, des
Betriebsrates oder Personalrates und der Schwerbehindertenvertretung ein. Sie hat ferner den Schwerbehinderten
selbst zu hören. Die Hauptfürsorgestelle soll die Entscheidung möglichst innerhalb eines Monats vom Tage des Ein-
gangs des Antrages treffen. Erteilt die Hauptfürsorgestelle
die Zustimmung zur Kündigung, so kann der Arbeitgeber
binnen eines Monats (nach vorheriger Anhörung des Betriebsrates) die Kündigung aussprechen. Danach muß erneut das Zustimmungsverfahren eingeleitet werden.

Die Hauptfürsorgestelle hat die Zustimmung im Falle der
Betriebsstillegung oder Betriebseinschränkung zu erteilen

(§ 19 Abs. 1 SchwbG). Sie soll sie erteilen, wenn dem Schwerbehinderten ein anderer angemessener und zumutbarer Arbeitsplatz gesichert ist. Ab 1. 1. 1999 erwachsen Besonderheiten, wenn über das Vermögen des Arbeitgebers das Insolvenzverfahren eröffnet worden ist. Gegen die Entscheidung der Hauptfürsorgestelle hat der jeweils Unterliegende in der BRD einen Widerspruch an den Widerspruchsausschuß (§ 40 Abs. 1 SchwbG). Dessen Bescheid kann alsdann vor den Verwaltungsgerichten angegriffen werden. Aber auch unabhängig davon, ob der Schwerbehinderte im Falle der Erteilung der Zustimmung zu seiner Kündigung das Verwaltungs- und Verwaltungsstreitverfahren einleitet, kann er die Kündigung des Arbeitgebers vor den Arbeitsgerichten mittels der Kündigungsschutzklage angreifen (§ 4 KSchG).

2. Außerordentliche Kündigung. Auch im Falle der außerordentlichen Kündigung genießt der Schwerbehinderte einen besonderen Kündigungsschutz.

a) Der Arbeitgeber kann nur binnen einer Frist von zwei Wochen seit Kenntnis des Kündigungsgrundes schriftlich in doppelter Ausfertigung bei der Hauptfürsorgestelle die *Zustimmung zur Kündigung* beantragen (§ 21 Abs. 2 SchwbG). Entscheidend ist der Eingang des Antrages. Die Hauptfürsorgestelle hat wie bei der ordentlichen Kündigung die beteiligten Stellen und Personen zu hören und binnen einer Frist von zwei Wochen zu entscheiden. Wird innerhalb dieser Frist eine Entscheidung nicht getroffen, gilt die Zustimmung als erteilt. Die Hauptfürsorgestelle soll die Zustimmung erteilen, wenn die Kündigung aus einem Grunde erfolgt, die nicht im Zusammenhang mit der Behinderung steht. Ist der Kündigungsgrund durch die gesundheitliche Schädigung bedingt, steht die Zustimmung in ihrem pflichtgemäßen Ermessen.

b) Hat die Hauptfürsorgestelle der Kündigung zugestimmt, kann der *Arbeitgeber unverzüglich kündigen*. Die

Kündigung ist auch dann noch zulässig, wenn inzwischen die Frist nach § 626 Abs. 2 S. 1 BGB abgelaufen ist. Vorausgesetzt ist allerdings, daß der Arbeitgeber innerhalb dieser Frist die Zustimmung der Hauptfürsorgestelle zur Kündigung eingeholt hat.

3. Ausnahmen vom besonderen Kündigungsschutz. Keiner Zustimmung der Hauptfürsorgestelle bedarf die ordentliche oder außerordentliche Kündigung durch den Arbeitgeber, wenn *a)* das Arbeitsverhältnis der Schwerbehinderten im Zeitpunkt des Zugangs der Kündigungserklärung ohne Unterbrechung noch nicht länger als 6 Monate besteht, *b)* die Schwerbehinderten auf bestimmten Arbeitsplätzen beschäftigt werden, die bei der Berechnung der Pflichtzahl nicht mitgezählt werden (§§ 7, 20 SchwbG), *c)* das Arbeitsverhältnis der Schwerbehinderten durch Kündigung beendet wird und sie das 58. Lebensjahr vollendet sowie Anspruch auf Abfindung aufgrund eines Sozialplanes oder Anspruch auf Knappschaftsausgleichsleistungen oder auf Anpassungsgeld für entlassene Arbeitnehmer des Bergbaus haben, sofern die Kündigungsabsicht rechtzeitig mitgeteilt wurde und der Schwerbehinderte nicht widersprochen hat (§ 20 SchwbG); *d)* bei Auflösung aus witterungsbedingten Gründen, wenn die Wiedereinstellung bei Aufnahme der Arbeit gewährleistet ist.

4. Mitteilungspflichten. Der Arbeitgeber hat Einstellungen auf Probe und die Beendigung von Arbeitsverhältnissen Schwerbehinderter in Fällen einer noch nicht 6-monatigen Beschäftigung unabhängig von der Anzeigepflicht nach anderen Gesetzen der Hauptfürsorgestelle innerhalb von vier Tagen anzuzeigen.

IV. Schwerbehindertenvertretung

1. Betriebs- und Personalrat. Die betrieblichen Vertretungen der Arbeitnehmer haben die besondere Pflicht, die

Eingliederung Schwerbehinderter zu fördern und darauf zu achten, daß der Arbeitgeber den Verpflichtungen nach dem SchwbG genügt (§ 23 SchwbG). Insoweit wiederholt das SchwbG die Regelungen des BetrVG und des BPersVG.

2. Schwerbehindertenvertretung. a) Wenngleich auch die Schwerbehinderten durch Betriebs- und Personalräte vertreten werden, sind in Betrieben und Dienststellen, in denen wenigstens fünf Schwerbehinderte nicht nur vorübergehend beschäftigt sind, ein *Vertrauensmann oder eine Vertrauensfrau und ein Stellvertreter* zu wählen. Wahlberechtigt sind alle in dem Betrieb oder der Dienststelle beschäftigten Schwerbehinderten. Wählbar sind alle dem Betrieb oder der Dienststelle angehörigen Beschäftigten, die das 18. Lebensjahr am Wahltag vollendet haben und diesem seit sechs Monaten angehören (§ 24 SchwbG). Es können mithin auch nicht Behinderte gewählt werden. In Fällen, in denen im Unternehmen ein Gesamtbetriebsrat besteht, ist auch für die Schwerbehindertenvertretung eine Stufenvertretung vorgesehen (§ 27 SchwbG).

b) Die Schwerbehindertenvertretung hat die in § 25 SchwbG umschriebenen *Aufgaben.* Sie hat also darüber zu wachen, daß die Schutzvorschriften zugunsten Schwerbehinderter eingehalten werden, Maßnahmen, die den Schwerbehinderten dienen, bei den zuständigen Stellen zu beantragen und Anregungen und Beschwerden der Schwerbehinderten entgegenzunehmen und im Falle ihrer Berechtigung bei dem Arbeitgeber auf Abhilfe zu drängen. Sie ist vom Arbeitgeber in allen Angelegenheiten, die einen Schwerbehinderten einzeln oder die Gruppe betreffen, rechtzeitig und umfassend zu unterrichten und vor einer Entscheidung zu hören (§ 25 Abs. 2 SchwbG). Hat der Arbeitgeber die Schwerbehindertenvertretung nicht beteiligt, ist die Entscheidung auszusetzen. Die Beteiligung ist innerhalb von sieben Tagen nachzuholen. Danach ist endgültig zu entscheiden. Das Gesetz läßt offen, welche Rechtswir-

kungen eintreten, wenn die Beteiligung nicht nachgeholt
wird. Insoweit wird die Maßnahme unwirksam sein.

c) Die *Rechtsstellung der Vertrauensmänner* ist derjenigen von Betriebs- und Personalräten angenähert (§ 26
SchwbG).

3. Beauftragter für Schwerbehindertenangelegenheiten.
Der Arbeitgeber hat für Schwerbehindertenangelegenheiten
einen Beauftragten zu bestellen, der ihn vertritt (§ 28
SchwbG).

V. Beförderung im Straßenverkehr

1. Das Recht der alten Bundesländer. Schwerbehinderte, die infolge ihrer Behinderung in ihrer Bewegungsfähig-
keit im Straßenverkehr erheblich beeinträchtigt oder hilflos
oder gehörlos sind, sind von Unternehmern, die öffentlichen Personenverkehr betreiben, gegen Vorzeigen eines
entspr. gekennzeichneten Ausweises nach § 4 Abs. 5
SchwbG im Nahverkehr unentgeltlich zu befördern (§ 59
Abs. 1 SchwbG). Voraussetzung ist, daß der Ausweis mit
einer gültigen Wertmarke versehen ist. Sie wird grundsätzlich gegen Entrichtung eines Geldbetrages von 120,– DM
ausgegeben.

2. In den **neuen Bundesländern** gelten noch einige Besonderheiten.

§ 60. Berufsausbildungsverhältnis*

I. Abschluß des Berufsausbildungsvertrages

1. Rechtsgrundlagen und Vertragsschluß. Das Recht des
Berufsausbildungsverhältnisses ist im Berufsbildungsgesetz
vom 14. 8. 1969 (BGBl I 1112) zul. geänd. am 25. 9. 1996

---

* Schaub ArbR von A–Z, Stichworte: Berufsausbildung, Auszubildende.

(BGBl I 1476) geregelt. Vom Geltungsbereich des BBiG ausgenommen sind insbesondere die Ausbildung zu Beamten, in Heil- und Heilhilfsberufen (unter VI S. 515)* und in der Seeschiffahrt. Insoweit haben sich besondere Ausbildungssysteme gebildet.

a) Die Vorschriften des BBiG sind zum Nachteil des Auszubildenden unabdingbar. Ergänzend findet das allgemeine Arbeitsrecht Anwendung, soweit es nicht dem Wesen des Berufsausbildungsverhältnisses entgegen steht (§ 3 BBiG). Die Berufsausbildung hat eine breit angelegte berufliche Grundbildung und die für die Ausübung einer qualifizierten beruflichen Tätigkeit notwendigen fachlichen Fertigkeiten und Kenntnisse in einem geordneten Ausbildungsgang zu vermitteln (§ 1 Abs. 2 BBiG).

b) Der *Abschluß* eines Berufsausbildungsvertrages ist formlos wirksam. Jedoch hat der Ausbildende unverzüglich nach Abschluß den wesentlichen Inhalt schriftlich niederzulegen. Hierzu gehören Angaben über Art, sachliche und zeitliche Gliederung sowie Ziel der Berufsausbildung, deren Beginn und Dauer, Ausbildungsmaßnahmen außerhalb der Ausbildungsstätte, tägliche Ausbildungszeit, Dauer der Probezeit und des zu gewährenden Urlaubs, Zahlung und Höhe der Vergütung, Voraussetzungen der Kündbarkeit ein in allgemeiner Form gehaltener Hinweis auf die Tarifverträge, Betriebs- oder Dienstvereinbarungen, die auf das Berufsausbildungsverhältnis anzuwenden sind. Zweckmäßig werden die von den zuständigen Stellen herausgegebenen Formularverträge verwandt. Die Niederschrift über den Berufsausbildungsvertrag ist von dem Ausbildenden, dem Auszubildenden und dessen gesetzlichen Vertretern zu unterschreiben. Ferner hat der Ausbildende eine unterzeichnete Ausfertigung den Mitunterzeichnern auszuhändigen. Unterbleibt die schriftliche Niederlegung des Ausbildungsvertrages, kann dies zur Nichteintragung des Vertrages in

---

* Schaub ArbR von A–Z, Stichwort: Heil- und Heilhilfsberufe.

das Berufsausbildungsverzeichnis (§§ 31 ff BBiG) und zu Schwierigkeiten bei der Prüfungsablegung führen (§ 39 BBiG).

c) *Subjektive Voraussetzung* für den Abschluß von Berufsausbildungsverträgen ist auf seiten des Ausbildenden die persönliche und fachliche Eignung zur Berufsausbildung und die Eignung der Ausbildungsstätte. Der Ausbildungsvertrag ist aber unabhängig von diesen Voraussetzungen rechtswirksam, da dem Auszubildenden nicht das Risiko der persönlichen Verhältnisse des Ausbildenden übertragen werden kann. Persönlich nicht geeignet ist, wer Kinder und Jugendliche nicht ausbilden darf oder wiederholt schwer gegen Schutzvorschriften der Berufsausbildung verstoßen hat (§§ 20 BBiG, 21 HO). Fachlich nicht geeignet ist, wer nicht die erforderlichen beruflichen Fertigkeiten und erforderlichen berufs- und arbeitspädagogischen Kenntnisse hat (§ 20 BBiG, § 21 HO). Die fachliche Eignung ist i. d. R. nach Ablegung einer Meisterprüfung im Handwerk (§ 21 HO) oder einer Prüfung in der Fachrichtung des Gewerbezweiges oder Berufes bzw. bei Zulassung zum Beruf gegeben. Fehlt dem Ausbildenden die fachliche Eignung, so dürfen Berufsausbildungsverträge nur geschlossen werden, wenn ein besonderer Ausbilder, der die fachliche Eignung besitzt, beschäftigt wird. Vgl. die VO über die berufs- und arbeitspädagogische Eignung für die Berufsausbildung in der gewerblichen Wirtschaft (Ausbilder-EignungsVO vom 20. 4. 1972, BGBl I 707, zul. geänd. am 14. 3. 1996 (BGBl I 527). Weitere Ausbilder-Eignungsverordnungen bestehen in der Landwirtschaft, im öffentlichen Dienst und in der Hauswirtschaft. Die Ausbildungsstätte ist nur dann geeignet, wenn sie nach Art und Einrichtung für eine Berufsausbildung geeignet ist und keine zu große Zahl von Auszubildenden im Verhältnis zu den Ausbildern beschäftigt werden (§ 22 BBiG). In den beigetretenen Länder sind wegen der Eignung ÜberleitungsVO vorgesehen.

2. Überwachung in der BRD. Die zuständigen Stellen, das sind die öffentlich-rechtlichen Gewerbe- und Berufsorganisationen (z. B. Handwerkskammer, Industrie- und Handelskammer, Rechtsanwaltskammer usw.) haben die persönliche und fachliche Eignung sowie die der Ausbildungsstätte zu überwachen (§ 23 BBiG). Gegebenenfalls kann die Einstellung und Ausbildung untersagt werden (§ 24 BBiG, § 24 HO). Bis zur Errichtung derartiger Stellen in den beigetretenen Ländern bestimmen diese die Ersatzzuständigkeit.

3. Besondere Vereinbarungen. a) Das Berufsausbildungsverhältnis beginnt mit der *Probezeit.* Das Probearbeitsverhältnis dauert mindestens einen Monat, höchstens drei Monate (§ 13 BBiG).

b) In Berufsausbildungsverträgen sind *bestimmte,* in § 5 aufgezählte *Vereinbarungen unwirksam.* Hierzu gehört grundsätzlich die Verpflichtung des Auszubildenden, für die Zeit nach Beendigung des Berufsausbildungsverhältnisses Wettbewerb zu unterlassen, die Verpflichtung des Auszubildenden für die Ausbildung eine Entschädigung zu zahlen, die Vereinbarung von Vertragsstrafen oder der Ausschluß oder die Beschränkung von Schadensersatzansprüchen oder deren Pauschalierung. Das Verbot des Abschlusses von Wettbewerbsverboten gilt nicht, wenn sich der Auszubildende innerhalb der letzten sechs Monate des Berufsausbildungsverhältnisses dazu verpflichtet, nach dessen Beendigung mit dem Ausbildenden ein Arbeitsverhältnis einzugehen.

II. Pflichten des Ausbildenden

1. Ausbildungspflicht. a) Der Ausbildende hat die fachliche und persönliche Bildung des Auszubildenden zu fördern, d. h., er hat diesem die notwendigen Fertigkeiten und Kenntnisse zur Erreichung des Ausbildungszieles zu vermitteln, die notwendigen Bücher, Werkzeuge und Rohstoffe

zur Ausbildung und Ablegung der Prüfung kostenlos zur
Verfügung zu stellen, zum Besuch der einschlägigen Schu-
len anzuhalten und die notwendige Zeit hierzu einzuräumen, sowie dafür zu sorgen, daß der Auszubildende cha-
rakterlich gefördert und sittlich und körperliche Gefahren
ferngehalten werden (§§ 6, 7 BBiG). Verletzt der Ausbildende seine Ausbildungspflicht, kann er schadensersatzpflichtig werden. Der Anspruch ist bei Mitverschulden des
Auszubildenden gemindert (§ 254 BGB). Zur Begründung
des Mitverschuldenseinwandes ist der pauschale Vorwurf
der Faulheit jedoch unzureichend.

2. Vergütung. Der Ausbildende ist zur Zahlung einer angemessenen Vergütung verpflichtet, die entsprechend dem
Lebensalter und der fortschreitenden Berufsausbildung zu
bemessen ist. Bei Ableistung von Mehrarbeit und Überstunden ist eine besondere Vergütung zu zahlen oder durch
entsprechende Freizeit auszugleichen (§ 10 BBiG). Die Vergütung ist auch für die Fälle der Freistellung von der Arbeit
zum Zwecke des Schulbesuches und bis zur Dauer von
sechs Wochen bei sonstiger unverschuldeter Arbeitsverhinderung fortzuzahlen (§ 12 BBiG). Wenn der Auszubildende
infolge Krankheit, einer Maßnahme der medizinischen Vorsorge oder Rehabilitation, einer Sterilisation oder des Ab-
bruches der Schwangerschaft nicht arbeiten kann, findet
das EntgeltFG Anwendung (§ 32 S. 275). Etwaige Sachleistungen sind nach dem Sozialversicherungsbarwert abzugelten, wenn der Auszubildende während der Vergütungsfortzahlung diese aus berechtigtem Grund nicht entgegennehmen kann (§ 12 Abs. 2 BBiG). Die Vergütung ist nach
Monaten zu bemessen und wird jeweils am letzten Arbeitstag fällig. Bei Zahlung für Bruchteile von Monaten ist für
jeden Kalendertag $1/30$ der Monatsvergütung zu zahlen.

3. Ausbildungsfremde Arbeiten. Mit anderen als der Ausbildung dienenden Arbeiten darf der Auszubildende nicht
beschäftigt werden.

III. Pflichten des Auszubildenden

Der Auszubildende hat sich zu bemühen, die zur Erreichung des Ausbildungszieles notwendigen Fertigkeiten und Kenntnisse zu erwerben, die für die Ausbildungsstätte geltende Ordnung und das Weisungsrecht des Arbeitgebers zu beachten, an den Ausbildungsmaßnahmen schulischer Art teilzunehmen, Werkzeuge und Maschinen pfleglich zu behandeln, sowie über Betriebs- und Geschäftsgeheimnisse Stillschweigen zu bewahren (§ 9 BBiG). Bei Verletzung seiner Pflichten kann eine außerordentliche Kündigung gerechtfertigt sein oder er schadensersatzpflichtig werden. Jedoch kann der Schadensersatzanspruch wegen eines Mitverschuldens des Ausbildenden gemindert sein (§ 254 BGB), wenn eine hinreichende Beaufsichtigung nicht stattgefunden hat.

IV. Beendigung des Berufsausbildungsverhältnisses

1. Beendigungsgründe. Das Berufsausbildungsverhältnis endet:

a) Mit *Ablauf der Ausbildungszeit* (§ 14 Abs. 1 BBiG). Legt der Auszubildende erst nach dem Ende der Ausbildungszeit die Abschlußprüfung ab, so hat er für die Zwischenzeit Anspruch auf die Vergütung, die der zugewiesenen Arbeit entspricht.

b) Mit *Bestehen der Abschlußprüfung* (§ 14 Abs. 2 BBiG). Besteht der Auszubildende die Abschlußprüfung innerhalb der Ausbildungszeit nicht, so verlängert sich auf sein Verlangen das Berufsausbildungsverhältnis um höchstens ein Jahr (§ 14 BBiG). In dieser Zeit befindet er sich jedoch nicht im 4. Ausbildungsjahr mit der Folge einer höheren Vergütungszahlung.

c) Mit einer *Kündigung während der Probezeit* (§ 13 BBiG). Diese kann entfristet auch aus nicht im Zusammenhang mit der Ausbildung stehenden Gründen erfolgen.

d) Aufgrund *außerordentlicher Kündigung,* wenn hierfür ein wichtiger Grund bestand (§ 15 Abs. 2 Nr. 1 BBiG). Ist der Auszubildende minderjährig, so ist sie gegenüber den gesetzlichen Vertretern zu erklären. Bei der Beurteilung, ob ein wichtiger Grund vorliegt, ist insbesondere der Ausbildungscharakter oder die Dauer des zurückgelegten Rechtsverhältnisses zu berücksichtigen. Die außerordentliche Kündigung ist ausgeschlossen, wenn dem zur Kündigung Berechtigten die Gründe länger als zwei Wochen bekannt sind. Während des Laufes eines Güteverfahrens vor einer außergerichtlichen Stelle (Industrie- und Handelskammer, Handwerkskammer usw.) ist der Ablauf der Frist gehemmt. Umstr. ist, ob ein Auszubildender bei einer Klage gegen eine außerordentliche Kündigung die Klagefrist der Kündigungsschutzklage (§ 4 KSchG) einhalten muß. Das BAG hat dies für die Fälle verneint, in denen der Auszubildende ein Güteverfahren vor der zuständigen Stelle einleiten muß. Die Verhandlung vor dem Schlichtungsausschuß ist eine unverzichtbare Prozeßvoraussetzung. Ohne seine Durchführung ist die Klage unzulässig. Findet das KSchG keine Anwendung, muß zunächst das Vorschaltverfahren durchgeführt werden. Besteht eine hinreichende Wahrscheinlichkeit, daß der Auszubildende den Kündigungsschutzprozeß gewinnt, hat er einen Weiterbeschäftigungsanspruch bis zur Entscheidung des Arbeitsgerichtes (§ 38 S. 326).

e) Aufgrund *außerordentlicher Kündigung des Auszubildenden,* wenn er die Berufsausbildung aufgeben oder sich einer anderen Berufsausbildung unterziehen will. In diesem Falle ist jedoch eine Kündigungsfrist von vier Wochen einzuhalten (§ 15 Abs. 2 Nr. 2 BBiG).

2. Schriftform der Kündigung. Die Kündigung des Berufsausbildungsverhältnisses muß in jedem Fall schriftlich erfolgen. Erfolgt die Kündigung außerordentlich aus wichtigem Grund oder wegen Aufgabe des Berufsausbildungsverhältnisses durch den Auszubildenden, so ist die

Angabe der Kündigungsgründe erforderlich (§ 15 Abs. 3 BBiG).

3. Schadensersatz. Wird ein Berufsausbildungsverhältnis nach der Probezeit vorzeitig gelöst, so kann der Ausbildende oder der Auszubildende Ersatz des Schadens verlangen, wenn der andere den Grund für die Auflösung zu vertreten hat. Dies gilt jedoch dann nicht, wenn der Auszubildende das Berufsausbildungsverhältnis wegen Aufgabe der Berufsausbildung vorzeitig beendet oder wenn er vorzeitig die Prüfung abgelegt hat.

4. Zeugnis. Nach Beendigung des Berufsausbildungsverhältnisses hat der Ausbildende ein Zeugnis zu erteilen, das auch von einem angestellten Ausbilder zu unterzeichnen ist, wenn der Ausbildende die Berufsausbildung nicht selbst vorgenommen hat. Das Zeugnis muß Angaben über Art, Dauer und Zeit der Berufsausbildung sowie über die erworbenen Fertigkeiten und Kenntnisse enthalten. Auf Verlangen des Auszubildenden sind auch Angaben über Führung und Leistung und besondere Fähigkeiten aufzunehmen (§ 8 BBiG). Über Einzelheiten zum Zeugnis § 52 S. 430.

5. Fortbestand des Arbeitsverhältnisses. a) Wird das Berufsausbildungsverhältnis über den *Beendigungszeitpunkt fortgesetzt*, so gilt ein Arbeitsverhältnis auf unbestimmte Zeit als begründet (§ 17 BBiG).

b) In zahlreichen Musterverträgen ist eine Klausel vorgesehen, daß das Ausbildungsverhältnis in ein Arbeitsverhältnis übergeht, wenn nicht drei Monate vor dem Ende des Ausbildungsvertrages eine *Nichtverlängerungsanzeige* abgegeben wird. Diese Klauseln sind zum Nachteil des Auszubildenden nicht mit § 5 BBiG vereinbar. Dieser kann mithin bei Beendigung des Ausbildungsverhältnisses hinfort von der Arbeit fernbleiben. Andererseits bleibt der Arbeitgeber gebunden, wenn er verabsäumt hat, eine Nichtverlängerungsanzeige abzugeben.

V. Öffentliches Ausbildungsrecht

1. Berufsausbildungsverzeichnis. Der Arbeitgeber hat einen Berufsausbildungsvertrag und seine späteren Änderungen bei der zuständigen Stelle zur Eintragung in das Berufsausbildungsverzeichnis anzumelden (§§ 31, 33 BBiG). Die Eintragung erfolgt, wenn das Berufsausbildungsverhältnis den geschilderten gesetzlichen Vorschriften und der Ausbildungsordnung entspricht und wenn der Ausbildende die subjektiven Ausbildungsvoraussetzungen besitzt.

2. Ausbildungsordnungen. Für einen anerkannten Ausbildungsberuf darf nur nach der Ausbildungsordnung ausgebildet werden (§ 28 Abs. 1 BBiG). Die Ausbildungsordnungen werden im Wege der Rechtsverordnung durch den jeweils zuständigen Fachminister erlassen (§ 28 Abs. 3 BBiG). Jugendliche dürfen nur in anerkannten Ausbildungsberufen ausgebildet werden (§ 28 Abs. 2 BBiG). Die anerkannten Ausbildungsberufe sind in einem im BAnz Nr. 132a vom 18. 7. 1995 abgedruckten Verzeichnis zusammengestellt.*

3. Prüfung. Die Ausbildungsprüfung wird vor einem aus drei Personen bestehenden paritätisch besetzten Prüfungsausschuß abgelegt (§ 36 BBiG). Die Prüfung kann im Falle des Mißlingens wiederholt werden. Zur Vereinheitlichung der Prüfungen sind Richtlinien für Prüfungsordnungen zur Durchführung von Abschlußprüfungen vom 9. 6. 1971 (BArbl 631, 757) erlassen.

VI. Heilberufe

Die Ausbildung der Krankenschwestern/Pfleger, Kinderkrankenschwester/Pfleger, Krankenpflegehelfer(in) ist im Gesetz über die Berufe in der Krankenpflege (Krankenpflegegesetz – KrPflG vom 4. 5. 1985 (BGBl I 893) zul. geänd.

---

* Schaub ArbR – Handbuch § 174.

27. 4. 1993 (BGBl I 512) geregelt. Die Ausbildung dauert unabhängig von der staatlichen Prüfung drei Jahre. Voraussetzung der Ausbildung zur Krankenschwester/Pfleger ist die Vollendung des 17. Lebensjahres, gesundheitliche Eignung sowie Realschulabschluß oder Hauptschulabschluß und zweijähriger Besuch einer Pflegeschule sowie ferner eine besondere Erlaubnis zum/zur Krankenpflegehelfer(in). Die Ausbildung besteht aus theoretischem und praktischem Unterricht und einer praktischen Ausbildung. Sie erfolgt in staatlich anerkannten Krankenpflegeschulen und Krankenhäusern. Sie ist näher geregelt in der Ausbildungs- und PrüfungsVO vom 16. 10. 1985 (BGBl I 1973) zul. geänd. 27. 4. 1993 (BGBl I 512). Daneben ist das BBiG auf das Ausbildungsverhältnis nicht anzuwenden (§ 26 KrPflG).

VII. Berufliche Fortbildung

Eine spezielle gesetzliche Regelung der beruflichen Fortbildung besteht nicht. Die Kosten der beruflichen Fortbildung sind in mehreren Gesetzen geregelt. Es besteht ein Gesetz zur Förderung der beruflichen Aufstiegsfortbildung (Aufstiegsfortbildungsförderungsgesetz-AFBG) vom 23. 4. 1996 (BGBl I 623). Ziel der individuellen Förderung nach diesem Gesetz ist es, Teilnehmerinnen und Teilnehmer an Maßnahmen der beruflichen Aufstiegsfortbildung durch Beiträge zu den Kosten der Maßnahme und zum Lebensunterhalt finanziell zu unterstützen. Leistungen zum Lebensunterhalt werden gewährt, soweit die dafür erforderlichen Mittel anderweitig nicht zur Verfügung stehen.

§ 61. Heimarbeitsrecht und Telearbeit

I. In Heimarbeit Beschäftigte

1. Heimarbeiter.* Dies ist, wer in selbst gewählter Arbeitsstätte (eigener Wohnung oder selbst gewählter Be-

---

* Schaub ArbR von A–Z, Stichwort: Heimarbeiter.

triebsstätte) allein oder mit seinen Familienangehörigen (§ 2 Abs. 5 HAG) im Auftrage von Gewerbetreibenden oder Zwischenmeistern erwerbsmäßig arbeitet, jedoch die Verwertung der aus eigenen oder vom Auftraggeber angelieferten Roh- und Hilfsstoffe gefertigten Arbeitsergebnisse dem unmittelbar oder mittelbar Auftraggebenden überläßt (§ 2 Abs. 1 HAG). Heimarbeiter sind keine Arbeitnehmer, da ihnen wegen Art, Umfang und Zeit der Arbeit keine Weisungen erteilt werden können (§ 1 I 2 S. 1). Sie werden regelmäßig aufgrund eines Werkvertrages, gelegentlich auch eines Dienstvertrages tätig. Sie gehören zu den arbeitnehmerähnlichen Personen (§ 1 I 3 S. 3), weil sie im Auftrag von Gewerbetreibenden oder Zwischenmeistern tätig werden und von diesen wirtschaftlich abhängig sind. Diesem überlassen sie die Verwertung ihrer Produkte auf dem Absatzmarkt. Für den Begriff des Heimarbeiters ist unschädlich, wenn er selbst die Ware teilweise absetzt (ca. 20%). Der Heimarbeiter kann gewerbsmäßig arbeiten, also eine auf Gewinn gerichtete gewerbliche Tätigkeit entfalten.* Er kann aber auch bloß erwerbsmäßig arbeiten, z.B. für einen Rechtsanwalt die Schriftsätze nach Diktat schreiben oder Adressen schreiben. Denkbar ist selbst, daß er Telearbeit verrichtet, wenn er an einem Computer-Terminal angeschlossen ist. Der Heimarbeiter betreibt kein eigenes Gewerbe i. S. des Gewerberechtes. Er ist lohnsteuer- und arbeitslosenversicherungspflichtig (§ 168 Abs. 4 AFG) und er unterliegt der Rentenversicherungspflicht (§ 1 SGB VI).

2. Hausgewerbetreibende. Dies ist, wer in eigener Arbeitsstätte mit nicht mehr als zwei fremden Hilfskräften oder Heimarbeitern im Auftrag von Gewerbetreibenden oder Zwischenmeistern Waren herstellt, bearbeitet oder verpackt, wobei er selbst wesentlich am Stück mitarbeitet, jedoch die Verwertung der aus eigenen oder vom Auftragge-

---

* Schaub Beck-Rechtsberater, Ich mache mich selbständig, 4. Aufl., 1992, § 2 III S. 11.

ber angelieferten Roh- und Hilfsstoffe gefertigten Arbeitsergebnisse dem Auftraggeber überläßt (§ 2 Abs. 2 HAG). Auch für den Hausgewerbetreibenden ist es unschädlich, wenn er vorübergehend für den Absatzmarkt arbeitet. Auch er gehört nicht zu den Arbeitnehmern, sondern den arbeitnehmerähnlichen Personen (§ 1 I 3 S. 3). Von den Heimarbeitern unterscheidet er sich dadurch, daß er mit fremden Hilfskräften arbeitet und nur gewerblich tätig wird. Der Hausgewerbetreibende betreibt ein eigenes Gewerbe und wird als selbständiger Gewerbetreibender zur Steuer herangezogen (§ 11 Abs. 3 Gewerbesteuergesetz i. d. F. vom 21. 3. 1991 (BGBl I 814), zul. geänd. 20. 12. 1996 (BGBl I 2049). Er unterliegt jedoch der Rentenversicherungspflicht (§ 2 Nr. 6 SGB VI).

3. Lohngewerbetreibende. Dies sind Gewerbetreibende, die nicht alle Merkmale des Hausgewerbetreibenden erfüllen, die aber von Auftraggebern derartig wirtschaftlich abhängig sind, daß sie sich von Hausgewerbetreibenden nicht unterscheiden.

4. Zwischenmeister ist, wer ohne Arbeitnehmer zu sein, die ihm vom Gewerbetreibenden übertragene Arbeit (etwa nach dem Zuschneiden) an Heimarbeiter oder Hausgewerbetreibende weiter gibt (§ 2 Abs. 3 HAG).

5. Gleichgestellte. Den Heimarbeitern oder Hausgewerbetreibenden können Personen gleichgestellt werden, wenn dies wegen ihrer sozialen Schutzbedürftigkeit gerechtfertigt erscheint, *(a)* die i. d. R. allein oder mit ihren Familienangehörigen in eigener Wohnung oder selbst gewählter Betriebsstätte eine sich in regelmäßigen Arbeitsvorgängen wiederholende Arbeit im Auftrage eines anderen gegen Entgelt ausüben, ohne daß ihre Tätigkeit als gewerblich anzusehen oder daß der Auftraggeber ein Gewerbetreibender oder Zwischenmeister ist; *(b)* die als Hausgewerbetreibende mit mehr als zwei fremden Hilfskräften oder Heimarbeitern arbeiten oder *(c)* andere im Lohnauftrag arbeitende Gewerbetreibende, die infolge ihrer wirtschaftlichen Abhängigkeit eine ähnliche Stellung wie Hausgewerbetreibende einnehmen (§ 1 Abs. 2 HAG). Die Gleichstellung erfolgt grundsätzlich mit Zustimmung der zuständigen Arbeitsbehörde durch widerrufliche Entscheidung des zuständigen Heimarbeitsausschusses nach Anhörung der Beteiligten (§ 1 Abs. 4 HAG). Sie ist zu veröffentlichen, es sei denn, daß nur einzelne Personen gleichgestellt werden (§ 1 Abs. 4 HAG). Zuständige Arbeitsbehörde sind die Landesarbeitsminister oder der Bundesarbeitsminister (§ 3 Abs. 1 HAG). Die Heimarbeitsausschüsse bestehen aus je drei Personen der beteiligten Auftraggeber und Auftragnehmer sowie einem unparteiischen Vorsitzenden (§ 4 HAG). Die Gleichstellung kann sich auf einzelne Personen oder auch nach abstrakten Merkmalen umschriebenen Gruppen von Auftragnehmern beziehen.

II. Schutzpflichten der Ausgeber von Heimarbeit

1. Allgemeine Schutzpflichten. a) Da Heimarbeiter, Hausgewerbetreibende und ihnen Gleichgestellte wirtschaftlich abhängig sind, gewährt das Gesetz ihnen umfangreichen Sozialschutz, der regelmäßig auch dann eingreift, wenn der Auftraggeber davon nichts weiß. Ihm obliegt es daher, sich bei der Ausgabe von Arbeit nach dem Sozialschutz zu erkundigen. Gleichgestellte haben bei Entgegennahme von Arbeit auf Befragen des Auftraggebers ihre Gleichstellung bekanntzugeben (§ 1 Abs. 6 HAG). Nur ganz ausnahmsweise kann die Verschweigung des Sozialschutzes arglistig sein. Wer Arbeit ausgibt, sollte sich zur Gewohnheit machen, nach einem möglichen Sonderschutz zu fragen.

b) Zu den allgemeinen Schutzpflichten gehören *(1)* Anzeigepflichten gegenüber dem Landesarbeitsminister oder der von diesem bezeichneten Stelle bei der erstmaligen Ausgabe von Heimarbeit (§ 7 HAG), *(2)* Führung von Listen über die mit Heimarbeiten Beschäftigten und Zwischenmeister (§ 6 HAG), *(3)* Unterrichtung über die Art und Weise der zu verrichtenden Arbeit und der von ihr ausgehenden Gesundheitsgefahren (§ 7 a HAG), *(4)* Aushängung von Entgeltverzeichnissen und sonstigen Vertragsbedingungen (§ 8 HAG), *(5)* Aushändigung von Entgeltbelegen (Entgeltbücher oder Entgeltzetteln; § 9 HAG). Die in Heimarbeit Beschäftigten haben diese aufzubewahren und auf Verlangen der Aufsichtsbehörde vorzuzeigen (§ 9 HAG).

2. Arbeitszeitschutz. Bei der Ausgabe von Heimarbeit oder deren Entgegennahme soll unnötige Zeitversäumnis vermieden werden (§ 10 HAG). Die vorhandene Heimarbeit soll möglichst gleichmäßig auf die Auftragnehmer verteilt werden, damit sie hinreichend ausgelastet sind (§ 11 HAG).

3. Gefahrenschutz. Wer Heimarbeit ausgibt, für die besondere Gefahrenschutzbestimmungen gelten, hat dem Gewerbeaufsichtsamt und dem Ordnungsamt (Polizei) Namen und Arbeitsstätte der von ihm beschäftigten Heimarbeiter mitzuteilen (§ 15 HAG). Im übrigen hat er dafür zu sorgen, daß Leben oder Gesundheit der in Heimarbeit Beschäftigten durch technische Arbeitsmittel und Arbeitsstoffe, die er ihnen zur Verwendung überläßt, nicht gefährdet werden (§ 16 HAG).

4. Kündigungsschutz. a) Heimarbeiter, Hausgewerbetreibende und ihnen Gleichgestellte unterliegen nicht dem allgemeinen und besonderen Kündigungsschutz für Arbeitnehmer (§ 45 S. 384). Gleichwohl ist auch bei ihnen ein gewisser Kündigungsschutz vorhanden. Für Heimarbeiter usw. gelten einmal gewisse Kündigungsfristen. Zum anderen ist dafür Vorsorge getroffen, daß sie nicht durch Verringerung der ihnen gewährten Aufträge ausgehungert werden und damit die Kündigungsfristen umgangen werden. Im Falle der Betriebsnachfolge (§ 41 S. 339) gehen die Heimarbeitsverhältnisse nicht auf den Betriebsnachfolger über.

b) In Anlehnung an die Kündigungsfristen bei Arbeitnehmern (§ 44 S. 367) beträgt die Frist für eine Kündigung durch den Auftraggeber oder Zwischenmeister, wenn das Be-schäftigungsverhältnis länger als vier Wochen bestanden hat zwei Wochen. Im übrigen kann es beiderseits an jedem Tag für den Ablauf des folgenden Tages gekündigt werden.

Wird ein in Heimarbeit Beschäftigter überwiegend von einem Auftraggeber oder Zwischenmeister beschäftigt, so kann das Beschäftigungsverhältnis mit einer Frist von vier Wochen zum Fünfzehnten oder zum Ende eines Kalendermonats gekündigt werden. Während einer vereinbarten Probezeit, längstens für die Dauer von sechs Monaten, beträgt die Kündigungsfrist zwei Wochen. Die Kündigungsfrist beträgt, wenn das Beschäftigungsverhältnis *(1)* zwei Jahre bestanden hat, einen Monat zum Ende eines Kalendermonats, *(2)* fünf Jahre bestanden hat, zwei Monate zum Ende eines Kalendermonats, *(3)* acht Jahre bestanden hat, drei Monate zum Ende eines Kalendermonats, *(4)* zehn Jahre bestanden hat, vier Monate zum Ende eines Kalendermonats, *(5)* zwölf Jahre bestanden hat, fünf Monate zum Ende eines Kalendermonats, *(6)* fünfzehn Jahre bestanden hat, sechs Monate zum Ende eines Kalendermonats, *(7)* zwanzig Jahre bestanden hat, sieben Monate zum Ende eines Kalendermonats.

Bei der Berechnung der Beschäftigungsdauer werden Zeiten, die vor der Vollendung des 25. Lebensjahres des Beschäftigten liegen, nicht berücksichtigt.

c) Um zu verhindern, daß der Auftraggeber die Kündigungsfristen unterläuft, hat der Heimarbeiter auch bei Ausgabe geringerer Arbeitsmenge Anspruch auf Fortzahlung des durchschnittlichen Arbeitsentgeltes der letzten 24 Wochen vor der Kündigung. Der durchschnittliche Arbeitsverdienst ist bereits dann fortzuzahlen, wenn der Auftraggeber oder Zwischenmeister die durchschnittliche Arbeitsmenge um $1/4$ vermindert (§ 29 Abs. 7, 8 HAG).

5. Urlaub und Feiertage. Zur Abgeltung des Urlaubsanspruches (§ 34 S. 298) und der Feiertage (§ 35 S. 307) sind den Heimarbeitern, Hausgewerbetreibenden und Gleichgestellten besondere Zuschläge zu zahlen (§ 12 BUrlG, § 19 JArbSchuG, § 10 EntgeltFG).

6. Vergütung im Krankheitsfalle (§ 32 S. 275). Für Heimarbeiter, Hausgewerbetreibende und Gleichgestellte hat die Vergütungsfortzahlung im Krankheitsfalle eine besondere Ausgestaltung erfahren (§ 10 EntgeltFG).

III. Vergütungsanspruch

1. Grundlagen der Vergütung. Die Vergütung der Heimarbeiter, Hausgewerbetreibenden und der ihnen Gleichgestellten kann grundsätzlich frei vereinbart werden. Gelegentlich bestehen für sie Tarifverträge. Dies ist in der Praxis aber selten. Als Tarifverträge gelten auch schriftliche Vereinbarungen zwischen Gewerkschaften und den Verbänden der Auftraggeber über Inhalt, Abschluß oder Beendigung von Vertragsverhältnissen (§ 17 HAG). Regelmäßig ist der Vergütungsanspruch ein Werklohnanspruch, der nur für fach- und sachgerecht ausgeführte Arbeit bezahlt wird.

2. Bindende Festsetzung. Bestehen für den Zuständigkeitsbereich eines Heimarbeitsausschusses keine Gewerkschaften oder umfassen sie nur eine Minderheit, so kann der Heimarbeitsausschuß nach Anhörung der Beteiligten mit Zustimmung der zuständigen Arbeitsbehörde Vertragsbedingungen mit bindender Wirkung festsetzen, wenn unzulängliche Arbeitsentgelte gezahlt werden oder die sonstigen Vertragsbedingungen unzulänglich sind (§ 19 HAG). Die bindenden Festsetzungen haben die Wirkungen wie ein Tarifvertrag nach Allgemeinverbindlicherklärung (§ 1 II 6 c S. 11). Aus der bindenden Festsetzung kann sich u. a. die Höhe des Mindestentgeltes ergeben, das der Auftraggeber auch dann zu zahlen hat, wenn der Heimarbeiter, Hausgewerbetreibende oder Gleichgestellte mit ihm eine geringere Vergütung vereinbart hat. Entspr. Regelungen bestehen für Zwischenmeister.

3. Entgeltüberwachung. Die Landesarbeitsminister haben für eine wirksame Entgeltüberwachung durch Entgeltprüfer zu sorgen. Diese haben die Einhaltung der allgemeinen Schutzvorschriften, die ordnungsgemäße Zahlung der Entgelte und sonstigen Arbeitsbedingungen zu überwachen. Sie leisten – auch den Gerichten – bei der Berechnung der Entgelte Berechnungshilfe (§ 23 Abs. 2 HAG). Ergibt sich, daß ein Auftraggeber ein zu geringes Entgelt gezahlt hat, kann der Landesarbeitsminister oder die von ihm bestimmte zuständige Stelle zur Zahlung auffordern oder sogar für den Heimarbeiter usw. auf Entgeltzahlung klagen. Die Forderungen werden im Wege der gesetzlichen Prozeßstandschaft geltend gemacht.*

IV. Beschäftigte der Heimarbeiter

Zwischen den Beschäftigten der Heimarbeiter und Hausgewerbetreibenden und ihren Arbeitnehmern können Arbeitsverträge bestehen. Für diese können Tarifverträge abgeschlossen werden. Für sie gilt aber auch das Heimarbeitsrecht. Insbesondere haben die Heimarbeiter und Hausgewerbetreibenden einen besonderen Arbeitsschutz zu beachten.

V. Telearbeit

1. Begriff. Telearbeit ist gegeben, wenn Arbeiten aus dem Betrieb in die Wohnung des Arbeitnehmers oder ein dezentralisiertes Büro ausgelagert werden und eine kommunikationstechnische Anbindung an den Betrieb vorhanden ist. Z. Zt. ist die Telearbeit auch in der BRD noch wenig ver-

* Schaub, Beck Rechtsberater Arbeitsgerichtsverfahren, 6. Aufl., 1997 § 15.

breitet. Ihre Einführung ist sozialpolitisch umstr., weil der Telearbeiter vereinzelt wird.

2. Rechtsverhältnisse. Der Telearbeiter kann Selbständiger, Arbeitnehmer, Heimarbeiter oder arbeitnehmerähnliche Person sein. Für die Abgrenzung gelten die allgemeinen Begriffe. Das Rechtsverhältnis richtet sich jeweils nach denjenigen Verträgen, die für die einzelnen Typen erarbeitet worden sind. Vielfach werden Telearbeiter Abrufarbeit (§ 7 IX S. 94) leisten müssen, wenn ihnen die Arbeiten überspielt werden.

Stichwortverzeichnis